# 董仲舒与儒学研究

## 第十二辑

主　编　魏彦红
副主编　曹迎春　卫立冬　耿春红
　　　　李建明　崔明稳

巴蜀书社

## 图书在版编目（CIP）数据

董仲舒与儒学研究. 第十二辑/魏彦红主编. —成都：巴蜀书社，2021.6
ISBN 978-7-5531-1490-3

Ⅰ.①董… Ⅱ.①魏… Ⅲ.①董仲舒（前179—前104）—哲学思想—思想评论—文集②儒学—研究—文集 Ⅳ.①B234.55－53②B222.05－53

中国版本图书馆CIP数据核字（2021）第105915号

### 董仲舒与儒学研究（第十二辑）　　　　魏彦红　主编

| | |
|---|---|
| 责任编辑 | 陈亚玲 |
| 出　　版 | 巴蜀书社<br>成都市槐树街2号　邮编610031<br>总编室电话：(028)86259397 |
| 网　　址 | www.bsbook.com |
| 发　　行 | 巴蜀书社<br>发行科电话：(028)86259422　86259423 |
| 经　　销 | 新华书店 |
| 照　　排 | 四川胜翔数码印务设计有限公司 |
| 印　　刷 | 成都蜀通印务有限责任公司（028）64715762 |
| 版　　次 | 2021年6月第1版 |
| 印　　次 | 2021年6月第1次印刷 |
| 成品尺寸 | 148mm×210mm |
| 印　　张 | 22.25 |
| 字　　数 | 720千 |
| 书　　号 | ISBN 978-7-5531-1490-3 |
| 定　　价 | 128.00元 |

本书若有印装质量问题，请与工厂调换

第三届"董子杯"全国书法大展开幕式

魏彦红教授(右)参加中华孔子学会2020年学术年会

董子学院代春敏(左一)、白立强(左二)、曹迎春(左三)为衡水市图书馆做"董子文化拜大年"系列活动

白立强老师在"董子文化拜大年"活动中做多场关于董仲舒的主题讲座

代春敏老师在"董子文化拜大年"活动中做多场关于董仲舒的主题讲座

曹迎春老师在"董子文化拜大年"活动中做多场关于董子的主题讲座

白立强老师在大原书院为枣强县干部群众做多场关于"董子文化"的讲座

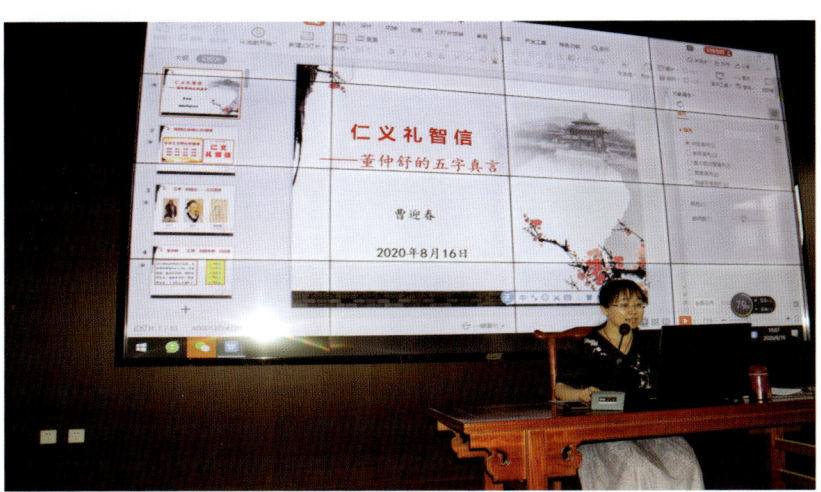

曹迎春老师在大原书院为枣强县干部群众做多场关于"董仲舒思想"的讲座

代春敏老师在大原书院为枣强县干部群众做多场关于"董子思想"的讲座

董子学院教师参加上海交通大学余治平教授国家社科基金重大课题开题仪式

董子后裔董忠泉先生(右)向河北省董仲舒研究会捐款10万元

河北省董仲舒研究会会长、董子学院李奎良教授（左）向董子后裔董忠泉先生赠书

河北省董仲舒研究会会长、董子学院李奎良教授受邀在安平县梅花鉴赏节开幕式做"梅花与君子思想"的主题演讲

董子学院曹迎春、代春敏在节假日送董子文化进美丽乡村（为安平县梅园的游客讲董子思想）

董子学院曹迎春教授为河北省委第九督查组讲董仲舒思想

魏彦红教授接受中央电视台记者采访

中央电视台记者为《衡水学院学报》编辑部拍摄宣传片(一)

中央电视台记者为《衡水学院学报》编辑部拍摄宣传片(二)

中央电视台记者为《衡水学院学报》编辑部拍摄宣传片(三)

中央电视台记者为董子学院拍摄宣传片

魏彦红教授(左二)参加《冀州学脉》地域文化访谈交流活动

董子学院、河北省董仲舒研究会、中华孔子学会董仲舒研究委员会研究基地在衡水市故城县董学村董子园揭牌成立

"河北省董仲舒研究会 2020 学术年会暨儒商文化研讨会"开幕式

博鳌儒商论坛理事长、中山大学黎红雷教授发表主旨演讲

衡水市委宣传部部长马福华（左）与博鳌儒商论坛理事长黎红雷（右）为河北省董仲舒研究会董学研究基地揭牌

河北省社科院学会处处长李东（左）与中国继创者联盟执行主席杨宗岳（右）为董子学院董学研究基地揭牌

河北省董仲舒研究会会长、董子学院李奎良教授（左）为博鳌儒商论坛理事长、中山大学黎红雷（右）教授颁发河北省董仲舒研究会儒商委员会荣誉顾问聘书

衡水学院校长田光(左一)、衡水市继创者联合会会长宋鹏飞(左二)、衡水市工商联主席李光华(左六)、河北省董仲舒研究会儒商委员会会长李春岗(右一)为特邀参会的博鳌儒商企业家们颁发顾问聘书

"儒商论坛:儒家商道与后疫情时代的企业应对"隆重举行。博鳌儒商论坛理事长黎红雷(中)及博鳌儒商杰出企业家代表参加论坛。论坛由河北省董仲舒研究会秘书长魏彦红(左一)主持

董子学院与中国孔子基金会合作拍摄"董子名言"短视频。图为董子学院曹迎春老师在济南图书馆录制节目

董子学院与中国孔子基金会合作拍摄"董子名言"短视频。图为董子学院代春敏老师在济南图书馆录制节目

# 目 录

序　盛世文化的代表……………………………………周桂钿（001）
序　………………………………………………………蒋重跃（004）

**董仲舒哲学思想研究**…………………………………………（001）
　董仲舒"天"之三义及其在秦汉哲学史上的地位
　　………………………………………………………武占江（003）
　董仲舒所论"身行之志"………………………………郑朝晖（021）
　天学下的仁义
　　——论董仲舒对孔孟的整合与得失…………………宋大琦（036）
　董仲舒的"天论"简析…………………………………宋冬梅（047）
　驭天道、驭阴阳、制人世
　　——董仲舒的圣人观…………………………………葛跃辉（057）
　董仲舒的宇宙论图式……………………………………夏世华（066）
　董仲舒人性论的思想结构论析…………………………闫利春（081）
　从《五行大义》看董仲舒五行说………………………刘鸿玉（098）
　"推天施而顺人理"
　　——董仲舒如何把儒家教化嵌入天道信仰之中……张　禹（125）
　董仲舒的"王道"传承及"改制"思想………………杨　昭（154）
　论董仲舒"名号"思想…………………………………郝祥莉（171）

## 董仲舒伦理思想研究 （185）

三纲说的来源、形成与异化
——兼论董子对三纲说的贡献 丁四新（187）
董仲舒之论玉德与礼制 钟治国（214）
董仲舒的女性悲悯情怀 律　璞（226）
略论董仲舒成人思想 李记芬（237）
董仲舒对孟荀思想的统合 李慧子（250）
论董仲舒的身体观 李洪杨（263）
试论董仲舒天地人三才观对当今生态建设问题的匡正
　　　　　　　　　　　　　　　　王即之（272）
董仲舒对孔子孝思想的继承和发展
——基于《春秋繁露》的考察 牛冠恒（278）
"天心"即"爱人"
—— 论董仲舒的仁说 高一品（285）
仁以安人，义以正我
——董仲舒对孟子"仁义俱内"、告子"仁内义外"说的批判
　　　与超越 张　凯（302）
董仲舒"仁""智"并进理路及其现代启示 姜淑红（315）
董仲舒仁智义利并举的仁学思想 代春敏（325）

## 董仲舒教育、法律思想研究 （337）

董仲舒王教思想初探 谢遐龄（339）
董仲舒의 教育思想과 實踐
——中國教育의 礎石으로서 董子思想의 大要
　　　　　　　　　　　　　　　　申昌鎬（356）
董仲舒的人性教化论及其教育人类学义涵
　　　　　　　　　　　　陈德和　高婷婷（382）
春秋决狱中的情法冲突处理原则及其价值 李德嘉（405）
阴阳、五行视域下董仲舒法治理想探微 律　璞（423）
《春秋繁露》的教化思想对后世从教者的启示 安桂玲（439）

## 董学文本与董学史研究 (457)
论康有为的《春秋董氏学》 曾 亦 (459)
从钱穆、牟宗三的一个共同判断看董仲舒"大一统"的政治哲学
意蕴 陈迎年 (473)
张岱年先生的董仲舒研究 曹树明 (497)
时间意识下的天道与人道
——对张祥龙现象学视域下《春秋繁露》解读的审视
樊志辉 郑文娟 (513)
"史实":董仲舒及苏舆的春秋公羊学 刘芝庆 (527)
"以《诗》为天下法"探微 石柱君 (547)
董仲舒"为人者天"释析 魏彦红 (557)

## 董仲舒生平事迹、故里文化研究 (573)
汉初制策与董仲舒贤良对策之年考辨 张 咪 (575)
董仲舒"天人三策"应在元光五年辨正 赵秀金 (594)
清末新政时期衡水地区的教育更化 田卫冰 (606)
文化自信与文脉再造
——刍议儒学复兴从衡水走来的历史使命 任 真 (631)
"文化衡水"建设中董子文化资源的数字化经营
杨英法 郭广伟 (640)
"儒学复兴从衡水走来"
——以董仲舒为例谈衡水儒学复兴 韩志远 (654)

## 董学研究总结及综述 (661)
近八十年"五德终始说"研究综述
——从思想史视域的考察 臧 明 (663)
2018年董仲舒研究综述 王文书 代春敏 (680)

# 序 盛世文化的代表

周桂钿

两千多年前的儒家提出了最高的社会理想和现实的社会理想。最高理想是"大道之行也,天下为公"的大同社会。最高理想很难实现,现实社会是"大道既隐,天下为家"的家天下。家天下也有兴衰成败的问题,兴盛时,社会安定,经济发展,人民安居乐业。这叫小康社会。如果天下分裂,社会大乱,战争爆发,经济崩溃,人民流离失所。这就是乱世。中国历史上经常出现乱世与治世的交替。大乱后有大治,治以后又乱,分久必合,合久必分。治理得好,可以安定数百年。治理不好,连续动乱,难有安定的日子。中国人的梦想首先是实现小康的现实理想,而最高理想只是追求的目标,时过两千多年,还没实现,再过两千年,也未必能实现。因此,我们要争取的首先是现实理想,那就是小康社会。

儒家认为尧、舜之前是公天下的大同社会,就是公有制的原始社会。从禹开始出现家天下,这是私有制的社会。儒家还认为,在禹、汤、文武、成王、周公执政时期是小康社会。这时的家天下,社会安定,没有战争,秩序良好。这是三代的前期。接着后来就逐渐变坏了。夏桀和商纣当政都是乱世,才被汤、武所取代。特别在周朝末期,天下大乱,周天子没有权威,礼崩乐坏,各诸侯分裂割据,年年纷争,大国强国吞并小国弱国,最后七强纷争进入战国时代,最终由秦国吞并六国统一天下，建立秦朝，筑长城，统一文字与度量衡，改封建制度为郡县制度。秦虽然统一了，由于执政缺乏德教，不久又陷入大乱，很快又灭亡了。继承秦朝的是汉朝，虽然改朝了，而家天下的格局没有改变，一直延续到清朝，达四千五百多年。家天下在四千多年中，虽然不断改朝换代，家天下的格局没有变化，虽有改革与创新，只是在完善这种制度。新朝代刚建立往往比较好，社会安定，经济发展，人民安居乐业，呈现盛世状况。延续一段时间后，就逐渐腐败，进入乱世，被人民推翻，被有德者取代。在中国历史上有汉唐盛世。汉朝与唐朝的前期与三代前期相似，都可以称为盛世即小康社会。

大同是儒家的最高理想，很难达到，小康则是可以实现的现实的理想社会。大同与小康就成为古今中国人的共同之梦。

尧舜之前还没有出现私有制的原始社会，儒家称为"天下为公"的时代。当时社会状况，我们不清楚。夏、商、周三代，孔子对于夏、商的社会制度已经不太清楚，礼制大概已经出现。后代考古可以确定商代有甲骨文和祭祀文化。至于周代，孔子有比较多的了解，主要的有周公制礼作乐，创造礼乐文化，又实行分封建国的封建制度，细节保存在儒家的典籍中。秦王朝建立时，实行郡县制，取代封建制，同时废除许多礼乐细节。春秋时代已经礼崩乐坏，这时改朝的冲击，使礼乐细节荡然无存。

汉代秦之后，许多儒生企图恢复周礼，由于资料不全，他们收集残篇断简，加上想象猜测，重新创造出与时代相适应的礼乐制度来。"礼之用，和为贵"，礼乐的作用最重要的就是使社会和谐。汉初统治者为了巩固得来不易的政权，采取了一系列措施，协调各种社会关系，消除危险因素。在稳定的条件下，发展生产，保障供给，让人民安居乐业。人民富裕以后，就开始奢侈，而当官的就抢先腐败，教育就变得特别重要。正如孟子所说，生活好了，不接受教育，就会变得与禽兽差不多。刘邦巩固政权，文、景时代使百姓富裕，汉武帝开始独尊儒术，大办教育，发展文化事业。汉初这三阶段形成了盛事景象：社会稳定，经济发展，文化提高。

文化提高，培育了史学家。史学家记述了盛世景象。司马迁、班固等著名史学家，记录了汉代社会的状况。在盛世之下有许多社会问题，是动乱的萌芽，任其发展，就会毁灭这个盛世。这里有丰富的经验与教训。还有一些著作，如陆贾《新语》，贾谊《新书》，桓宽《盐铁论》等，都从不同角度阐述了治理天下的深刻理论。特别是董仲舒，不置产业，专心理论探索，提出一些重要思想，对后代有深刻的影响，如"大一统论"，形成民族意识。为民族统一做出贡献的，是民族英雄；分裂民族，出卖民族利益的，是民族败类、汉奸卖国贼。又如"独尊儒术"，奠定了以儒学为主干的中华民族精神。因此，董仲舒被称为经学大师，"为儒者宗"，"为群儒首"，上承孔子，下启朱熹，堪称中华文明史上三大圣之一。

　　孔子生于春秋时代的乱世，朱熹生于南宋末世，只有董仲舒生于西汉前期的盛世。因此，董仲舒哲学即董学不愧为盛世文化的代表。

　　董仲舒故里广川，今属河北衡水市，衡水学院的学者们重视本地先贤，潜心研究，又组织全国性会议，交流研究成果和体会。现将这些论文汇集出版，编辑邀我作序，我以为好事，当即应允，在视力很差的情况下，闭目思考，写下以上文字，权充序，请读者指正！

# 序

## 蒋重跃

《衡水学院学报》主编魏彦红教授要我为他们将要出版的《董仲舒与儒学研究》系列文集作一篇序，其中的文章多出自他们学报的特色专栏"董仲舒与儒学研究"。我欣然接受了这项任务。为什么呢？一来是因为这个主题与我的学术领域相关，对于它的学术意义和价值，我多少还能有所了解；二来是因为办特色栏目对于高校社科学术期刊的发展具有重要的意义，作为全国高等学校文科学报研究会理事会的负责人，我的确感到有话可说。

毫无疑问，董仲舒是中国古代历史上第一流的学者和思想家。在他生活的时期，王朝统治正在从"清静无为"向"以孝治天下"（其实是"以霸王道杂之"）过渡，很自然地，学术思想上也就要从黄老之学向儒学转向。董仲舒的思想就是儒学向意识形态最高地位攀升的代表。他的"天人三策"对于汉武帝实施思想统治产生了重大影响；他对《春秋》学的研究继承了先秦公羊家传统，被当时的思想界和学术界公认为一家，并进而规范了两汉公羊学的基本走向。董仲舒在当时的政治、思想、文化、教育、学术等诸多方面都留下了影响。他在世时就受到最高统治者和学界的隆重礼遇，身后长期受到尊崇。不过，在特定的历史时期，他也会遭遇相反的命运，受到世人的批评、误解，甚至污蔑和谩骂。时至今日，关于董仲舒，仍有许多问题需要不断地探索和研究。例如，他对天人关系的认识究竟是毫无价值的宗教迷信，还是饱含真知灼见的理性反省？他的一统思想、三统论、三世说究竟是稀奇古怪的歪理邪说，还是别有会心的奇思妙想？他对公羊家法有怎样的贡献？他的学术活动在人类知识发展史上占有怎样的地位？他的思想在今天还有哪些意义和价值？这些问题的确大有研究的必要。

在中国历史上，像董仲舒这样的大思想家并不多见，如果回念两千多年的悠久历程，放眼中国乃至全世界的广袤地域，这个话题就更显得弥足珍贵了。在我国当下的中等学校和高等院校文史哲的相关教材和学术著作中，是不会丢掉董仲舒的。专以董仲舒为题的学术著作也有十几种出版，学术论文就更多了，以董仲舒本人为题的论文每年都会有五十篇左右在正式学术期刊发表，但却没有一种学术期刊是专以董仲舒及与董仲舒相关的思想文化现象为主题的，这不能不说是一个缺憾。怎么办呢？

2007年，就在董仲舒的家乡，《衡水学院学报》创设了"董仲舒研究"专栏，弥补了学术界的这个缺憾。为了办好这个栏目，《衡水学院学报》的主编和编辑不辞辛劳，做了大量工作。他们在全国范围内发出征稿函和约稿函，专程拜访董学专家，参加相关学术研讨会，举办全国董仲舒思想高端学术论坛，还通过网络（博客、微博等）挖掘稿源。他们的努力得到了丰厚的回报，许多著名的董学专家学者纷纷把自己的研究心得贡献出来。在短短的几年里，他们与众多董学研究知名学者建立并保持了良好的合作关系，专栏共刊登了一百多篇董仲舒研究论文，其中不乏精品力作，所以才有本文集的系列出版。

《衡水学院学报》创办"董仲舒与儒学研究"专栏是一个有代表性的案例，它说明，综合性学术期刊创办特色栏目是必要的，更是可行的。

首先，在我国的学术研究和学术期刊界，有一个问题一直困扰着人们，即一方面是有许多学术专题研究成果需要发表，另一方面却是没有足够的与之相应的专题期刊以供论文发表。这样的研究课题和领域有许多，历史人物方面涉及思想家、教育家、文学家、政治家、军事家等等，地域文化方面涉及齐鲁、闽越、河海、三晋、关陇、巴蜀、岭南等等，行业文化方面涉及盐铁、纺织、印刷、演艺等等。与此相适应，各个主题下的研究队伍也相对集中。但与之相对应的专题性学术刊物却不多。那么，怎样才能更有效地把众多优秀的专题论文发表出来，以满足学术研究的需要呢？在现有的管理体制下，唯有在综合期刊中考虑创办专题栏目这条路可走。

其次，随着高等教育的快速发展，如何为提高高校的学术研究水平和教学的学术含量服务，也成了摆在高校学术期刊人面前的一个大问题。要做到这一点，提高自身的学术水平就是当务之急。除了少数办刊历史悠久、学术资源丰厚的"大刊""名刊"，对于众多创刊时间短、经验相对欠缺、资源相对薄弱的学术期刊来说，要想在短时间内取得整体进步是不现实的。如果结合各自的实际，发挥某一方面的优势，创办特色栏目，先把一个或少数几个栏目办好，然后再把优势扩展到全刊，最终推动全刊整体进步，倒是切实可行的。

正是因为瞄准了以上两点，2003年以来，教育部哲学社会科学名刊建设工程中才专门设立名栏建设计划，至今已经评选出三批共五十余家学报。同时，全国高等学校文科学报研究会在三届评优活动中，专门设立"特色栏目"一项，2014年，共评选出217个优秀特色栏目，鼓励高校学术期刊在创办特色栏目上大胆探索。其中《衡水学院学报》的"董仲舒与儒学研究"专栏连续两届入选研究会评选的特色栏目。政府主管部门和行业组织的这些举措，极大地激发了高校学术期刊创办特色栏目的积极性。目前，许多高校学术期刊都在出点子，想办法，一个争相创办、办好特色栏目的活动正在蓬蓬勃勃地开展起来。《衡水学院学报》的"董仲舒与儒学研究"毫无疑问是其中的一个优秀代表。

创办特色栏目当然要有热情。不过，话又说回来了，创办特色栏目不能脱离实际，要认真研究选题的可行性，切实掌握研究基础和学术队伍的实际情况，保证刊发的学术成果是水到渠成的，而不是揠苗助长出来的。简单说，要在特色和学术水平两者之间形成一种合理的张力或平衡，这才叫质量，才值得去做，才有望获得成功。从本系列文集所选的论文可以看出,《衡水学院学报》在追求特色和水平之间的平衡上做出了他们的努力,应该给予充分肯定。

以上就我所知,对本系列文集的缘起和背景略做介绍,希望对读者的阅读和了解有所助益。

# 董仲舒哲学思想研究

# 董仲舒"天"之三义及其在秦汉哲学史上的地位

## 武占江

"阴阳五行"是董仲舒表达其哲学思想的重要工具,也是历代研究董仲舒者最为重视的问题,谓其使迷信的"天人感应"思想回潮、在哲学上开历史倒车者有之;谓其创建了"系统论哲学体系"者亦有之,褒贬不一,认识差距很大。但从形式上来说,董仲舒也是通过"公羊春秋"接榫阴阳五行说的,要对董仲舒哲学思想有一个正确的评价,须先对其"天"的含义进行分析。

## 一、自然的天

《春秋》:"(隐公)元年春王正月。"《公羊传》:"元年者何?君之始年也。春者何?岁之始也。王者孰谓?谓文王也。曷为先言王而后言正月?王正月也。何言乎王正月?大一统也。""王正月"本来是周天子所颁布的历法,为西周以来通行的说法[①],《公羊传》把"王"

---

① 杨伯峻先生指出:"'王正月'的说法是一种由来已久的传统,意思是'王'所颁布的历法,西周金文器物中常常出现,有'王五月''王九月''王十月',也有'唯正月王春吉日'的说法,这里的'王'指的是周天子。《楚王熊章钟铭》中有'唯王五十又六祀',则是指楚王。可见,'元年春,王正月',绝不是《春秋》的独创,其本身也并不含有'大一统'的意思。"见杨伯峻:《春秋左传注前言》,《春秋左传注》(修订本),中华书局,1990年,第10—11页。

解释为周文王有一定的道理，但由此而得出"元年春王正月"含有"大一统"思想，则是公羊家的"意义赋予"。董仲舒在此基础上进一步引申：

> 臣谨案：《春秋》之文，求王道之端，得之于正。正次王，王次春。春者，天之所为也；正者，王之所为也。其意曰，上承天之所为，而下以正其所为，正王道之端云尔。然则王者欲有所为，宜求其端于天。天道之大者在阴阳。[1]

他把"春王正"三个字拆开说，认为"春"是"天"的表达，是宇宙间第一规律；"王"在"春"之下，表示"王"顺天之所为，顺"天"所为即为"正"，是"正道""王道"；"天"的规律的体现就是"阴阳"，这里"阴阳"是泛称，指"阴阳五行"。通过《公羊春秋》，董仲舒把历史观与"天道观"统一起来了，也就是把他的"阴阳五行"的"天论"与《公羊春秋》结合起来，形成了董仲舒哲学思想两个重要基点。借此，董仲舒所阐释的儒家政治、伦理思想有了形而上的根据，他便可以平视六经，对整个儒学做自己的解读；而这种解读由于有了"天"这一根本依据，形成了"义理强制"，可以为汉代的思想统一擘画蓝图。

自上古以来，"天"就是中国思想史上的一个重要概念，近代以来，学者对传统思想中的天有多种解释，总不外乎三种含义：一是自然的"天"，二是神化的"天"，三是人化的"天"。"人化"的"天"是把"天"价值化，而没有"人格化"的属性，其实"神化"的天也可归于"人化"范畴之中，为了表述方便，我们在此做了区分。后两种意义上的"天"，其属性、功能均以"自然的天"为基础。从字义上说，"天者，颠也"，"穹苍，苍天也"，天字是"人"字上加一黑点，以突出在人上者、其色苍苍的宇宙背景。由于其大无外，一切可敬、可畏、可知、不可知自然现象在这个舞台上搬演，"天"就成了人类早期所敬畏的最重要的对象，由此派生出各种神秘的属性和力量，就是商代重巫信鬼的思想氛围中，天或者天的异称——帝，也有着突出的自然属性[2]99-112。所以，一切把"天"人格化、神秘化的思想都必然包含自然属性这一面，董仲舒也不例外。他认为人与宇宙万

物皆由阴阳构成,人在阴阳之中,如鱼在水中:

> 天地之间,有阴阳之气,常渐人者,若水常渐鱼也,所以异于水者,可见与不可见耳,其澹澹也,然则人之居天地之间,其犹鱼之离水一也,其无间,若气而淖于水,水之比于气也,若泥之比于水也,是天地之间,若虚而实,人常渐是澹澹之中。[3]467

五行是阴阳的具体化,阴阳是偶数,五行是奇数,阴阳五行都是一个环形模式,构成无始无终的宇宙循环系统;阴阳解释万物运行的内在动力,五行解释万物运行的具体模式,相生相克,以模拟世界的运行,时间、空间都在此偶数、奇数交错的模式中生生不息:

> 天地之气,合而为一,分为阴阳,判为四时,列为五行。行者,行也,其行不同,故谓之五行。五行者,五官也,比相生而间相胜也,故为治,逆之则乱,顺之则治。[3]362

至此,董仲舒与汉初以来的阴阳气化宇宙论没有什么区别,也继承了春秋战国以来阴阳五行说解释宇宙形成、运行方式的哲学成果。

西汉初期是气化宇宙论发展、定型的时期,与之相应的自然科学也有了很大进步,盖天说、浑天说、宣夜说也有了长足的发展,经验性的自然科学成果与哲学思维相结合,以气为宇宙基本材料,以阴阳五行为模式,中国传统宇宙论迎来了一个新的发展时期。西汉定稿的《淮南子》中的两篇文章《天文训》《地形训》对此有比较详细的描述。董仲舒的上述思想无疑是对汉初气化宇宙论的继承。但是董仲舒的注意力和贡献并不在于气化宇宙论的构建方面,如其"春秋学"一样,他并不满足于人所共见的一般性知识,董仲舒要"由著见微""以微知著",探求宇宙更为精微的运行方式。《春秋繁露》中的《阴阳位》《阴阳终始》《阴阳出入上下》中探索了阴阳运行与四季的关系问题。在此,董仲舒对阴阳运行的路线、方式以及"二分二至"形成的原理做了解释,并以十天干为坐标系,做了量化的标识①。

在《雨雹对》中,董仲舒也对风、云、雨、雪、雹、霰、雷、电

---

① 具体运行方式王永祥先生有详细图示,可参看《董仲舒评传》,南京大学出版社,1995年,第192—110页。

的形成机理做了解释。一年十二个月时间维度中天气变化有一定的规律，把握了阴阳运行的节奏，即可掌握此规律，这体现了汉代思想家对包括四季运行在内的宇宙节律等经验性事物的哲学概括。既然掌握了宇宙运行节律，即可以对自然现象做出解释和准确预测。但是"阴阳"范畴本是从气象现象中提炼出来的，中国所在的东亚地区其气象现象是由多种因素所决定的，最直接的是海陆季风之间的互动。季风固然以季节为根本依据，在四季的范围内运行，"时间变量"是最根本的决定因素，但是还有其他因素的影响，不可能做机械的看待，所谓"天有不测风云"，总体趋向可把握，实际现象难确定。这一现象董仲舒也注意到了，他的解释是：有关的气候现象应至未至即为"妖"，"和气之中，自生灾沴，能使阴阳改节，暖凉失度"。在《雨雹对》中，董仲舒对此基本上是从经验的角度解释的，"犹乎人四支五脏中也。有时及其病也，四支五脏皆病也"。"妖"是怎么产生的呢？是因为"政多纰缪"，董仲舒并没有把经验解释的方式贯彻到底，而走上了"人事"对天象"感应"的道路上。

阴阳二气以及五行本来是从自然现象中概括出来的，在汉代依然保留着具体物质属性的特点，用其解释纯自然现象则可，一旦把人事也牵扯其中，就会导致自然与人之间的神秘"感应"；要避免这种感应，又不得不陷入命定论的窠臼，就如王充所论，人的命运由气禀所决定。这就涉及董仲舒"天"的第二个意义，也就是"神化之天"。

## 二、神化之天

董仲舒谈"天人感应"主要在反常的自然现象方面。在正常情况下，阴阳五行按照规律运行，自然现象可预期、可理解，而反常现象的出现则是由人——尤其是帝王——的行为引起的：人的错误招致天的灾难，天以此对人"示警"，即"谴告"；人的行为良好，尤其是帝王施行德政，上天也会降下祥瑞，以示表彰。这样，"天"成为有意志的存在物，能感知、干预甚至左右人间事务，尤其是在政权兴衰存亡问题上，天的"意志"最为明显。

王正，则元气和顺，风雨时、景星见、黄龙下。王不正则上变天，贼气并见。五帝三王之治天下，不敢有君民之心。什一而税。教以爱，使以忠，敬长老，亲亲而尊尊，不夺民时，使民不过岁三日。民家给人足，无怨望忿怒之患……父不哭子，兄不哭弟。毒虫不螫，猛兽不搏，抵虫不触。故天为之下甘露，朱草生，醴泉出，风雨时，嘉禾兴，凤凰麒麟游于郊。囹圄空虚，画衣裳而民不犯。四夷传译而朝。[3]97—99

"王"是人群、社会的根本，"王"之政治代表人群行为是否恰当，所以"天"之顺逆主要决定于"王"。政令正确，则元气、阴阳、五行运行顺畅，自然界风调雨顺，各种"祥瑞"纷纷出现，"景星见、黄龙下"，甘露、朱草、醴泉、嘉禾兴、凤凰麒麟都是祥瑞之物。各种祭祀、礼仪在人间政治清明、百姓安居乐业基础上才有效果，也是对这种祥瑞的仪式化赞颂。像夏桀、商纣以及西周末年那样倒行逆施，天下大乱，君臣相杀、父子相残，百姓流离失所，上天就会降下灾难：

日为之食，星贾如雨，雨螽，沙鹿崩。夏大雨水，冬大雨雪，贾石于宋五，六鹢退飞。贾霜不杀草，李梅实。正月不雨，至于秋七月。地震，梁山崩，壅河，三日不流。昼晦。彗星见于东方，孛于大辰。鹳鹆来巢，《春秋》异之。以此见悖乱之征。[3]104

天既可以降下祥瑞、福佑万民，也可以造成灾难，使大山崩塌、江河改道、天气异常，总之，天无所不能，具有至高无上的权威性。董仲舒不否认鬼神的存在，但是鬼神也服从于天，天是"百神之大君"[3]398。但是董仲舒的"天"又与春秋以前人格神的"天"有所不同。商周时期，"天"像一个帝王，有左右陪臣，所谓"文王陟降，在帝左右"，天可以"令风雨"。董仲舒也明确肯定"天"有意志，有欲望："灾异以见天意，天意有欲也、有不欲也，所欲、所不欲者"[3]260，但是"天"表达其意志不再是派遣使者，或者降神于人，使神附于人身以传达其意旨；在董仲舒，天人之间有中间环节，天通过阴阳五行运行而形成的祥瑞、灾难垂示人类；人通过阴阳五行来

"识读"天的意志,阴阳五行是沟通天人的中介。自然界的反常现象无时不有、无处不在,那么何者代表天意?代表天的什么意思?人如何识读阴阳五行中所包含的天意呢?董仲舒提出一个重要的方式,就是"同类相感",也就是"天人感应"。"天人感应"又包含两层意思:一是天人相似,即"人副天数";二是"同类相感",这是董仲舒"天人感应"思想的重要特点。

天地都是一气所生,人是天地之精气所生,与其他物类的最大不同在于人具有与天地相似的构造:

> 人有三百六十节,偶天之数也;形体骨肉,偶地之厚也。上有耳目聪明,日月之象也;体有空窍理脉,川谷之象也;心有哀乐喜怒,神气之类也。观人之体一,何高物之甚,而类于天也。物旁折取天之阴阳以生活耳,而人乃烂然有其文理。是故凡物之形,莫不伏从旁折天地而行,人独题直立端尚,正正当之。……发,象星辰也;耳目戾戾,象日月也;鼻口呼吸,象风气也;胸中达知,象神明也,腹胞实虚,象百物也。[3]347-349

人不仅与天地之像类似,是天的"副本",人体的构造、生理运动也与阴阳五行相应:

> 天地之符,阴阳之副,常设于身,身犹天也,数与之相参,故命与之相连也。天以终岁之数,成人之身,故小节三百六十六,副日数也;大节十二分,副月数也;内有五脏,副五行数也;外有四肢,副四时数也;乍视乍瞑,副昼夜也;……此皆暗肤着身,与人俱生,比而偶之弇合。于其可数也,副数;不可数者,副类。……以此言道之亦宜以类相应,犹其形也,以数相中也。[3]349-350

"以此言道之亦宜以类相应,犹其形也,以数相中也",因为人与天相类,"人之道"也与"天之道"相通,是以天人之间能够"感应"。苏舆认为"道"与"之"两字倒置,这样,意思更为显豁。《深察名号》谓"天人之际,合而为一,同而通理",也是这个道理,这应该是中国传统哲学中"天人合一"最早的明确表达。

董仲舒在《同类相动》中,对天人同类相感有详细的表达:

> 今平地注水，去燥就湿，均薪施火，去湿就燥。百物去其所与异，而从其所与同，故气同则会，声比则应，其验皦然也。试调琴瑟而错之，鼓其宫则他宫应之，鼓其商而他商应之，五音比而自鸣，非有神，其数然也。美事召美类，恶事召恶类，类之相应而起也。如马鸣则马应之，牛鸣则牛应之。帝王之将兴也，其美祥亦先见；其将亡也，妖孽亦先见。物故以类相召也，故以龙致雨，以扇逐暑，军之所处以棘楚。
>
> 天有阴阳，人亦有阴阳。天地之阴气起，而人之阴气应之而起，人之阴气起，而天地之阴气亦宜应之而起，其道一也。明于此者，欲致雨，则动阴以起阴，欲止雨，则动阳以起阳，故致雨，非神也。而疑于神者，其理微妙也。非独阴阳之气可以类进退也，虽不祥祸福所从生，亦由是也。……故琴瑟报弹其宫，他宫自鸣而应之，此物之以类动者也。其动以声而无形，人不见其动之形，则谓之自鸣也。又相动无形，则谓之自然，其实非自然也，有使之然者矣。物固有实使之，其使之无形。[3]351-354

在这篇文章中，体现了董仲舒一贯的对事物细致入微的研究精神，这里对自然现象也做了精细的研究，如乐器之间的共鸣（鼓其宫则他宫应之，鼓其商而他商应之，五音比而自鸣），是一种真实的"感应"，并非有神秘不可知的力量在操纵，是其内在规律的体现（非有神，其数然也）。牛马之间的和鸣，公鸡在黎明时分不约而同地打鸣，这是动物本能与自然信号之间的微妙联系。此外，候鸟长距离迁徙中能够准确识别方向，其中的奥妙人类至今难以完全破解，但肯定有着内在联系。如人的病症与时间、天气等有联系，天气的变化最先在身体不适的人身上有了反应，这都是经验事实。通过自然感官人看到的是一个世界，还有通过自然感官看不到而通过仪器可以测到的世界，如各种射线、粒子等，是我们看不见，平时也很难感觉到的物质，但是它们真实存在，并发生作用，更有通过仪器尚测不到的世界。董仲舒相信这些看不到的物质和力量的存在，并联系着天与人："物固有实使之，其使之无形"；他致力于探索肉眼看不到、也不易感觉到的现象，并深究其原因："谓之自然，其实非自然也，有使之然者矣。"

董仲舒对这些自然现象做了进一步的综合与提升，对"同类感应"做哲学概括，提出一切现象都可以用阴阳五行这些范畴来解释。如果我们仅从这个角度来看，董仲舒是一个多么具有探索精神的古代科学家啊！但是他并不清楚哲学范畴与自然界的具体因果联系有着本质的区别，哲学范畴只是对自然因果律的一种方向性概括，它也可以成为总结经验资料的工具，但这种"总结性的工具"并不能代替对因果联系的具体揭示，离开了这种具体因果联系，仅仅用哲学范畴来推测，必然会发生谬误。比如五行配五脏，五脏之病依五行之次序传递，肝木有病传脾土，这只是一种可能，传之与否，还要看具体病情，"诸法和参"方能正确诊病，仅从五行相生来判断病情，那是庸医杀人的路数。当我们说某物能够燃烧是因为含有"燃素"，这并没有揭示"燃烧现象"的具体机制，但却不是什么也没说，而是说某物燃烧有其内在原因，不是神的意志，所以我们将其称为"哲学的概括"。当我们认识到碳在一定温度下与氧气发生剧烈化学反应，发热、发光，形成二氧化碳，则是揭示了科学因果联系，哲学范畴"燃素"也就被强烈氧化反应的科学术语所取代。

但是限于当时对自然界的认识水平以及董仲舒政治、伦理思想方面的先入之见，董仲舒在科学的认识、哲学概括的基础上又向前迈了一步：不仅认为哲学范畴可以揭示一切因果联系，而且凭这种哲学联系还可以影响甚至决定自然现象。在这种逻辑下，董仲舒并不是有意神化什么，也不是在"神道设教"，而是真的相信：掌握了阴阳五行、同类感应的奥秘，就可以左右风雨。"明于此者，欲致雨，则动阴以起阴，欲止雨，则动阳以起阳，故致雨，非神也。而疑于神者，其理微妙也。"他很自信地说，致雨、止雨可以人工控制，这不是神的力量，也无须借助神，明白了其中微妙的道理，人就可以做到。迈出这一步，就走向了谬误，在董仲舒的笔下，"自然的天"就变成了"神化的天"。班固说："仲舒治国，以《春秋》灾异之变推阴阳所以错行，故求雨，闭诸阳，纵诸阴，其止雨反是；行之一国，未尝不得所欲。"[1]前半部分非常准确地概括了董仲舒把阴阳五行与《春秋》结合的学术脉络，也突出了董仲舒对自己"同类感应"说的自信，但后半部分则失之太远，如果真是那么准确，董仲舒就不会因为对辽东高庙、长陵高园殿的灾异预测差点掉了脑袋。

## 三、人化的"天"

上面主要讨论董仲舒思想中"自然的天"与"神化的天"，这里我们再分析一下"人化的天"。一言以蔽之，"人化的天"就是把"天"以及"天"的规律体现者阴阳五行"伦理化""价值化"。

董仲舒有着独特的阴阳运行观，他认为"十"是"天之大数"，认为此"大数"蕴藏着宇宙运行的规律和奥秘。阳气正月生，出于东北，向南、向西运行，最后入于东北，阴气与之相反。阳气在正东，阴气在正西，此时昼夜平分，为春分；阳气运行到正南为极盛，阴气极衰，为夏至；阳气到正西，阴气到正东，为秋分。阳气出，万物萌生，阳气转盛，万物随之生长繁育，阳气运行十个月，万物成熟，完成一个生长周期；阳气衰则物随之衰，"物随阳而出入，数随阳而终始"，所以十是"天数"，天以十月为一个生长周期，人受孕后，亦历十月而发育完成，是以人天同道。上古圣王制定历法，以阳气出为正月，计算天数以白天为依据，计算年数以阳气运行为依据，"以此见之，贵阳而贱阴也"。从自然节律的角度，董仲舒赋予阴阳以价值意义。从广义的角度上讲，在上的、积极的都属于阳，反之，则为阴。

> 诸在上者皆为其下阳，诸在下者皆为其上阴，阴犹沈沈也。
>
> 是故推天地之精，运阴阳之类，以别顺逆之理。安所加以不在？在上下，在大小，在强弱，在贤不肖，在善恶。恶之属尽为阴，善之属尽为阳。[3]325、326

这段话非常明白地体现了董仲舒阴阳包含着价值意义的观点——"阳尊阴卑"，这是董仲舒阴阳五行思想的一个关键点，对于正确看待董仲舒"天"及"阴阳五行"思想、理解董仲舒的哲学思想，甚至董仲舒的整个思想体系有着非同寻常的重要意义。由于两千年来对董仲舒思想的认识分歧很大，至今也难以统一，分歧的关键之一就在"天"及"阴阳五行"问题上。为了准确理解董仲舒，不至于有所歪曲，需要对他的原文多做一些引证。

>阳为德，阴为刑。刑反德而顺于德，亦权之类也。虽曰权，皆在权成。是故阳行于顺，阴行于逆。逆行而顺，顺行而逆者，阴也。是故天以阴为权，以阳为经。阳出而南，阴出而北。经用于盛，权用于末。以此见天之显经隐权，前德而后刑也。故曰：阳，天之德，阴，天之刑也。阳气暖而阴气寒，阳气予而阴气夺，阳气仁而阴气戾，阳气宽而阴气急，阳气爱而阴气恶，阳气生而阴气杀。是故阳常居实位而行于盛，阴常居空位而行于末。天之好仁而近，恶戾之变而远，大德而小刑之意也。先经而后权，贵阳而贱阴也。故阴，夏入居下，不得任岁事，冬出居上，置之空处也。养长之时伏于下，远去之，弗使得为阳也。无事之时，起之空处，使之备次陈，守闭塞也。此皆天之近阳而远阴，大德而小刑也。[3]326—327

这段文字有两层重要含义：一是由阴阳的属性、阴阳的运行再次论证"阳尊阴卑"。在董仲舒的思想中，阴阳的这种价值含义不是他赋予的，而是他精研阴阳运行而总结出来的"天之属性"。二是阳尊阴卑运用到"刑德"问题上，应该"贵德贱刑"，这是董仲舒政治思想的重要观点。

阴阳与五行相配属，因此五行也有了尊卑等价值意义。

>春秋之中，阴阳之气俱相并也，中春以生，中秋以杀，由此见之，天之所起，其气积，天之所废，其气随。故至春，少阳东出就木，与之俱生；至夏，太阳南出就火，与之俱暖；此非各就其类，而与之相起与！少阳就木，太阳就火，火木相称，各就其正，此非正其伦与！至于秋时，少阴兴，而不得以秋从金，从金而伤火功，虽不得以从金，亦以秋出于东方，俛其处而适其事，以成岁功，此非权与！阴之行，固常居虚，而不得居实，至于冬，而止空虚，太阳乃得北就其类，而与水起寒，是故天之道，有伦、有经、有权。[3]340

因为阴阳是二分，是偶数，要与五行的"五"相配，阴阳又被做进一步的划分，有"少阴""少阳"之说。阴阳各分为二，与五行配属的问题就解决了。五行通过与阴阳配属，并与四季结合，由于阴阳的位置决定四季，五行也相应有其位置。阴阳各分为二也不是董仲舒的创造，在《黄帝内经》中阴阳还分为少阴（阳）、至阴（阳）、太阴（阳），这样分为六种，合并起来与人的十二经脉配属。五行与方位、四季的配属也绝不是董仲舒的创造，《吕氏春秋》"十二纪"首、《淮南子·时则训》等董仲舒之前以及与董仲舒同时的文献姑且不论，《管子》中也有相当多的此类资料，长沙马王堆出土的战国缯书也有四时、五行、阴阳的配属，而且缯书中间为黄色，四周分别为青、赤、黄、白，并有相应的文字表述，这种配属方案在战国时期已经比较成熟了。董仲舒思想的关键在于强调（也不是"创造"）阴阳五行的"价值性"。下面是五行尊卑的论述。

> 河间献王问温城董君曰："《孝经》曰：'夫孝，天之经，地之义。'何谓也？"对曰："天有五行：木火土金水是也。木生火，火生土，土生金、金生水。水为冬，金为秋，土为季夏，火为夏，木为春。春主生，夏主长，季夏主养，秋主收，冬主藏。藏，冬之所成也。是故父之所生，其子长之；父之所长，其子养之；父之所养，其子成之。诸父所为，其子皆奉承而续行之，不敢不致如父之意，尽为人之道也。故五行者，五行也。由此观之，父授之，子受之，乃天之道也。故曰：'夫孝者，天之经也。'此之谓也。"王曰："善哉。天经既得闻之矣，愿闻地之义。"对曰："地出云为雨，起气为风，风雨者，地之所为。地不敢有其功名，必上之于天。命若从天气者，故曰天风天雨也，莫曰地风地雨也。勤劳在地，名一归于天，非至有义，其孰能行此？故下事上，如地事天也，可谓大忠矣。土者，火之子也。五行莫贵于土。土之于四时无所命者，不与火分功名。木名春，火名夏，金名秋，水名冬。忠臣之义，孝子之行，取之土。土者，五行最贵者也，其义不可以加矣。五声莫贵于宫，五味莫美于甘，五色莫盛于黄，此谓孝者地之义也。"王曰："善哉！"[3] 314-317

这里以五行相生类比君臣、父子的伦理。五行与四季又是奇偶关系，为了解决这一问题,董仲舒提出了两种方案。一是在四季中间加一季,也就是在夏与秋之间加一个"长夏","长夏"相当于三伏天。二是把土放在中央,中央为"王者之位",所以董仲舒说"五行莫贵于土"。在与四季关系方面又有两种方案,或"土不主时",即土不属于任何一季,或土"寄王于四季",即土分别在四季之中,每月18天属于"土",合起来为72天。董仲舒说"土之于四时无所命",是因为"土"为"火"所生,"所生"者为父,子不与父"分功名"。但是与五行相配的角徵宫商羽五声、酸苦甘辛咸五味、青赤黄白黑五色中的"宫声""甘味""黄色"都居中央,为最贵,董仲舒说土不单独主一季(与火皆主夏),体现了"孝子"的谦卑,不管地位多高,其子的职责都要担负。同时,董仲舒又说,尽子职的"土"为"五行最贵者也""其义不可以加矣",又涵摄了"土"为帝王的意义,虽为"帝王",但依然要在父母面前尽孝道,强调了"孝"为无可置疑的绝对价值(天之经,地之义),这也是董仲舒作为一代学术大师的精微、通达之处。下面一段也是对此的解释:

> 为人子者,视土之事火也。虽居中央,亦岁七十二日之王,傅于火以调和养长,然而弗名者,皆并功于火,火得以盛,不敢与父分功美,孝之至也。是故孝子之行,忠臣之义,皆法于地也。地事天也,犹下之事上也。地,天之合也,物无合会之义。[3]326

这里有透露出土居中央,各王四季的传统说法,但是又强调土把自己的"功美"全归于其父"火",体现了君臣、父子大伦中,君、父的绝对性,也是"三纲"思想的实质内涵。

站在今天的角度上,董仲舒"伦理化"的天其哲学思想脉络一目了然,先是把"天"及其规律的体现者"阴阳五行"伦理化,然后以伦理化的天证明人间伦理的永恒性。

## 四、以"阴阳五行说"发展儒学:复古还是创造

"自然的天""感应的天""伦理的天"是董仲舒"天论"之三义,

明了此三义，董仲舒的哲学思想即豁然呈露，其关于"天"以及"阴阳五行"思想的是非得失也就找到了解决之道。"自然的天"是其哲学义理合理性的基础，"伦理的天"是其核心观点，"感应的天"是其特点。如果我们把董仲舒放在周、秦、汉这个思想史的长时段分别来看，此三义都不是董仲舒的创造；合起来看，并结合其独特的论证方法，则不能不说是董仲舒的创造。明乎此，不属于董仲舒的"罪过"和"功劳"都可以剥离，属于董仲舒的也确然无可卸辞。

徐复观先生在汉代思想史研究中多有真知灼见，既切合历史实际，又高屋建瓴、深重肯綮，对董仲舒的评价也是如此。比如他说："由其公羊春秋对《春秋》的解释，发生了一大转折，影响到西汉其他经学解释上的转折，乃至影响到先秦儒家思想在发展中全面的转折，在思想史上的意义特为重大。而此一转折，与董氏天的哲学系统是密切相关的。"[4]268 "用现代的语言来表达，他（董仲舒）要使《春秋》成为大一统专制帝国的宪章"[4]308，"《公羊传》是董仲舒进入到自己哲学系统中的一块踏脚石"[4]332，等等，都非常精当。但是徐复观先生说"儒家思想发展到董仲舒，在许多地方变了形；在许多地方，可以把董氏以前与董氏的新说及受董氏新说影响的继起之说，划一个大分水岭。两千余年，阴阳五行之说，深入社会，成为广大的流俗人生哲学，皆可追溯到董仲舒的思想上去"[4]269，则无论从正面还是反面，都夸大了董仲舒的作用。

（一）董仲舒在囊括天人的阴阳五行构架方面并无独创性

对董仲舒哲学思想评价的不确定与摇摆，很大程度上与阴阳五行学说的历史发展脉络认识有关，一种具有很大普遍性的观点是推后阴阳五行说发达以及阴阳五行相结合的时间，而夸大了董仲舒在这方面的创造性，徐复观先生就是如此。徐先生说："五行由国计民生所实用的五种材料，演变而为宇宙间的五种基本元素，且与阴阳二气关连在一起，只能追溯到邹衍。到了《吕氏春秋》，则把五行配入到四时中去，更配上他们认为与四时相应的政令思想，第一次建立了以阴阳五行为依据的宇宙、人生、政治的特殊构造。"[4]269 徐先生认为阴阳与五行结合在邹衍时期，阴阳五行相配，形成囊括天人的庞大系统在

《吕氏春秋》时期才开始，这一度是学术界通行的观点，日本学者金谷治也认为阴阳五行的结合从阴阳家邹衍开始[5]59-64。这种观点的通行，有其特定的时代背景，在思想上受疑古派的束缚，在材料方面未看到或未注意到20世纪70年代以来大量的出土文献。疑古派受康有为影响，把反映春秋乃至更早时期的文献打入另册，认为是伪造，而不能正视传世文献中所反映的阴阳五行说的真实情形。

早在春秋时期，阴阳五行就被糅合在一起，并且与"无味""五色""五声""六畜"等因素联系起来，形成了包括天人的思想系统：

> 则天之明，因地之性，生其六气，用其五行。气为五味，发为五色，章为五声。淫则昏乱，民失其性。是故礼以奉之，为六畜、五牲、三牺，以奉五味；为九文、六彩、五章，以奉五色；为九歌、八风、七音、六律，以奉五声。[6]1457-1458

《管子》中的《幼官》《四时》《阴阳》《五行》等篇章中也显示了阴阳五行的合流的情形，中外学者之所以无视这些材料，主要是受疑古派影响，而不认为它们反映了春秋战国时期的思想观念。马王堆帛书《要》篇有明确把阴阳五行对举的记载：

> 易又（有）天道焉，而不可以日月星辰尽称也，故为之以阴阳。又（有）地道焉，而不可以水火金土木尽称也，故律之以刚柔。又（有）人道焉，不可以父子、君臣、夫妇、先后尽称也，故要之以上下。又（有）四时之变焉，不可以万勿（物）尽称也，故为之以八卦。[7]435

出土文献明白无误地显示了战国时期不仅五行与阴阳关联，而且也建立了包含宇宙、人生、政治乃至灾异等庞大的阴阳五行系统，不仅阴阳五行的结合不是邹衍的"发明"，《吕氏春秋》也只是延续了战国以来的传统，并非首创。当代学者白奚也认为阴阳五行的合流是在"《乘马》《势》《侈靡》《形势解》《水地》《地员》《宙合》《七臣七主》《揆度》《禁藏》等篇中逐步完成的"[8]24-34。《吕氏春秋》既然没有这样的发明权，董仲舒在阴阳五行这个庞大天人系统构建方面的创造性也不能做太高的估价，只不过是沿袭前人说法而已。

## （二）对"天人感应"的新论证

董仲舒最为后世瞩目的就是"天人感应"，有的学者说这是董仲舒的创造，有的说是董仲舒导致了上古宗教、迷信思想的回潮。确实，"天"作为神秘性、主宰性的力量上古时期就普遍存在，《国语》所谓"夫人作享，家为巫史"，甲骨文所记载的大量占卜事实就是明证。但上古宗教、迷信传统是非常复杂的，总的来说，天人之间的交感有两种情况：一种是没有"媒介"，一种是有"媒介"，无论是否有"媒介"都有一套繁缛的程序。没有"媒介"的是通过一定的仪式、程序，神直附体于人，传达神的旨意，在《左传》中有大量的这种神降于人身的记载，包括各种梦的"应验"，也属于神直接对人的启示。此外就是通过神树、神山、玉器等与天沟通，获得天的旨意，张光直先生对这种巫术活动有着比较充分的论述[9]424-454。天人之间靠什么力量来沟通，形形色色、非常复杂，总之是不可见的力量交互感应，张光直将其称为"交感巫术"，法国学者列维－布留尔称之为"互渗律"[10]116-117。

董仲舒的"天人感应"与此有别，他把天人之间的感应"媒介"做了"纯化"，认为"气"是天人得以"感应"的媒介，天地人因为都是一气构成，所以它们之间能够感应，最显著的是乐器中的宫动而它宫应之，"水流湿、火就燥"，其气相同，因而可以相互感应。从这个角度来看，董仲舒有把天人感应"媒介""物质化"的倾向，也体现了汉初力图把自然现象进行高度概括的努力。这实际上是战国、秦汉以来学界对自然现象以及自然哲学认识方面提升的表现。秦至汉初，以气为构成材料的元气宇宙论即已成型，汉代流行的"浑天说"就以"元气宇宙论"为基础，汉初的贾谊，在董仲舒时代成书的《淮南子》对元气构成宇宙的观点有着比较完备的阐述，这是汉代在中国自然哲学方面的主要成果之一，牟宗三先生说汉代哲学受元气宇宙论的决定和影响，与魏晋以来以"空""无"等本体论为核心的哲学体系有着突出的区别，这是很精当的看法[11]1-2。我们说元气宇宙论在汉初定型，是这种思想产生的下限，在战国时期就有此类的说法，如《庄子》"通天下者一气耳""易以道阴阳"，稷下学派学者著作以及

《管子》中的许多篇章都反映了气构成宇宙的思想，只是没有《淮南子》系统、全面。相应地，以元气为"媒介"的万物之间感应、天人之间感应思想也产生了。《吕氏春秋·应同》曰："类固相召，气同则合，声比则应。鼓宫而宫动，鼓角而角动。平地注水，水流湿；均薪施火，火就燥。"并且《应同》也把这种感应延伸到伦理道德与天的感应方面："故曰同气贤于同义，同义贤于同力，同力贤于同居，同居贤于同名。帝者同气，王者同义"，至于灾异与帝王兴衰的内容这是《应同》开篇所声明之义："凡帝王者之将兴也，天必先见祥乎下民。黄帝之时，天先见大螾大蝼……"[12]126-127 可以肯定，《春秋繁露·同类相动》篇文字就是从《应同》中化出，其文字都很相似，在其他论述天人感应以及"人副天数"的部分，也有与《应同》相似的说法。可见，董仲舒吸收了战国、秦汉以来的"元气宇宙论"的思想成果，对其做了新的论证，把"气"作为"天人感应"的"媒介"，这是与春秋及其以前"天人交感"巫术的根本区别。

（三）探究天人与儒学的"再论证"

由上面的分析可见，董仲舒在"春秋学"、阴阳五行说、儒家的礼仪规范等多个方面都有深入的探讨，也有创见，这种创见主要是对相关领域做深化、细化，在他所涉及的问题、学说方面，董仲舒可以称得上是有所发挥的"专家"，但董仲舒的主要创造不在具体领域，而在于把各个具体领域联系起来，做"综合创新"。他最为后人瞩目的是把阴阳五行与儒学结合起来，但是此二者的结合也绝不是始于董仲舒。阴阳五行是一种思维方式，一定程度上也可以说是巫术的思维工具，要看其具体运用的领域，既然是一种工具，任何一家、一派都有运用的"权利"，不是哪一家的"专利"。历史事实也是如此，道家、墨家、法家、兵家都曾运用阴阳五行，儒家也不例外。《周易》《春秋》《三礼》都吸纳了阴阳五行说，尤其是《礼记·月令》体现了包括"天人交互感应"在内的庞大系统，而且《月令》也绝不是汉儒的创造，从甲骨文四方风四方神刻辞、《尧典》关于"四仲星"记载、《夏小正》、《山海经·大荒经》到《逸周书·时则训》以及《管子》中的相关篇章，我们可以看到，从商周以来，以时间节律为经，物候、人事政令以及各种巫术性的"违时悖乱"（不顺季节行事则会造成感应性的灾难）为纬的观念、文献系统，我们也可以称之为"《月令》文献系统"，阴阳五行说就在这一系统中发展壮大的，并实现了二者的结合[13]139。"阴阳家"只不过是把这种上古流传下来的观念做专门的细化，尤其是邹衍以五行为工具，推演王朝兴替而得到了包括燕昭王在内的统治者的推崇而显名，这就是所谓的"五德终始说"。阴阳与五行的结合也不是邹衍的发明。从儒学发展史的角度来看，阴阳五行说只是其包罗万象体系中的一个部分，但是到了董仲舒时期，极大地提高了阴阳五行说的地位，将其作为论证儒家伦理规范合理性、帝王必须尊崇的哲学工具，这是董仲舒对儒学的新发展。具体来说，董仲舒以"自然的天""哲学的天"来强化"人化的天"（或云"义理的天"、道德的天）；在经典方面，以《公羊春秋》为中心，重新阐释儒家伦理、价值观系统，结合景帝、武帝时期的政治实际与思想实际，使儒学跻身到国家最高统治思想行列。

"人化的天"（"义理的天"）也不是董仲舒的发明，这是西周以来的旧传统，《易》系辞所谓"天尊地卑"就是天地伦理化的体现，阴阳配天地，阴阳也随之被伦理化。从西周以来，"天"是一个逐步被去神秘化而走向自然化的过程，孔子即明确地把"天"解释成自然现象、自然力量，到荀子而达到高峰。董仲舒强调"天人感应"的"灾异"说，确实是神秘性、巫术性思想回潮的体现，这一点不容否认。从人类认识史的角度来说，在学科尚不足以充分揭开自然奥秘之前，迷信思想总是有存在的余地，无法根绝；在帝王权力达到极峰、要求思想高度统一的形势下，迷信思想就被激发而大幅弥漫。

**参考文献：**

[1] 班固：《汉书》卷五六《董仲舒传》，中华书局，1962年。

[2] 晁福林：《论殷代神权》，《中国社会科学》1990年第1期。

[3] 苏舆：《春秋繁露义证》，钟哲点校. 中华书局，1992年。

[4] 徐复观：《汉代思想史》（二），九州出版社，2014年。

[5] 金谷治：《五行说的起源》，曲翰章译，《哲学译丛》1990年第3期。

［6］杨伯峻：《春秋左传注》（修订本），中华书局，1990年。

［7］陈鼓应：《代价文化研究》（第三辑），上海古籍出版社，1993年。

［8］白奚：《中国古代阴阳与五行说的合流——〈管子〉阴阳五行思想新探》，《中国社会科学》1997年第5期。

［9］张光直：《中国青铜时代》，生活·读书·新知三联书店，1999年。

［10］列维—布留尔：《原始思维》，丁由译，商务印书馆，1981年。

［11］牟宗三：《才性与玄理·原版自序》，广西师范大学出版社，2006年。

［12］吕不韦：《吕氏春秋·应同》，《诸子集成本》，上海书店，1986年。

［13］武占江：《中国古代思维方式的形成及特点》，陕西人民出版社，2001年。

本文为"2020中国·衡水董仲舒与儒家思想国际学术研讨会"提交的论文。

武占江（1969—），男，河北沽源人，河北经贸大学图书馆教授，历史学博士。

# 董仲舒所论"身行之志"

郑朝晖

董仲舒是汉代今文经学的代表性人物,著作集《春秋繁露》(以下简称《繁露》)的真实性虽遭部分学者质疑,但其内容皆属于汉代文献,则无疑议①。《繁露经》汇辑而成一书,以《春秋》为主词,

---

① 宋人王尧臣曾质疑《春秋繁露》的完整性,明人胡应麟怀疑《春秋繁露》的书名有误,当为《董仲舒》或《公羊董仲舒治狱》,清人姚际恒、周中孚继承了这个观点。指称《春秋繁露》为伪书则始于宋人程大昌,认为辞意浅薄,后黄震认为除对胶西王越大夫不得为仁外,其书皆烦猥,清人黄云眉完全否定了《春秋繁露》的书名及内容的真实性,近人戴君仁则以为贤良三策言阴阳不言五行,故《春秋繁露》为伪,日人田中麻纱已则以五行之相生相胜为判定董氏五行思想的真伪标准。朱熹虽称董氏为纯儒,然对于《春秋繁露》亦怀疑其真实性,四库提要做了折衷的判断,认为《繁露》虽保存了汉代的众多文献,但非全部为董氏之作。清人苏舆认为《繁露》是一部辑录性著作,对其真伪应当逐篇分析,有些篇章是可信的,有些则是其他作者的文献。美人桂思卓接受了汇编性著作的观点,认为可将全部文献视作汉代作品,分成解经编、黄老编、阴阳编、五行编、礼制编,其中解经编、阴阳编、礼制编可信度较高,而黄老编、五行编则可信度较低。可见,桂思卓采取了审慎信任的态度,认为文献的部分可疑性不能证明整个文献不可信,即便是文本内部的矛盾也不一定能说明繁露在整体上有问题。与桂思卓不一样,徐复观则坚信《繁露》为董氏之作品集,并主张衡定文本真伪要从中国思想史的全面来把握,"只有残缺,并无杂伪"。参徐复观:《两汉思想史》(第二卷),华东师范大学出版社,2001年,第192—195页;桂卓思著,朱腾译,《从编年史到经典:董仲舒的春秋诠释学》,中国政法大学出版社,2010年,第50—55、85—86、128—129页。

从其基本思想倾向而言，全书文本有其一致性①。学界多倾向于将董氏之学归纳成天的哲学，倘若考虑到儒家思想的发生史，以及董氏之学兼顾天、人、言三个论域而言，将"志"的论述视作董氏之学的核心，或许更加妥当②。然而董氏所说的"志"，并非是指意识哲学或

---

① 对于《春秋繁露》的整体思想，有的学者认为其基本内容可以分成多组，如徐复观将其分成春秋学、天的哲学、礼制思想三个部分，桂思卓分成五个部分，并认为其思想很难统一起来。有的学者认为其基本内容是一个整体，如苏舆认为《繁露》之书"可以多连博贯"，众多观念可以视为一个整体，周桂钿则认为董氏的思想是政治哲学思想体系，可概括成"屈民而伸君，屈君而伸天"，而张实龙认为董学是一个整体，由春秋之言、天象与仁义之意构成。有的学者则认为董氏的春秋学是一个变化过程，如邓红认为董氏的春秋学有非天论的"春秋学"与天论的"春秋学"之别，其间是因为董氏对天的觉悟点为界限的，他也以奉天法古说明了两者的一致性。参徐复观：《两汉思想史》（第二卷），华东师范大学出版社，2001年，第192—195页；桂卓思著，朱腾译：《从编年史到经典：董仲舒的春秋诠释学》，中国政法大学出版社，2010年，第54、128页；苏舆：《春秋繁露义证·自序》，中华书局，1992年；周桂钿：《春秋繁露·前言》，中华书局，2012年，第3页；张实龙：《董仲舒学说内在理路探析》，浙江大学出版社，2007年，第214页；邓红：《董仲舒的春秋公羊学》，中国工人出版社，2001年，第19—34页。

② 严格说来，对董氏书中"志"的探析，尚无专门之分析，一般多从动机、意志的角度稍做探究，如周辅成从道德意志的角度对天志进行了唯心主义批判，周桂钿有"贵志论"对董氏的人行之志进行了分析，认为董氏之志表明其更重视精神性的动机，桂思卓亦从动机与意志的角度分析了人行之志。他们并没有将"志"作为董氏学中的贯通性概念来进行具体分析，但是，"志"的重要性并不因学者未自觉而完全被遮蔽，它往往通过学者们的其他论述显现出来，如桂思卓对春秋普遍化的讨论、邓红将天论的春秋学视作一种觉悟、徐复观在讨论董学方法时明确指出志的贯通作用，"由文字以求事故之端；由端而进入于文义所不及的微眇；由微眇而接上了天志；再由于天志以贯通所有的人伦道德，由此以构成自己的哲学系统"，尽管徐氏还没有意识到志对天行之志、人行之志、言行之志的全方位贯通。参周辅成：《论董仲舒思想》，上海人民出版社，1961年，第62—74页；周桂钿：《董学探微》，北京师范大学出版社，2008年，第215—230页；邓红：《董仲舒的春秋公羊学》，中国工人出版社，2001年，第19—34页；桂卓思著，朱腾译：《从编年史到经典：董仲舒的春秋诠释学》，中国政法大学出版社，2010年，第154—164、183—190、208—221、233—234、134—136页；徐复观：《两汉思想史》（第二卷），华东师范大学出版社，2001年，第206页。此外，依笔者浅见，就儒家思想的发生史而言，自孔子指出礼后有仁后，孟子、荀子分别指出所谓情欲意义上的善端恶欲，孟子的恻隐、羞恶、辞让、是非四端，与荀子的好利、疾恶、有欲、计算四欲，是由仁行进步到心情，而董氏则进一步深入到心志的层次，不过，无论是仁行、情欲，还是心志，孔孟荀董皆是从身体行为的角度进行讨论的，仁情志所涉及的心均是具有身体意味的心，仁情志也是体现在具体的行为之中的。

心灵哲学所言的意志、意向，而是指无形身体意味上的行为倾向，无论是天行之志、类行之志还是言行之志而言①。董氏将个体的心看作是无形的身，有形之身的道德倾向是无形之身的行为倾向的自然显现。他对天行之志、类行之志、言行之志的理解，都是建基在个体身心关系的类推之上，因而"身行之志"是董氏关于"志"的思想的底层喻体。

## 身行之志

《春秋》学重视辨志，"《春秋》之论事，莫重于志"②（《玉杯第二》，第25页），其好微言即体现在对志的重视上，"《春秋》之好微与？其贵志也"（《玉杯第二》，第38页），它善于将天的"微"妙之志"体现"出来，"其辞体天之微"（《精华第五》，第96页）。微妙之志是"无形"的，不是"静而无形者"，而是所谓"动而不形者"（《天道施第八十二》，第472页）。董氏虽也称此动而不形者即是"意"，是"进止之形"的"所以"，"所谓不见其形者，非不见其进止之形也，言其所以进止不可得而见也"（《立元神第十九》，第171页），但"所以"之意，很难从本质根据或自由意志的角度进行理解，更适于从有形行动之根源的角度理解。"所以"与"进止之形"的关系，从董氏经常将"微"与"始"两个概念紧密关联在一起进行论述可以推知，当理解为转动方向盘而导致轮胎转向的驱动关系。所谓"贵微重始"（《二端第十五》，第156页），从"阳阴入出实虚之处"（《天地阴阳第八十一》，第467页）察天之志，显然是视根源之处的

---

① 中国的现象学研究者认为，中国哲学的重身传统与现象学的现代发展趋势是合拍的，并"从中孵化出吴光明所谓的故事思维、杜维明所谓的体知、王树人所谓的象思维、张祥龙所谓的缘在之在，以及笔者所谓的身体哲学这些中国哲学阐释的新成果，也由此使中国哲学作为一种可公度性的话语开始走向了世界"。参张再林：《中国古代身道研究》，生活·读书·新知三联书店，2015年，第8页。

② 苏舆：《春秋繁露义证·玉杯第二》，中华书局，1992年，第25页。本文原文出处皆自此书，后面只在中括号内注篇名与页码。

行动倾向为志的表现。既然有形之动向是由无形之倾向决定的,溯源工作就是必要的,"必本其事而原其志"(《精华第五》,第92页),"事"即外在行为的善恶,必须根据"志"的善恶来判定,"从贤之志以达其义,从不肖之志以著其恶"(《玉英第四》,第77页),彰扬义揭露恶从而使善恶之志得以区别。

简略而言,人类个体由身心两部分构成,"人皆有此心"(《楚庄王第一》,第7页)。董氏将志字与心字相关联,有时甚至直接称之为"心志"①。辨志也就可称之为"观其心"(《玉杯第二》,第41页),判断事之"当与不当,可内反于心而定也"(《郊语第六十五》,第399页)。正如志非指自由意志,"心"也就不是在心灵的意义上讲的,而是在无形身体的意义上讲的,"体莫贵于心"(《身之养重于义第三十一》,第263页),心只是身体的无形组成部分,尽管与身相较其地位更为尊贵。身体由阴阳之气构成,无形之心由其中特殊的神气构成,"心有哀乐喜怒,神气之类也"(《人副天数第五十六》,第355页)。也可将心理解成"善善恶恶"(《玉杯第二》,第34页)的性体,它像有形身体一样是"不可得革"(《玉杯第二》,第34页)的客观存在,有"肥臞"(《玉杯第二》,第34页)之异即善恶之别。此差别通过"善善恶恶"即存善去恶的无形之动表现出来,"栣众恶于内,弗使得发于外者,心也"(《深察名号第三十五》,第293页),"天之为人性命,使行仁义而羞可耻"(《竹林第三》,第61页)。显现在外有形可见的"善善恶恶"的仁义行为,是内在性命所"使"而由内至外、由隐至显的结果,董氏强调的不是意志的自由选择,而是一种"天然"

---

① 董氏书中,心志连称只有一处,即"内动于心志,外见于事情"。但董氏之"心"字,不仅指人心,还指天心,"仁,天心"。心与志,有时亦可换用,如"虽从俗而不能终,犹宜未平于心。今全无悼远之志,反思念取事""无伤恶之心,无隐忌之志"等之类互文。心与意,意与志,有时亦可换用,如"此无善善之心,而轻救民之意也""事父者承意,事君者仪志,事天亦然"等之类互文。参《二端》,第156页;《俞序》,第161页;《玉杯》,第25—26页;《必仁且智》第258页;《竹林》第47页;《楚庄王》第18页;另参桂卓思著,朱腾译:《从编年史到经典:董仲舒的春秋诠释学》,中国政法大学出版社,2010年,第155页。

的行为趋势。"志为质，物为文"（《玉杯第二》，第27页），"物"指铺陈礼物的外在礼数，"志"指行礼者的敬心，将志物关系理解成文质关系，正是从隐显关系来理解身心关系的。欲使身体行为"归之于仁"（《王道通三第四十四》，第329页），就须通过"治其志"（《王道通三第四十四》，第329页）的方式"以存善志"（《玉英第四》，第78页），保持心"善善恶恶"的本然行为倾向，并视其为人的根本伦理责任，"其动中伦，其言当务，如是者谓之智"（《必仁且智第三十》，第259页），如此方能"无伤恶之心，无隐忌之志；无嫉妒之气，无感愁之欲；无险诐之事，无辟违之行"（《必仁且智第三十》，第258页），形成心志—气欲—行事的外显链条。

董氏以个体身心关系为底层喻体，将之作为天行之志、类行之志及言行之志的类推分析框架。类推所至，心非仅指个体的肉体心，而是泛指万事万物的无形之心，"心，气之君也，何为而气不随也"（《循天之道第七十七》，第448页），故天亦有心，"仁，天心"（《俞序第十八》，第157页）。身也非仅指个体的肉体身，而是泛指万事万物的可见之形，"身犹天也"（《人副天数第五十六》，第356页），"身之与天同"（《阴阳义第四十九》，第341页）。从根本上讲，可见之万事万物可分成天（地）与人两大类，"天气上，地气下，人气在其间"（《人副天数第五十六》，第354页），"三者相为手足，合以成体，不可一无也"①。《春秋》"慎志"②，董氏因之而主张全面辨析天人之志，"人之与天，多此类者，而皆微忽，不可不察也"（《官制象天第二十四》，第218页）。就董氏的具体辨析而言，天行之志、类行之志、言行之志皆有细致的论述。

---

① 《立元神第十九》，第168页。天地人三类，实可简约为天人两大类，董仲舒将天地人视作三类，有其特殊理由，在分析君臣民关系，臣因法地，就因此而分享了志的一些特点，而负有教化民众的责任，可参本文"类行之志"部分。

② 董氏说："案春秋而适往事，穷其端而视其故，得志之君子，有喜之人，不可不慎也。"参《竹林第三》，第56页。

## 天行之志[①]

董氏所言"天"的概念，有统言的天与析言的天两种含义。统言的天是指元气，即混沌未分的气的意义上讲的，是万物的本源，"元者为万物之本"（《玉英第四》，第69页），亦存在于天地万物之中，"元犹原也，其义以随天地终始也"（《玉英第四》，第68页）。天地万物之气，合则为元气，"天地之气，合而为一"（《五行相生第五十八》，第362页），分散而言则为阴阳之气，"分为阴阳，判为四时，列为五行"（《五行相生第五十八》，第362页），阴阳之气流行于四时，显现为五行生克之秩序。析言的天则是指十端之一的具象之天，一端指一个部分，十端是说统一的天由十个部分组成，"天为一端，地为一端，阴为一端，阳为一端，火为一端，金为一端，木为一端，水为一端，土为一端，人为一端，凡十端而毕，天之数也"（《官制象天第二十四》，第217页）。十端之中，人比较特殊，独为一大类，其他九端可以归并为一大类，十端可归并为天、人两大类，"天、地、阴、阳、木、火、土、金、水，九，与人而十者，天之数毕也"（《天地阴阳第八十一》，第465页）。在将人（类）视作一个特殊的类别对待后，统言的天实际上就具有了第二种含义，即自然界的含义（虽然人，无论就个体还是人类而言，都实际蕴含在内）。由天地、阴阳、木火土金水构成的"天"，在董氏看来，可从身心结构的角度进行分析，将"天地"看作身，四时五行视作"天地"的运行方式，将阴阳

---

[①] 对于董仲舒重视志的思想，研究者基于不同的思想预设，有三种典型的分析。一种是基于对宗教的批判意识而将之视为迷信的一种表现，此以侯外庐的神学目的论为代表；一种是基于对宗教的积极面向的肯定而将之视为儒家精神的独特之处，桂思卓十分重视对董氏学说宗教性的讨论；一种是基于儒家的世俗性面向而将之视作某种哲学类型，余治平认为天是董仲舒哲学的信念本体。参侯外庐：《中国思想通史》（第二卷），人民出版社，1957年，第89—108页；桂卓思著，朱腾译：《从编年史到经典：董仲舒的春秋诠释学》，中国政法大学出版社，2010年，第259—265页；余治平：《唯天为大：建基于信念本体的董仲舒哲学研究》，商务印书馆，2003年，第39—48页。

之气看作心，是四时五行运行方式的"所以"。

天地是阴阳气的具现，具象天显现为阳气之象，"藏其形所以为神，见其光所以为明"（《离合根第十八》，第165页），具象地显现为阴气之象，"卑其位所以事天也，上其气所以养阳也"（《天地之行第七十八》，第459页）。而天地的运行方式具体显现在四时五行的运行之中，"天之道以三时成生，以一时丧死"（《阴阳义第四十九》，第341页），"木生火，火生土，土生金，金生水，水生木，此其父子也"（《五行之义第四十二》，第321页），体现了重生的倾向，其根源皆是由阴阳气运倾向决定的，"天地之常，一阴一阳。阳者天之德也，阴者天之刑也。……天之少阴用于功，太阴用于空"（《阴阳义第四十九》，第341页），除阳气是生成力量外，少阴代表秋天收成的季节，是成功的表现，只有太阴才是空丧，因而外显为"三时成生一时丧死"的四时运行方式，展现了"阳尊阴卑"（《阳尊阴卑第四十三》，第323页）的阴阳气运倾向。若考虑到冬天也有太阳之类的细节，则阴阳之气在运行过程中的分配比例，阴气所占甚至只有百分之一，"天出阳为暖以生之，地出阴为清以成之，不暖不生，不清不成，然而计其多少之分，则暖暑居百而清寒居一"（《基义第五十三》，第351—352页）。五行之间的生克关系，也是"阳尊阴卑"关系的显现，"火乐木而养以阳，水克金而丧以阴"①，此将相生关系视作"养以阳"，相克关系理解为"丧以阴"。当然，相生相克关系中，董氏更加重视相生关系，"木受水而火受木，土受火，金受土，水受金也。诸授之者，皆其父也。受之者，皆其子也。常因其父以使其子，天之道也"（《五行之义第四十二》，第321页），将之视作天地生道的原型，此说明五行重相生关系也是阴阳气运倾向的外显。

既然"尊阳卑阴"是阴阳气运倾向，并且"恶之属尽为阴，善之属尽为阳"（《阳尊阴卑第四十三》，第326页），自然而然天的整体运行倾向就表现为仁，"察于天之意，无穷极之仁也"（《王道通三第四十四》，第329页），"天志仁，其道也义"（《天地阴阳第八十一》，第

---

① 《五行之义第四十二》，第321页。水克金，或为火克金之误。

467页)。志与始的概念相关,天志仁就意味着本源是正当的,"元者始也,言本正也"(《王道第六》,第100页)。本源正则具象天地的运行倾向也因之而正,"以元之深正天之端"(《玉英第四》,第70页),也就能够取得四时之用的成功,"以爱利为意,以养长为事,春夏秋冬皆其用也"(《王道通三第四十四》,第330页)。四时运行"三时成生一时丧死",尊阳之外,还须卑阴,"天之生有大经也,而所周行者,又有害功也,除而杀殛者,行急皆不待时也,天之志也"(《如天之为第八十》,第464页),卑阴本质上有利于尊阳的成就,是天志仁"恶恶"的另一个面向,并非崇尚暴力。

## 类行之志[①]

"春秋重人"(《俞序第十七》,第162页),此处所言的人包括个体与类的双重含义,而董氏主要是在人类的尤其是国家层面进行的讨论,"有国家者不可不学春秋"(《俞序第十七》,第160页)。人类为十端之一,大类上与自然天相对为二,"唯人独能偶天地"(《人副天数第五十六》,第354页)。其他的物仅为天地万物中之一物,人的地位则不同,"最为天下贵"(《天地阴阳第八十一》,第466页),并且"超然万物之上"(《天地阴阳第八十一》,第466页)。人的超然地位源于人受命于天,"超然有以倚"(《人副天数第五十六》,第354页)。受命之人与物最大的区别在于"独能为仁义"(《人副天数第五十六》,第354页),拥有显现天的仁义之志的独有赋能,"取仁于天而仁也"(《王道通三第四十四》,第329页)。人是天志的显现,因而人归根结底是一种目的性的存在,"天地之生万物也以养人"(《服制像第十四》,第151页),养人的关键在于爱"气","养生之大者,乃在爱

---

[①] 学界颇为重视董氏的政治学说,甚至将之视为政治儒学的代表。参崔涛:《董仲舒的儒家政治哲学》,光明日报出版社,2013年;姚中秋:《儒家宪政主义传统》,中国政法大学出版社,2013;吴龙灿:《天命正义与伦理:董仲舒政治哲学研究》,人民出版社,2013年。

气"(《循天之道第七十七》,第452页),气之所以应当爱惜,是因为气与神意相关,"气从神而成,神从意而出"(《循天之道第七十七》,第452页),而神意如前所论指阴阳气运倾向。"阴阳之气,在上天亦在人"(《如天之为第八十》,第463页),也就是说,人类如同上天一样,也有近似的身心结构,"人主之大,天地之参也;奸恶之分,阴阳之理也;喜怒之发,寒暑之比也;官职之事,五行之义也"(《天地阴阳第八十一》,第468页),君主被类比为天地之身,奸恶被类比为阴阳,喜怒官职被类比为寒暑五行,似乎君主之志就是指奸恶倾向在喜怒官职中的显现。从人类的角度而言,天地之身也可被视为无形之身,天志可视为包括天地—阴阳的整体身心结构的行为倾向,与之相应,在国家结构中,君主的个人之志并非重点,君主的身心整体被视作国家的无形之身,君主整体身心的行为倾向被视作国家的心志所在,所以董氏说,"志意随天地,缓急仿阴阳"(《如天之为第八十》,第464页)。人类之心中叠加天地身心结构的现象,是自然而然的固有现象,在此特定的意义上,如其心即是如其身,"天固有此;然而无所之,如其身而已矣"(《王道通三第四十四》,第332页)。

董氏之时的国家基本结构是君臣民结构。其中,君被看作国家的心,"一国之君,其犹一体之心也"(《天地之行第七十八》,第460页),也是国之根本所在,"君人者,国之元"(《立元神第十九》,第166页),其地位由上天赋予,"王者受命而王"(《三代改制质文第二十三》,第185页)。臣民被看作国家的身体,与君之间是心体关系,"君臣之礼若心之与体"(《天地之行第七十八》,第461页),"君者民之心也,民者君之体也"(《为人者天第四十一》,第320页)。一般而言,身心关系中,心是根本,身体必须"以心为本"(《通国身第二十二》,第182页),"不可以不顺"(《天地之行第七十八》,第461页)于心,"心之所好,体必安之"(《为人者天第四十一》,第320页)。相应而言,治国化民就必须"崇本"(《立元神第十九》,第168页),国家应当"以君为主"(《通国身第二十二》,第182页),臣子"不可以不忠"(《天地之行第七十八》,第461页)于君,"君之所好,民必从之"(《为人者天第四十一》,第320页),如"草木之应四时也"

(《威德所生第七十九》，第462页)。从兹而言，董氏主张"屈民而伸君"(《玉杯第二》，第32页)，要伸张的就不是君主的威权，而是"不可以不坚"(《天地之行第七十八》，第461页)定的良心，其行为方式也就"不可以不贤"(《天地之行第七十八》，第461页)。

　　君主贤行的第一个表现是"不自劳于事"(《离合根第十八》，第165页)，"以无为为道"(《离合根第十八》，第165页)，以之保持君主的超然地位。君主保持超然地位的要决在于"贵神"(《立元神第十九》，第171页)，而神之所以为神是因为"神者不可得而视也，不可得而听也"(《立元神第十九》，第171页)，因此君主"内深藏所以为神"(《离合根第十八》，第165页)，如此其决策心思就不能被人窥破，"视而不见其形，听而不闻其声"(《立元神第十九》，第171页)，从而在群臣"分职而治"(《保位权第二十》，第176页)之时，可以"载其中"(《保位权第二十》，第176页)，保持最后的决断权，成为众望所归的持中者，使其臣子"自然致力"(《保位权第二十》，第176页)，"莫见其为之而功成矣"(《离合根第十八》，第165页)。

　　君主贤行的第二个表现就是建制度以为防微杜渐之堤防，"圣人之道，众堤防之类也；谓之度制，谓之礼节"(《度制第二十七》，第231页)。所有混乱状况的产生，都是因为"嫌疑纤微，以渐寝稍长至于大"(《度制第二十七》，第231页)，因此君主"章其疑者，别其微者，绝其纤者，不得嫌以蚤防之"(《度制第二十七》，第231页)。"所以安者，臣之功也"(《天地之行第七十八》，第461页)，建制度的关键之一是养贤任贤，"使诸有大奉禄亦皆不得兼小利与民争利业"(《度制第二十七》，第230页)，亲近"群贤"(《离合根第十八》，第165页)是为了达到"神明皆聚于心"(《天地之行第七十八》，第461页)的政治效果，"因臣以为心"(《保位权第二十》，第175页)。建立良好治安的行为方式正在于"得贤而同心"(《立元神第十九》，第171页)，同心之臣是可以作为"君之合"(《基义第五十三》，第350页)而共治天下的贤臣，既可以见情于君主又不威胁君主裁断之权，"比地贵信而悉见其情于主，主亦得而财之"(《离合根第十八》，第165页)。为了达到良好的共治效果，董氏认为所选之贤应当"立成数以为持而四重之"(《官制象天第二十四》，第214页)，也就是根据一年四时十二月的节令之数配贤，"三人而为一选，仅于三月而为一时也；四选而止，仅于四时而终也"(《官制象天第二十四》，第214页)，也就是朝臣之数，不能超过一百二十名，"王者制官，三公、九卿、二十七大夫、八十一元士，凡百二十人，而列臣备矣"(《官制象天第二十四》，第214页)，如此政事就可万无一失。建制度的关键之二是教化民众，使民主动"退受成性之教于王"(《深察名号第三十五》，第302页)，达成"贵贱有等，衣服有别，朝廷有位，乡党有序，则民有所让而不敢争"(《度制第二十七》，第231页)的理想局面。民受"未能善之性于天"(《深察名号第三十五》，第302页)，瞑顽不灵，其名号即是"取之瞑也"(《深察名号第三十五》，第297页)。君主以仁心待民，"泛爱群生"(《离合根第十八》，第165页)，不愿意"独以威势成政，必有教化"(《为人者天第四十一》，第319页)于民，并将教化民众视作自身的天责，"王承天意以成民之性为任者也"(《深察名号第三十五》，第302页)。君主教化民众不依赖于威权，而是"显德以示民"(《身之养重于义第三十一》，第265页)，希望民众心服口服，"乐而歌之以为诗，说而化之以为俗"(《身之养重于义第三十一》，第265页)，从而养成主动接受君主教化的自觉，"不令而自行，不禁而自止，从上之意，不待使之，若自然矣"(《身之养重于义第三十一》，第265页)。此外，臣既然与君共治天下，也就有责任辅助君主教化民众，"厚其忠信，敦其礼义，使善大于匹夫之义，足以化也"(深察名号第三十五，第286页)。

## 言行之志[①]

无论是天行之志还是类行之志，都是动而无形的行为倾向，在董

---

[①] 对于董氏的诠释学分析，学界多见，有的学者从经典化角度给以重视，有的学者从政治哲学视角给以重视。参崔涛：《董仲舒的儒家政治哲学》，光明日报出版社，2013年；桂卓思著，朱腾译：《从编年史到经典：董仲舒的春秋诠释学》，中国政法大学出版社，2010年。

氏看来，只有圣人能看见这无形之志，"天地神明之心，与人事成败之真，固莫之能见也，唯圣人能见之"（《郊语第六十五》，第397页）。"神明之心"是天行之志，"成败之真"是类行之志，皆"人之所不见"（《郊语第六十五》，第397页），圣人能够见此不可见并且说出此不可见，"圣人之言，亦可畏也"（《郊语第六十五》，第397页），《春秋》书记载的圣人之言形之于汉字，其字面意思是记载天人之事，但真正让《春秋》之言令人敬畏的，则是《春秋》以特定方式说出的事情背后的"真心"。春秋通过此特定方式表达出对于"真心"的褒贬倾向，"两言而管天下"（《盟会要第十》，第142页）。两言一指对贤行的褒美之言，"《春秋》之于所贤也，固顺其志而一其辞，章其义而褒其美"（《玉英第四》，第83页），一指对恶行的贬刺之言，"刺恶讥微，不遗小大"（《王道第六》，第109页），从而达致"善无细而不举，恶无细而不去"（《王道第六》，第109页）的从根本上杜绝恶行的效果。《春秋》之言针对"真心"的褒贬倾向，不是体现在文字的直接语义中，而是通过文字的无形部分，即音训与诡辞而表现出来。音训诡辞之法是"见其指者，不任其辞"（《竹林第三》，第51页）的表达方式，它超越辞的表面意义，"以比贯类，以辨付赘"（《玉杯第二》，第33页），从而将潜在的褒贬倾向明示出来。如果不注意区分文字的表面义与书面义，很容易造成名实混乱不符的乱名现象。为了避免乱名现象的产生，"《春秋》慎辞，谨于名伦等物者也"（《精华第五》，第85页），董氏因而主张治理国家的根本在于"正名"（《玉英第四》，第68页）。"万物载名而生"（《天地施第八十二》，第472页），正其"名义"（《天地施第八十二》，第472页）即可起到"进善诛恶"（《王道第六》，第109页）、防微杜渐的作用。

圣人通过正名以显示其褒贬倾向，音训法是其一。"名不虚生"（《郊语第六十五》，第399页），名号皆有发声，声音指示了天意即"真心"所在，"名号异声而同本，皆鸣号而达天意者也"（《深察名号第三十五》，第285页）。选择不同的同音字进行音训便彰显了不同的褒贬倾向，如对于君王二字的音训，"深察王号之大义，其中有五科：皇科、方科、匡科、黄科、往科；合此五科，以一言谓之王"（《深察名号第三十五》，第 289 页），"深察君号之大意，其中亦有五科：元科、原科、权科、温科、群科；合此五科，以一言谓之君"（《深察名号第三十五》，第 290 页），董氏通过"王"的同音字"皇""方""匡""黄""往"、"君"的同音字"元""原""权""温""群"，以褒美君王作为国家良心的职责所在；训士为"守事从上"（《深察名号第三十五》，第 286 页），也有一定的褒美之意；训民为瞑，则显然表明贬刺之意。此外，因为"天不言，使人发其意"（《深察名号第三十五》，第 285 页），指称"物不与群物同时而生死者"的灾异之名①，则是上天对人的无声警示，"灾者天之谴也，异者天之威也"（《必仁且智第三十》，第 259 页），表明了春秋的贬刺之意。表达褒贬倾向的正名方法，诡辞语法是其二。诡辞的褒贬倾向"随其（文）委曲而后得之"（《玉英第四》，第 83 页），委曲是间接的"文"法，"纪季受命乎君而经书专，无善之名而文见贤"（《玉英第四》，第 83 页），纪季受纪侯之命献地于齐，但《春秋》记为纪季献地于齐，是为了讳君之恶并表彰纪季保存纪国宗庙之祀的自污之善，《春秋》所记并无善恶之语但褒贬倾向昭然若揭。

　　《春秋》行文，除了需要根据事实本身进行褒贬之外，还需要考虑《春秋》作者与描述对象之间的情感关系，"于所见微其辞，于所闻痛其祸，于传闻杀其恩，与情俱也"（《楚庄王第一》，第 10 页），亲身所见的事用辞需隐晦，亲耳所闻的事用辞需同情，传闻之事用辞客观公正即可。虽然情感用辞的差异，不影响《春秋》的褒贬倾向，但它会影响文辞描述的轻重、文质与详略，与作者关系亲近的、内心尊重的、年代相近的，文辞描述就更加重视细节、讲究词藻、描写精细，反之，文辞描述就相对轻忽、质朴、简略，"名者所以别物也：亲者重，疏者轻；尊者文，卑者质；近者详，远者略"（《天地施第八十二》，第 471 页）。事实上，文辞的轻重、文质之别亦可归入详略之别一路中去。如《春秋》严夷夏之防，因晋齐之君失礼而贬称晋子齐

---

① 《循天之道第七十七》，第 455 页。"灾"与"异"稍有异，"小者谓之灾，灾常先至而异乃随之"。参《必仁且智第三十》，第 259 页。

子,此时"亲者重"的文法就被称之为"详","《春秋》伤痛而敦重,是以夺晋子继位之辞与齐子成君之号,详见之也"(《精华第五》,第96页)。又如《春秋》慎始重微,因鲁庄公曾追击北戎而至济西是攘夷尊王的表现,此时"尊者文"的文法就被称为"详","公之所恤远,而《春秋》美之;详其美恤远之意,则天地之间然后快其仁矣"(《仁义法第二十九》,第252页)。董氏将辞的情感性与名的褒贬性结合,形成"屈伸之志,详略之文皆应之"(《楚庄王第一》,第11页)的《春秋》新书法。君王音训、灾异音训褒贬有异,然皆详说,其中暗含着伸天的意思,前所引"亲者重"与"尊者文"的详说之例暗含有伸君的意思,而略说的士民音训则暗含有屈民的意思。董氏认为天心仁、君心正,因而所谓屈伸之志,实即伸善屈恶之志,详略书法即是详说以伸善,略说以屈恶,详说齐晋君之恶,其本意还是为了伸张亲夏疏夷的大善。

　　总之,董氏将辨志视作是春秋学的核心。他基于人类个体具有身心结构的现实,以之为底层喻体,类推自然天、人类社会、春秋之言皆有此基本结构:自然天的身心结构是天地之身－阴阳之心,人类社会的身心结构是臣民之身－君主之心,春秋之言的身心结构是文字之身－书法之心。并因其认为个体身心之心,实为神气构成的无形之身体,心之志是无形身体"善善恶恶"的自然行为倾向,身体行为之善由此无形身体行为之善所决定。而类推出,天行之志是"尊阳卑阴"的气运倾向的表现,类行之志是"任贤化民"的政治行为倾向的表现,言行之志是"伸善屈恶"的叙事行为倾向的表现。其中有一点需要特别指出,从董氏将君主视作类行之志的思路看,董氏之伸君将君视作国之良心的显现者,认为君主的唯一责任在于守护国之良心,此对君主而言,其实是莫高的政治要求。此外,需要加以补充说明的是,志之贯通性不仅仅表现在类推之术上,还表现在董氏对名言特殊价值的认知上,他说,"事各顺于名,名各顺于天。天人之际,合而为一"(《深察名号第三十五》,第288页)。从此段文字的描述中可知,"天人之际"的"际"就是指"名",名主要就是描述天人之"志"的。虽然董氏认为人"同而副天"(《人副天数第五十六》,第

357页），天人相互感应，"天地之阴气起而人之阴气应之而起，人之阴气起天地之阴气亦宜应之而起"（《同类相动第五十七》，第360页），但"天无所言"（《循天之道第七十七》，第455页），需要人来代言，使不可见的显现出来，"祭之为言际也与？祭然后能见不见；见不见之见者，然后知天命鬼神"（《祭义第七十六》，第441-442页）。显然，所谓"合而为一"，是指天人之志在"名言世界"之中合而为一并呈现为言行之志［类行之志（天行之志）］，即文字-书法［臣民-君主（天地-阴阳）］的嵌套结构，也就是说，显然结构的无形身体内暗含着隐形的整体身心结构。

本文为"2020中国·衡水董仲舒与儒家思想国际学术研讨会"提交的论文。

郑朝晖（1971—），男，湖北黄冈人，哲学博士。广西大学文学院教授、硕士生导师，广西大学国学研究中心主任。

# 天学下的仁义
## ——论董仲舒对孔孟的整合与得失

宋大琦

董仲舒以大儒身份名显汉世,彪炳千秋,然而唐韩愈列儒学道统曰:"斯吾所谓道也,非向所谓老与佛之道也。尧以是传之舜,舜以是传之禹,禹以是传之汤,汤以是传之文武周公,文武周公传之孔子,孔子传之孟轲;轲之死,不得其传焉。"(《原道》)理学之列道统亦跳过荀、董,直抵北宋。今人或云理学尊思、孟而轻荀、董是门户之见,然理学学脉门户之见果无道理乎?政统、王统之贡献果同于道统、学统乎?回思汉季,天人之学与孔孟之道实大不同,汉儒又特崇孔子,其不同与相承乃儒学史重大问题,前贤早有议论,本文立论基础为:汉儒经学虽以经典注疏为发挥方式,貌似述而不作,其实其规模之宏大远超孔孟,然而其精微根本之处又不如孔孟,以天人阴阳之庙,栖孔孟仁义之魂。本文重点则在于探析董子天人之学怎样纳孔孟之道入其中,其兼容之中是否又有未臻水乳境处。

## 一、董学与孔孟思想方式的不同及原因

以董仲舒为代表的汉儒政治哲学或说礼法学既有形而下的特点又有形而上的特点。说它形而下,因为它所用的都是具体事物进行比附联想思维,没有抽象的概念、严密的推理,论据与结论之间缺乏必然

的联系。说它形而上，它确实是找到世间万物背后那个终极的依据，并且以这个终极依据为起点，推演了人间秩序，解释了整个世界，所用的原理是阴阳五行，推论的方法是比附联想。汉儒呈现给我们的是一套完整的思维、整个的宇宙图示，至于其是否符合事实，那是另一件事。在其自己设定的规则中，所有的环节闭合了，所有的问题得到了解释。尽管有些粗陋简单，但是其继承上古思维，借助注经手段，引之以阴阳五行，把先秦及秦汉各家各派所涉及的法哲学命题、概念整合到一个整体架构之中，不但回答了君权、大一统等基本问题，并试图回答方方面面、无所不包的政治和生活问题，体现了形而上学的典型特征。天人感应说影响之深远，甚至在其已经失去官方哲学的地位后，还在民间进一步发酵，各种奇门之术自其中出，只不过是在经典依附上减少了用《春秋》，更多地用《周易》罢了。我们常见的罗盘就有十八圈，以阴阳太极图为核心，八卦、六十四卦为过渡，五行四方为扩展，通过纳甲法，把九州四时二十四节气等层层代入，层层延伸，事无巨细，包罗万象，演成数理模型，以至于可用计算机代替人工算命，只要给出一个变量，其结果应声而出。

如果以先秦礼法思想为比较系，汉儒礼法学在思维方式上的形而上学化更为明显。在先秦思维中，孔子有关礼、政秩序的主张不求形而上的依据、不求现象背后的主宰。鬼神之事，孔子敬而远之，采取"未知生，焉知死""未能事人，焉能事鬼"的态度；孔子虽多处言天，但是他的天是情感之天而非观念之天，并没有具体规定性；祭祀之事，"祭神如神在""吾不与祭，如不祭"（《八佾》），重在情感的表达，服丧、亲属相隐的依据也是诉诸情感。孔子这些思想是非思辨，如果一定要贴上现代性的标签，我们可以说它是"直觉的"或"情本体的"。孔子仁、礼、欲、矩、正名、天、命等彼此间并未形成一个彼此间有严密关系的完整的体系，孔子也从未像汉儒一样做把它们纳入一个统一体系的努力。如果用一个字来概括孔子的思想，是"仁"，仁是非观念性的，或说是前观念的。孟子的恻隐之心是不学而知，不虑而能的，也是从个体感性出发，而非依外在之理。荀子的礼法学虽主体性思维减弱，增强了客观性，但天人两分，以"养欲"为目的，亦不设定外在之终极依据。孔子躬自厚而薄责于人，并不用圣贤道德要求整个社会，对礼序的主张是中庸的、平俗的；孟子的仁政，不过是把"推己及人"应用到社会政治领域，呼吁统治者以待己之心待人，与民同乐而已；但汉儒把政治看成是被天道规定的，政治家不是从恻隐之心出发推爱于人民，而是认识天道、顺应天道，政治过程首先不是一个人事过程，而是一个天道流化的过程，学者的任务则主要是帮助统治者认识天道、预测天道，并尽力加入统治集团去踏行天道。二者发于人心与求于天道之间的区别十分明显。

汉儒与先秦儒之别与认识自身发展、所处生活环境、当时政治任务都是有密切关系的。从认识自身发展说，在前形而上学早期，天人本一，不必言合，人的自然情感欲望，便是天道的一部分；仁在礼中，价值在事实中，主体性在日用不知之中。形而上学也不是一天就产生的，有其渐进过程，是人的自我意识同自然分离之后，在用思想寻找家园过程中建立起来的观念大厦。实则，孔子之"仁"的诞生，已经意味着事实与价值的分离，是重新寻找回价值的一个努力。形而上学时代后的天人合一，其实是先将人与天的自然合一疏解开，再求机械的合一。费尔巴哈批判宗教，说宗教的本质是人的自我异化说，人按照自己的样子造了上帝，还把自己的本性放到上帝里面去，然后以其为世界创造者进行崇拜，这一批判也适合汉儒之天，适合包括国家、政府等一切被形而上化的观念。设置一个外在于人的至高无上的主体，一切秩序皆以其为依据，从其中流出，这种追寻秩序终极依据的思维是人类共有特征，共同经过的阶段。从所处生活环境说，孔子所处的封建社会尚未脱原始亲缘和谐阶段，人和人之间的"推己及人"是容易被理解和接受的，孟子更强调统治者的推爱责任，而到了荀子那里，显然所基于的人际关系亲情已经淡薄，而功利日益重要。汉儒所处之事，天下经战国、楚汉之战，宗法结构几近破坏殆尽，人间自然亲情以不足以维系社会秩序，需要更有权威性、外在约束力的学说。从当时政治任务来讲，孔子所在时代天下以周室为共主，政治价值是不言而喻的，礼法学说并无形上贯通形下的建构要求，天是高高在上而神秘的，顶多是价值观的抽象保证，而汉代需要建立一套形上贯通形下的完整的政治合法性学说，不但要说明统治者权力的抽象合法性，而且还要说明具体制度举措的具体合法性——合天道性。这样就免不了机械对应，将天道由抽象的保证者具体化为细节的规定者，形而下的器物制度被赋予天道形上色彩，同时天道被拉入形而下之器之中。

汉儒礼法学尽管在制度、价值层面都打着恢复周孔之道的旗号，而且确实在很多方面做到了与先秦社会的形似，但是它并不是像先秦一样以"情实"，即不变的七情六欲和变化的现实条件为制礼依据，而是从观念出发，走上了一条将礼法神学化的道路。即使不将礼法神学化，将任何一种观念上升为形而上者，以此为人间秩序的依据，都将导致以观念体系取代现实关系，以观念来规制现实生活的结果。当明儒提出"心即理"之后，儒家的形而上学开始自我解构，向孔孟的前形而上学回归了。这种回归也是世界各文明告别形而上者统摄的阶段，走入"人人皆是自己的上帝"的个人主义阶段的共同历程，是个人主体性的觉醒和挺立，也是由前形而上学到后形而上学的否定之否定，此系后话，文不多及。

## 二、孔孟之道如何纳入天学框架

孔孟从人的本初存在的情感、情实入手，延伸及公共政治，是比较典型的以人为本，而且归根结底，无论在认识论上还是目的论上，最后都要落实回个人感性情实的最初出发点。而以董仲舒为代表的汉学天命政治学却是以天命、天道为出发点的，情感、情实纳入天道是个体性与公共性的统一。天是一个通过向外部世界的探索而构建起来的带有神圣性、权威性的知识体系，情感虽然也有"人同此心，心同此理"的公共性，但是它毕竟首先体现为个性。在天道与人的情感之间，天道是公共的、抽象的，而情感是个别的、具体的。从认识的两条路线上讲，可以从个别到一般，也可以从一般到个别，其间既可能实现一般与个别的统一，也可能表现为一般扭曲个别，在人类生活而言，就是要牺牲人的个体性来适应"普遍理性"。从人是天生的这一点上来讲，人是天的一部分，又是万物中所见之最高级部分，部分与整体有同构性，而且有些部分还体现了整体的最高结构，从这个角度来讲，"性即理"是能够解决天人一致的问题的。但是，从天到人还是从人到天，儒学中是有路径分歧的。汉儒天人之学走的是从天到人的路径，即将人性、圣人之言、传统价值这些相对的个别纳入天道的普遍框架中。主要有以下两个途径。

（一）天是人性的来源

天是人性的来源有两层意思：1. 天是人"性""情"等自然属性的来源；2. 天也是道德这种今人看来属于社会性的属性的来源。孔子曾曰"天生德予余"，那种人格上的自信到汉儒这里成了精确的咬合。董仲舒云："仁者之美在于天。天，仁也。天覆育万物，既化而生，又养以成之，事功无已，终而复始，凡举归之以奉人。察于天之意，无穷极之仁也。"（《王道通三》）人的道德属性来源于天，"人之受命于天也，取仁于天而仁也"（《王道通三》）。人性也不完全是道德的，也有不道德之处，怎么解释呢？董仲舒将阴阳学引入心性论，曰："天地之所生，谓之性情……身之有性情，若天之有阴阳也。"（《竹林》）人之贪仁二端，仁是性，属阳，善；贪是情，属阴，恶。孔、孟及七十子皆即情而言性，性情不离，性善即情善，而董仲舒将阴阳学引入心性论，性情分离。董说其实也是宋儒性二元论及复性说之滥觞。唐朝儒学复兴第二人、汉学转向宋学的关键人物李翱说："性者，天之命也，圣人得之而不惑者也；情者，性之动也，百姓溺之而不知其本者也。"（《复性书》）从中明显可看出与董仲舒性情说的联系。董仲舒把天的种种自然属性都道德化、目的化了，连老天爷生万物、设四时都是为了人，这叫神学目的论。在其中人性不但是天之所生，而且生之后并不独立，而仍然有天道中的其他因素同构同感、同步运行，天道继续主宰着人道运行。董仲舒在《人副天数》中更是把人的生理结构也与天意义对应，人是天的副本，不过四肢山岳之对应是显性的，阴阳性情之对应是隐性的，通过这种方法，董仲舒达到了先秦性情学说与其天人之学的一致。

(二)孔子是天的使者,代天立言

孔子不语怪力乱神,孟子讲仁义礼智自备于我,荀子讲天人两分,而天人五行体系在宇宙观上是一套形而上学的架构,用阴阳五行的方法从一个至高的外在者"天"推出一套人间秩序。这一套如何与孔子兼容呢?汉儒的做法是将孔子纳入天人体系,具体有四个方面:1. 神化孔子;2. 用神学思维对孔子的思想进行包装;3. 曲解孔子;4. 直接将自己意见伪托于孔子之口(这就是谶纬之学了)。这四个方面不是可以清晰分开的,往往一段话中兼有数者。孔子在生前就得到部分人的极力尊崇,《论语·八佾》载仪封人见孔子后说:"二三子何患于丧乎?天下之无道也久矣,天将以夫子为木铎。"大概是以孔子为"代天立言"之始,但严格说来,时人以及弟子、孟、荀的尊崇大约都是对孔子人格智慧的敬仰,董仲舒继承发扬了这种尊崇。《春秋繁露·俞序》曰:

> 仲尼之作春秋也,上探正天端,王公之位,万物民之所欲,下明得失,起贤才,以待后圣。故引史记,理往事,正是非,见王公……杀君亡国,奔走不得保社稷,其所以然,是皆不明于道,不览于《春秋》也……有国家者不可不学《春秋》,不学《春秋》,则无以见前后旁侧之危,则不知国之大柄,君之重任也……苟能述《春秋》之法,致行其道,岂徒除祸哉,乃尧舜之德也……《春秋》之道,大得之则以王,小得之则以霸。

进而将孔子之言神圣化。孔子代天立言,所立之言主要在《春秋》。《春秋繁露》一书提到"孔子曰""子曰""仲尼曰"的共27处①,对《春秋》之推崇,已经超过了《礼记》对礼的推崇。《天人三策》推崇春秋大义也借用了神学包装。曰:

> 臣谨案《春秋》谓一元之意,一者万物之所从始也,元者辞之所谓大也。谓一为元者,视大始而欲正本也。《春秋》深探其本,而反自贵者始。故为人君者,正心以正朝廷,正朝廷以正百

---

① 黄小明:《春秋纬与孔子的神化》,《社会科学家》2012第10期,第148—153页。

官,正百官以正万民,正万民以正四方。四方正,远近莫敢不壹于正,而亡有邪气奸其间者。是以阴阳调而风雨时,群生和而万民殖,五谷孰而草木茂,天地之间被润泽而大丰美,四海之内闻盛德而皆徕臣,诸福之物,可致之祥,莫不毕至,而王道终矣。

这些都是对孔子的圣化,对孔子思想的神学包装,《五行相生》则开始把孔子人身纳入天人五行体系。曰:"北方者水,执法司寇也。司寇尚礼,君臣有位,长幼有序,朝廷有爵,乡党以齿,升降揖让,般伏拜谒,折旋中矩,立而折,拱则抱鼓,执衡而藏,至清廉平,赂遗不受,请谒不听,据法听讼,无有所阿,孔子是也。"也就是说,孔子为鲁国司寇,证明了他是应于五行之水德而生的。董仲舒肇其始,各种谶纬之书一拥而上,变本加厉,对孔子的神化露骨而至于极其荒谬。

孔子出生怪异。纬书普遍称孔子为"水精""感黑帝而生",《论语·撰考谶》曰:"叔梁纥与征在祷尼丘山,感黑龙之精,以生仲尼。"《春秋纬·演孔图》曰:"孔子母征在游于大冢之陂,睡,梦黑帝使请己。已往,梦交。语曰:女乳必于空桑之中。觉则若感,生丘于空桑之中,故曰玄圣。"

孔子长相神异。《礼·含文嘉》曰:"孔子反宇,是谓仲尼。"《春秋纬·演孔图》曰:"孔子长十围,大九围,坐如蹲龙,立如牵牛,就之如昂,望之如斗。"《孝经·钩命决》曰:"仲尼斗唇,舌里七重。"身上还有符瑞,《演孔图》曰:"孔子之胸有文曰:作定世符运。"

孔子来到人世间,是为了代天立言、为人立法,乃至预言来事。"圣人不空生,必有所制,以显天心。丘为木铎,制天下法"(《孝经·钩命决》),"丘览史记,援引古图,推集天变,为汉帝制法"(《春秋纬》)。孔子甚至预见了汉朝之兴:"夫子素案图录,知庶姓刘季当代周,见薪采者获麟,知为其出,何者?麟者,木精;薪采者,庶人燃火之意,此赤帝将当周。"(《尚书·中候》)

纬书、谶言多伪托孔子之名,抒发己见,一方面是神化孔子言论,另一方面更是借孔子之口神化编者自己的言论,如《孝经·钩命决》中孔子云："欲观我褒贬诸侯之志，在《春秋》；崇人伦之行，在《孝经》。"亦有系统周密，说得比董仲舒还好的，如《易纬·乾凿度》云：

> 子曰："八卦之序成立，则五气变形。故人生而应八卦之体，得五气以为五常，仁义礼智信也。夫万物始出于震。震，东方之卦也。阳气始生，受形之道也；故东方为仁，成于离。离，南方之卦也。阳得正于上，阴得正于下，尊卑之象定，礼之序也；故南方为礼，入于兑。兑，西方之卦也。阴用事而万物得其宜，义之理也；故西方为义，渐于坎。坎，北方之卦也。阴气形盛，阴阳气含闭，信之类也；故北方为信。夫四方之义，皆统于中央，故乾坤艮巽位在四维，中央所以绳四方行也，智之觉也；故中央为智。故道兴于仁，立于理，理于义，定于信，成于智。五者，道德之分，天人之际也。圣人所以通天意，理人伦而明至道也。"

至于曲解孔子原意，也是汉儒之家常便饭，如上文提到的《深察名号》中说"性有善端，动之爱父母，善于禽兽，则谓之善。此孟子之善。循三纲五纪，通八端之理，忠信而博爱，敦厚而好礼，乃可谓善。此圣人之善也""孟子下质于禽兽之所为，故曰性已善；吾上质于圣人之所为，故谓性未善。善过性，圣人过善"，孔子何曾推崇过三纲五纪？故经学虽云"我注六经"，但其实也是思想大于学问，古文经学在这方面比今文经更接近学问本身一些。

孔子这么大本领为什么自己做不了帝王？也是五行不对。按五行相生论，孔子是水精，而周朝五行是属木的，木不能生水，代周者应为火德，而汉朝是属火的。故孔子只能做素王，为汉立法。《春秋纬·元命苞》曰："麟出周亡，故立《春秋》制素王，授当兴也。"

孔子上应黑帝、代天立言、作《春秋》为素王的说法在今文学及谶纬神学那里泛滥成灾，谶纬之学本为附会和解释儒家经典，光武帝之后，一度被称为"内学"，而原本的经典反被称为"外学"。如果这种神学一直泛滥下去，我们甚至很难说经学是用儒学整合了阴阳家，还是用阴阳学整合了儒、墨、道、法各家。

谶纬之学荒诞易见，在其繁荣之时便有不少清醒的思想家反对，如王充、仲长统等，甚至班固在记载董仲舒、刘向之时也不乏微词。值得注意的是，尽管这些人反对谶纬之学和今文经学的思维方式，但对其所维持的核心人文价值（即孔子之道）还是拥护赞成的。纬学衰落之后，其儒家内核保留了下来。从长的历史时段来看，阴阳五行之说为先秦儒道的恢复起到了借壳上市、保驾护航的作用。

## 三、董学得失评价

学者共知，董仲舒的学说是"神学目的论"或"天命政治学"，以政治制度的建构和运行为核心内容，以天为人类社会尤其是政治制度的根本依据，人副天数，仁乃天地之德，人得仁于天而仁，天地运行以阴阳五行为理，人世制度亦仿阴阳五行而立，天人因同构而感应。天人关系亦是伦理关系，天定人命，人仿天秩。这一套架构在孔孟那里可以说是基本没有的，孔孟虽也有志于为政，但以人的生活为中心。《尚书》虽也体现了天命政治观，但三代之天是抽象神秘之天，与人世并不一一对应。在汉儒这里，天命之学由信仰变为"科学"，汉儒一一求索天人之对应、天人之感应，企图达到一个确定、精准的标准。可以说，孔孟的政治学说，是直接由人性出发，是直接的"我欲如此"，然后围绕着"我欲"来言说政治应该如何，而董仲舒的政治哲学则是先言天命、构建天道，再从天人同构之原理构建静态的政治制度，从天人感应之原理预言动态的政治行为。如果用孟子的话来说，孔孟是"由仁义行"，那董学就是先定仁义。仁义在孔孟那里是原概念、出发点、不证自成的，而在董仲舒这里是在天学的知识框架中被安排的，从"天人合一""性即理"的道理来讲，这两条路最后是能够合一的，人心之所欲即是天理之应然，但是其路径毕竟不一样，由天到人的结构毕竟要经过一个知识论的架构过程，这个结构体现了形式大于内容，并且形式中有填充不同内容的可能性。将实质上是人的认识成果的对象当作绝对者来信仰，这极容易造成知识本身的固化，也容易造成"神器被窃"，事实上在后来的历史中不仁不义者取得神圣地位比仁者在高位的比例大得多，这也是后儒对董仲舒正统性提出怀疑的重要原因。而心性之学将标准诉诸每个人的内心,"仁义礼智自备于我,非外铄也",每个人可以凭自己的良知判断是非,将天道根植于人心,良知之所知即是天理,从儒学内部解构了外在威权,今天看来,有更大的开拓出现代性意义的空间。

然而从大众信仰、政治实践的角度上来说,天道总是比人心容易把握的,所以宋代以后官方、士大夫儒学作为学术都趋向了理学,但是民间信仰仍以"老天爷"为主。民可使由之,不可使知之,即使今天,民间阴阳五行之学仍余脉不息,借传统文化复兴之际,甚或有站上潮头之势。但学者应该明白,即使站在政治性、民族性的立场上,也应该看到,在西方文化远远未影响中国之前,在儒学内部也有争论、淘汰、提纯、后出转精的过程。学术意义与实践意义并不完全相同,学术既有自己的独立性,也终归要服务于社会生活,尤其是政治哲学。向外求理的威权式架构与以心定理的立法路数在历史上各有千秋。董仲舒在价值信仰上尊崇孔孟之道,在学理上通过探寻天命建构了外在权威,以天命政治学之框架安排了孔孟心性价值主张。在政治实践上,中国古代社会自汉代以来皆奉行董学,《白虎通义》几乎就是《春秋繁露》的翻版,其不仅是汉一朝一代的法典,而且是整个帝制中国之洪宪[①]。后来虽宋明理学替代了经学义理,但是只替代了辩护理论,并未替代辩护对象。所以当代人称董仲舒为代表的汉代天命政治观为"封建正统政治思想"是有道理的。然而在道统上,毕竟思孟学派到程朱陆王更为体现孔子精神,此在前数百年间已为不刊之论;在学理上,今天以天人感应原理重建具有现代意义的政治哲学恐已离现实太远。后现代在向文明迈进,后现代政治哲学将进一步切去

---

① 今人对《白虎通义》评价极高,侯外庐的《中国思想通史》说"它是一种制度化了的思想,起着法典作用",任继愈主编的《中国哲学发展史》说它"实际上等于一部立法纲要,它以经义形式把统治阶级的意志具体化,成为国家进行活动,实施权力的理论依据",陈寅恪悼王国维的挽文序言中说:"吾中国文化之定义,具于《白虎通》三纲六纪之说,其意义为抽象理想最高之境,犹希腊柏拉图所谓 Idea 者……夫纲纪本理想抽象之物,然不能不有所寄托,以为具体表现之用;其所寄托以表现者,实为有形之社会制度。"

形而上学的尾巴，以个体的绝对主体性为政治实践的基石。以距离远近而论，理学将天理悬置，以人心之所同"公共理性"为阶段性天理的做法更加接近今天的实际生活，然而犹被世人拒绝。民智已开，人欲亦已开的今天，政治哲学可能不再需要种种曲折修饰，变得赤裸裸，使政治承载神圣性之路难矣夫！

本文为"2020中国·衡水董仲舒与儒家思想国际学术研讨会"提交的论文。

宋大琦（1968—），男，法学博士、哲学博士后，山西省社会科学院儒学研究中心主任，副研究员。

# 董仲舒的"天论"简析

宋冬梅

董仲舒生活于西汉中期,历文、景、武帝三代。《汉书·董仲舒传》记载,他"少治春秋","三年不窥园",深究《公羊春秋》"微言大义",成为显赫的儒学大师。景帝时,任博士,讲授儒家经典;元光元年(前134),武帝欲闻治国大道,遂下诏四方,招揽贤才,让地方郡守与诸侯推选贤良博士,董仲舒三篇"对策"提出了以"天论"为核心的"天人感应"说和"大一统"思想,赢得武帝赏识。

## 一、董仲舒"天论"的产生

董仲舒的思想产生于他生活的那个时代,是为了解决当时面临的最大时代课题,即为新政权的合理性建构新的思想体系和政治制度。

秦汉之际,社会政治主体性与社会内部同一性处于失调状态,王权面临着实现权力集中与维护社会统一的现实困境。这导致了王权的合法性经历了多次的建构与危机。秦始皇虽然以法家思想为指导实现了政治上的"大一统",但是由于法家主张以法制,不重德教,重功利,因此他在王权合法性的建构方面过于倚重于事功的建立,而缺乏维护社会同一性的道德与信仰基础,造成了王权合法性的认同危机,最终导致政权灭亡。

西汉建立之初,朝廷汲取了秦亡的教训,采用黄老之学作为国家的指导思想，采取了"与民休息"的统治政策，因而出现了"文景之治"的初步成效。但是，汉承秦制，至汉武帝时代，无为而治的政策已经不能适应建立大一统的政治秩序以及强化中央集权的需要，黄老之学继承和发扬春秋以来的理性主义传统，没有找到护卫王权的合理性本体，因此西汉初年的王权合法性也一直存在着认同危机。在西汉早期的王权建构中，各家学说都积极发挥自身理论优势，参与到王权合理性的建构中，表现为"百家争鸣"的局面。也正是在这样的历史条件下，儒家学说的优势逐渐地显现出来，并通过董仲舒对"春秋公羊学"的创造性诠释，建立了一个以"天论"为核心的系统的王权合法性理论体系。此合法性理论以儒家思想为主，同时吸收了法家、阴阳家和道家等思想学说，完成了"大一统"王权合法性的理论建构，确立了儒家学说在国家意识形态中的独尊地位。在儒家之道与现实政治的结合中，董仲舒创造性地实现了道与势的统一。

## 二、天道

董仲舒所建构的思想体系，以"天"为最高理念，天人感应论是核心内容。徐复观说："董氏的天的哲学是一个大综合：他所用的方法，也是一个大综合。"①

董仲舒论"天"，首先是自然之天。自然之天通过阴阳、五行、四时表现出来，即"天道"。天道也是阴阳、五行之道。他说：

> 天地间有阴阳之气，常渐人者，若水常渐鱼也。所以异于水者，可见与不可见耳。其澹澹也，然则水之居天地之间，其犹鱼之离水，一也。其无间，若气而淖于水。水之比于气也，若泥之比于水也。是天地之间，若虚而实，人常渐是澹澹之中，而以治乱之气，与之流通相淆也。故人气调和，而天地之化美，淆于恶而味败，此易之物也。推物之类，以易见难者，其情可得。治乱之气，邪正之风，是淆天地之化者也。生于化而反淆化，与运连

---

① 徐复观：《两汉思想史》第二卷，华东师范大学出版社，2001年，第240页。

也。(《春秋繁露·天地阴阳》)

正是由于阴阳二气的变化，演化为四季的转换，又分解为五行。董仲舒说："天地之气，合而为一，分为阴阳，判为四时，列为五行。"(《春秋繁露·五行相生》)

在董仲舒这里，作为最高范畴的"天"，是有意志的，同时又是最善的。他说："仁之美，在于天。天，仁也。天覆育万物，既化而生之，有养而成之。"(《春秋繁露·王道通三》) 这样，自然之"天"又具备了人格化的道德属性，表现为"四时"运行的变化中，即：

> 人无春气，何以博爱而容众？人无秋气，何以立严而成功？人无夏气，何以盛养而乐生？人无冬气，何以哀死而恤丧？天无喜气，亦何以暖而春生育？天无怒气，亦何以清而秋就是杀？天无乐气，亦何以竦阳而夏长养？天无哀气，亦何以激阴而夏养长？故曰天乃有喜怒哀乐之行，人亦有春秋冬夏之气者，合类之谓也。《春秋繁露·天辨人在》

在董仲舒的思想体系中，天不仅被赋予有意志，而且被推崇到了极端权威的地位。董仲舒明确指出："道之大原出于天，天不变，道亦不变。"(《汉书·董仲舒传》)"天者，百神之大君也。"(《春秋繁露·郊祭》)

## 三、"天人相与"

在自然之天的基础上，董仲舒提出"天人相与"的"天人关系"论。

人同天地间万物，都是由天所派生的："人之为人本于天。天亦人之曾祖父也。"(《春秋繁露·为人者天》)"天者，万物之祖先，万物非天不生。"(《春秋繁露·顺命》) 在董仲舒的天人感应学说中，人与自然的和谐则表现为人与天的浑然一体。

董仲舒指出："以类合之，天人一也。"(《春秋繁露·阴阳义》) 人是天按照自己的目的和样子而创造出来的副本。董仲舒做了如下推论：

> 唯人独能偶天地。人有三百六十节，偶天之数也；形体骨肉，偶地之厚也；上有耳目聪明，日月组织象也；体有空窍理脉，川谷之象也；心有哀乐喜怒，神气之类也。（《春秋繁露·人副天数》）

不仅人身的自然结构与天相类，人的情感、意志等内心的思想活动，也是与天相类的。董仲舒指出：

> 夫喜怒哀乐之发，与清暖寒暑，其实一贯也。喜气为暖而当春，怒气为清而当秋，乐气为太阳而当夏，哀气为太阴而当冬。四气者，天与人所同有也。非人所能畜也，故可节而不可止也。节之而顺，止之而乱。人生于天，而取化于天，喜气取诸春，乐气取诸夏，怒气取诸秋，哀气取诸冬，四气之心也。（《春秋繁露·王道通三》）

在董仲舒看来，不仅人的形体与情感"副"于天，人的道德亦"皆当同副于天"（《春秋繁露·人副天数》），所谓"仁义制度之数，尽取之天"（《春秋繁露·基义》）。也就是说董仲舒是从天人相类的命题中推衍出了"人道"。正如李泽厚所说的那样："对董来说，天人之间的彼此交通感应，协和统一以取得整个结构的均衡、稳定和持久，这就是'道'，既是'天道'，也是'人道'；既是自然事物的运行法规，也是人间世事的统治秩序。"①

董仲舒认为，和合是"天人关系"的最好状态，无论是阐述宇宙化生还是阴阳变化，他都是把人列入其中，作为一个有机整体来看待的。《春秋繁露·官制天象》中指出：

> 天有十端，十端而止已。天为一端，地为一端，阴为一端，阳为一端，火为一端，金为一端，木为一端，水为一端，土为一端，人为一端，凡十端而毕，天之数也。

董仲舒把人与"天"的有机和谐统一的关系，看成是宇宙存在的根本。他指出：

> 天之序，必先和然后发德，必先平然后发威。……德生于

---

① 李泽厚：《中国古代思想史》，人民出版社，1986年，第151页。

和,威生于平也。不和无德,不平无威,天之道也。(《春秋繁露·威德所生》)

  天地之美恶,在两和之处,二中之所以归而遂其为也。……中者,天下之所终始也;而和者,天地之所生成也。夫德莫大于和,而道莫正于中。中者,天地之美达理也,圣人之所保守也。诗云:不刚不柔,布政优优。此非中和之谓欤?是故能以中和理天下者,其德大盛;能以中和养其身者,其寿极命。……和者,天地之正也,阴阳之平也,其气最良,物之所生也。诚择其者,以为大得天地之奉也。……中者,天之用;和者,天之功也。举天之道,而美于和。(《春秋繁露·循天之道》)

董仲舒继承和发展了先秦以来的和合思想的精髓,所以有时也以"合"来论述宇宙间的这种和谐精神。如在《春秋繁露·基义》中,董仲舒指出:

  凡物必有合。合,必有上,必有下;必有左,必有右;必有前,必有后;必有表,必有里。有美必有恶,有顺必有逆,有喜必有怒,有寒必有暑,有昼必有夜,此皆其合也。

在董仲舒的宇宙模式中,正是由于天地、阴阳、五行以及四时的这种和谐的结构,它们相互扶持、相互交融,成了天地万物生存和发展的契机与源泉所在。所以又说:

  天地之道,虽有不和者,必归之于和,而所为有功;虽有不中者,必止之于中,而所为不失。(《春秋繁露·循天之道》)

## 四、天道与王道

  董仲舒的思想体系最终目的是用以资政的。他以天地之气、阴阳五行来解释天地万物之化生,决不是终极目的所在,而这只是他思想体系的逻辑起点,是本体论的依据所在,因为董仲舒所追求的最终落脚点是:"世治之民和,志平而气正,则天地之化精,而万物之美起"(《春秋繁露·天地阴阳》),所以汉武帝向董仲舒问以"大道之要,至论之极"(《汉书·董仲舒传》)的问题时,董仲舒一开始就提出了

"天人相与"的"天谴"说和"淯化"论:

> 陛下发德音,下明诏,求天命与情性,皆非愚臣之所能及也。臣谨案《春秋》之中,视前世已行之事,以观天人相与之际,甚可畏也。国家将有失道之败,而天乃先出灾害以谴告之;不知自省,又出怪异以警惧之;尚不知变,而伤败乃至。以此见天心之仁爱人君而欲止其乱也。自非大亡道之世者,天尽欲扶持而全安之,事在强勉而已矣。强勉学问,则闻见博而知益明;强勉行道,则德日起而大有功:此皆可使还至有效者也。(《汉书》卷五六《董仲舒传》)

"天人相与"中的人事,能淯化天地之象,是以观察灾异,可反躬自省人所未见之失。故董仲舒说:"《春秋》异之,以见悖乱之征。是小者不得大,微者不得著,虽甚末,亦一端。孔子以此效之,吾所以贵微重始是也。"(《春秋繁露·二端》)

董仲舒虽存"淯化"之论,然其颇采杂说,为谴告之论,则遮掩经义,甚可惜。谴告之说,视天若一大神,授命于人君。政治,则天降祥瑞以赏之;政乱,则天降灾异以罚之。天操二柄以制人君,"欲其省天谴而畏天威"(《春秋繁露·二端》),则人君之为治乱、邪正,乃贪福畏罚,其心已是从私利得失上着眼,何以能体"元"崇本?然董子虽言谴告,亦守其大义,不敢立大神之名,故必谓其天谴之赏罚为自然,云:"莫之危而自危,莫之丧而自亡,是谓自然之罚。"(《春秋繁露·立元神》)其谓天之所以谴告君,亦非只为行赏罚之权,乃欲令其"内动于心志,外见于事情,修身审己,明善心以反道者也"(《春秋繁露·二端》),几乎未失"淯化"之义。

在董仲舒看来,理想的社会应该是一个秩序井然的社会,就应当是一个天、君、臣、民上下关系和洽的社会。为实现这一理想的社会状态,圣明的君王则应该效法天地阴阳之和谐精神来治理国家。董仲舒指出:

> 为人君者其法取象于天也,故贵爵而臣国,所以为仁也,深居隐出,不见其体,所以为神也;任贤使能,观听四方,所以为明也;量能授官,贤愚有差,所以相承也;引贤自近,以备股

肱，所以为刚也；考事实功，次序殿最，所以成世也；有功者进，无功者退，所以赏罚也。是故天执其道为万物主，君执其常为一国主。(《春秋繁露·天地之行》)

董仲舒援引阴阳五行学说来解释《春秋》大义，并以天人相类来为人间的现实制度寻求理论根据。董仲舒说："天下之尊卑随阳而序位。"(《春秋繁露·天辨在人》)并同时做了这样的界定："君臣、父子、夫妇之义，皆取诸阴阳之道。君为阳，臣为阴；父为阳，子为阴；夫为阳，妻为阴。"(《春秋繁露·基义》)而且，这种区分又是绝对的："丈夫虽贱，皆为阳；妇人虽贵，皆为阴。"(《春秋繁露·阳尊阴卑》)董仲舒还把五行的相生、相胜与人现世的道德进行了比附，诸如：

木受水而火受木，土受火，金受土，水受金也。诸授之者皆其父也。受之者，皆其子也。……是故木已生而火养之，金已死而水藏之。活乐木而养以阳，水克金而丧以阴，土之事天竭其中。故五行者，乃孝子忠臣之行也。(《春秋繁露·五行之义》)

五行者，五官也，比相生而间相胜也，故为治，逆之则乱，顺之则治。(《春秋繁露·五行相生》)

"天戒若曰……"，是董仲舒在表述天人感应时常说的一句话。就是说，人世间人们的行为，尤其是天子的行为，都会于天产生"同类相动"的结果，上天会垂示符命祥瑞或灾异以示谴告。董仲舒说：

人受命于天，取仁于天而仁也。是故人之受命天之尊父兄子弟之亲，有忠信慈惠之心，有礼义廉让之行，有是非逆顺之治，文理烂然而厚，知广大而有博，唯人道可以参天。(《春秋繁露·王道通三》)

美事召美类，恶事召恶类。类之相应而起也，如马鸣则马应之，牛鸣则牛应之。帝王之将兴也，其美祥亦先见；其将亡也，妖孽亦先见。物固以类相召也。(《春秋繁露·同类相动》)

四时不同气，气各有所宜，宜之所在，其物代美。视代美而代养之，同时美者杂食之，是皆其所宜也。……春秋杂物其和，而冬夏代服其宜，则当得天地之美，四时和矣。凡择味之大体，

各因其时之所美，而违天不远矣。（《春秋繁露·循天之道》）

董仲舒反复强调，如果君王行仁政德治，那么，现实的表现就会是四时有序而又风调雨顺。董仲舒指出：

> 王正，则元气和顺，风雨时，景星见，黄龙下。……五帝三王之治天下，……故天为之下甘露，朱草生，醴泉出，风雨时，嘉禾兴，凤凰、麒麟游于郊。（《春秋繁露·王道》）

在回答汉武帝提出的"灾异之变，何缘而起"的策问时，董仲舒说：

> 淫佚衰微，不能统理群生，诸侯背畔，残贼良民以争壤土，废德教而任刑罚。刑罚不中，则是二话能够邪气；邪气积于下，怨恶畜于上。上下不和，则阴阳缪戾而妖孽生矣。此灾异所缘起也。（《汉书·董仲舒传》）

这就是说，如果国家的政策失当，造成了社会处于失和的状态，天会发出谴告，如果统治者"谴告之而不知变"，天则会降下更大的灾难，不是为了别的，就是督促当政者行仁政，即"天欲之仁"。

为了实现"以中和理天下"的政治理想，董仲舒继承、发展了先秦儒家的德育教化的思想，他在《举贤良对策》中指出：

> 圣王既没，而子孙长久安宁数百岁，此皆礼乐教化之功也。王者未作乐之时，乃用先王之乐宜于世者，而以深入教化于民。教化之情不得，雅颂之乐不成，故王者作乐，乐其德也。乐者，所以变民风，化民俗也；其变民也易，其化人也著。故声发于和而本于情，接于肌肤，臧于骨髓。故王道虽微缺，而管弦之声未衰也。夫虞氏之不为政久矣，然而乐颂遗风犹存者，是以孔子在齐而闻《韶》也。

在具体的治国原则上，董仲舒主张实行温和的均衡原则，他认为"有所积重，则有所空虚矣。大富则骄，大贫则忧。忧则为盗，骄则为暴"（《春秋繁露·度制》），贫富的两极分化，是造成社会混乱的根源，所以当政者应极力避免这一问题。"使富者足以示贵而不至于骄，贫者足以养生而不至于忧，以此为度而调均之。是以财不匮而上下相安，故易治也。"（《春秋繁露·度制》）

## 五、小结

董仲舒以"天论"中的天人感应来界定人与自然、天与国家治理的关系，在吸收先秦诸子思想的基础上，以阴阳五行理论为其理论框架，建立起这样一套王道政治宇宙观模式，与先秦儒家的思想相比，无疑是独辟蹊径的。

董仲舒的王权合法性理论建构模式从"天"出发，为西汉王权合理性理论找到了形上依据；而关于"人"的理论则是其思想的落脚点，也是其王权合理性理论的现实依据。董仲舒以"天论"建构的王权合理性理论不仅论证了王权存在、统治和享有独尊地位的合理性，而且解释了王权为什么会更替及新王改制的必要性和正当性，完成了"大一统"国家存在的合理性证明，对后世产生了深远的影响。因此，董仲舒被后世学者称为"将汉帝国理论化的哲学家"和为"中国封建社会建构了一套上层建筑"的大儒。

**参考文献：**

［1］丁为祥：《董仲舒天人关系的思想史意义》，《北京大学学报》（哲学社会科学版）2010年第6期。

［2］钟肇鹏主编：《春秋繁露校释》，河北人民出版社，2005年。

［3］班固撰：《汉书》，上海古籍出版社，2003年。

［4］徐复观：《两汉思想史》，华东师范大学出版社，2001年。

［5］黄晖撰：《论衡校释》，中华书局，1990年。

［6］黄开国：《董仲舒的奉天法古》，《衡水学院学报》2013年第2期。

［7］黄开国：《董仲舒"贵元重始说"新解》，《哲学研究》2012年第4期。

［8］刘国民：《董仲舒的经学诠释及天的哲学》，中国社会科学出版社，2007年。

［9］金春峰：《汉代思想史》，中国社会科学出版社，2006年。

［10］冯友兰：《中国哲学史新编》，人民出版社，1998年。

［11］周桂钿：《董学探微》，北京师范大学出版社，1989年。

本文为"2020中国·衡水董仲舒与儒家思想国际学术研讨会"提交的论文。

宋冬梅（1968—），女，山东曲阜人，中国孔子研究院副研究员。

# 驱天道、驭阴阳、制人世
## ——董仲舒的圣人观

葛跃辉

董仲舒认为圣人代表天道，甚至就是天道，圣人厚德简行乃是行天道之事，君主圣王自应听之。圣人沟通天道是通过阴阳变化显示出来的，一年之中阳多阴少就是厚德简刑，这是圣人所提倡的，也是君主应该行天道的根据。董仲舒高扬民众的力量，认为人为天下最贵，原因是人为百物之灵，人人通过阴阳之气接受天道熏陶，自然应该遵从天道。同时人人也可以通过阴阳之气来共同约束君主，然而君主是天道的执行者，拥有绝对权威，对阴阳变化影响最大，君主通过阴阳变化的察觉来实施德治刑罚，阴阳的变化足以显示出以阳为经、以阴为权，君主也应该重德治、轻刑罚，执行得好就风调雨顺、世治民和。

## 一、圣人驱天道、立王道

圣人能体天道，首先在于圣人的身份，圣人不同于君主和民众，是天赋予的。董仲舒在《官制象天》中论述到圣人乃人之智慧及品行的最高体现者，圣人乃是天的选择，同时只有圣人才能体会天道。他认为天有一年四季的变化，每一季节区分三个月。人才的层次有四种：第一种是圣人；第二种是君子，其君子自然指的是有品德能体悟天道的君王；第三种是善人，指的是能够有品质的知人善任之人，自然指的是贤明之人，往往是在某一方面能力特别突出，能辅佐君主治理天下之能臣；第四种是正人，指的是学道之人，往往指读书人，学习伦理纲常并能亲身践行之人，这一层次之人处在学习阶段，但做事行为都应符合天道纲常，行事正派。董仲舒认为这四种人以圣人最为贵，正人之下不足以再区分，也不是天道的选民。能够穷尽天道之人与天道完全相契合自然只有圣人，所以只有圣人才能行王者之事，立王道大业①。我们必须要看到在董仲舒眼中，圣人与王其实并无区别，圣人就是王者，同时能够合于天道。董仲舒认为儒者应该都像孔孟一样，以汤、文武、周公为至圣大贤之人，此处"大贤"之"大"的意思是彰显，把贤明的道理彰显极致即是圣人之事，所以圣人以全部展现天道为己任，以穷究纲常来教化人间，尽自己最大努力来治理民众以提高民众品德。

圣人的任务是制礼作乐，这里制礼作乐便是让人们认同自己的身份所处和贵贱有等，需要强调董仲舒从来没有认为人人生而不平等，他在此表明的是社会需要一套秩序，人人由于天资原因处在不同的位置，在每个位置要做每个位置的事情，如圣人是制礼作乐，而不是亲自去治理民间事务。他不排除每个人上升的可能性，如推崇实行举孝廉，品德高尚之人自然要委以重任，他更强调人人都有所定格的位置，整个社会自然规章有序。在此基础上，董仲舒非但不压制民众，而且还伸张民意，为民施法。在品德道理上为民众开辟上升的道路，同时在经济上保障民众利益，他认为君主如果明白天道自然效法天道，使得地主贵族不得与民争抢利益，这是天理所在。

董仲舒是推崇统一和有序的。他不仅认为圣人制礼作乐，君王应保障民众利益，同时圣人的任务还在于对不懂得天理之人进行规制教

---

① 出自董仲舒《春秋繁露·官制象天》（以下只注篇名）篇"天有四时，时三月；王有四选，选三臣""三臣而为一选，四选而止，人情尽矣。人之材固有四选，如天之时固有四变也"。在此，区分四种选民"圣人为一选，君子为一选，善人为一选，正人为一选，由此而下者，不足选也。是故天选四时，十二而天变尽矣。尽人之变，合之天，唯圣人者能之，所以立王事也"。在这里，只有圣人才能穷尽人情之变化并与天道相契合，所以只有圣主才能立王道、成大业。

导,对有违之人进行相应的区别对待。在此过程中体现出圣人就是民众的保护伞"堤防之类",使得民众知礼学仁,衣服饮食和风俗文化有所区别,身份贵贱有等,这里需要强调"贵贱"并非是人有贵贱,而是人的品质有高下之分,董仲舒自始至终不认为人有贵贱之分,只是在不同的道德水平上有所依附和归心,并提倡不断努力学习圣贤,他认为这是整个社会生活有序运行的保障①。

圣人不仅在日常人伦上对人进行影响和规制,同时在万事万物的认识上,也能体会天意。名实关系是先秦荀子和墨家讨论的重点,董仲舒认为只有圣人能够看出事物之"名"。这里"名"的命制并非随意而为,而是圣人体会天意并对挥发天意而创制的,它代表事物的真实面目②,同时,是非曲直,万事万物也只有圣人才能看清,这是董仲舒的正名思想。除了名,事物还有声和形,董仲舒认为圣人能听到一切事物之声,辨别一切事物之形,这里的声并非声音,声是君主发出的政令,形是君主所做的判断和实施的行为。圣人能够知晓君主政令是否得当,实施的行为是否利善③。

圣人的人品是超越善恶对等的,不能用一般的性善或性恶来理解。董氏认为孟子说的"性善"是基于人与禽兽区分的角度来说的,这一角度并不能清晰地对现实之恶的存在做出解释,也就无法解决善恶之间的紧张。他把人之品质分为三等:"圣人之性不可以名性,斗筲之性又不可以名性,名性者,中民之性。"(《春秋繁露·实性》)所以性善之说是针对中民之性来说的。圣人生而知之,已经超越了性善,只有中民之性经过后天的教化才能成性成善。他认为荀子对性的理解解释出了圣人存在的必要:为天地立法、为人性改善。然而不同

---

① 《度制》一文中,制度规范富贵者不得兼并民众土地等利益。"故明圣者象天所为为制度,使诸有大俸禄,亦皆不得兼小利、与民争利业,乃天理也""圣人章其疑者,别其微者""圣人之道,众堤防之类也,谓之度制,谓之礼节。故贵贱有等,衣服有制,朝廷有位,乡党有序,则民有所让而不敢争,所以一之也"。
② 《深察名号》篇中认为"名则圣人所发天意,不可不深观也"。
③ 《保位权》篇中"声有顺逆,必有清浊;形有善恶,必有曲直。故圣人闻其声,则别其清浊;见其形,则异其曲直",声指君主发出的政令,形指判断。

点在于：荀子认为性本质朴，但有导向于恶的趋势，所以需要不断学习去引导或改造成善，这是"去恶"的过程；而董仲舒认为中民之性没有趋恶的形态，但也不一定会为善，必须要经过伦理纲常的教化才能称之为善。在日常生活就需要伦理纲常作为外在规制，以至于内化到自生之善。教化人性便是圣人的任务，只有圣人才能赋予人性以善的光辉。

综上，圣人本身就是天道，自然能体会天道意志，根据天道来制礼作乐，赋予人类以规则制度和纲常伦理，人性本身质朴，需要经过伦理的教化才能成善，所以圣人不仅能体会天地万物的变化，对人的贵贱品行也能进行相应的分位，使得整个生活以一种统一和有序的方式进行。圣人也就是为天下人兴利除害，教化世间，其中最主要的就是对君主的影响，君主必然要根据王道来实施，上体圣人传达的天意，下体民情，在规则之内实施教化。

## 二、天道与阴阳

然而圣人如何沟通体会天道呢？中间的渠道便是阴阳。圣人能观阴阳变化，在变化中体会天道。董仲舒由天映射到人讲到天人感应，贯穿其中的一个主线便是阴阳。天人能够感应，而只有圣人才能体会到这种感应，普通人是难以体会天道，更体会不到天人感应。而天人感应最终的目的是规正政治，影响统治者的施政方针，集中体现在"尚德缓刑""使德之厚于刑也"。

董仲舒认为天道是由阴阳两种气相互变换而形成的常道，这种常道并非是阴阳，而是阴阳运行所展现的最高之法则。董仲舒认为圣人生而知之，自然能够体察到万事万物的感应和运行。万物运行存在着微妙的变化。作为相反之物的阴阳二气不能同时同地出现。阴和阳具有相反的属性，是一体两面，不能同时出现在相同的位置上，所以"阴与阳，相反之物也，故或出或入，或右或左"[①]。这里不能同时出

---

① 出自《天道无二》，阴与阳的位置是显位与隐位区别，但都同时出现。

入是强调主次关系或显隐关系。

董仲舒从来不认为阴和阳是单独存在的,他认为阴阳两种事物在万物的运行过程中时刻相互配合,成化万物,只是位置上有所不同,成分上有多有少,但不能说纯是阴或者纯是阳。所以没有绝对的只有阳而无阴,或者只有阴而无阳。阴阳总是同时出现,但是位置却不同,方向也不一样。"凡物必有合"则是说明阴阳相互对应配合,然而合必有上下左右。考察阴阳之中在一年之内谁占得多,或者说在事物成长过程之中谁占得多,便很容易得出结论。这个结论用简单的数字也能算出来。需要注意的是中国古代尤其儒家历来把阳看作父体,把阴看作母体,阳是构成事物的材料,阴则是生成事物,董仲舒也认为"天之道,出阳为暖以生之,出阴为清以成之"(《春秋繁露·暖燠常多》),由生到成是自正月至于十月,这样算起来是十个月,如人也是十月怀胎然后生成,所以天道运行的温暖之日多于寒凉,十个月肯定大于两个月,即阳多阴少。阴阳有实位与虚位、显位与隐位的区别。虽然都有可能起主要作用,但从时间长短和地位性质来看阳必然大于阴,天"亲阳而疏阴"。谈这个区别也是在主要与次要的成分上说,不同的是显位与隐位则是说明随时都有阴和阳。由阳多阴少继续类推论证出德与刑。

德和刑的关系是孔子以来儒家一直探讨的中心,然而只有董仲舒援引阴阳观念从理论上加以说明"任德不任刑"的原因,这不得不说是董仲舒的一大创举。他以阴阳的时间长短和地位性质来推导出德教与刑罚的先后、贵贱、主次、显隐之关系。阳主生,阴主杀,阳主予,阴主夺,所以"善之属尽为阳,恶之属尽为阴"①。映射在政治上便是"阳为德,阴为刑",善就是阳,恶就是阴,这里的恶并非是作恶,而是在属性上属于下等,属于从属地位。天道就是一阴一阳的运行,所以德刑并施是符合天道的,圣人就是把德教彰显出来,把刑罚隐藏起来,以此来顺应天意,所以制礼作乐之事自然来自天道。所以君主实施治国之道,必然也要德刑并施。任德而不任刑并非是只实

---

① 出自《阳尊阴卑》,此处善恶只是就属性来说。

行德治，而是把德治发挥到极限，同时也要任用刑罚，德性的彰显必然在刑罚中体现，两者是一体两面，互相促进。这便是"刑者德之辅，阴者阳之助"（《春秋繁露·天辨在人》）。

董仲舒提出德与刑来自天道，自然为刑罚做了论证，为了防止君主乱用刑罚，继而又提出经权，并以此来论证尚德不尚刑的法则。他认为阳是顺行，阴是逆行，这在一切事物中都是普遍存在的，阳是经，永远居于显位，阴是权，永远居于隐位。我们结合上文来看，阳是德，阴是刑，所以德是永恒不变的，刑罚则是特定时期使用的。天道永远是彰显德治，而规避刑罚。董仲舒又对德与刑做了本末的位置区分，认为德是本，刑罚是末，本末倒置必然非王道所为，逆天行事。

## 三、圣人驭阴阳、毅人世

董仲舒认为圣人贯通阴阳，知晓阴阳的变化，通过制礼作乐，影响阴阳，同时又认为人人生活的是个大气场，圣人驾驭世间阴阳的方向，从而符合阴阳运行的天道。这里的驭阴阳并非是指控制阴阳，而是驾驭方向。人人可影响阴阳，然而每个人的影响性小，人人受制于君主，所以君主可通过治理社会进而对阴阳影响最大，可以说主控阴阳的变化，而圣人贯通阴阳，掌握阴阳变化的方向，影响着社会发展的方向。打一个比方，圣人、君主和民众像是一条大船，圣人驾驭着船的方向，君主主控着整艘船，民众便是船员和划桨手。

圣人驾驭阴阳方向首先在于察觉阴阳二气变化。董仲舒认为天地之间为阴阳二气，贯通人与天之间的是天地之气，这天地之气分为阴阳两种，并分为四季和五行。可见，天地之气是一个包含四季变化、阴阳之气和五行运转综合的结果。然而这里面牵涉的重要问题便是人之阴阳二气与天如何贯通，或者说气与道如何贯通？对此董仲舒的解答便是"养"，"天之生人也，使人生义与利。利以养其体，义以养其心"[①]。这里的利并非是争名夺利，而是指一日三餐和基本的物质需

---

[①] 出自《身之养重于义》，此处"利"指身体的物质需求，与"气"不同。

求，利养其身体，仁义养心，养心则是修养品德。然而只有这些还不能够有"气"，"气"在董仲舒的概念里更像有仁德的灵魂，失去就会死去，它一直存在我们人心之中，只不过平时没有在意而已。孟子讲"吾善养浩然之气"，董仲舒认为气对于人具有生命的意义，"民皆知爱其衣食，而不爱其天气。气之于人，重于衣食。衣食尽，尚犹有间，气尽而立终，故养生之大者，乃在爱气"①。所以天赋之阴阳二气对于人具有重要意义，而养气的内容便是仁义之气。

  董仲舒认为"心，气之君"，同时又认为义养于心。由此可知养心在于养义，养身之气养的是天赋之气，这气肯定不是仁义。既然说，心是气之君，这"气"自然指的是身体之灵，区分上文所说的"利"，"利"指的是衣食。这种养生所重视的正是"气"，又说"气尽而立终"则说明气暂且可以理解为现代话语中的"灵魂"。董仲舒把灵魂理解为一种"气"，认为气能影响人的生命，并且它来自天。这种来自天道之"气"只有圣人才能很好地保养存留，这也就论证了只有圣人才能真正与天地之气贯通。身之养重于义，人之养气不仅可使生命的长度有所增益，而且可以影响阴阳二气，从而影响于天。

  荀子讲"制天命而用之"，以人世的行为活动来让天意为人服务，然而并没有从理论上论证人何以影响于天，而真正解决这一问题的应该是董仲舒。他以阴阳二气贯穿于天人之际来论述人可影响于天。"阴阳之气，在上天，亦在人。在人者为好恶喜怒，在天者为暖清寒暑。"② 并且气不会停滞于任何一处，它出入上下、左右、前后，平行而不止。它虽然主要停留在人身体上，但是也不会一直不存在。阴阳之气在于人身，然而并非是指人身上具有天地阴阳二气，而是具备阴阳二气的副本，这也就是无所不存在，"天地之符，阴阳之副，常设于身"也说明人具有命数，如果不注意存养气，则气尽而死。人具有阴阳二气的副本，并以此气影响天地之间的大气场来实现以人影响天。天人感应并非只是单方面由天映射到人，同时人的行为亦可影响

---

① 出自《循天之道》，更偏重于养义存"气"。
② 出自《如天之为》，阴阳之气也在于人身上，与前文"养气"说形成对应。

到天。

然而人之二气何以影响天之阴阳变化？董仲舒明确提出人是天底下最为高贵的：天、地、阴、阳、木、火、土、金、水，与人是天之"十端"。人的高贵之处就是体现在它起于天，而终于人，在此之外是万事万物，所以人事超然于万事万物之上，"人之超然万物之上，而最为天下贵"①。此处具有超然于万物亦是指人，更多的是指圣人，圣人能存气，完美具有仁义之气，并能贯通天地阴阳之气。人作为天下最为尊贵的一端，超然万物之上，其一举一动便足以影响天地阴阳。董仲舒认为人之大地生长万物，与天地相参，所以人的社会治与乱，自然能够影响损益阴阳二气的变化，如果乱政，自然人无法养气，也无法修身，自然造成阴阳失调，社会的不稳定。他认为天地之间，是一个大气场，人生活在气场之内，就如鱼生活在水里面，人本身的气自然能够影响整个气场，人与气自然紧密无间，人离不开气就好像鱼离不开水，气对人的作用就比如鱼对水的作用。天地之间充满着气，就好像虚空一样，然而它却是实在的。人的治乱之气自然与天地之气能够相通。人的治乱之气自然体现在每个人养气的功夫，而养气的功夫又在于修身。圣人之所以影响天地之间的阴阳之气，在于圣人与气的关系，圣人能体察并能驾驭阴阳二气运行方向。君主德治刑罚、施政治乱能使得整个世间之气影响天地阴阳之气，这便是"生于化而反殽化"（《春秋繁露·天地阴阳》）。

董仲舒论证圣人把握阴阳方向和君主施政影响社会之大气场来影响阴阳二气，最终目的正是要君主实施仁政，重视德治，任德不任刑罚。君主作为"人主之大，天地相参"应该深察圣人之意，把握阴阳的变化从而实施德治，实现治世。然而君主主控世间阴阳整体并非一人就能变化天地，其间必有众民的参与，君主应起到开启民智的作用，为民示范。天地之间是一个大气场，圣人或人主作为"天地之参"，其施政的一举一动足以带动整个气场的变化，圣明的君主能够明白阴阳变化之理，厚德简刑，施政得道，从而正气而民和。施政不

---

① 出自《天地阴阳》，高扬了人的主体性。

当，灾异便起。

## 四、结语

　　董仲舒先是通过圣人能体悟天道开始，认为圣人就是天道，圣人之言符合整个社会的发展之需，是时世的标准。天道在现实的体现，是以阴阳的变化为载体，以阴阳的多少为方式，天道厚德简刑，任德不任刑，德是经，刑是权，德为主，刑为辅。只有圣人上通天道，为世间立法，通过教化人世，使人讲道德，从而驾驭阴阳之变化，驱动天道发展。君主作为人主，应该体察天道法则，注重教化，充分认识到民众的作用：每个人都可以对天地阴阳之气进行影响，只是有多有少，君主的施政政策对世间阴阳之气影响最大。社会之气场的营造是君主之责，尚德缓刑、施政得当、符合天道，自然风正气清、世治民和，否则灾异四起、祸患不断。

　　原载于《衡水学院学报》2020年第2期。
　　葛跃辉（1993—），男，安徽涡阳人，上海师范大学哲学与法政学院在读硕士。

# 董仲舒的宇宙论图式[①]

夏世华

秦汉之际，基于一套以阴阳五行学说为内核的宇宙论来展开思想系统，较为鲜明地体现于诸如《吕氏春秋》《淮南子》《春秋繁露》等书中，它们对宇宙论的阐述，可谓各有特色。仅就《春秋繁露》而言，有学者曾说："目前所能看到的秦汉以前的文献中，董仲舒的《春秋繁露》对阴阳五行学说的论述应该是自春秋战国以来最为系统、最为详尽的，这是董仲舒在阴阳五行学说史上的第一大贡献。"[1]在《春秋繁露》的《阴阳位》《阴阳终始》《阴阳义》《阴阳出入上下》《天辨在人》《天道无二》等篇中，董仲舒对阴阳的布位和运行法则所做的说明，确实是目前已知文献中"最为系统、最为详尽"的，然而，如果对董子在说明阴阳布位与运行法则时所依据的宇宙论图式没有足够了解，那么要深入理解董子系统而详尽的说明，也非易事。前贤对这种图式已经有所拟构，但尚有值得商榷之处。本文拟先考察前贤研究董子阴阳学说时所画的宇宙论图式，然后尝试引入1977年安徽阜阳双古堆M1号西汉淮阴侯墓出土的六壬式盘来作为理解董子阴阳学说的宇宙论图式。

---

① 基金项目：本文系国家社会科学基金一般项目"西汉儒家政治合法性思想研究"（19BZX053）的阶段性成果。

## 一、对董仲舒宇宙论图式的拟构

在论述阴阳的布位和运行法则时，董仲舒提到了诸多关于宇宙论的要素和术语，以至于让人能感受到他似乎有一幅完整的宇宙论图式在胸中，可是这幅图式究竟是什么样子的？《春秋繁露》并未留下其具体样式，而仅有文字的描述。为了能够更好地理解董子的阴阳学说，学者们尝试着根据董子所提到的要素和术语，去重构那幅图式。比如李威熊、王永祥都先构造了一幅阳气起于东北而尽于西南、阴气起于西南而尽于东北的阴阳布位图（图1、图3），然后据"阳气始出东北而南行""阴气始出东南而北行"（《阴阳位》，本文引《春秋繁露》原文，直接标注篇名）及相关论述，绘制出董子的阴阳布位和运行图（图2、图4）。这样的图式还可以更加复杂，周桂钿据《淮南子》画了一幅西汉早期流行的宇宙图式（图5），又为了表达阴阳的出入、上下，绘出比图2、4更复杂的图式（图6）。就这几组较有代表性的图式，有些问题需要进一步探讨。

第一，方向问题。以上几组图式所采用的都是上北下南、左西右东这种今人习知的地图方位。这或许是为了迁就今天读者的方位习惯，然而这个方位却和董子所用的方位正好相反。在阐述五行、四兽等观念时[①]，董子有着明确而统一的方位，其言曰：

木居左，金居右，火居前，水居后，土居中央，此其父子之序。（《五行之义》）

剑之在左，青龙之象也；刀之在右，白虎之象也；韨之在前，朱鸟之象也；冠之在首，玄武之象也。（《服制像》）

根据这两条，可以复原出董子关于五行（图7）和四兽（图8）布位的图式，五行和四兽方位一致，图式可以叠加（图9）。不仅如此，董子还经常将五行、五色与四时、方位等关联起来，如《五行逆

---

① 《淮南子·天文训》云"其兽苍龙""其兽朱鸟""其兽黄龙""其兽白虎""其兽玄武"。

顺》云"木者春""火者夏""土者夏中""金者秋""水者冬",《五行相生》云"东方者木""南方者火""中央者土""西方者金""北方者水",《治水五行》云:

> 日冬至,七十二日木用事,其气燥浊而青;七十二日火用事,其气惨阳而赤;七十二日土用事,其气湿浊而黄;七十二日金用事,其气惨淡而白;七十二日水用事,其气清寒而黑,七十二日复得木。

概括而言,木主春、色青、居左、在东;火主夏、色赤(朱)、居前、在南;金主秋、色白、居右、在西;水主冬、色黑(玄)、居后、在北;土主季夏、色黄、居中。这些要素可以汇于一图(图10)。

在描述阴阳的运行时,董子又用到寅、戌、申、辰等十二支之名,寅与辰属春、申与戌属秋,结合以上图式,可以进一步拟构出一个更复杂的图式(图11),这与《道藏》本《淮南子·天文训》篇所载的图式(图12)和马王堆汉墓出土的《阴阳五行》(图13)等在五行、十二支的布位上是完全一致的。可以说,董仲舒讨论阴阳和五行时诸要素是按统一的上南下北、左东右西的方位来布局的,这种方位在先秦两汉时期比较常见。

前文所列图1—6采取上北下南、左西右东的方向,似乎是为了适应今人习惯的方位,而将董子所使用的方向调转了180度而成。然而,这一调转使得董子以左右来论阴阳运行的话变得费解。在《阴阳出入上下》篇,董子明确说"夏右阳而左阴,冬右阴而左阳",冬至"别而相去,阴适右,阳适左,适左者其道顺,适右者其道逆";夏至"别而相去,阳适右,阴适左。适左由下,适右由上"。如果按照图1—6的方位,冬至阴阳相别之后,就是阴适左、阳适右;夏至阴阳相别之后,就是阴适右、阳适左。"夏右阳而左阴,冬右阴而左阳"也不知何解。在不能轻易否定《春秋繁露》原文的前提下,只好采取一些变通的解释。比如李威熊强调:"董氏所谓的左右,并不是和我们相对方向的左右,而是与我们同方向的左右,须辨乎此,才不至于对董氏此说发生误解。"[2]146 这种方案要求我们改变习以为常的左右观念,固然能勉强说通董子,但殊为曲折,关键在于,并非"董子所谓的左右，并不是和我们相对方向的左右"，而是上北下南、左西右东的方向，并非董子所用的方向。也就是说，是因为调转了董子的南北、东西方向后，董子的左右才变得和我们习惯不同。此外，还有一种解释认为，"从冬至到夏至这一时期，阳从右边经过东方到达南方，是从地面上逐渐进入地下的过程。到夏季，'右阳而左阴'，夏至时刻，阴阳在正南方会合。接着马上又分开，阳从左边经过西方向北去，又是逐渐进入地下的过程。相反，阴从右边经过东方向北去，又是逐渐生出地面的过程。然后在北方相遇，合而为一，那就是冬至时节。"[3]55 这种解释的实质，是把"仲春之月，阳在正东，阴在正西""中秋之月，阳在正西，阴在正东"（《阴阳出入上下》）对应到调转之后的方向中，春时阳在东、在右而阴在西、在左，秋时阳在西、在左而阴在东、在右。这样，在冬至阴阳相别之后，阳在右，阴在左，阳经春而南行，阴经秋而南行，到夏至与阴相遇前，都是阳在右、阴在左，以此来解释"夏右阳而左阴"。同理，从夏至阴阳相别之后，到冬至阴阳相遇之前，阴在右、阳在左，"冬右阴而左阳"。值得注意的是，这种解释一方面调转了上南下北、左东右西的方向；另一方面又采用了我们习惯的左右方位，这就造成了一个新的难题，即在冬至阴阳相别之后，阴在左、阳在右；在夏至阴阳相别之后，阳在左、阴在右。由于阴阳的合别，在冬至、夏至前后，阴阳随着运行线路的推进，会出现既在左边，又在右边的情况，从而与"夏右阳而左阴，冬右阴而左阳"相矛盾。因而，董子所用的左、右，只能是"适左""适右"的动态指向，而非在左、在右的方位。当然，在调转了上南下北、左东右西的方位后，如果不改变左右的习惯方位，就只能说"夏左阳而右阴，冬左阴而右阳"，这又与董子"夏右阳而左阴，冬右阴而左阳"的描述正好相反。需要指出的是，这种解释在五行方位的图示中[3]59，却采用了"与我们同方向的左右"方位。这意味着，按照这样的解释，董子论阴阳运行的方位与论五行的方位是两套不同的系统，实则董子并未在两套方位系统中来分论阴阳与五行。至于说，"古人以右为上，以左为下，上即盛，下即衰，所以'夏右阳而左阴'，即夏季阳盛而阴衰，'冬右阴而左阳'，即冬季阴盛而阳衰"，甚至"所谓出入、上下、左右,皆指阴阳的盛衰而言"[4] 79−81,这种解释显得更加牵强。《老子》云:"吉事尚左,凶事尚右。"古人并非一概以右为上、以左为下,上下与盛衰也难以直接关联。

要而言之,董子在论述阴阳五行学说时,所采用的应是上南下北、左东右西的方位,今人最好直接采用这种方位来进行解释,无需迁就今人的方位习惯,只需交代董子所使用的方位与今人习惯的地图方位有所不同即可。

第二,董子是否创立了一种新的阴阳布位方式。李威熊、王永祥都把《淮南子·诠言训》"阳气起于东北,尽于西南;阴气起于西南,尽于东北"看成阴阳终始法则的"一般"看法(图1、图3),而认为董仲舒讲阳出于东北、阴出于东南,"虽与一般说法不同,但也能言之成理"[2]146。董子的讲法,真的与《淮南子》的不同吗?《易纬·乾凿度》云:"乾坤,阴阳之主也。阳始于亥,形于丑。乾位在西北,阳祖微据始也。阴始于巳,形于未,据正立位,故坤位在于西南,阴之正也。"从阳始于亥、阴始于巳,阳形于丑、阴形于未来看,亥与巳、丑与未均为对角之位,阴阳似乎处于一种对待格局中,然而"阳祖微据始",乾在西北;阴"据正立位",坤在西南。从八卦的布位开始,阴阳就不在一个对列之局中,董仲舒讲"阳气始出东北""阴气始出东南",与乾坤的布位是相应的。用简单一些的思路来描述,阳始于子,阴始于午。阳动而进,形于丑,出于寅;阴动而退,形于未,出于辰。这就是董子所描述的阴阳始出地之处。总之,把《淮南子·诠言训》和《春秋繁露·阴阳位》的记载视为两种不同的系统,可能未必恰当,从阴阳运行之理来说,它们可能只是各言一端而已。

## 二、董仲舒论及的其他宇宙论要素

以上所讨论的几种较为典型的图式,只涉及了五行、四时、十二支等内容,其实在《春秋繁露》中,董子还涉及了很多其他宇宙论要素。

第一,十干和四时之数。《求雨》篇言春旱求雨之法云:

> 于邑东门之外为四通之坛，方八尺，植苍缯八。其神共工，
> 祭之以生鱼八，……祝斋三日，服苍衣，……以甲乙日为大苍龙
> 一，长八丈，居中央。为小龙七，各长四丈，于东方，皆东乡，
> 其间相去八尺。小童八人，皆斋三日，服青衣而舞之。田啬夫亦
> 斋三日，服青衣而立之。

春时求雨，数用八，日用甲乙，方向用东，色用青。与之相类，夏时求雨，数用七，日用丙丁，方向用南，色用赤；季夏求雨，数用五，日用戊己，方向用中，色用黄；秋时求雨，数用九，日用庚辛，方向用西，色用白；冬时求雨，数用六，日用壬癸，方向用北，色用黑。在《求雨》篇中所用的十干、四时之数，是以上图式所未涉及的，从它们与时、方、色的匹配关系可见，这些要素完全可以继续和四时、五行、十二支等整合到一个更复杂的图式中。

第二，二十八宿与斗建之法。在《三代改制质文》篇中，董子在阐述三正三统时说：

> 三正以黑统初，正日月朔于营室，斗建寅。……正白统者，
> 历正日月朔于虚，斗建丑。……正赤统者，〔历正日月朔于牵牛，
> 斗建子。〕①

就二十八宿而言，董子这里明确涉及了营室、虚、牵牛，从秦汉时期较为流行的斗建理论来看，董子的三正，可以视为一个完整系统中最特殊的部分。《吕氏春秋·十二纪》每一纪之首，先记"孟春之月，日在营室"之类的内容，《淮南子·时则训》则表述为"孟春之月，招摇指寅"之类的话，完整的内容可以汇于附表一。

董子的黑统，日月朔于营室，斗建寅，与表中所列孟春之月的日躔和斗建一致，而其白统日月朔于虚，这看似与《十二纪》的日躔位置有所不同。在二十八宿的排列中，婺女紧随虚之后，董子白统的星宿位置，比《十二纪》提前了一个星宿。这种不一致，也曾见于1977年安徽双古堆淮阴侯墓六壬式盘，该式盘的七、九、十这三个

---

① 卢文弨据《尚书大传》《白虎通》补。参阅《春秋繁露》卷七（《二十二子》，上海古籍出版社，1986年，第783页）。

月比上列《十二纪》所载的日躔提前了一个星宿。有学者认为,"这种对应不完全一致是理所当然的。如果历法是太阳历的话,那么在每个月次上太阳所处的星座就是一定的了。但是,当时因为是太阴太阳历,多到能产生20天左右的差池,所以对应上盘星宿的月次只是大约的标准程度"[5]。也就是说,在斗建的不同表述中,日躔位置或有一宿之差,并不足以说明它们是不同的斗建理论。由于原文有缺,如今难以断定董子在讲赤统时日月朔于何宿,即便按清人所补为牵牛,也可如上来理解。

二十八宿之名,除了上引文中提到的营室、虚之外,董子还在《五行变救》篇提及"毕、昴",而董子较为全面概述天象的话,见于《奉本》篇,其言云:

> 其在天而象天者,莫大日月,继天地之光明,莫不照也。星莫大于大辰,北斗常星,部星三百,卫星三千,大火二十六星,伐十三星,北斗七星,常星九辞二十八宿,多者宿二十八九。

这里明确把日、月作为最大的天象,而称北斗为"常星",并提及"二十八宿"。董子可能还有"天有九野"这样的观念。"常星九辞二十八宿"中的"辞",刘师培疑为古"司"字之讹,他说:

> 《御览》一引《尚书考灵耀》云:"中钧天,其星角、亢;东方皋天,其星房、心;东北变天,其星斗、箕;西南朱天,其星参、狼;南方赤天,其星舆鬼、柳;东南阳天,其星张、翼、轸。"以九星分配九天,本于《吕氏春秋·有始览》,盖以今文家分野别谊。董子所云,或即彼说。《楚辞九辨序》云:"故天有九星,以正机衡;地有九州,以成万邦。"亦其证。"九司"者,谓九者各有所主也。[6] 355

辞读为司,在简帛文献中较为常见,刘师培的解释可备一说。从董子所用的东北、东南、西北及东南西北等方位来看,董子从四方五位拓展到八方九宫的方位是完全可能的。

综合以上文献,可以说,董子虽没有完整地列举二十八宿之名以及相应的斗建法则,但他关于三正三统的论述,应该是基于秦汉之际较为流行的一套完整的二十八宿图式以及斗建法则的。

第三，三才架构。董子论及三才架构的地方很多，比如：

  古之造文者，三画而连其中，谓之王。三画者，天地与人也，而连其中者，通其道也。取天地与人之中以为贯而参通之，非王者孰能当是？（《王道通三》）

  天德施，地德化，人德义。天气上，地气下，人气在其间。（《人附天数》）

  人主之大，天地之参也。（《如天之为》）

  由于《春秋繁露》历经流传，已非其旧，董子对以上诸多宇宙论要素是否有更加详细或更加整体的论述，已经不得而知，但仅就今本中已经出现的这些要素来看，董子的宇宙论图式比学者们在论阴阳五行诸篇中已经注意到的要更加繁复，这意味着仍有必要寻求新的图式来理解董子思想系统。

## 三、淮阴侯墓式盘与董子的宇宙论图式

  凭空构想一个能够容纳以上诸多宇宙论要素的图式，实属不易，好在1977年安徽阜阳淮阴侯墓出土的六壬式盘（图14），几乎可以作为一个理解董仲舒宇宙论相关论述的现成图式。淮阴侯墓式盘分天盘和地盘，天盘是一个顶部凸起的圆盘，以北斗居中，以二十八宿环绕其外，且在二十八宿相应星位依次标示十二月。地盘是一个固定的方盘，以子午、卯酉为二绳，四隅为四钩，兼容四方五位和八方九位，分内外三层，最内层书甲乙、丙丁、庚辛、壬癸，中间层书十二支，最外层书二十八宿，其四维分别书"天蠖己""鬼月戊""土斗戊""人日己"。该式盘的这些结构要素，学者已经结合《淮南子·天文训》等汉代文献做了详细比较[7]。结合以上所论，亦可看出，董子在分散的论述中，所涉及的诸如三才架构、北斗、二十八宿、斗建、天干、地支、日月等内容，都涵括于该式盘中，借助于式盘的图式，可以更准确理解董子关于阴阳、五行乃至整个宇宙论系统。

  首先，基于该式盘来解读董子关于阴阳运行的说明。在《阴阳位》《阴阳终始》《阴阳义》《阴阳出入上下》《天辨在人》《天道无二》

等篇中，董子对阴阳的布位与运行法则的系统说明，主要围绕出入、上下、合别、左右、损益、多少等几组基本概念来展开。

第一，阴阳出入与上下。董子论阴阳出入的话，主要有以下这些：

> 阳气出于东北，入于西北，发于孟春，毕于孟冬，而物莫不应。（《阴阳尊卑》）

> 阴，夏入居下，不得任岁事，冬出居上，置之空处也。（《王道通三》）

> 阳气始出东北而南行，就其位也，西转而北入，藏其休也；阴气始出东南而北行，亦就其位也，西转而南入，屏其伏也。是故阳以南方为位，以北方为休；阴以北方为位，以南方为伏。阳至其位而大暑热，阴至其位而大寒冻。阳至其休而入化于地，阴至其伏而避德于下。是故夏出长于上、冬入化于下者，阳也；夏入守虚地于下，冬出守虚位于上者，阴也。阳出实入实，阴出空入空，天之任阳不任阴，好德不好刑，如是也，故阴阳终岁各一出。（《阴阳位》）

> 冬至之后，阴俛而西入，阳仰而东出。（《阴阳终始》）

> 春出阳而入阴，秋出阴而入阳。……阴出则阳入，阳出则阴入……冬月尽，而阴阳俱南还，阳南还出于寅，阴南还入于戌，此阴阳所始出地入地之见处也。……夏月尽，而阴阳俱北还。阳北还而入于申，阴北还而出于辰，此阴阳之所始出地入地之见处也。（《阴阳出入上下》）

> 阴与阳，相反之物也，故或出或入……天之道，有一出一入。（《天道无二》）

> 出入、上下、左右、前后，平行而不止，未尝有所稽留滞郁也。……明阳阴入出、实虚之处，所以观天之志。（《如天之为》）

论阴阳之出，非常明确，阳于孟春始出于东北寅位，阴于孟秋始出于东南辰位。论阴阳之入，则需要分别始入地与尽入地。"阴南还入于戌""冬至之后，阴俛而西入""春出阳而入阴""阳出则阴入"，此皆为阴孟春始入地;"阳北还而入于申""秋出阴而入阳""阴出则阳入",此皆为阳孟秋始入地。"入于西北""西转而北入""阳至其休而入化于地""冬入化于下""出实入实"等,此皆为阳孟冬尽入地;"夏入居下""西转而南入""夏入守虚地于下""阴出空入空",此皆为阴孟夏尽入地。"或出或入",此兼阴、阳之始入而言。"有一出一入""明阳阴入出",此兼阴阳之始入、尽入而言。

弄清了阴阳出入以后,阴阳上下就好理解了。阳孟冬尽入地,孟春始出地,故阳冬三月居下。阴孟夏尽入地,孟秋始出地,故阴夏三月居下。值得注意的是,与阴阳始入地、尽入地的分别相应的,董子应该还有阴阳始出地和尽出地的分别,阳于孟春始出于东北,随着阳日益而鸿大,入夏时,阳就尽出于地;阴于孟秋始出于东南,随着阴日益而鸿大,入冬时,阴就尽出于地。这样,夏季时阳尽在上而阴尽在下,冬季时阴尽在上而阳尽在下,都是阴阳隔绝的状态。

结合阴阳的上下,即可见阴阳的俯仰之别。由于冬季阴在上,阳在下,故冬至合而相别之后,阴由至盛开始逐步衰减,至孟春始入地,这正有"俯"而入之势;同时,阳由极弱开始逐步复苏,至孟春始出地,这正有"仰"而出之势。故董子说"冬至之后,阴俯而西入,阳仰而东出"(《阴阳终始》),反之,夏至之后,阴仰而东出,阳俯而西入。

第二,阴阳合别与左右。冬季阳在地下、阴在地上。阳左行,由亥至子,阳继续衰减至极弱,由子至丑,一阳来复,阳在地下渐形,至寅始出地;阴右行,由丑至子,阴继续增强至极盛,由子至亥,阴盛极而衰,至戌始入地。盛阴与微阳合于子,而后阳继续左行,阴继续右行,相别而去。整个冬季,阳在下、顺行、适左,阴在上、逆行、适右,此即"冬右阴而左阳""逆气右上,顺气左下"[①],右、左

---

① 该句原文作"逆气左上,顺气右下",钟肇鹏云:"'逆气'谓阴气,'顺气'谓阳气。上文云:'阴适右,阳适左',是逆气右上,顺气左下。阴气在上故寒,阳气在下故暖,所以说'故下暖而上寒',则此句当作'逆气右上,顺气左下'。旧本左、右二字误倒,应乙正。"[6]772 其说可从。

皆动词,即适右、适左之意。夏季阳在地上、阴在地下。阳右行,由巳至午,阳继续增强至极盛,由午至未,阳盛极而衰,至申始入地;阴左行,由未至午,阴继续衰减至极弱,由午至巳,一阴复起,阴在地下渐形,至巳始出地。微阴与盛阳合于午,而后阳继续右行,阴继续左行,相别而去。整个夏季,阳在上、顺行、适右,阴在下、逆行、适左。此即"夏右阳而左阴""适左由下,适右由上"。

在冬夏的合别、左右之后,可以继续来了解春秋时阴阳运行的路线。孟春之月,阳始出于寅,顺行经卯、辰而向南,阴始入于戌,逆行经酉、申而向南,此即"春出阳而入阴","春俱南""而不同道"。春分日,阳至正东卯、阴至正西酉而阴阳均衡相半;从孟春至春分,阴强于阳;从春分至季春,阳渐强于阴。孟秋之月,阴始出巳,逆行经卯、寅而向北,阳始入于申,顺行经酉、戌而向北,此即"秋出阴而入阳","秋俱北""而不同道"。秋分日,阴至正东卯、阳至正西酉而阴阳均衡相半;从孟秋至秋分,阳强于阴;从秋分至季秋,阴渐强于阳。

需要说明的是,"阳南还出于寅,阴南还入于戌",有的解释认为"董仲舒以十二支表示阴阳出入的位置"[8]312,有的解释则认为"董仲舒以十二支来表示阴阳之气出入的时间。寅时为凌晨三点至五点,戌时为晚上七点至九点"[9]451,还有的解释综合两说,认为"寅、戌、申、辰,都是时辰,又是方位"[3]57。其实,以位置言阴阳,董子明确说"冬至之后,阴俛而西入,阳仰而东出"(《阴阳终始》),又说"阳气始出东北而南行,就其位也,西转而北入,藏其休也;阴气始出东南而北行,亦就其位也,西转而南入,屏其伏也"(《阴阳位》),可见十二支在宇宙论图式中虽可以作为节点来描述阴阳运行的变化过程,但董子并未将它们与位置概念混杂。至于把十二支看作一日之内的时间,此说可能本于纬书,《春秋繁露校释》在该句注释中引《尚书考灵曜》云:"仲夏日出于寅,入于戌。"[6]772在这条引文中,"日"既是"出于寅"的主语,也是"入于戌"的主语,这与董子分言阳出于寅、阴入于戌是不相应的,而且这条引文还将日出于寅、入于戌明确限定在"仲夏",而董子所言是在冬至之后,可见这里根据日出日入时间来解释，也难以成立。在上文的分析中，本文把十二支理解为与十二月相应的时间，因为根据《淮南子·时则训》"孟春之月，招摇指寅""季秋之月，招摇指戌"，十二支是斗建法则中每月的招摇所指，它本身是与十二月相匹配的。只不过，董子言"春出阳而入阴"（《阴阳出入上下》），"出阳"即"阳南还出于寅"，"入阴"即"阴南还入于戌"，而统以一个"春"字，可见"阳南还出于寅""阴南还入于戌"都是就孟春之月而言的。同理，"阳北还而入于申，阴北还而出于辰"（《阴阳出入上下》）即"秋出阴而入阳"，都是就孟秋之月而言的。因而，确切点说，寅、申是指月的时间，戌、辰是表示在同一时间的不同方位的。

第三，阴阳损益与多少。阴阳的损益与多少，是更具体描述阴阳相推变化之量的特征的，其原则是"以出入相损益，以多少相溉济也"（《阴阳终始》），由此可见，阳多则阴少，阳损则阴益，阳出则阴入，阴阳始终处于一种互相推动的变化过程之中。然而，从整体上来看，阴阳相推只是一气之变而已。这有两种不同的描述方法：其一，《淮南子·天文训》云："北斗之神有雌雄，十一月始建于子，月从一辰，雄左行，雌右行，五月合午谋刑，十一月合子谋德。"这样的说法，结合以上式盘的要素来看比较容易理解，北斗居中，统合着雌雄二神的相推变化。其二，董子云："天地之气，合而为一，分为阴阳，判为四时，列为五行。"（《五行相生》）董子的表述更理论化，但与上引《淮南子·天文训》可谓异曲同工。

至于四时、五行以及与之相匹配的诸多要素，如本文第一部分图7至图12所示，是完全可以兼容于式盘图式的，或者说得更准确些，它们是潜在于式盘宇宙论图式中的。因而，董子的"天地之气，合而为一，分为阴阳，判为四时，列为五行"（《五行相生》），是对式盘宇宙论基本条理的一种精炼概括。结合以上所论，再来看《吕氏春秋·大乐》篇的一段话：

> 太一出两仪，两仪出阴阳。阴阳变化，一上一下，合而成章，浑浑沌沌，离则复合，合则复离，是谓天常。天地车轮，终则复始，极则复反，莫不咸当；日月星辰，或疾或徐，日月不

同，以尽其行，四时代兴，或暑或寒，或短或长，或柔或刚。万物所出，造于太一，化于阴阳。

不难发现，《大乐》篇精要的以上下、离合等概念所描述的阴阳变化之理，结合式盘的图式，在董子详尽的说明中，可以得到较为清晰的理解。从宇宙论的统一性而言，淮阴侯墓式盘统于居中的北辰，《吕氏春秋》统于太一，董子则统于"天地之气，合而为一"的元气。

总体而言，该式盘是战国中晚期逐步成熟的盖天说宇宙论的基本图式，它起于何时目前难以遽断，而它在秦汉之际已经相当成熟，《吕氏春秋》《淮南子》《春秋繁露》等都熟练地运用了这种图式来展开不同的思想系统，董子关于其中阴阳布位和运行法则，以及五行原理的说明，都弥足珍贵，可以说，没有董子的这些说明，今人无法系统、准确地理解盖天说的宇宙论。

| 附图 | |
|---|---|
| 图 1[2]143 | 图 2[2]145 |
| 图 3[10]104 | 图 4[10]106 |
| 图 5[3]51 | 图 6[3]56 |

| 附图 |||||
|---|---|---|---|---|
| 图 7 | 图 8 | 图 9 | 图 10 ||
| 火<br>木 土 金<br>水 | 朱鸟<br>青龙　　白虎<br>玄武 | 朱鸟<br>火<br>青龙 木　土　金 白虎<br>水<br>玄武 | 朱鸟<br>火夏<br>青龙 木春　土　金秋 白虎<br>水冬<br>玄武 ||
| 图 11 | 图 12 [11]25 ||||
| 朱鸟<br>火夏<br>　　　巳 午 未<br>　辰　　　　　申<br>青龙 木春 卯　土　酉 金秋 白虎<br>　寅　　　　　戌<br>　　　丑 子 亥<br>　　　水冬<br>　　　玄武 | | |||
| 图 13 [12]267 | 图 14 ||||

**附表一**

| 《十二纪》日躔 | 营室 | 奎 | 胃 | 毕 | 东井 | 柳 | 翼 | 角 | 房 | 尾 | 斗 | 婺女 |
|---|---|---|---|---|---|---|---|---|---|---|---|---|
| 《时则训》斗建 | 寅 | 卯 | 辰 | 巳 | 午 | 未 | 申 | 酉 | 戌 | 亥 | 子 | 丑 |
| 十二月 | 正 | 二 | 三 | 四 | 五 | 六 | 七 | 八 | 九 | 十 | 十一 | 十二 |

**参考文献：**

［1］余治平：《唯天为大：建基于信念本体的董仲舒哲学研究》，商务印书馆，2003年。

［2］李威熊：《董仲舒与西汉学术》，文史哲出版社，1978年。

［3］周桂钿：《董学探微》，北京师范大学出版社，1989年。

［4］韦政通：《董仲舒》，东大图书股份有限公司，1986年。

［5］成家彻郎著，苌岚译：《中国古代的占星术和古星盘》，《文博》1989年第6期。

［6］钟肇鹏主编：《春秋繁露校释》，河北人民出版社，2005年。

［7］罗福颐：《汉栻盘小考》，《古文字研究》（第11辑），中华书局，1985年。

［8］赖炎元：《春秋繁露今注今译》，台湾商务印书馆，1984年。

［9］张世亮、钟肇鹏、周桂钿：《〈春秋繁露〉译注》，中华书局，2012年。

［10］王永祥：《董仲舒评传》，南京大学出版社，1995年。

［11］《淮南子》，《道藏》第28册，文物出版社、上海书店、天津古籍出版社，1988年，第25页。

［12］裘锡圭主编：《长沙马王堆汉墓简帛集成》（壹），中华书局，2014年。

本文为"2020中国·衡水董仲舒与儒家思想国际学术研讨会"提交的论文。

夏世华（1977—），男，湖北武汉人，哲学博士，中南财经政法大学哲学院副教授。

# 董仲舒人性论的思想结构论析①

## 闫利春

董仲舒作为影响先秦儒家思想发生全面转折②的西汉大儒,他的人性思想一直受到学界广泛关注,各种论点层出不穷③。纵观诸论能

---

① 基金项目:本文系国家社科基金项目"西汉儒家政治合法性思想研究"(19BZX053)阶段性成果。
② 徐复观:《两汉思想史》(第二卷),华东师范大学出版社,2001年,第182页。
③ 学界论述董仲舒人性论的观点有:气质之性说,参见苏舆:《春秋繁露义证》,中华书局,1992年,第292页;性善论,可参徐复观:《两汉思想史》(第二卷),华东师范大学出版社,2001年,第247—250页;又如冯友兰:《中国哲学史新编》(第二册),人民出版社,1965年,第112页;再如陈玉森:《董仲舒的"性三品"说质疑》,《哲学研究》1980年第2期。性恶论,参见金春峰:《汉代思想史》,中国社会科学出版社,2006年,第155页。性未善论,可参周桂钿:《董学探微》,北京师范大学出版社,2008年,第89页;亦可参余治平:《唯天为大——建基于信念本体的董仲舒哲学研究》,商务印书馆,2003年,第172页。性善情恶论,参见施忠连:《董仲舒主张性善情恶论》,《北方论丛》1986年第1期。性三品说,参见侯外庐等:《中国思想通史》(第二卷),人民出版社,1957年,第118页。性有善质恶质论,可参王永祥:《董仲舒评传》,南京大学出版社,1995年,第247页;又可参陈静:《如何理解董仲舒的人性思想——从"人……有善善恶恶之性"的断句谈起》,《中国哲学史》1997年第3期。天赋善恶论,参见曾振宇、范学辉:《天人衡中——〈春秋繁露〉与中国文化》,河南大学出版社,1998年,第111页。兼宗孟荀论,参见张实龙:《董仲舒学说内在理路探析》,浙江大学出版社,2007年,第99页;亦可参刘国民:《悖立与整合——论董仲舒对孟子、荀子之人性论的解释》,《衡水学院学报》2009年第3期。民性说,参见陆建华:《"中民之性":论董仲舒的人性学说》,《哲学研究》2010年第10期。性朴说,参见周炽成:《性朴论与儒家教化政治:以荀子与董仲舒为例》,《广西大学学报》(哲学社会科学版)2015年第1期。

够发现，近年来学者不再致力于通过定性的方式概括董仲舒的人性思想，而是试图深入董仲舒论性的内在逻辑以揭示其思想理路①。如果我们不把董仲舒贴上诸如性善论者、性恶论者或性三品论者的标签，而是从思想基础、运思方法以及思想动机三个方面加以分析的话，那么将有助于把握他的人性论的思想结构。

## 一、天人同构、善恶同源、人贵于物：董仲舒人性论的思想基础

凡讨论人性话题，必然涉及人性的来源问题。郭店楚简《性自命出》称"性自命出，命自天降。道生于情，情生于性"，间接指出天是人性的终极来源。《中庸》所谓"天命之谓性"则直接肯定性乃天之所命于人。在这两处中，作为人性来源的天既是自然之天，又是价值之天。此后的发展中，孟子把天视为人性的价值之源，而荀子则将天视为自然之源，因此有性善论与性恶论的分歧。董仲舒的人性论是在先秦人性话题的基础上展开的，在人性的来源问题上，他有更加细致的论述。

首先，董仲舒论证了为人者天、天人同构的思想，他说：

> 为生不能为人，为人者天也。人之为人本于天（为字原缺，凌曙本据卢文弨说补），天亦人之曾祖父也，此人之所以乃上类天也。人之形体，化天数而成；人之血气，化天志而仁；人之德行，化天理而义；人之好恶，化天之暖清；人之喜怒，化天之寒暑。人生有喜怒哀乐之答，春秋冬夏之类也。喜，春之答也；怒，秋之答也；乐，夏之答也；哀，冬之答也。天之副在乎人，人之情性，有由天者矣。（《春秋繁露·为人者天》下引只注篇名）

---

① 代表性的成果有商聚德：《试论董仲舒人性论的逻辑层次》，《中国哲学史》1998年第2期；强中华：《正名·时间·人性论——董仲舒人性论的逻辑层次及理论困境》，《孔子研究》2012年第2期；王琦、朱汉民：《论董仲舒的人性论建构》，《北京大学学报》（哲学社会科学版）2014年第5期。

人有生命与结构之分,生命由父母给予,结构由天为之。结构先于生命,所以"天亦人之曾祖父也"。人之结构包括形体、血气、德行、好恶、情感,既有物质结构,又有性情结构,而董仲舒统称为情性。可见,董仲舒对人性的探讨是基于他的天道观而展开的,人性应合天道,天之所有亦人之所有。董仲舒进一步从"数"的层面指出天之为人不是神意的显现,而是造化自然流行的结果。他说:

> 天地之符,阴阳之副,常设于身,身犹天也,数与之相参,故命与之相连也。……于其可数也,副数;不可数者,副类。(《人副天数》)

> 故气同则会,声比则应,其验皦然也。……非有神,其数然也。美事召美类,恶事召恶类,类之相应而起也。(《同类相动》)

> 求天数之微,莫若于人。(《官制象天》)

从"数"的角度寻找天地万物之间的内在关联是先秦两汉时期非常流行的学术思想,甚至成为"当时人们的一种思维方式"①。"数"具有宇宙本体的意义,数同则气同,气同则理同。然而经验世界中的所有物并不能完全在"数"上相副,董仲舒则以"类"副之,同类则同理。天人同数相类,审天可以知人,察人亦可知天。因此,通过"数"与"类"的关联,董仲舒为天人同构的思想找到了本体依据,人性源自天的思想也得到更加细致的阐释。

其次,董仲舒从阴阳的角度进一步对人性做出规定。他说:

> 天道之大者在阴阳。(《汉书·董仲舒传》)

> 天道之常,一阴一阳。……天亦有喜怒之气,哀乐之心,与人相副。以类合之,天人一也。(《阴阳义》)

> 天有阴阳,人亦有阴阳。(《同类相动》)

> 恶之属尽为阴,善之属尽为阳。(《阳尊阴卑》)

> 身之名取诸天,天两有阴阳之施,身亦两有贪仁之性。(《深察名号》)

---

① 李维武:《〈六德〉的哲学意蕴初探》,《中国哲学史》2001年第3期,第64—67页。

从天人同构、人副天数的思想出发,一方面,天之道有阴有阳,人之身亦有阴有阳;另一方面,天之道,阳善阴恶,人之身亦兼具善恶。需要特别指出的是,董仲舒提出了"阴之中亦相为阴,阳之中亦相为阳"(《阳尊阴卑》)的阴阳观,即阴、阳亦各有上、下之分。阴之上者相对于阴之下者为阳,阳之下者相对于阳之上者为阴。天道之阴阳如此,人身之阴阳亦是如此,这是研究董仲舒人性论需要注意之处。天既有自然义,又有价值义,则人性也是如此,人性的价值追求当然应该是善的,而人性的自然之质又不必然是恶的。

最后,董仲舒通过分辨人与他物的区别以说明人性的特征。他说:"天者,万物之祖也"(《顺命》),既然天是万物之祖,那么万物也定然与天同构,亦必然有阴阳之性。在这种意义上,同源于天、类于天的人与他物有何区别呢?这个问题关系到人之为人的本质规定。董子从人能"为仁义""偶天地"及人有伦理价值取向两个方面做出了回答。

一方面,他说:

> 莫精于气,莫富于地,莫神于天。天地之精所以生物者,莫贵于人。人受命乎天也,故超然有以倚(据卢文弨说,倚当作高物),物疢疾莫能为仁义,唯人独能为仁义;物疢疾莫能偶天地,唯人独能偶天地。……观人之体一,何高物之甚,而类于天也!此见人之绝于物而参天地。物旁折取天地之阴阳以生活耳,而人乃烂然有其文理。是故凡物之形,莫不从旁折天地而行(天地二字疑衍),人独题直立端向,正正当之。是故,人之身,首而圆,象天容也;发,象星辰也;耳目戾戾,象日月也;鼻口呼吸,象风气也;胸中达知,象神明也;腹胞实虚,象百物也。(《人副天数》)

在秉气的意义上,人秉天地之精气而生,这是人与他物的本源之别。这种本源之别进一步体现在人能够"为仁义"与"偶天地"两个方面。"为仁义"涉及为什么能"为仁义"与如何分辨仁义两个问题。人缘何能"为仁义"呢?董子曰:

察于天之意，无穷极之仁也。人之受命于天也，取仁于天而
　　仁也。(《王道通三》)
因为"天数右阳而不右阴"(《阳尊阴卑》)，仁属阳，"右阳"不仅是情感上的偏向，更注重实践意义的行仁。人之受命于天，亦取法于天之仁，故而能"为仁"。由此看来，人之能"为仁"的关键在于能察于天之仁，即人能够分辨仁义。人之所以能够察仁、辨仁，是因为人之"胸中达知，象神明也"。理论上讲，人具有与天之"神明"相类的"达知"，即人具有能察、能辨的能力。但是人之"达知"能否在实践上被激活，则另当别论，董子云："天地神明之心与人事成败之真，固莫之能见也，唯圣人能见之"(《郊语》)，人具备"达知"的可能性，这是人之贵于物者，但这并不意味着在现实层面上凡人皆能突破种种障蔽而让"达知"显现于外，这就为圣人因人之性而施化的理论留下了空间。

　　而人为什么又能够"偶天地"呢？董子论曰：
　　　天、地、阴、阳、木、火、土、金、水，九，与人而十者，
　　天之数毕也。……圣人何其贵者？起于天，至于人而毕。……
　　人，下长万物，上参天地。(《天地阴阳》)
从"数"的意义上来说，因为人的参与而有天数之全，天数即天道，天道蕴含人道，人道阐发天道。如果没有人的参与，那么天、地、阴、阳、木、火、土、金、水九者就仅停留在自然层面，其义理层面则难以声张，而有了人的参与，天的义理性方被揭示出来。需要说明的是，人之"偶天地"不是盲目的、随意的，而是要循天理而为之：
　　　唯人道为可以参天。天常以爱利为意，以养长为事，春秋冬
　　夏皆其用也。王者亦常以爱利天下为意，以安乐一世为事，好恶
　　喜怒而备用也。然而主之好恶喜怒，乃天之春夏秋冬也，其俱暖
　　清寒暑而以变化成功也。天出此物者，时则岁美，不时则岁恶。
　　人主出此四者，义则世治，不义则世乱。是故治世与美岁同数，
　　乱世与恶岁同数，以此见人理之副天道也。(《王道通三》)
人道只有副天道才能"参天""偶天地"，天道亦必须有人道之"参""偶"才能尽其数。就此而言，天之数，起于天，终于人，贯通天人

之间的是圣与王。这里再一次给圣王的功用留出了空间。"天德施，地德化，人德义"（《人副天数》），义者，宜也，合理之谓也。天地的施化之德表现为自然的大化流行，人之德乃在于使自然臻于合理。因此，人之"参天""偶天地"的意义在于使自然的成为合理的，而合理的又必然是自然的，在自然与合理之间实现一种动态的平衡。

董子认为人之贵于物的另一方面在于人有现实的伦理价值取向，他说：

> 人受命于天，固超然异于群生，入有父子兄弟之亲，出有君臣上下之谊，会聚相遇，则有耆老长幼之施，粲然有文以相接，欢然有恩以相爱，此人之所以贵也。生五谷以食之，桑麻以衣之，六畜以养之，服牛乘马，圈豹槛虎，是其得天之灵，贵于物也。故孔子曰："天地之性人为贵。"（《汉书·董仲舒传》）

从现实层面来看，人之贵体现在：其一，人有父子、君臣、长幼、夫妻之伦，每一伦又有相应是"德"，也即人有伦理道德规范。其二，人既能以五谷、桑麻、六畜养其体，又能"服牛乘马，圈豹槛虎"，即人能够基于"用"而改造他物，这就是荀子所谓"善假于物也"。在"用"的意义上，人能化物，使物具有价值意蕴。

人有"达知"，能"为仁义"，能循天之理以"偶天地"，这是从本源意义上肯定人相对于万物的高贵性。人有伦理，人能化物，这是在现实意义上肯定"天地之性人为贵"。从本源之可能到现实之实有，需要圣与王的参与。这是董仲舒论证人性高于物性的逻辑所在。从本源来看，人之有"达知"，能"为仁义"是人性的范畴；从现实层面来看，人之有伦理，有价值取向是人道的范畴。"人道者，人之所由乐而不乱，复而不厌者"（《天道施》），人道是人之尊严的挺立处，是人好善恶恶之道德情感的恒常表现。人性具有生发人道的可能性，但人性并不必然走向人道。

## 二、深察名号、反性之名：董仲舒人性论的运思方法

既然人性并不定然表现为人道，那么属于人性本源的善与人道之

善就必然有所区别。而这种看似学理上的区别如果不能厘清的话,就会影响王道教化的实施,也就关系到人性的修养问题。王道教化是因循人之所本有(本源之性)而发,至于人之所应有(人道)而止。因此,人性是施化的对象,而人道是施化的结果,混淆二者必然导致教化之乱象。要避免这种乱象,就必须对本源之性详加审察,还人性之真面目。在这种意义上,董仲舒对人性展开了剥茧抽丝的辨析。

首先,他从名号之辨入手论证性有名有目曰:

> 号凡而略,名详而目。目者,遍辨其事也;凡者,独举其大也。享鬼神者号,一曰祭。祭之散名,春曰祠,夏曰礿,秋曰尝,冬曰烝。猎禽兽者号,一曰田。田之散名,春苗,秋蒐,冬狩,夏狝。无有不皆中天意者。物莫不有凡号,号莫不有散名,如是。是故事各顺于名,名各顺于天。天人之际,合而为一。同而通理,动而相益,顺而相受,谓之德道。(《深察名号》)

天生万物皆有名号,名号由天而定,由圣人而发。天人合一因名号而成,名号乱则天人乱。号,举其大略而言之,名则详而有细目,因名之目能够辨名之事。如祭是名,祠、礿、尝、烝是祭之目。以此类推,性是名,性亦有目,通过性之目亦能辨察人性之实质。而性之目又有哪些呢?董子云:

> 栣众恶于内,弗使得发于外者,心也。故心之为名栣也。人之受气苟无恶者,心何栣哉?吾以心之名,得人之诚。人之诚,有贪有仁。仁贪之气,两在于身。身之名,取诸天。天两有阴阳之施,身亦两有贪仁之性。天有阴阳禁,身有情欲栣,与天道一也。……是正名号者于天地,天地之所生,谓之性情。性情相与为一瞑。情亦性也。谓性已善,奈其情何?故圣人莫谓性善,累其名也。身之有性情也,若天之有阴阳也。言人之质而无其情,犹言天之阳而无其阴也。(《深察名号》)

可以看出,若以性为名,则心、身、情三者皆是性之目,亦性之散名。心之名从其"栣"的功能而命之,无恶则无所"栣",亦无心之名,因此从心之目可以证得人性的实际情况,即人有贪仁之性。身犹天也,天有阴阳,身亦有阴阳,从身之名亦可证得人性之中善恶兼具。天生性情，性情相瞑，情亦性，情有喜怒哀乐之发，情不独善，从情之名同样可以证明人性并非独善而无恶。因此，如果要详细辨明性是什么，则需要审察性之目，而通过辨析性之目，则不难推知，在本源的意义上，善恶兼具于性。在这种意义上，气质之性说、性为善论、天赋善恶论、性有善质恶质论、兼宗孟荀论皆有可通之处，而性善论、性恶论、性朴论则所言非是。

从性之名目入手，还可以对学界有关董仲舒性情思想的争论做进一步的辨析。东汉王充批评董子性情论曰：

> 董仲舒览孙、孟子之书，作《情性》之说，曰："天之大经，一阴一阳；人之大经，一情一性。性生于阳，情生于阴。阴气鄙，阳气仁。曰性善者，是见其阳也；谓恶者，是见其阴者也。"若仲舒之言，谓孟子见其阳，孙卿见其阴也。处二家各有见，可也；不处人情性情性（下一"情性"，衍文，当删）有善有恶，未也。夫人情性，同生于阴阳；其生于阴阳，有渥有泊（薄）。玉生于石，有纯有驳；情性（生）于阴阳，安能纯善？仲舒之言，未能得实。（《论衡·本性》）

根据《情性》篇，性与情是相对待之二物，不能以性之名、目而论。这与《深察名号》的思想有失吻合。通观《春秋繁露》，虽然阳善阴恶、阳尊阴卑的思想贯穿其中，但是以性属阳为善、以情属阴为恶的思想却无迹可寻。相反，王充所谓"夫人情性，同生于阴阳；其生于阴阳，有渥有泊（薄）。玉生于石，有纯有驳；情性（生）于阴阳，安能纯善"则与董仲舒"阴之中亦相为阴，阳之中亦相为阳"的思想有相通之处。天之道，有阴有阳，阴阳之中亦各有阴阳。根据王充的分别，性中有阴阳、情中亦有阴阳。董仲舒认为情是天之寒暑，自然之冷热在人身上的体现，因此情亦非全然是恶的。更为重要的是，董仲舒不作性情对待之分，董子在辨性时必然涉及情，性与情是名与目的关系，而非互相对待的关系。那么如何看待王充所引《情性》之说呢？这很有可能是因为王充所见的《性情》乃是纬书系统托言董子所作①。通过这个辨析，可以认定"性善情贪"之类的说法不符合董子人性论的思想实际。

如果从名与目的关系来看，董子"情亦性也"的思想就很好理解，这并非他"人性思想的一个夹杂"②。而冯友兰从广义、狭义的角度所做的区分，虽然与名目之论比较接近，但是他所说的"就其狭义言，则性与情对，为人'质'中之阳；情与性对，为人'质'中之阴"③则又偏离了董子人性论的实质。

其次，在确定了情、身、心与性的关系之后，董仲舒进一步从生质的意义上对人性做出规定。他说：

> 性之名非生与？如其生之自然之资谓之性。性者质也。诘性之质于善之名，能中之与？既不能中矣，而尚谓之质善，何哉？性之名不得离质。离质如毛，则非性已，不可不察也。（《深察名号》）

"性之名不得离质"，生是性之质，生即自然之资。因此，人之形体、血气、德行、好恶、喜怒哀乐之情皆是自然之资，亦即性之质。人的这些自然之资显然不全是善的，故而不能将善定义为性之质。正是在生质之谓性的意义上，董子通过禾米之喻、瞑觉之喻而指出性"可谓有善质，而不可谓善"（《深察名号》）。董子此论显然是针对孟子性论而发：

> 或曰性也善，或曰性未善，则所谓善者，各异意也。性有善端，动之爱父母，善于禽兽，则谓之善。此孟子之善。循三纲五纪，通八端之理，忠信而博爱，敦厚而好礼，乃可谓善。此圣人之善也。是故孔子曰："善人吾不得而见之，得见有常者斯可

---

① 之所以作此论，是因为：其一，王充《论衡·实性》所引典籍有真有伪，如其引《孟子·性善》篇即《孟子外篇》篇名，赵岐以为是后世依托者所为。其二，纬书《孝经·援神契》有"性生于阳以理执，情生于阴以系念"之说，与王充所引《性情》之思想旨趣相同。
② 徐复观：《两汉思想史》（第二卷），华东师范大学出版社，2001年，第249页。
③ 冯友兰：《中国哲学史》（下册），华东师范大学出版社，2000年，第13页。

> 矣。"由是观之,圣人之所谓善,未易当也,非善于禽兽则谓之善也。使动其端善于禽兽则可谓之善,善奚为弗见也?夫善于禽兽之未得为善也,犹知於草木而不得名知。……吾质之命性者异孟子。孟子下质于禽兽之所为,故曰性已善;吾上质于圣人之所为,故谓性未善。善过性,圣人过善。(《深察名号》)

在对孟子人性论的批判中,有关善的名实问题凸显出来。按照循名责实的原则,董子认为既然名是圣人所发之天意,近世以来的圣人非孔子莫属,那么孔子对善的界定当具有确定无疑的权威性。如果以孔子所名之善为标准的话,那么孟子所谓的"善端"并不能称作善,而只有人道之善才能当善之名。不难看出,孟子的"善端"思想相当于董子认为人能"为仁义"的思想。这与孔子所谓的"善人"之善有本质的区别,即孟子所谓的"善端"是潜在的、不确定的,而孔子所谓的善则是现实的、确定的。这足以体现董子对人性概念之理解的深刻之处,即他"将人性论中潜在与现实、未然与已然、或然与定然的对立关系揭明出来,初步显示了理性与气质之性之间的张力"①。

最后,在论证了性与善的关系之后,董仲舒提出"名性者,中民之性"的主张。他说:

> 民之号,取之瞑也。……今万民之性,有其质而未能觉,譬如瞑者待觉,教之然后善。当其未觉,可谓有善质,而不可谓善,与目之瞑而觉,一概之比也。……名性,不以上,不以下,以其中名之。(《深察名号》)

> 圣人之性不可以名性,斗筲之性又不可以名性,名性者,中民之性。(《实性》)

董子同样从深察民之号起论,民即瞑之义,瞑待觉而能视,民待教而后善。此处涉及"名性者,中民之性"究竟做何理解的问题。董子是

---

① 丁四新:《"人性有善有恶"辨——王充、世硕的人性论思想研究》,载《玄圃畜艾——丁四新学术论文选集》,中华书局,2009 年,第 10 页。

不是性三品论者？抑或是他有"人"之性与"民"之性两种说法①？这仍然需要通过"反性之名"来回答。其一，董子把生质作为性的规定，则形体、血气、德性、好恶、情感皆是性，生质之性既有善质，又有恶质。这是对所有人而言的，即使是圣人的生质之性也如此。圣人之性，不仅是对生质之性的超越，而且是对人道之善的超越，此即"性未善。善过性，圣人过善"之谓也。所谓"斗筲之性"，是指遗弃生质之性中的善质，而"安于鄙细者"②，这已属现实层面的表现，而非生质之性的表现。因此，以生质论性，则圣人之性与斗筲之性皆是后天所为而成，并非生之即有。其二，董子所谓的"中民"，即"庸民"③，泛指一般的民众。而如何理解他以"中民之性"名性呢？董仲舒从名号入手，指出现实中的人有：

> 号为天子者，宜视天如父，事天以孝道也。号为诸侯者，宜谨视所候奉之天子也。号为大夫者，宜厚其忠信，敦其礼义，使善大于匹夫之义，足以化也。士者，事也；民者，瞑也。士不及化，可使守事从上而已。

天子、诸侯、大夫是已觉者，已觉者可以觉醒未觉者，即天子、诸侯、大夫皆能通过教化唤醒民性中之善质。士之能事，乃"民之秀者"④，处于已觉而未尽觉的状态。尽管士之性尚未尽觉，但已经开始超离生质之性。因此，五号之中，只有民之性实处于未化未觉之中，也只有民之性才是生质之性的直接表现。综合而论，只有遵从董子反性之名、生质之谓性的逻辑才能切实地把握他"名性者，中民之性"的真实意涵，而那种以三品说释之的观点实为不察，而以"人"之性与"民"之性相区别的新论其实并没有跳出性三品说的窠臼。

---

① 陆建华：《"中民之性"：论董仲舒的人性学说》，《哲学研究》2010年第10期，第47—50页。
② 苏舆：《春秋繁露义证》，中华书局，1992年，第312页。
③ 苏舆：《春秋繁露义证》，中华书局，1992年，第312页。
④ 苏舆：《春秋繁露义证》，中华书局，1992年，第286页。

## 三、安情养心成王化：董仲舒人性论的思想旨归

董仲舒之所以循名责实为性正名，是因为只有澄清人性的本源状态，才能因人所有而实现人道之善。人道之善，只能是由人性开出的善，而不是与人绝然分离之善。在由人性开出人道的过程中，"王"具有不可或缺作用。这在《深察名号》中有明确的说明，以往研究亦无不论及，此不赘论。尽管董仲舒提出王道教化在人性修养中的重要意义，但是其中亦有非常值得详察的地方能够体现他的修养论的逻辑层次。

首先，董仲舒通过深察"王"之名号而凸显君王的教化责任。

> 今案其真质，而谓民性已善者，是失天意而去王任也。万民之性苟已善，则王者受命尚何任也？其设名不正，故弃重任而违大命，非法言也。（《深察名号》）

所谓"天意"就表现在通过确立君王以善民之性方面。如果民性已善，那么"王"的教化将无所施加，"王"之于万民的责任亦无从体现。而"王"之责任的显现，即是王道之实现。相反，"王"若失去善民之任，则亦失去王道，失去王道的结果是"道不能正直而方，则德不能匡运周遍，德不能匡运周遍，则美不能皇"（《深察名号》）。因此，在董仲舒看来，一方面，社会的失序、纲常的紊乱、灾异的发生不是百姓的行为所致，而是在位者失之教化使然；另一方面，由于人性之中固有"为仁义"的潜质，所以"王"之教化应体现在生长善质，德化万民，避免不教而诛的现象发生，即"王者之道任德不仁刑"（《执贽》）。综合而论，王者通过教化、德化而善民之性，既是天之意，又是天人相与之处。董子云：

> 性者，天质之朴也；善者，王教之化也。无其质，则王教不能化；无其王教，则质朴不能善。（《实性》）

> 天人之际，合而为一。（《深察名号》）

天之道，有所止，生质之性即天之所止。天之所止即人道之始，也就是王道的发力之处。尽管"天志仁，其道也义"（《深察名号》），天

之意要人"行仁义而羞可耻"(《竹林》),但是天不能使人"为仁义",只有"王教"能使人"为仁义"以完成人道之善。而"王教"亦必须因"天质之朴"而化,不能另起炉灶。因此,天之所止,即"王教"之所施,天人相与于万民之性。依此可知,在修养论上,董仲舒强调人的本源之性是"王教"施化的对象,也是天人相与的落脚点。

其次,在"王教"因人之性而施化的基础上,董仲舒明确提出"王教"是"禁天所禁,非禁天也"(《深察名号》)。天道禁阴,亦即天道禁恶。董子认为王道教化的实质在于禁止人性之中恶质的生长,而不是禁止人性的全部内容。人性中有情、有身、有心作为性之目,"王教"就是因循人之情、身、心,使之向善,避免就恶。董子论道:

> 夫喜怒哀乐之发,与清暖寒暑,其实一贯也。喜气为暖而当春,怒气为清而当秋,乐气为太阳而当夏,哀气为太阴而当冬。四气者,天与人所同有也,非人所能蓄也,故可节而不可止也。节之而顺,止之而乱。(《王道通三》)

在"气"论的层面,喜怒哀乐之情与天是一贯的,人之情感是天命于人的,而非人所自有。"王教"只能因循天所命于人的自然情感而施于教化,即"王教"是以人助天,而非以人禁天、灭天。只有因循人的自然情感,加以节制,才能实现天下大顺。相反,如果要禁灭人的情感,那么就会导致人道之乱,人道之乱意味着教化的失败,也标示君王的失责。因此,从政治哲学的立场来看,顺情或是禁情与君王的合法性问题密切相关。由此可以看出,董子不是灭情论者,在他看来,情并不全是恶的。董子进一步论道:

> 民之情,不能制其欲,使之度礼。目视正色,耳听正声,口食正味,身行正道,非夺之情也,所以安其情也。变谓之情,虽持(疑作特)① 异物亦然者,故曰内也。变变(疑作变情)② 之变,谓之外。故虽以情,然不为性说。故曰:外物之动性,若神

---

① 苏舆:《春秋繁露义证》,中华书局,1992年,第470页。
② 苏舆:《春秋繁露义证》,中华书局,1992年,第470页。

> 之不守也。积习渐靡，物之微者也。其入人不知，习忘乃为，常然若性，不可不察也。纯知轻思则虑达，节欲顺行则伦得，以谏争俿静为宅，以礼义为道则文德。是故至诚遗物而不与变……与万物迁徙而不自失者，圣人之心也。（《天道施》）

情并非全恶，但如果人完全放任情欲之流，那么情欲就会吞噬人性中的善质，而人最终也沦为斗筲之辈。因此，"王教"主张以礼制欲，"王教"使人视之以礼、听之以礼、食之以礼、行之以礼。这并非使人放弃视、听、食、身之欲，而是让人的自然欲望发乎情，止乎礼。人性有情有欲，这是天之道，而以礼正情、以礼节欲是人之道。此处，董子提出了"安情"的概念。所谓"安情"，就是安于正情，正情既可以让人通过正常的情感显发生命的本真，又可以让人的情感在"道"的意义上得到提升，从而激发生命的尊严。董子认为人性中的自然之情会因外物的诱引而迁变，这叫"变情"，"变情"虽然由情而出，但已经不是本性之情，因此董子认为"变情"不是"性说"，而是外物动性的结果。如果人对于受外物牵动而产生的"变情"积习渐靡，那么就会导致错把"变情"当作人性之中的固有之情。"变情"是人自失的关键因素，而只有做到"纯知轻思""节欲顺行""以礼义为道""躬宽无争"，才能"至诚"，"至诚"才能遗物而不被物役，才能"与万物迁徙而不自失"。

最后，既然董子通过"禁天所禁，非禁天也"的教化原则提出"安情"的修养思想，那么情至何处方为安呢？董子提出了"中和"的思想。董子云：

> 成于和，生必和也；始于中，止必中也。中者，天地之所终始也；而和者，天地之所生成也。夫德莫大于和，而道莫正于中。（《循天之道》）

中和既是天地之道，也是人之道，人性的修养当然要秉承中和之道。从人性修养的结果来看，必然是"成于和""止于中"。此处的关键在于，董子认为人性是"生必和""始于中"的，这意味着本源之性是处于中和状态的。这与《中庸》"喜怒哀乐之未发，谓之中"的思想有相通之处，即情未发动时的生质之性是一种中和状态，而情一旦发

用即有"和"与"不和"之别。在这种意义上,后天的修养其实就是向人性本来之中和状态的回归。董子云:

  公孙之《养气》曰:"里藏泰实则气不通,泰虚则气不足;热胜则气□,寒胜则气□;泰劳则气不入,泰佚则气宛(郁)至;怒则气高,喜则气散,忧则气狂,惧则气慑。凡此十者,气之害也,而皆生于不中和。故君子怒则反中而自说以和,喜则反中而收之以正,忧则反中而舒之以意,惧则反中而实之以精。"夫中和之不可不反如此。(《循天之道》)

反中和,即是向中和回归,只有反中,才能和、能正、能舒意、能实精。理论上讲,人在修养的过程中,偶尔反中和易,而恒久地反中和难。因此从修养实践上说,只有将偶尔之中和升进为恒久之中和,做到合乎时宜的"时中"①,才是修养的完成。而如何才能做到"时中"呢?董子论道:

  然而人事之宜行者,无所郁滞,且恕于人,顺于天,天人之道兼举,此谓执其中。天非以春生人,以秋杀人也。当生者曰生,当死者曰死,非杀物之义待四时也。而人之所治也,安取久留当行之理,而必待四时也。此之谓壅,非其中也。人有喜怒哀乐,犹天之有春夏秋冬也。喜怒哀乐之至其时而欲发也,若春夏秋冬之至其时而欲出也,皆天气之然也。(《如天之为》)

  天有和有德……天之序,必先和然后有德……我虽有所愉而喜,必先和心以求其当……喜怒之有时而当发,寒暑亦有时而当出,其理一也。(《威德所生》)

教化之道、修养之道既要顺于天道,又要顺于人道,这就是"执中","执中"的枢要在于"时",天以"时"而有春夏秋冬之变,人以"时"而有喜怒哀乐之发。然而,如果喜怒哀乐之情完全遵应春夏秋冬之变而发,就不是"执中",而是"壅"。"壅",阻塞之义,亦郁滞义。所谓喜怒哀乐以"时"而发的"执中"指的是,当喜之时,自然而喜,这是顺天,而喜情之发,要与心和,也就事说既要使喜之情得

---

① 《周易》《蒙·彖传》云:"蒙,亨。以亨行,时中也。"

到抒发，而又不至于以喜伤心，这是人道。"执中"是天人之道，也是中和之道。

因为情必然会发之于外，情又要与心和方能反中和，所以在董子的修养论中，心是修养的落实处。他说：

> 民皆知爱其衣食，而不爱其天气。天气之于人，重于衣食。衣食尽，尚犹有间，气尽而立终。故养生之大者，乃在爱气。气从神而成，神从意而出。心之所之谓意。故君子闲欲止恶以平意，平意以静神，静神以养气。（《循天之道》）

董子通过心、意、神、气的流转关系指出气乃由心所出，所以爱气就要养心。养心须平意静神。这与孟子的"持志"思想颇为近似。孟子云："志，气之帅也；气，体之充也。夫志至焉，气持焉。故曰：'持其志，无暴其气。'"（《孟子·公孙丑上》）"志"，朱子注云："心之所之"①，与董子对"意"的解释相同。"持其志"，亦有平意静神的意思。爱衣食，是养其体；爱气，是养其心，养体固然重要，而养心则更为重要。董子曰：

> 天之生人也，使人（之）② 生义与利。利以养其体，义以养其心。心不得义不能乐，体不得利不能安。义者心之养也，利者体之养也。体莫贵于心，故养墨重于义，义之养生人大于利。（《身之养重于义》）

至此，董子的人性修养的逻辑可以总结如下，"王"必须要担当化民之性的责任，这是天人相与的内在要求。教化因人性而发，经过"安情"、防"变情"、反中和、持中和的逻辑阶段，以突显以义养心是人性修养的至关重要环节。由此可以看出，虽然董仲舒十分强调外在教化对人道之善的重要意义，但是他又把代表主体道德意志的心作为修养的落脚点。很显然，董仲舒从未否定，而是十分认同能动之心体在为善成德中的实践意义。然而与强调人人自觉"万物皆备于我"的道德主体意识相比，董子所处的时代更迫切需要能够保证万民由"瞑"

---

① 朱熹：《四书章句集注》，中华书局，1983年，第230页。
② 苏舆：《春秋繁露义证》，中华书局，1992年，第263页。

至"觉"的政治、社会环境。因此，董仲舒的人性论不仅具有理论上的突破性，更具有强烈的现实意义。

## 结　语

从中国古代哲学中人性观念的演变与发展来看，董仲舒可谓是自先秦以来人性思想的集大成者。他从反性之名入手，尤其对孟子的人性论展开批判并有所吸收。不仅是孟子，从他的人性论中几乎可以看到先秦所有人性思想的痕迹。在此意义上，我们不能简单地认为董子的人性思想受到某人某派的影响，而是应依循他的逻辑发现他人性论的深刻之处。如果我们把人性论还原到董仲舒的整个思想框架中，就会发现他对人性的理解是建构其思想大厦的基石。《汉书·董仲舒传》载汉武帝问贤良文学曰："三代受命，其符安在？灾异之变，何缘而起？性命之情，或夭或寿，或仁或鄙，习闻其号，未烛厥理。"其中第一个问题是关于帝王受命的思考，第二个问题则是对天道的反思，第三个问题乃是对人性的追问。这三个问题看似分离，其实彼此互相联系。董仲舒的《天人三策》就是对此三个问题的具体阐发，而他的全部思想亦不出此三个问题之外。《春秋繁露·循天之道》载："夫损益者皆人，人其天之继欤？出其质而人弗继，岂独立哉！"天的事情只能由人来完成，天道亦只能由人道体现。因此，在一定程度上说，只有在天人相与之际才能发现董仲舒的思想精髓，偏离了人性与人道，就偏离了董仲舒思想的主旨。

本文为"2020中国·衡水董仲舒与儒家思想国际学术研讨会"提交的论文。

闫利春（1983—），河南信阳人，哲学博士，河南科技大学马克思主义学院副教授。

# 从《五行大义》看董仲舒五行说

刘鸿玉

《五行大义》是"关于五行的最重要的中古时代的书籍"[1]275,该书多处引用董仲舒五行说,对我们理解董仲舒五行说具有重要意义。本文简述如下:

## 一、《五行大义》简介

### (一)作者简介

《五行大义·序》记载:"上仪同三司城阳郡开国公萧吉撰。"[2]2 则萧吉为《五行大义》的作者。

据《隋书·萧吉传》记载:"萧吉,字文休,梁武帝兄长沙宣武王懿之孙也。博学多通,尤精阴阳算术。江陵陷,遂归于周,为仪同。宣帝时,吉以朝政日乱,上书切谏,帝不纳。及隋受禅,进上仪同,以本官太常考定古今阴阳书。……著《金海》三十卷。"这说明,萧吉,字文休,是南北朝时期南梁王朝第一任皇帝梁武帝萧衍的兄长、长沙宣武王萧懿的孙子,为人博学多通,尤其精通阴阳算术。南梁后期国政败坏,东魏降将侯景举兵反梁,是为侯景之乱,江陵城被北朝攻陷,萧吉和众多士大夫一起被掳掠到北周,授予仪同一职。周宣帝在位时,萧吉因为朝政日益混乱,曾经上书直言极谏,没有被周宣帝采纳。等到隋朝杨坚接受北周静帝禅让,他又晋职为上仪同,以本官太常的身份考定古今阴阳书。《隋书·萧吉传》记载他撰《金海》等书，其中没有提到萧吉著《五行大义》。但是，萧吉"以本官太常考定古今阴阳书"，显然具备撰写《五行大义》的学术素养。

据后晋刘昫等撰《旧唐书》卷二十四《志第四·礼仪四》记载，会昌二年（842）"检校左仆射太常卿王起、广文博士卢就等献议曰：……谨按《黄帝九宫经》及萧吉《五行大义》：'一宫，其神太一，其星天蓬，其卦坎，其行水，其方白。二宫，其神摄提，其星天芮，其卦坤，其行土，其方黑。三宫，其神轩辕，其星天冲，其卦震，其行木，其方碧。四宫，其神招摇，其星天辅，其卦巽，其行木，其方绿。五宫，其神天符，其星天禽，其卦离，其行土，其方黄。六宫，其神青龙，其星天心，其卦乾，其行金，其方白。七宫，其神咸池，其星天柱，其卦兑，其行金，其方赤。八宫，其神太阴，其星天任，其卦艮，其行土，其方白。九宫，其神天一，其星天英，其卦离，其行火，其方紫。'"这就明确证明萧吉是《五行大义》的作者。

（二）内容简介

《五行大义》虽为隋代萧吉所撰，但自宋代即在中国消失，然传于日本，至清朝再传回中国。《五行大义》是古代唯一一部研究隋以前五行思想的专著，是解决五行学说种种谜团的一把钥匙。此书，如萧吉本人《序》中所说："博采经纬，搜穷简牒，略谈大义"[2]2，对隋以前长时期发展的五行学说进行了系统的理论总结，许多经书、纬书的佚文，仅见于本书，甚为难得。《五行大义》全书共五卷，分为二十四部分，其中有些部分又做了细分，共有四十段。萧吉自述："二十四者，节数之气总；四十者，五行之成数。始自释名，终于虫鸟。凡配五行，皆在兹义。"[2]2 即二十四，是一年节气数所含五行之气的总和；四十，是五行成数（六、七、八、九、十）的总和。开始于解释名称，终止于虫鸟归类。凡是同五行相配合的事物，都在这些要义中。

（三）历史评价

兹引两条，可以看出《五行大义》的历史价值：

英国生物化学家、汉学家和科学史专家李约瑟评价《五行大义》："关于五行的最重要的中古时代的书籍，是594年萧吉所写的献给隋朝皇帝的《五行大义》。这本书讨论的科学问题比后来的任何著作都更多，而讨论的算命都更少。"[1]275-276

1997年11月12日李学勤为刘国忠《五行大义研究》所作《序》认为："隋朝萧吉所撰《五行大义》，是现在最重要的数术古籍之一。……《五行大义》是解决五行学说疑难的一把钥匙。这部书，如萧吉本人在序文中说的，是'博采经纬，搜穷简牒，略谈大义'，对经过长时期发展的五行学说系统做了理论性的总结概括。从《五行大义》又能知道，汉以来盛行的纬学与五行数术关系密切。许多纬书佚文，仅见于此书，极为珍贵。因此，研究汉代十分流行的纬学，也一定不能离开《五行大义》。"[3]1-2 同样道理，研究董仲舒五行说，也一定不能离开《五行大义》。

## 二、《五行大义》所引董仲舒五行说

《五行大义》所引董仲舒五行说共九条，条陈如下：

1.《五行大义·卷第一》第三"明数"："《春秋繁露》云：'天地之气，列为五行，夫五行者，行也。'"[2]40

2.《五行大义·卷第二》第四"论相生"："河间献王问温城董君曰：'"孝者，天之经，地之义也"，何谓也？'对曰：'天有五行，木火土金水是也。木生火，火生土，土生金，金生水，水生木。木为春，春主生，夏主长养，秋主收，冬主藏。藏者，冬之所成也。是故父之所生，其子长之。父之所长，其子养之。父之所养，其子成之。不敢不致如父之意，尽为人之道也。故五行者，五常也。'"[2]96

3.《五行大义·卷第二》第四"论相生"："《春秋繁露》云：东方木。木，农之本，司农，尚仁。五谷畜积，司马食之，故木生火。火，本朝，司马，尚知。天时形兆未萌，昭然独见，天下既宁，以安君官，故火生土也。土，君，尚信。因时之威武强御，以成大理司徒，故土生金。金，尚义。边境安宁，寇贼不发，邑无狱讼，则安执法司寇，故金生水。水，执法司寇，尚礼。君臣有位，长幼有序，百工维时，以成岁用。器械即成，以给司农田官，故水生木。"[2]96

4.《五行大义·卷第二》第七"论德"："董仲舒《春秋繁露》云：'天道之常，一阳一阴。阳者天之德，阴者天之刑。阴阳以终岁之行，以观天之所亲任'，可以见德刑之用矣。然'天之任阳不任阴，好德不好刑。故阳出而积于夏，任德以成事，阴出而积于冬，错刑以空处也。'"[2]131

5.《五行大义·卷第二》第十"论相克"："《春秋繁露》云：'木者，农也，农人不顺如叛，司徒诛其率正矣，故金胜木。''火者，本朝有逸邪，荧惑其君，法则诛之，故水胜火。''土者，君大奢侈，过度失礼，民叛之穷，故木胜土。''金者，司徒弱不能使众，则司马诛之，故火胜金。''水者，执法阿党不平，则司寇诛之，故土胜水。'"[2]149

6.《五行大义·卷第三》第十四"论杂配""论配藏府"："《元命苞》云：'……肝仁、肺义、心礼、肾智、脾信。'"[2]206

7.《五行大义·卷第四》第十六"论七政"："月者……董仲舒云：'于人，妃后、大臣、诸侯之象。'"[2]262

8.《五行大义·卷第四》第十九"论治政"："《春秋繁露·治顺五行篇》云：'木用事，其气燥浊而青，七十二日。火用事，其气燥阳而赤，七十二日。土用事，其气温浊而黄，七十二日。金用事，其气坚凝而白，七十二日。水用事，其气清寒而黑，七十二日复。'木之用事，则行柔惠，进经术之士。至于立春，出轻系，去稽留，除桎梏，开闭阖，通障塞，存幼孤，矜寡独，此并顺春之施也。无伐木，恩及草木，则朱草，此诗人所歌'恩及行苇'者也。不伐木者，不可违天阳生长之气也。若夫人君驰骋无度，沉湎纵恣，重徭役，夺民时，厚税敛，则民疾疹，患足疾。伤春气，故皆木病也。木伤败，则龙深藏，木禽惧而不见也。鲸鲵出而为祸，鳞甲之虫有金气，所以伤木也。火用事，则正封疆，修田畴。至于立夏，举贤良，封有德，赏有功，出使四方，此顺火之化，长养万物也。无纵火，则火顺人用，甘露降，凤凰来，黄鹄见。凤凰即朱雀之类，喜故出见。甘露、黄鹄，并子庆其母也。若人君用谗佞，离骨肉，疏忠臣，弃法令，妇人为政，则民病血肿，国因不明，火为灾，冬雁不来，鸟为怪。火不善，故鸟有变怪。忧惧，故不来也。土用事，养长老，矜寡独，赐孝悌，施恩泽，顺土宽和含养之德也。无兴土功，宫室制度有差，亲戚之恩有序，则五谷成，嘉禾出，贤圣来。土气顺，故嘉禾，其和熟。德景大，故圣贤悦之而来。若人君淫乐无度，侮亲老，困百姓，则民病腹心之疾。心腹主土，气不和，故病。贤人隐藏，百谷不登，裸虫为灾。土性伤，故稼穑不成。贤人恶之，所以不见。裸虫，土气也，伤，故为变。金用事，修城郭，缮墙垣，审辟禁，饬甲兵，警百官，诛不法，此并顺金以威严肃杀之气也。无焚金石，则白虎见。虎是金兽，喜故出也。若人君贪赂，好用兵，则民人病咳嗽、筋挛、鼻塞。鼻主肺，肺病，故咳嗽而鼻塞。此并金为疾也。毛虫、金石为怪，金气伤，故为变怪也。水用事，闭间门，执当罪，饬关梁，此并顺水闭藏之义。无决池堰，恐水气泄溢也。如此则醴泉出，恩及禽虫，则灵龟见，书云'泽及昆虫'者也。甲虫属水，喜故见也。若人君废祭祀，简宗庙，执法不顺，逆天气，则民病流肿、水胀、痿痹、孔窍不通，此并水气壅结之义。圣人以水居太阴之位，阴暗虚空，比之宗庙。人死精气散越，立宗庙以收之。堂宇虚寂，阴暗无人，喻之水也。废于禁祀，则失孝道，故太阴之气感而病人，为此疾也。水为灾害，灵龟深藏，鬼哭，介虫为怪。介虫属水，气伤，故为覆藏而不见也。宗庙不祀，魂气伤怨，故鬼哭也。"[2]306-307

9.《五行大义·卷第五》第二十二"论诸官"："《春秋繁露》云：'木司农，火司马，土司空，金司徒，水司寇。'此并配五行也。《周官》以冢宰计会，司徒土地，并中央之义，与《淮南》《繁露》意同。春官主礼乐者，礼齐上下，乐和人情，皆是仁也，故云：'宗伯之官以成仁'，仁属木，东方也。《淮南》《繁露》并主农者，取春是农之本也。夏官主兵戎者，火气猛烈，兵之象也。然刑罚皈于司寇，司马以礼节齐之，主而不用刑也。《淮南》《繁露》并同。秋官主刑罚者，金之本性，主杀伐也。《淮南》大理，亦主刑也。《繁露》为司徒者，名异事同，故云：'因时之威以成，大理，司徒。'冬官主造作者，冬时万物收藏，百工咸皈其所，故造器用，以供王事。《淮南》说同。《繁露》以为司寇者，谓执法之官须平直之人，如水能平均也，故云：'执法阿党不平，则诛之，故土胜水。'是其水取平直之意也。"[2]344−345

## 三、《五行大义》所引董仲舒五行说简析

(一)"五行"名称由来

《五行大义》所引《春秋繁露》内容只是引述大意，《春秋繁露·五行相生》原文说："天地之气，合而为一，分为阴阳，判为四时，列为五行。行者，行也，其行不同，故谓之五行。"[4]362其意有二：其一，五行之"行"的意思是"行"，即五行运转不息之意。《五行大义》则将这种运行变化讲得更加清楚，即"五行递相负载，休王相生，生成万物，运用不休，故云行也"[2]40。就是说，五行木火土金水相互更替，轮转休王，相互延续，相互推动，生成天地万物，在系统中运行不息，所以称为"行"。其二，"其行不同，故谓之五行。"即运行的形态有五种不同，因此称为五行。《五行大义》进一步解释说："行言五者，明万物虽多，数不过五。故在天为五星，其神为五帝。孔子曰：'昔丘闻诸老聃云：天有五行，木金水火土，其神谓之五帝。'在地为五方，其镇为五岳。《物理论》云：'镇之以五岳。'在人为五藏，其候五官。《黄帝素问》云：'五藏候在五官，眼耳口鼻舌也。'"[2]40"行"之所以称为"五"，是表明天下万物虽然数量众多，但概括起来不超过五种运行形态。从天体系统来看，天上群星点点，但对地球影响最大、在日月地系统中发挥主要作用的只有五星，即岁星、荧惑、镇星、太白、辰星；从天神系统来看，天上神明众多，但对人世间影响最大、发挥主要作用的只有五帝，即：东方青帝、南方赤帝、中央黄帝、西方白帝、北方黑帝；从天体运行系统来看，天体运行状态虽繁，但主要运行状态概括起来只有木、火、土、金、水五种。《五行大义》所引孔子，出自《孔子家语》。《孔子家语·五帝》说："孔子曰：'昔丘也闻诸老聃曰：天有五行，水、火、金、木、土，分时化育，以成万物，其神谓之五帝。'"[5]280孔子说，我从前听

老聃说,"天有五行,木金水火土,分不同的季节进行化生和孕育,用来成就万事万物,它们的神就称为五帝"。从地理方位系统来看,方位虽杂,不外东、南、中、西、北五方;从中国地域内的山岳系统来看,山峦虽众,最高大、最著名的只有五岳,即东岳泰山(位于山东省泰安市)、南岳衡山(位于湖南省衡阳市)、中岳嵩山(位于河南省登封市)、西岳华山(位于陕西省华阴市)、北岳恒山(位于山西省大同市)。晋代杨泉所撰《物理论》说:"镇之以五岳。"[6]也指明中国境内最著名的山只有五岳。从人体内部的生理系统来看,人体内有五藏,这是隐藏在脉络中的五个人体机能器官。对此,《黄帝内经·素问·宣明五气篇》说:"五藏所藏:心藏神,肺藏魄,肝藏魂,脾藏意,肾藏志。是谓五藏所藏。"[7]343《黄帝内经·灵枢·九针论第七十八》也说:"五藏,心藏神,肺藏魄,肝藏魂,脾藏意,肾藏精志也。"[7]2060也就是说,心脏藏神,肺脏藏魄,肝脏藏魂,脾脏藏意,肾脏藏精志,五藏分藏于五脏。从人体内部生理系统在面部的表现来看,五藏之候即五藏变化中的情状就是五官。中医学理论中,五官特指目、舌、口、鼻、耳。《黄帝内经·素问·阴阳应象大论》说:"肝主目……心主舌……脾主口……肺主鼻……肾主耳。"[7]85—88《黄帝内经·灵枢·五阅五使》则明确说:"鼻者肺之官也,目者肝之官也,口唇者脾之官也,舌者心之官也,耳者肾之官也。"[7]1745又说:"黄帝曰:以官何候?岐伯曰:以候五脏。"[7]1746《五行大义》引:"《黄帝素问》云:五藏候在五官,眼耳口鼻舌也。"仍是引其大意,并非原文。

(二)五行相生之序

《五行大义》引述了河间献王问温城董君的一段话,此段话与通行本《春秋繁露》有出入。通行本《春秋繁露·五行对第三十八》:"河间献王问温城董君曰:'《孝经》曰:'夫孝,天之经,地之义。'何谓也?'对曰:'天有五行,木火土金水是也。木生火,火生土,土生金,金生水。水为冬,金为秋,土为季夏,火为夏,木为春。春主生,夏主长,季夏主养,秋主收,冬主藏。藏,冬之所成也。是故父之所生,其子长之;父之所长,其子养之;父之所养,其子成之。诸父所为,其子皆奉承而续行之,不敢不致如父之意,尽为人之道也。

故五行者，五行也。'"[4]314-315

《五行大义》将这段话放在这儿，其意在讲五行相生之序。《五行大义》引文："木生火，火生土，土生金，金生水，水生木。"与通行本："木生火，火生土，土生金，金生水。"二者不同。《五行大义》所引形成了一个五行相生的循环圈，使五行相生之序完整体现出来。

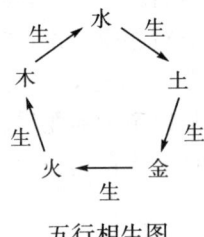

五行相生图

五行相生，我们可以理解成系统内部五种运行状态的相互转化，它在各个系统中具有普遍性。父子组成的伦理系统是系统之一。所以，董仲舒将五行相生用父子之间的关系来进行比拟，从而得出五常即仁、义、礼、智、信就是五行的结论。实际上，五行之间的相生关系就如同父子关系，或叫父母子息关系。如水生木，水为父母，木为子孙；木生火，木为父母，火为子孙；火生土，火为父母，土为子孙；土生金，土为父母，金为子孙；金生水，金为父母，水为子孙。

（三）五行相生之因

《五行大义》引述《白虎通》和《春秋繁露》二书阐明了五行相生内在机制的两种观点。这两种观点分别从自然系统与社会系统立论。以《白虎通》为代表的五行相生观，是从自然系统出发探讨五行之间的相生机制；以《春秋繁露》为代表的五行相生观，是从社会系统出发探讨五行之间的相生机制。比较通行本《春秋繁露》，可以发现，《五行大义》在这儿只是阐述《春秋繁露》作者的思想，并没有忠实引用原文。参照通行本《春秋繁露》内容，可以将其五行相生观点解说如下：

木之所以生火：《春秋繁露·五行相生》说："东方者木，农之本。司农尚仁。"[4]362其意是说，东方为木，木是农业的根本。上古时候，负责教民稼穑的农官叫司农，它注重和尊崇"仁"。司农教育和领导百姓发展农业，耕种五谷，获得丰收，家家积蓄有余粮，国家仓库充实，国家有充足的粮食就可以蓄养军队。掌管全国军队是司马的职责。司马自古就是全国军队的最高管理者，到汉武帝时定制，司马主武，掌管军事之职。国库粮食蓄积，司马掌管的军队食用它，而司马五行为火。《春秋繁露·五行相生》说："司马，本朝也。本朝者火也。"[4]363，说明董仲舒认为汉是火德，司马为火。《飞燕外传》说："后妒我尔，以汉家火德，故以帝为赤龙凤。"[8]也指汉为火德。因为，五谷积蓄，为司马所掌管的军队食用，而司马五行为火，所以说木生火。

火之所以生土：《春秋繁露·五行相生》说："南方者火也，本朝。司马尚智。"[4]363南方五行为火，汉朝是火德，司马注重和尊崇"智"。司马作为掌管国家军队的最高管理者，需要上知天文，在各种危险之形兆尚未显露，萌芽尚未产生之时，就非常清楚地预见到存亡之机，预先采取应对措施，使天下得以安宁，以维护君主之官。君主之官就是司营，司营没有明确的官职，可能是协助君主总揽政务的朝廷主管，相当于后代的宰相。司营作为辅助君主的总官，位于中央，五行属土，所以说火生土。

土之所以生金：《春秋繁露·五行相生》说："中央者土，君官也。司营尚信。"[4]364中央五行为土，君官位居中央，君官就是司营，司营注重和尊崇"信"。司营辅助君主总揽全国政务，依据天时变化而发挥权威与武力，成为强而有力的保卫者，以成就大理司徒之功。大理，一般指掌刑法的官，秦时为廷尉，汉景帝六年更名为大理，到汉武帝建元四年又复名为廷尉；司徒，则是掌管国家土地和人民教化的官，相传少昊时开始设置，到周时为六卿之一，汉哀帝元寿二年将丞相改称为大司徒。这里董仲舒将大理与司徒并列，其文意应该主要是指掌管刑法的官员。当总理全国政务的官员发挥应有作用之时，国家机器按照一定法度运转，主管刑法的官员就可以发挥其效力，这就自然而然成就了大理司徒的工作，而大理司徒五行为金，所以说土生金。

金之所以生水：《春秋繁露·五行相生》说："西方者金，大理司徒也。司徒尚义。"[4]365 西方五行为金，大理司徒五行为金，司徒注重和尊崇"义"。董仲舒认为，君臣之义是"臣死君"，父子之义是"众人死父"，亲戚之间有尊卑，社会地位有上下，各安其位，不逾越规矩，管理者讨伐有罪之人、不义之徒，就会百姓归附拥戴，国家边境安宁，盗贼不生，各地没有诉讼刑狱，就可以安定执法司寇的工作，所以说金生水。

水之所以生木：《春秋繁露·五行相生》说："北方者水，执法司寇也。司寇尚礼。"[4]365 北方五行为水，执法是执行法令的官吏，司寇是中央政府掌管司法和纠察的长官，司寇注重和尊崇"礼"。君臣各有定位，长幼各有秩序，百工匠人根据时令制成一年所用的种种器械。器械既然制成，就供给司农田官用于发展农业生产，所以说水生木。

（四）德不孤立，对之以刑

《五行大义》引《春秋繁露》和《太公》两部典籍来说明德与刑的关系。所引《春秋繁露》，分别出于两篇。《春秋繁露·阴阳义》说："天地之常，一阴一阳。阳者天之德也，阴者天之刑也。迹阴阳终岁之行，以观天之所亲而任。"[4]341《春秋繁露·天道无二》说："天之任阳不任阴，好德不好刑如是。故阳出而前，阴出而后，尊德而卑刑之心见矣。阳出而积于夏，任德以岁事也；阴出而积于冬，错刑于空处也。"[4]345 其大意是说，宇宙大系统中，天地运行的规律，是一阴一阳，即阴阳两个方面的矛盾运动。阳是天的德，阴是天的刑。推究年周期中阴与阳运行的轨迹，就可以观察、了解天所亲近、信任、任用的是什么，由此可以发现天对德与刑的运用。通过观察，人们发现一个规律，天任用阳而不任用阴，喜好德而不喜好刑。所以，阳气出现并且积蓄于夏季，天是任凭阳德的施展以成就事物；阴气出现并且积蓄于冬季，但天将阴刑放置于空虚无用之处。

结合《五行大义》，可以加深对德与刑关系的理解。《五行大义·卷第二》第七"论德"："一从月气为德者，德不孤立，对之以刑。德为阳以从乾,刑为阴以从坤。亦如人之治政,刑德两施。德有庆、赐、爵、赏,所以配阳;刑有杀、罚、削、夺,所以配阴。故王者日蚀则修德,月蚀则修刑。"[2]131 从月气而论,德不会孤立存在,一定有刑与之相配合。德为阳,所以遵从乾卦的运行规律,刑为阴,所以遵从坤卦的运行规律。这就如同人类社会中的管理系统,德刑是管理系统中的两个方面,刑与德两种措施必须都施行。德有庆贺、赏赐、爵位、奖赏的内涵,所以同阳相配合;刑有杀戮、处罚、削免、剥夺的内涵,所以同阴相配合。在天文系统中,日为阳,月为阴;在管理系统中,德为阳,刑为阴。两个系统都遵循系统中阴阳运行的规律,相互影响和制约。所以,古代帝王,当日蚀的时候,认为是阳出现了亏缺,阳在管理系统中为德,于是修治德的各个方面使归于完善;当月蚀的时候,认为是阴出现了亏缺,阴在管理系统中为刑,于是修治刑的各个方面使归于完善。

总之,阴阳是相对待而存在的,德为阳,刑为阴,因此,德不能单独治理,必须配合以刑。

(五)五行相克之因

《五行大义》引《白虎通》和《春秋繁露》两种典籍分别从自然界系统和人类社会系统进行了阐释。《白虎通·五行·五行更王相生相胜变化之义》从自然界系统论述,《春秋繁露·五行相胜》则从人类社会系统立论。从人类社会系统看,《春秋繁露·五行相胜》认为:"木者,君之官也。夫木者农也,农者民也,不顺如叛,则命司徒诛其率正矣。故曰金胜木。"[4]367 意思是说,木在人类社会系统中是最高管理者所设立的官职,其他火、土、金、水都是如此,这就明确了《春秋繁露》与《白虎通》不同,是从人类社会系统立论的。木在人类社会系统中,就是农业,从事农业的人就是农民,农民如果不听从命令进行叛乱,朝廷就会命令掌管徒役的官员司徒进行镇压,要诛杀其中领头闹事的人,使其他胁从者归于正途,所以说金胜木。"夫火者,大朝,有邪谗荧惑其君,执法诛之。执法者水也,故曰水胜火。"[4]368 火在朝代更替中代表汉朝,火在人类社会系统中代表妖异怪诞、说别人坏话的人,如果他们迷惑最高管理者,负责执法的官员就会诛杀他们。执法官员就是水，所以说水胜火。"夫土者，君之官也，君大奢侈，过度失礼，民叛矣。其民叛，其君穷矣。故曰木胜土。"[4]369-370 土在人类社会系统中代表中央最高管理者，如果最高管理者对于金钱财物极大奢侈浪费，对于社会秩序过度失礼失节，那人民就会起来反叛。一个国家所管理的人民叛乱了，一个国家的最高管理者就会陷入穷途末路，所以说木胜土。"金者，司徒，司徒弱，不能使士众，则司马诛之，故曰火胜金。"[4]370 金在人类社会系统中就是司徒，司徒如果太过软弱，就不能征发命令服劳役人等，负责军队的官员司马就会诛杀他，所以说火胜金。"夫水者，执法司寇也。执法阿党不平，依法刑人，则司营诛之，故曰土胜水。"[4]371 水在人类社会系统中就是执法司寇，负责执法的官员如果逢迎上意，徇私枉法，比附于下，结党营私，处事不公平，不能依据法律加刑于人，那么，负责中央事务的官员司营就会诛杀他，所以说土胜水。

《五行大义》进一步解释五行相克之象。《五行大义·卷第二》第十"论相克"："胜者为君，为夫，为官，为吏，为鬼。负者为臣，为妻，为财。君以威严尊高，夫以德义隆重，官以能有赏伐，吏以刑法裁断，鬼以克杀病丧，并为胜者也。臣以畏伏其上，妻以敬从其夫，财以休彼制用，并为负者。"[2]149 胜者在人类社会系统不同层次中表现为君、为夫、为官、为吏、为鬼。君在君臣关系中，与臣相比，则具有威武、严厉、尊崇、高贵的权力；夫在夫妻关系中，与妻相比，则具有道德、信义、隆崇、尊重的权力；官在官吏关系中，官是高级官员，吏是低级官员，官与吏相比，则具有才能、占有、赏赐、讨伐的权力；吏在吏民关系中，与庶民相比，则具有依法刑罚、裁决、判断的权力；鬼在与人身关系中，与人身相比，则具有克制、杀害、疾病、丧亡的权力。这些在不同层次的系统中都表现为战胜者。负者在人类社会系统不同层次中表现为臣、为妻、为财。臣在君臣关系中，则以畏惧的态度俯伏其君上；妻在夫妻关系中，则以尊敬的态度顺从其丈夫；财在与人身的关系中，则因为美好被人控制利用。这些在不同层次的系统中都表现为负者。

## （六）五常配合五藏

"仁、义、礼、智、信"是儒家所说的"五常"。孔子只提出了"仁、义、礼"，孟子延伸为"仁、义、礼、智"，至西汉董仲舒扩充为"仁、义、礼、智、信"。五藏与五常（仁、义、礼、智、信）具体怎么配合，《白虎通·性情·五藏六府主性情》说："五藏，肝仁，肺义，心礼，肾智，脾信也。"[9]383 这与《五行大义》说法相同。五常与五藏的配合关系，可以列表如下：

| 五藏 | 肝 | 肺 | 心 | 肾 | 脾 |
| --- | --- | --- | --- | --- | --- |
| 五常 | 仁 | 义 | 礼 | 智 | 信 |
| 五行 | 木 | 金 | 火 | 水 | 土 |

但《五行大义》所引典籍，不是《春秋繁露》，而是《元命苞》，因同董仲舒"仁、义、礼、智、信"五常说密切相关，故列为一条。《五行大义》引《元命苞》的内容出自《春秋元命苞》。《春秋元命苞》说："脾者，辨也。心得之而贵，肝得之而兴，肺得之而大，肾得之以化。肝仁，肺义，心礼，肾智，脾信。肝所以仁者何？肝木之精，仁者好生，东方者阳也，万物始生，故肝象木，色青而有柔。肺所以义者何？肺金之精，义者能断，西方杀成万物，故肺象金，色白而有刚。心所以礼者何？心者火之精，南方尊阳在上，卑阴在下，礼有尊卑，故心象火，色赤而光。肾所以智者何？肾水之精，智者进而不止，无所疑惑，水亦进而不惑，故肾象水，色黑水阴，故肾双。脾所以信者何？脾土之精，土主信，任养万物，为之象生物无所私，信之至，故脾象土，色黄。"[10]628 这段话不易解，参之《白虎通》，解释如下：

其一，脾对五藏的作用。"脾"意思是辨别、区分。饮食物通过脾的运化，转化为精微物质，这些水谷精微依赖脾的转输和散精功能，布散于全身，使五脏六腑、四肢百骸等各个组织、器官都得到充足的营养。因此，脾对五藏系统每一藏都有重要作用。脾对心而言，"心得之而贵"：脾可以依赖上清功能，将水谷精微物质上输于心，通过心的作用，化生气血，营养全身。因此，心之所以为五藏之主，依赖于脾的功能。脾对肝而言，"肝得之而兴"：脾主统血，是说脾能统摄、控制血液，使血液在脉内正常循行，不致溢出脉外；而肝主藏血，具有贮藏血液和调节血量的功能。因此，肝要正常发挥生理功能，依赖于脾的作用。脾对肺而言，"肺得之而大"：脾还可以依赖上清功能，将水谷精微物质上输于肺，通过肺的作用，化生气血，营养全身。因此，肺之所以可以"朝百脉"，依赖脾的功能。脾对肾而言，"肾得之以化"：脾主运化，还可以运化水液，通过脾对水液的吸收、转输和布散作用，可以防止水液在体内停滞，从而使肾发挥好人体津液系统总阀门的作用。因此，肾之所以掌控津液的排泄，依赖脾的功能。

其三，肝为什么仁？《白虎通·性情·五藏六府主性情》说："肝所以仁者何？肝，木之精也。仁者好生，东方者，阳也，万物始生，故肝象木色青而有枝叶。"[9]384 意思是说，肝之所以仁，因为肝是五行木气的精华。木主仁，"仁"的特征是爱惜生灵，东方是少阳的方位，万物开始生长，所以肝像木，其色青而有枝叶。从形状看，肝脏可以分为左半肝和右半肝，左半肝由左叶间裂分为左内叶和左外叶，左外叶由左段间裂分为上下两段；右半肝由右叶间裂分为右前叶和右后叶，右前叶、右后叶又由右段间裂分别分成上下两段。

其四，肺为什么义？《白虎通·性情·五藏六府主性情》说："肺所以义者何？肺者，金之精。义者断决，西方亦金，杀成万物也。故肺象金色白也。"[9]384 意思是说，肺之所以为义，因为肺是五行金气的精华。金主义，"义"的特征是能够决断，西方也是金，可以肃杀成就万物，所以肺像金，其色白而具有刚强的特性。从功能看，肺主治节，"节"就是义。

其五，心为什么礼？《白虎通·性情·五藏六府主性情》说："心所以为礼何？心，火之精也。南方尊阳在上，卑阴在下，礼有尊卑，故心象火，色赤而锐也。"[9]385 意思是说，心之所以为礼，因为心是五行火气的精华。火主礼，"礼"的特征是尊卑有序，南方为火，南方太阳高悬于上，大地及地上万物卑居于下，是阳性尊贵高居于上，阴性卑微屈居于下,人类社会的礼就效仿这一自然规律而制定,具有尊卑上下之别,所以心像火,其色赤而锐下。从位置看,心位于胸腔之内,膈膜之上,两肺之间,居上之中;从形状看,似倒垂未开之莲蕊,若倒置略扁之圆锥体。

其六,肾为什么智?《白虎通·性情·五藏六府主性情》说:"肾所以智何?肾者水之精,智者进止无所疑惑,水亦进而不惑。北方水,故肾色黑,水阴,故肾双。"[9]385 意思是说,肾之所以为智,因为肾是五行水气的精华。水主智,"智"的特征是进退行止没有什么疑惑,水的特征也是根据环境变化,能进则进,能止则止,自身没有什么困惑,所以肾像水,其色黑,水为阴,阴数偶,所以肾为双。从功能看,肾可以控制前后二阴的开合,司大小便;从位置、数量看,肾位于腰部脊柱两旁,左右各一。

其七,脾为什么信?《白虎通·性情·五藏六府主性情》说:"脾所以信何?脾者,土之精也。土尚任养,万物为之象,生物无所私,信之至也,故脾象土,色黄也。"[9]385 意思是说,脾之所以为信,因为脾是五行土气的精华。土主信,土可以担任滋养万物的功能,其行为特征就像是吐生万物没有任何私心,这是信的极致,所以脾像土,其色黄。从功能看,脾可以运化水谷精微,营养五脏六腑、四肢百骸,没有任何保留。

(七)月为妃后、大臣、诸侯之象

《五行大义》所引董仲舒的话不见于今本《春秋繁露》。董仲舒说:月者"于人,妃后、大臣、诸侯之象",认为自然界系统中的月,对应于人类社会,就是嫔妃王后、大臣、诸侯的象征。

结合《五行大义》,可以对这段话有更清楚的认识。

《五行大义·卷第四》第十六"论七政":"月者,《春秋元命苞》云:'月者阴精,为言阙也。中有蟾蜍与兔者,阴阳两居相附,托抑诎合,阳结治其内光炬,中气似文耳。兔善走,象阳动也。兔之言僖呼,僖呼,温暖名也。月,水之精,故内明而气冷。阴生不满者,诎于君也。至望而盈者,气事合也。盈而缺者,诎向尊也。其气卑。卑,故修表成纬。阴受阳精,故精在内,所以金水内景。内景,故阴精沈执不动。月为阴精,体自无光,藉日照之乃明,犹如臣自无威,假君之势,乃成其威。月初未政对日,故无光缺;月半而与日相对,故光满;十六日已后,渐缺,亦渐不对日也。'"[2]262《五行大义白话全解》所引《春秋元命苞》与安居香山 中村璋八辑《纬书集成·中·春秋元命包》句读略有出入。《纬书集成·中·春秋元命苞》说:"月者阴精,为言阙也。中有蟾蜍与兔者,阴阳两居相附托,抑诎合阳结治,其内光炬,中气似文耳。兔善走,象阳动也。兔之言僖呼,僖呼,温暖名也。月水之精,故内明而气冷。阴生不满者,诎于君也。至望而盈者,气事合也。盈而缺者,诎向尊也。其气卑,卑故修表成纬。阴受阳精,故精在内,所以金水内景,内景故阴精沈执不动。月为阴精,体自无光,借日照之乃明,犹如臣自无威,假君之势乃成其威。月初未政对日,故无光缺;月半而与日相对,故光满;十六日已后渐缺,亦渐不对日也。"[10]600—601其意有六:其一,月是阴气精华,其意为"阙"。月球表面非常黑暗,所以称为太阴。月亮有圆有缺,所以称为"阙"。其二,月中有阴阳,如同蟾蜍与兔。蟾蜍颜色阴暗,体表有许多疙瘩,玉兔颜色雪白,这种外形对比如同月球表面既有阴暗部分,也有明亮区域一样,所以说"月中有蟾蜍与兔";蟾蜍为阴,喜夜间活动,且行动迟缓,玉兔为阳,喜白天活动,且行动敏捷,如同月球中亮区为高地,暗区为平原或盆地等低陷地带,阴阳明暗两种现象共同依附并存于月球之上,所以说"阴阳两居相附";月球中的高地将明亮区域向上托举,低地将阴暗区域向下压抑,明亮与阴暗区域弯弯曲曲地抱合在一起,作为阳气的明亮高地将火把一样的光聚合整理为一体,阴阳二气相互交通形成文理一样的图案,所以说"托抑诎合,阳结治其内光炬,中气似文耳";兔子的特点是善于奔跑,这很像阳气运动,兔子之所以称为"僖呼","僖呼"就是温暖的名称,所以说"兔善走,象阳动也。兔之言僖呼,僖呼,温暖名也"。其三,月是五行水气精华,所以内部明亮而气温寒冷。月亮表面最低温度是-183摄氏度。其四,月有圆缺变化。月为阴,其生长不充满,有圆有缺,这如同人类社会中臣子屈曲于君王;至月望的每月十五日前后而月亮变得圆满充盈,这是日月地运行的气事相合缘故；月亮圆满充盈之后而又再次变得缺损，这是以屈曲的姿态对待尊上之意；月亮同太阳相比，在日月地系统中地位卑下，地位卑下就修治其外部的月相，辅助太阳成为大地的经纬。其五，月亮本身不发光，只反射太阳光。月为阴，日为阳，月亮接受太阳的精华，所以太阳精华存在于月亮之内，这就是如同金、水一样明亮的内部景观；因为月亮明亮的内部景观是由于反射太阳光造成的，所以月亮本身作为阴气精华沉静执着而不动；月亮为阴气精华，本身自己不能发光，凭借太阳光的照射才得以明亮，这就如同人类社会中臣子自身没有威严，凭借君王的权势，所以才成就它的威严一样。其六，月相由月日关系形成。月相是地球上可以看到的月球被太阳照明的部分，随着月球围绕地球运动，使太阳、地球、月球三者的相对位置在一个月中有规律地变动，月球与太阳相对位置不同（黄经差），月球所能反射阳光部分便呈现出各种形状。每月初一，日月黄经差为 0°，月球位于地球和太阳之间，月球不正对太阳，其黑暗面朝向地球，并与太阳同时出没，所以地面上无法见到缺损的月光；每月十五前后，日月黄经差为 180°，地球位于月球与太阳之间，月球正好与太阳相对，所以地面上可以看到圆满月光；每月十六日以后，日月黄经差大于 180°，月球渐渐不与太阳正相对，所以地面上看到的月相渐渐缺损。

《五行大义·卷第四》第十六"论七政"："《汉书·天文志》云：'月，日行十三度四分度之一。立春、春分，东从青道；立秋、秋分，西从白道；立冬、冬至，北从黑道；立夏、夏至，南从赤道；季夏行中道。赤青出阳道，白黑出阴道。晦而见西方，谓之朓；朔而见东方，谓之朒。若君舒缓，臣骄慢，故日行迟，而月行疾；君肃急，则臣恐惧，故日行疾，而月行迟，不敢迫近君位也。'其行迟疾失度，亦蚀。蚀者，当日之冲有暗虚，暗虚当月则月蚀，当星则星亡。月蚀者，阳侵阴也。董仲舒云：'于人，妃后、大臣、诸侯之象。'月为刑，故月蚀，修刑以攘之。"[2]262《五行大义》所引《汉书·天文志》与今本有出入。参考《五行大义》与《汉书》分析其意有四：其一，月球日行平均度数。从日、地、月大致在同一直线上的月圆之时开始，月球相对于恒星绕地球运转 360°，时长约 27.32 天，为一个恒星月,每日月行平均角速度为 13.18 度;由于同时间段内,地球也绕太阳公转,当日、地、月再大致共在同一直线上的月圆之时,时间多过了 2.21 天,时长为 27.32 天＋2.21 天＝29.53 天,为一个朔望月,绕地球为 360°＋360°×29.53/365.24＝389.11°,每日月行平均角速度为 13.18 度。可以看出,从恒星月周期与朔望月周期计算出的每日月行速度基本相同,与《五行大义》所说,月亮每日运行十三度零四分之一度大体相合。其二,月行九道。《汉书·天文志》说:"月有九行者:黑道二,出黄道北;赤道二,出黄道南;白道二,出黄道西;青道二,出黄道东。立春、春分,月东从青道;立秋、秋分,西从白道;立冬、冬至,北从黑道;立夏、夏至,南从赤道。然用之,一决房中道。青赤出阳道,白黑出阴道。若月失节度而妄行,出阳道则旱风,出阴道则阴雨。"[11]574-575 这说明中国古人已经认识到月亮围绕地球公转的周期是有变化的,时间长短有快有慢,其原因是月亮围绕地球公转轨道远近有所不同,这就是月行九道。月亮围绕地球公转轨道有九条:黑道有两条,出现在黄道之北;赤道有两条,出现在黄道之南;白道有两条,出现在黄道之西;青道有两条,出现在黄道之东;加上中央黄道,共有九道。年周期中,立春、春分之时,月亮在黄道东面遵从青道;立秋、秋分之时,月亮在黄道西面遵从白道;立冬、冬至之时,月亮在黄道北面遵从黑道;立夏、夏至之时,月亮在黄道南面遵从赤道。在具体判断月亮运行轨道时,主要取决于经过房宿的中道。月亮运行在中道之东、之南的青、赤两道时为出现于阳道,在中道之北、之西的黑、白两道时为出现于阴道。如果月亮运行失去正常轨道的节度而乱行,出现于黄道之南的阳道就会有干旱、大风,出现在黄道之北的阴道就会有阴天、下雨。其三,日月运行关系。《五行大义》所引,出自《汉书·五行志(下)》。《汉书·五行志(下)》说:"成帝建始元年八月戊午,晨漏未尽三刻,有两月重见。京房《易传》曰:'"妇贞厉,月几望,君子征,凶。"言君弱而妇强,为阴所乘,则月并出。晦而月见西方谓之朓,朔而月见东方谓之仄慝,仄慝则侯王其肃,朓则侯王其舒。'刘向以为朓者疾也,君舒缓则臣骄慢,故日行迟而月行疾也。仄慝者不进之意,君肃急则臣恐惧，故日行疾而月行迟，不敢迫近君也。"[11]688 这起源于对一个天文事件的分析：汉成帝建始元年八月戊午日，凌晨计时的漏未尽三刻。古代一昼夜为百刻，三刻约为 43 分钟，日入后漏三刻为黄昏，日出前漏三刻为天明。这时尚未天明，天空中出现两个月亮。京房《易传》说："'妇女占卜危险，月接近望日，男子出征，凶兆。'这说明男子虚弱而女子强势，阳气被阴气所驾驭，所以两个月亮同时出现。每月月末的晦日而月亮出现在西方称为朓，每月初一的朔日而月亮出现在东方称为朒（或仄慝），朒则意味着侯王治政庄重，朓则意味着侯王治政舒缓。"刘向则认为"朓"的意思是疾速，君王舒缓则臣子就骄慢，所以日运行迟缓而月运行疾速。仄慝是不前进的意思，君王庄重疾速则臣子就会恐惧，所以日运行疾速而月运行迟缓，表示臣子不敢接近君王。其四，月蚀。当太阳与月亮运行的迟缓与疾速失去正常的节度，也会出现月蚀。月蚀即月食，当地球位于太阳与月球之间，几乎同一直线时，月亮与太阳正处于对冲位置，这时太阳照射地球产生有阴暗投影，地球的阴暗投影正好落到月球上就发生月蚀，正好落到星星上就发生星亡。日为阳，月为阴，月蚀是阳侵犯阴。《五行大义》此处引董仲舒的话："自然界系统中的月，对应于人类社会，就是嫔妃王后、大臣、诸侯的象征。"是说月蚀应验于人事，指对嫔妃王后、大臣、诸侯有危害。月为阴，为刑，所以月蚀时，其危害需要通过修治刑罚以攘斥消除。

（八）治政与五行当令

《五行大义》引《春秋繁露》论述治政与五行当令配合。

1. 年周期中五行用事

《五行大义》引述《春秋繁露·治顺五行篇》，出自《春秋繁露·治水五行篇》，但文字有出入。《春秋繁露·治水五行篇》说："日冬至，七十二日木用事，其气燥浊而青。七十二日火用事，其气惨阳而赤。七十二日土用事，其气湿浊而黄。七十二日金用事，其气惨淡而白。七十二日水用事，其气清寒而黑。七十二日复得木。"[4]381 意思是说，年周期中，从每年冬至日开始，七十二日为五行木气当权用事，其气的特点是干燥混浊，颜色为青。又七十二日为五行火气当权用事,其气的特点是干燥阳明,颜色为赤。又七十二日为五行土气当权用事,其气的特点是温暖混浊,颜色为黄;又七十二日为五行金气当权用事,其气的特点是坚固凝结,颜色为白;又七十二日为五行水气当权用事,其气的特点是清朗寒冷,颜色为黑。又七十二日,重新恢复为五行木气当权用事,周而复始。

2. 五行用事与治政

《五行大义》分别引述《春秋繁露·治水五行篇》,并进行了阐释,阐释内容主要出自《春秋繁露·五行顺逆》,但较今本简略。

(1)木用事与治政

《春秋繁露·治水五行篇》说:"木用事,则行柔惠,挺群禁。至于立春,出轻系,去稽留,除桎梏,开门阖,通障塞,存幼孤,矜寡独,无伐木。"[4]382《春秋繁露·五行顺逆》说:"木者春,生之性,农之本也。劝农事,无夺民时,使民,岁不过三日,行什一之税,进经术之士。挺群禁,出轻系,去稽留,除桎梏,开门阖,通障塞。恩及草木,则树木华美,而朱草生;恩及鳞虫,则鱼大为,鳣鲸不见,群龙下。如人君出入不时,走狗试马,驰骋不反宫室,好淫乐,饮酒沉湎,纵恣,不顾政治,事多发役,以夺民时,作谋增税,以夺民财,民病疥搔,温体,足胻痛。咎及于木,则茂木枯槁,工匠之轮多伤败。毒水淹群,漉陂如渔,咎及鳞虫,则鱼不为,群龙深藏,鲸出见。"[4]371−373依《五行大义》解释如下:

五行木气当权用事时,则实行怀柔恩惠的政策,宽恕触犯禁令的人,选拔经学人才。到了立春,则释放犯小过的人,赦免长期囚禁的人,解除囚犯的手铐脚镣,开启门户,疏通障碍和堵塞之处,省视幼小孤儿,怜惜无夫无子的人。这些都是顺应春气普施的规律。木正当令,所以不砍伐树木,恩惠及于草木就会生长朱红色瑞草。这就是诗人所歌诵的"恩惠及于行苇"的厚德。《诗经·大雅·行苇》说:"敦彼行苇,牛羊勿践履。"[12]405意思为芦苇丛生长一块,别让牛羊把它踩。不砍伐树木,因为不可违背天阳生长万物的气。如果众人的君主骑马奔跑没有节度,沉溺迷恋于肆意放纵,加重百姓徭役,侵夺人民农时,增加税收负担,则人民就会得风疹,患足部疾病。因为伤害春天的气,所以都是五行木类生病。五行木气伤害败亡,则龙深藏不出,五行木类的禽鸟惧怕而不敢出现。雄鲸雌鲵出现而形成祸害,生有鳞或甲壳的水生动物都有五行金气,所以伤害木类。

(2) 火用事与治政

《春秋繁露·治水五行篇》说:"火用事,则正封疆,循田畴。至于立夏,举贤良,封有德,赏有功,出使四方,无纵火。"[4]382《春秋繁露·五行顺逆》说:"火者夏,成长,本朝也。举贤良,进茂才,官得其能,任得其力,赏有功,封有德,出货财,振困乏,正封疆,使四方。恩及于火,则火顺人而甘露降;恩及羽虫,则飞鸟大为,黄鹄出见,凤凰翔。如人君惑于逸邪,内离骨肉,外疏忠臣,至杀世子,诛杀不辜,逐忠臣,以妾为妻,弃法令,妇妾为政,赐予不当,则民病血壅肿,目不明。咎及于火,则大旱,必有火灾;摘巢探觳,咎及羽虫,则飞鸟不为,冬应不来,枭鸱群鸣,凤凰高翔。"[4]373-374依《五行大义》解释如下:

五行火气当权用事,则划定分封土地的疆界,修整田地。到了立夏,举荐贤良的人,分封爵位给有德行的人,赏赐有功劳的人,派遣使者到四方各国,这是顺应五行火的变化,以生长养育万物。火正当令,所以不放火,则五行火顺从为人类所利用,甘美的露水降落,凤凰来飞翔,黄鹄出现。凤凰是朱雀之类,同为五行火,因为喜悦所以出现。甘露为甘甜之物,甘为土味,黄鹄即鸿鹄,古代对天鹅的称呼,嘴基有大片黄色,黄为土色,土是火子,所以二者都是子庆贺其母。如果众人的君主使用逸邪奸佞之徒,远离骨肉至亲,疏远忠义之臣,抛弃法律政令,妇人治理政事,则人民得血瘀水肿的疾病,眼目不明,火形成灾害,大雁冬天飞走后不再回来,鸟儿出现怪异。五行火不善行,所以鸟儿有变异奇怪的事情发生。鸟儿忧虑恐惧,所以不再回来。

(3) 土用事与治政

《春秋繁露·治水五行篇》说:"土用事,则养长老,存幼孤,矜寡独,赐孝弟,施恩泽,无兴土功。"[4]382《春秋繁露·五行顺逆》说:"土者夏中,成熟百种,君之官。循宫室之制,谨夫妇之别,加亲戚之恩。恩及于土,则五谷成,而嘉禾兴。恩及倮虫,则百姓亲附,城郭充实,贤圣皆迁,仙人降。如人君好淫佚,妻妾过度,犯亲戚,侮父兄,欺罔百姓,大为台榭,五色成光,雕文刻镂,则民病心腹宛黄,舌烂痛。咎及于土,则五谷不成;暴虐妄诛,咎及倮虫,倮虫不为,百姓叛去,贤圣放亡。"[4]374-375 依《五行大义》解释如下:

五行土气当权用事,则奉养年老之人,照顾幼小孤儿,怜惜无夫无子之人,赏赐孝顺父母尊敬兄长之人,普施恩惠,这是顺应五行土性宽厚平和,包含养育的品德。土正当令,所以不兴建房屋堤防等动土的工程,宫殿房屋按照制度有不同的差别,血缘亲戚的恩情有相应的秩序,则麻、黍、稷、麦、豆等五谷有好收成,丰满肥硕的双穗嘉禾出现,道德才智极高的贤圣到来。五行土气顺遂,所以双穗的嘉禾出现,五谷丰收。德行高大,所以圣贤喜悦它而前来。如果众人的君王纵欲作乐没有节度,侮辱亲戚老辈,困窘百姓,则人民得心腹部的疾病。人体心腹部位为五行土,其气不调和,所以会生病。贤能的人隐藏起来,各种谷物都不能成熟,包括人在内的身体表面无毛或短浅毛发的裸露动物成为灾害。五行土的功能受到伤害,所以种植与收割没有成就。贤能的人憎恶它,所以就不出现。裸虫,五行为土,土气受伤,所以裸虫出现异常变化。

(4) 金用事与治政

《春秋繁露·治水五行篇》说:"金用事,则修城郭,缮墙垣,审群禁,饬甲兵,警百官,诛不法,存长老,无焚金石。"[4]382《春秋繁露·五行顺逆》说:"金者秋,杀气之始也。建立旗鼓,杖把旄钺,以诛贼残,禁暴虐,安集,故动众兴师,必应义理,出则祠兵,入则振旅,以闲习之。因于搜狩,存不忘亡,安不忘危。修城郭,缮墙垣,审群禁,饬兵甲,警百官,诛不法。恩及于金石,则凉风出;恩及于毛虫,则走兽大为,麒麟至。如人君好战,侵陵诸侯,贪城邑之赂,轻百姓之命,则民病喉咳嗽,筋挛,鼻鼽塞。咎及于金,则铸化凝滞,冻坚不成;四面张罔,焚林而猎,咎及毛虫,则走兽不为,白虎妄搏,麒麟远去。"[4]375-377 依《五行大义》解释如下:

五行金气当权用事,则修建内外城墙,修缮围墙,审察各种刑法和禁令,整顿铠甲和兵器,告诫百官,诛杀不守法令的人,这都是顺应五行金威武严肃、严酷肃杀的气。金正当令，所以不焚烧金属和石头，则白虎出现。虎是五行属金的野兽，因为喜悦所以出现。如果众人的君王贪图攻城占地的利益，喜好用兵，则人民得咳嗽、肢体痉挛、鼻塞的疾病。鼻在人体中主管肺，肺部得病，所以咳嗽而鼻塞。这都是五行金形成的病患。身体有毛的动物、金属、石头出现怪异。毛虫、金属、石头五行为金，金气受伤，所以毛虫、金属、石头出现异常变化。

（5）水用事与治政

《春秋繁露·治水五行篇》说："水用事，则闭门间，大搜索，断刑罚，执当罪，饬关梁，禁外徙，无决堤。"[4]382《春秋繁露·五行顺逆》说："水者冬，藏至阴也。宗庙祭祀之始，敬四时之祭，禘祫昭穆之序。天子祭天，诸侯祭土。闭门间，大搜索，断刑罚，执当罪，饬关梁，禁外徙。恩及于水，则醴泉出；恩及介虫，则鼋鼍大为，灵龟出。如人君简宗庙，不祷祀，废祭祀，执法不顺，逆天时，则民病流肿，水张，痿痹，孔窍不通。咎及于水，雾气冥冥，必有大水，水为民害；咎及介虫，则龟深藏，鼋鼍呴。"[4]377—381依《五行大义》解释如下：

五行水气当权用事，则关闭城门和闾门，大范围搜索奸细，判决刑事和罚金，拘捕罪犯，严厉检查关卡和桥梁，禁止人民向外迁徙，这都是顺应五行水封闭收藏的含义。水正当令，所以不毁坏堤坝池堰，唯恐水气泄漏溢出。如此治政，则略有淡酒味的醴泉出现，恩惠及于禽鸟和昆虫，则灵龟出现。这就是书上所说的"泽及昆虫"的盛德。甲虫是有甲壳的虫类及水族，又称介虫，其五行属水，因为喜悦所以出现。如果众人的君王废弃祭祀，简省宗庙，执法不严，违逆天运行的气，则人民得毒气下流的脚气病，面目四肢俱肿的水胀病，手足痿弱、麻痹的痿痹病，前后二阴孔窍不通顺，这都是五行水气壅塞固结的意思。圣人因为五行水居于太阴的位置，阴暗空虚，所以类比为宗庙。人死之后，精气消散越出本体，古人建立宗庙用来收聚它，但宗庙殿堂虚空静寂，阴暗没有人气，所以比喻为水。废弃祭祀，则失去孝的道义，所以太阴之气感应而使人得病，成为水类型的疾病。水成为灾害，灵龟深深藏起来，鬼哭泣，有甲壳的介虫出现怪异。介虫五行属水，水气受伤，所以介虫遮掩隐藏而不出现。宗庙不祭祀，魂气悲伤怨恨，所以鬼哭泣。

（九）诸官配合五行

《五行大义》所引《春秋繁露》，出自《春秋繁露·五行相胜》，但有出入。《春秋繁露·五行相胜第五十九》说："木者，司农也。"[4]367 "火者，司马也。"[4]367 "土者，君之官也。其相司营。"[4]369 "金者，司徒也。"[4]370 "水者，司寇也。"[4]370 依《五行大义》解释，木官为司农，火官为司马，土官为司空，金官为司徒，水官为司寇。

古代典籍关于国家官职设置配合五行的说法并不完全相同。《五行大义》所引《周官》，即《周礼》。《周官》说："天官冢宰"[13]1，"地官司徒"[13]128，"春官宗伯"[13]258，"夏官司马"[13]398，"秋官司寇"[13]493，"冬官考工记"[13]697。《周官》是一部未完成的书，原缺《冬官》，汉人补入《考工记》，已非原貌。依《五行大义》所说，《周官》记载为，天官为冢宰，地官为司徒，春官为宗伯，夏官为司马，秋官为司寇，冬官为司空。冢宰主管会总和计算，本为内朝主宰，掌管王家财务与宫内事务，成为六卿的首位，总管全国大事；司徒主管土地和耕种；宗伯主管礼节和音乐；司马主管武器和军队；司寇主管刑事和处罚；司空主管制造和制作。《五行大义》所引孔子，出自《孔子家语·执辔》。《孔子家语·执辔》说："古之御天下者，以六官总治焉。冢宰之官以成道，司徒之官以成德，宗伯之官以成仁，司马之官以成圣，司寇之官以成义，司空之官以成礼。"[5]287 这是说，古代统治天下的帝王，用六官来总理国家事务。冢宰之类的官员用来成就规律，司徒之类的官员用来成就德惠，宗伯之类的官员用来成就仁爱，司马之类的官员用来成就圣明，司寇之类的官员用来成就正义，司空之类的官员用来成就礼节。又说："以之道，则国治；以之德，则国安；以之仁，则国和；以之圣，则国平；以之礼，则国安；以之义，则国义。此御政之术也。"[5]287 意思是说，用规律管理国家，国家就能治理；用德惠管理国家，国家就能平安；用仁爱管理国家，国家就能和睦；用圣明管理国家，国家就能太平；用礼仪管理国家，国家就能安定；用正义管理国家，国家就能长治久安。这是施政的策略。又说:"故官属不理,分职不明,法政不一,百事失纪,曰乱。乱则饬冢宰。地而不殖,财物不蕃,万民饥寒,教训不行,风俗淫僻,人民流散,曰危。危则饬司徒。父子不亲,长幼失序,君臣上下,乖离异志,曰不和。不和则饬宗伯。贤能而失官爵,功劳而失赏禄,士卒疾怨,兵弱不用,曰不平。不平则饬司马。刑罚暴乱,奸邪不胜,曰不义。不义则饬司寇。度量不审,举事失理,都鄙不修,财物失所,曰贫。贫则饬司空。"[5]287-288 意思是说,因此,官员管辖无条理,分担职责不明确,法律政治不统一,百事丧失纲纪,称为混乱。混乱就整饬冢宰。田地不繁殖,财物不丰盛,万民忍受饥饿与寒冷,教化训令得不到执行,民风世俗淫乱邪僻,人民流离失所,称为危险。危险就整饬司徒。父子之间不相亲爱,长幼之间失去次序,君臣之间上下不和,乖背分离各怀异志,称为不和。不和就整饬宗伯。虽然贤能而失去官爵,虽有功劳而失去奖赏俸禄,士卒憎恨埋怨,兵力弱小不能使用,称为不平。不平就整饬司马。刑事处罚暴虐混乱,奸佞邪恶无法控制,称为不义。不义就整饬司寇。衡度测量不详查,兴办事务无条理,都邑鄙坏不修治,钱财物资失其所,称为贫穷。贫穷就整饬司空。这是讲六官的过失。又说:"古者,天子常以季冬考德正法,以观治乱。德盛者,治也,德薄者,乱也。故天子考德,则天下之治乱,可坐庙堂之上而知之。夫德盛则法修,德不盛则饬法与政,咸德而不衰。"[5]288 古代的时候,天子常常在季冬时节考察官员德行,调整法制,用来观察社会的治理与混乱。官员德行盛大的,社会就治理,官员德行浅薄的,社会就混乱。所以天子通过考察官员德行,那天下的治理与混乱,就可以坐在太庙明堂上而能知晓了。德行盛大则修治法律制度使之更完美,德行不盛大就整治法律与政治,使法律与政治始终都按照德惠百姓的方向施行就能长久不衰。《五行大义》所引《淮南子》,出自《淮南子·天文训》,但略有出入。《淮南子·天文训》说:"何谓五官?东方为田,南方为司马,西方为理,北方为司空,中央为都。"[14]264 依《五行大义》解释,什么是五官?东方为田官,南方为司马,西方为大理,北方为司空,中央为都官。

《五行大义》对《周官》《淮南子》《春秋繁露》诸官配合五行进

行了辨析:

中央官:《周官》认为冢宰主管计算会总,司徒主管土地,这都是居位中央的意思。与《淮南子》认为中央为都官,《春秋繁露》认为中央为司空,其取意是相同的。

春官:《周官》认为春官主管礼节和音乐,礼仪用来统一上下秩序,音乐用来协和人的感情,都是仁爱的意思,所以《孔子家语》说:"宗伯之官以成仁",仁爱五行属于木,方位为东方。《淮南子》认为东方为田官,《春秋繁露》认为木官为司农,都是主管农业的官员,这是取年周期中春为农业根本的意思。

夏官:《周官》认为夏官主管兵器和军队,五行火的特性猛烈,这是军队的象征。然而,刑事处罚归司寇管理,司马用礼节来调济司寇,以礼为主而不用刑罚。《淮南子》认为南方为司马,《春秋繁露》认为火官为司马,其取意都是相同的。

秋官:《周官》认为秋官主管刑事处罚,这是五行金的本来特性,金主管杀戮讨伐。《淮南子》认为西方为大理,也是主管刑罚;《春秋繁露》认为金官为司徒,名称虽然有异但所主管的事务相同,所以《春秋繁露·五行相生》说:"应天因时之化,威武强御以成。大理者,司徒也。"[4]364 是说顺应天时变化,威武豪强而成,大理就是司徒。

冬官:《周官》认为冬官主管制造制作,年周期中冬时万物处于收藏状态,百工都归到自己的处所,所以制造各种器物用具,用来供给王命差遣的公事。《淮南子》认为北方为司空,说法与《周官》相同。《春秋繁露》认为水官为司寇,是说执法官员必须是公平正直的人,如同水面能平均一样,所以《春秋繁露·五行相胜》说:"执法阿党不平,依法刑人,则司营诛之,故曰土胜水。"[4]371 执法官员结党营私,不能公平,不按照法律来刑罚人,则由司营官员诛杀他,所以说土战胜水。这是五行水取其公平正直的意思。

《五行大义》认为:虽然木运、火运、土运、金运、水运五运更替兴旺,官职名号随世事变化而改革,但五行用事当权,其中道理是一致相同的。所以大禹平治洪水,亲身担任司空一职,划分九州,九州土地都向君王交纳贡赋；伯夷是共工的从孙，是颛顼帝的老师，帝尧时辅政，掌管礼仪，为尧"典三礼"，帝舜时正式任命为秩宗；契是唐尧的异母弟弟，帝尧时任司徒，主管教育，他恭敬地布施教化，推行五常之教，即父义、母慈、兄友、弟恭、子孝五种伦理道德的教育；咎繇，即皋陶，为帝舜的士师，是帝舜的贤臣，掌禁令、狱讼、刑罚之事，明令实行五种刑罚。古代如此分配官员职责，则《周官》所讲"臣"的分职是正确的。

**参考文献：**

[1] 李约瑟：《中国科学技术史》（第二卷），科学出版社、上海古籍出版社，1990年。

[2] 萧吉撰，刘鸿玉、刘炳琳译解：《五行大义白话全解》，气象出版社，2015年。

[3] 刘国忠：《五行大义研究》，辽宁教育出版社，1999年，第1－2页。

[4] 苏舆：《春秋繁露义证》，中华书局，1992年。

[5] 王德明：《孔子家语译注》，广西师范大学出版社，1998年。

[6] 杨泉：《物理论》，潮阳郑氏用孙氏平津馆本刊龙溪精舍校刊。

[7] 龙伯坚、龙式昭：《黄帝内经集解》，天津科学技术出版社，2004年。

[8] 伶玄：《赵飞燕外传》，清钞本。

[9] 陈立、吴则虞：《白虎通疏证》，中华书局，1994年。

[10] 安居香山、中村璋八辑：《纬书集成》，河北人民出版社，1994年。

[11] 安平秋、张传玺：《汉书》（第一册），汉语大词典出版社，2004年。

[12] 高亨：《诗经今注》，上海古籍出版社，1980年，第405页。

[13] 杨天宇：《周礼译注》，上海古籍出版社，2004年。

[14] 张双棣：《淮南子校释》，北京大学出版社，1997年，第264页。

本文为"2020中国·衡水董仲舒与儒家思想国际学术研讨会"提交的论文。刘鸿玉（1965—），男，河北枣强人，河北省衡水市枣强县宣传部副部长。

# "推天施而顺人理"[①]
## ——董仲舒如何把儒家教化嵌入天道信仰之中

### 张 禹

汉初朝廷举贤良对策,董仲舒应召答武帝"天命条贯"之理。武帝册命所疑乃在于五帝、三王之道以何延续?桀纣之行,大坏王道,天命何以承接而起?何以"百姓合乐,政事宣昭?"何以"膏露降,百谷登,德润四海,泽臻草木,三光全,寒暑平?"何以"受天之祜,享鬼神之灵"?何以"德泽洋溢,施乎方外,延及群生"[1]2497?天命所行,三王与桀纣异道,武帝所问乃其统续缘由。百姓、政事乃王者治理之事,而其膏露,草木、三光、寒暑则非政事,因此武帝所问并非只限于治理,亦有天地合顺之道。此外,天与鬼神,乃神灵护佑之事。综合武帝所问,乃全天地神道与人事治理,董仲舒以尊天之神道贯通其事,"王者上谨于承天意,以顺命也",以顺阴阳而调风雨,以灾异之变"观天人相与之际","以此见天心之仁爱人君而欲止其乱也",以圣人之德全其行,"天令之谓命,命非圣人不行",圣王一体以尽其道,"圣人法天立道,亦溥爱而亡私",儒家礼义以化民之俗,"步德施仁以厚之,设谊立礼以导之"[1]2498,以《春秋》"大一统"之意,统摄天地神道与古今政事。最终,董仲舒提出"诸不在六艺之科孔子

---

[①] 基金项目:本文为国家社科基金重大项目"董仲舒传世文献考辨与历代注疏研究"(19ZDA027)阶段性成果。

之术者，皆绝其道，勿使并进。邪辟之说灭息，然后统纪可一而法度可明，民知所从矣"[1]2523。从武帝策问和董仲舒对策之内容而言，其对于天命与神道思想有着明显的追求，而董仲舒在天命神学的理论基础之上，融儒家之法入神学之道，尊神信仰与儒学礼义相结合，二者互为表里，互相推动，不可偏失。一方面，天之神道是西汉儒者的精神信仰，"天人相与"的感应论思想是自上古以来的传统，儒家更是如此。抛开信仰只谈"神学外衣"是徒见其表，抛却其本的做法；另一方面，在谈及儒家教化思想之时，将儒家纯化作为义理系统的支撑，丢失了儒家所本有的"宗教性"的面向，是对儒家片面化的认知。

## 一、"神道设教"：儒家的"宗教性"问题

儒家是否为宗教，从清末改革派关于"孔教"的思考，到当代人继续提出"儒教是教"的说法[2]30-36，儒家宗教问题早已成为儒学在近现代社会发展抑或是遭到打击的重要面向。"宗教"概念源于西方基督教的模板，因此若不改变宗教概念的基本内涵，那么依照基督教的标准和儒家进行对比，其结果显而易见，儒家并不是真正西方意义上的宗教。谢遐龄教授已从社会科学的方法论角度，清楚明晰地辨析出基督教与儒家的区别，并从"明确创始人，反叛性，组织性，民间性，重视布道与宣教，布道内容是宣布过去是黑暗时代，自己承诺给民众带来光明的幸福"，指出"儒家均属阙如"，因此儒家并不是宗教。然而，他创造性地提出了"国家宗教"的概念，并指出"孔子不与国家宗教对立，而是做'补台'之事。他一方面积极寻求体制内的位置，另一方面培训人才为完善体制提供优秀干部"，"孔孟儒家与国家宗教的关系可见一斑"[3]2-9。儒家既然能为"国家宗教"做"补台"之事，支持并维护"国家宗教"，那么儒学与"国家宗教"间必有其可互通性，使得儒家能很巧妙地既能为"国家宗教"提供辩护，亦能

儒雅地展现儒家本有的人文价值取向，进而达到"觉君行道"① 的目的，而此种"互通性"便涉及儒家"宗教性"问题。

儒家的"宗教性"是当代新儒家提出来的区别于"宗教"的概念范畴，用以解决儒家宗教问题。其代表人物牟宗三、唐君毅从哲学的角度"主张人有超越性的本心本性或无限智心，而能践仁知天，即人文而达于超人文之境，即道德而遥契超越的天道，而将其定位为一种'人文的宗教'或'道德的宗教'"[4]79-95。这种由"道德遥契超越的天道"，由人文达超人文之境即是儒家"宗教精神"或是"宗教性"的具体体现。李景林指出"当代新儒家谓儒家的天、天道观念弱化甚至否定了古代社会天帝观念的人格神的意义……这样一来，儒家的形而上学学说，则只能是说哲学而非宗教"，"从这个角度看，单就儒家的学理体系立论，无法对儒家的宗教性作出合理的说明"[4]79-95。儒家宗教性必定是与儒家天命信仰有直接的相关性，抛却儒家神性之天，则儒家对于天命的信仰便无处着落。杨庆堃在《中国社会中的宗教》中提出："（儒学）既是理性教化的实体，也是一种情感态度，就这一意义而言，儒学可以被视为一种信仰。但是儒家不是一种完全意义的神性宗教，因为他不设偶像，也无超自然的教义作为其教化的象征。然而，这并不意味着作为理论体系或制度性功能架构的儒学缺乏神学性的感召力。"[5]190儒家的这种"神学性"在儒家天命信仰，崇礼祭祀以及祖先崇拜等思想与行为中均有所体现，也正是因为如此，儒家才能为"国家宗教"提供"补台"之事。其中的天命信仰则与《周易》的"神道设教"有莫大关系。余治平教授指出"'神道设教'是构成儒家宗教性的一个重要方面……《周易》中的神，更多地指凡人对天道变化莫测之特性、于穆不已之功用、见首不见尾之行迹的赞叹折服，天之德化已经完全超出了人类自身的力量所及与想象范围。儒家的神显然也具有人类所不能企及的超绝力量"[6]57-64。儒家对于天的信

---

① "觉君行道"的说法，是来源于余治平教授讲授在《儒家哲学研究》的课程上提出的，认为此种方法既能让儒家思想直接上达君主，又能在皇权制度之下实现高效的传播，通过对于君主的觉醒，以达成教化百姓。

仰是展现其"神道"的重要方面,尽管大多时候,儒家的天并没有实际所指,只是作为信仰的归宿,但此悬空的信仰却是其对于终极关怀的认同与重视,李景林指出"神道设教,是儒家引领中国社会精神生活以实现其终极关怀的一个重要途径和教化方式"[4]79-95。唯由此,儒家才能通过"人文"通达"神文"①,以"神道"引领百姓教化,实现其对天道信仰的"宗教性"诠释。

"神道设教"思想出于《周易》,《观卦·彖传》曰:"观天之神道,而四时不忒。圣人神道设教,而天下服矣。"[7]230 孔颖达《周易正义》解为:"神道者,微妙无方,理不可知,目不可见,不知所以然而然谓之神道,而四时之节气见矣。"[8]314 天之神道不可得而见,但四时之气顺畅而行。圣人因此以神道教化百姓,使其日用而不知。上古五帝、三王皆是以王为圣,其教化皆是通过圣王的形象来实现。观卦是通过对于祭祀的描述,来实现百姓对于天神与圣王的信仰。观卦卦辞为:"盥而不荐,有孚颙若。"[7]227 卦辞所指,是阐述在观看祭祀之时,只观看"盥",而不观看"荐"。李鼎祚《周易集解》引马融曰:"盥者,进爵灌地以降神也。此是祭祀盛时。及神降荐牲,其礼简略,不足观矣。"[7]227 盥,即是敬酒以通神,而天神凭此降临,贾公彦《周礼·春官》疏:"以郁鬯灌地降神"[9]529,即是此意。荐,即是供奉牺牲,其礼法简略。孚,信;颙,敬。观盥不观荐,因信而为,以敬天神,李鼎祚称"万民尽信"。李道平疏称:"以灌礼降神,推人道以接天。"[7]228 人道与天道或天神相接,上古是通过宗教信仰来实现,而此与天神直接承接的为圣王。圣王观天之意,设教化以明万民。以此,万民是通过对于圣王的崇拜实现对天神的认知。杨庆堃在《中国社会中的宗教》中引用此说来说明中国政治信仰的问题,即认为中国的"政治信仰伦理:'以神道设教'"[5]115,其侧重点在阐述民间信仰。但实际上,"神道设教"是在阐述对天神与圣王的信仰,从对天神的信仰来看,更多的则是官方信仰的特质,通过对于天的信仰,以达成

---

① "神文",是孙英刚在《神文时代——谶纬、术数与中古政治研究》中提出的与"人文"对应的概念,其具体意义指"顺乎天为神文,应乎人为人文。"

儒家理论对于君民的教化。作为儒家重要的代表人物，孔子对"天命"的敬畏和孟子的"事天"，"可以视为是阐释国家宗教"[3]，培养对于天虔诚的敬畏之心。而董仲舒正是将"神道设教"理论走向现实的汉代儒者，正如陈明所言，即"董仲舒对儒学的宗教化改造，可作如是观：汉代去古未远，天之神威尚在，将日食、月食及其他灾异解释为天之意志显现尚有劝善惩恶功效，所以，作为《春秋》公羊学者的他，'屈民以伸君，屈君以伸天'，通过将民意述说成天心来对霸道政治施加影响，造福百姓"[10]4-26。不论是"劝善惩恶"，还是限制"霸道政治"，均是儒家教化得以施行的重要目的。董仲舒在"天人三策"中回应汉武帝对于天命与人事之问时，以神道贯通人事。在其理论中，尊天与敬神信仰的重建使得"天"成为神道的积极践行者，"天人感应"思想通过阴阳、五行、灾异以及祭祀实现了天与人的沟通，确立了"神道"展开的原则。而通过圣王教化，将儒家教化思想融入天神系统，天命信仰成为仁义之道的直接承担者。那么，董仲舒如何将天命神学与儒家教化结合在一起，本文从如下几个方面做出分析。

## 二、尊天与敬神：董仲舒的天道信仰

董仲舒之"天"是自然界的主宰，是宇宙万物的根源。《春秋繁露·顺命》："天者万物之祖，万物非天不生。"[11]85 天是万物立命之本，非天不生。因此，人亦是天所生。"天生之"，天为人之本。《春秋繁露·为人者天》："人之（为）人本于天，天亦人之曾祖父也。"[11]64 将天作为人的祖先，是从祖先信仰上溯至天道信仰，建立人与天的类血缘关系。《汉书·董仲舒传》："臣闻天者群物之祖也，故遍覆包函而无所殊，建日月风雨以和之，经阴阳寒暑以成之。"[1]2495 天不仅创造万物，而且成就日月、四时、寒暑等气象秩序。而且天之生物被赋予意志化的特质，《春秋繁露·威德所生》："春者，天之和也；夏者，天之德也；秋者，天之平也；冬者，天之威也。天之序，必先和然后发德，必先平然后发威。"[11]96 "德"与"威"，是天在创生万物过程中所本有的具有人格意志性的二重分别。对于天的崇拜，自上古已有，《论语·尧曰》："唯天为大，唯尧则之"[12]755，其中已隐含着尧舜时代对于天的信仰，但是意志性并没有那么明显。殷人对天尽管有尊敬之心，但殷人是以信仰"上帝"来代替对于"天"的崇拜，宗教祭祀方面亦没有单独形成对于"天"的祈求。周人则以"天"代替"上帝"，对"天"的崇拜成为重要祈求对象[13]562。《尚书·多方》："惟我周王灵承于旅，克堪用德。惟典神天。"[14]459 "神天"，即是对于天的神化以及崇拜。董仲舒对于"天"的信仰的重建，多有周人之"天"的特点。朱凤翰对于周人之"天"有细致的分析，认为西周的"天"主要有三点，即"一、天主宰王朝兴亡；二、天选立君主；三、天降佑或降灾于人世"[15]19-21。周人在吸取殷商王朝灭亡的教训之后，提出了以德配天的思想，《尚书·蔡仲之命》"皇天无亲，惟德是辅"[16]532，"天"是王朝兴替的直接主宰者，是周人用"德"来说服承继殷人之"天命"的合理性根据。与此相似的方法是，董仲舒在"天"之信仰上加入儒家之德，来促使王者行德利民。《春秋繁露·尧舜不擅移汤武不专杀》："且天之生民，非为王也，而天立王以为民也。故其德足以安乐民者，天予之；其恶足以贼害民者，天夺之。"[11]46 "天"立王是为民而行，王位的传承取决于"天"。《尧舜不擅移汤武不专杀》："则王者亦天之子也，天以天下予尧舜"[11]46，尧舜之位受之于"天"，"天"选立君主。《汉书·董仲舒传》："臣谨案《春秋》之中，视前世已行之事，以观天人相与之际，甚可畏也。国家将有失道之败，而天乃先出灾害以谴告之，不知自省，又出怪异以警惧之，尚不知变，而伤败乃至。"[1]2495 董仲舒的灾异理论虽来源于《公羊传》，但"天"对于王朝或人世的保佑与降灾观念自周朝已有。而此种灾异观正是董仲舒以人理副天道之具体体现，所谓"故治世与美岁同数，乱世与恶岁同"[11]67。

"神"的观念由来已久，且上古对于"神"有着广泛的认同与崇敬，如天神或上帝、地祇、四方之神、山川之神等，其中上帝是在殷人、周人的观念中占据着重要的地位，且其与"天"的信仰密不可分。殷人尊神尚鬼，《礼记·表记》："殷人尊神，率民以事神，先鬼而后礼。"[17]1713 陈来通过对卜辞记载的研究,指出殷人的神灵观念可分为"天神""地示""人鬼"三类,从其所信仰的对象来看,殷人之信仰种类繁多,且"上帝"作为其最高神而存在,具有最高的权威,管理自然与下国[18]118。陈梦家指出"殷人的上帝或帝,是掌管自然天象的主宰,有一个以日月风雨为其臣工使者的帝廷。上帝之令风雨、降福祸是以天象示其恩威,而天象中风雨之调顺实为农业生产的条件。所以殷人的上帝虽也保佑战争,而其主要的实质是农业生产的神。先公先王可上宾于天,上帝对于时王可以降祸福,示诺否,但上帝与人王并无血缘关系。人王通过先公先王或其他诸神而向上帝求雨祈年,或祷告战役的胜利"[13]562。上帝作为殷人之农业保护神与精神寄托,既是风调雨顺的信仰保障,亦是祸患的承担者,且上帝"仅作用于王本身,而不作用于王以外的其他人"[15]。因此,董仲舒之天受命于王,有其思想根源,古圣王率民以事天,圣王成为向天承祈的直接代言人。天是直接作用于王,而平民老百姓没有敬天祭祀的权利,这在传统祭祀系统中是显而易见的。殷人之先公先王可上通于天,是上帝崇拜到祖先崇拜的重要转变,但祖先与上帝并没有实现血缘相通,而董仲舒的"天亦人之曾祖父"的思想直接将天与人以父子关系连接起来,是属于类血缘关系。

周人对上帝的信仰已经通过以德赋天,将对"天"的信仰与对"上帝"结合起来,"昊天上帝"即是此种思想的表达。尽管在周人的思想中,"天"与"上帝"亦是有所差别。陈来指出:"若细分,则以天指昊天,即冬至圜丘所祭之天,以帝为夏正郊社所祭之天。"[18]149 因此,从广义上讲周人之"天"与"上帝"的信仰是合二为一的。董仲舒对于"天"与"上帝"有时候亦没有做区别,如《春秋繁露·观德》:"泰伯至德之侔天地也,上帝为之废适易姓而子之。"[11]56 此处"上帝"亦与"天"同义,是选废君主的主宰。他亦引《诗经》"'上帝临汝,无二尔心。'知天道者之言也"。此处,知"天"之道者,亦即明"上帝"之旨意,二者没有严格区分。董仲舒将"天"与"百神"结合起来,"天者,百神之君也","天"是"百神"的君,是掌管"百神"的至上之"神"或至高存在,从这个程度上讲,"天"与

"上帝"又是相通的。

因此,从源头上而言,董仲舒对于"天""神"或"上帝"的信仰的建构是源于殷周之人对于"天"与"上帝"的崇敬。只是作为儒者的董仲舒,在"天人相与"的层面加入了儒家的礼仪仁道,立足于《公羊传》"大一统"思想的基调之上,董仲舒予天于圣,圣王教化的思想为王权寻找信仰上的根基。谢遐龄教授指出"(董仲舒)确定天在神祇体系中的统帅地位,把各位地方性的神祇整合在一个系统之中,这对汉朝政权稳固作出重大贡献,对巩固刚刚完成的统一打下坚实基础,也为中华民族共同信仰的确立迈出决定性的一步"[3]。追寻到"天"的信仰,使得"神道"的开展具备了合理化的理论基础,依托圣王率民以事的做法,不仅承接了上古中国已有的圣王信仰,亦为儒家圣王教化提供了榜样性的依托。就此而言,董仲舒的"天道"与《周易》的"神道"内涵并无二致。

## 三、"天人相与":董仲舒天之"神道"的原则

董仲舒通过对"天"信仰的建构,使得天在百神、土地山川以及人事之上均占据着绝对崇高的地位。天在"十端"之中是作为至高的存在,其"十端"为"天有十端,十端而止已。天为一端,地为一端,阴为一端,阳为一端,火为一端,金为一端,木为一端,水为一端,土为一端,人为一端,凡十端而毕,天之数也"[11]44。作为终极根源的天不受其他任何存在物的制约,天自为之,自生之,只对自己负责,因此天亦作为自己的"一端"而存在。"唯人道可以参天"[11]67"人,下长万物,上参天地"[11]98。人作为与天道相贯通者,只有人能参通天之"神道","是故明阳阴、入出、实虚之处,所以观天之志。辨五行之本末顺逆、小大广狭,所以观天道也"[11]99。阴阳、五行皆为人参天之"神道"的方法与凭借,通过阴阳、五行、灾异及祭祀等问题确立"神道"展开的原则,为儒家教化的嵌入提供路径。

阴阳是董仲舒对天之"神道"信仰的首要展现,通过阴阳观念确立了"执中"和"阳尊阴卑"的原则。阴阳不仅是自然界沟通万物的

元气象,《五行相生》①"天地之气,合而为一,分为阴阳"[11]76,也贯通于人之性情之变,"阴阳之气,在上天,亦在人。在人者为好恶喜怒,在天者为暖清寒暑"[11]97。"其在人者,亦宜行而无留,若四时之条条然也。"[11]97天之寒暑清暖与人之喜怒哀乐相应,春暖人喜,夏暑人乐(或言好),秋清人怒(或言恶),冬寒人哀。人之性情与天之寒暑对应只是常理,非必"留德而待春夏,留刑而待秋冬",若此则虽"有顺四时之名,实逆于天地之经",而天亦有非常,"天行谷朽寅,而秋生麦,所以成功继乏,以赡人也"[11]97。苏舆引《盐铁论·论菑篇》称:"'春生夏长故火生于寅。木,阳类也。'谷熟于夏,故云'谷朽寅'。"[19]458谷熟于夏,秋则冬麦可生,以继春之乏也,此乃非常之,以现天之赡养人也。因此"春修仁而求善,秋修义而求恶,冬修刑而致清,夏修德而致宽。此所以顺天地,体阴阳。然而方求善之时,见恶而不释;方求恶之时,见善亦立行;方致清之时,见大善亦立举之;方致宽之时,见大恶亦立去之。以效天地之方生之时有杀也,方杀之时有生也。是故志意随天地,缓急仿阴阳"[11]97。天地生杀有经权,不可执意而行。随天地阴阳,执其要处,此之谓"执中"。

阴阳亦是展现人事尊卑的重要标杆,董仲舒通过"阳尊阴卑"的原则上体天道信仰,下达人事治理。"阳气以正月始出于地,生育长养于上。至其功必成也,而积十月。人亦十月而生,合于天数也。是故天道十月而成,人亦十月而成,合于天道也。故阳气出于东北,入于西北,发于孟春,毕于孟冬,而物莫不应是。阳始出,物亦始出;阳方盛,物亦方盛;阳初衰,物亦初衰。"[11]66阴阳之气自然化成合于

---

① 《春秋繁露》五行诸篇的真伪性,多有学者讨论。美国学者桂思卓在《从编年史到经典——董仲舒的春秋诠释学》中指出:"五行编是整个《春秋繁露》文本中最有问题的部分。从上文所提及的证据来看,我们必须质疑传统学说对五行编之作者的界定。"桂思卓主要是通过与《淮南子》中的五行学说做比较而得出的结论,认为其是对《淮南子》的复制。但难以否认的是在《汉书》中,班固曾多次提及董仲舒和刘向的五行思想,说明在班固看来五行思想在董仲舒那里是存在的,这是不可否认的。而五行诸篇的思想,或是董仲舒后学的整理,以此来扩展董仲舒的学说,亦有其可能。因此,我们认为五行诸篇依然能体现董仲舒的学说,不可轻易否认。

天道，而人亦合于阴阳而生长与衰落，实现对天道的追寻。《春秋繁露·阳尊阴卑》："阳行于顺，阴行于逆。顺行而逆者，阴也。是故天以阴为权，以阳为经。阳出而南，阴出而北。经用于盛，权用于末。"[11]66 阳为经，主于盛；阴为权，处于末。阳尊阴卑，阳顺阴逆。阴阳观念发源甚早，大概在春秋战国时期成书的《易传》之中才形成了较为完善的哲学体系。董仲舒关于"阳尊阴卑"的思想源于《易传·系辞上》："天尊地卑，乾坤定矣。卑高以陈，贵贱位矣。"[7]541《系辞下》："乾，阳物也；坤，阴物也。"[7]615 在《易传》中，天乃纯阳之体，地乃纯阴之化，因此从"天尊地卑"的思想中可以推出"阳尊阴卑"，但《易传》并没有明确提出。而董仲舒则明确提出"阳尊阴卑"的概念，为儒家"三纲"教化理论提供律令式的原则。

求雨、止雨是阴阳观念之下，对于天的祈求，雨多则止雨，雨少则求雨。《史记·儒林列传》记载董仲舒在为江都相之时，"求雨闭诸阳，纵诸阴，其止雨反是。行之一国，未尝不得所欲"[20]3115。因此，董仲舒对于求雨、止雨有着独特的见识与实践。求雨、止雨主要是以"阴阳相类"为万物相应的基础，并以虔诚之心祈祷神灵以达成人事。《同类相动》："今平地注水，去燥就湿，均薪施火，去湿就燥。百物去其所与异，而从其所与同，故气同则会，声比则应，其验然也。"[11]75 万物以类相动，阴阳之气各从其所同。又"天将阴雨，人之病故为之先动，是阴相应而起也。天将欲阴雨，又使人欲睡卧者，阴气也。有忧亦使人卧者，是阴相求也；有喜者，使人不欲卧者，是阳相索也。水得夜益长数分，东风而酒湛溢，病者至夜而疾益甚，鸡至几明，皆鸣而相薄。阳阴之气，因可以类相益损也。天有阴阳，人亦有阴阳。天地之阴气起，而人之阴气应之而起，人之阴气起，而天地之阴气亦宜应之而起，其道一也。明于此者，欲致雨则动阴以起阴，欲止雨则动阳以起阳，故致雨非神也。而疑于神者，其理微妙也。"[11]75 天将降雨，则人阴病先应之，欲睡，皆是同阴相应之故，忧喜、阴阳相应而动。水为阴，得夜则欲涨，病为阴，逢夜甚疾。鸡为阳，逢天明阳气则鸣。因此天地阴阳，人气亦有阴阳以相应，同类相感。欲止雨则以阳类相应，求雨则以阴类相感。《求雨》："无伐名木,无斩山林。八日。于邑东门之外为四通之坛,方八尺,植苍缯八。其神共工,祭之以生鱼八,玄酒,具清酒、膊脯。择巫之洁清辩利者以为祝。祝齐三日,服苍衣,先再拜,乃跪陈,陈已,复再拜,乃起。"[11]88 木、林皆为阴,《周易·说卦》:"巽为木。"[7]687 巽为阴卦,故木、林皆为阴。春位在东,春天求雨,则于东门设坛。鱼为阴。玄酒,凌曙引《礼运》疏谓:"玄酒,谓水也。以其色黑,故谓之玄。"[21]3 水为阴,故玄酒为阴。求雨所具物品与方位,与求雨时节以及求雨性质有关。求雨,则以阴相类,"开阴闭阳",男女之类亦要相合,"凡求雨之大体,丈夫欲藏匿,女子欲和而乐"。藏逆男子,而女子合乐以应阴。止雨则与之相反,所置物品皆阳类,藏匿女子,而男子合乐应阳以止阴。尽管在《同类相动》中提出:"故致雨非神也。而疑于神者,其理微妙也。"[11]75 此当是用于解释"同类相应"之理,求雨、止雨乃同类相感而应,非神直接降福。神者,为其微妙之理也。既然为求雨、止雨,则必有所祷、有所祀,祷、祀则必向神祈求,故求雨、止雨绝不可绕过对神的信仰。于此,"同类相动"成为辅助"阳尊阴卑"观念的得力论据,求雨、止雨的实践活动正是通过阴阳相类来实现对神灵的祈求活动,而阴为忧,阳为喜观念的渗入使得尊卑观念更加明确。

五行,即木、火、土、金、水,通过对五种性质的化成与推演以观天道,"天地之气,合而为一,分为阴阳,判为四时,列为五行。行者行也,其行不同,故谓之五行。五行者,五官也,比相生而间相胜也。故为治,逆之则乱,顺之则治。"[11]76 以天道达人事,五行之德与五官之"五常"相应,依次相生,间隔相胜,将人伦道德纳入天道观念之下。木位东,时为春,主生可育万物,司农主稼有仁厚之德,故木与司农匹;火位南,时为夏,主长可助万物,司马主军有智贤之德,故火与司马匹;土为中央,时为季夏,主和可养万物,司空主政有忠信之德,故土与司空匹;金位西,时为秋,主收可凋万物,司徒主教有廉义之德,故金与司徒匹;水位北,时为冬,主藏可清万物,司寇主法有礼义之德,故水与司寇匹。五行相生,五官亦是。五行以木生火,火生土,土生金,金生水,水生木,成为循环。五官相生,

"司马食谷",谷为司农所长,钟肇鹏认为:"司马主军政,兵无粮则散。"[22]837故司农生司马;司马主军,以军平乱,"天下既宁,以安君官。君官者,司营也"[22]837。司营,即司空,故司马生司空。司空主政,"威武强御,以成大理。大理者,司徒也"[22]838。政事治理,必须以刑法佐之,故司空生司徒。司徒主教化,以义治顺,以法治乱,故司徒生司寇。司寇主执法,"死者不恨,生者不怨,百工为时,以成器械。器械既成,以给司农。"[11]76故司寇生司农,五者亦形成循环。五行间相胜者,金胜木,木胜土,土胜水,水胜火,火胜金。五官依五行之相胜之法,亦间相胜也。司徒主教化,司农为奸,司徒诛之;农者反叛,司徒诛之,故司徒胜司农。司空主政,蔽则结党媚主,徭役赋敛无度,民财、民时、民力,皆无所守,司农主稼穑为农,穷则叛矣,故司农胜司空。司寇主执法,蔽则狱讼不平,刑法不当,司空诛之,故司空胜司寇。司马主军,蔽则专权,"劫惑其君",司寇主执法,依法而诛之,故司寇胜司马。司徒主教化,蔽则"内得于君,外骄军士,专权擅势,诛杀无罪,侵伐暴虐,攻战妄取,令不行,禁不止。将率不亲,士卒不使"[11]77,则司马诛之,故司马胜司徒。五官相胜,亦可成为循环。五行有主、有始、有终,"木,五行之始也;水,五行之终也;土,五行之中也。此其天次之序也"[11]65。因此,天之五行以土为主,以木为始,以水为终,形成一轮循环。"故圣人之行,莫贵于忠,土德之谓也。人官之大者,不名所职,相其是矣。"[11]65土为司空,主政为相,以忠信为德。司农主稼穑为政之始,司寇主司法为政之终。因此,尽管五官有生有胜,但有主有次,有始有终。"天志仁,其道也义。为人主者,予夺生杀,各当其义,若四时;列官置吏,必以其能,若五行。"[11]98五官各以其能则国治,互有生胜则官相制,有主则可帅,有始有终则可循环。此外,五行相生亦是孝道之源。"木生火,火生土,土生金,金生水。水为冬,金为秋,土为季夏,木为春。春主生,夏主长,季夏主养,秋主收,冬主藏。藏,冬之所成也。是故父之所生,其子长之;父之所长,其子养之;父之所养,其子成之。诸父所为,其子皆奉承而续行之,不敢不致如父之意,尽为人之道也。故五行者,五行也。由此观之,父授之,子受之，乃天之道也。故曰：夫孝者，天之经也。此之谓也。"[11]63 五行相生，父子之义由此而出。父生子长，父长子养，父养子成，承父之道，赡养父母，则为孝矣。董仲舒通过五行相生相胜的原则，不仅确立了五官各自的地位与相互之间的制约性，亦把儒家"五常"伦理注入天道信仰，为教化理论提供了形上依据。

董仲舒灾异思想是其探究天人之际的重要理论，"天"在董仲舒的思想中是自然神与人格神的综合，其具意志化倾向的"天"必定在人世之中有着相对应的征兆。对"天命"的崇敬使得董仲舒的灾异说不仅是建立在为匡正政治的目的之上，而且是其自身宗教信仰的一种体现。作为潜心遵奉孔子学说的董仲舒而言，灾异思想是其对孔子罕言"天道"的补充，又是从公羊家角度遵从孔子《春秋》大义的具体体现。《春秋》每逢日食、地震、山塌、不时之雨雪、大雨雪等自然异象以及自然灾害，包括蝗灾、大水、火灾等做出记录，《公羊传》将前者则解释为"记异也"，后者解释为"记灾也"。从《公羊传》视角分析，凡是自然异象，且其影响较大者，称为"异"，且"异"包括非正常生物现象，如"鼷鼠食郊牛""鹳鹆来巢""多麋"。而涉及对房屋、农作物有损害的或对百姓生命有害者，则称为"灾"。但《公羊传》的灾异更多的是从角度的不同来谈，"大雨"称"异"，而"大水"则称"灾"。"螽"称"灾"，"雨螽"称"异"。"灾"侧重于灾害，而"异"则侧重于异象，当然"异"有时亦造成灾害，只是侧重不同。因此，"灾"更多的是从物质损害层面来谈，而"异"则侧重于天、四时、生物之异象。董仲舒在此基础上，提出了"灾小异大"的说法。《必仁且知》："其大略之类，天地之物有不常之变者，谓之异，小者谓之灾。灾常先至而异乃随之。灾者，天之谴也；异者，天之威也。谴之而不知，乃畏之以威。《诗》云'畏天之威。'殆此谓也。"[11]53 天地之物非常者是"异"，是从大的方面而言，如日食、地震、山崩等；而小的方面，如辽东高庙、长陵高园殿灾、蝗灾、大水等。"灾"是天谴责君王的表现，即是以此警告，而"异"则是天降威以惩罚君主的表现。在与武帝对策之时亦提出："国家将有失道之败，而天乃先出灾害以谴告之，不知自省，又出怪异以警惧之，尚不知变，而伤败乃至。"[1]2495 从董仲舒灾异之变来看，先灾后异，从"谴告"到"惊惧"再到"伤败"，其灾害程度不断加深，是"见天意之仁而不欲陷人"或"见天心之仁爱人君而欲止其乱也"。作为信仰之"天"，其必有所验之于人；作为儒家之"天道"，其必有所仁爱万物。

《必仁且智》："凡灾异之本，尽生于国家之失。"[11]53 国家有所失，如国君荒淫、不理朝政、君权旁落、臣下僭上等行为，则天必降灾异以惊惧之。又"谨案灾异以见天意。天意有欲也，有不欲也。所欲所不欲者，人内以自省，宜有惩于心；外以观其事，宜有验于国。故见天意者之于灾异也，畏之而不恶也，以为天欲振吾过，救吾失，故以此报我也。《春秋》之法，上变古易常，应是而有天灾者，谓幸国。"[1]2495 天通过灾异以戒人君之失，自省于心，观其国之验。《春秋》以灾异救国，见灾而明德，治乱归正。因此，董仲舒的灾异理论在"天"的信仰之上，通过"灾"与"异"实现对天意的领会，达成乱国者诛，僭上者贬的政治效果。"天"以仁爱之德而普化万国，重仁德而轻刑罚，由此，董仲舒的灾异回归到了儒家道德的内涵，即仁道。儒家以仁为内核的教化思想，尽管是对民众而言，用以风化习俗，但是"圣王"理念将"圣"置于"王"之前，从"圣王"原本是一人，到后来皇权制度的不断完善，"圣"与"王"在位阶和品德上开始分离。董仲舒对于天之"神道"的信仰一定程度上是王对天意的领会，而天意必定是以圣人治世为其模板，那么"神道设教"首要之处便是"圣"对"王"的教育。而天之阴阳、五行、灾异等均是王在对天的信仰之下，对于"神道"具体原则的领悟与学习。因此，教化思想首先是天对王的教育。韩星曾关注到《公羊传》旧文中"天子僭天"[23]3-13 的概念，若从信仰层面而言，"天子僭天"所指应是对"天"信仰的落幕，王教不行，以民为主的天意难行其道，故天下无道，礼崩乐坏。而"以天为纲"[24]257 亦应是指以天为教，只是此"教"更多的是对于天意的领会。

## 四、立教化，正万民：圣王治理大业

在以天为教之后，董仲舒的教化思想才开始在伦理、秩序层面展开。儒家教化思想是在圣王的引领之下，对君主、仕官以及万民的启蒙与教育。董仲舒在《为人者天》中引《传》曰"唯天子受命于天，天下受命于天子，一国则受命于君。君命顺，则民有顺命；君命逆，则民有逆命。故曰：'一人有庆，兆民赖之。'"[11]64 天子受命于天，天下受命于天子，而上古中国凡为天之子则必是圣人，只有圣人才能带领万民，才能启迪民心，因此"圣王合一"自古以来便是王道教化的基础。但随着君权制的发展和深化，天子不再是圣人，因此董仲舒必须结合圣人之德与天子之权，达成古代圣王的教化效果，"行天德者谓之圣人"[11]96，以君法圣，亦是法天之德。如此，亦间接实现了圣对君的教化。而圣王并不直接教化民众，是通过官员来实现。孔子以"学而优则仕"的目的教育弟子，正是希望通过对于官员的教化来达成圣对民众的引领。余治平教授指出："（汉朝）郡守、县令之类的官应该是民的榜样，以官为师，以君为圣，官、师一体，官、师一源，为以后的中国社会描绘出了政教合一的图景。汉人之吏，显然不同于秦人之吏，前者有仁心，后者无德行。政统与道统合一，君王与儒师合一，悄然而有效地把道统融合并渗透进了政统。"[6] 在"官师一体""以君为圣"的汉朝社会中，对万民的教化已然是由官员直接承担。自从孔子将曾经只作用于君子的道德要求推广开来后，仁义等道德原则已逐步下达百姓教化。而在董仲舒提倡尊儒之术，习六艺之科之后，汉朝社会开始正式走向以儒为教的时代。其"三纲五常"的教化理论，既针对具有绝对政权的君主，亦针对享有直接治权的仕官阶层，更针对受其二者治理之下的百姓。

（一）"三纲"

董仲舒在《春秋繁露·基义》中提出"王道之三纲"，即"仁义制度之数，尽取之天。天为君而覆露之，地为臣而持载之；阳为夫而生之，阴为妇而助之；春为父而生之，夏为子而养之；秋为死而棺之,冬为痛而丧之。王道之三纲,可求于天"[11]73。"三纲"上取天道,由天地、阴阳、四季之德推出人伦关系,君为天乃人伦教化之至大者,臣为地是道德教化的推行者;夫为阳以生养为主,妇为阴以助长为主;父为春乃生之道,子为夏有养之义。又通过"阳尊阴卑"的原则来规定人伦秩序,即"君臣、父子、夫妇之义,皆取诸阴阳之道。君为阳,臣为阴;父为阳,子为阴;夫为阳,妻为阴"[11]73。以阳为尊,阴为卑,进而实现君为尊,臣为卑,父为尊,子为卑,夫为尊,妻为卑,尊卑思想所诱导出来纲常伦理就此而成为教化思想的起点。阴阳相合,则君臣、父子、夫妇皆为相合。"物莫无合,而合各有阴阳。阳兼于阴,阴兼于阳,夫兼于妻,妻兼于夫,父兼于子,子兼于父,君兼于臣,臣兼于君。君臣、父子、夫妇之义,皆取诸阴阳之道。""兼",具有相互的性质,尽管臣以君为尊,妇以夫为尊,子以父为尊,但君对臣,父对子,夫对妇亦有一定责任。《春秋繁露·王道》在论及五帝三王之道时称:"教以爱,使以忠,敬长老,亲亲而尊尊。"[11]25教官民以仁爱,则君父必以仁爱相表率,则臣子必以忠信待之。父爱其子,子必敬其父。上亲其亲,则下必尊其尊。董仲舒在对"三纲"的论述上,充分重视双方均应履行的义务和所应承担的责任,遵从孔子"父父,子子,君君,臣臣"[12]483的教化理念,并调整孟子"父子有义,夫妇有亲,君臣有别"[25]152的教化思想。因此,"三纲"既是在确定政治秩序,又是在制定伦理规则。通过对秩序和规则的明确,来达成教化官民的目的,便是纲常伦理的效用所在。

君臣之教,以君为纲,以臣为辅。董仲舒以《春秋》为教之大纲,从公羊家的角度通过对孔子之微言大义的探讨来实现对于君臣秩序和地位的规范。春秋时代,"世乱义废,背上不臣"[5]11,"弑君三十六,亡国五十二"[11]30,君臣关系呈现"君不君""臣不臣"的局面,故董仲舒以此为患,提出要"立义定尊卑之序,而后君臣之职明矣"[11]32。君者,受命于天,正位于臣。《春秋繁露·保位权》:"为人君者,固守其德,以附其民;固执其权,以正其臣。"[11]38君正位执权,守德固本,则其臣必正。君为臣纲,则臣必以君为本。《春秋繁露·天地之行》:"为人臣者,其法取象于地。故朝夕进退,奉职应对,所以事贵也;供设饮食,候视疾,所以致养也;委身致命,事无专制,所以为忠也;竭愚写情,不饰其过,所以为信也;伏节死难,不惜其命,所以救穷也;推进光荣,褒扬其善,所以助明也;受命宣恩,辅成君子,所以助化也;功成事就,归德于上,所以致义也。是故地明其理为万物母,臣明其职为一国宰。母不可以不信,宰不可以不忠。母不信则草木伤其根,宰不忠则奸臣危其君。根伤则亡其枝叶,君危则亡其国。故为地者务暴其形,为臣者务著其情。"[11]94 臣之事,取法于地。地养万物为其母,臣尽其责为国之宰。地必以信养草木,臣必以忠敬其君。臣之责乃事君致养,敬忠诚信信,救难助明,德归于上,以成臣义。《春秋繁露·阳尊阴卑》:"是故《春秋》君不名恶,臣不名善,善皆归于君,恶皆归于臣。臣之义比于地,故为人臣者,视地之事天也。"君为天,臣为地,臣事君犹地事天也,地不敢独享其功,皆归于天。因此,臣皆承其恶,归善于君;君不名恶,以善为之。董仲舒效仿天地之行来明君臣之义,为教化理论提供形上依据。通过"强干弱枝,大本小末"的思想来规定君臣之职,于皇权专制时代是一种较为高效的统治政策,但其间接地亦为中央集权提供了理论依据。

父子之教,以父为纲,以子为随。《春秋》为教既正君臣之序,亦正父子之序。父子关系是皇权制度之下政治与人伦关系的开始,而春秋时代,"弑其父,擘杀其宗,不能统理"[11]25,以至于"父不父则子不子"[11]11,因此董仲舒从公羊学角度以《春秋》为纲正父子之序,通过对父子关系的规定来实现儒家教化。《春秋繁露·顺命》:"父者,子之天也;天者,父之天也。"[11]85 尊天为父,则天与天子之间便有类血缘关系,此其对天道信仰的直接表现。则君顺天意,如子尊父道。"天子受命于天,诸侯受命于天子,子受命于父"[11]85,子从父命,行父道,则有形上依据。"故号为天子者,宜视天如父,事天以孝道也。"[11]59 事父以孝道,则事天亦以孝道。此外,五行相生,授者为父,受者为子,前已论述。父为生子之主,则子必敬以事父。《春秋繁露·五行对》:"是故父之所生,其子长之;父之所长,其子养之;父之所养,其子成之。诸父所为,其子皆奉承而续行之,不敢不致如父之意,尽为人之道也。"[11]63 父为子之纲,父有生子之德,故子必承父之志,以孝敬父,必成父之道,以全人道。但有"不父"之人,则子不必非承其命,董仲舒在《春秋》"灵公立辄"事情上,提出"辞父之命而不为不承亲"[11]22。卫灵公庶子蒯聩,因陷害嫡母未遂,事败而逃出卫国,卫灵公于是立蒯聩的儿子辄为君。《公羊传》:"曼姑受命乎灵公而立辄……辄者曷为者也?蒯聩之子也。然则曷为不立蒯聩而立辄?蒯聩为无道,灵公逐蒯聩而立辄。然则辄之义可以立乎?曰:可。其可奈何?不以父命辞王父命,以王父命辞父命,是父之行乎子也。"[7]1141 辄被立为君,则必须辞其父蒯聩之命,而遵从其灵公之命,因此董仲舒和《公羊传》认为"以王父命辞父命",亦为父行乎子,为承亲之志也。此乃儒家教化思想在经权问题上的"执中"之法,不执着于经义,必以权衡而得其中道。

夫妇之教,以夫为纲,以妇为助。《春秋繁露·基义》:"阳为夫而生之,阴为妇而助之。"[11]73 在父权制度之下,以夫为阳,以妇为阴,阳尊阴卑,因此夫主家为生养之父,妇辅夫为助养之母。"妻受命于夫"[11]85,为夫之妻,则妇必以夫命为尊,不擅作主张。而妇若不守其道,淫行他夫,必伤风化。夫不尊人伦,淫乱于姊妹,必损君威。《汉书·五行志上》:"董仲舒以为鲁夫人淫于齐,齐桓姊妹不嫁者七人。国君,民之父母;夫妇,生化之本。"[1]1315 作为国君之齐襄公与其妹桓公夫人淫乱,多次幽会,而鲁桓公最终被弑。齐桓公好色,淫于自己的妹妹多达七人。作为民之父母,国君和夫人,应固守夫妇之道,正伦理之德,夫教妇从,以化民风。《春秋繁露·王道》:"夫人内淫两弟,国绝莫继,为齐所存,夫人淫之过也。妃匹贵妾,可不慎邪?"[11]25 夫人即鲁庄公之妻哀姜,嫁到鲁国后,与庄公之庶弟庆父、叔牙私通。庄公死后,哀姜与庆父合谋先后杀子般和鲁闵公,造成《公羊传》所称鲁国"比三君死,旷年无君"[26]358 的局面。因此,鲁国祸乱,夫人哀姜有重大责任,不守妇道,不从君命,淫乱不已。董仲舒以此为戒,提倡夫尊伦理之道,妇守风化之德,以行为教,以正民风。

"三纲"之旨,古已有之。《礼记·哀公问》:"公曰:'敢问为政如之何?'孔子对曰:'夫妇别,父子亲,君臣严。三者正,则庶物从之矣。'"[17]1603《礼记·昏义》:"男女有别,而后夫妇有义;夫妇有义,而后父子有亲;父子有亲,而后君臣有正。"[17]1886《吕氏春秋》:"凡为治必先定分。君臣、父子、夫妇。君臣、父子、夫妇六者当位,则下不踰节而上不苟为矣,少不悍辟而长不简慢矣。"[27]11 皆以君臣、父子、夫妇并举,则其观念早已成型,只未明确提出。苏舆引《韩非子·忠孝篇》:"'臣之所闻曰:臣事君,子事父,妻事夫,三者顺则天下治,三者逆则天下乱,此天下之常道也。'亦以三者并举,故知三纲之说其来已久,而其理则《易》已具之。"又"阴阳不易者也,君臣、夫子、夫妇之伦,亦不易者也"[19]263。董仲舒之"三纲"由天地、阴阳切入,顺着《周易》的阴阳观念和伦理关系进而提出"三纲",成为后代儒家治国的教化之本。《白虎通·三纲六纪》引《礼纬·含文嘉》:"君为臣纲,父为子纲,夫为妻纲"[28]373 提出后来广为流传的说法。秦汉以后,随着皇权专制和中央集权的不断深入,皇帝权利无限制扩张,"三纲"伦理缺失了对于天之"神道"的信仰,亦缺失了董仲舒"以君随天"对君权的限制,则势必走向以尊压卑的社会现实,而此时的"教化"亦会随之走向以维护统治者利益为目的,进而成为限制民众的说教手段。

(二)"五常"

在《天人三策》中,董仲舒多次提到行教化的重要性,"凡以教化不立而万民不正也。夫万民之从利也,如水之走下,不以教化堤防之,不能止也。是故教化立而奸邪皆止者,其堤防完也;教化废而奸邪并出,刑罚不能胜者,其堤防坏也。古之王者明于此,是故南面而治天下,莫不以教化为大务。立大学以教于国,设庠序以化于邑,渐民以仁,摩民以谊,节民以礼,故其刑罚甚轻而禁不犯者,教化行而习俗美也"[1]2495。教化是引导万民进入正道的方法,教化不立,则万民易以从利而行,失去德与信的滋养,利益驱使将会使得国家走向衰败。因此董仲舒提出设置学校,以仁道之心教育百姓,以礼仪教导百姓,以乐化民俗。《汉书·董仲舒传》:"圣王之继乱世也,扫除其迹而悉去之,复修教化而崇起之。教化已明,习俗已成,子孙循之,行五六百岁尚未败也。至周之末世,大为亡道,以失天下。"[1]2504 古者圣王继乱世之后,必割除其旧迹,复修教化,则万民对新政权则有新的崇敬之心。明教化俗,几百岁未曾败。至于周之末,天下无道,"天子僭天","诸侯僭于天子,大夫僭于诸侯"[26]1006,丧失了对于天道的信仰,礼乐征伐不再由天子所专有,教化不行,天下大乱。"秦继其后,独不能改,又益甚之,重禁文学,不得挟书,弃捐礼谊而恶闻之,其心欲尽灭先王之道,而颛为自恣苟简之治,故立为天子十四岁而国破亡矣。自古以来,未尝有以乱济乱,大败天下之民如秦者也。其遗毒余烈,至今未灭,使习俗薄恶,人民嚚顽,抵冒殊扞,孰烂如此之甚也。"[1]2504 秦统一之后,不能改周末礼仪之乱,捐弃礼仪而以法为上,"苟于权利","简于仁义"[1]2505,不以仁义为教而焚书坑儒,欲灭先王之道,抛却儒家信天之道,终至十四年国破。教化未行而习俗薄恶,颜师古称"口不道忠信之言,心不则德义之经"[1]2495。因此,董仲舒提出"五常之道"以教百姓,化民俗,上达天道信仰,下顺百姓人情。"《诗》云:'宜民宜人,受禄于天。'为政而宜于民者,固当受禄于天。夫仁谊礼知信五常之道,王者所当修饬也;五者修饬,故受天之祐,而享鬼神之灵,德施于方外,延及群生也。"[1]2495 王者修五常之道,则受天与神灵必祐之,以德治国,万民皆服。董仲舒将儒家德治理念融入天道信仰,以"五常之道"教化万民,实现圣王治理之大业。

  仁,是董仲舒教化思想中重要的面向,不同于夫子罕言"天道"思想,董仲舒将仁置于"天"的信仰之下来谈,他指出"仁之美者在于天。天,仁也。天覆育万物,既化而生之,有养而成之,事功无已,终而复始,凡举归之以奉人。察于天之意,无穷极之仁也。人之受命于天也,取仁于天而仁也"[11]67。仁,是天之大义。如果说周王朝将"德"置于天之信仰之上,让天成为周王朝的保护者的话,那么董仲舒置"仁"于天,人格化的天命便成为"仁"的终归宿。《汉书·董仲舒传》谓"故圣人法天而立道,亦溥爱而亡私,布德施仁以厚之,设谊立礼以导之。春者天之所以生也,仁者君之所以爱也;夏者天之所以长也,德者君之所以养也;霜者天之所以杀也,刑者君之所以罚也"[1]2495。天命仁爱,成为儒家教化的根本。圣人法天立道,春生,故君以仁爱为法;夏长,故君以德养为矩;霜杀,故君子以刑罚为戒。然而天"任德不任刑",董仲舒针对汉朝继承秦朝的严酷刑罚,劝武帝以仁爱而教以行天下,轻用刑罚。董仲舒在回应江都相"孔子称殷有三仁,寡人亦以为粤有三仁"的问答上,以"伐国不问仁人"极为严苛的态度来解释仁人,问伐国尚且有损仁道,何况越之三人以战争成就自身。董仲舒在此提出了著名的颇有夫子之风的论断,即"夫仁人者,正其谊不谋其利,明其道不计其功"[1]2524。以仁存心,若只是作为行为上的规范,则仁道并不会在董仲舒这里呈现为一种如此严苛的道德律令。正如夫子在"西狩狩麟"之后的感慨"吾道穷矣",是对于天命信仰最为直接的体现。而董仲舒对于仁道的严格遵守,除却其对儒家义理的遵奉之外,更主要的是其对于天之仁道的信仰。《论语·学而》:"孝弟也者,其为仁之本与"[29]4,仁之本来源于孝悌之德。而在董仲舒看来,对于孝悌的教化有着安定社会的作用。《为人者天》:"孝弟者,所以安百姓也。"[11]64孝者,本于人情,而上于天道,五行相生之道乃孝之天理,父生子,子养父。因此,一方面,孝道上达天理,是以五行通达"神道"的具体表现;另一方面,孝道作为教化百姓使其安定具有重要作用。

义,在董仲舒的思想中,其概念较为宽泛,既有天经地义之自然化成,又有人伦信仰之道德条目。而《春秋》是董仲舒教化思想的纲要,因此以《春秋》为切入,则易把握义的教化面向。《春秋繁露·楚庄王》:"《春秋》,义之大者也。"[11]8《春秋》作为大义所出,必以尊天为其始。董仲舒在解释《春秋》大义之"六科"之旨时,首要便是"援天端",即探明天意,以尊天为上。《郊祭》:"《春秋》之义,国有大丧者,止宗庙之祭,而不止郊祭,不敢以父母之丧,废事天地之礼也。父母之丧,至哀痛悲苦也,尚不敢废郊也,孰足以废郊者?"[11]69天子父母之丧,则依然不废祭祀天地之礼。人伦若不上探到信仰,则会沦为规范而丧失其根本。正因为有着对天地之信仰,才不敢以私废公。从天地之义探寻人伦根据,是董仲舒思想理路的主要方法。《王道通三》:"故四时之行,父子之道也;天地之志,君臣之义也。"[11]67 四时之生养合父子之道,君类天,臣类地,地以天为尚,臣以君为尊。《基义》:"君臣、父子、夫妇之义,皆取诸阴阳之道。"[11]73 阳尊阴卑,三纲之义取之于此。因此董仲舒义的教化思想,既有针对君臣之道,亦有面向父子、夫妇之伦。《春秋》大义,多言君君、臣臣、父父、子子之道,董仲舒以《春秋》之义规定君臣之序,人伦之理,此乃教化之大纲,前此已有论述。具体而言,义之教化有如下几个面向。《王道》:"《春秋》立义:祭天地,诸侯祭社稷,诸山川不在封内不祭。有天子在,诸侯不得专地,不得专封,不得专执天子之大夫,不得舞天子之乐,不得致天子之赋,不得适天子之贵。君亲无将,将而诛。大夫不得废置君命。立适,以长不以贤,立子以贵不以长。立夫人以适不以妾。亲近以来远,未有不先近而致远者也。故内其国而外诸夏,内诸夏而外夷狄,言自近者始也。"[11]25《春秋》之义,天子、诸侯各有其序,各祭其神。天子为天下之尊,不可执天子之大夫,不用天子之礼乐,不与天子为敌,不贵于天子。大夫有命必行,不可擅自废君王之命。此是对政治层面的教化,以王道次序规定君臣之职。立嫡以长、以贵,不以贤;立夫人以嫡不以妾。此是对人伦次序的教化,以"大居正"确定皇位的继承次序。礼接邻邦,先近后远。《春秋》王鲁,以鲁为内,则诸夏为外;以诸夏为内,则以夷狄为外。此是对诸侯国之间秩序的教化,以姬姓血缘为尚,近尊远卑。在对民的教化上,义主要表现为上以德行,下必效之。民不知义重于利,而多求利而忘义。《生之养重于义》:"先王显德以示民,民乐而歌之以为诗,说而化之以为俗。故不令而自行,不禁而自止,从上之意,不待使之,若自然矣。故曰:圣人天地动、四时化者,非有他也,其见义大故能动,动故能化,化故能大行,化大行故法不犯,法不犯故刑不用,刑不用则尧舜之功德。"[11]54 圣人德动天地,先王以德示民,以仁义得民之所从,故民乐而歌之,化而为俗。因此,上有所德,则下必自效。不令而自行,不禁而自止,民不犯法,官刑不用,自然化成。《春秋》大义,乃天道自然化行之理。

礼乐,在教化上有着重要的功能与作用,《奉本》:"礼者,继天地,体阴阳,而慎主客,序尊卑、贵贱、大小之位,而差外内、远近、新故之级者也,以德多为象。"[11]58 礼者,是体现天地阴阳的具体表现,天上地下,阳尊阴卑。因此,礼以阳为尊,礼"尚右",非"尚阴"也。主客、贵贱、大小、内外、远近皆是礼之表,其内德以尊天为上。从古代祭祀信仰中过渡而来的礼乐文明,其内核必是尊崇着对于"天命"的敬畏之心。《楚庄王》:"《春秋》尊礼而重信。信重于地,礼尊于身。何以知其然也?宋伯姬疑礼而死于火。"[11]8 疑,凝滞于礼。宋伯姬之所以能坚守礼制,即不见傅母之命,不能出门,其原因在于对于礼的崇敬与信仰。而宋伯姬以死待命,也是礼教的作用,所谓"礼尊于身也"。宁愿火灾烧死自己,亦不会枉顾大礼。若抛开信仰,而简单谈及礼教制约,则定会落入封建桎梏之窠臼的说辞。由此再来解读夫子"礼云礼云,玉帛云乎哉?"[29]264 其对天命的信仰内核昭然若揭。在《天人三策》中,董仲舒对秦朝灭亡的原因做如下解释,即"百官皆饰空言虚辞而不顾实,外有事君之礼,内有背上之心,造伪饰诈,趣利无耻",礼一旦失去了对于天命的信仰与崇敬,沦为事君之礼节,那么必定造伪诈作,民无耻心。即便是现代社会,将传统之礼看作是伦理规范来实行,亦枉顾了其信仰的层面,儒家"宗教性"的面向亦是由此而出,失却此种信仰,便失去了礼义的核心与精髓。

乐,从本质上来讲,是具教化功能的。《玉杯》:"《乐》咏德,故长于风。"[11]11 乐之本是歌咏德行,相比于改制"作于初",乐是"作于终",在民心稳定之后,从民所向,依圣王之德而作乐,因此乐本身就是具有德之风化、教化的功能。《汉书·董仲舒传》:"王者未作乐之时,乃用先王之乐宜于世者,而以深入教化于民。教化之情不得,雅颂之乐不成,故王者功成作乐,乐其德也。"[1]2495 大业初创,以先王之乐宜行于世,而教化于民。然当朝毕竟与前朝相异,乐所乐者亦有所不同,先王之乐难全得其情,故以新王之功德作乐,以乐其新德也。《白虎通·礼乐》引《春秋传》曰:"天下之乐者,乐所以象德、表功殊名也"[28]93,此其谓也。《楚庄王》:"彼之所受命者,必民之所同乐也。是故大改制于初,所以明天命也。更作乐于终,所以见天功也。缘天下之所新乐而为之文曲,且以和政,且以同德。"[11]8 乐乃与民同乐，改制以顺天命，而作乐则见天功，功成乃作，以新乐、新德作文曲。从乐的发源和作用来看，"声发于和而本于情，接于肌肤，臧于骨髓。故王道虽微缺，而筦弦之声未衰也"[11]2495。乐之声以和为贵，本于人之常情，深藏于肌肤、骨髓，即便王道衰微，而管弦之声尤未衰也。"天下未遍合和，王者不虚作乐。乐者，盈于内而动发于外者也。"[11]8乐者，乃内心盈于所欲发而成于外，即通过声音而发内心之愿。所以乐是发于民众之内心，从内向外，是民众内心所乐圣王之德而成之。如此，乐之教化如行云流水般，一方面是遵从圣王之美德而自然而然的呈现；另一方面则表现出圣人顺自然而体天道之德。先王之乐，各有所乐。"舜时，民乐其昭尧之业也，故《韶》。'韶'者，昭也。禹之时，民乐其三圣相继，故《夏》。'夏'者，大也。汤之时，民乐其救之于患害也，故《濩》。'濩'者，救也。文王之时，民乐其同师征伐也，故《武》。'武'者，伐也。"舜时之民乐其能昭明尧之大业，故乐为《韶》；汤之民乐其能救民之于危难之中，故乐为《濩》；文王之民乐其以武伐不道，故乐为《武》。因此乐在新朝制定之时，已然融教化于其中，无教则民不从，无化则民不乐。

智，在董仲舒的教化思想中有着独特的意义。智者，可见事之端，知未发之事。《春秋繁露·仁义法》："然则观物之动，而先觉其萌，绝乱塞害于将然而未形之时，《春秋》之志也，非尧舜之智，知礼之本，孰能当此？故救害而先知之，明也。"[11]51智者，必能明天地之物，觉其未形之时，先以绝乱救害。《五行相生》言及司马之德时，谓"司马尚智，进贤圣之士，上知天文，其形兆未见，其萌芽未生，昭然独见存亡之机，得失之要，治乱之源，豫禁未然之前"[11]76。智者，知天文之象，明应人事之存亡，知得失之要，晓治乱之源，故可预未发之事。于此，董仲舒智的思想依旧是着眼于对天象德通晓，而后以见人事之应。从"神道"预知人事祸端，是智者之才。《必仁且知》："智者见祸福远，其知利害蚤，物动而知其化，事同而知其归，见始而知其母，言之而无敢哗，立之而不可废，取之而不可舍，前后不相悖，终始有类，思之而有复，及之而不可厌。其言寡而足，约而喻，简而达，省而具，少而不可益，多而不可损。其动中伦，其言当务。如是者谓之智。"[11]53 智者言简意赅，以类相贯，其行中节，其动中伦，合道德之范。故智者不仅仅是才能得当，而且其行为中伦合道。此乃董仲舒对智之教化思想的关键所在，智者定是德才兼备，有才无德者非为之。如此，教化思想依旧回到人伦道德，且仁智相应，智不单行。"仁而不智，则爱而不别也；智而不仁，则知而不为也。故仁者所以爱人类也，智者所以除其害也。"只仁不智，则会走向墨家的"兼爱"，不别亲疏；智而不仁，则不为也。因此，以智除害，必以仁相挟，二者不可缺。

信之义，归于地。《春秋繁露·天地之行》："（地）卑其位所以事天也，上其气所以养阳也，暴其形所以为忠也，着其情所以为信也。"[11]94 地以其卑而事天，上升其阴气而合阳之道，暴露其行以竭尽其忠，显著其诚而以为信。因此，信之义由地而显，效地事天之德而成之。"是故地明其理为万物母，臣明其职为一国宰。母不可以不信，宰不可以不忠。母不信则草木伤其根，宰不忠则奸臣危其君。根伤则亡其枝叶，君危则亡其国。故为地者务暴其形，为臣者务着其情。"[11]94 地为万物之母，为母则必信，不信则草木伤其根；臣类地，事君则必以忠，不忠则奸臣危国。因此，为地必暴其行，为臣则尽其诚，以忠信之德事君。从地之义入人伦之德，信之义言及臣子之伦，是对人臣的教化。此外，上古贵信，不以歃血为盟。《王道》："追古贵信，结言而已，不至用牲盟而后成约。"[11]25 是对上古人贵信的崇尚，不歃血，只以信约，则其信从心而发，必不背叛。而歃血则是以类血缘关系，规范盟约，达成信约。而血缘关系是人伦道德的开端，以歃血的类血缘方式正是走向伦理的规范，从类家族关系上规范人伦教化。于此，信之教化，主要是针对君与臣，臣忠信于君，君信约于君。

除去"五常"教化之外，廉德是儒家较为看重的德目，指具有廉耻之心，主要是针对官员的教化。如果说在《孟子》和《荀子》中，廉德只是针对君子的一种道德操守的话[30]118-125，那么在董仲舒这里，廉德已然成为对官员的一种道德的限制。董仲舒在《竹林》中申明《春秋》大义，言及逢丑父之时称，"丑父大义，宜言于顷公曰：'君慢侮而怒诸侯，是失礼大矣。今被大辱而弗能死，是无耻也而复重罪。请俱死，无辱宗庙，无羞社稷。'如此，虽陷其身，尚有廉名。尝此之时，死贤于生。故君子生以辱，不如死以荣，正是之谓也。"[11]15齐顷公被晋俘虏，董仲舒在此言及丑父辱君欺军之时，称若丑父知大义，应告知顷公，君上被俘，大辱而不能以死相抗，是无耻也。应共同取义，以保存君主之廉名，无辱祖宗宗庙，无羞国家社稷。因此，廉耻是要教育官员不能苟于利而侮君主，更不能欺三军而辱社稷。"天施之在人者，使人有廉耻。有廉耻者，不生于大辱。"[11]15廉耻之心是天之所施，丑父使君生于大辱，是不知廉耻的表现。《五行相生》："西方者金，大理司徒也。司徒尚义……兵不苟克，取不苟得，义而后行，至廉而威。"[11]75金位西方，是司徒之官。司徒尚义，不苟得物，不苟克人，以义而行，甚为廉洁。以此，廉洁作为司徒的要求，其内涵为义而不苟。言及司寇之时，"北方者水，执法司寇也。司寇尚礼，……至清廉平，赂遗不受"[11]76。水为北方，为司寇之官。司寇尚礼，以廉洁不受贿为德。在此，廉洁作为对司寇的要求，其内涵为礼而不贪。因此，廉德教化官员的条目。《汉书·董仲舒传》公仪休不置私产的例子，"公仪子相鲁，之其家见织帛，怒而出其妻，食于舍而茹葵，愠而拔其葵，曰：'吾已食禄，又夺园夫红女利虖！'古之贤人君子在列位者皆如是，是故下高其行而从其教，民化其廉而不贪鄙。"[11]2495公仪休因妻织布而怒休其妻，因食菜于园而怒拔其葵。董仲舒用此例来说明只有为官者以高尚之德行予民教化，民才能学其廉洁而不贪利。

## 结　语

董仲舒通过对天信仰的建构，希望达到一种"天为君纲"的政治制约。天之"神道"并不直接作用于民，而是以阴阳、五行、灾异之思想以及求雨、止雨等祭祀行为来达成对于天道的下贯，通过对"神道"的展现，融儒家之道入天道信仰，通过儒家之德教化天子、官员与百姓。因此，董仲舒将儒家的"宗教性"通过天道信仰体现出来，同时并没有丢失儒家之德。尽管有学者把董仲舒的天之"神道"归为孔孟之后儒家理性化的倒退，但是不可否认的是儒家对于天道的信仰一直存在，抛开对于天感性的信仰只谈天道的理性化进程，既不符合汉朝"天人相应"的社会信仰，亦不符合董仲舒自身对于天的神性化的理解。故对于董仲舒思想的研究，天之信仰与儒家之德均不可偏废。

儒家教化通过天之"神道"的展现，将"三纲五常"教化嵌入神学内核，至此儒家教化不再只是伦理规则，而是深深蕴含着对于天的信仰。因此，"三纲五常"才能在儒家思想当中占据着重要的地位，成为皇权制度之下教化君臣、万民的关键思想。然而，随着天道信仰的沦落以及皇权专制的不断深化，"三纲五常"的人伦道德被逐步教条化，成为统治者愚民政策的主要工具。缺失了对于天信仰的内核，教化思想易走向了无人情的封建桎梏，成为钳制民众思想的铁律。而近代随着科学的引入，上古对于天之信仰兀自成为封建迷信而遭到"知识分子"的强烈抨击，儒家教化思想不再具有伦理纲常之德，而成为落后的思想被全盘抛弃。现当代，随着对儒家思想重新挖掘和认识，逐渐开始客观认识其教化思想，"三纲五常"的理论自然有其历史限制性因素，但其对于风俗教化确有重要作用，是国人教化思想的精髓。

**参考文献：**

[1] 班固：《汉书》，中华书局，1962年。

[2] 王安定：《儒家的"宗教性"：儒教问题争论的新路径》，《历史教学问题》2008年第4期。

[3] 谢遐龄：《董仲舒给儒家的定位：宗教还是神学》，《衡水学院学报》2019年第3期。

[4] 李景林：《义理的体系与信仰的系统——考察儒家宗教性问题的一个必要视点》，《北京师范大学学报》2016年第3期。

[5] 杨庆堃：《中国社会中的宗教：宗教的现代社会功能与其历史因素之研究》，四川人民出版社，2016年。

[6] 余治平:《儒家圣王治理传统：政教合一、官师一体——董仲舒对古代中国"弥漫性宗教"建构之贡献》,《江海学刊》2019 年第 5 期。

[7] 李道平:《周易集解纂疏》,中华书局,1994 年。

[8] 孔颖达:《周易正义》,中国书店,1987 年。

[9] 郑玄注,贾公彦疏:《周礼注疏》,北京大学出版社,2000 年。

[10] 陈明:《中国文化中的儒教问题：起源、现状与趋向》,《博览群书》2004 年第 8 期。

[11] 董仲舒:《春秋繁露》,聚珍版影印本,上海古籍出版社,1989 年。

[12] 刘宝楠:《论语正义》,中华书局,1990 年。

[13] 陈梦家:《殷墟卜辞综述》,中华书局,1988 年。

[14] 孙星衍:《尚书今古文注疏》,中华书局,1936 年。

[15] 朱凤瀚:《商周时期的天神崇拜》,《中国社会科学》1993 年第 4 期。

[16] 孔颖达:《尚书正义》,北京大学出版社,2000 年。

[17] 孔颖达:《礼记正义》,北京大学出版社,2000 年。

[18] 陈来:《古代宗教与伦理——儒家思想的根源》,北京大学出版社,2017 年。

[19] 苏舆:《春秋繁露义证》,中华书局,1992 年。

[20] 司马迁:《史记》,中华书局,1959 年。

[21] 凌曙:《春秋繁露注》,蜚云阁藏版,嘉庆乙亥年镌,1815 年。

[22] 钟肇鹏:《春秋繁露校释》,河北人民出版社,2005 年。

[23] 韩星:《董仲舒的批评精神与王道构建》,《衡水学院学报》2005 年第 5 期。

[24] 杨玉珍: 《试论董学对君主行为的规范作用. 董仲舒与儒学论丛——董仲舒学术思想国际研讨会文集》,河北人民出版社,1996 年。

[25] 赵岐注,孙奭疏:《孟子注疏》,北京大学出版社,2000 年。

[26] 何休注,徐彦疏:《春秋公羊传注疏》,上海古籍出版社,2013 年。

[27] 许维遹:《吕氏春秋集释》,中国书店,1985 年。

[28] 陈立:《白虎通疏证》,中华书局,1994 年。

[29] 何晏注,邢昺疏:《论语注疏》,北京大学出版社,2000 年。

[30] 吴根友、崔海亮：《试论传统儒家廉德的基本内涵、培育方法及其当代价值》，《现代哲学》2020年第4期。

本文为"2020中国·衡水董仲舒与儒家思想国际学术研讨会"提交的论文。

张禹（1989—），男，山西朔州人，上海交通大学人文学院在读博士。

# 董仲舒的"王道"传承及"改制"思想

杨 昭

天人关系是董仲舒思想的核心理论框架,这是学界的共识。而沟通天人的,或者说天人关系所要论述的核心是"王道"思想,所谓"天不变,道亦不变"。道在人世不变地永恒施用。为了论证这一理论,董仲舒将人类的全部历史改造成对"王道"的不间断传承过程。在传承当中,"道"是不变的。但每一时代都有每一时代的问题,如果仍然紧盯不变而言,等于否定了运动,是没有说服力的。因此董仲舒将历代传承的"王道"处理为指导性的,引进"改制"这一范畴来处理"王道"传承过程中如何落脚于现实的问题。学界谈论董仲舒"改制"思想或历史观的著作很多,如汪高鑫的《"三统说"与董仲舒的历史变异思想》、余治平的《孔子改制与董仲舒的"春秋"法统论》等,但将"改制"或历史观视作"王道"传承的环节展开论述的文章并不多见。董仲舒对古代的书写并不是对于历史的真实描述,而是如前所述的对"王道"传承谱系的构建过程,旨在现实层面构建他倡导的"奉天法古以续王道"的天人大一统。

同时学界谈论董仲舒历史观或"改制"思想的文章较少涉及董仲舒的这些观点渊源何自,涉及的也多集中于五德终始说对董仲舒的影响,较少涉及儒家本身,如孔孟荀或《公羊传》对董仲舒的影响。因此本文主要从这些学界较少论述的地方展开探究。这一内容主要分两个部分探讨:一是王道在历史进程中如何传承,二是具体人类活动中王道要如何施用，即"改制"。

## 一、王道的传承

孔子认为道即是尧舜之道。最早施行道的是尧，后世的道都是对尧之道的传承。

> 尧曰："咨！尔舜！天之历数在尔躬，允执其中。四海困穷，天禄永终。"舜亦以命禹。曰："予小子履，敢用玄牡，敢昭告于皇皇后帝；有罪不敢赦。帝臣不蔽，简在帝心。朕躬有罪，无以万方；万方有罪，罪在朕躬。周有大赉，善人是富。虽有周亲，不如仁人。百姓有过，在予一人。"（《论语·尧曰》）

这里描述的是圣王对道的传承。圣王行道以养百姓而上应天，不行道则百姓疲敝而天降灾异。因此天下安危、道的传承根本在圣王。孔子这里描绘了尧→舜→禹→商汤→周的传道路线，这一看法为后世历代所继承沿用。但不同的是，孔子认为这是到他为止道的所有传承过程。自己所处的时代，周代虽然衰微，但并未完全消亡。孔子之时，社会秩序崩溃得还不完全，孔子一心关注的还是恢复周礼。"周监于二代，郁郁乎文哉！吾从周。"（《论语·八佾》）虽然有时也会感到前途渺茫，"甚矣，吾衰也！久矣吾不复梦见周公"（《论语·述而》）。但总体而言，孔子仍坚信周礼能够完全恢复，并没有感到王道有不行的危险，只要通过努力，王道终能大行于世。

而孟子就认为自己恰好处于周道衰亡的乱世时期。"世衰道微，邪说暴行有作，臣弑其君者有之，子弑其父者有之。"（《孟子·滕文公下》）孟子更多关注现实中乱的问题，更多的笔墨用来分析现实中乱的产生、危害及进程。"五霸者，三王之罪人也；今之诸侯，五霸之罪人也；今之大夫，今之诸侯之罪人也。"（《孟子·告子下》）他认识到自己所处的时代王道已经不行于世。那么王道的情形如何？是就此消亡，还是隐藏待以复兴？王道如何传承？这是关于王道他特别思考的问题。

他给出的答案是提出孔子与《春秋》，让接续孔子所言的尧舜等诸先圣，承载王道。其实从孔子弟子起就不断拔高孔子的地位，子贡说："文武之道，未坠于地，在人。贤者识其大者，不贤者识其小者，莫不有文武之道焉，夫子焉不学？而亦何常师之有？"（《论语·子张》）认为孔子之学就是道，已经有了孔子独传文武之道的意思。及至孟子，他认为："王者之迹熄而《诗》亡，《诗》亡然后《春秋》作。晋之乘，楚之梼杌，鲁之春秋，一也。其事则齐桓晋文，其文则史。孔子曰：'其义则丘窃取之矣。'"（《孟子·离娄下》）《诗》是讥刺之书，在王道势衰之时用以归正当权者，如孔子之时。但是王者熄，世间也就再无重新归正的可能，《诗》再讥刺也起不了作用。因此学者就只能将王道喻于往事，作《春秋》以褒贬齐桓、晋文之事，知善恶、存王法。

因此，孟子认为自己所处的乱世当中，《春秋》独存王法。同时孟子也把《春秋》置于一治一乱的王道传承谱系当中。"天下之生久矣，一治一乱。……及纣之身，天下又大乱。周公相武王，诛纣伐奄，三年讨其君。……天下大悦。……世衰道微，邪说暴行有作，臣弑其君者有之，子弑其父者有之。孔子惧，作《春秋》。《春秋》，天子之事也。"（《孟子·滕文公下》）他认为天下就是一治一乱的变化。每一代圣王流行久了之后，不可避免的是后世子孙就会有暴君出现而生乱。于是就会有新的圣王出，取代暴君而归治，世界就是一治一乱循环中圣人的不断更替过程。及至今世，周道衰亡，又进入一个乱世。但是却不见有任何新的圣人出的特征，因此孔子只好作《春秋》当一代圣人以传王道。《春秋》体现的是天子的作用，因此孔子诚惶诚恐地说他自己"知我者其惟《春秋》乎？罪我者其惟《春秋》乎！"（《孟子·滕文公下》）孔子毕竟不是天子，哪怕自己所作的《春秋》包含王道，也毕竟不是天子，不有其位。"匹夫而有天下者，德必若舜禹，而又有天子荐之者，故仲尼不有天下。"（《孟子·万章上》）他只是一介匹夫，虽有天子之德，能存王法于《春秋》，但没有前一代天子推荐，没有得天命，是不可以为天子的。

同时《春秋》与其他天子不同之处在于，《春秋》的王法从来没有在现实中实行过。"天下之言，不归杨则归墨。……杨墨之道不息，孔子之道不著，是邪说诬民，充塞仁义也。"(《孟子·滕文公下》)当时的社会仍然是乱世而已，道未行，圣人未出。孟子认为周圣人以来，并未有王者出。"五百年必有王者兴，其间必有名世者。由周以来，七百有余岁矣。以其数则过矣，以其时考之则可矣。"(《孟子·公孙丑下》)《春秋》亦不能当作王者。但《春秋》分明被安排在只有天子能存留其中的王道传承谱系当中。因此对于《春秋》的处理显得很矛盾，如何处置《春秋》一直是困扰先秦以及秦汉之交学者的一个很重大的问题。

孟子近乎本能地提出了春秋战国这样的乱世王道的情况，但孟子并没有注意到《春秋》存在的矛盾之处。因此在他那里其实也没有对此问题进行过探讨。孟子注意到了乱世与治世王道传承的不同情况，但他更多关注的只是自己所处其中的乱世，并没有将其普遍化。

几乎与孟子同时期的《公羊传》也有这样的矛盾。《公羊传》把周道亡的时间具体到"西狩获麟"。

> 麟者，仁兽也。有王者则至，无王者则不至。有以告者曰："有麢而角者。"孔子曰："孰为来哉？孰为来哉？"反袂拭面，涕沾袍。颜渊死，子曰："噫！天丧予！"子路死，子曰："噫！天祝予！"西狩获麟，孔子曰："吾道穷矣！"《春秋》何以始乎隐？祖之所逮闻也。所见异辞，所闻异辞，所传闻异辞。何以终乎哀十四年？曰：备矣。君子曷为为《春秋》？拨乱世，反诸正，莫近诸《春秋》。则未知其为是与？其诸君子乐道尧舜之道与？莫不亦乐乎尧舜之知君子也？制《春秋》之义，以俟后圣，以君子之为，亦有乐乎此也。(《春秋公羊传》哀公十四年)

麟代表旧王之丧，新王之起。麟在这时候出现，表明周天下的完全丧失，新王天下的到来。在获麟之前，虽然周道颓废，但孔子相信能通过实践恢复周道。但天不遂愿，先是接连打掉了孔子的左右手，颜渊、子路相继死去。复道的大业深受打击。因此孔子说天亡他。但孔子并没有失去恢复道的希望。及至麟出，表明周道的完全消亡，因此孔子说"吾道穷"。这里的"道"并不仅仅指"周道"而已，而是指"王道"而言。这时并未有圣王出，孔子看到的只是旧王之丧。因此他说:"孰为来哉?"旧王已废,新王未出,结果是王道无人传承,就造成道穷。因此孔子就只能记载王法于《春秋》之中,等待后来圣王的出现得以实行王法。《春秋》只是记载王法之书,并不当一王之法,但同时它又是在周道衰亡的乱世中记载王道的唯一来源,因此在乱世中传承王道。

  孟子与《公羊传》对王道的传承有所发展,延续了道的传承脉络,注意到了王道不行的乱世中道的情形。但他们的这些思考更多的是对身处其中的春秋战国社会的忧虑,解决的更多的是现实层面的问题。乱世不仅仅出现在周道不行的春秋战国,每两个王道之间都有乱世出现。如夏桀之时、商纣之时都是乱世。孟子与《公羊传》对此都未涉及。二者的历史观念还未发展成熟,缺乏对历史进程总体理论的分析,并未有太多关于整体历史发展规律的探究。孟子注意到了道传承历程中的间断性,并由此提出他对人类社会一治一乱发展规律的认识。但仅仅限于此,并未再做细致分析。

  荀子与孟子正好相反,他更多是把整个人类历史作为整体进行分析。他提出天下就是一个亘古传道的过程,"百王之无变,足以为道贯。一废一起,应之以贯,理贯不乱。不知贯,不知应变,贯大体未尝亡也"(《荀子·天论》)。道是亘古不变的,行道则治,则为圣王,各个圣王行的道都是一个道。"文武之道同伏戏。由之者治,不由者乱,何疑为?"(《荀子·成相》)不行道则乱,整个人类历史就是道起道废,一治一乱的循环。"以类行杂,以一行万,始则终,终则始,若环之无端也,舍是而天下以衰矣。"(《荀子·王制》)无论是治世或是乱世,道是不变的。他用道统一了整个人类社会。前文我们已经做出分析,荀子认为道是先王观测人这一类运行规律而提出来,然后书之于六经之中,或是传于聪慧弟子,由之下传。圣人是行道的关键,"圣人也者,道之管也。天下之道管是矣,百王之道一是矣,故诗书礼乐之归是矣"(《荀子·儒效》)。圣人在的时候就能行道,社会成为治世;等到圣人不出,道虽然不能行,但六经以及师都存王道,道隐匿其中,等待圣王的到来。

  可以看出荀子受了孟子及《公羊传》《春秋》于春秋战国这一乱

世中载道这一说法的影响。但荀子并不特别突出对春秋战国这一乱世的讲解，他并不关注具体某一个乱世或治世的问题，而是着重强调对乱世与治世进行统一分析。因此他不十分突出《春秋》的作用。他关注六经整体，以六经存王道，《春秋》只是六经中普通的一部经典，并不显得更重要。"《诗》言是，其志也；《书》言是，其事也；《礼》言是，其和也；《春秋》言是，其微也。"（《荀子·儒效》）他在六经中特别突出的是《礼》，"《书》者，政事之纪也；《诗》者，中声之所止也；《礼》者，法之大分，类之纲纪也。故学止乎礼而止矣"（《荀子·劝学》）。礼在荀子看来就是道。而包括《礼》在内的六经都是先王所做，亘古所存。这样与孟子、《公羊传》相比就大大降低了孔子的地位。荀子认为，孔子是在乱世中传道，但孔子就像其他在乱世中传王道的儒者一样，只是一个普通的师，并不显得很特殊。荀子有时是把孔子与子弓相提并论的。"无置锥之地，而王公不能与之争名，在一大夫之位，则一君不能独畜，一国不能独容，成名况乎诸侯，莫不愿以为臣，是圣人之不得势者也，仲尼、子弓是也。一天下，财万物，长养人民，兼利天下，通达之属，莫不从服，六说者六息，十二子者迁化，则圣人得势者，舜禹是也。"（《荀子·非十二子》）可以看到，荀子也是推崇孔子的，认为孔子是不得势的圣人，与尧舜并列。这一点也恰好是治世乱世圣人的区别。治世圣人如尧舜，得势为王而能推行仁政，因此有圣人之功，称为圣人；但乱世中圣人如孔子，不得势不能行仁政，则虽为圣人而只称师，不称圣人。荀子与孟子、《公羊传》各注重一个方面的探究，董仲舒吸收两方面的成果并加以发展，形成了他自己的认识。

董仲舒承认世界一治一乱的循环规律，认为王道就是按尧舜→禹→商汤→周的过程传承的。他认为人世的道归根结底是由天而来，人道法天道而为。而天只是阴阳之气组成的天。"阳始出，物亦始出；阳方盛，物亦方盛；阳初衰，物亦初衰"（《春秋繁露·阳尊阴卑》），"天之志，常置阳空处，稍取之以为助"（《春秋繁露·天辨在人》）。阴阳气之中，阳起功效，而阴气毫无用处，阴阳之气的聚合形成少阳、太阳、少阴、太阴的变化。太阴之时，天地之间纯然充斥着阴气，没有丝毫阳气，万物凋敝死亡。因此阴阳的变化造成天地之间四时更替，生命的生老病死。天地万物至太阴总会归于灭亡。及至人类社会，阴阳的变化也造成道的寖明寖微，也必然有道不行的时候，这一规律无法逃脱。"先王之道，必有偏而不起之处"（《汉书·董仲舒传》），因此道的施行必然是一兴一灭的过程。但受孟荀影响，董仲舒又认为乱是由于不行道造成的。"夫人君莫不欲安存而恶危亡，然而政乱国危者甚众，所任者非其人，而所繇者非其道，是以政日以仆灭也。……故治乱废兴在于己，非天降命不可得反。"（《汉书·董仲舒传》）治乱完全靠治理国家的人决定，有太大的偶然性，又与道确切的循环规律相矛盾。因此按照董仲舒的理解，治世的来临是因为圣人的出现。圣人出现必然受一治一乱的循环规律制约，总会走向乱世。世人就只能等待下一个圣人的出现。

历史本身就是必然性与偶然性的综合。历史有自身的发展规律，但并不是条条框框的命定论。董仲舒的苦心经营并未完全消除矛盾的存在，他无法决定圣人出现的时间以及一代圣王治世的长短。比如周道亡以后，至董仲舒之时几百年的时间，中间有这么长时间圣王不出的空白期。因此董仲舒不得不放置一个圣王在其中传承王道，以弥补他所提出规律的漏洞。"《春秋》论十二世之事，人道浃而王道备，法布二百四十二年之中，相为左右，以成文采"（《春秋繁露·玉杯》），"仲尼之作《春秋》也，上探正天端王公之位，万民之所欲，下明得失，起贤才，以待后圣。故引史记，理往事，正是非，见王公。……以为见之空言，不如行事博深切明。……苟能述《春秋》之法，致行其道，岂徒除过哉，乃尧舜之德也"（《春秋繁露·俞序》）。如孟子、《公羊传》所说的那样，孔子根据已有的史书编写出《春秋》，通过褒贬二百四十二年的史事以正自天而下的万物之位，阐明什么是对、什么是错。因此说《春秋》是载王道之书。一本书是无法布王道于人世的，因此《春秋》只能存王道，以待后圣行其道。但是与孟子、《公羊传》不同的是，董仲舒明确提出："《春秋》举世事之道，夫有书天之尽与不尽，王者之任也。"（《春秋繁露·天地阴阳》）"孔子作《春秋》，先正王而系万事，见素王之文焉。"（《汉书·董仲舒传》）只有王才有资格谈论王道，《春秋》就应该被视作一代圣王。但《春秋》只存王道，他自身不行王道，因此虽以之为王，但他这个王与其他圣王不同，称为"素王"。董仲舒把孟子与《公羊传》没有说出的意思明确地表达了出来。因此在董仲舒看来，到他为止的王道传承顺序是尧舜→禹→商汤→周→《春秋》。但这种偶然性并不妨碍规律的正常运行。

同时在董仲舒看来道是亘古不变的，"道之大原出于天，天不变道亦不变"（《汉书·董仲舒传》）。古今相同，都受道的作用。"夫古之天下亦今之天下，今之天下亦古之天下"（《汉书·董仲舒传》）。道的源头来源于天，与其讲来源于天，不如讲来源于元。元规定了世界的向善，也就决定了道的永恒不变。但是天在董仲舒那里可是有多层含义的，它可以是形上性的元，也可以是气化的具体之天。因此道就既指根本性的逻辑准则，同时在具体的实施过程中又是受阴阳所支配的具体世界的具体之道。道呈现出在原则性不变的道指导之下，具体的道一治一乱的循环过程。这样董仲舒就把道的循环变成永恒不间断的规律，而不是仅仅至于《春秋》而已。

另外他又提出王道的兴灭是一个渐变的过程。"尧发于诸侯，舜兴于深山，非一日而显也，盖有渐以致之矣。……善积而名显，德章而身尊，此其寖明寖昌之道也。……夫暴逆不仁者，非一日而亡也，亦以渐至，故桀纣虽亡道，然犹享国十余年，此其寖微寖灭之道也。"（《汉书·董仲舒传》）治乱分别是因为圣人出和无道君王出的结果。但圣人出并不马上意味着道传承的改变，这时仍然是先圣之道在运作。后圣的作用慢慢兴起，等到其成熟，刚好接上先圣之道。后圣身死之后，也不代表后圣之道也随之消失，"教化已明，习俗已成，子孙循之，行五六百岁尚未败也"（《汉书·董仲舒传》）。只要没有无道者出，后圣之道可以一直起作用。等到无道者出，后圣之道也不会立即消失，因为有祖先的遗德在，可以一直坚持到后继圣人出。于是各个道是基本连续起来的，一治一乱的循环过程被董仲舒改造成先后圣道的循环过程。

那么这一先后圣的循环表现又是什么呢？道根本来源于元（天），"改正之义，奉元而起"（《春秋繁露·三代改制质文》）。但是天有

"十天",而"十天"中自主可作用的只有天地人"三天"。"三天"都是毫无差别的天,因此对于万物而言奉天地人任何一个都是奉元。"三"在董仲舒思想里有不同寻常的意义。他接受吸收传统的"三才"思想,将"三"发展成为整个世界的规律。"三起而成日,三日而成规,三旬而成月,三月而成时,三时而成功。寒暑与和,三而成物;日月与星,三而成光。天地与人,三而成德,由此观之,三而一成,天之大经也,以此为天制。"(《春秋繁露·官制象天》)由此而言,在道的具体实施过程中,圣王都法天地人某一元,所以呈现出以"三"为一循环的变化规律。"三代改正,必以三统天下""其谓统三正者,曰:正者,正也。统致其气,万物皆应。而正统正,其余皆正。凡岁之要,在正月也。法正之道,正本而末应,正内而外应,动作举错,靡不变化随从,可谓法正也"(《春秋繁露·三代改制质文》)。由王者通天地人任一天,然后由天地人任一天通过王由上而下使天地万物归正。天正王,王正诸侯之即位,以此往下,达到一统,因此是"三统"循环。道的传承呈现出"三统"循环的态势。已出现的王道传承是三而复的,至《春秋》刚好是黑统。"《春秋》应天作新王之事,时正黑统。"(《春秋繁露·三代改制质文》)以后的王道传承仍将按着这一循环继续下去。

## 二、王道在现实中的实践——"改制"思想

经过董仲舒对至他为止的王道传承的规律性转变,简单的王道传承其实已经更多体现的是王道在人类历史进程中的具体施用过程。在董仲舒那里,人类社会就是一个永恒实践道的过程。其中根本永恒的道作为指导,是不变的、抽象的;但道实施于人世又变得具体、可变化,表现为"三统"的不断循环。每一个具体的道施政情形也呈现出不同的变化,道实践的侧重面各不相同。因此每一个具体的道的实践情形也是值得探索的一个方面,董仲舒花费了大量精力着力于此,以期能为身处其中的汉王朝找到治国良方。

最早提出道永恒与具体之分的不是董仲舒,而是孔子。孔子在强

调法尧舜之道之外，在讨论道时，现实性更浓厚。他反对无凭无据的空言道。"夏礼吾能言之，杞不足征也；殷礼吾能言之，宋不足征也。文献不足故也，足则吾能征之矣。"（《论语·八佾》）因此孔子讲道的来源一直追溯到尧舜，但在具体讲述中只谈及自己能详细了解的夏商周三代。同时夏商周三代的道在坚持根本的道不变之外，又呈现出各自不同的特点。"殷因于夏礼，所损益可知也；周因于殷礼，所损益可知也；其或继周者，虽百世可知也。"（《论语·为政》）每一代都是沿袭上一代而来的，殷沿袭夏，周沿袭商，根本性的大原则是不会变，永远相传。因此虽百世仍然未出这一大原则之外。但在具体学习中，每一代都会对接收的内容有所损益，吸收前代优点、摈弃缺点，同时结合时代需要，做出最合理的选择。因此在三代之中，他最推崇周，因为周吸收前两代精华，"周监于二代，郁郁乎文哉！吾从周"（《论语·八佾》）。但也因此在现实为政中，他并不主张完全复制周代体制，而是吸收三代各自精华。"行夏之时，乘殷之辂，服周之冕，乐则韶舞。"（《论语·卫灵公》）一切为我所用，不必拘泥于坚持某一个时代的内容。可以看出，在王道的具体施用中，孔子更多关注的是各代具体的施用情形。他的探讨停留在自己所处的时代，并未站在整个历史进程的角度去思考，现实性更强，并未过多关注具体道的施用是否呈现统一性或规律性。

　　董仲舒对于王道具体实践的探讨更多来源于孔子。他说："孔子曰：'殷因于夏礼，所损益可知也；周因于殷礼，所损益可知也；其或继周者，虽百世可知也。'此言百王之用，以此三者矣。"（《汉书·董仲舒传》）他与孔子一样，也去探讨夏商周三代施行王道的具体情况。但他发展了孔子的说法，他将夏商周的更新变化规律化，成为适用于所有时代的原则。每一代新王出，都会对旧王进行损益，而这种变化根据其侧重方向在整个历史中呈现出三代的不断循环，与他的"三统说"相熨帖。董仲舒称这种改变为"改制"。董仲舒的很多词汇所指不一，但在他看来又是同一事物，因此经常出现说法之间的矛盾。改制也是如此，一方面他把新王做出的所有改变都称为改制。因此他说："王者有改制之名，无变道之实。"（《汉书·董仲舒传》）这里的改制很明显是具体道的变化,包括:表明新王即位的表层标志性改变,实质上为政纲领的改变。这一点里董仲舒又具体讲了两个问题:一是改弦易张,表明天命的转变;二是礼乐的变化,表明圣人的转变。但另一方面他的改制似乎又专指标志性的改变,甚至只指改弦易辙。因此《春秋繁露》中专门讲解新王变化的章节命名为《三代改制质文》,特意分成两个部分。下面我们通过标志性形式的改变和实质为政纲领的改变来探讨董仲舒具体王道在现实中施用的相关问题。

1. 形式的改变

改制在董仲舒那里指的是改弦易辙。"新王必改制者,非改其道,非变其理,受命于天,易姓更王,非继前王而王也。若一因前制,修故业,而无有所改,是与继前王而王者无以别。受命之君,天之所大显也。事父者承其意,事君者仪志,事天亦然。……故必徙居处,更称号,改正朔,易服色者,无他焉,不敢不顺天志而明白显也。若夫大纲、人伦、道德、政治、教化、习俗、文义尽如故,亦何改哉?故王者有改制之名,无易道之实。"(《春秋繁露·楚庄王》)是否拥有天下而为王完全是天意的选择,"天若不予是家,是家安得立为天子?立为天子者,天予是家"(《春秋繁露·郊祀》)。而非是来源于前王的某个人,甚至虽然"天子命无常,唯命是德庆"(《春秋繁露·三代改制质文》),自己有德就可以为王,但决定权依然在天手里,是天降命。德最多就能够招来天命。因此受命之新王一定要改变前王之制,以向天下宣示天命的转移,彰显天的功绩。所改变的内容包括居处、称号、正朔、服色等更多带有标记性的东西。而根本性的教化、习俗等道的实质是没有改变的。实质性的东西是元对天的规定。

同时新王之命毕竟是王有德而招致天降命的。天降命于新王,是希望有德的新王重新归天下于正。"天予是家者,天使是家。"(《春秋繁露·郊祀》)因此新朝代出现之时除了要彰显天的功绩外,也要凸显新王的作用。"制为应天改之,乐为应人作之。彼之所受命者,必民之所同乐也。是故大改制于初,所以明天命也。更作乐于终,所以见天功也。……由此观之,正朔、服色之改,受命应天,制礼作乐之异,人心之动也,二者离而复合,所为一也。"(《春秋繁露·楚庄王》）歌颂新王功绩的是礼乐，尤其是乐。但是与改制不同的是，作礼乐一定是在天下改正之后。这时方显新王功能，才恰好作礼乐。而王之功归根结底也是天之功，所要彰显的仍然是天的伟大。因此表明新王与前王不同的标志一是改制，一是作礼乐。

具体而言，董仲舒对其的设置是："王者改制作科奈何？曰：当十二色，历各法而正色，逆数三而复，……帝迭首一色，顺数五而相复，礼乐各以其法象其宜，顺数四而相复。咸作国号，迁宫邑，易官名，制礼作乐。"（《春秋繁露·三代改制质文》）一年有十二个月，董仲舒即提出共有十二色，十二色之中，只有三个月为可正之月。苏舆对此的解释为："于十二色中，取三微之月，各法其一，以为正色，而改历也。"（《春秋繁露义证·三代改制质文》）"微"与"著"对言，也是始之意。"三微"即天之"三始"，也就是天地人"三元"。由天地人任一元而下皆可归正。另外"三正"之说也来源于对《公羊传》的继承。《春秋》之中月上加王的只有王正月、王二月及王三月。如"元年春王正月"（《春秋公羊传·隐公元年》），"七年春王三月，叔姬归于纪"（《春秋公羊传》隐公七年），"十年春王二月，公会齐侯、郑伯于中丘"（《春秋公羊传》隐公十年），其余皆无王。王正月在《公羊传》看来就是大一统之义。从一年之始，天即通过王正天下万物，达到由天而下的皆归正的大一统。因此加王的月份就是正月。而在董仲舒那里，他注意到了加王月份的不同，指出正月出于不同的天象，各系一元，因此有三王之"三正"。"三正以黑统初，历正日月朔于营室，斗建寅。……正白统者，历正日月朔于虚，斗建丑。……正赤统者，历正日月朔于牵牛，斗建子。……改正之义，奉元而起。"（《春秋繁露·三代改制质文》）正是由天而来，或是由元而来，因此星象的变化表明元的变化。天地人"三元"开出"三正"，开出不同的一年之始月。因此王道以黑白赤"三统"循环，改制正朔亦以"三正"循环。

改制最重要的是正朔的变化。建寅、建丑、建子分别指十三月、十二月、十一月，对应天地人"三统"。《公羊传》本身其实并没有太多解说"三正"的问题。夏商周三代历法的不同也早已为人所知，如孔子就于三代历法中主张选用夏代历法施用。但与"三统"联系起来,以"三正"作为整个人类历史不断循环的规律当是董仲舒的创举,也为汉代其他学者(当然更多是公羊家)所吸收。如司马迁认为:"夏正以正月,殷正以十二月,周正以十一月。盖三王之正若循环,穷则反本。"(《史记·历书》)何休也表露出类似的观点,"二月、三月皆有王者。二月,殷之正月也。三月,夏之正月也。王者存二王之后,使统其正朔,服其服色,行其礼乐,所以尊先圣,通三统。师法之义,恭让之礼,于是可得而观之"(《春秋公羊传解诂》隐公三年),这就是所谓的"三而复",指的是改正朔。但仔细揣摩何休集解中的词句,可以发现其中不仅仅表达"三正"循环的意思,而且透露出"三正"并存,新王存上二王之"正"的意思,这依然是董仲舒思想的影响。

董仲舒认为,不能只关注自己的情况,还要关注自己之前二王的情形。除改正朔外,新王改制还需改变各个时期王的名号。"王者之法必正号,绌王谓之帝,封其号以小国,使奉祀之,下存二王之后以大国,使服其服,行其礼乐,称客而朝。故同时称帝者五,称王者三,所以昭五端,通三统也。"(《春秋繁露·三代改制质文》)新王出,即改国号。以周为例,周以前国号为商。文王受命,即改国号为周。而以前存在的王朝也并不随新王出现名号一并废除,董仲舒主张区别对待。世界天地人三元并存,因此应该有三王并存。一王为国主,起主要作用。但这并不妨碍另二王存在。因此对于周以前二代,仍然存其王法,封以大国,保留其正朔、服制、礼乐。与新王一道,合成三王。二代以上,王法散尽,即封以小国,使其祭祀不断。向上数五代,称为五帝①。另外他在五帝之上还上推九代,称为九皇。仅存其名号,无封国,无祀典。九皇以上则一概不记,以平民视之。周代即为:"周人之王,尚推神农为九皇,而改号轩辕谓之黄帝,因存

---

① "五"这个数当是受五行说影响。从邹衍始,秦汉学者喜用五行讲述人类历史进程,董仲舒之前有邹衍的"五德相生说",之后有刘向的"五德相胜说",加上董仲舒的"三统说"是汉代构建历史哲学的三大思潮,董仲舒虽然有自己不同于同时代其他人的独特见解,但在历史构建当中也深受五行的影响。具体可参见汪高鑫《董仲舒与两汉史学思想研究》与臧明《五德终始说的形成与演变》等相关文章。

帝颛顼、帝喾、帝尧之帝号,绌虞而号舜曰帝舜,录五帝以小国。下存禹之后于杞,存汤之号于宋,以方百里,爵号公,皆使服其服,行其礼乐,称先王客而朝。"(《春秋繁露·三代改制质文》)周与夏商称王,封夏商之后以大国,为公;夏之上黄帝、颛顼、帝喾、尧、舜称五帝,封其后以小国;黄帝之上至神农为九皇,存其号,这就是所谓的"逆数三而复,绌三之前曰五帝"(《春秋繁露·三代改制质文》)。正朔与名号是改制最重要的两个内容。

而礼乐的改变按照董仲舒的设计是商夏质文的四循环,"王者以制,一商一夏,一质一文"(《春秋繁露·三代改制质文》)。同时按照董仲舒的说法,"夏上忠,殷上敬"(《汉书·董仲舒传》),因此商夏也就是质文的变化,一重里、一重表,董仲舒的整个"三统"循环是从孔子对夏商周的分析发展而来的,这里仍然存在夏商周的影子。

2. 为政纲领的改变

各代新王即位之初,除了表层的标志变动之外,最根本的还是具体处理政事纲领的转变。礼乐不仅仅是王道达成之时歌功颂德的工具,同时它也是政事的一部分,是用以教化百姓,使天下归正的手段。因此礼乐的四循环同时也是为政纲领的四循环,各代王道具体为政即是按一文一质,一重表、一重里循环往复的。"四法如四时然,终而复始,穷则反本。"(《春秋繁露·三代改制质文》)具体而言,"天将授舜,主天法商而王;……天将授禹,主地法夏而王;……天将授汤,主天法质而王;……天将授文王,主地法文而王。"(《春秋繁露·三代改制质文》)文质的循环是法天道而来的,是早已确定的人世规则。每一代王必须遵守以此为为政纲领,不得违背。

但同时董仲舒认为新王为政主要是补前代之弊。如前面我们分析的,"道者万世亡弊,弊者道之失也。先王之道必有偏而不起之处,故政有眊而不行,举其偏者以补其弊而已矣。三王之道所祖不同,非其相反,将以救溢扶衰,所遭之变然也"(《汉书·董仲舒传》)。第一句之中前一个"道"分明指的是根本、抽象的原则性道。它当然是不会有纰漏的。但对于具体的道而言,各为倚重的元皆不相同。天地人虽然不是相反之道,毕竟功能有所重,因此三王各有所偏。待到阳气耗尽,其所偏之处都无法显现,则陷入危机,走入乱世。而三王所偏恰在于"夏上忠,殷上敬,周上文者"(《汉书·董仲舒传》)。夏上忠,及至其末,即只重质而不重文,偏于野。因此殷王救之以敬。敬指敬鬼神,及其末世,则偏于虚妄。因此周王救之以文。文充满人文精神,及其末世,则只重文不重质。因此继周为王者当救之以夏忠。"今汉继大乱之后,若宜少损周之文,致用夏之忠者。"(《汉书·董仲舒传》)董仲舒认为继周为王的当是汉。《春秋》虽继周传王道谓之"素王",但也只是"素王",空有王号而已。《春秋》之道并未真正施行,因此并不在具体王道的为政中循环。在董仲舒看来,改制的循环是汉接《春秋》,即接鲁为王,而为白统。但在具体的为政中汉却是直接于周,以夏之忠为原则救周之文。

  但这些并非历史中为政循环的全部。董仲舒受孔子影响,认为人类社会具体实践中,除新王即位之初改变为政纲领救先王之弊外,还有新王沿用前王之政的情况。"孔子曰:'亡为而治者,其舜乎!'改正朔,易服色,以顺天命而已;其余尽循尧道,何更为哉!"(《汉书·董仲舒传》)尧舜之间只有改制,并未进行制度的改革,因此舜可称为无为而治。分析看来,尧执政一代即传位于舜,时间不久,天命未及改变。新王虽出,但旧王弊端尚未显现出来,仍然为治世,其纲领制度仍然继续实行。同样的情况必然也体现在舜禹之间。"禹继舜,舜继尧,三圣相受而守一道,亡救弊之政也。"(《汉书·董仲舒传》)因此董仲舒总结两种情况,"继治者其道同,继乱世者其道变"(《汉书·董仲舒传》)。新王承继治世不必改变施政纲领,承继乱世则变。但是继承治世只是在少数古圣时期出现,大多数仍然是数代为王待到乱世起而革命的情况。因此笼统地讲仍然是夏忠、殷敬、周文三种原则的循环。

  这种三原则循环显然不同于商夏质文的循环,但在董仲舒看来二者并未有区别。他并没有很好地处理二者之间的关系,只是简单地对比,显得很是粗糙。例如他认为忠即是质,敬与文都是文,三循环其实也就是四循环,也就是质文的二循环。他并未很好地使二者融为一体,两种方式在董仲舒那里既分离又纠结在一起。

除此之外，他的新王救前世之弊的设计也遇到一个很现实的挑战，即如何处理秦朝的问题。按他的设计，"天子命无常，唯命是德庆"（《春秋繁露·三代改制质文》），天是命有德者来救前世之弊的，只有有德者才能受天命。有德者为王之后必然会扫除先王遗留的乱局，重新恢复王道，归天下于正。"圣王之继乱世也，扫除其迹而悉去之，复修教化而崇起之。教化已明，习俗已成，子孙循之，行五六百岁尚未败也。"（《汉书·董仲舒传》）但秦则不然。秦分明是受天命而享天下的，但在周末乱世之后，秦并没有按董仲舒的设计以忠救文，而是以乱济乱。"至周之末世，大为亡道，以失天下，秦继其后，独不能改，又益甚之，重禁文学，不得挟书，弃损礼谊，而恶闻之，其心欲尽灭先王之道，而颛为自恣。"（《汉书·董仲舒传》）所以董仲舒很倾向于不以秦为王的，主张抹杀其天命，这样汉政权的合法性更站得住脚。具体而言，王道传承中以《春秋》载王道，改制中以《春秋》、以鲁为一代王法，而在施政纲领的循环中汉直接承接于周，完全取消了秦的存在。汉由《春秋》中得道①，汉由此而得天命，救周之弊。汉得天下完全是因为周末大乱，汉独得道。其为天子是天的旨意，而不是为秦臣反而背叛秦夺取了秦的天下。但是董仲舒无法掩盖秦为天子这一事实，秦也是受天命而来的。他无法解释不取王道反而能得天命为天子这一现象。他把更多的笔墨放在探讨秦为天子而不更化、不行王道所造成的对自身以及天下的危害上。告诫世人不更化的弊端，也就间接论证了他设计的合理。因此秦朝出现的矛盾就可以抛之脑后，事实上他并没有完善地解决秦的问题。

董仲舒总结自己的设计为"王者有不易者，有再而复者，有三而复者，有四而复者，有五而复者，有九而复者"（《春秋繁露·三代改制质文》）。不易指的是原则的道；再而复指文质；三而复指三统之下王的正朔、名号以及为政纲领；四而复指的是商夏质文；五而复指的是五帝；九而复指的是九皇。即在根本的道原则指导的前提下，具体的道呈现出三统之下新旧王之间改制的三王五帝九皇循环；礼乐的

---

① 因此《春秋》在汉人看来是为汉立法之书。但这一思想在董仲舒还不明显。

商夏质文，或其简略方式质文循环；以及为政纲领的夏忠、殷敬、周文的三循环。这是董仲舒对其道在人世间施用的设计。

## 三、结语

　　董仲舒认为道在人世间的施用并非是简单地对天与古的效仿，而是在不变的原则性道指导之下，各个时期具体适用情形的变化，这点是他对儒家相关思想及"五德终始说"的综合。首先他谈到了道在具体历史进程中的流传，以说明道是永存而施用人间的。孔子提出了到他为止的王道传承顺序：尧→舜→禹→商汤→周。孟子与《公羊传》对王道的传承有所发展，延续了道的传承脉络，注意到了王道不行的乱世中道的情形，但他们的这些思考更多的是对身处其中的春秋战国社会的忧虑，解决的更多的是现实层面的问题，缺乏对历史进程总体理论的分析，并未有太多关于整体历史发展规律的探究，孟子注意到了道传承历程中的间断性，并由此提出他对人类社会一治一乱发展规律的认识，但仅仅限于此，并未再做细致分析。荀子正好相反，他更多是把整个人类历史作为整体进行分析，不太关注具体道的传承情形。董仲舒综合二说，与孟子相同，他用《春秋》续周道，在春秋战国时期的乱世时期承接王道，他的王道传承顺序是尧舜→禹→商汤→周→《春秋》，同时他也接受人类社会是一治一乱的变化，而他认为这种变化是渐变的，因此各个王道得以衔接，虽为乱世，也不至出现没有王道的真空时期，一治一乱的循环过程被董仲舒改造成先后圣道的循环过程，整个世界被他改造为原则性王道指导之下，具体王道的实践过程。即根本的道原则指导的前提下，具体的道呈现出三统之下新旧王之间改制的三王五帝九皇循环；礼乐的商夏质文，或其简略方式质文循环；以及为政纲领的夏忠、殷敬、周文的三循环。这是董仲舒对其道在人世间施用的设计。但这一设计没法解决秦的问题。

　　原载于《衡水学院学报》2020年第2期。
　　杨昭（1990—），男，陕西西安人，西北大学中国思想文化研究所在读博士。

# 论董仲舒"名号"思想

郝祥莉

## 一、董仲舒"名号"思想的来源

"名号"作为一个词语最早出现在先秦经典《荀子》中,《荀子·赋》篇曰:"名号不美,与暴为邻。"董仲舒在《春秋繁露·深察名号》①篇中也多次提到"名号"一词。关于"名号"的训诂有以下几种:1. 刘熙在《释名·释言语》中曰:"名,明也,名实使分明也。号,呼也,以其善恶呼名之也。"由此可知,"名"以言事物的真实,"号"以言其善恶之性。2. "以声为训",《深察名号》曰:"古之圣人,謞而效天地谓之号,鸣而施命为之名。名之为言,名与命也,号之为言,謞而效也。"謞,即是呼叫之意。卢文弨指出:"謞、效、号、鸣、名、命,声音相谐。"3. 以"名"言真、"名亦实也"。《深察名号》曰:"名者,圣人之所以真物也,名之为言真也。"苏舆注:"先有物而后有名。象形而为字,辨声以纪物。及其繁也,多所假借,原其始,皆意其真。"《实性》篇也有曰:"且名者性之实,实者性之质。"苏舆注曰:"以名言之,则性为生;以实言之,则性为质。而质原于生,是名亦实也。"由上可以看出:1. 名号的制定具有一定的要

---

① 张世亮、钟肇鹏:《周桂钿译注·春秋繁露》,中华书局,2012年。

求，比如"美""真"；2. 名号的制定来自事物的真实性；3. 名号的制定需要相契合的语言文字与之匹配。在先秦时期，思想家们对"名"这一话题争论的焦点主要集中在名实关系上，并未对"名"与"号"做出明确的区分，多数情况下都用"名"这一概念来指称事物的名称。

对"名号"这一问题的研究可以追溯到先秦时期对"名"的讨论。余治平先生认为："正名，是中国哲学的又一重要内容，历代许多思想家都予以了极大的关心。中国学说中的'名'不同于西方哲学的纯粹概念；中国哲学里的'正名'观念也不同于西方哲学里的范畴论。一般说来，在中国哲学尤其是儒学哲学中，'名'即是'实'，是礼制的现实载体，是生活世界的真实内容，是社会秩序、规范、礼制的具体法则，甚至就是道德实践活动和生活行为本身，而不是知性认识、语言学和逻辑学意义上的单纯符号。在中国哲学里，名似乎总与价值不分，总和人生相连。"① 先秦思想家们认为，之所以出现政治混乱、社会失序的局面，是由于名实相乱导致的。因此，先秦时期对"名"这一话题的讨论主要是围绕着"名实之辨"展开的，具有代表性的思想有儒家的"正名"、道家的"无名""有名"、名家的"名论"等。到汉代，董仲舒把"天"的概念引入其政治哲学，确立了"天"在其政治哲学中的神圣性地位。董仲舒认为"名号"作为"天人感应"的产物，它的来源只能是"天"，"名号"的逆、顺判断也要求助于"天"，"名号"的神圣性由此得以确认。董仲舒对"名号"的神圣性地位的强调，主要是为其王道教化的政治统治服务，"名号"思想的实践最终要与政治统治相联系。周桂钿先生认为："董学是政治哲学，它是用天人感应的神学形式包装起来的政治哲学。"② 董仲舒的"名号"思想对先秦儒家"正名"思想的继承主要体现在以下两个方面：

---

① 余治平：《唯天为大：建基于信念本体的董仲舒哲学研究》，商务印书馆，2003年。
② 周桂钿：《董仲舒研究》，人民出版社，2012年。

首先，从"治天下之端"的角度来说，董仲舒继承了孔子的正名学说和荀子的正名理论。孔子认为"正名"是君子为政的第一要务，只有"正名"才能实现国家社会的礼治。在"正名"实现的问题上，《论语·子路》篇有云："君子名之必可言也，言之必可行也，君子于其言，无所苟而已矣。"孔子认为君子必须修身以立言、修身以立德，君子通过自身的德治修养来管理国家社会，才能实现"名正言顺"的礼乐国家的目标。在继承孔子"正名"思想的基础上，荀子则进一步从君王制名的角度来论证"正名"在政治上的重要性。荀子认为通过王者制名的方式才能实现"上以名贵贱，下以辨同异"的目标。与孔子、荀子的观点一样，董仲舒在《春秋繁露·深察名号》篇中说："治天下之端，在审辨大；审辨大之端，在深察名号。"董仲舒把"名号"与"治天下之大端"结合起来，这一点与孔子所说的为政"必也正名乎！"（《论语·子路》）是一致的。董仲舒认为，只有圣人可以通过正确体察天意而制名，这与荀子所说的只有君主可以制名是一致的。

其次，从名、号的分类角度来说，董仲舒继承并发展了荀子"大别名""大共名"的分类方式。荀子在其《正名》一文中根据"名"的不同分类和概念外延上的要求，把"名"分为"单名""兼名""大别名"和"大共名"几类。董仲舒在《深察名号》篇中说："五号自赞，各有分，分中委曲，曲有名，名众于号，号其大全。名也者，名其别离分散也，号凡而略，名详而目，目者，遍辨其事也，凡者，独举其大也。""名""号"虽然都是用来给事物命名的，但它们的用法不同，所以，董仲舒对"名""号"做了明确的区分，制定了更为细致的分类标准。董仲舒认为，"号"是用来表示事物所属种类的名称，属于"总"的范围，"名"是用来表示具体事物的具体名称的，属于"分"的范围。也就是说，"名"是更具体、更细致的事物名称，是从"号"中分化出来的。并且，董仲舒认为"名号"的制定要根据事物不同情境的要求而做出相应的改变，例如，"深察王号之大意，其中有五科：皇科、方科、匡科、黄科、往科。合此五科以一言，谓之王"；"君"之号亦"元科、原科、权科、温科、群科"（《深察名号》)等不同的意思。董仲舒对"名""号"之间的这种区分与先秦时期的荀子对"大别名""大共名"的区分有类似之处,但董仲舒更为详细地划分了事物名称的"名""号"之间的区别,并且在"名""号"之间建立了一种种与属的联系,从这一点上来说,董仲舒的"名号"思想是在继承先秦儒家"正名"思想的基础上对它的进一步发展和延伸。

关于董仲舒"名号"思想对先秦儒家"正名"思想的延续和发展这一说法来说,张祥龙先生曾说过:"先秦学派大多有各自的正名理论。我判断,董仲舒的正名理论从总体上看还是孔子式的,即便加上了阴阳五行,但和黄老学、发家'循名责实'的语言哲理的思想方式非常不同。"①

## 二、董仲舒"名号"思想的结构

董仲舒对"名号"的解释主要集中在《春秋繁露·深察名号》一篇中。开篇即是"治天下之端在审辩大,神辨大之端在深察名号"之言,就已为"名号"定下了为政治服务的基调。董仲舒的"名号"思想主要在继承先秦儒家对"正名"这一问题解释的基础上,又从超越的形上本体的角度来论证其"名号"思想。同时,董仲舒又引入阴阳家、五行学说等其他各家的思想,把"名号"的来源和真实性都归结于"天",从而赋予了"名号"神圣性。董仲舒认为,通过"天人感应"的方式可以实现人与天的沟通、联系,"名号"在实现天人沟通的过程中发挥着重要的作用,进而建立其以"天"为依托的"名号"思想体系。

董仲舒的"名号"思想体系主要由三方面构成:1."天"的神圣性地位的确立。董仲舒融合了先秦思想家对"天"的解释,他认为,作为宇宙主宰的"天"不仅是自然意义上的天和道德意义上的天,还

---

① 张祥龙:《拒秦兴汉和应对佛教的儒家哲学:从董仲舒到陆象山》,广西师范大学出版社,2012年。

具有神性主宰之天的含义。2."天人感应"方式的确立。董仲舒认为天与人是同类的，所以可以通过同类相动、互感的方式实现感应。3."名号"神圣性的确立。董仲舒认为，"天"的神圣性地位的确立为"名号"的真实性提供了保障，天与人可以通过"天人感应"的方式实现沟通，"名号"作为圣人体天而作的结果，自然成了"天意"的显现，"名号"因此就具有了神圣性。

1."天"的神圣性地位的确立

在先秦时期，各派思想家从不同角度对"天"进行了阐释：儒家对"天"的解释主要侧重于道德之天，"天"在某种程度上是一种至高德性的代表。崇尚自然、无为的道家倡导的是"自然之天"，在很多情况下，"天"与自然的概念可以互换、通用。不同于儒家和道家，墨家崇尚"天志"，这就增加了天的宗教性色彩，也使得人们对"天"的敬畏带有对原始自然神秘力量的信奉。董仲舒综合了儒、道、墨三家关于"天"的理论内涵，提升出其对"天"的解释："天"包含有自然之天、道德之天和神性主宰之天三种含义，并且，在这三者的关系中，神性主宰之天占据主导地位，"天"的自然义和道德义从属于其神性主宰义。徐复观认为："'天'是统一的存在，天自身的实现，必分解为阴阳、四时、五行；所以要进一步把握天的性格，必须把握董仲舒所说的阴阳四时五行的性格。"余治平认为："在董仲舒，天底下的一切都从天那里源出，天底下的所有东西都无一例外地与天必然地联系着。可以说，董仲舒之学是天学，天是贯穿董仲舒哲学体系的一根从未断绝的主线，是董仲舒思想的一以贯之之道，也应该是研究和描述董仲舒哲学的起点所在。在董仲舒，天有三层不同含义：一是包容万物的、规律性的宇宙总体结构；二，天又具有人性化、伦理化的品格；三，天更是人心信仰的源出，是人不得不尊崇和敬畏的对象。"[①] 可见，董仲舒所言"天"的内涵已经非常丰富了。首先，董仲舒认为"天"是创造世间万物的至上神。《春秋繁露》中多处记载了董仲舒关于"天"的言论，如"天者，百神之大君也"（《郊语》）、

---

① 徐复观：《两汉思想史》（第二卷），华东师范大学出版社，2001年。

"天者，万物之祖，万物非天不生"（《顺命》）、"人之为人，本于天，天亦人之曾祖父也，此人之所以乃类上天也"（《为人者天》）、"人生于天，而取化于天"（《王道通三》）等。可以看出，董仲舒把"天"作为一个人格化的、有意志的宇宙的创造者、主宰者，这一点与先秦时期墨家所倡导的"天志"说极为相似，都是把"天"当作整个宇宙的主宰。其次，"天"具有自然义。从宇宙自然运动变化的角度来说，宇宙自然的演化自有其规律和周期，风、雨、雷、电等都是自然现象，与神性主宰之天没有任何联系，一切都是自然运动的结果。董仲舒认为天有十端："天有十端，十端而止已。天为一端，地为一端，阴为一端，阳为一端，火为一端，金为一端，木为一端，水为一端，土为一端，人为一端，凡十端而毕天之数也。"（《官制天象》）天与地、阴、阳、木、火、土、金、水、人等物质元素组成了自然之天完整的宇宙结构。自然万物莫不由这十种元素构成，自然界的运动变化也都是由这十端的变化推动的。最后，"天"具有道德义。董仲舒把儒家倡导的伦理纲常与"天意"连接起来，赋予"天"以道德情感，于是"天"和人一样具有了道德属性。《威德所生》篇曰："天有和有德，有平有威，有相受之意，有为政之理，不可不审也。春者，天之和也；夏者，天之德也；秋者，天之平也；冬者，天之威也。"由此可知，董仲舒认为天与人一样有和、德、平、威的德性，这四种德性与春、夏、秋、冬四季相配，四季的寒暑不同，与之相配的德性也随之变化。并且，就像人具有仁心一样，天也具有仁的品德。《王道通三》篇曰："仁之美者在于天。天，仁也。天覆育万物，既化而生之，有养而成之，事功无已，终而复始，凡举归之以奉人。"正是因为"天"有仁的德性，所以才能够养长万物，成就化育天地万物的美德。董仲舒认为，神性主宰之天、自然之天和道德之天共同构造出"天"的完整性格。

余治平先生认为："在《春秋繁露》中，董仲舒对天的这种品格做了深入细致的论述和描绘。天有性情、有意志、有仁爱，并且是与人心相通的。"① 在融合"天"的不同内涵的基础上，董仲舒建立起以"天"为主宰的政治哲学体系。"天"在董仲舒的政治哲学体系里成了一种至高无上的、超越性的最高存在，宇宙间一切的社会人伦、自然变化都依据"天"来演化，作为宇宙间最高主宰的"天"的地位得到前所未有的提升。《郊语》篇曰："天者，百神之大君也。事天不备，虽百神犹无益也。何以言其然也？祭而地神者，《春秋》讥之。孔子曰：'获罪于天，无所祷也。'是其法也。故未见秦国致天福如周国也。""天"作为宇宙的主宰，人侍天如果不周全，便会得到天的惩罚。董仲舒用周、秦敬天不同的例子来强调"天"可主兴亡、决善恶的重要作用：正是因为秦不像周那样礼敬上天，所以没有获得上天的福禄，最终走向灭亡。以古照今，董仲舒在回答汉武帝"三代受命，其符安在？"的问题时说："臣闻天者，群物之祖也，故遍覆包涵而无所殊，建日月风雨以和之，经阴阳寒暑以成之。"（班固《汉书·董仲舒传》）由此可见，董仲舒认为"天"作为宇宙的主宰，也是万物的创造者和万物运动、变化的依据。日月风雨、阴阳寒暑等万物流行变化皆是"天"的成就与安排。

"天"的神圣地位的确立不仅在于其主宰宇宙流行变化的作用上，还在于它能够区分善恶、赏善罚暴的性格上。在这一点上，董仲舒继承了先秦儒家关于道德之天的观念。而且，董仲舒把阴阳、五行观念引入其天道观，认为天亦有阴阳两面，配以五行之说，构成"天"完整的性格。在"天"的阴阳两种属性中，阳主善主正、阴主恶主邪，阳尊而阴卑。董仲舒把天之阴阳与人之善恶结合起来，并且把它运用在政治人伦关系上，从而把先秦儒家提倡的"君君，臣臣，父父，子子"的伦理关系，转变为"天——天子/圣人——百姓"的伦理关系，对"天"的尊崇与敬畏超越了以往对圣人的道德向往。徐复观先生认为："董仲舒之所以引入阴阳、五行的观念，是因为在当时的现实政治上，他要求贬刑而尚德，以转换当时专制政治的残酷性格，想要为

---

① 余治平：《唯天为大：建基于信念本体的董仲舒哲学研究》，商务印书馆，2003年。

此要求在天道上得一根据，只好以善恶分天道的阴阳，阳经而阴权，表明天是重德而不重刑的天志。"①

2. 天人感应：天人沟通的媒介

"天人关系"作为中国哲学的一个重要话题，主要是围绕天与人、天道与人道、自然与人为的关系进行探讨。经过长期的思想演变历程，对"天人关系"这一问题的研究逐渐分化出天人合一、天人同类、天人感应、天人相分等不同的话题。到西汉时期，董仲舒把"天人关系"理论建立在其对"天"的解释基础上。董仲舒认为，作为"百神之大君"的"天"在宇宙间具有至高无上的地位，"天意"的达成必须要有相应的人事与之符合。在此基础上，董仲舒建立了以"人副天数—同类相应—天人感应"为主体结构的"天人关系"思想体系。余治平先生认为："董仲舒的感应学说中有一个核心概念：'类'，在语义学上它含着像、似、类比、类推之意。董仲舒以为，物物相感、天人相应的根据就在于：同类相动、以类度类。董仲舒说：'天道各以其类动'，'同者相益，异者相损'。相同类型、相同性质的天下万物是可以互动、可以彼此沟通的，甚至只有相同事物之间才有可能相互助益，而相异事物之间却容易导致彼此损丧，这是自然界及人类社会的一条普遍性法则，也是感应发生的基本前提。"②

首先，董仲舒认为天与人同类，人副天数，天人一致。董仲舒在《人副天数》篇中论证了人无论是从类的角度，还是从数的角度，都和天是一致的。第一，从类的角度说，人头圆像"天容"，头发像"星辰"，耳目像"日月"，口呼吸像"风气"，胸中有知觉灵明像"神明"，腹中有实有虚像"百物"。"精所以生物者，莫贵于人。人受命乎天也，故超然有以倚。物疢疢莫能为仁义，唯人独能为仁义；物疢疢莫能偶天地，唯人独能偶天地。"董仲舒认为天地间的生灵万物没有比人更为高贵的了，人从天那里接受赋命，所以能超越其他百物之

---

① 徐复观：《两汉思想史》（第二卷），华东师范大学出版社，2001年。
② 余治平：《唯天为大：建基于信念本体的董仲舒哲学研究》，商务印书馆，2003年。

上而与天地并立。百物有缺陷不能行使仁义，不能与天地相配合，只有人能行使仁义，能与天地相配合。第二，从数的角度说，"天以终岁之数，成人之身，故小节三百六十六，副日数也；大节十二分，副月数也；内有五脏，副五行数也；外有四肢，副四时数也；乍视乍瞑，副昼夜也；乍刚乍柔，副冬夏也；乍哀乍乐，副阴阳也；心有计虑，副度数也；行有伦理，副天地也。"董仲舒从人的身体器官构造与"天"数相吻合的角度来说明人与天是同类、人副天数。

其次，董仲舒认为天与人同类相感、同类相动。第一，董仲舒从"四时之副"的角度来说明天人同类相感。《四时之副》篇曰："天之道，春暖以生，夏暑以养，秋清以杀，冬寒以藏。暖暑寒清，异气而同功，皆天之所以成岁也。圣人副天之所行以为政，故以庆副暖而当春，以赏副暑而当夏，以罚副清而当秋，以刑副寒而当冬。庆赏罚刑，异事而同功，皆王者之所以成德也。"董仲舒以天的春、夏、秋、冬四季不同的寒暑变化来匹配人事中的庆赏罚刑四政，故曰"四时之副"，说明天人同类相感。第二，董仲舒从阴阳属性的角度论证"天人感应"。《同类相动》篇曰："天有阴阳，人亦有阴阳。天地之阴气起，人之阴气应之而起；人之阴气起，而天地之阴气亦宜应之而起，其道一也。"董仲舒认为天有阴阳之气，人也有阴阳之气。天地的阴气兴起的时候，人体中的阴气也会随之而起；人体中的阴气兴起时，天地的阴气也会相应地产生，这其中的道理是一致的。因此，天之阴阳两面与人之阴阳两面是相互呼应的，天与人之间有阴阳感应。并且，董仲舒认为天与人一样也有喜、怒、哀、乐的不同情感，《阴阳义》篇曰："天亦有喜怒之气、哀乐之心，与人相副。以类合之，天人一也。"因此，天与人是可以互相感应、互相触动的。正是由于天人之间可以互感，所以人可以按照天的法则来治理社会人事。人通过四时的变化来感受天意，以此制定相应的人事措施，天通过赏善罚暴来判断人事的正确与否。"天人感应"也就成为天人之间沟通、交流的方式。

董仲舒从"人副天数""同类相动"的角度说明天与人之间可以通过"天人感应"的方式实现互动，这也为圣人体天找到了合理性依据。余治平先生认为:"人与天的感应,从理论目的上看,是要以天为借口、以本体为理由而对人事行为进行有效的限制与约束,从而建立起一种高度稳定而又可以无限绵延的伦常世界秩序。"① 人可以通过四时寒暑的变化来感知"天意",并以此做出相应的人事行为。人事顺承天意而为自然会政事畅通、风调雨顺。若是逆天而行之,必然会受到天的惩罚,这都是"天"能够赏善罚暴的体现。这也说明"天意"与人事是相通的,天道的实现要靠人道的达成来完成。

3."名号"神圣性的确立

董仲舒把"名号"的来源归之于"天",正是由于"天"的神圣性地位的确立,所以,"名号"也具有了神圣性。而且,董仲舒把"圣人"放到了联结天意与"名号"的关键位置,为确保"名号"的真实性与神圣性,建立了一套"天—圣人—名号"的天人感应体系。

首先,"名号之正,取之天地","名号"是天意的显现。董仲舒认为"名号"是对事物真实性的一种描述,《深察名号》曰:"名物如其真,不失秋毫之末。"据此可知,董仲舒认为"名号"能够完全正确地表述事物的真实性,这种真实性能够充分地显现事物的"质"。董仲舒把"名号"的真实性来源归之于"天",是以《深察名号》曰:"是非之正,取之逆顺;逆顺之正,取之名号;名号之正,取之天地,天地为名号之大义也。"董仲舒认为"名号"的制定是否符合事实、是否能言事物之"真""质",也要看其是否符合"天意",由此可以看出,"天"是检验"名号"是非逆顺的标准,符合天意的"名号"便能作为人们认识事物、判断是非的一种方式,违背天意的"名号"就要被抛弃。董仲舒认为正是由于"天"的神圣性地位的确立,"取之于天"的"名号"因此也具有了神圣性。

其次,"名则圣人所发天意",圣人是制名的直接参与者。董仲舒认为并不是人人都能够拥有体察天意的能力和资格,所以并不是人人都可以制定出符合事物真实性的名称。董仲舒在《深察名号》篇中

---

① 余治平:《唯天为大:建基于信念本体的董仲舒哲学研究》,商务印书馆,2003年。

说:"名则圣人所发天意,不可不深观也。"由此可知,董仲舒把"名号"看作是天意的显现,圣人只是按照天意之所发来给事物制定名称,而不是凭主观臆测给事物命名。董仲舒认为,只有圣人才能够正确地体察天意,从而能够制出符合事物真实性的名,《深察名号》曰:"古之圣人,谪而效天地谓之号,鸣而施命谓之名""名号异声而同本,皆鸣号而达天意者也""名者,圣人之所以真物也,名之为言真也"。圣人心思纯正,具有普通人所没有的德性操守,所以只有圣人能够发天意以制名,可以看出,圣人在"名号"的制定上具有关键的作用,圣人承载着发天意以制名的责任。

董仲舒从"天人关系"的角度来论证其"名号"思想,他在《深察名号》中对"正名"的追求是要解决"天人之际"问题和政治问题。董仲舒对"名号"神圣性的论证最终是为其政治哲学服务的。余治平先生认为:"在做了许多形而上的铺垫之后,名号、正名学说的目的才开始浮出水面。概而言之,董仲舒名号、正名学说的真正目的是要为人世社会设制出稳定不变的伦常秩序,从而以利于统治者进行有效的政治和社会管理,以利于天下人民的太平安宁。"① 作为一种概念、符号而存在的"名号",在董仲舒这里又代表着一种政治功能和规范。

## 三、董仲舒"名号"思想对先秦名学发展的贡献

关于董仲舒的"名号"思想体系,我们可以从以下三个角度来了解:1. 从"天人关系"的角度来说,董仲舒认为天与人可以通过"天人感应"的方式进行沟通、交流。"名号"作为天意的反映,是由圣人制作的,反过来"名号"还可以作为人与天联系的中介。由此,天道的实现与人道的达成得以连接起来,也就是儒家说的"人道即天道"。2. 从政治哲学的角度来说,董仲舒创立了以"天"为本体的政

---

① 余治平:《唯天为大:建基于信念本体的董仲舒哲学研究》,商务印书馆,2003年。

治哲学体系,"天"的意志得到极大的弘扬。董仲舒在其"名号"思想体系中把天意、圣人、名号连接起来,"受命于天"的君主权力得到限制,汉代"屈民而伸君,屈君而伸天"的统治秩序得以建立。"名号"作为圣人体天而作的结果,在政治上就变成君主治理国家的手段。汉代以"天"为统摄的"君王/圣人—民"自上而下的教化模式的建立推动了儒学教化理想的达成。3.从儒学发展的角度来说,作为汉代儒家思想的集大成者,董仲舒把儒学提升到了官学的地位,极大地弘扬和发展了先秦儒学。董仲舒在把儒学与政治结合的过程中逐渐探索出了一些"正名"的方法,即是"以名为教"。"以名为教"的教化方式的确立,推动了儒家价值理想的实现。董仲舒通过把"深察名号"与以"天"为本体的政治哲学相结合,进而把儒学义理思想与其政治理想结合起来,建立起一套政治儒学理论体系。

董仲舒"名号"思想对先秦名学发展的贡献有以下几个方面:第一,董仲舒尝试从"天人关系"的角度来解释"名号"。先秦时期,"名号"多是经验性的约定俗成,先秦思想家都把讨论的焦点放在"名实之辨"问题上,对"名号"的来源和制名原则问题关注不多。董仲舒则认为"名号"是"天人感应"的结果,同时也是天人沟通的媒介。正是因为"名号"带有"天"的属性,所以"名号"就具备了神圣性。第二,董仲舒把"名号"与道德教化相联系。董仲舒对人性的讨论建立在其"名性以中"的基础上。董仲舒把有善质而为成善的"中民之性"作为其王道教化的对象。董仲舒认为人之"质朴之性"同时含有善质和恶质,只有经过后天王道教化的去恶存善才能使人性成善。圣人以"善之名"来实施教化,以期建立儒家理想中的德治国家。但同时,董仲舒也主张对于无法教化的"斗筲之性"要运用刑罚的手段进行约束、惩治。第三,董仲舒把"名号"与尊卑相联系。《天地之行》篇曰:"为人君者,其法取象于天""为人臣者,其法取象于地""是故君臣之礼,若心之与体。心不可以不坚,君不可以不贤;体不可以不顺,臣不可以不忠。心所以全者,体之力也;君所以安者,臣之功也"。董仲舒认为天尊地卑,这是自然规律。作为君臣关系的人道也应该遵循这种规律,君道取法于天道,臣道取法于地道，只有君臣各守其道，才能治理好国家。故而董仲舒在《阳尊阴卑》篇中说："是故《春秋》君不名恶，臣不名善，善皆归于君，恶皆归于臣。臣之义比于地，故为人臣者视地之事天也，为人子者视土之事火也""是故孝子之行、忠臣之义，皆法于天地"。君主为阳而臣子为阴，因此，君、父为尊，臣、子为卑。董仲舒以天地、阴阳的尊卑关系来证明政治伦理中的君臣关系，这就要求不同身份阶层的人要守其名分、知其本分，这样才能达到"是故事各顺于名，名各顺于天，天人之际，合二为一"（《深察名号》）的境界。

本文为"2020 中国·衡水董仲舒与儒家思想国际学术研讨会"提交的论文。

郝祥莉（1990—），女，河南周口人，南京大学哲学系在读博士。

# 董仲舒伦理思想研究

# 三纲说的来源、形成与异化
## ——兼论董子对三纲说的贡献

丁四新

"三纲"问题自清末民初以来一直受到学者和中国知识阶层的高度关注和重视。对于所谓三纲说,人们既有赞扬、维护和提倡的,亦有批评、贬损和责难的,而后者是时代的主流。一百多年来,"三纲"问题一直是学界争论的焦点和热点,其中汉人三纲说是什么及其性质、来源如何,更是学界讨论的中心问题。应该说,迄今这些问题都没有得到较好的解决,而人们的纷争也没有止息下来。因此,"三纲"在当前仍然是一个需要继续研究和检讨的问题。借助于"位分伦理学"概念的提出及郭店简《六德》《成之闻之》两篇新材料的诠释,"三纲"问题可以得到崭新的理解、检讨和回答。

## 一、问题的提出

(一)"汉人三纲说是什么?"是学界讨论的中心

一般说来,完整的三纲说即见于《白虎通·三纲六纪》篇。《白虎通·三纲六纪》篇的文本其实不难读和不难理解。其所谓"三纲"之义可以概括为如下三点:1. 从位分伦理的总体来看,"三纲"的"纲"字是总根、主干义,"三纲"即是对于传统位分伦理关系的总摄、总揽和最一般层面的概括。同时,"纲"对"纪""目"而言,又暗含"统率"和"表率"之义。2."三纲"从三对基本关系来看有两义,一是匹合相对义(包括匹合、对待、双向、感应、互依互持等含义),二是主从义。从逻辑上看,前一义先于且高于后一义。3."三纲"的主从义从逻辑来看应当限定在其"匹合"义之内,但人为极化和单向化的结果即是其所引《礼纬·含文嘉》所云"君为臣纲,父为子纲,夫为妻纲"的三纲说。应当说,《含文嘉》的三纲说强化了双方的不对称性和不平等性,强化了前者对于后者的主宰性,而严重弱化和矮化了后者在家庭和社会中的地位和作用。4.《礼纬·含文嘉》的三纲说,与《白虎通》总体上的三纲说及整个汉儒的三纲说是有重大差别的,不能简单等同起来。

然而清末民初启蒙思想家眼中的"三纲",即指《礼纬·含文嘉》所说的"三纲",并随着社会舆论的传播而影响日益深远、广大。与此同时,有部分学者起而辩驳和抵御之。于是如何理解和评判汉人的三纲说,遂成为一大学术问题,在趋新和保守两派学者之间即产生了尖锐的矛盾和互不妥协的对立,至今未解。如今,一些学者将三纲问题着重列为历史地研究的观念对象,是知识性的探讨,而另一些学者则置身于启蒙意识的影响之下,仍旧以呵斥和批判的态度对待之。阅读相关论著,不管双方的"成见"如何,双方都是围绕"汉人的三纲说是什么"这一核心问题展开追问和辩难的。

(二)"三纲说的来源及其性质"是学界讨论的焦点

又由于学者所持文化立场和文化价值观的介入,汉人三纲说的性质及其来源问题亦受到学者的高度关注,并在此问题上产生很大的争论。关于三纲说的性质及其起源问题,学界大抵有儒家起源说和黄老法家起源说两种。而学者由此分为两派。

第一派持儒家起源说,这是贺麟、方朝晖等人的观点。同时,在三纲说的来源问题,儒家起源说即必然同时持演进说。贺麟说:"先秦的五伦说注重人对人的关系,而西汉的三纲说则将人对人的关系转变为人对理、人对位分、人对常德的单方面的绝对的关系。故三纲说当然比五伦说来得深刻而有力量。"① 又说:"由五伦的相对关系,进展为三纲的绝对的关系。由五伦的交互之爱、等差之爱,进展为三纲的绝对之爱、片面之爱。"② 其一,贺麟在此区别了"五伦说"和"三纲说"者两种伦理学说,认为前者注重人对人的相对关系,而后者则注重人对人的绝对关系;同时认为三纲说比五伦说更为深刻和更有力量。在一定意义上说,贺麟是褒奖汉人的三纲说的。不过,他所评论的三纲说多少已经受到了当时启蒙思想家的影响,而与他们的观点在一个侧面是一脉相承的。贺氏所理解的三纲说,与方朝晖所理解的三纲说有着显著差别。其二,贺麟在此认为汉人的三纲说是由先秦的五伦说演进而来的,两者之间是其所谓"进展"的关系。具体说来,即由五伦的相对关系进展为三纲的绝对关系,由五伦的相对之爱进展为三纲的绝对之爱。而由此推论,他在三纲说的起源问题上就必然持所谓演进说。这一点,被方朝晖所继承。

方朝晖的观点与贺麟大体一致,他说:"诚然,从'五伦'到'三纲',确实是儒家对于人伦关系理解的一个重要提升。具体说来,提升的过程也许分为两步:从(1)'五伦'到(2)'三纲五纪'或'六纪',再到(3)'君为臣纲''父为子纲'和'夫为妻纲'。"③ 方朝晖在此无疑是先行同意贺麟的儒家来源说及观念演进说的。所不同的是,他将贺氏所说的一步"进展"推演为两步"提升",即从"五伦"到"三纲五纪/六纪"的提升,及从"三纲五纪/六纪"到"君谓臣纲,父为子纲,夫为妻纲"的提升。而因此,方氏对于"三纲"之义的理解即比贺氏复杂、多维。

反思贺、方二氏的观点,其中的问题是:三纲说真的是由五伦说演变而来的,还是另有其来源?借助于新材料的发现,笔者认为,汉

---

① 贺麟:《五伦观念的新检讨》,见氏著:《文化与人生》,商务印书馆,2015年,第60页。
② 贺麟:《五伦观念的新检讨》,见氏著:《文化与人生》,商务印书馆,第58页。
③ 方朝晖:《"三纲"与秩序重建》第二章,中央编译出版社,2014年,第28页。

人的三纲说其实直接来源于孔子的三大法说或六位说。进一步,从三大法说到汉人的三纲说的关系,笔者认为,不是"演变"而是"演进",因为孔子的三大法说在本质上即同于汉人的三纲说,前后二者不过是有所演进而已。至于方氏所谓从"三纲五纪/六纪"到"君为臣纲,父为子纲,夫为妻纲"的变化属于所谓"提升"性质,这一观点也应当受到怀疑的。笔者认为,从"三纲五纪/六纪"到"君为臣纲"云云的变化不属于所谓三纲说的"提升",而属于所谓"异化"。从经学史的角度来看,此种三纲说乃采自纬书,而《礼纬·含文嘉》的此种三纲说又能在多大程度上代表正见或正统的三纲说呢?这是我们今天应当讨论的一个问题。

第二派持黄老法家起源说,李泽厚、冯友兰、张岱年、李存山等人可为其代表。与贺、方二氏不同,李泽厚等人否定三纲说与先秦儒家的关系。换言之,他们认为,三纲说不过是汉儒吸取异质因素而对正统儒家思想的异化罢了。同时认为所谓三纲,即是指"君为臣纲,父为子纲,夫为妻纲"的三纲说。此种对三纲的认定,很显然是继承启蒙思想家相关说法的结果。近来,方朝晖与李存山就相关问题多有交锋和辩难,可以参看。

推寻此派所谓汉人三纲说之黄老法家起源说的核心依据,主要有两条。一条是《韩非子·忠孝》篇所云:"臣之所闻曰:'臣事君,子事父,妻事夫,三者顺则天下治,三者逆则天下乱,此天下之常道也。'"另一条是司马谈在《论六家要旨》中所说:"法家严而少恩,然其正君臣上下之分,不可改矣。……若尊主卑臣,明分职不得相逾越,虽百家弗能改也。"法家思想属于治理哲学,以君权至高无上为基本预设和理论前提,因此特别强调所谓君臣上下之分定位不移这一点。黄老思想亦属于治理哲学,其逻辑前提和基本预设跟法家并无二致,故黄生在与儒生辕固生辩论"汤武受命放杀"问题(《史记·儒林列传》)的时候即断然否定所谓"受命"之义。据此,不能说此派的观点毫无根据,但是这两条材料能够作为论证之根据的前提是,必须先对"何为汉人三纲说"的问题有正确或恰当的理解。而此派承袭启蒙思想家之诬语谰言,以《礼纬·含文嘉》所言谓汉人三纲说之本义或正统。但此意见是正确或恰当的吗？而因此，李泽厚等人以《韩非子·忠孝》篇等为据，将三纲说的起源完全推向黄老法家一边，这是中正、可靠的意见吗？

总之，从学术的角度来看，"三纲"问题至今还没有得到很好的解决，它仍然大有再做讨论和重新给出答案的必要。

（三）问题的提出

自清末民初以来，三纲六纪说或者三纲说，即成为谈论"中国文化"之特质的一个重要话题。谭嗣同、陈独秀等启蒙思想家和政论家对三纲说的猛烈批判，无疑大大增加了它的关注度和吸引力。由此，学者分为否定、贬斥和肯定、维护的对立两派。迄今为止，围绕三纲说，学者产生了如下争论：1. 三纲说的内容是什么？是指"君为臣纲，父为子纲，夫为妻纲"，还是指君臣、父子、夫妇三者？2. 三纲说的思想性质是什么？是单向的、专制的、绝对的，还是双向的、独立的、相对的？3. 提出三纲说的思维方式是理念式的、抽象一般的，还是基于个体本位的思考？4. 三纲说是儒家本有的，还是来自黄老道家或法家？当然，这些问题都建立在一个相关的意义问题之上，而这个相关的意义问题即是：三纲说是中国文化的精华而应当保留，还是中国文化的糟粕而应当抛弃？

如上问题是本文的写作背景，但本文将只讨论其中的部分问题，即：第一，三纲说的来源问题，特别是孔子与三纲说的关系问题。本文认为孔子的三大法说或六位说是三纲说的第一个阶段。第二，三纲说的正式提出及董仲舒与三纲说的关系问题。本文认为三纲说的提出早在董子之前，"三纲"概念及三纲说不是董子的发明。第三，如何恰当地理解汉代的三纲说及如何定位和评价《礼纬·含文嘉》之三纲说的问题。最后，基于现代性观念反思和评价所谓三纲说的问题。这些问题，学界有或多或少的注意和研究，但从总体上看起来，离笔者的观点和看法甚远。

## 二、孔子的三大法说是三纲说的第一个阶段

（一）郭店简《六德》篇的六位说

从对待义而言，三纲说即表现为君臣、父子、夫妇三对基本身份关系。这三对基本身份关系，即确定了中国传统社会的基本伦理结构。对于此种身份及其伦理关系，古人以"位""分"指称和概括之。三纲说即直接来源于六位说或三大法说。完整而明确的六位说见于郭店简《六德》篇。《六德》篇曰①：

1. 生民（斯必有夫妇、父子、君臣）六位也。有率人者，有从人者；有使人者，有事人（者；有）教者，有学者。此六职也。既有夫六位也，以任此（六职）也。六职既分，以裕六德。（简 7—10）

2. 男女别生焉，父子亲生焉，君臣义生焉。父圣子仁，夫智妇信，君义臣忠。圣生仁，智率信，义使忠。故夫夫、妇妇、父父、子子、君君、臣臣，此六者各行其职，而狱讼蔑由作也。君子言信焉尔，言诚焉尔，故外内皆得也。其反，夫不夫，妇不妇，父不父，子不子，君不君，臣不臣，昏所由作也。（《六德》简 33—38）

《六德》篇的伦理学说是一个系统，由六位、六职和六德三个单元构成。其中，六位是本体和基础，六职则由六位派生，六德是对于六位、六职的道德规范。六德作为道德规范有两面性，一是要大体与六位、六职相符，二是对六位、六职提出道德要求。在位分伦理学中，六位、六职、六德三者缺一不可，必须相互配合，才能发挥其伦理作用。在此，"六德"当然属于美德，但它们是在此位分伦理中的

---

① 本文凡引用出土文献，其释文均采用宽式，且都已据学者的研究成果对原释文做了校订，特此说明。《六德》《成之闻之》的释文及学者的修正意见，参看荆门市博物馆：《郭店楚墓竹简》，文物出版社，1998 年；武汉大学简帛研究中心、荆门市博物馆编著：《楚地出土战国简册合集（一）》，《郭店楚墓竹书》，文物出版社，2011 年。

美德。

《说文·人部》以"位"字从人从立,其实从古文字学来看,"位"与"立"本为一字,"位"是"立"的分化字。郭店简《六位》篇的所有"位"字均写作"立"字。而"立"字,从人立于地上之形,是一个会意字。"位"的本义是指人在某一空间内所站立的特定处所。《说文·人部》:"位,列中庭之左右谓之位。"据此,"位"的本义指在朝廷中站立的位置或在群臣中所处的位列。很自然地,"位"从其本义开始即具有标识人的社会性地位和等级的作用。《六德》篇的"六位"的"位"字,是用其引申义,指人在社会(包括家庭和朝廷)关系中所处的位置或其所具的身份。

从竹简《六德》篇看,"六位"指夫妇、父子、君臣。该篇竹书的"六位"说有两种次序,一种是从夫妇、父子到君臣的递变次序,一种是夫妇、父子和君臣各自的相对次序。前一种叙述次序在《六德》篇中几乎是固定的,这既见于上引第7—10号简,也见于上引第33—38号简。这种次序有其内在逻辑,以夫妇关系先于父子关系,以父子关系先于君臣关系,从家庭的建立到家庭的衍生,从家庭伦理关系到社会、政治的伦理关系。此种位分伦理系统的展开和排列,是以伦理关系的"始源"与"衍生"为基本逻辑的。"夫妇"一环因其在此伦理系统中最为本始,故先列之。这种逻辑,《周易·序卦》做了最为清晰、系统的说明,云:"有天地然后有万物,有万物然后有男女,有男女然后有夫妇,有夫妇然后有父子,有父子然后有君臣,有君臣然后有上下,有上下然后礼义有所错。"这是一个"自然衍生"的逻辑。因此在《六德》篇中,"夫妇"一环居之在先,这并不必定意味着它在六位说中是最重要的一环。逻辑次序的先后不等于价值选择上的重要与否。"六位"的另一种次序是夫妇、父子、君臣各自的相对关系,这种相对性一是夫与妇对、父与子对、君与臣对,而没有错对,显得很自然;二是夫先于妇、父先于子、君先于臣,而不是相反,显示前者对于后者具有一定的优先性,且此次序亦显得很自然。郭店简《成之闻之》称之为"天常"或"天将大常",其实它们之所以如此自然,是因为长期社会化的结果,而使其具有"天赋"或先天的给予性。

所谓"六职",指率人和从人、使人和事人、教和学六者,竹书《六德》并明确地说"此六职也"。"职"有职分、职责、职能或职事等义,《六德》篇所说的"六职"具有一般性,是常职常分。"职"是职分之义。"六职"与"六位"是体用关系,"六职"之用是从"六位"之体合乎其本性地生衍出来的,二者具有对应关系。反言之,"六职"不是"六位"在用上的偶然绽现或推演。笔者注意到,在《六德》篇中,"六职"的言说顺序与"六位"的言说顺序是不一样的。竹简说"有率人者,有从人者",此就夫妇二位言之;"有使人者,有事人(者)",此就君臣二位言之;"(有)教者,有学者",此就父子二位言之。

所谓"六德",《六德》篇曰:"父圣子仁,夫智妇信,君义臣忠。""六德"指圣、仁、智、信、义、忠六种德行。从道德实践来看,以六位为主,以六德来规定和规范此六位的实践内涵:父位即要求实践圣德,子位即要求实践仁德,夫位即要求实践智德,妇位即要求实践信德,君位即要求实践义德,臣位即要求实践忠德。而且,在父子、夫妇、君臣六位两两相对相应的基础上,竹书亦要求此六德是两两相对和相应的,即父圣与子仁、夫智与妇信、君义与臣忠是两两相对和相应的。进一步,竹书又说:"圣生仁,智率信,义使忠。"这三句话似乎表明德行具有其自身的独立性,但其实它们是以六位的上述两两关系为基础的。如是,"圣生仁"即是父之圣生子之仁,"智率信"即是夫之智率妇之信,"义使忠"即是君之义使臣之忠,很明显,前后两者之间具有主从、先后的关系。而这种实践意义的主从、先后关系,其实导源于其所依赖的六位之两两间的主从、先后关系。而这种一般意义上的主从、先后的伦理关系,是由位分伦理学之历史局限性所决定的。换言之,六位之两两关系是绝对的平等还是相对的平等,是绝对的差异还是相对的差异,这是理想主义和现实主义对于位分伦理学之构造所面对的基本矛盾,它们融合在历史中,位分伦理学即难以避免历史的局限性。

关于六位、六德、六职三个板块之间的关系,竹书说:"既有夫六位也，以任此（六职）也。六职既分，以裕六德。""任"，担任，承担。"裕"，义为使之充裕、充足。《说文·衣部》："裕，衣物饶也。"竹书用其引申义。这三句话阐明了六位、六职和六德三者之间的关系：六位是本，六职是用，有此位则有此职，位职相配，处于此位则应当承担和履行此职。六德与六位、六职相应，六德是对六位的德行规范和要求，其津梁具体落实在六职的道德实践上；反观之，处位的合理性，即体现在六职的伦理实践上，并通过此伦理实践以充实和完成其相应的德行规定，即所谓成德的问题。这是一方面。

另一方面，位分伦理的德行实践或道德实践，其目的不过是为了成就伦理上的人格。位分伦理学所说的人格包括两重，一重是位分人格的自身成就，即所谓"夫夫、妇妇、父父、子子、君君、臣臣"，"此六者各行其职，而狱讼蔑由作也"。另一重是成就君子人格。从位分伦理学的逻辑来看，君子人格的成就，即此六位人格的全部成就。君子的人格与六位的人格既有联系，又有差别。君子人格是对于六位人格的综合和提高。同时，我们看到，《六德》为君子人格的定义和成就，开辟了另外一条维度和有效的途径。竹书说："君子言信焉尔，言诚焉尔，故外内皆得也。"言"信"，言"诚"，皆从修身而言。言行相合谓之信，身心真实无妄谓之诚。这里的"外内"，以亲疏或门内门外言之。"得"者，得其所宜，既得其本然，亦得其应然。如果身不修，身不诚，言行不信，则"夫不夫，妇不妇，父不父，子不子，君不君，臣不臣"，导致混乱的局限和结果。

综合起来看，郭店简《六德》的六位说是一套完整的位分伦理学思想系统，它由六位、六职和六德三个要素组成，既深刻而具体，又系统而完备。而因此竹书《六德》堪称鸿篇巨制，它弥补了中国传统伦理学上的一个理论空白，同时为儒家鼻祖孔子本人的类似思想找到了一个出处，其思想价值和意义十分巨大。对比所谓三纲说，竹书所谓夫妇、父子、君臣的三对六位结构即与之高度相似。故据此可以推断，六位说当是三纲说的第一阶段或其前身。但是，有个别学者囿于成见，漠视《六德》篇的思想史价值和意义，并不能正视其与三纲说的关系，则另当别论了。

(二)郭店简《六德》篇的三大法说与《成之闻之》篇的天常说

实际上,六位说与三纲说的关联性,在竹书《六德》篇有更直接的表露,这即是将"六位"直接称之为"大法三"。"大法三"换言之,即为"三大法"。《六德》简44—46曰:

> 凡君子所以立身大法三,其绎之也六,其衍十又二。三者通,言行皆通;三者不通,非言行也。三者皆通,然后是也。三者,君子所生与之立,死与之敝也。

所谓"君子所以立身大法三",即将六位合为三对关系来看待,即竹书所谓"男女别生焉,父子亲生焉,君臣义生焉"是也。《尔雅·释诂》:"法,常也。""法"即常理、准则义。"大法",即大常或大的准则之义,与"纲常"一词同义。"其绎之也六",指夫妇、父子、君臣的"三大法"演绎为夫、妇、父、子、君、臣六位。"其衍十又二",指在六位的基础上而言位分人格的完成,即竹书所谓"夫夫、妇妇、父父、子子、君君、臣臣"是也。从三大法到六位,从六位到十二字位分人格的成就,《六德》篇以"三大法"为根本。竹书一云:"三者通,言行皆通。"二曰:"三者,君子所生与之立,死与之敝也。"足见"三大法"的重要!"三大法"与"六位"相对,表明了夫妇、父子、君臣三大法的关键在于其相对、相关和相合之义。这即是说,在伦理的意义境域中,"夫"不能离"妇","妇"亦不能离"夫";"父"不能离"子","子"亦不能离"父";"君"不能离"臣","臣"亦不能离"君"。合之则两美,离之则两伤。"匹合"与"相对"是位分伦理的意义本根所在。《六德》篇为何要进一步将"六位"概括为"三大法"?其意义即在于此。而儒者为何后来进一步提出了"三纲"的概念?其着眼点亦在于此。由此可知,"三纲"说的第一义乃在于其"对待""匹合"义,是其全部内涵(包括历史内涵)生展的基干。

郭店简《成之闻之》篇亦有与六位说或三大法说直接相关的内容,并且是对于六位说或三大法说进一步的肯定和提升。《成之闻之》篇曰:

> 1. 天降大常,以理人伦,制为君臣之义,著为父子之亲,

分为夫妻之别。是故小人乱天常以逆大道,君子治人伦以顺天德。(简 31—33)

2. 唯君子道可近求,而可远措也。昔者君子有言曰:"圣人天德。"盖言慎求之于己,而可以至顺天常矣。《康诰》曰:"不还大戛,文王作罚,刑兹亡赦。"盖此言也,言不奉大常者,文王之刑莫重焉。是故君子慎六位以巳(配)天常。(简 37—40)

上引第一段简文将"六位"或"三大法"进一步肯定为天所降之"大常"或"天常"。竹书云"天降大常",此"大常"与"大法"相应,"大常"的概念比"大法"高一层,它是由作为价值之源的"天"所降生的。"大法"以"大常"为依据。"大常"存于天地之间,而"大法"则安于人伦之中。"常"者取其确定不变义,"法"者取其准则义,其实此二义很相近。从天到大常,从大常到大法,这是一个纵贯下落的系统,其实体无二,其含义在开展。竹书又将"大常"称为"天常","大法"称为"大道",云:"是故小人乱天常以逆大道,君子治人伦以顺天德。""天常"即"天降大常"之省称,与"大常"同义;"大道"则与"大法"同义。引文中的"天德",指"天常"降落在人的身心中而转生的普遍的道德意识。因此"天德"与"天常"两个概念虽然有在己和在天之不同,但就其实体而言并无二致。

上引第二段竹书文本主要是讲道德实践的,但此道德实践是在"天常"和"六位"之间展开的。从《成之闻之》来看,成就君子人格在于反己修身,而反己修身上以"天常"为根据,下以位分伦理为实践的场所。简文曰:"唯君子道可近求,而可远措也。"所谓"君子道",即成就君子人格之道;所谓"可近求",即求之于己,求之于己在六位上的道德实践;所谓"可远措",即远措之于天常。"远措"之义有二,一个是就实践的范围而言,另一个是就其上达天常而言。后一义当然是主要的。《成之闻之》最后总结说:"是故君子慎六位以巳天常。""巳"当读为"配",二字声通。《说文·心部》:"慎,谨也。""慎六位",即谨慎地遵守六位,即以六德为伦理实践的德行要求,而努力做到夫夫、妇妇、父父、子子、君君、臣臣。"天常"通过"天德"生长在人的心中,通过人的道德信念和道德反省而维系人间的六位伦理。"六位"伦理的正在性,来源于作为道德之终极实在的"天常"。在六位上谨慎地做功夫,而与天常或天道相配,这就是君子的事业。

综合起来看,上引两段竹书文字在内容上以修身成德和成就君子人格为中心,但如何修身成德和成就君子人格,则在"天常"与"六位"之间展开。很显然,"天常"与"六位"虽然有位格,但它们是可以贯通。相对于《六德》篇来说,《成之闻之》论述了"求己"和"天降大常"之义,显示出该篇的思想框架更为博大。综合二篇可知,《六德》篇所说的位分伦理,是《成之闻之》篇的"天常"的落实,而《成之闻之》所说的"求己",除了反省之义外,更多的是从践履六位的角度来说的。

(三)孔子与三大法说的关系及三大法说为三纲说的第一个阶段

先看孔子与三大法说或六位说的关系。在郭店简中,《六德》《尊德义》《成之闻之》《性自命出》四篇同简制,书迹出于同一手。前三篇在内容和文本上都彼此关联,证据明确,故它们应当属于同一作者或同一学派的著作。笔者认为,郭店简《尊德义》篇是孔子本人的著作,论证很充分,可以参看拙文①。这样,《六德》《成之闻之》是孔子本人著作的可能性也是很大的,不然,它们即是孔子弟子直承其师意的著作。如果这个推论是可靠的话,那么孔子与六位说即有直接的关系。而事实上,据经典和史书,孔子与三大法说或六位说的关系颇为密切。《论语·颜渊》篇曰:

> 齐景公问政于孔子。孔子对曰:"君君,臣臣,父父,子子。"公曰:"善哉!信如君不君,臣不臣,父不父,子不子,虽有粟,吾得而食诸?"

这件事,亦载于《史记·孔子世家》。据《史记·孔子世家》等书的记载,"齐景公问政"一事发生在公元前516年(周敬王四年、鲁昭公二十六年、齐景公三十二年),时值孔子三十五六岁。从两人的对话情景来看,君君、臣臣、父父、子子这一套话语系统在当时应

---

① 丁四新:《郭店简〈尊德义〉篇是孔子本人著作》,《孔子研究》2020年第5期。

当是人们比较熟悉的，并不陌生。而无论如何，孔子竟脱口对曰"君君，臣臣，父父，子子"，这还是显示出孔子本人曾对此一话语系统下了一番思索和琢磨的功夫，达到了精熟的地步。而从逻辑上来看，"君君，臣臣，父父，子子"是以"六位"的伦理框架为基础的，而"六位"的伦理框架又是以"三大法"的伦理准则为基础的。由此来看，尽管《论语·颜渊》篇及《史记·孔子世家》只记载了这一小段对话，但足以显示孔子本人是很熟悉以"六位"为中心的位分伦理学说思想的。

如果说郭店简《六德》是一篇杰出的伦理学著作，是一篇关于位分伦理学的鸿篇巨制，而且它与笔者已证明为孔子本人著作的《尊德义》篇高度相关，那么它不是孔子本人的著作，又会是谁的呢？最可能，《六德》是孔子本人的著作，而且可能是孔子的早期著作。而如果《六德》篇是孔子本人著作的结论可以成立，那么孔子与六位说就具有密切的关系。笔者认为，孔子不一定是六位说的提出者，但他是六位说的总结者及其理论的提高者。竹书《六德》篇由六位、六职、六德所组成的位分伦理学说，是孔子在总结前人及时人相关说法的基础上由他本人再加概括和系统建构的结果。从这一角度来看，《六德》篇的六位说即是孔子的六位说。

再看三大法说与三纲说的关系。笔者认为，三大法说是三纲说的第一阶段或早期阶段。自其异者视之，学者或认为六位说不等于三纲说。"六位"的概念建立在六个基本伦理位分之上的，偏重于以单个的位分言之；而"三纲"则是合二为一，以君臣、父子、夫妇两两组合而构成新的伦理意涵。但我们是否能因此而将六位说与三纲说彼此隔离开来，以为彼此是完全对立的关系呢？这当然不能。从六位到三纲，从单位到双位，从相对孤立到相对匹合，笔者认为，其间不仅不是完全隔绝的，而且相对匹合义其实居于相对孤立义的上位。即就《六德》篇来看，该篇竹书不仅论述了"六位"之每一位分的个别性含义，而且强调了其相合相匹之义，并将此相合相匹义的六位说进一步称为"大法三"。"大法三"即"三大法"。在此，不烦将《六德》的相关文字再引一次："凡君子所以立身大法三，其绎之也六，其衍十又二。三者通，言行皆通；三者不通，非言行也。三者皆通，然后是也。三者，君子所生与之立，死与之敝也。"据此，从"三大法"到"六位"，从"六位"到十二字位分人格的成就，其推演逻辑是非常明确和清晰的。"三大法"即指三对纲领性的位分关系，汉人称之为"三纲"，其含义相同，只不过将"大法"换为"纲常"而已。竹书《成之闻之》篇又进一步将"六位"或"三大法"与"天常"或天所降之"大常"直接关联起来，虽然前后二者有在人伦和在天道之别，但其贯通天人的实体是一而不是二。《成之闻之》曰："天降大常，以理人伦，制为君臣之义，著为父子之亲，分为夫妻之别。"又说："是故君子慎六位以已（配）天常。"即是此义。由此可知，如果我们还对将六位说判断为三纲说之早期阶段的说法心存芥蒂，那么"三大法"的说法是可以消除此一芥蒂的；如果说"三大法"的说法仍然无法消除人们心中的疑虑，那么"大常"或"天常"的说法应当完全可以消除他们心中的疑虑。

就竹书《六德》篇的"三大法"，李零曾说："'立身大法三'，疑指夫、父、君，即所谓'三纲'（夫为妇纲，父为子纲，君为臣纲）。"① 庞朴说："后世思想家将三大法僵化为三纲，变双向成单向，既不能绎之也六，也无法衍十又二，则是'三者不通'的典型。"② 李、庞二位先生的思想嗅觉很敏锐，他们似乎感觉到竹书《六德》篇的"三大法"与汉人所说的"三纲"具有某种关系，但囿于清末民初以来以"夫为妇纲，父为子纲，君为臣纲"为所谓"三纲"说的成见，他们又断然否认了此"三大法"说与汉人"三纲"说的渊源关系。笔者认为，李、庞二氏的看法是不对的。而彼"夫为妇纲，父为子纲，君为臣纲"，真的是汉人或古人所谓三纲说的本义和大义吗？这是笔者在下文将要论述和回答的问题。

---

① 李零：《郭店楚简校读记（增订本）》，北京大学出版社，第 138 页。
② 庞朴：《三重道德论》，见氏著：《竹帛〈五行〉篇校注及研究》，台北：万卷楼图书有限公司，2000 年，第 110 页。

## 三、三纲说的提出与董子对于三纲说的贡献

（一）三纲说的提出与董子非其发明者

三纲说，应当分为实质义上的三纲说和名义上的三纲说来做讨论。

先看实质义上的三纲说。实质义上的三纲说出现得很早。中国传统社会是家族型社会，此种社会形态深深地影响了中国传统政治的生态，故夫、妇、父、子、君、臣等伦理位分很早即成为中国传统社会和中国传统政治的构成要素。夫妇、父子、君臣三对关系分别言之，在中国传统典籍中很常见。《左传》是成书较早的经典，从总体上看它记载和反映了春秋时期的人、物、事及其思想观念。《左传·昭公二十五年》曰："为君臣上下，以则地义，为夫妇外内，以经二物，为父子，兄弟，姑姊，甥舅，昏媾，姻亚，以象天明。"很明确，这段话在实质的意义上提出了"三大法"，即君臣、夫妇、父子的位分伦理关系结构。一般认为《周易·象传》的成书较早，至今仍有不少学者认为它就是孔子本人的著作。《象传·家人》曰："家人，女正位乎内，男正位乎外，男女正，天地之大义也。家人有严君焉，父母之谓也。父父，子子，兄兄，弟弟，夫夫，妇妇，而家道正；正家而天下定矣。"这段话以夫妇和父子二伦四位为论述中心，符合《家人》卦之义，但其中还隐喻了君臣一伦，故《象传》的作者无疑具备"三大法"的位分伦理思想。《逸周书·常训解》曰："八政：夫、妻、父、子、兄、弟、君、臣。"此"八政"的概念犹如竹书《六德》篇的"六位"，"八政"去其二（即去掉兄弟二位），即为"六位"。此外，《左传·昭公元年》曰："子晳信美矣，抑子南夫也，夫夫妇妇，所谓顺也。"《国语·晋语四》曰："君君臣臣，是谓明训。"再加上上引《论语·颜渊》篇"齐景公问政"一段文字所言"君君，臣臣，父父，子子"，我们完全可以据此推断，至迟在春秋后期古人已经形成了很完全，但在形式上可能还比较散漫的"六位说"或"三大法"说。形式上很完整、很严格的六位说和三大法说，很可能是由孔子本

人总结和提炼出来的。从众多位分伦理中挑选出夫、妇、父、子、君、臣"六位",这需要一层概括和提炼的思想之功。从六位中又进一步构筑夫妇、父子、君臣的"三大法",并意识到此"三大法"更为基础,这又需要一层概括和提炼的思想之功。从三大法又进一步升进,看到"天常"或天所降之"大常"是其合法性的根源所在,这就需要思想者在天命、天道意识内完成此三大法的升华。彼时,微孔子,谁能担当此思想和文化建设的重任? 竹书《六德》和《成之闻之》两篇即完成了中国传统位分伦理学的大构造。

再看名义上的三纲说。名义上的三纲说可以分为两个阶段,一个是隐约的名义上的三纲说,一个是正式的名义上的三纲说。名义上的隐约的三纲说在先秦已经出现。《礼记·乐记》载"子夏对曰":"然后圣人作为父子君臣,以为纪纲。纪纲既正,天下大定。"这段话亦见《史记·乐书》,其中即使用了"纪纲"一语来对父子君臣的位分伦理作定性。"纪纲"即"纲纪"。而且,从引文来看,作者使用"纪纲"一词显然不是随意说说的,而是正说,因为他接着说:"纪纲既正,天下大定。"《汉书·礼乐志》载"贾谊曰":"夫立君臣,等上下,使纲纪有序,六亲和睦,此非天之所为,人之所设也。"汉初的贾谊亦使用了"纲纪"一词来定性君臣等位分伦理。从先秦至汉初,虽然名义上的"三纲"概念没有出现,但人们已经使用了"纪纲"或"纲纪"来定性位分伦理中的六位或三大法。从郭店简《六德》《成之闻之》的"大法""大常"或"天常",到战国中晚期至汉初的"纪纲"或"纲纪",名义上的三纲说已经在相应的历史时期隐约出现。

正式的名义上的三纲说,最早见于《韩诗外传》和董子有关著作中。《韩诗外传》的作者为韩婴。韩婴,《汉书·儒林传》有传,与董仲舒并时而略早,汉文帝时博士。《汉书·儒林传》曰:"婴推诗人之意而作《外传》数万言。"《汉书·艺文志》云:"《韩外传》六卷。"《韩诗外传》当作于韩婴为文帝博士期间。《韩诗外传》卷三曰:"若夫百王之法,若别白黑;应当世之变,若数三纲;行礼要节,若运四支;因化之功,若推四时;天下得序,群物安居,是圣人也。"名义上的"三纲"一词和概念即最早出现在此文中。随后,我们才在董子的相关著作中发现了"三纲"一词（参见《春秋繁露》）。不过，"三纲"一词或概念虽然正式见于《韩诗外传》和《春秋繁露》两书中，但此二书都没有特别指明"三纲"的具体内容，而需要结合上下文或广泛的思想背景，人们才能确定其具体所指。据此可知，名义上的"三纲"概念应当出现得更早，不会晚于汉文帝时期。而由此不得不说，"三纲"一名应当出现在董仲舒之前，而不是董子其人的发明。就具体内容来看，实质义的三纲说就更不可能是由董子首先提出来的。在汉初，"三纲"一名似乎已成为当时思想的集体意识和正式称谓。

西汉后期，跟位分伦理学有关的"纲纪"或"三纲"一词亦多次出现。刘向《列女传·仁智》曰："君臣、父子、夫妇三者，天下之大纲纪也。三者治则治，乱则乱。"扬雄《太玄·永》次五曰："三纲得于中极，天永厥福。"其测曰："'三纲'之'永'，其道长也。"扬雄《法言·先知》曰："或苦乱。曰：'纲纪。'曰：'恶在于纲纪？'曰：'大作纲，小作纪。如纲不纲，纪不纪，虽有罗网，恶得一目而正诸？'"《汉书·谷永传》载经学大师谷永曰："勤三纲之严，修后宫之政。"《东观汉记》卷一三曰："莽居摄，子宇谏莽，而莽杀之。逢萌谓其友人曰：'三纲绝矣！不去，祸将及人。'即解冠挂东门而去。"在汉代文献中，没有将"三纲"一词的发明权可以归之于董子的记载。由此可见，以董子为"三纲"一词的发明人而开罪董子，这种意见是不对的。

（二）董子对于三纲说的贡献

董仲舒对于三纲说的贡献其实在于论证。而且从一定意义上说，其论证和观点又遥契了孔子的思想。在《春秋繁露》中，"三纲"一词共出现2次，一次见于《深察名号》篇，一次见于《基义》篇。《深察名号》曰："循三纲五纪，通八端之理，忠信而博爱，敦厚而好礼，乃可谓善。此圣人之善也。"这是用"三纲五纪"来论证"善"的观念，并说"此圣人之善也"，即孔子之所谓善也。"三纲五纪"的具体内容，《春秋繁露》并无说明，一般即认为同于《白虎通》的"三纲六纪"说。

董子对于三纲说的思想贡献主要体现在《春秋繁露·基义》篇。是篇曰：

> 凡物必有合。合，必有上，必有下，必有左，必有右，必有前，必有后，必有表，必有里；有美必有恶，有顺必有逆，有喜必有怒，有寒必有暑，有昼必有夜。此皆其合也。阴者阳之合，妻者夫之合，子者父之合，臣者君之合①。物莫无合，而合各有阴阳。阳兼于阴，阴兼于阳，夫兼于妻，妻兼于夫，父兼于子，子兼于父，君兼于臣，臣兼于君。君臣、父子、夫妇之义，皆取诸阴阳之道。君为阳，臣为阴；父为阳，子为阴；夫为阳，妻为阴。阴道无所独行，其始也不得专起，其终也不得分功，有所兼之义。是故臣兼功于君，子兼功于父，妻兼功于夫，阴兼功于阳，地兼功于天。……阴阳二物，终岁各壹出。其出，远近同度而不同意。阳之出也，常县（悬）于前而任事；阴之出也，常县（悬）于后而守空处。此见天之亲阳而疏阴，任德而不任刑也。是故仁义制度之数，尽取之天。天为君而覆露之，地为臣而持载之；阳为夫而生之，阴为妇而助之；春为父而生之，夏为子而养之。王道之三纲可求于天。

"王道之三纲可求于天"是上述引文的中心观点。所谓"三纲"，从上下文来看，指君臣、父子、夫妇这三对伦理关系。从三纲说来看，董子的贡献在于：1. 将"三纲"正式纳入"王道"的概念，或者说，董子将"王道"概念的一个重要侧面即落实在"三纲"上。而这一点其实是由春秋学的特性所决定的。《庄子·天下》曰："《春秋》以道名分。"《孟子·滕文公下》："孔子成《春秋》而乱臣贼子惧。"《说苑·贵德》曰："（子夏曰）春秋者，记君不君，臣不臣，父不父，子不子者也；此非一日之事也，有渐以至焉。"春秋学本来就是以正名分为中心，董子将"三纲"正式纳入"王道"的内涵之中，是对春

---

① 丁按，从"合"义来看，此文当云："阴者阳之合，阳者阴之合；妻者夫之合，夫者妻之合；子者父之合，父者子之合；臣者君之合，君者臣之合。"原文疑有脱误，或属于所谓省略言之。

秋学的发展。2. 以匹合、并兼和阴阳之义论证了"三纲"说的合理性。董子先云"凡物必有合"及"物莫不合",认为"合"是宇宙万物间的第一原理,"合"既是普遍存在的,又是普遍的。次云"合各有阴阳",即认为"合"中有其阴阳对待的双方。次云"阳兼于阴,阴兼于阳",即认为"兼"或"相兼"是普遍存在于对待或对立的双方之中。如果说"合"是宇宙万物间的第一原理,那么"兼"或"相兼"则是第二原理。"合"是匹合、相须,"兼"是兼并、兼摄。"合"不分主从,而在主从之上;"兼"则必有主从,而贯通于对待之中。从第一原理来看,"阳兼于阴,阴兼于阳"是从绝对意义上来说的,阴阳本无偏亲偏任;"夫兼于妻,妻兼于夫,父兼于子,子兼于父,君兼于臣,臣兼于君",其义亦复如是。但从流行对待言,阴阳有前后,有亲疏,有主从,有兼摄。这就是所谓"君为阳,臣为阴;父为阳,子为阴;夫为阳,妻为阴"之说。这样看来,董子所说"君臣、父子、夫妇之义,皆取诸阴阳之道"即有两重含义,一重是从绝对的原理言,君臣、父子、夫妇的三纲之义彼此可以相兼,是平等的,这是第一义;二重则是从现实言,臣兼于君,子兼于父,妇兼于夫,这是历史的常态,这是第二义的。第二义的君臣、父子、夫妇的三纲之义,董子认为是神性的"天"面对现实而开启的天意,但它不是永恒的。从第一义来看,董子对所谓专任之说是持保留意见的。而《白虎通·三纲六纪》篇对董子所谓三纲之义"皆取诸阴阳之道"有更为清晰、积极的解释,云:"君臣,父子,夫妇,六人也,所以称三纲何?一阴一阳谓之道。阳得阴而成,阴得阳而序,刚柔相配,故六人为三纲。"这是以"匹合"义来解释之所以不得不从"六人"转化和提升为"三纲"的天道根据。3. 董子提出"王道之三纲可求于天"的命题有其新的思想史含义。在此命题中,"天"是价值和信仰世界之原,三纲的合理性必求之于此至上之"天",并在天意的展露中获得其现实的合法性。董子在《天人对策》中说:"道之大原出于天,天不变,道亦不变。"(《汉书·董仲舒传》)王道相贯的本原在于"天","天"是董子思想世界的终极本原。在"王道之三纲可求于天"的命题中,董子通过"天"强化了"三纲"的神圣性和恒常性。而从历史背景来看，董子亦力图通过这一命题对当时的现实世界做一根本的贞定。

总之，董子对于三纲说做出了新贡献，而这一贡献主要表现在对于三纲说的论证上。董子以汉代的天道观或阴阳学说为理论武器，首先将三纲肯定为王道，然后将其上升为天意在伦理世界的具体呈现和落实，而提出了"王道之三纲可求于天"的重要命题。此一致思，遥契孔子之心，似与郭店简《成之闻之》有异曲同工之妙。而为了论证和解释三纲说，董子认为"匹合"义是绝对的、普遍的，是宇宙万物存在的第一原理。"匹合"是董子三纲说的第一大要义。这即是说，如果没有"匹合"，也就没有所谓"三纲"。对于董子而言，"三纲"说必须首先奠基在"匹合"义之上。郭店简《六德》篇从"六位"收缩和提升为"三大法"，并特别强调此一"三大法"的概念意义，其奥秘即在于此。进一步，董子认为"兼并"义也是普遍的，而且认为阴阳互兼是所谓"兼并"原理的第一义，《基义》"君兼于臣，臣兼于君"云云的所谓三纲互兼，即是此"兼并"原理之第一义的具体运用。不过，在董子看来，"互兼"不是现实的法则，故他亦主张天意有"亲任"的一面。综合起来看，"一阴一阳之谓道"是汉人普遍承认的经学大义，由此观之，不论是"兼并"的哪一种情况，董子的三纲说都不存在所谓专任之意。应当说，董子的三纲说在思想上具有较高的积极意义。最后，需要说明，董子没有主张所谓"君为臣纲，父为子纲，夫为妻纲"的三纲说，此一"三纲说"其实出自《礼纬·含文嘉》。将其随意上推，附会于董子，这是不对的。

## 四、《礼纬·含文嘉》的新三纲说及其偏失

(一)《白虎通》的三纲说

对于三纲说的具体内容，《白虎通》一书有综合、集中的表达。"三纲"一词在《白虎通》中出现多次，见于《号》《三纲六纪》《日月》三篇。其中，《三纲六纪》篇属于专文，其文曰：

1. 三纲者，何谓也？谓君臣、父子、夫妇也。六纪者，谓诸父、兄弟、族人、诸舅、师长、朋友也。故《含文嘉》曰：

"君为臣纲，父为子纲，夫为妻纲。"又曰："敬诸父兄，六纪道行，诸舅有义，族人有序，昆弟有亲，师长有尊，朋友有旧。"

2. 何谓纲纪？纲者，张也；纪者，理也。大者为纲，小者为纪，所以张理上下，整齐人道也。人皆怀五常之性，有亲爱之心，是以纲纪为化，若罗网之有（纪）①纲而万目张也。《诗》云："亹亹我王，纲纪四方。"

3. 君、臣、父、子、夫、妇，六人也，所以称三纲何？一阴一阳谓之道，阳得阴而成，阴得阳而序，刚柔相配，故六人为三纲。

4. 三纲法天、地、人，六纪法六合。君臣法天，取象日月屈信（伸），归功天也②。父子法地，取象五行转相生也。夫妇法人，取象人合阴阳，有施化端也。六纪者，为三纲之纪者也。师长，君臣之纪也，以其皆成己也；诸父、兄弟，父子之纪也，以其有亲恩连也；诸舅、朋友，夫妇之纪也，以其皆有同志为己助也。

除第一段所引《礼纬·含文嘉》的观点和内容外，上述四段引文的信息和思想大抵可归纳为四个要点。

其一，在迄今所见典籍中，首次以具体文本指明了"三纲"的内容，而无需再联系上下文或历史背景做推断。第一段引文曰："三纲者，何谓也？谓君臣、父子、夫妇也。"一问一答，很明确，很直接。需要注意的是，答句不能读作："谓君、臣、父、子、夫、妇也。""君臣、父子、夫妇"的句读表示"三纲"之义，而"君、臣、父、子、夫、妇"的句读则表示"六人"或"六位"之义，在位分伦理学

---

① "纪"字衍文，此处不当有"纪"字。《墨子·尚同上》曰："譬若丝缕之有纪，罔罟之有纲。"纪、纲有别，不得同为罗网之譬。

② 其具体法象之义，《白虎通·日月》篇有说，云："日行迟，月行疾何？君舒臣劳也。日日行一度，月日行十三度十九分度之七。《感精符》曰：'三纲之义，日为君，月为臣也。'日月所以悬昼夜者何？助天行化，照明下地。故《易》曰：'悬象著明，莫大乎日月。'"参见陈立：《白虎通疏证》，中华书局，1994年，第424页。丁按：《感精符》即《春秋·感精符》，所引《易》曰文字，见《周易·系辞上》。

中这两种句读在含义上是有明确区别的。"三纲"亦谓之"三伦","伦"是关系义和秩序义,与表示单一位分的"六人"之义是不同的。

其二,以纲纪的喻意和声训来阐明三纲与六纪的关系及其在伦理教化中的作用。"三纲六纪"连言,除了见之于本篇之篇题外,又见于《号》篇。"纲纪"或"三纲六纪",是位分伦理学发展到汉代的突出标记,位分伦理学因此可称为"纲纪伦理学"或"三纲伦理学"。"纲"本是提网的大绳或总绳,"纪"本是扎丝束的线头,汉人以此为喻,以彰显其对位分伦理学之主要内容的新理解和新概括。《白虎通》进而采用声训的办法阐释其义理,云:"纲者,张也;纪者,理也。""张"是张布、设施义,"理"是条理义,《白虎通》即以此阐明了"三纲六纪"对于建构人伦人道的必要性和重要性。

其三,以一阴一阳的"匹合"义论证了何以称"六人"("六位")为"三纲"的原因和根据。对于董子而言,他论证的理由是直接宣称"合"("匹合")是最普遍的宇宙法则,是宇宙万物的第一原理,故"三纲"在逻辑上先于"六人",而为演绎"六人"的母根。而随着武帝"罢黜百家,表章六经"(《汉书·武帝纪》)及随后的经学运动的深化,《周易》逐渐居于五经之首,而为诸经之本原(《汉书·艺文志》)。这样,经学家只需在《周易》经传中找到恰当语句作为根据,即可以做出令人满意的论证。于是《系辞传》"一阴一阳之谓道"即被用作何以称"六人"为"三纲"的天道根据。换言之,从君、臣、父、子、夫、妇"六人"可以且必须转称君臣、父子、夫妇"三纲"的根据,即在于"一阴一阳之谓道"的《周易》原理。这一原理进一步说明了,"六人"必须首先两两相合相对,升华至君臣、父子、夫妇两两对合的"三纲"关系,如此才符合天道,如此才成其为所谓"六人"。

其四,以汉人的宇宙观论证了"三纲六纪"说,并阐明了"六纪"与"三纲"的关系。在经师们看来,"三纲"法天、地、人。自西汉成帝之后,"三统"观念盛行。"三纲"法天、地、人三才,即法三统。具体说来,君臣法天,父子法地,夫妇法人。"六纪"法六合,"六合"即上下四方。至于"六纪"与"三纲"的关系,《三纲六纪》

篇曰："六纪者，为三纲之纪者也。"《白虎通》以"六纪"为"三纲"之"纪"①，颇具积极意义，一者阐明了"六纪"与"三纲"的关系，二者其具体解释如"师长，君臣之纪也，以其皆成己也"等，将儒家旧义中的良好层面保留了下来。

总之，在董子三纲说之后，通过《白虎通·三纲六纪》等篇我们看到，属于儒家位分伦理学的三纲说进一步得到诠释和论证，在理论上不是停滞不前或者僵化不动的。相对于董子的三纲说，《白虎通》所论三纲说的新意较多，可参见上述后三条概括文字。

（二）《礼纬·含文嘉》的三纲说

在上引第一条中，《白虎通》引用了一段《含文嘉》的文字，而这段文字即成为近一百多年来人们争论和批判的焦点。《含文嘉》，即《礼纬·含文嘉》，所引文字曰："君为臣纲，父为子纲，夫为妻纲。"② 这三句话应当如何理解？其中的"纲"字又是何意？这是讨论和评判相关问题的关键。

《说文·系部》曰："纲，维纮绳也。""维纮绳也"四字，段玉裁改为"网纮也"③，"维"系"网"字之误。"纮"即网之大绳。《王力古汉语字典》云："纲，渔网的总绳。"引申之，"纲"有事物起决定作用的部分或事物之总要等义④。《礼纬·含文嘉》所谓"君为臣纲"等三句中的"纲"字，正用此引申义。故其所谓"三纲"的意思是，君主为臣下的统帅和主宰者，父为子的统帅和主宰者，夫为妻的统帅和主宰者。很明显，前者与后者是一种决定与被决定、主宰与被主宰的关系。这三句很刚的硬话在加大居上位者之责任的同时，无疑又严重强化了君主、父亲和丈夫一方的权威和权力，使原本以阴阳匹合义

---

① 《说文·系部》曰："纪，丝别也。"《王力古汉语字典》曰："纪，扎丝束的线头。"引申之，"纪"有治理、要领等义。参见王力主编：《王力古汉语字典》，中华书局，2000年，第910页。
② 这三句话，已收入清人赵在翰辑《七纬·礼纬·礼含文嘉》中。见赵在翰辑，钟肇鹏、萧文郁点校：《七纬（附论语谶）》（上册），中华书局，2012年，第269页。
③ 段玉裁：《说文解字注》卷一三，上海古籍出版社，1981年，第655页。
④ 王力主编：《王力古汉语字典》，中华书局，2000年，第929页。

为基础的三纲关系发生严重的失衡和倾斜，有导致三纲伦理崩解的巨大危险。

笔者认为，《礼纬·含文嘉》"君为臣纲，父为子纲，夫为妻纲"这三句话，严重违反了《白虎通》用以建构此世界的两大原则——"天地"和"阴阳"之义，"天地"和"阴阳"这两大原则都以匹合、对应和相感为其基本义和第一义，这无论从董子还是从上述《白虎通·三纲六纪》篇的相关论证来看，"三纲"的匹合、对待、感应之义乃正是"六位"或"六人"得以生展的前提，而"君为臣纲"云云不仅无此义，而且将会压制，甚至窒息位分伦理的生机。从学术上来看，《三纲六纪》篇在引用《礼纬·含文嘉》此三句话前加了一"故"字，从原文看，这三句话与上文明显没有因果关系。这表明，上引《白虎通·三纲六纪》第一段文字的撰述是不够成熟的，而"君为臣纲"等三句话即有可能是在某种特殊因素的作用下被强制加入进来的，它们未必代表了正统经学家（包括班固）的意见。从义理上来看，笔者认为，"君为臣纲"等三句话是纬书的作者走向极端，而追求伦理自我异化的结果。因此，此种三纲说不仅不能代表汉代三纲说的主流，反而是对从三大法说（或六位说）到正统三纲说之儒家位分伦理学的严重扭曲。在汉代，虽然天尊地卑、阴主阳从的观念很流行，但是绝无天为地纲、阳为阴纲的说法。实际上，天和地、阳和阴虽然有尊卑、主从的分别，但是它们都从属于更高的概念——"太极""元气"或超越性的"天"，且在价值观上必须符合"中和"原则。

## 五、结论

综上所述，本文的观点和结论可以简要归纳、叙述如下：

尽管名义上的"三纲"概念直到汉初才被正式提出，但是从内容看，实质义上的"三纲"说早已产生和存在，应当溯源于孔子。据《论语·颜渊》孔子答齐景公问政的一段文字（亦见《史记·孔子世家》），其时孔子已具有类似于汉人所云三纲说的内容。从前，学者一般将此段讲"君君，臣臣，父父，子子"的文字径直称为所谓正名学说，但现在，据郭店简《六德》和《成之闻之》二篇，它们其实应属于所谓"三大法"说或"六位"说。

郭店简《六德》篇提出了由六位、六职和六德所构成的伦理学说，按其性质应当称之为位分伦理学。所谓六位，指夫、妇、父、子、君、臣。所谓六职，指夫率、妇从、君使、臣事、父教、子学。所谓六德，就教化言，指圣智、仁义、忠信；就德位相配言，指君义臣忠、夫智妇信、父圣子仁。它们合起来，即构成了一个十分系统的位分伦理学。这个理论体系可简称"三大法"说或"六位"说。"三大法"即是由六位所结成的三对伦理关系，在但逻辑上"三大法"是演绎"六位"的母根。这即是说，夫、妇、父、子、君、臣"六位"的存在必须以"三大法"的"匹合"义为其本原，或者说，"三大法"先于"六位"的存在而存在。"三大法"的概念，与汉人"三纲"的概念高度近似。

竹书《成之闻之》篇的思想框架颇为宏大。严格意义的位分伦理学属于所谓人道或人伦的范畴，《成之闻之》篇则为此人间的位分伦理学提供了超越性的思想根源和论证。它认为，"六位"（夫、妇、父、子、君、臣）或"三大法"（夫妇、父子、君臣）即来自"天常"，或天所降的"大常"。竹书曰："天降大常，以理人伦，制为君臣之义，着为父子之亲，分为夫妻之别。"天所降的"大常"，《成之闻之》篇又径直简称为"天常"。属于天道、天命的"天常"，与属于人伦、人道的"三大法"或"六位"是上下贯通的。此外，有证据表明，《六德》和《成之闻之》两篇竹书都是孔子本人的著作，故它们的思想即是孔子的思想。

比较竹书的"三大法"说（"六位"说）与汉人"三纲"说的关系，无论从内容还是从结构来看，它们都是高度相近的。且受到"天常"加冕的"三大法"概念，在思想内涵上更加接近汉人的"三纲"概念。因此，将"三大法"说或"六位"说看作"三纲"说的直接源头或其第一个阶段，这是很恰当的。当然，此结论的得出还必须依赖于如何理解"三纲"本身之内涵的问题。设想有一种意见以《礼纬·

含文嘉》的三纲说为正统或真正的三纲说,然后据此否定竹书《六德》的三大法说与汉人三纲说的联系。但在笔者看来,这种意见其实是很难成立的。因为从汉代文献,特别是从《春秋繁露·基义》《白虎通·三纲六纪》两篇来看,汉人的三纲说虽然包含多层含义,但其中最重、最基础的含义是匹合、对待、相感和兼摄。"主从"义必须居于"匹合"义之下,且受到后者的严格限定。总之,所谓"君为臣纲,父为子纲,夫为妻纲"的三纲说,确实是对汉人正统三纲说的歪曲和异化。

大约在战国后期,古人开始使用"纪纲"或"纲纪"的词语来指称伦理学上的位分关系,故名义上的"三纲"概念在彼时已隐约出现。《韩诗外传》卷三正式出现了"三纲"一词,是目前可知"三纲"一词的最早出处。《韩诗外传》的作者是韩婴,他是文帝时期的诗博士。他使用"三纲"一词应当比董仲舒早。董仲舒为景帝博士。这说明"三纲"的概念及三纲说,都不是由董子本人首先提出来的。以"三纲"正式冠名的所谓三纲说,其正式提出的时间应当推断为汉初。过去,清末民初的启蒙思想家、政论家及后来受此思潮影响的学者都将三纲说的提出归之于董子,这其实是不对的。实际上,三纲说的提出乃是儒家位分伦理学不断纲常化的结果。不过,反过来看,位分伦理学不能没有纲常,没有主干。孔子在《六德》篇中直接称之为"大法",在《成之闻之》篇中直接称之为"大常"。孔子不愧为圣人!

董仲舒虽然不是"三纲说"的提出者,但是他对于三纲说在理论上的建构是有突出贡献的,这主要体现在他运用天道原理以论证其合理性上。一方面,他使用阴阳合兼之说来论证和肯定三纲双方既相互对待,又相互依持依存感应;另一方面,他以当时的阴阳学说肯定了三纲之双方虽然有主从关系,但这种主从关系不是绝对的,而是有限度的,必须限定在"匹合"的原理之内。董子还提出了"王道之三纲可求于天"的命题,一方面以"王道"的概念肯定"三纲";另一方面以"天"作为三纲的终极存在根据和超越的价值本原。

相对于董子的论述来看,《白虎通》的三纲说在多个方面做了发展,但"匹合"仍然作为其三纲说的第一义和第一原理而被肯定下来。其所引"君为臣纲,父为子纲,夫为妻纲"的说法,其实出自《礼纬·含文嘉》,而未得汉人三纲说的大义。从思想和经学的脉络来看,此种三纲说实际上是对于位分伦理学及汉人正统三纲说的扭曲和异化。它将尊对卑、上对下、主对从的关系绝对化,而演变成一种主宰甚至专制性的关系。如果推行和实践此种三纲说,则必将导致君臣、父子、夫妇三纲的异化,而变为主奴关系。清末民初的启蒙思想家所大力批判的所谓汉人三纲说,即是《礼纬·含文嘉》"君为臣纲"云云的三纲说。在笔者看来,此种三纲说既不合汉人三纲说之正统,又不符合孔子三大法之说,更不符合现代人追求平等和个人权利的观念,因此否定、批判和抛弃此种三纲说是应当的。从经学来看,应当将此种三纲说剔除出经义。但正统的三纲说或董子的三纲说,或孔子的三大法说,则不但不应当被轻易否定和抛弃,而且我们应当正视它们,并在很大程度上肯定它们和接纳、消化它们。尽管位分伦理学有其历史的、时空的局限性,但是三纲或三大法所表示的基础性位分结构至今没有从当代社会衰退的迹象。应当说,它们对于现代社会的建设仍然是亟需和必要的。

本文为"2020 中国·衡水董仲舒与儒家思想国际学术研讨会"提交的论文。

丁四新(1969—),湖北武汉人,哲学博士,清华大学哲学系教授、博士生导师,教育部长江学者特聘教授。

# 董仲舒之论玉德与礼制

钟治国

以玉为具备美德者,以美玉比之于个体修养的理想人格典范——君子,是儒家乃至整个中国文化的固有传统之一。许慎《说文》云:"玉,石之美,有五德。润泽以温,仁之方也;䚡理自外,可以知中,义之方也;其声舒扬,专以远闻,智之方也;不桡而折,勇之方也;锐廉而不技(按:即忮字),絜之方也。象三玉之连,丨,其贯也。"① 以玉为象形字,表示成串的玉,并将玉的质感、文理、声音、硬度等物理属性与人之美德关联起来,做了典范的文字学和义理性发挥。许氏此说影响甚巨,但若推本原始,其说应与董仲舒的玉德说有一定的继承关系,详见下文的分析。董氏不仅承袭先秦的论说传统,将君子之德性赋予玉,更进一步将玉之德与刑名制度意义上的礼制关联起来,这在中国古代哲学史、思想史、文化史上具有重要的意义。

## 一、玉之德

玉有美德之说由来已久,如《易·鼎卦》上九的爻辞便说:"鼎

---

① 许慎撰,徐铉校定:《说文解字》,中华书局,1963年,第10页。许氏以玉字为玉串之形,此说甚确,甲骨、金文中便有以丨贯穿众玉之形。但需要注意的是,甲骨、金文、楚系简帛中的玉字,玉串中的玉的数目尚未固定为三,其中的"丨"字也有异形,有作丝缕之散状者,这正是其中一"丶"的来源。

玉铉，大吉，无不利"，《象传》说："玉铉在上，刚柔节也"，意谓以坚硬而又温润之玉制成鼎杠配于鼎器之上，比喻上九一爻以刚处柔，能够以阴柔为调节，刚而能以柔节之，故而大吉、无不利。可见早在《周易》的时代，玉便因其独特的物理属性而被赋予了本属于人的德性内涵——良渚文化、龙山文化、红山文化诸遗址中出土的大量玉器表明，无论在南方还是北方，中国人对玉的礼仪化使用可以上推到更早的史前时代。说者多引《礼记·聘义》所载孔子答子贡君子何以贵玉而贱珉之问时所说的"夫昔者君子比德于玉焉：温润而泽，仁也。缜密以栗，知也。廉而不刿，义也。垂之如队（按：即坠字），礼也。叩之，其声清越以长，其终诎然，乐也。瑕不掩瑜，瑜不掩瑕，忠也。孚尹旁达，信也。气如白虹，天也。精神见于山川，地也。圭、璋特达，德也。天下莫不贵者，道也"之文为据，以证玉有美德之说定于孔子，此似可商榷。首先，《聘义》称所载的这一段话为孔子所言，并无他证，故不能以之为据；再者，从《论语》中，我们也找不到孔子对玉有美德的具体论述。《论语》中孔子谈及玉之处，多是就玉本身之珍贵难得而言，如"子贡曰：'有美玉于斯，韫椟而藏诸？求善贾而沽诸？'子曰：'沽之哉！沽之哉！我待贾者也。'"（《论语·子罕》）其意无非是说美玉之珍贵难得，正如贤者之美而难得，因此贤者不能闭藏不现，而应勉力出仕，以求得君行道。再如"虎兕出于柙，龟玉毁于椟中，是谁之过与？"（《论语·季氏》）也是以虎兕为恶者，以龟玉为美者，以故不可将龟玉损毁。再如"子曰：'礼云礼云，玉帛云乎哉？乐云乐云，钟鼓云乎哉？'"（《论语·阳货》）一条，也是以玉帛之珍贵故而常被人用作聘问之礼物，来讲明礼之本质不在器物而在其内在的精神实质——敬。撇开《聘义》此段话是否真为孔子所言不谈，它确实全面论及了玉本身被赋予的诸种美德，对董仲舒及其后的诸玉德说应该产生了一定的影响。《春秋繁露·执贽第七十二》载：

> 玉有似君子。子曰："人而不曰如之何、如之何者，吾末如之何也矣。"故匿病者不得良医，羞问者圣人去之，以为远功而近有灾，是则不有。玉至清而不蔽其恶，内有瑕秽，必见之于

外,故君子不隐其短。不知则问,不能则学,取之玉也。君子比之玉,玉润而不污,是仁而至清洁也;廉而不杀,是义而不害也;坚而不挈,过而不濡,视之如庸,展之如石,状如石,搔而不可从绕,洁白如素,而不受污,玉类备者,故公侯以为贽。①

此段文字主要是讲明何以公侯以玉为贽。在董氏看来,玉与君子相似,这一相似主要是就二者德性上的类似或者说玉被赋予的类人的德性而言的②。这是董氏论学方式的一个重要特点——类比,比如他的著名的"人副天数"说、"同类相动"说、"天人感应"说,都是将人所具有的性质、特点比附于天地、万物。董氏将玉之特性归结为清、润、廉、坚、温(苏舆认为"过"字是"温"字之误)、洁等。第一,玉至为清通、通透,因此不自掩藏其瑕疵,瑕不掩瑜,瑜不掩瑕,瑜瑕并见。这与君子相似,君子不掩其恶、不隐其短。当然,这并不是说君子怙恶不悛、习非成是,而是有短必知,有过必改,有恶必除,正所谓"君子之过也,如日月之食焉:过也,人皆见之;更也,人皆仰之"(《论语·子张》)。董氏谓此有似于君子之智,不知则问,不能则学,由不知到知、由不能到能,这是一个学习知识的过程,也是获得智慧的过程。第二,玉润泽而无污染,这类似于君子之仁。仁,是儒家自孔子着重阐发之以来的儒家义理系统的核心概念之一。在孔子处,仁主要表现为爱人——它与伤害、侵犯相对反,这种爱始于孝悌但不流于狭隘、自私,因此孔子在回答子贡"博施济众"之问时,才指出仁者的最终境界是"己欲立而立人,己欲达而达人"(《论语·雍也》)。孟子所说的"亲亲而仁民,仁民而爱物"(《孟子·尽心上》)也是指出儒家之仁的关爱义涵的有序列、有次第的意味。董仲舒也认为仁之法即施行、实现仁的方法在于爱人——对他人乃至鸟兽昆虫无不爱才能谓之为仁,"不爱,奚足谓仁?"(《春秋繁露·仁义法第二十九》)君子之仁是至为清透、纯粹之爱,正如玉之

---

① 苏舆撰,钟哲点校:《春秋繁露义证》,中华书局,1992年,第420—421页。
② 《礼记·玉藻》中"凡带必有佩玉,唯丧否。佩玉有冲牙,君子无故玉不去身,君子比德于玉"之文,此"比德于玉"之说应该也对董氏之说存在一定的影响。

润泽而无染污。

孔子着力揭橥的仁,在孟子处开始了内化的过程。孟子将仁纳入了人的本性之中,且仁、义双彰,以仁、义为人人本有的性分之固有者,恻隐之心、羞恶之心便是仁和义的呈现。因此,孟子主张性善之说,以人性为本质上倾向于善者,这与董仲舒之论性善稍有不同。孟子论性善,是直指人性的本质或根本倾向而言,以后来宋明儒者的话语来说就是直言"义理之性"之本善。董氏也强调人之性得自于天之所命,"人受命于天,有善善恶恶之性,可养而不可改,可豫而不可去,若形体之可肥臞,而不可得革也"(《春秋繁露·玉杯第二》)。"今善善恶恶,好荣憎辱,非人能自生,此天施之在人者也。"(《春秋繁露·竹林第三》)人得自于天所命与的性是好善恶恶的,这与孟子以水之就下来说明人性在根本上趋向于善相同。性不是人自生的,"可养而不可改,可豫而不可去",可以存养、教育而不可从根本上改变,可以预先于其尚未形显之时加以节制、引导而不可去除,表明董氏对性的根本向善这一点是颇为笃定的。但我们注意到,董氏所论之性善与孟子之说也有不同之处,董氏之论性多是就一般人的性的质地、资质而言,此"质"与我们论孟子说人性"本质"向善之"质"不同。董氏云:

性之名非生与?如其生之自然之资谓之性。性者,质也。诘性之质于善之名,能中之与?既不能中矣,而尚谓之质善,何哉?性之名不得离质。离质如毛,则非性已,不可不察也。(《春秋繁露·深察名号第三十五》)

性者,宜知名矣,无所待而起生,而所自有也;善所自有,则教训已非性也。是以米出于粟,而粟不可谓米;玉出于璞,而璞不可谓玉;善出于性,而性不可谓善;其比多在物者为然,在性者以为不然,何不通于类也?(《春秋繁露·实性第三十六》)

与告子"生之谓性"之说类似,董氏此处实际上也是认为"性""生"二字可以相互假借,因此"性"从名称、名号上来说与"生"并无不同。他认为,名不离质,因此"性"这一名号、称谓所指涉的就是其质——生来便自然如此的资质、资禀。但与告子不同,董氏所谓之"资""质"不是专指人生来便如此的生理本能如觅食、求偶等,否则人性好善恶恶之说必然得不到董氏的肯定——告子对性的界定必然导致性无善无恶说。在董氏看来,性是名,是对资禀、资质的指谓;同理,善也是名,是对人本具的好善恶恶之实的指谓。名与实未必相合,因此性之质与善之名未必能相互切合,正如米出于粟但不可直指粟谓之米,玉出于璞而不可直称璞为玉,雏生于卵而不可直以卵为雏,丝出于茧而不可直以茧为丝。但我们仍愿意以善名性,就是因为名实不离,名不离质,名就是用来指涉实、质的,善自性出,善之名不能脱离人性之质、实而存在。善之质、端在万民、中民之性中是存在的,只不过这一善质经由教化之后才能以善之名称之,"今万民之性,有其质而未能觉,譬如瞑者待觉,教之然后善。当其未觉,可谓有善质,而不可谓善……"(《春秋繁露·深察名号第三十五》)由此可见,董氏并未否定孟子的性善之说,因此他才说:"凡人之性,莫不善义,然而不能义者,利败之也。故君子终日言不及利。"(《春秋繁露·玉英第四》)常人之为不善,是外在的情势、利诱所致,而非其性中原本有不善,这与孟子在与告子的辩论中所说的"今夫水,搏而跃之,可使过颡;激而行之,可使在山。是岂水之性哉?其势则然也。人之可使为不善,其性亦犹是也"(《孟子·告子上》)表达的意思是一致的。换言之,他关注的重心在一般人的性(即中民之性)的现实因而更强调后天的、来自圣人、王者的教化,"善之难当如此,而谓万民之性皆能当之,过矣"(《春秋繁露·深察名号第三十五》),而非如孟子般推本原始地从根本处讨论普遍的人性的本质性倾向。

从承认生而自有的性本身不可从根本上加以改变这一点上来说——这一不可改变强调的是性因其得自于天故而不可加以人为地改变、去除,突出的是性的先天本尔的一面——董氏之说与荀子相似。如荀子曾说:"性者、天之就也"(《荀子·正名篇第二十二》),"不事而自然谓之性"(同上),"性也者,吾所不能为也,然而可化也"(《荀子·儒效篇第八》,类似的说法也屡见于《性恶篇》)。荀、董二人此说并非以为性上不能施加任何工夫(即所谓"事""为"),而只是强调一般的、个体的人是不能对自己的性有所事、为的,而只能依靠圣王来对之加以教训、化育——二人在这一点上还有不同，荀子认为圣人之性与众人甚至恶人之性并无不同，"凡人之性者，尧、舜之与桀、跖，其性一也；君子之与小人，其性一也"（《荀子·性恶篇第二十三》）。不同的是圣人之"伪"即后天以礼义对性施加的化导更加秀异、特出；董氏则明确地将圣人、中民、斗筲之人的性区分开来，前者和后者都是不能改变的因而不可以性名之，唯有中民、万民之性才是待教而后能为善的（《春秋繁露·实性第三十六》）。荀子认为性就是"本始材朴"（《荀子·礼论篇第十九》），董氏以质说性方式也与之相似，但二者在这一点上也根本不同。荀子直接以人性为恶，意谓人性的原本的材、朴即未经教化的原本状态就是恶的，而径直将善全部归于后天的人为之"伪"，如其云："人之性恶，其善者伪也"（《荀子·性恶篇第二十三》）、"今人之性恶，必将待师法然后正，得礼义然后治"（同上）。董氏之"质"则意在于指出每个人尤其是中民之性原本具有善善恶恶的善质，因此他并未倒向荀子的性恶说。同时，我们注意到，董氏也明确地说过"天有阴阳之施，身亦两有贪仁之性"（《春秋繁露·深察名号第三十五》），似乎在主张性有善有恶，与前文所论正相抵牾。对此问题的一个合理的解释是：以宋儒义理之性与气质之性的理论架构而言，董氏此处说的是气质之性。气质之性是就人性的现实表现而言，它必然兼有善恶，但这与义理之性的纯然至善并不矛盾；再者，如前所述，董氏所论之性乃是中民之性的现实表现，它当然不及圣人的纯善无恶之性，因而才有加以教化，使之存善而去恶的可能性和必要性。

第三，玉"廉而不杀"。廉的本义是堂之侧边，后泛指棱、边，事物因其有棱、边故锋利，则此句的意思是玉虽有边、棱但却不伤人，这有似君子的义的德性。"义者，谓宜在我者。宜在我者，而后可以称义。故言义者，合我与宜，以为一言。"（《春秋繁露·仁义法第二十九》）承袭《中庸》之说，董氏以宜训义，此宜表现在两个方面：制事之宜、制身之宜。它既是事理所当然，因而有裁制义，君子须裁断事物使之合于事理之宜；又是身（也包含心在内）之所当然——羞恶之心就是因其不宜而生，因此君子应该首先自己做到合宜，而后才能称义。君子之为义，虽然有边棱、有凛然不可犯之法度，但却不伤人，使之各得其宜而已。与孟子相似，董仲舒也将仁、义对举，但其特殊之处在于将义所施展的方向朝向君子自身。"仁之法在爱人，不在爱我；义之法在正我，不在正人。我不自正，虽能正人，弗予为义。人不被其爱，虽厚自爱，不予为仁。"（同上）仁首先是向外推扩的，爱人而非厚自爱，方得为仁；义则首先是向内施发的，先正己而非先正人，才得为义。缘此，义之断制、裁制义在董仲舒的"廉而不杀"之说中才更为合理——严以正己，宽以律人。"……以仁治人，义治我，躬自厚而薄责于外……求诸己谓之厚，求诸人谓之薄；自责以备谓之明，责人以备谓之惑"（同上）等语，将此意说得很显豁。此外，玉温和然坚刚，不沦于懦弱，也是义的表现。玉坚而不屈，可折断而不可使之弯曲，这是勇的表现。总之，董仲舒所论的玉德虽然不像《礼记·聘义》所论那么整全，但它胜在深刻而不驳杂，确实起到了承前启后的作用。其后《五经通义》《说文解字》将仁义礼智信比附于玉，称玉有五德，应该受到了董说一定的影响。

## 二、德与礼

董仲舒对玉德的讨论的突出特点是除了将之与君子个体之德性修养相比附之外，另有强烈的构建群体政治秩序的意味。因此，尽管他在专论玉德（狭义的）时未谈及礼，但在别处仍赋予了玉德（广义的）以强烈的礼制意蕴。玉因其清通、坚硬、温润等自然特性，自古便被赋予了表征权力的特殊地位。比如玉字和王字的篆字字形几乎没什么区别，因此《康熙字典》中才引徐道符、李阳冰等人以及《说文》《类篇》《六书精蕴》等书中的说法，称玉字像三玉之连，其中的三横画的间距是均等的，而王者取法于天，故中间一横与上边一横更接近。一般的俗写字不知此义，才在旁边加点以示区别。这一对王字的解说的最终源头显然是董仲舒。《春秋繁露·王道通三第四十四》载："古之造文者，三画而连其中，谓之王。三画者，天地与人也，而连其中者，通其道也。取天地与人之中以为贯而参通之，非王者孰能当是？"许慎等人未见过甲骨文、金文，不知王字的甲骨、金文字形实际是作玉钺之形，而玉钺作为礼器在上古时往往被视作权力的象征。为区别玉字和王字，许氏及后来的学者特引董仲舒之说，以示王者贯通天地人三者之义。董氏虽然未达玉字和王字的本义，但他的论述显然注意到了玉与礼法及政治秩序之间的天然联系。再如他在论及三代改制的时候指出王者必然受天命而后称王，因此必须改正朔、易服色、制礼乐来回应天命。夏以孟春为正为黑统，殷以季冬为正为白统，周以仲冬为正为赤统，因此所用器物的颜色有尚黑、白、赤的不同。董氏于其中特意指出各代大宝所用玉的颜色各个不同，正是指明了玉与政治和礼法之间的重要关系。

从礼的来源上说，董仲舒认为天地是万物及人的先祖所生之本源，因而人世的礼法、伦理的大本也是天地。他举例说："天地之象，以要为带。……是故礼带置绅，必直其颈（按：孙诒让认为'颈'当作'要'"），以别心也。带而上者尽为阳，带而下者尽为阴，各其分。阳，天气也；阴，地气也。"人有阴阳，上副天数，人的腰以上似天，腰以下类地，所以礼制中人所服的绅、带正在腰部，以像天地、阴阳之分。天明而地晦，阳尊而阴卑，君、父、夫为主而臣、子、妇为从，正是取法于天地、阴阳之道①。"礼者，继天地，体阴阳，而慎主客，序尊卑、贵贱、大小之位，而差外内、远近、新故之级者也"（《春秋繁露·奉本第三十四》），人继天地而生，以阴阳为体——其君子父子夫妇之道得自于阴阳，因此表现为主客、尊卑、贵

---

① 详见《春秋繁露》的《观德》《基义》等篇。董仲舒在《立元神》中另有一个说法，"天地人，万物之本也。天生之，地养之，人成之。天生之以孝悌，地养之以衣食，人成之以礼乐，三者相为手足，合以成体，不可一无也。无孝悌则亡其所以生，无衣食则亡其所以养，无礼乐则亡其所以成也。三者皆亡，则民如麋鹿，各从其欲，家自为俗。父不能使子，君不能使臣……"将天地人三者作为万物的根本，似与前说相矛盾。但如果我们细绎上下文义，可知后说中的"人"并非指为数众多的人民，而是专指负有教化万民之责的圣人、明君。万物也不仅指在人之外的事事物物，而是通人、物而为言，主要指天生地养而待人成之的百姓、万民。

贱、大小的序列，内外、远近、新旧的等级。缘此，礼的别贵贱、分尊卑之用便自然呈现为君臣、父子、夫妇等人伦中的自然差别。董氏指出，天子以天为父，故须以事父之礼事天。他说：

《孝经》之语曰："事父孝，故事天明。"事天与父，同礼也。（《春秋繁露·尧舜不擅移汤武不专杀第二十五》）

受命之君，天意之所予也。故号为天子者，宜视天如父，事天以孝道也。号为诸侯者，宜谨视所候奉之天子也。号为大夫者，宜厚其忠信，敦其礼义，使善大于匹夫之义，足以化也。士者，事也；民者，瞑也。士不及化，可使守事从上而已。（《春秋繁露·深察名号第三十五》）

名不可离实，名为天子，就应该视天为父，以孝道事天。由此推之，诸侯、大夫、士、民皆缘其所具之名、所居之位而各有其所应履行之职分。郊礼祭天，因此董仲舒强调天子须特重郊礼，以此为尊天之道。他指出，国家有大丧，可以不祭宗庙，但不可不行郊祭。天子不郊，犹人不食父，逆伦悖理，莫过于是①。由上可见，承袭先秦儒学之说，董氏所论的礼也有两方面的基本指向：社会交往中的个体行为规范②和社会政治伦理秩序的制度化表达如刑名制度之类。在使儒家重新主导汉代政治秩序重建的动机的推动下，精研《春秋》的董氏

---

① 详见《春秋繁露》的《郊语》《郊义》《郊祭》《郊祀》《顺命》《郊事》等篇。
② 如《春秋繁露·天道施》篇云："故君子非礼而不言，非礼而不动。好色而无礼则流，饮食而无礼则争，流争则乱。夫礼，体情而防乱者也。民之情，不能制其欲，使之度礼，目视正色，耳听正声，口食正味，身行正道，非夺之情也，所以安其情也。"圣人制礼的目的在于给人之情（情实之情，指人本有的自然欲求、情感）以节制而使之合于理。这种节制之加并非对人的束缚，而是对人的帮助。人之情，不以礼节之，就容易流荡无归、引发争斗，进而陷入混乱之中。苏舆谓"体情"二字最得作礼之意（见苏舆撰，钟哲点校：《春秋繁露义证》，中华书局，1992年，第469页），可谓切中肯綮。

对礼制的讨论更看重的自然是后一方面①。礼关乎治乱兴衰，"凡百乱之源，皆出嫌疑纤微，以渐寖稍长至于大。圣人章其疑者，别其微者，绝其纤者，不得嫌，以蚤防之。圣人之道，众堤防之类也。谓之度制，谓之礼节。故贵贱有等，衣服有制，朝廷有位，乡党有序，则民有所让而不敢争，所以一之也"（《春秋繁露·度制第二十七》）。贵贱之分、衣服之制、朝廷之位、乡党之序都是圣人为防乱之源而作的礼节、堤防。

礼有文有质，"礼者，庶于仁，文质而成体者也"（《春秋繁露·竹林第三》）。不论是人际往还之礼还是刑名制度之礼，都以仁为其体——体段，即内在的根本支撑，无论是礼之文即其外在的仪节制度还是其质即其内在的精神实质，都须以仁这一根本的德性为支撑。因此董氏强调礼的重心在为礼之人内心的志向，其云：

……礼之所重者，在其志。志敬而节具，则君子予之知礼；志和而音雅，则君子予之知乐；志哀而居约，则君子予之知丧。故曰非虚加之，重志之谓也。志为质，物为文，文着于质，质不居文，文安施质？质文两备，然后其礼成。文质偏行，不得有我尔之名；俱不能备而偏行之，宁有质而无文。虽弗予能礼，尚少善之，介葛卢来是也；有文无质，非直不子，乃少恶之，谓州公寔来是也。然则《春秋》之序道也，先质而后文，右志而左物，故曰："礼云礼云，玉帛云乎哉？"推而前之，亦宜曰：朝云朝云，辞令云乎哉？"乐云乐云，钟鼓云乎哉？"引而后之，亦宜曰：丧云丧云，衣服云乎哉？是故孔子立新王之道，明其贵志以反和，见其好诚以灭伪，其有继周之弊，故若此也。（《春秋繁露·玉杯第二》）

---

① 比如他认为西周衰落的一个重要表现就是周天子的权威衰落而导致原本的合理的政治秩序的崩坏：诸侯背叛，不再修贡礼于天子，大夫拥国以自专，士据城邑以自为，不再行原有的"制度法文之礼"。政治秩序的崩坏进而引发了人伦关系的失序乃至解体，于是才出现了"臣弑其君，子弑其父，孽杀其宗"这样的惨局。详见《春秋繁露·王道第六》。

正如孔子所云："质胜文则野，文胜质则史"（《论语·雍也》），质过其文则显得粗鄙，故须以文救之；文胜其质则显得诚敬不足，故须以质补之。君子为礼，最看重的就是人内心的志意，外在仪节的讲求是其次的。董氏以人内心的志为质，以外在的器物、仪节为文，阐发了文质相需、先质后文的观点。文是用来彰显质的，如果无其质，则文就没有依附、凭借之本。董氏引孔子"礼云礼云、乐云乐云"之语，并做了进一步关于朝、丧之礼的敷演①，表达的就是这个意思。《春秋》记事以为后王法，董氏指出，《春秋》之所以"先质而后文，右志而左物"，就是要为新王立道，以周道之衰为鉴，以质实救周代之文弊。礼的质即其精神实质在于内在的诚敬，董仲舒因此强调四时之祭其先祖父母时，一定要斋戒沐浴，洁清致敬，以爱敬处之，以恭让行之。四时之新物，一定要先荐而后敢食之，"致其中心之诚，尽敬洁之道"，表达的是君子尊天、敬宗之心②。

当然，重礼之质并不意味着礼之文可以被忽略。董仲舒在论六艺时说："《诗》道志，故长于质；《礼》制节，故长于文；《乐》咏德，故长于风；《书》著功，故长于事；《易》本天地，故长于数；《春秋》正是非，故长于治人。"（《春秋繁露·玉杯第二》）外在的文反映的是内在的节制、谨敬，无其文则无以见质。此亦正如子贡所说，"文犹质也，质犹文也。虎豹之鞟犹犬羊之鞟"（《论语·颜渊》），文质相即不离，无文之虎豹之皮无以区别于犬羊之皮。董氏在论"名"时说：

> 名者，所以别物也。亲者重，疏者轻，尊者文，卑者质，近者详，远者略，文辞不隐情，明情不遗文，人心从之而不逆，古今通贯而不乱，名之义也。男女犹道也，人生别言礼义，名号之由人事起也。不顺天道，谓之不义，察天人之分，观道命之异，

---

① 比如关于服制，董氏指出，衣裳之制作，本是为掩形、保暖，这是其质。但人之所以要赋予衣裳以五色、五章之文，并非为满足人源于肌肤血气的欲望，其间蕴涵着圣人明尊卑、别上下以序人伦的教化。如果去除其间的制度，就会导致人为了满足自己的欲望而糜费财用、悖乱伦序的情形，因而就会陷入混乱、贫穷之中。详见《春秋繁露·度制第二十七》。

② 详见《春秋繁露》的《四祭》《祭义》等篇。

可以知礼之说矣。(《春秋繁露·天地施第八十二》)

名即名号，是对事物的称谓。称名以别物，比如亲疏、尊卑、远近之实情何以相区别？不得不借由名来呈现。礼之所起，正是为区分天人、道命，可以说礼得以建立的前提就是分别。分字的本义就是分别①，男女是人类的基本分别，正如《礼记·郊特牲》所载："男女有别然后父子亲，父子亲然后义生，义生然后礼作，礼作然后万物安。无别无义，禽兽之道也。"用来分别男女的礼，是将人区别于禽兽的根本点。亦正如《礼记·昏义》所云："礼之大体，而所以成男女之别，而立夫妇之义也。男女有别而后夫妇有义，夫妇有义而后父子有亲，父子有亲而后君臣有正。故曰：昏礼者，礼之本也。"有男女而后有夫妇，有夫妇而后有父子、兄弟，有父子、兄弟而后有君臣，儒家所说的诸种基本的人伦关系及其处置原则的源发处就是男女之分别。

总之，董仲舒将君子的德性比附于玉，并将玉德与礼制关联起来，这虽稍有硬加比说附论之嫌，但却反映了这样一个合乎思想史逻辑的、有现实针对性的思路：玉德关乎礼制，玉在久远的古代便因其独特的属性而常被用作礼器；礼制有关治乱，玉德因而便具有了政治属性和义涵。包纳了玉德于其中的礼法、礼制，是董仲舒用以使儒家成为汉代政治秩序重建及其合法性论证的主要承担者的重要资借。这是董氏承袭先秦儒家学说并对之加以发挥的一个具体例证，在儒学发展史上具有承前启后的重要作用。

本文为"2020中国·衡水董仲舒与儒家思想国际学术研讨会"提交的论文。

钟治国（1982—），男，山东平度人，哲学博士，西安交通大学人文社会科学学院哲学系副教授，朱子学会理事。

---

① 《说文》云："分，别也，从八从刀，刀以分别物也。"（《说文解字》，第28页）用刀将某物分割开，是"分"字的本义，本分（分位、名分）、分量（分限、范围）等义都是从"分别"的本义中衍生、引申而来的。

# 董仲舒的女性悲悯情怀

律 璞

过去,我们在研究董仲舒女性思想时,通常认为董仲舒所倡导的"三纲",主张夫为妻纲。在夫妻关系中,男尊女卑。著名思想家李泽厚先生在研究董仲舒女性思想时指出:董仲舒强调"卑阴高阳""贵阳而贱阴"[1]155。这个观点是正确的,但是董仲舒在强调阳尊阴卑,也即男尊女卑的同时,又在阴阳相合、天地之性人为贵基础上强调对女性的尊重与保护。董仲舒的女性悲悯情怀不仅仅停留于思想领域,且在司法实践中得以落实。了解董仲舒的女性悲悯情怀对于我们重新认识董仲舒的女性保护思想具有十分重要的意义。

## 一、董仲舒女性悲悯情怀的思想基础

(一)阴阳相合

董仲舒指出:"天地之阴阳当(清人董天工注释曰:当为匹配[2]215)男女,人之男女当阴阳,阴阳亦可以谓男女,男女亦可以谓阴阳。"(《春秋繁露·循天之道第七十七》)在董仲舒看来,天地之间的阴阳相当于人类的男女,人类的男女相当于阴阳。因此,阴阳可以称为男女,男女也可以称为阴阳。清人董天工对董仲舒这句话注释曰:"此因天道而言人事,阴阳男女,其气则一。"[2]215在董天工看来,董仲舒之所以将自然界的阴阳比作人间的男女,是因为他们在属性上是相同的。清人苏舆在对董仲舒这句话注释时引《论衡·自然篇》云："儒者说夫妇之道取法于天地。"[3]446

董仲舒指出："凡物必有合（清人苏舆在对董仲舒'凡物必有合'之'合'进行注释时言：'合，即偶也。'[3]350）合必有上，必有下，必有左，必有右，必有前，必有后，必有表，必有里。有美必有恶，有顺必有逆，有喜必有怒，有寒必有暑，有昼必有夜，此皆其合也。"（《春秋繁露·基义第五十三》）在董仲舒看来，任何事物都是由相互矛盾的两个方面组成，比如上下、左右、前后、表里、美恶、顺逆、喜怒、寒暑、昼夜，都是结伴而生的。而阴和阳也是构成事物的两个方面，结伴而生。在董仲舒看来，阴和阳作为事物的两个方面，是相合而成的。清人苏舆在对董仲舒"物莫无合，而合各有阴阳"进行解释时云："物皆有所合，以为阴阳。就一物言之，亦各有其阴阳，身以背面为阴阳，背面又以带上带下为阴阳，山以前后为阴阳，气以清浊为阴阳，质以流凝为阴阳。"[3]350在苏舆看来，董仲舒此言是说，事物都有阴阳两种属性。就一物本身而言，也具备阴阳两种属性。一物身体背面也具备阴阳两种属性。背面的上端和下端也分为阴阳，上端为阳，下端为阴。山以前后为阴阳，前面为阳，后面为阴。气以清浊为阴阳，清为阳，浊为阴。物质以流动和凝滞为阴阳，流动为阳，凝滞为阴。

董仲舒进一步指出："阴者，阳之合；妻者，夫之合。……物莫无合，而合各有阴阳。阳兼于阴，阴兼于阳；夫兼于妻，妻兼于夫。"（《春秋繁露·基义第五十三》）就夫妻关系而言，因为妻属于阴，夫属于阳。由于阴阳相合，所以妻也和丈夫相合。董仲舒认为，由于阳兼于阴、阴兼于阳的缘故。丈夫和妻子也是兼而有之，不可或缺的。清人董天工在对"阴者阳之合，妻者夫之合。子者父之合，臣者君之合也"进行注释时言："此言物必有合。"[2]175清人苏舆在对董仲舒"阳兼于阴，阴兼于阳，夫兼于妻，妻兼于夫"进行解释时引《白虎通·纲纪篇》云："一阴一阳谓之道，阳得阴而成，阴得阳而序。"[3]350在苏舆看来，董仲舒此言是说，道由阴和阳两种属性构成。阴因为阳的存在而成就自己，阳因为阴的存在而保持自己的序列。清人董天工在对"阳兼于阴，阴兼于阳；夫兼于妻，妻兼于夫"之"兼"进行注释时认为："兼者，情义相通也。"[2]175清人董天工认为，董仲舒不仅认为夫妻如同阴阳兼而有之，不可分割，且情义相通。

董仲舒指出："阴道无所独行，其始也不得专起（清人董天工注释曰：专起为单独兴起[2]175），其终也不得分功（清人董天工注释曰：功为功劳[2]175），有所兼之义。"（《春秋繁露·基义第五十三》）在董仲舒看来，阴和阳两种属性不能离开彼此单独行动。在开始的时候，任何一方都不能擅自行动，在终了的时候也不能分割功劳。在这里，董仲舒认为，阴和阳结合在一起才能成就万物，任何一方都不能单独成就事物。董仲舒云："阳为夫而生之，阴为妇而助之……天出阳，为暖以生之，地出阴，为清以成之。不暖不生，不清不成。"（《春秋繁露·基义第五十三》）在董仲舒看来，丈夫作为阳有生成万物的能力，而妻子作为阴具有帮助阳生成万物的能力。就像天生出阳以温暖生成万物，地生出阴以清冷成就万物一样。没有温暖，万物就不能生出。没有清冷，万物就不能成就。

董仲舒一方面认为在家庭生活中，男尊女卑。所谓："丈夫虽贱皆为阳，妇人虽贵皆为阴。"（《春秋繁露·阳尊阴卑第四十三》）在董仲舒看来，就夫妻关系而言，丈夫虽贱但都具有阳的属性，妻子虽然地位尊贵但都具有阴的属性。另一方面，董仲舒认为："诸在上者皆为其下阳，诸柱下者各为其上阴。"（《春秋繁露·阳尊阴卑第四十三》）清人董天工对这句话的注释是："以上视下，则在下者亦为阳，所谓阳之中相为阳。以下视上，则在上者亦为阴，所谓阴之中相为阴。"[2]159董天工认为董仲舒这两句话的意思是，在上者本为阳，在下者本为阴。但是从上往下看，在下者也都变成了阳。从下往上看，在上者都变成了阴。因此，清人董天工认为，在董仲舒看来，阴和阳只有方位的区分，没有绝对的界线。阴和阳是融为一体，不可分割的。董仲舒认为，尽管丈夫属于阳，妻子属于阴，但是阴阳是相合而成，不能分离的。阳中有阴的存在，阴中也有阳的存在。在董仲舒看来，女子虽然具有阴的属性，但是和阳也即男子一样，在家庭中是不可或缺的。董仲舒肯定了女子在家庭中的存在和应有的地位。

在董仲舒看来，阴阳之不可分割也即夫妻之相伴相生，还与阴阳之和与阴阳之中有着密切的关系。在董仲舒看来，阴阳不是相对立的，而是共同存于和谐环境中。阴阳虽然起点与终点不同，但都停留于中。因此，阴阳是不可分离的。董仲舒曰："天地之道，虽有不和者，必归之于和，而所为有功；虽有不中者，必止之于中，而所为不失。"（《春秋繁露·循天之道第七十七》）在董仲舒看来，天地之道，虽然有不和谐的地方，但最终要归于和谐，这样天地之道才能建立功勋。虽然有不停留于中的地方，最终必然要停止于中。只有这样，天地之道的运行才不会有过错。董仲舒曰："是故阳之行，始于北方之中（清人董天工注释曰：北方之中指冬至[2]216），而止于南方之中（清人董天工注释曰：南方之中指夏至[2]216），阴之行，始于南方之中，而止于北方之中。阴阳之道不同，至于盛而皆止于中；其所始起皆必于中。"（《春秋繁露·循天之道第七十七》）所以阳的运行，以北方之中开始，停止于南方之中。阴的运行，从南方之中开始，停止于北方之中。阴阳的运行道路是不同的，但都能够达到极盛，停止于中，也都将中作为自己的起点。董仲舒指出："阳者，天之宽也；阴者，天之急也；中者，天之用也；和者，天之功也。"（《春秋繁露·循天之道第七十七》）在董仲舒看来，阳标志着上天的宽缓，阴标志着上天的急迫，中标志着天的运转，和标志着天的功效。董仲舒认为，阴、阳、中、和都是不可或缺的。因此，男子和女子也是共同存在，不可或缺的。

（二）天地之性人为贵

赵馥洁先生认为："人比万物贵，人与天地并，是中国哲学价值论最根本的观点。"[4]10《说文解字》对人的定义是："天地之性最贵者也。"（《说文解字·人部》）[5]161

董仲舒曰："人受命于天，固超然异于群生，入有父子兄弟之亲，出有君臣上下之谊，会聚相遇，则有耆老长幼之施；粲然有文以相接，驩然有恩以相爱，此人之所以贵也。生五谷以食人，桑麻以衣之，六畜以养之，服牛乘马，圈豹槛虎，是其得天之灵，贵于物也。故孔子曰：天地之性人为贵。明于天性，知自贵于物。"（《汉书·董仲舒传第二十六》）[6]2516董仲舒认为，人之所以珍贵的原因是，人接受了上天的命令，所以超然于世间万物之上，世间万物没有接受上天的命令。人在家庭中形成父子兄弟的亲情关系，在家庭之外形成君臣之间、上下级之间的友谊。在群体生活过程中，会形成对待有德性的人、老年人及未成年人的各项优待措施。人在待人接物时具有文化修养，人和人之间具有恩爱之情，所以人是万物中最为珍贵的。人能够播种五谷来供给自己食物，能够种植桑麻来供给自己衣服；能够饲养六畜，还能够驾驭牛马，战胜虎、豹这样凶猛的动物。由此可以看出，人是获得了上天赋予的灵气，比物更加珍贵。在董仲舒看来，人因为接受了上天的指令，所以比物更加珍贵。而且人能够战胜自然，能够役使万物，能够发挥自己的聪明才智，满足自己衣食的需要。更重要的是，人具有文化修养，有仁、爱之情，能够创建各种各样的人际关系，通过创建人际关系组成人间社会，通过创立并遵守规则的方式，维护人间社会的良性运行。因此，董仲舒认为，人和万物相比较显得更加珍贵。

正因为天地之性人为贵，因此要注重保护人的权益。董仲舒指出："君者，民之心也；民者，君之体也。心之所好，体必安之；君之所好，民必从之。故君民者，贵孝悌而好礼义，重仁廉而轻财利。躬亲职此于上，而万民听，生善于下矣。"（《春秋繁露·为人者天第四十一》）清人董天工笺注曰："此言君民一体也，上以德感，下以善应。"[2]156董仲舒特别强调统治者要坚持君、民一体。也即君主是百姓之心，百姓是君主之体。君主的意愿，百姓一定要加以满足。因此，作为百姓统率者的君主，一定要重视孝悌，喜好礼义。重视仁义廉洁，轻视财货利益。亲自履行好自己的职责，百姓就听从君主的劝导，百姓就会各行善事。君主通过自己的努力，最终能够取得"先王见教之可以化民也"（《春秋繁露·为人者天第四十一》）的好结果。也就是通过自己的德教感化百姓，让百姓多做善事，从而达到社会治理的目的。在董仲舒看来，君主一定要坚持君民一体的原则，与百姓同心同德，唯此才能很好地维护社会治理。董仲舒曰："教以爱，使以忠（清人苏舆曰：以博爱教之，以忠诚使之[3]102），敬长老，亲亲而尊尊。"(《春秋繁露·王道第六》）董仲舒认为，用爱心教化百姓，用忠诚役使百姓，让百姓懂得尊敬长老，亲爱自己的亲属。

那么，如何将天地之性人为贵思想在夫妻之间加以落实呢？董仲舒指出："主天法质而王，其道佚阳，亲亲而多质爱……夫妇，对坐而食。"（《春秋繁露·三代改制质文第二十三》）董仲舒认为，推崇天道模仿质朴而称王的，他的统治之术充满阳光，强调亲属之间的挚爱，表现之一就是丈夫和妻子相对而坐共同进食。在董仲舒看来，推崇天道的统治者在治理社会时，应当构建亲属相爱的和谐社会，董仲舒勾勒了一幅夫妻对坐而食的和谐图景。通过该图景可以看出董仲舒对夫妻恩爱美好社会生活的憧憬，也可从中看出夫妻地位的相对平等以及董仲舒对女性的悲悯情怀。

董仲舒云："主地法文而王，其道进阴，尊尊而多礼文。……夫妻，同坐而食，丧礼合葬。"（《春秋繁露·三代改制质文第二十三》）董仲舒认为，推崇地道的统治者效法文采称王的，他的统治之术推崇阴柔、尊敬尊长、崇尚礼仪。具体表现就是：举行婚礼时，新婚夫妇对坐而食。举行葬礼时，夫妇合葬在一起。在董仲舒看来，效法地道称王的统治者，在推行礼仪的过程中，要体现亲属之间的恩爱之情。从新婚夫妇相对而坐共同进食的婚礼要求及夫妇合葬的葬礼规定可以看出，董仲舒对家庭生活中男女相对平等地位的推崇。当然，董仲舒对家庭生活中女性的悲悯情怀奠基于其亲亲相爱的伦理思想。

## 二、董仲舒女性悲悯情怀的司法实现

（一）三正视域下的女性权益保护

董仲舒从天、地、人三才之道出发，主张在以人正、地正、天正所代表的三个月里对女性权益进行保护。

1. 人正与女性权益保护

董仲舒云："三正以黑统初，……天统气始通化物，物见萌达，其色黑。……法不刑有怀任新产，是月不杀。听朔废刑发德，具存二王之后也。"（《春秋繁露·三代改制质文第二十三》）清人董天工，将"怀任"之"任"写作"妊",并指出:"原作任,非也。""是月",清人董天工注释曰:"此指正月。"[2]104 按照董仲舒的观点,三正以黑统开始,在这个时候,上天统领阳气开始化育万物。万物萌发,他们的颜色都是黑色的。这个时候,按照法律的规定,对怀孕的妇女和产妇不施加刑罚。这个月对有犯罪行为的人不处以死刑。在每月初一举行朔礼的时候,停止刑罚,而用德治教化的方式治理社会。让前朝皇室的二代后裔能够祭祀宗庙。

董仲舒人正与女性权益保护的思想,对东汉章帝时期的《白虎通》产生了深远影响。《白虎通》引《礼三正记》曰:"十三月之时,万物始达,孚甲而出,皆黑。人得加功,故夏为人正,色尚黑。"(《白虎通·德论卷之下》)[7]169 从《白虎通》引《礼三正记》的说法可以看出,十三月也即正月,是一年的开端。这个时候,万物萌动,春天即将来临。一些甲虫类动物开始破土而出,这个时候,所有的物都是黑色的。人们可以开始准备春耕,所以夏朝人将正月称为人正。崇尚黑色的物品,以平旦时刻作为正月的开端。黑统是三统的开端,作为人正。它所处的月份是正月,这个月,所有的物品,包括身上穿的衣服、头上戴的帽子、驾驶车辆的颜色都必须是黑色。可以看出,董仲舒所言黑统,就是三正中的人正。黑统或人正以十三月也即正月为标志,因为这个时候,万物萌发,春天即将来临,所以对怀孕的妇女和生了孩子的产妇,法律上有特殊的照顾。不管她们犯有何种罪行,都不施加刑罚,也就是说免于追究刑事责任。对一般的人可以追究刑事责任,但不适用死刑。可见,这个月,对于普通人也有法律上的特别照顾和宽刑规定。

2. 地正与女性权益保护

如果历法上属于三统中的白统,怎么办呢?董仲舒曰:"正白统奈何?曰:正白统者,历正日月朔于虚,斗建丑。天统气始蜕化物,物始芽,其色白。……法不刑有身怀任,是月不杀。听朔废刑发德,具存二王之后也。"(《春秋繁露·三代改制质文第二十三》)三统中的白统是怎么回事呢?回答说,正白统,正月初一这一天,太阳和月亮在虚宿会合,北斗星的斗柄指向丑的位置。天统帅阳气开始化育万物，万物开始发芽，万物的颜色都是白色。这个时候，按照法律规定，对怀有身孕的妇女不予处罚，不管他们犯有什么样的罪。这个月也即正月，不对罪犯处于死刑。也就是说，在历法上属于白统的正月里，对犯有任何罪行的人都不处以死刑。从《春秋繁露》的内容可以看出，在历法上属于白统的正月，对犯有任何罪行的有身孕的女子均免于刑事处罚，对犯有任何罪行的其他人，均不适用死刑。

董仲舒地正与女性权益保护的思想，对东汉章帝时期的《白虎通》产生了深远的影响。《白虎通》引《礼三正记》曰："十二月之时，万物始牙而白，白者，阴气，故殷为地正，色尚白也。"（《白虎通·德论卷之下》）[7]169 从《白虎通》的记载可以看出，十二月的时候，万物开始萌芽，万物都是白色。白色，属于阴气，所以殷商将十二月作为地正，崇尚白色，十二月是殷商的正月。清人陈立引《三礼义宗》曰："十二月万物始牙，色白，白者阴气，故殷以地正为岁，色尚白，鸡鸣为朔。"[8]363《三礼义宗》的说法与《礼三正记》的内容相似，认为殷（商）人将十二月作为地正，而且将十二月作为一年的开端。崇尚白色，将鸡鸣时刻作为地正的开端。十二月，停止刑杀，并且对怀孕的妇女进行特殊照顾，不适用刑罚。

3. 天正与女性权益保护

董仲舒云："正赤统奈何？曰：正赤统者（清人赵曦明云：此下文有脱，案当云：历正日月朔于牵牛，斗建子。天统气始施化物，物始动，其色赤，故朝正服，首服藻亦正，路舆质亦赤，马赤。补四十字据《尚书大传》及《白虎通》之文[9]42）。"（《春秋繁露·三代改制质文第二十三》）三统中的赤统是什么样的呢？在历法中的正月初一，太阳和月亮在牵牛星会合，北斗星的斗柄指向"子"的位置。天统帅阳气开始化育万物，万物开始萌动，物的颜色是红色。官员的朝服是红色的，戴的帽子是红色的，车辆的颜色是红色的，马也是红色的。（这段话《春秋繁露》原不存，清人赵曦明根据《白虎通》和《尚书大传》补了四十字）这个月份，"法不刑有身，重怀藏以养微，是月不杀。听朔废刑发德，具存二王之后"（《春秋繁露·三代改制质文第二十三》）。这个月，法律规定对怀有身孕的女子不予处罚，不论她们犯有什么样的罪行。这样做的目的是重视胎儿利益的保护，以养育微小的生命。这个月，对有罪的人不处以死刑，不论他们犯有什么样的罪行。废除刑罚，实施德教。让前朝二代君主的后裔能够得以保全。

董仲舒天正与女性权益保护的思想，对东汉章帝时期的《白虎通》产生了深远影响。《白虎通》引《礼三正记》云："周以十月为正，色尚赤，以夜半为朔。"（《白虎通·德论卷之下三正》）[7]169周人以十一月作为正月，崇尚红色。以夜半这个时刻作为正月的开端。清人陈立引《三礼义宗》曰： "故周以天正为岁，色尚赤，夜半为朔。"[8]363《三礼义宗》与《礼三正记》的记载基本相同，周人将天正也即十一月作为一年的开端，崇尚红色，将夜半这个时刻作为正月的开端。

可以看出，三正是指天、地、人。三统中的黑统属于人正，是夏人采用的历法，将十三月作为正月，为一年的开端。崇尚黑色，所有物的颜色都是黑色；三统中的白统属于地正，崇尚白色，殷人以十二月作为正月的开端；三统中的赤统属于天正，周人采用的历法，将十一月作为正月，为一年的开端。周人崇尚红色，所有物的颜色都是红色。

董仲舒受三统历史循环论的影响，提出在为天正的十一月，为地正的十二月，以及为人正的十三月也即第二年正月，一律停止刑杀，并且对怀有身孕的妇女和产妇不予处罚。这三个月，任何怀有身孕的妇女及产妇不论犯有何种罪行，均可以得到国家法律的赦免，犯罪行为人不论犯有何种罪行也都能够得到不处以死刑的宽大处理。

（二）在春秋决狱活动中的实现

董仲舒在春秋决狱活动中，也十分重视对女性权益的保护。董仲舒在引《春秋》经义决狱过程中，贯彻了对女性权益进行保护的《春秋》经义精神。现举一例加以说明。

据《太平御览》卷六四〇记载："甲夫乙将船，会海盛风。船没，溺流死亡，不得葬。四月，甲母丙即嫁甲，欲皆何论？或曰：甲夫死未葬，法无许嫁，以私为人妻当弃市。议曰：愚以为春秋之义，言夫人归于齐,言夫死无男有更嫁之道也。妇人无专制擅恣之行,听从为顺,嫁之者归也。甲又尊者所嫁,无淫佚之心,非私为人妻也。明于决事,皆无罪名,不当坐。"[10] 这是董仲舒用《春秋》经义审理的一个案子。据《太平御览》记载,甲的丈夫乙驾驶船只出海,遇到大风,船只沉没,甲的丈夫因此溺水身亡。四个月后,甲的母亲丙即将甲嫁与他人。因为丈夫死亡,女子应当为丈夫守丧三年,丧期未满,甲即嫁人。应当如何论罪呢?有的官员说:甲的丈夫死亡后没有安葬,按照法律规定,妻子是不能嫁人的。应当以私为人妻的罪名,处以弃市刑(死刑)。董仲舒说:我认为根据《春秋》的要义,女子有婚嫁的权力,丈夫死亡女子有改嫁的权利。甲又是遵从他人命令嫁人,没有放荡之心,不构成私为人妻罪。从已经有的决事比(判例)中寻找,没有类似的罪名,不应当构成犯罪,不应当承担刑事责任。

从《太平御览》卷六四〇的记载可以看出,按照当时汉代的法律规定,丈夫死亡没有安葬,妻子不能擅自嫁人,否则构成"私为人妻"罪。在本案中,董仲舒引用春秋经义"夫死无男有更嫁之道"审理此案,认为甲在丈夫死亡后有改嫁的权利。另外,妇人无专制擅恣之行,听从为顺。董仲舒认为,甲作为女子没有擅自行动的权利,只能听从家长的指挥。因此,甲嫁与他人,非自己做出的选择,而是听从家长命令的无奈之举。因此,甲嫁与他人的行为,不构成犯罪,不需要承担刑事责任。

综上所述,董仲舒的女性悲悯情怀奠基于其阴阳相合、天地之性人为贵的思想,并且在司法领域中得以实现。在司法领域中,董仲舒一方面强调从三正,也即人正、地正和天正出发,强化对女子权益的法律保护。另一方面,在春秋决狱活动中强调对女子权益的保护。董仲舒的女性悲悯情怀,对我们深入理解董仲舒的女性保护思想,具有深远的价值和意义,理应引起学界的关注。

**参考文献：**

[1] 李泽厚：《中国古代思想史论》，生活·读书·新知三联书店，2008年。

[2] 董天工：《春秋繁露笺注》，黄江军整理，华东师范大学出版社，2017年。

[3] 苏舆：《春秋繁露义证》，中华书局，1992年。

[4] 赵馥洁：《中国传统哲学价值论》，陕西人民出版社，1991年。

[5] 许慎：《说文解字》，中华书局，1963年。

[6] 班固：《汉书》，中华书局，1962年。

[7] 班固：《汉魏丛书》，程荣校，吉林大学出版社，1992年。

[8] 陈立：《白虎通疏证》，吴则虞点校，中华书局，1994年。

[9] 董仲舒：《春秋繁露》，上海古籍出版社，1989年。

[10] 李昉、李穆、徐铉等：《太平御览》，上海古籍出版社，1989年。

原载于《衡水学院学报》2020年第2期。

律璞（1969—），女，土族，青海黄南人，西北政治大学刑事法学院副教授。

# 略论董仲舒成人思想[①]

李记芬

对于成人概念，孔子在《论语·宪问》篇中早有提及："子路问成人。子曰：'若臧武仲之知，公绰之不欲，卞庄子之勇，冉求之艺，文之以礼乐，亦可以为成人矣。'"在这里，孔子强调成人就是要成为一个德智勇艺等全面发展的人。而继承这一思想，荀子也认为"成人"是"贵其全"（《劝学》）。只不过对于"全"的理解，荀子既从内自定的角度注重德性的养成，也从外应物的角度强调群万物的达成。董仲舒也是注重从全的角度对成人进行阐释，体现了对先秦儒学的继承；但董仲舒对成人之全的理解却也与孔荀不同，体现了他对先秦儒学成人思想的发展和改造。

## 一、成人者天

先秦儒学在讲成人概念时，大多都是从修养的角度讲人之成。如果说孔子以德统贯智礼艺等，注重人的全面发展，而荀子则延续《大学》《中庸》的路向，认为成人既是成己也是成物。不管强调的重点如何不同，孔荀都是注重成人的全面性。但是，成人之全在终极意义

---

[①] 基金项目：本文系中国人民大学科学研究基金（中央高校基本科研业务费专项资金资助）项目（20XNA040）"先秦儒家成人思想研究"阶段性成果。

上为什么得以可能？对这个问题之后的董仲舒则给出了进一步的理论思考。

成人，首先是成为一个人，而终极原因与根据就是天。在《春秋繁露·为人者天》中，董仲舒对此给出了解释：

> 为生不能为人，为人者天也。人之人本于天，天亦人之曾祖父也。此人之所以乃上类天也。人之形体，化天数而成；人之血气，化天志而仁；人之德行，化天理而义。人之好恶，化天之暖清；人之喜怒，化天之寒暑；人之受命，化天之四时。人生有喜怒哀乐之答，春秋冬夏之类也。喜，春之答也；怒，秋之答也；乐，夏之答也；哀，冬之答也。天之副在乎人。人之情性有由天者矣。①

人之所以为人，是因为天。天是人之本，是包括人在内的万物之祖。首先，从父子同源的角度说，人与天在根源上是一致的。人的形体、血气、德行、好恶喜怒哀乐等情性也是从天而来的。其次，人源出自天，天也是人之为人的依据。人与天地是一体的，人的存在都是与天的存在同类的。人身不仅与天数一致，而且人身之有的不可数的性情与天也是同类的。这就是董仲舒的天人同构说、天人相副说。

从天人同构、天人相副的角度说，董仲舒强调的是人的存在是有终极依据的。对于此种终极依据，董仲舒并不是从血缘亲情的角度而论的。血缘亲情，在董仲舒看来是有其局限的。父母作为人可以生人，但并不构成人之为人的终极依据。因为父母作为现实中的人本身，是不完美的，有缺陷的，所以不能成为人之为人的终极依据。作为人的存在的终极依据，必须是完美的、完全的，而这只能是天。

天是人的根源与存在的终极依据，因为天本身是最完全的，此种完全可以从天功与天数上得以体现。比如在《阳尊阴卑》中，董仲舒写道：

> 天之大数，毕于十旬。旬天地之间，十而毕举；旬生长之功，十而毕成。十者，天数之所止也。古之圣人，因天数之所

---

① 苏舆：《春秋繁露义证》，中华书局，1992年，第318—319页。

止，以为数纪。十如更始，民世世传之，而不知省其所起。知省其所起，则见天数之所始；见天数之所始，则知贵贱逆顺所在；知贵贱逆顺所在，则天地之情著，圣人之宝出矣。是故阳气以正月始出于地，生育长养于上。至其功必成也，而积十月。人亦十月而生，合于天数也。是故天道十月而成，人亦十月而成，合于天道也。①

天地最大的功用便是生养万物。而生长之功的完成时间，正好是与十之数吻合的。天数始于一而成于十。对于此十之成，苏舆解释道："岁十二月，而云十月功成者，十一月十二月皆阳气萌芽之时，助阳非成物也。"② 所以，从天地成物的角度上说，十，便是成物之完全、完整的代表。天数止于十，而与天数相同，人数也是如此。人也是母亲怀胎十月以后出生的，如此人身才得以完全生长和完整发育。此十与天数成物之十正好是相合的。人之成，成于十。十合于天数、天道，所以十月而成之人是完全的、完整的。

不仅人之成与天数符合，且人身之成与天数也是相符合的。"人之形体，化天数而成。"天数是全的，也就保证了人身之全。这种全，体现在人的骨节、形体之数等方面。在《人副天数》中，董仲舒写道：

> 天地之符，阴阳之副，常设于身，身犹天也，数与之相参，故命与之相连也。天以终岁之数，成人之身，故小节三百六十六，副日数也；大节十二分，副月数也；内有五藏，副五行数也；外有四肢，副四时数也；乍视乍瞑，副昼夜也；乍刚乍柔，副冬夏也；乍哀乍乐，副阴阳也；心有计虑，副度数也；行有伦理，副天地也。此皆暗肤著身，与人俱生，比而偶之弇合。于其可数也，副数；不可数者，副类。皆当同而副天，一也。是故陈其有形以著其无形者，拘其可数以著其不可数者。以此言道之亦

---

① 苏舆撰：《春秋繁露义证》，中华书局，1992年，第323—324页。
② 苏舆撰：《春秋繁露义证》，中华书局，1992年，第324页。

宜以类相应，犹其形也，以数相中也。①

人身之数之成，是与天数相符合的。比如，人体有小节三百六十六，这是与一年的日子之数相符合的；人有五脏，这是与五行之数相符合的；人有四肢，这是与春夏秋冬四时之数相符合的。既有具体的可数之数的符合，也有不可数的类的符合，比如人眼之睁闭、刚柔之刚柔、喜怒哀乐之情、心的计虑等与天的昼夜、四时、阴阳的变化等也是相符合的。综上，天人同构而同数，所以天人相合；进一步地，天人同数而有天人同类，这便是广泛意义上的天人相副。因为天人相副、天人同类，而同类可以相应，所以天人是可以有感应的。天数、天之成的完全可以保证人数、人之成的完全。成人是完全的、完整的，因为是天为人、天成人的。

董仲舒以天为终极依据，借助天数之完全来进一步讲成人的完全与完整。在天的终极依据下建构、形成的人，便是完全的人。此种完全，首先是指人成之数的完全。人之生的时间与人的形体构成之数都是与天相符合的。其次，这种完全是指人成之类的完全。不仅人之生与人的形体构成是与天相符合的，而且人的形体活动本身也是与天地的活动相呼应的。此种呼应可以从阴阳之气上得到解释。天地万物之间充塞着气，气的周遍流动可以为天人相应提供理论与现实上的可能。最后，此种完全还解释了人为什么是万物之贵。董仲舒写道：

> 天气上，地气下，人气在其间。春生夏长，百物以兴；秋杀冬收，百物以藏。故莫精于气，莫富于地，莫神于天。天地之精所以生物者，莫贵于人。人受命乎天也，故超然有以倚。物疢疾莫能为仁义，唯人独能为仁义；物疢疾莫能偶天地，唯人独能偶天地。人有三百六十节，偶天之数也；形体骨肉，偶地之厚也。上有耳目聪明，日月之象也；体有空窍理脉，川谷之象也；心有哀乐喜怒，神气之类也。观人之体一，何高物之甚，而类于天也。物旁折取天之阴阳以生活耳，而人乃烂然有其文理。是故凡

---

① 苏舆撰：《春秋繁露义证》，中华书局，1992年，第356—357页。

物之形，莫不伏从旁折天地而行，人独题直立端尚，正正当之。是故所取天地少者，旁折之；所取天地多者，正当之。此见人之绝于物而参天地。(《人副天数》)①

人与万物一样，都是由天所生。但人之所以不同于万物而独为贵，在终极意义上是因为只有人能偶天地。人的形体的构成之数与天数相合，人身之象，也是与天地自然相符合的。人体、人身，之所以高、之所以贵，正是因为人与天相副、同类。这种相副、同类观点，强调的正是阴阳意义上的天人同构。人不仅仅是取天之阴阳而有了生命和形体之立，更为重要的是，人的一切活动都与天地阴阳之动相呼应，从而人的活动可以得到有秩序的开展。所以人能偶天地，不仅仅是指人身的构成与天地相副，还指的是人的活动与天地相应。从而人世间的一切行为活动，便在天地的运行规律那里找到了终极的依据。

综上可以看出，在董仲舒那里，成人首先指向的就是人身之成，而成人之全说的是人身的完整性：人有与天数相符合的关节数、五脏、四肢甚至情性等。因而在这种意义上来说，董仲舒的"成人"关注的是人的身体，尤其是身体的完整性。但同时，成人之成不仅是指人身的构成与形成，还讲的是人体之运行。人的行为以天为依据，天行、天运的完全性、合理性可以保证人的行为的正当性。这便是"人独能偶天地"的两层意涵。所以，董仲舒借助天数将"人之生与身"之成的合理性、完满性、完整性给予了理论解释，同时也借助天数将成人之贵凸显出来。

## 二、成己以义与成物以仁

对于成人，董仲舒重视从构成的意义上去讲人身之成。人身与天同构，所以天人相副、同类。但更为重要的是，通过天，董仲舒也为人的行为活动找到了终极依据。人依照天的原则来行动：天地生养万物，其德在于施，在于化(《人副天数》)；而类似地，人德则在于仁

---

① 苏舆撰：《春秋繁露义证》，中华书局，1992年，第354—355页。

和义。

首先，对于天生而有的人身整体，人也注重养，只不过养的重点在于心，而不在于外在的躯干、四肢。人身，不仅有关节数、四肢、五脏等的区分，还有体与心的分别。在这两者的长养中，董仲舒重视的是人心之养。在《身之养重于义》中，董仲舒写道：

> 天之生人也，使人生义与利。利以养其体，义以养其心。心不得义不能乐，体不得利不能安。义者心之养也，利者体之养也。体莫贵于心，故养莫重于义，义之养生人大于利。奚以知之？今人大有义而甚无利，虽贫与贱，尚荣其行，以自好而乐生，原宪、曾、闵之属是也。人甚有利而大无义，虽甚富，则羞辱大恶。恶深，祸患重，非立死其罪者，即旋伤殃忧尔，莫能以乐生而终其生，邢戮夭折之民是也。夫人有义者，虽贫能自乐也。而大无义者，虽富莫能自存。吾以此实义之养生人，大于利而厚于财也。①

内心的长养，需要的是义，最终目的是身正而得其乐；而外在肢体的长养，需要的是利，为的是使体安。心比体更为重要，所以对人的长养，重在养义而非利。重利而不重义的人，最终的结果是，不仅没有人生之乐，甚至自己的生命和存在都难以保证。但如果重义而不重利，虽然没有大富大贵，但却能洁身自好、身得其正而有乐。这种乐甚至比生命更重要。

内心比外在的肢体更为重要，所以养心便是成人的关键。义以养心，心得其正，身便也得其正，所以义也训为"正"。"是故内治反理以正身，据理以劝福。"进一步地，人心正，人身便自得其"威仪"，这便是义的第二层意涵。以义养心使其正，不论是为了使身正还是使身得其威仪，义都指向的是身心整体的我而言："义之为言我也"，"义之与我"（《仁义法》）。这便是义的第三层意涵：义之在我。对于自己，以礼义来整治，对于己的欲望与心之所好进行自察、自责、自攻、自抑，这样己之欲才能得其治。在这种整治中，一方面，董仲舒

---

① 苏舆撰：《春秋繁露义证》，中华书局，1992年，第263—264页。

强调的是，好利是人的自然本能，对这一本能的矫正，体现的是对己的改变、抑制；另一方面，董仲舒认为，人天生会有这种好利倾向，所以对这种倾向的矫正就需要多下工夫，需要更多的人为努力。不仅要治我、正我，而且在程度上还要深入下去，即躬自"厚"。以礼节欲，体现了对自身的修养过程中的苛责。而这种苛责，只能用于己自身，而不能用于他人。所以董仲舒强调，"义治我，躬自厚而薄责于外。"(《仁义法》)"义之法在正我，不在正人。"(《仁义法》)

与对自己的苛责不同，董仲舒认为对己之外的其他人，治的方法是仁与爱。"仁主人，义主我也。故曰仁者人也，义者我也，此之谓也。"(《仁义法》)人我对象不同，所以使用的治理方法也就是不同的。"仁之法在爱人，不在爱我。""仁者，爱人之名也。"(《仁义法》)爱是人生而有的一种自然情感，这一情感是有指向性的。爱人之"人"可以从多个角度理解，对此，董仲舒指出：

> 人不被其爱，虽厚自爱，不予为仁。昔者晋灵公杀膳宰以淑饮食，弹大夫以娱其意，非不厚自爱也，然而不得为淑人者，不爱人也。质于爱民，以下至于鸟兽昆虫莫不爱。不爱，奚足谓仁？(《仁义法》)

首先，这种情感的对象可以是己，但如果只是爱己而不考虑他人，那么这种爱是自私的爱，不能称为仁爱。其次，爱人，不仅是爱他人，而且也包括万物。如果只是爱人，而不爱自然界中的万物，那么这种爱也是狭隘的爱，而不是儒家一贯强调的博爱。总之，在董仲舒看来，仁就是爱人，对象是与己相对的他人，乃至万物。爱人，既是爱他人，也是爱万物。

从己与物的角度谈人之成，早在《中庸》中已有所体现。只不过，《中庸》认为成己是仁，成物是知，且成己进一步会走向成物："诚者自成也，而道自道也。诚者物之终始，不诚无物。是故君子诚之为贵。诚者非自成己而已也，所以成物也。成己，仁也；成物，知也。性之德也，合外内之道也，故时措之宜也。"从人之为人的角度来说，君子始于成己而终于成物。成己是从自己的角度来说，成物是从与自己相对的外物（包括他人）来说的。虽然两者对象不同，但成物是成己的进一步要求："知所以修身，则知所以治人。"而具体方法上，修身成己以仁，治人成物以知。这与《大学》修齐治平的思想路向是有一致性的。在这种思想路向下，一切从成己谈起，从成己可进一步推出成物，因而成己的首要性和重要性便是十分明显的。也就是说，从根本上来说，"诚者自成也"。

董仲舒也从己与物两个角度来谈人之成，只不过在董仲舒那里，注重的是己与物的区别而非一致。己与物（包括他人）是两个不同的对象，所以成己与成物是两个不同的过程。人的修养过程，首先是指向的己自身的长养。成人先是成己，而成己的方法便是义。但同时，董仲舒并没有否认成人也需要成物。只不过对于成物，董仲舒强调的方法是成物以仁。更为重要的是，不同于《中庸》从成己进一步推出成物的思想路线，董仲舒强调两者的不同，从成己并不能自然推出成物。于是成己的重要性在董仲舒那里便没有那么突出：成物不是成己的自然推扩，成己也不是成物的最终目的。两者是两个不同的过程，有不同的对象，也有不同的治理方法。因而，成己与成物在董仲舒那里是同等重要的。

董仲舒的成人概念，并不是成就他人的意思。成人思想，仍旧还是从人与万物之不同的意义上而言的，强调的是人之为人的根本，是对天而言。天成人，天为人，而人能偶天地，所以人最为贵。但同时，人之所以为贵，还是因为只有人能为仁义。"物疢疢莫能为仁义，唯人独能为仁义。"（《人副天数》）义对己而言，仁对人而言，强调的是己人之别。只有人能将己与人分别开来，并分别对待，如此人才能真正恰当地做到与万物接，使万物得其治，从而与天地之功相并列。所以，成人并不是在成己与成物之间，仅仅强调的是成就他人的意思。相反，成人既是成己，也是成物，或者说，成人既要成己也要成物，前者从本体根据的角度上是一体的，而后者则从具体实践方法的角度上凸显不同的一面。

## 三、必仁且智

不论是成己以义还是成物以仁，凸显的都是成人思想中对于己之德性的重视的一面。但董仲舒在讲人之为人时，不仅仅从体上讲仁义之法，还注意从用上讲仁与智的必要性，这体现了成人思想中对于己之超越德性一面的思考。

人之为人，必定是仁的。这一点从前面对治己与治人的分析中进行阐述。虽然董仲舒区分了治己之方与治人之方，但实际上不论是治己以义还是治人以爱，根本的落脚点还是在仁的德性上。首先，在董仲舒看来，仁从根本意义上而言就是从天而来的。"仁之美者在于天。天，仁也。天覆育万物，既化而生之，有养而成之，事功无已，终而复始，凡举归之以奉人。察于天之意，无穷极之仁也。人之受命于天也，取仁于天而仁也。"（《王道通三》）天生养万物，本身就是仁德的最大体现。天成人以仁，而人则从天取之；相应地，人之大德最终也就是仁。

其次，从天的终极意义上谈，仁是生；而具体落实到人身上来说，仁就是爱。人取仁于天，进一步表现为"平易和理而无争"。董仲舒写道：

> 何谓仁？仁者憯怛爱人，谨翕不争，好恶敦伦，无伤恶之心，无隐忌之志，无嫉妒之气，无感愁之欲，无险诐之事，无辟违之行。故其心舒，其志平，其气和，其欲节，其事易，其行道，故能平易和理而无争也。如此者谓之仁。（《必仁且智》）

仁者心中欣然而爱人。首先，爱人的情感是人天生而有的，且这种情感是真诚的、诚恳的、实在的。其次，诚恳爱人之心自然生发，人心便会舒展、舒畅，进而平心和气、有节度地展开各种行为活动。再者，因为有诚挚的爱人之心，所以仁者的任何行为活动都不会做伤害人、陷害人、与人争等的事情。仁者之事极为简单，只是爱人。

董仲舒指出，"莫近于仁"。这里的"近"字，是从切近己身之治与修的角度上来说的：治己以义，治人以爱，才是最终仁的达成，也就是恤远爱物使万物生。治己以义，才是对己身的真正的爱。自爱、自好之人，必定好义。只有自爱之人，才能与他人，甚至万物相接而无争，才能真正地爱万物。从自爱，到爱他人，甚至到爱万物，体现了从切近己身之自爱，至远则万物无不接、无不爱。只要有一物不爱，就不能算是真正的仁。这也才是真正的仁的德性的达成。

依据天地之仁德，人应该做的是去爱人。但人不仅要爱人，也应该恶人。这便是与仁相对应的智。"仁而不智，则爱而不别也；智而不仁，则知而不为也。故仁者所以爱人类也，智者所以除其害也。"（《必仁且智》）如果仁强调的是爱人，那么智则是对这种爱人情感的认知。在这种认知中，可以对爱的对象做出区别，比如己人之别；也可依据对象对爱的程度给出亲疏远近的差别。而更为重要的是，还可以对爱做出是非判断：凡是不符合爱人情感的事，都应该杜绝发生。如果爱的对象是错的，如果当深爱而没有如此的时候，这种事情是不符合仁爱之德性原则的，应该避免或者及时制止。

在"除其害"这方面，董仲舒坚持的原则是"行急而不待时"。一旦有害，就应当立即除或杀：

> 天之生有大经也，而所周行者，又有害功也，除而杀殛者，行急皆不待时也，天之志也，而圣人承之以治。是故春修仁而求善，秋修义而求恶，冬修刑而致清，夏修德而致宽。此所以顺天地，体阴阳。然而方求善之时，见恶而不释；方求恶之时，见善亦立行；方致清之时，见大善亦立举之；方致宽之时，见大恶亦立去之。以效天地之方生之时有杀也，方杀之时有生也。是故志意随天地，缓急仿阴阳。然而人事之宜行者，无所郁滞，且恕于人，顺于天，天人之道兼举，此谓执其中。（《如天之为》）

从天地的角度来说，四季的运行体现了天对万物有生也有杀，这与阴阳的消长流行是一致的。与天气阴阳的周遍流行对应，人不仅应当求善以见善立行、立举，而且也应当求恶以见恶立除、立去，以使志意畅所流行而无所滞。一旦有恶不除，便会使志意有所壅、堵而不能周遍流行所以必须立即执行。"宜行而无留"，行善不必留待春，除恶不必留待秋。方生有杀，方杀有生，才是天气阴阳周遍流行之道，人道亦如此。

董仲舒强调"莫急于智",不仅是从阴阳周遍流行之道的角度讲,而且还是从现实具体的行为后果上而论。对此,董仲舒有具体论述:

> 何谓之智?先言而后当。凡人欲舍行为,皆以其智先规而后为之。其规是者,其所为得,其所事当,其行遂,其名荣,其身故利而无患,福及子孙,德加万民,汤、武是也。其规非者,其所为不得,其所事不当,其行不遂,其名辱,害及其身,绝世无复,残类灭宗亡国是也。故曰莫急于智。智者见祸福远,其知利害蚤,物动而知其化,事兴而知其归,见始而知其终,言之而无敢哗,立之而不可废,取之而不可舍,前后不相悖,终始有类,思之而有复,及之而不可厌。其言寡而足,约而喻,简而达,省而具,少而不可益,多而不可损。其动中伦,其言当务。如是者谓之智。(《必仁且智》)①

智,是强调人的认知与思虑。人在有所行为之前,都要有认真的思虑与思考。人的认知既有是也有非,必须加以辨别。以是为是,那么人的行为就会有多得,事情处理得就会恰当,如此也会给人带来荣誉与富贵,身体之养得以成,而没有什么祸患,也会恩泽后世子孙。但如果人的认知出现失误,以非为是,那么人的行为必定无所得,事情处理得不恰当合适,最终招致的只能是耻辱祸患,会殃及其身,甚至灭族亡国。这显然是违背爱人的原则与精神的。正是从后果的严重性上,董仲舒认为智对于人之为人而言,是十分迫切的,"莫急于智"。如果没有智,人之身最终将无法得其立。即使有爱人之质,也无法分别自爱与爱人、爱物,从而最终达至爱物之博与远。"仁而不智,则爱而不别也。"(《必仁且智》)

通过对智的应用的分析,可以看出,董仲舒强调的是,人在行之前要重视知。而对知的重视,是从人类的长远发展意义上而言的。这种长远发展,从家族方面,考虑的是世代子孙的繁衍发展,而从国家的层面,考虑的是国家长久的繁荣昌盛。无论是宗族绵延还是国家的

---

① 苏舆撰:《春秋繁露义证》,中华书局,1992年,第258—259页。

兴亡发展，这里都不再仅仅限于德性发展的问题了，而走向了人之为人的事业的考量。人之为人，不仅仅是成为一个有德性的人，而且是成为一个治事之人。

此种治事，也可以看做是对义的另外一种解释。义不仅仅是治我之义，强调我之仁德的达成。义还是制事之义，强调对行事是否合宜的考虑，是人的认知与智慧层面的考虑。人不仅仅要有德性，还需要考虑如何实施德性。也就是说，仁爱万物并不是自然而然就可以达成的。还需要人的认知、分别，具体将之在不同的人与物之间一步步落实下去。仁是对外而言，义是对内而言，义是正我，体现了自克的一面。而将人我做出区分，并在己与物之间也做出区分，这样爱的落实便有了对象、亲疏的不同。爱人、爱万物的爱，并不是如墨家那般的兼爱，而是有分别基础上的泛爱、博爱。

## 四、余论

在董仲舒之前，孔子、荀子等都讨论过成人思想，且将之概括为成人就是全人。但对于成人为什么是全人，不论是孔子还是荀子都没有从理论的终极根据上给出过思考。而董仲舒以天为终极根据，借助天数、天人相副理论，试图将人之全、人之贵给出理论上的回应。这可以看作是董子对先秦儒者成人思想的进一步思考。虽然天数、天人相副思想有其肤浅的一面，但对于成人之终极根据思想的提出本身就是对这一问题思考的深入的表现，其在思想史上的意义与地位不可忽视。

董仲舒的成人思想，"成"主要是从天而言，讲人的"构成"。而"人"，则是从人与万物之别的意义上讲人之为人的根本。成人，首先就是成人之德，这种德既有仁也有义。但董仲舒的成人思想并不仅仅限于人的德性问题的探讨，其中还关涉人的认知与智慧问题的探讨，强调的是人的功业与事业的达成。因此，成人包括成人德性问题的探讨，但却又是超越德性问题探讨的，这是与先秦以来荀子的思想是一脉相承的，也对后世重视君子事业发展的事功学派思想的发展提供了理论资源。这表明，即使在当代去思考儒家的成人问题，也不能仅仅限于德性的可能性问题去思考，应该有更为广阔的视角。在这方面，董仲舒的成人思想可以提供有益思考，值得进一步探讨。

本文为"2020中国·衡水董仲舒与儒家思想国际学术研讨会"提交的论文。

李记芬（1987—），女，山东临沂人，哲学博士，中国人民大学哲学院讲师。

# 董仲舒对孟荀思想的统合

## 李慧子

孟子、荀子在天人思想、人心论与人性论的纷争，一直是中国儒学史的主题。宋明理学以孟子性善论为基本立场发展壮大，而荀学一直被贬抑，直到清代以后才再度引起重视。有学者指出，"孟荀二分，可谓传统儒学的基本格局，相分自然相争。作为当代儒学学术之近源，宋明儒学之主流一方面奉孟学（性善论、自律、内在论）为正统，另一方面斥荀学（性恶论、他律、外在论）为异端，极力强调孟、荀在人性论等方面的重大分歧"[1]。近年来，"统合孟荀"成为学术热点，当代学者力图跳出宋明传统，在阐发孟子思想的同时，注意发掘荀子思想的当代价值，通过整合孟荀思想对儒学进行当代重建。于是，"能否找到坚实的学理根基统合孟荀"[1]就成为一个十分显豁的学术问题。董仲舒基于汉代的社会现实与时代需要，以"求天命与性命"[2]2498为问题意识，在天人思想、人心论、人性论和伦理思想上都对孟荀进行了有机整合，并在此基础上，结合阴阳五行学说对儒学进行了系统性构建。笔者认为，这是历史上最早，也是最为系统的以统合孟荀为旨趣的儒学重建工作。因此，分析梳理这一学术现象，不仅对于寻找统合孟荀的学理根基、厘清统合孟荀的思想源流具有重要的学理意义，而且也可以为儒学的当代重建提供借鉴。

## 一、孟荀天人思想的统合

孟荀在天人关系问题上的分歧主要集中在：天人是否相关，人的行为是否能够感动天地。孟子认为天人相关。虽然"天不言"，但"以行与事示之而已矣"[3]238，人的良知良能与四端之心是"天之所与我者"（《孟子·告子上》）[3]295，而仁义礼智就是天所赋予人的命令，是人应当行使的使命："仁之于父子也，义之于君臣也，礼之于宾主也，智之于贤者也，圣人之于天道也，命也。"[3]370因此，孟子认为天人相关，人能通过"存其心，养其性"的方式来"事天"[3]331。与孟子对天人关系的理解不同，荀子提出"天人之分"，旨在强调人的行为无法干预天的法则："天行有常，不为尧存，不为桀亡。……受时与治世同，而殃祸与治世异，不可以怨天，其道然也。"[4]306−307荀子虽然强调天人之分，但也指出人要认识天的规律，并且利用天的规律为人所用："从天而颂之，孰与制天命而用之。"[4]317顺应天的规律则吉，逆之则凶，因此应当"强本而节用，则天不能贫；养备而动时，则天不能病；修道而不贰，则天不能祸"[4]317。

由此可见，孟荀天人论的分歧彰显了对天理解的两个维度：孟子更加强调道义之天，强调天的神圣性与道德性，强调人的道德是天赋予的。孟子虽然强调仁义礼智是"天之所与我者"，但并没有具体解释天如何赋予人以善性。荀子更加强调自然之天，强调用理性精神去看待天。但荀子的天论消减了天的神秘性——"君子以为文，而百姓以为神"[4]316，也消减了人对天的敬畏——"夫星之队，木之鸣，是天地之变，阴阳之化，物之罕至者也；怪之可也；而畏之非也"[4]313。于是，董仲舒就在孟荀各自留出的思想空间中，将二者的天人思想进行新的融合与发展，从而提出自己的天人思想。

董仲舒对于天人思想可以分为四点。

第一，由于天是万物之祖，天生化万物与人，因此天人是父子关系。"父者，子之天也；天者，父之天也。无天而生，未之有也。天者万物之祖，万物非天不生。独阴不生，独阳不生，阴阳与天地参然后生。"[5]410 由于天人是父子关系,所以人的形体与情感与天数相副。"人有三百六十节,偶天之数也;形体骨肉,偶地之厚也。上有耳目聪明,日月之象也;体有空穿进脉,川谷之象也;心有哀乐喜怒,神气之类也。"[5]354-355

第二,天心即仁心,天蕴涵无穷之仁。"仁之美者在于天。天,仁也。天覆育万物,既化而生之,有养而成之,事功无已,终而复始,凡举归之以奉人。察于天之意,无穷极之仁也。"[5]328 由于人由天所生,那么人受命于天,人从天那里领受了仁心,人的道德与天同类——"人之受命于天也,取仁于天而仁也。"[5]330 所以人是世界上最精华、尊贵的存在:"天地之精所以生物者,莫贵于人。人受命乎天也,故超然有以倚。"[5]354 唯有人能够行仁义,其德能够与天地相配:"物疾莫能为仁义,唯人独能为仁义;物疾莫能偶天地,唯人独能偶天地。"[5]354

第三,天人互相感应,感应的机制是"物以类相召"[5]359 "同类相动"。"美事召美类,恶事召恶类,类之相应而起也。"[5]358 由于人的形体、情感和道德与天同类,因此天人之间会产生感应。由于天人相类,同类相动,人的道德行为、道德境界与思想也能影响天道的运化与人间的福祸。"非独阴阳之气可以类进退也,虽不祥祸福所从生,亦由是也。无非己先起之,而物以类应之而动者也。"[5]360

第四,董仲舒不赞同荀子天之不可畏的观点,认为天有主宰一切自然变化的人世祸福的权威和能力。"天者,百神之大君也。事天不备,虽百神犹无益也。"[5]398 如果人间失德,天就会用谴告、惊骇和殃咎不断升级的方式提醒与惩罚。"凡灾异之本,尽生于国家之失。国家之失乃始萌芽,而天出灾害以谴告之;谴告之而不知变,乃见怪异以惊骇之,惊骇之尚不知畏恐,其殃咎乃至。以此见天意之仁而不欲陷人也。"[5]259 董仲舒用此方式,突破了荀子天之不可畏的观点,重建天的神圣性,使天成为限制人做恶,让人必须敬畏的最高存在——"天之不可不敬畏"[5]396,违背天命就会受到惩罚——"故有大罪,不奉其天命者,皆弃其天伦。"[5]411

由此四点可见,董仲舒充实了孟子"天之所与我者"的表述,具体回答了天是如何赋予人以仁义之性，又完备孟子"尽心知性以事天"的思路，具体回答人如何可以"事天""参天"。董仲舒确立天道神圣性的目的是给人间的道德施加以天道的诫命，让人对天道有敬畏，从而达到抑恶扬善的作用。在此意义上，董仲舒在整合了孟荀天人思想的基础上，通过建构天生万物论与天人感应论来强化天人之间的关系，使天成为监督人言行的最高存在，为人间伦理确立了天道基础。

## 二、孟荀人心论的统合

在孟荀的认识论中，他们都意识到心对于天的认识作用，但是两者对"心"的理解有所不同。孟子继承《中庸》"诚者，天之道；诚之者，人之道"[6]31的思想，认为"思诚者，人之道"[3]185，而"思诚"的器官就是心。孟子认为先天具有四端之心，亦如人有四肢一样是天所赋予的："恻隐之心，仁之端也；羞恶之心，义之端也；辞让之心，礼之端也；是非之心，智之端也。人之有是四端也，犹其有四体也。"[3]83心具有天赋的良知良能："人之所不学而能者，其良能也；所不虑而知者，其良知也。"[3]337-338凭借这份良知良能，人就可以实现仁义，通达天道："亲亲，仁也；敬长，义也。无他，达之天下也。"[3]338所以孟子提出："尽其心者，知其性也。知其性，则知天矣。"[3]331天将诚性赋予每个人的心灵之中，心性是纯善的，因此能够充分扩充仁义礼智四端之心，就能了解人的本性；能够了解人的本性就能能够了解天道。存养心灵，养护善性，就是在为天行事，就是在彰显天道。

与孟子对于心的纯善理解不同，荀子认为心灵具有认识的能力——"心有征知"[4]413，心还具有思辨的能力——"故人之所以为人者，非特以其二足而无毛也，以其有辨也。夫禽兽有父子，而无父子之亲，有牝牡而无男女之别。"[4]79但是，荀子也注意到心具有情感和欲望的能力。"心悲""心伤""心淫""心庄"都是"心"的一种情感表现，而"心好利"[4]438是"生于人之情性"[4]438，是与生俱来的。

这说明"心"本然具有一种要求满足欲望的属性，但是无度的"好利"就会导致群体的失序。因此荀子不认为心本身是纯善的。董仲舒在孟荀人心论分歧的基础，对二者思想进行了整合，从而提出自己的人心观点，体现在四个方面。

第一，心有贪有仁，有善有恶。孟子继承《中庸》中"诚身有道：不明乎善，不诚乎身矣"[6]31的思想，提出："是故诚者，天之道也；思诚者，人之道也。"[3]185在《中庸》和孟子的思想里，诚就是至善。仁义礼智四端之心也皆是善。董仲舒说："吾以心之名，得人之诚。"[5]294即"心"的得名就来自于人之诚性，但他并不认为"人之诚"就是至善。他提出人之诚性来自天道，天道有阴有阳，那么人之诚性不仅包含善，也包含恶："人之诚，有贪有仁。仁贪之气，两在于身。身之名，取诸天。天两有阴阳之施，身亦两有贪仁之性。"[5]294既然心之名来自人之诚，那么人心也是有善有恶。由此可见，董仲舒突破了《中庸》、孟子对于"诚"之至善的理解，认为"诚"之中也包含恶。他将孟子的"四端之心"说与荀子的"心好利"说整合在一起，提出心也并不是纯善，而是有善有恶。

第二，心具有"栣"的功能，心不仅具有情感、欲求的能力，还具有禁止、控制恶念、恶行的能力。荀子认为心是形体和精神的主宰，具有自禁、自使、自夺、自取、自行、自止的能力："心者，形之君也，而神明之主也，出令而无所受令。自禁也，自使也，自夺也，自取也，自行也，自止也。"[4]397−398董仲舒沿着荀子的这一思路，提出心也具有自制、禁恶的能力。心之得名就来自于"栣"，而栣的意思就是控制、禁止恶念："栣众恶于内，弗使得发于外者，心也。故心之为名，栣也。"[5]293心之所以具有这种对于情欲的控制能力是由于天之所赋："天有阴阳禁，身有情欲栣，与天道一也。"[5]296

第三，董仲舒继承了思孟心学的传统，强调人的道德能力能够感动天地。"故聪明圣神，内视反听，言为明圣，内视反听，故独明圣者知其本心皆在此耳。"[5]360"内视反听"是把视觉、听觉和心念都从外在纷扰的世界中收回，集中于内心。这与孟子"反身而诚，乐莫大焉"[3]332的观点一脉相承。"反"即是返回内心。在董仲舒看来，由于人的内心具有天赋的善质——"天生民性有善质"[5]302，而"善质"就是孟子所说的仁义礼智四端之心。他之所以强调"知其本心"，就在于提醒人们返回到自己的本心，不仅要意识到心中的"善质"，也要意识到人心有贪、有好利之性，因此不仅要将孟子所说的仁义礼智四端之心扩而充之，而且还要发挥心栣的作用，抑恶扬善。

第四，在养心的层面董仲舒提出正心养气说和"以义养心"说。董仲舒在孟子存养"浩然之气"[3]65"养心莫善于寡欲"[3]378思想的基础之上，提出正心养气的观点。他认为，心是气之君，心能控制气，心平才能气和。"凡气从心。心，气之君也，何为而气不随也。是以天下之道者，皆言内心其本也。"[5]448-449董仲舒还指出"心有计虑，副度数也"[5]357。心是意念产生的源泉，意念纷杂，则心神烦扰；心神烦扰，则气息不通。因此应当减少欲望、止住恶念，平和意念和心神，正心养身以养其气。"故君子闲欲止恶以平意，平意以静神，静神以养气。气多而治，则养身之大者得矣。"[5]452荀子提出："君子养心，莫善于诚。致诚，则无它事矣，唯仁之为守，唯义之为行。诚心守仁，则形，形则神，神则能化矣。"（《荀子·不苟》）[4]46但董仲舒强调人之诚性有贪有仁，因此不能用诚去养心，于是提出以义养心说。"义者心之养也，利者体之养也。体莫贵于心，故养莫重于义，义之养生人大于利。"[5]263因为心有好利之性，因此只有通过义来平息内心对于过度利益的渴求，达到平意、静神、正心之效果。

由此四点可见，董仲舒将孟子的"四端之心"说与荀子之"心好利"说融合在一起，提出心有贪有仁说，并且强调心具有抑恶扬善的"栣"的功能。在养心的层面，董仲舒发展孟子的正心养气说，突破了荀子的以诚养心说，提出了以义养心的新观点。

## 三、孟荀人性论的统合

（一）孟荀人性论的分歧与共识

孟荀人性论的分歧主要集中在三点。第一，对于人性善恶判断的纷争。孟子主张性善，其最根本的理由是人有四端之心。戴震把孟子的人性论分为两层：一是血气之性，二是心知之性。"人生而后有欲，有情，有知，三者，血气心知之自然也。"[7]40 心知之性即仁义礼智，是人区别与动物的根本属性，孟子将其认定为人性。而血气之性是指情欲，是人与动物共同拥有的属性，孟子不将其作为人性。因此孟子主张人性善。荀子认为人性中有欲望是不能回避的事实，有欲求就必须要得到满足——"人生而有欲，欲而不得，则不能无求"（《荀子·礼论》）[4]346，而过度的欲望就会导致社会的混乱——"求而无度量分界，则不能不争；争则乱，乱则穷"（《荀子·礼论》）[4]346。荀子把人性中的情欲作为人性，因为过度的欲求会导致纷争，因此荀子说人性恶。

第二，仁义礼智是先天还是后天的问题。孟子认为仁义礼智是先天的："仁义礼智，非由外铄我也，我固有之也。"（《孟子·告子上》）[3]283 荀子并不否定人有善质："然而涂之人也，皆有可以知仁义法正之质，皆有可以能仁义法正之具，然则其可以为禹明矣。"（《荀子·性恶》）[4]443 但是，荀子认为人虽然有仁义法正的资质，但是这种资质并等于人性善，因为这些"仁义法正之具"会被无限制的欲望所冲垮，因此圣王制定礼义，礼义是后天的。"先王恶其乱也，故制礼义以分之，以养人之欲，给人之求。"（《荀子·礼论》）[4]346 而善是人经过后天教化而形成的："故顺情性则不辞让矣，辞让则悖于情性矣。用此观之，然则人之性恶明矣，其善者伪也。"（《荀子·性恶》）[4]435

第三，对于人为什么会做恶以及如何防恶的问题，孟荀解释颇为不同。孟子认为人之所以会做恶是由于遮蔽了四端之心："陷溺其心"（《孟子·告子上》）[3]285、"茅塞其心"，因此孟子主张对四端之心"扩而充之"（《孟子·公孙丑上》）[3]83，彰显人性中的仁义。他把人的欲望叫做小体，把仁义礼智称为大体。他认为"从其大体为大人，从其小体为小人"（《孟子·告子上》）[3]295。而决定是否"从其大体"，成为"大人"，是要靠心的意志作用。"心之官则思，思则得之，不思则不得也。此天之所与我者，先立乎其大者，则其小者弗能夺也。此为大人而已矣。"（《孟子·告子上》）[3]295 荀子认为人对于欲望的适度追求是合理,这也是满足人生存的基本需要:"今人之性,饥而欲饱,寒而欲暖,劳而欲休,此人之情性也。"(《荀子·性恶》)[4]436但过度的欲望是人做恶的原因——"争则必乱,乱则穷矣"(《荀子·王制》),而欲望植根于人心深处,是不容易消除的。因此除了对心性进行教化以外,还有通过隆礼重法的强制方式,来限制与惩罚人性中的恶。

由此可见,孟荀对于人性的论析虽然有分歧,但是彼此在本质上并不存在矛盾,而是侧重点不同。孟子性善论的优势是扬善,肯定人性中的善,强调发挥心的作用,从内在修养去抑恶扬善;荀子性恶论的优势是抑恶,强调要通过完备的社会制度来抑制人性中的恶。

(二) 董仲舒对孟荀人性论的吸收、发展与统合

第一,董仲舒吸取了孟子人性思想,肯定仁义礼智的先天性。为了确证这种先天性,他表明天心即仁心——"仁,天心,故次以天心"[5]161,而人是天所生——"为生不能为人,为人者天也。人之人本于天,天亦人之曾祖父也"[5]318,因此人具有天赋于的善质,从而肯定了人性中的善。董仲舒沿着孟子的思路,继续高扬人的卓越性:"人之超然万物之上,而最为天下贵也。人,下长万物,上参天地。"[5]466董仲舒通过肯定人有善质,来高扬人的卓越性,让人意识到属于人的尊严与卓越,强调要人意识到人的仁义之性,意识到人是受命于天,人才能更好地行使自己的使命。

第二,尽管董仲舒承认人性中有"善质",但与孟子性善论不同,他并不认为人性本身就是善。他强调善出自性,但性本身不是善:"善出于性,而性不谓善。"[5]312他把人性比作禾苗,把善性比作稻米——"善如米,性如禾",强调人性只有经过后天的陶冶与修习才能生成善行,亦如禾苗经过加工才能变为稻米。"禾虽出米,而禾未可谓米也。性虽出善,而性未可谓善也。"[5]313因此,董仲舒对人性的判断是"性未善":"孟子下质于禽兽之所谓,故曰性已善;吾上质于圣人之所为,故曰性未善。"[5]303-304董仲舒推崇教化的作用,认为教化是让善质变为善行的有效途径。"善,教训之所然也,非质朴之所能至也,故不谓性。"[5]312"性待渐于教训而后能为善。"[5]311-312因此教

化的目的是成性,即把善的种子培育为善的果实的过程,因此称教化为"成性之教"。而君王应当是教化的主导者:"民受未能善之性于天,而退受成性之教于王。"[5]302

第三,董仲舒肯定人性资质的差异性。孟子认为人性资质毫无差异——"非天之降才尔殊也"[3]3285。与孟子观点不同,董仲舒说:"圣人之性不可以名性,斗筲之性又不可以名性,中民之性如茧如卵。"[5]311-312他认为人性资质存在圣人之性、中人之性和斗筲之性的区别。圣人之性和斗筲之性都不具有普遍性,只有普通人的人性能够代表人性。因此只有中民是教化的对象。

第四,人性如流水,必须经过教化与礼法节制。董仲舒赞同荀子对于人欲的肯定,也认为人的欲望是合理的——"情者,人之欲也"[2]2501。人之有情感、欲望就如天有阴阳一样自然:"身之有性情也,若天之阴阳也。言人之质而无其情,犹言天之阳而无其阴。"因此人的情欲是无法消除的。董仲舒还吸取了荀子人性论中争而无礼则乱的思想。"夫万民之从利也,如水之走下,不以教化堤防之,不能止也。"[2]2512如果对人性不加引导,无节制的欲望势必会引发混乱,因此必须要通过后天的礼法制度去限制人性中过度的欲望。

由此可见,董仲舒统合了孟荀人性论中最有张力的两个维度,并将其整合起来共同作为人性的组成部分。董仲舒将把善质与情欲都作为人性的内容,既赞成孟子对于人性中的仁义礼智的观点,也肯定荀子"人之性恶"的说法。他在肯定人欲的合理性的同时,也提醒人们意识到人有做恶的资质,因此主张不仅应当通过"知其本心",扩充四端之心的方式实现仁义之道,还应当通过教化和礼法制度去防止、惩罚人性的恶。

## 四、孟荀伦理政治思想的统合

从内在的个人修为来看,董仲舒在孟子提出的仁义礼智四种美德的基础上,加入了信德,并将五者并列命名为"五常之道"。"夫仁谊礼智信五常之道,王者所以当修饬也;五者修饬,故受天之佑,而享鬼神之灵，德施于方外，延及群生也。"[2]2505 董仲舒把"五常之道"作为人间社会必须遵守的伦理美德。

《说文解字》解释："信者，诚也。"东汉末年《汉书注》的作者张晏解释"信"的意涵为："土为信，信者诚，诚者直，直故为绳。"[5]364 以此可见，董仲舒的"信"有诚的意思，也有准绳标准的意思。《中庸》载："诚者物之终始，不诚无物。是故君子诚之为贵。"[6]34 董仲舒在此基础上，不仅将"信"与仁义礼智并列，并且将其居于中心位置，强调"信"是五常之中最为重要的伦理之德，目的就在表明如果没有诚信的话，其他四者都会褪色。

董仲舒把信德与五行之土相对位，用大地之德来比喻信。"故下事上，如地事天也，可谓大忠矣。土者，火之子也。五行莫贵于土。"[5]316 值得注意的是，董仲舒对信德的建构，包含了"孝"与"忠"两个方面。他认为"忠臣之义，孝子之行，取之土。土者，五行最贵者也，其义不可以加矣。五声莫贵于宫，五味莫美于甘，五色莫盛于黄，此谓孝者地之义也。"[5]316

从孝的方面来，孟子曰："不得乎亲，不可以为人；不顺乎亲，不可以为子。"[3]196-197 董仲舒把五行的木火土金水建构为比相生的关系，而这种相生关系体现着父子之道。"是故父之所生，其子长之；父之所长，其子养之；父之所养，其子成之。"[5]315《中庸》载："夫孝者，善继人之志，善述人之事者也。"[6]27 董仲舒接续这一思想，认为孝不仅在于事亲、养亲，还在于接续父母的志业，实现父母未尽的理想，叙述父母的事迹。"诸父所为，其子皆奉承而续行之，不敢不致如父之意，尽为人之道也。"[5]315 既然父生子，子受命于父，因此孝道就是天经地义的。"由此观之，父授之，子受之，乃天之道也。故曰：夫孝者，天之经也。"[5]315 孝以信为本，实现孝道也是尽人之道。

从"忠"的方面来看，董仲舒用大地之德比喻忠："故下事上，如地事天也，可谓大忠矣。"[5]316 大地无私奉献，但不居功自傲，而是把功归于天。他认为臣对君的效力应当效法大地："为人臣者法地之道，暴其形，出其情以示人。"[5]165 所谓"为地者务暴其形"[5]459，旨在说明大地能够毫不掩藏，毫无保留地繁育万物，因此人臣应当克己奉公，尽心尽职为天子与百姓服务。所谓"常竭情悉力而见其短长"[5]165，就是竭尽全力为国家效力，不隐藏自己的优势与短板。所谓"信"就是"务著其情"[5]459，就是实事求是，不粉饰、伪装自己的过错——"竭愚写情，不饰其过，所以为信也。"[5]459 大臣能够为了道义气节而不惜性命："伏节死难，不惜其命，所以救穷也"[5]459；能够"推进光荣，褒扬其善，所以助明也"[5]459；能够"受命宣恩，辅成君子，所以助化也；功成事就，归德于上，所以致义也。"[5]459-460 董仲舒以太公为榜样，认为大臣应当恪守信德。"明见成败，微谏纳善，防灭其恶，绝源塞执绳而制四方，至忠厚信，以事其君，据义割恩。"[5]364

董仲舒不仅提出信德，而且在孟荀对仁、义、礼、智的理解上对四者含义进行进一步的阐发。他认为仁与义的根本区别在于"仁之法在爱人，不在爱我。"[5]250 "义之法在正我，不在正人。"[5]259 仁的目标是爱人，不是爱自己；而义的作用是"正我"，端正、节制自我，不是指责、裁断别人。"仁主人，义主我也。故曰仁者人也，义者我也，此之谓也。"[5]254 "爱在人谓之仁，义在我谓之义。"[5]254 《荀子》中记载了孙卿子对于仁的论说："彼仁者爱人，爱人故恶人之害之也。"（《荀子·议兵》）[4]279 董仲舒对此进行进一步阐发，提出对"智"的新理解："故仁者所以爱人类也，智者所以除其害也。"[5]257 智者以仁爱为基础，有智慧、有能力为人除害。他区分了"不仁不智""仁而不智""智而不仁"三种情况，强调"必仁且智"[5]256。

在礼与义的关系上，荀子认为，义的作用是限制、禁止人的恶念与恶行："夫义者，所以限禁人之为恶与奸者也。"（《荀子·强国》）[4]305 而礼的作用是让节制自我与他人："夫义者，内节于人，而外节于万物者也。"（《荀子·强国》）[4]305 因此义是礼法规范建立的依据。董仲舒在荀子礼义思想基础上，提出"据义行法"。执行法律要以正义为原则。

在礼与情的关系上，荀子认为礼的"养"的作用不仅体现在"养人以欲"，还体现在对"情"的养护，即"知夫礼义文理之所以养情也"（《荀子·礼论》）[4]349。董仲舒在基础上提出"夫礼，体情而防乱者也"[5]469。这一思想是对荀子"礼以安情"的思想延伸与发展。人的情欲是不能消除的，但可以使情欲的表达符合礼法。"民之情，不能制其欲，使之度礼。"[4]470礼的作用是体贴、安顿情感，防止混乱。"度礼"的"度"乃符合法则之意，即符合礼的规范。正色、正声、正味和正道的作用都是让人的情感能够得到呵护、安顿和提升，并不是为了消除情感。"目视正色，耳听正声，口食正味，身行正道，非夺之情也，所以安其情也。"[4]470礼法规范的目的并不是要消除人的情欲，而是使得情感的表达得体、优雅。

由此可见，董仲舒对孟荀对于仁、义、礼、智四德的分析基础上，进行了进一步的阐发，又把信与四者进行并列，使得五常之道成为必须联系、互相支撑的道德系统。

对于国家的治理模式，孟子主张"行仁政而王，莫之能御也"（《孟子·公孙丑上》）[3]60，而荀子认为，实现王霸之道不仅要行仁义，还要隆礼重法。"君人者，隆礼尊贤而王，重法爱民而霸。"（《荀子·天道》）[4]317董仲舒认为实现王霸之治还是要以德治为主，法治为辅。因为"天之任阳不任阴，好德不好刑"[5]338，又由于"人理之副天道也"[5]330，因此人间王道政治应效法天道，实行仁政："霸王之道，皆本于仁。"[5]161天子作为社会的管理者，首先应当效法天道："为人君者，其法取象于天。"[5]458天子必须以德治为主，刑罚为辅，全心全意为百姓服务。"天之生民，非为王也，而天之立王，以为民也。故其德足以安乐民者，天予之；其恶足以贼害民者，天夺之。"[5]220其二，天子应当在人间实行教化，化民成俗，庆赏与刑法相结合，让百姓安居乐，天下和洽。"天下所未和平者，天子之教化不行也。《诗》曰：'有觉德行，四国顺之。'觉者著也，王者有明著之德行于世，则四方莫不响应，风化善于彼矣。故曰：悦于庆赏，严于刑罚，疾于法令。"[5]401其三，天子应当防患于未然，为民除患。"爱人之大者，莫大于思患而豫防之"，应当"防患为民除患。"[5]162

董仲舒将孟子在个体层面教化修为的思想加以强化，将孟子思想中"尽心知性"的思想进行进一步发挥，用"信"来代表"诚"，同时融入了"忠"与"孝"两种内涵，使得信德成为与仁义礼智信并列，并且是最为重要的伦理美德。在外在礼法构建层面，董仲舒在继承荀子"隆礼重法"思想的同时，提出"据义行法"，更加注重礼法对个人情欲和社会秩序的平定、安顿作用。董仲舒强调天子应道效法天道之"好德不好刑"，以德教为主，以刑罚为辅，以此来修正荀子"隆礼重法"说，从而推进孟子仁政思想。

经由以上分析可以看出，董仲舒在天人思想、人心论、人性论和伦理政治思想上都对孟荀思想进行了整合，并且以此为基础完成了进一步的建构，让儒学成为汉帝国行之有效的国家意识形态。对于董仲舒统合孟荀思想工作的学术爬梳，不仅可以纠正宋明理学重孟抑荀之偏、寻找统合孟荀的学理根基，而且对当代儒学建构具有思想启迪与借鉴意义。

**参考文献：**

［1］《孟荀之争与统合》（笔谈），《文史哲》2020年第20期。
［2］班固：《汉书·董仲舒》，中华书局，1962年。
［3］杨伯峻：《孟子译注》，中华书局，2012年。
［4］王先谦：《荀子集解》，沈啸寰、王星贤点校，中华书局，1988年。
［5］苏舆：《春秋繁露义证》，中华书局，1992年。
［6］朱熹：《四书章句集注》，中华书局，1983年。
［7］戴震：《孟子字义疏证》，中华书局，2011年。

本文为"2020中国·衡水董仲舒与儒家思想国际学术研讨会"提交的论文。

李慧子（1983—）女，河北唐山人，哲学博士。韩国成均馆大学儒学与东方哲学院讲师，主要研究方向：儒家哲学、中国古典美学。

# 论董仲舒的身体观

## 李洪杨

西方哲学对身体的高度关注为中国哲学的研究视域提供了新的理论生长点和融合点。中国哲学意义上的身体并不是纯粹的超出意识之外、与意识相对立的身体,而是一种严格意义上的身心和合体,认为身体虽然受制于心灵,屈服于心灵的主宰,但是心灵必须依附身体而显用。董仲舒对于身体是非常关注的,在其哲学思想理论的建构中有过许多关于身体的表述,形成了具有中国哲学特质的身体观。

## 一、身体观的本体维度

天人关系是先秦儒家哲学所关注的核心理论话题之一。作为儒家哲学的承续者,董仲舒一方面吸收和改造了先秦儒家的天人合一思想;另一方面又和合墨家、阴阳家等其他思想流派的观点,对天人关系进行了系统的理论阐述,构建了以天人感应为中心的哲学理论体系。董仲舒在保留了天的自然属性的同时,赋予了天以超自然的属性。天不仅是"有序而时""有度而节""变而有常"的具有运行规律的自然之天,又是"万物之本""百神之大君""覆育万物"的具有至上性和神圣性的超自然之天。这就是说,天在自然而然地运行、流转和衍化的同时,还化生了万物、造就了万有。万物和人都是因为有天的抚育和恩德才能得以存在和发展。离开了天,便没有了万物和人,这即是董仲舒所宣称的:"天者万物之祖,万物非天不生。"

董仲舒在抬高和凸显天的至上性和神圣性地位的同时,还特别把天与人看作是同类,彰显出了人在万物中的特殊身份和人与万物的差分性。从本体论维度来看,董仲舒把天看作宇宙的最高存在,认为万物都是天所派生的,人亦是如此,即"为人者天也",人的身体亦是天大化流行、流转衍化的产物,分有天的一般属性。人生在世,身体便是直接存在于世的体现,人的道德、理性、意识都通过身体而显用,因此,身体自然被赋予了重要的价值指向。天与人的关系,在这种逻辑理路上,实际上直观地体现为天与身体的关系。当董仲舒把天与人看作是同类时,其核心标的在于让人们通过对身体的把握来洞悉和明晓天的至上性和神圣性地位,因为在他看来"求天数之微,莫若于人"(《官制象天第二十四》)。探求天数、天道的奥秘就是探求天的运行法则,而这一法则在人的身体上体现得淋漓尽致、最为直观,这也使得天道与人道合而为一。

"求天数之微,莫若于人"原因在于"人副天数"。"人副天数"的直观表征就是人的身体构造与天的结构精准对应、一一匹配,之所以能够对应、匹配的前提是"人之为人本于天",即天的存在是使人成为人的依据,并且"以类合之,天人一也"。对此,董仲舒一再指出:

> 人之身有四肢,每肢有三节,三四十二,十二节相持,而形体立矣;天有四时,每一时有三月,三四十二,十二月相受,而岁数终矣。(《官制象天第二十四》)

> 物疢疾莫能偶天地,唯人独能偶天地。人有三百六十节,偶天之数也;形体骨肉,偶地之厚也;上有耳目聪明,日月之象也;体有空窍理脉,川谷之象也……是故人之身,首而员,象天容也;发,象星辰也;耳目戾戾,象日月也;鼻口呼吸,象风气也;胸中达知,象神明也;腹胞实虚,象百物也。百物者最近地,故要以下,地也。天地之象,以要为带,颈以上者,精神尊严,明天类之状也;颈而下者,丰厚卑辱,土壤之比也;足布而方,地形之象也。(《人副天数第五十六》)

>天地之符，阴阳之副，常设于身。身犹天也，数与之相参，故命与之相连也。天以终岁之数，成人之身，故小节三百六十六，副日数也；大节十二分，副月数也；内有五脏，副五行数也；外有四肢，副四时数也；乍视乍暝，副昼夜也；乍刚乍柔，副冬夏也；乍哀乍乐，副阴阳也；心有计虑，副度数也；行有伦理，副天地也。此皆暗肤著身，与人俱生。（《人副天数第五十六》）

董仲舒对人的身体的认知和把握是对天的认知和把握的不二法门。身体的骨骼节数副天的一年日数，身体的四肢构造副天的一年月数，身体的头颅、毛发、耳目鼻口等五官和内在的五脏以及刚柔、哀乐、计虑思考等情感和心理活动都与天的结构和机理存在着严密的耦合性。总之，董仲舒的"天人同类""人副天数"的观点无非是想告诉人们：天按照其自有的结构存在和机理造就了人，即人的身体的结构和存在机理。人的身体以及身体的结构和机理都是天所赋予的。人们凭借对最熟悉、最直观的身体何以存在的理解，就能够最为直观地感受到天是主宰和成就万物的最高本体，了解了这一点也就能洞察和相信天所彰显的至上性和神圣性地位。正如张再林先生所说："在中国古代哲学里身体已不再被局限于人的七尺血肉之躯，而是以'动与万物共见'的方式向无尽无穷的大千世界开放，乃至于'人身虽小，暗合天地'，整个宇宙都被视为该身体的生动的体现和化身。"董仲舒正是在身体与天的互相印证中，凸显了天的最高地位和价值。天的本体地位与人的身体蕴含的本体特质是内在统一的，为身体的存在和价值提供了内在根据。

董仲舒以天为原型，论证了天有意识、有目的地构造了人的身体，实则把天看成了是人的身体放大的结果。他既用天来反观人的身体，又从人的身体结构和存在机理与天的严密耦合为依据来印证天的至上性和神圣性，以至于宣称："身犹天也"。这样一来，董仲舒以身体作为隐喻和中介，立足人的身体与天存在严密耦合性这一逻辑原点，全面论证了天与人的互感互通，构筑了以天人感应为中心的哲学理论体系。董仲舒把对身体的认知和把握作为了解和洞察天的途径，天的至上性和神圣性并不是天所自显出的至上性和神圣性，而是人们对于身体与天的绝对完美地契合这一现实境遇的深刻理解的基础上，洞悉天的意志、目的是真实存在的，从而赋予了天以绝对的至上性和神圣性。天的意识和目的是在与人的联系中展现出来的，天所展现出的一切都是以身体的存在为根本的。因此，在董仲舒看来，人们对于天的认知和把握可以从身体开始，反观身体就是了解天的意志和目的，这样就为其所建立的以天人感应为中心的哲学理论体系印上了浓重的"根身性"特点，赋予了身体以本体论意义。天所显现出的自然现象和运行规律实际上是人的感性认知和理性把握的结果，现象和规律本身并不与人的意志有关联，具有客观实在性。董仲舒把天的一切现象、规律与人的身体结构、功能一一对应匹配，看似是将天的意志和目的作用于人的身体，实则是以人的身体为出发点来副和天，通过对于身体的认知推演天的运行法则和存在机理，把人的身体系统与天的自身系统相联系，进而凸显天道与人道的内在一致性。天的运动、流转和衍化有其自有的整体系统，人的身体亦是如此，犹如天的运动、流转和衍化的整体系统，在这个意义上也可以说，人人都是天的存在和意义的体现，董仲舒这一思想在形式上是朱熹的"人人有一太极"的思想观点在汉代哲学的表征。

一般说来，董仲舒的哲学被许多人视为具有准宗教神学性质的哲学，但是这种准宗教神学性质的学说与古代的原始宗教和佛教、道教等具有明显的差分性。董仲舒的哲学更多观照的是此岸世界的现实，即人道，这与他以此在世界的实实在在的身体作为出发点类比和隐喻天的运行机制的观念不无关系。

## 二、身体观的伦理维度

儒家哲学乃至整个中国哲学并不是以纯粹地探赜和穷极宇宙的本原为目的，而是在对宇宙的变化、发展的普遍原则进行理性把握的基础上，寻求和体贴人的安身立命之法则，换言之，就是将对宇宙之道，即天道的认知转化为对人生之道的省思，为社会的运行秩序和人的实践活动找到合理性、正当性。

身体作为活生生的自然之物,既是人思考认知的载体,又是人实践活动的基础,更是人的安身立命之本。人的全部活动都是建立在身体之上的,伦理道德的实践只有通过身体力行的践履才能得以表达,脱离身体的表达都是一种纯粹的抽象认知和形式说教。因此,身体已经超越了其所本来具有的自然属性,又被赋予了某种伦理属性。董仲舒聚焦于王道教化,为政治、社会、家庭中的不同角色寻找确定了安身立命之法,目的在于致力建构一个符合王道教化的理想社会图式。伦理道德的规范性对于身体来讲,既是一种外在化的身体行为表现的遵从,又是一种内在化的身体行为冲动的扼制,是对于是否符合王道教化的身体行为的判断标准。董仲舒所强调的王道教化并不是先王之道的教化,而是现实社会中秉受天意而统治天下的君王,君王将天所彰显的道德意志和道德规范,即"三纲""五常"作为人们必须遵从的伦理道德法则确定下来,既强调了天的最高主宰地位,又强调了君王的自身权威。身体的产生是天的意志的体现,天所显现出的道德意志和道德规范自然地烙印在人的身上,董仲舒指出:

> 为生不能为人,为人者天也。人之为人本于天,天亦人之曾祖父也,此人之所以乃上类天也。人之形体,化天数而成;人之血气,化天志而仁;人之德行,化天理而义。(《为人者天第四十一》)

天在孕育人的时候既有自然躯体的造就,又有道德意识的灌注,正所谓"物疢疾莫能为仁义,唯人独能为仁义"(《人副天数第五十六》),这也体现出董仲舒天人感应思想中目的论维度的无处不在。

同时,作为身心和合的身体。董仲舒认为,身与心存在孰重孰轻的问题,在对这一问题进行论述的过程,实质上是对儒家哲学中所关注的义利之辨问题的另一种表述。他认为:

> 天之生人也,使人生义与利。利以养其体,义以养其心。心不得义,不能乐;体不得利,不能安。义者,心之养也;利者,体之养也。体莫贵于心,故养莫重于义。义之养生人大于利。(《身之养重于义第三十一》)

义利之辨是儒家哲学所关注的重要问题之一，重义轻利是儒家哲学所一贯强调的。董仲舒将身心之论与儒家的义利之辨问题结合在一起。在这个问题上，他所宣称的"体莫贵于心，故养莫重于义""义之养生人大于利"的观点明显地表现出儒家的立场。董仲舒的这一观点与身体作为身心的和合体的观点并不矛盾，而且对身心的关系进行了更为明确的阐释，也从一个侧面反映出，中国哲学视域下的身体观是一种身心合一、身心一体的身体观，有异于西方哲学中所表述的身体观。在身心轻重的问题上，董仲舒所贬抑的身体是被情欲、欲望支配和主宰的身体，是对天道背离，亦即不符合王道教化的身体，不是真正意义上的身体。董仲舒所强调的身体是身心的和合体，是由心所主宰的身体，是顺应天道、顺应王道教化的身体，这才是真正的身体。从这一点看董仲舒并不存在贬斥身体的观点，其对于身体的态度恰恰是极为重视的。

此外，董仲舒在对先秦儒家哲学的人性论进行了隐喻式驳斥的基础上，阐发了以"性三品"为核心内容的人性论。在人性论问题上，董仲舒认为人性是天所赋予的，是具有善恶的"自然之资"，并不是固定的善或恶。人性的不同表现就像天有阴阳之别一样，也存在贪、仁之别。他认为："身之名，取诸天。天两有阴阳之施，身亦两有贪、仁之性。天有阴阳禁，身有情欲祛，与天道一也。"（《深察名号第三十五》）这里，董仲舒将身体与天进行了类比，既强调了人道与天道的吻合，又指出，人们就像天能够抑制阴气的运行一样，应该抑制自身的欲望从而顺应天道，并提出了总结性的论断："天所禁，而身禁之，故曰身犹天也。"（《深察名号第三十五》）身体中的欲望不符合天道的要求，就必须是禁止的，人的身体无时无刻应该是顺应天道、与天合一的身体。董仲舒对于人性的分析和论述的最终落脚点在于人性的教化，对于"中民"而言就是将其身体中所内蕴的善的潜质激发出来，终极目标在于使其实现身体与天道的一致，无限趋近于秉承天意的圣人。当然，身体一定是身心合一的身体。激发人们善的潜质在于教化人们遵守王道、遵守应该遵从的礼仪规制。礼仪规制都具有明显的身体特征。在循天遵礼的维度来看，人们对于礼制道德的服从和践履，实质就是身体的服从和践履,是一种典型的"躬身"主义、"践履"主义。儒家哲学所强调的内圣外王之道,内在诚心正意,以求得修身,修身的终极目标在于经途齐家、治国之后以求得平天下。无论是诚心正意还是齐家、治国、平天下,修身是不可或缺的中间环节,修身就是修得王道教化。显然,董仲舒对于身体必须受到王道教化的约束,其现实的指向就是希望人们修身以修德,践行天所赋予的道德理性。

## 三、身体观的政治维度

儒家哲学关注现实的此岸世界,秉持积极的入世情怀对建构政治清明、社会和谐、人民幸福的理想社会满怀希望。董仲舒以天人感应为中心的哲学理论体系具体鲜明的政治指向性,由天道引出人道,由人道引出政道,毕竟其学说的真实目的在于回应汉武帝关于大一统问题的关注。在政道上,董仲舒特别强调的是君主的政治作为,而君主政治作为的好坏在于其是否能够秉承和顺应天意来治国。在董仲舒看来,治国之道与治身之道是圆融一致、贯通相一的。在《春秋繁露·通国身》中,他系统阐明了治国与治身的一致性,告知人们懂得治身之理,相类比便能够通晓治国之道,同时,如果君主不能治身以治国,还将会引起天的谴责警示。董仲舒说:

> 气之清者为精,人之清者为贤。治身者以积精为宝,治国者以积贤为道。身以心为本,国以君为主。精积于其本,则血气相承受;贤积于其主,则上下相制使。血气相承受,则形体无所苦;上下相制使,则百官各得其所。形体无所苦,然后身可得而安也;百官各得其所,然后国可得而守也。夫欲致精者,必虚静其形;欲致贤者,必卑谦其身。形静志虚者,精气之所趣也;谦尊自卑者,仁贤之所事也。故治身者,务执虚静以致精;治国者,务尽卑谦以致贤。能致精,则合明而寿;能致贤,则德泽洽而国太平。(《通国身第二十二》)

> 为人主也,道莫明省身之天,如天出之也。(《为人者天第四十一》)

> 王者与臣无礼，貌不肃敬，则木不曲直，而夏多暴风，风者，木之气也，其音角也，故应之以暴风。王者言不从，则金不从革，而秋多霹雳，霹雳者，金气也，其音商也，故应之以霹雳。王者视不明，则火不炎上，而秋多电，电者，火气也，其音征也，故应之以电。王者听不聪，则水不润下，而春夏多暴雨，雨者，水气也，其音羽也，故应之以暴雨。王者心不能容，则稼穑不成，而秋多雷，雷者，土气也，其音宫也，故应之以雷。

（《五行五事第六十四》）

董仲舒提出的通晓治身之道便会明晓治国之道的观点实际上是儒家哲学"修身、齐家、治国、平天下"在政治上的延伸。修身不仅是道德意识的践履，也是王道政治的自觉，更是建构理想社会图景的基础。然而，这里的治身不是就百姓而言，专指君主对于自我之身的修德循道。这就要求君主不仅要像懂得治身一样治国，更应该在规范自身行为上下足工夫。君主不能修德治身，国家的治理就有可能不遵循天道，天就会通过降灾异、怪象以谴告之。天的谴告就是对于君主行为不端的警示，是规范和矫正君主身体行为的关切和督促。同时，在政道问题上，董仲舒主张君主一定要谨慎使用刑法，刑法是属于阴的方面，带有负面价值，是不值得提倡的，主要将刑罚悬置起来，利用王道原则来教化百姓。从身体观的视角来看，董仲舒的这一政治理念，表现出了对身体的极为尊重，是儒家哲学仁爱的积极体现。

董仲舒以天人感应为中心的哲学理论体系是一种以身天关系而构筑起的哲学图式，身体不仅仅是天所衍化出的自然之物，更具有多维的价值内涵。他对于天人关系的论述倾向于在身天关系的解释中展开，赋予身体以本体性、伦理性和政治性的意蕴，表现了其对身体的推崇和理性认知，为中国哲学的身体观研究提供了一种可能的视域。

**参考文献：**

［1］苏舆：《春秋繁露义证》，中华书局，1992年。

［2］张再林：《作为身体哲学的中国古代哲学》，中国书籍出版社，2018年。

本文为"2020中国·衡水董仲舒与儒家思想国际学术研讨会"提交的论文。

李洪杨（1988—），男，黑龙江齐齐哈尔人，哲学博士，黑龙江大学哲学学院讲师。

# 试论董仲舒天地人三才观对当今生态建设问题的匡正

王即之

董仲舒乃西汉著名思想家、政治家、教育家,唯心主义哲学家和今文经学大师,其思想以儒家宗法思想为底色,杂糅以阴阳五行说,把神权、君权、父权、夫权紧密地贯串在一起,形成帝制神学体系,可谓纵横交错,博大精深。尤其是他的"天人感应""天地人""大一统""诸不在六艺之科、孔子之术者,皆绝其道,勿使并进"等思想学说得到官方的认可和有选择的采纳,有力地推动了汉武帝时代的社会经济发展,从而也使儒学成为中国社会的正统思想,为后人研究、践行、借鉴提供了宝贵的精神资源,影响中国社会长达两千多年。本文拟从董仲舒的"天地人三才观"方面入手,结合当今社会生态建设方面出现的一些问题,加以链接和融合,以期对现实社会提供一定的参考修正作用。

## 一、董仲舒三才观的提出

董仲舒的"天人合一"思想流布甚广,似乎遮住了或者是混淆了与"天人合一"既有联系又有区别的、他的另一思想——"天地人三才观"。其实"天地人三才观"在他的著作里也是叫得很响的,这从他的皇皇巨著《春秋繁露》中就可以看得一清二楚。在《春秋繁露》中，董仲舒总是将"天地人"相提并论。他认为，自古到今"天地人"便处于一个不可分割的系统之中。在《春秋繁露》中他是这样表述的："天地阴阳木火土金水，九。与人而十者，天之数毕也。"[1]他的这个4+5+1的公式，清清楚楚地阐释了在天道运行系统中，有十种重要元素浑为一体，密不可分。其中天地就是一对最大的阴阳，谓之天地阴阳；与之相辅相成的就是金、木、水、火、土五行了；五行之后就是人了。在这十要素中，董仲舒将其中最活跃的三种提炼出来，谓之"天地人"三才结构，细细品来，这实在是很精准而贴切的。

在《春秋繁露·阴阳义第四十九》中，董仲舒还特别提出："天亦有喜怒之气，哀乐之心，人与相副，以类合之，天人一也。"[2]445

也就是说天也有喜怒哀乐之心、之情、之时，和人相符合，都是一样的。那么对于这里所言的"天人一也"的理解、认知或者解读，专家学者之间并不完全一致，甚至可以说是众说纷纭，莫衷一是。西北政法大学刑事法学院副教授、陕西师范大学哲学与政府管理学院在读博士律璞认为，有学者可能会将其释读为"天人合一"，台湾学者赖炎元在对"天人一也"进行解读时，认为其含义是：天和人是相同的。这个解释是非常正确的，由于天和人有相同之处，因此，可以将这句话理解为：天和人在一个系统中。有许多学者恐怕将董氏此语引申为：天人合一。这个说法是不是合理呢？主要看天、人所在的系统，有没有其他因素的存在。实际上，在董仲舒的主要著作《春秋繁露》中，很多时候是天、地、人并提，而非天、人并提。因此，笔者以为，在董仲舒的天人系统中，还应该加上"地"，应该是"天""地""人"三才结构。这种逻辑安排，更加符合董仲舒的本义。因此，"天人合一"并不符合董仲舒的本义，"天""地""人"三才结构才符合董仲舒的本义[3]。

我完全赞同赖炎元的解读和律璞的认知。的确，天地人从来都是紧密相连、不可分割的，一如一首歌所唱的那样"没有天，哪有地；没有地，哪有你；没有你，哪有我"；亦如一副一代又一代流传下来的春联所云"福禄寿三星高照；天地人一体同春"。说得多好呀！天地人三位一体，天地人一体同春，既精准，又吉祥。细究董仲舒《春秋繁露·王道通三第四十四》，也有一段说得极其到位的话："古之造文者，三画而连其中，谓之王；三画者，天地与人也，而连其中者，通其道也，取天地与人之中以为贯，而参通之，非王者庸能当是。"[4]在这里董仲舒站在说文解字和哲学的双重角度，对"王"字做了透彻的、天衣无缝式的解读。他说古时造字的用一竖将三横串联起来，三横就是天地人，一竖就是王者，也只有王者有这本事，换句话说有此种本领的人一定能够成为王者。董仲舒对"王"字的这种合乎情理的解读，实在令人信服。的确，作为王者就应该将天、地、人贯穿起来，在社会实践中人法地，在自然运行中地法天，天法道，道法自然。这样"天地人"才会成为一个和谐的整体，而这里的"人"才是三才中最大的受益者。因为说到底天地是为人服务的，只要人善待天地尤其是地，则天地尤其是天，就不会亏待人和万物。

## 二、当今生态建设问题的出现

一个时期以来，一些地方经济布局和结构严重不合理，经济建设没有很好地按照资源禀赋条件和生态环境容量进行科学布局，在环境保护与经济协调发展方面存在着"高投入、高消耗、高排放、不协调、难循环、低效率"的粗放型的经济发展模式。还有的地方由于无序、过度、分散开发，导致优质耕地和生态空间占用过多，对生态环境产生重大影响。这些都使得环境资源遭到严重破坏，环境污染和生态破坏严重，青山绿水大不如从前那么生动鲜活。而环境污染严重又危害着人们的健康。据悉，我国有3亿人饮水不安全，其中有5000多万人饮用氟、砷含量超标的水，有四分之一城市居民呼吸着质量不达标的空气。

关中城市群天然生态屏障，国家生态安全保障的主体区域之一，承担着我国南水北调中线工程水源地保护任务，有着"中国的中央国家公园"之美誉，享有"世界生物基因库"之称的秦岭，随着西部大开发的步伐，也遇到了种种厄运。诸如：旅游房地产开发项目的违规建设和城镇新村的不规范建设，导致环境污染日益严重；山区道路建设随意开挖山体，造成河道淤积，产生日益严重的水土流失；自然资源的过度开发利用，导致森林植被资源减少和秦岭生态功能下降等等。秦岭日益恶化的生态环境，对我国的可持续发展和实现生态环境与社会经济协调发展造成了一定的消极影响。有专家曾指出，"秦岭自然生态环境一旦遭到破坏恐怕永远无法恢复"。细加考究，这实在不是危言耸听。

多行不义必自毙，实不虚也。好在最高层多次要求对秦岭北麓违规建别墅、严重破坏生态环境问题彻底查处。很快，一场"秦岭保卫战"正式打响！2018年8月14日上午10点，位于西安市鄠邑区蒋村镇、庞光镇和长安区太乙街道的14栋违建别墅、5处违建，被整体拆除，代表着西安秦岭北麓集中拆违行动打响了第一炮。这无疑为以上这些生态建设遇到问题的地方尤其是秦岭问题的解决乃至打赢蓝天保卫战，提供了得天独厚的历史机遇，相信问题将会以最快的速度得到解决。但我担心的是，已经存在的问题解决了，新的问题还会不会卷土重来呢？这还真的不好说，起码有这种可能。我以为，要从根本上解决生态环境方面出现的问题并达到一劳永逸到理想状态，董仲舒的"天地人三才观"倒是为我们提供了可行之处和入门路径。

## 三、天地人三才观对生态环境问题的匡正

在《春秋繁露》中董仲舒说："天地之生万物也以养人，故其可食者以养身体，其可威者以为容服，礼之所以为兴也。"[2]171也就是说，天地人是不以人的意志为转移的天然存在，同时也是维护人类社会发展的必然所需。在漫长的人类社会发展过程中，天地人三种因素相伴相守，不离不弃。天、地生出万物都是为了供养人，也就是满足人的衣食住行之需。用万物中可以吃的东西滋养身体，用有威严的东西制作服装。从人类的角度来讲，文德最为可贵，而威武却是次要的，礼乐就是这样兴起来的。

在《春秋繁露》中董仲舒还说："何谓本？曰：天地人，万物之本也。天生之，地养之，人成之。天生之以孝悌，地养之以衣食，人成之以礼乐。"[2]193-194 也就是说天地人是万物之本。三者的关系是：万物来源于天，万物得到地的滋养，万物得到地的滋养还不够，还需要得到人力的关照，人用礼乐成就天地万物，使天地万物处于和谐美好的人类社会系统中。

从以上分析可以看出，董仲舒的"天地人三才观"把天地人有机地融合在一起，达到一种你中有也、我中有你、密不可分的良好状态。那么，作为三者之一的人，尤其是其中和生态环境有密切联系的有关部门和有关人员，就十分有必要解决好理念与认知问题，深刻领悟其中的哲学含义和现代意义，清醒认识到人类对天地自然的伤害是一种大逆不道之举，就必须从各自的心灵深处去铲除这种伤天害理的投机心理和胡作非为，果断结束在这方面所犯下的过错，确保今后不再犯这方面的过错。

话说回来，不论咋说以上这些地方的这些决策者当时之所以这样做，也大都是为了当时当地的生产和建设，说到底也是为当地人民群众谋福利之举。只不过或多或少地掺杂了一些政绩工程的心理、行贿受贿行为，而导致一时之快，盲目冒进，无情地向大自然开刀，造成了对自然生态环境的严重损坏。说得再明白一些就是为了人而伤害了地，伤害了地也就等于伤害了人，伤害了地和人，也就等于伤害了天，伤害了天也就自然会受到天的惩罚，这无疑是天经地义的因果关系，岂有他哉？之所以说这无疑是天经地义的因果关系，是因为天地人三才是三位一体、不可分割的，无论是伤害了地，还是伤害了人，天都是会追究责任、严厉惩罚的。

**参考文献：**

[1] 钟肇鹏：《春秋繁露校释》，河北人民出版社，2005 年，第 1085 页。

[2] 张世亮、钟肇鹏、周桂钿译注：《春秋繁露》，中华书局，2012 年。

[3] 律璞：《董仲舒哲学体系中的天、地、人三才结构分析》，巴蜀书社，2018 年，第 138 页。

[4] 曾振宇译注：《春秋繁露》，河南大学出版社，2009年，第285页。

本文为"2020中国·衡水董仲舒与儒家思想国际学术研讨会"提交的论文。

王即之（1958—），男，陕西西安人，西北大学中国西部书画研究院研究员，西北大学现代学院国学院执行院长，一级美术师，陕西省国学研究会副主席。

# 董仲舒对孔子孝思想的继承和发展
## ——基于《春秋繁露》的考察

牛冠恒

孝是中国伦理思想史乃至中国文化史上的一个重要命题,梁漱溟在《中国文化要义》中引述近代学者谢幼伟的话:"中国文化在某一意义上,可谓为'孝的文化'。孝在中国文化上作用至大,地位至高;谈中国文化而忽视孝,即非于中国文化真有所知。"[1]29中国自古有重孝的传统,孝在不同时代有不同的意义。

## 一、孝的历史演变

甲骨文中已有孝,孝的甲骨文为𱍸,其字形目前尚无定解。以笔者愚见,甲骨文孝的字形下部为"子"的形状,代表人,上部可有两解:一像谷物,一像头饰,上下合在一起表示一个人头顶谷物或头戴装饰物的形状。进入农业社会,在生产力还不发达的情况下,自然天气对农作物的收成影响极大,农业基本上是靠天收成,庄稼丰收后,人们往往要身着盛装,用丰收的谷物祭祀上天和鬼神,感谢他们的恩赐,因此孝最初的意思是人对上天和鬼神的祭祀,是个象形字,与"享"义同。《尔雅·释诂下》:"享,孝也。"[2]51享有祭祀的意思,晋人郭璞对此的注解是:"享祀,孝道。"[2]51因此,孝最初是一个近乎宗教性质的概念,它的对象并不是人,而是上天或鬼神。《论语·泰伯》也载有孔子的话:"禹,吾无间然矣。菲饮食而致孝乎鬼神。"[3]109孔子赞扬大禹虽然饮食很简单,但却尽量孝敬鬼神,"致孝乎鬼神",也说明当时孝的对象是鬼神。

周之前的殷商是个宗教性质的国家,《礼记·表记》记载:"殷人尊神,率民以事神,先鬼而后礼。"[4]1485甲骨文的孝,正反映了人们祭祀鬼神的情况。商代统治者相信"帝"或者"上帝",为了论证其统治的合理性,认为社会和自然的最高主宰是"帝"或"上帝",商王是"帝"或"上帝"的儿子,"帝"或"上帝"是其祖先。如《尚书·汤誓》:"夏氏有罪,予畏上帝,不敢不正。"[5]191意思是夏代的统治者对百姓不好,犯了罪,商人敬畏上帝,奉上帝之命去讨伐纠正他们。《诗经·商颂·长发》:"帝立子生商。"[6]1453意思是上帝立女生下商人的祖先。商代统治者认为商王朝的政权是"上帝"赐给的,是永恒的,因此,他们便时时向"上帝"和祖先尽孝,以便能得到他们的庇佑,施孝的方式是通过在宗庙中贡奉供品祭祀,这便是祭祖、祭天的由来,当时尽孝的对象只是上天和死去的先人,并没有活着的亲人。《礼记·祭义》中有当时先王行孝的记载:"是故先王之孝也,色不忘乎目,声不绝乎耳,心志嗜欲不忘乎心。"[4]1312是说先王祭祀祖先时,怀着非常虔诚的心态,祖先的容貌好像在眼前出现,声音好像在耳畔回响,并且内心铭记祖先的心思和爱好,这样才算是对祖先尽了孝。

孝字在西周以前的典籍中出现的频率不是很高,它的出现也多与祭祀有关。周革商命,宣告了商朝宣扬的天命说的破产,"帝"或"上帝"并不能永远庇佑人间的政权,因此,只对"上帝"和祖先行孝的方法不再为周朝统治者所坚持。周朝统治者为维护自己的统治,提出了"德"和"以德配天命"理论。周公制礼作乐,进一步用"礼"强化了对死去的祖先的孝,但却并未太重视对活人的孝,这时的孝仍然具有一定的宗教色彩,真正重视对活人的孝是从孔子开始的。

伦理化的孝。孝的金文为𢼝,字形上面的部分像个戴发佝偻老人,文字学家唐兰先生认为是"老"的本字,代表老人,下面是个"子",代表子女,合在一起表示子女搀扶老人,是个会意字。《说文·老部》:"孝,善事父母者。从老省,从子,子承老也。"[7]从象形的甲骨文孝到会意的金文孝,我们可以看出,从商到周,孝的对象也发生了变化,从高高在上的天和鬼神变成了站立在地上的活人,这种变化正反映了当时社会生活的变迁①。

孝字虽然在甲骨文、金文中已经出现,但考诸五经,孝字却很少被提及,说明孝在当时还不是一个重要的伦理命题。孝字多次被提及,是在《论语》中。孔子所处的春秋时代,是中国奴隶制逐渐走向灭亡的时期,随着宗法奴隶制的日趋瓦解,天下大乱,社会无道,臣弑其君、子弑其父的事时有发生,是个不太讲孝道的乱世社会,拯救乱世也就成为当时各家思考的重点。孔子发展了古代孝的思想,把孝的重心由上天和死人转移到活人身上,想以此来重构一个有序的社会,这时的孝开始具有了家庭伦理性质。孔子的思路是:要稳定社会秩序,使天下由乱归治,必先稳定家庭秩序,而稳定家庭秩序最好的方式是为之立一个伦理道德准则,这个准则便是孝,正如孔子弟子有子所说:"君子务本,本立而道生。孝弟也者,其为仁之本与!"[3]3所以,孔子大力倡导孝,并对以前宗教性质的孝进行改造。

## 二、孔子对孝的改造

孔子对孝的改造主要有三方面:一是强调孝和悌是为仁的根本。《论语·学而》篇借孔子弟子有子之口道出孝是行仁的根本:"孝弟也者,其为仁之本与。"二是强调孝要与敬结合。针对当时行孝只重物质而忽略精神的现象,孔子认为,子女对父母的孝要真心实意,如果只是单纯在物质上满足父母,和以前祭祀祖先的孝并没有什么两样,尚不足以为孝,更重要的是要用心去敬,让父母得到人格的尊重和精

---

① 对孝的历史演变,具体可参见拙文《"孝"在中国历史上的演变》,《创造》2013年第10期。

神的慰藉。《论语·为政》："子游问孝。子曰：'今之孝者，是谓能养。至于犬马，皆能有养。不敬，何以别乎？'"[3]17 从中可看出，"敬"是孔子赋于孝的伦理含义。因为对鬼神和死去祖先的孝——祭祀，只从仪式上就可以完成，至于心中敬与不敬，旁人无从知晓，但对在世父母的孝——敬，如不用心，是很难做到的。三是提出孝与礼相结合。《论语》中孔子对孝的明确论述主要见诸于《为政》篇"孟懿子问孝"章、"孟武伯问孝"章及"子游问孝"三章，在这三章中，孔子强调孝的重心都在活着的父母身上，从中也可以看出孔子对孝最重要的改造是把孝的对象从上天、鬼神转向活人，并与礼相结合，也就是《为政》篇"孟懿子问孝"章所说的"生，事之以礼，死，葬之以礼，祭之以礼"[3]16。"葬之以礼"与"祭之以礼"如前所述，古已有之，孔子强调的是"生，事之以礼"，这样，就把孝从宗教伦理转变为家庭伦理。

　　从"孟懿子问孝"章，我们可以看出，孝在当时，至少包含三层含义：一是祭祀鬼神，二是埋葬死者，三是侍奉活人。孔子并没有否定孝的前两层含义，但针对当时社会秩序的混乱，他更强调孝的第三层含义。《论语》一书中，孝字多次被提及，一方面说明当时孝的缺失，这种缺少，主要是第三层含义孝的缺失；另一方面也说明孝开始受到人们的重视，这种重视，主要也是第三层含义孝的重视。自此，孝在中国家庭生活中占据着极其重要的地位，孝也开始成了中国传统伦理的元德。

## 三、董仲舒对孔子孝思想的继承和发展

　　董仲舒向汉武帝建议"罢黜百家，表彰六经"，"诸不在六艺之科、孔子之术者，皆绝其道，勿使并进"，被皇帝采纳，孔子思想得以确立为国家指导思想，孔子以孝治国的思想也才得以真正实施。一方面，董仲舒继承孔子孝的思想；另一方面，他又对孔子孝的思想加以改造，最终使孝政治化。自此以后，汉家开始以孝治天下。董仲舒对孔子孝的思想改造主要体现在以下三个方面：

一是配合其"天人感应"说，重视孝的祭祀含义，尤其是对上天的祭祀。在孔子看来，孝有三层含义，董仲舒继承了孔子这一思想，如他在《王道通三》篇中认为，为人子者，"生溉其乐以养，死溉其哀以藏"[8]424，"生养死藏"即孔子所倡导的"生，事之以礼，死，葬之以礼"。但董仲舒又特别重视孝的祭祀含义，如他在《王道》篇提出："君者，将使民以孝于父母，顺于长老，守丘墓，承宗庙，世世祀其先。"[8]129 在这里，他提出既要使民"孝于父母"，又要使民"承宗庙，世世祀其先"，"孝于父母"是孔子倡导的侍奉活人，"祀其先"是孝的祭祀鬼神层面。

董仲舒在《四祭》篇中进一步阐明祭祀的合理性：

> 古者岁四祭，四祭者，因四时之生庸而祭其先祖父母也。故春曰祠，夏曰礿，秋曰尝，冬曰蒸，此言不失其时以奉祭先祖也，过时不祭，则失为人子之道也。祠者，以正月始食韭也，礿者，以四月食麦也，尝者，以七月尝黍稷也，蒸者，以十月进初稻也，此天之经也，地之义也，孝子孝妇缘天之时，因地之利，地之菜茹瓜果，艺之稻麦黍稷，菜生谷熟，永思吉日，供具祭物，斋戒沐浴，洁清致敬，祀其先祖父母，孝子孝妇不使时过已，处之以爱敬，行之以恭让，亦殆免于罪矣。[8]548

他认为四时祭祀父母是天经地义之事，孝子孝妇要按时祭祀。他在《深察名号》篇则明确提出："故号为天子者，宜视天如父，事天以孝道也。"[8]368 如何"事天以孝道"？当然离不开祭祀。

二是用天来说明孝的合法性，并把孝神化。孔子并没有论述孝的来源，只是强调要人们行孝，董仲舒却认为孝来源于天，以此来论证孝的合法性。他在《立元神》篇中认为：

> 何谓本？曰：天地人，万物之本也，天生之，地养之，人成之；天生之以孝悌，地养之以衣食，人成之以礼乐，三者相为手足，合以成体，不可一无也；无孝悌，则亡其所以生，无衣食，则亡其所以养，无礼乐，则亡其所以成也；三者皆亡，则民如麋鹿，各从其欲，家自为俗，父不能使子，君不能使臣，虽有城郭，名曰虚邑。[8]193—194

既然"天生之以孝悌",那人们就要遵守,不遵守的话,"父不能使子,君不能使臣",天下就会大乱。他还认为包括祭祀在内的行孝,都是奉天本的表现,"郊祀致敬,共事祖祢,举显孝悌,表异孝行,所以奉天本也"。[8]194

董仲舒抬出天,把孝神化,目的是为了以孝比附王权,为现实政治服务。他在《尧舜不擅移汤武不专杀》篇中结合历史上尧舜的故事,讲得很清楚:

> 尧舜何缘而得擅移天下哉?孝经之语曰:"事父孝,故事天明。"事天与父同礼也。今父有以重予子,子不敢擅予他人,人心皆然;则王者亦天之子也,天以天下予尧舜,尧舜受命于天而王天下,犹子安敢擅以所重受于天者予他人也,天有不予尧舜渐夺之故,明为子道,则尧舜之不私传天下而擅移位也,无所疑也。[8]275

天子受命于天,事父与事天同礼,这样,人们便要服从天子的统治。

三是用五行理论来论证孝的合理性。《孝经》里讲,"夫孝,天之经,地之义",但没有进一步论证孝为什么是天经地义的事,董仲舒用五行理论来论证孝的先天合理性,他在《五行对》篇分析得很详细。

> 河间献王问温城董君曰:"孝经曰:'夫孝,天之经,地之义。'何谓也?"对曰:"天有五行:木、火、土、金、水是也。木生火,火生土,土生金、金生水。水为冬,金为秋,土为季夏,火为夏,木为春。春主生,夏主长,季夏主养,秋主收,冬主藏,藏,冬之所成也。是故父之所生,其子长之;父之所长,其子养之;父之所养,其子成之。诸父所为,其子皆奉承而续行之,不敢不致如父之意,尽为人之道也。故五行者,五行也。由此观之,父授之,子受之,乃天之道也。故曰:夫孝者,天之经也。此之谓也。"王曰:"善哉!天经既得闻之矣,愿闻地之义。"对曰:"地出云为雨,起气为风,风雨者,地之所为,地不敢有其功名,必上之于天,命若从天气者,故曰天风天雨也,莫曰地

风地雨也；勤劳在地，名一归于天，非至有义，其庸能行此；故下事上，如地事天也，可谓大忠矣。土者，火之子也，五行莫贵于土，土之于四时，无所命者，不与火分功名；木名春，火名夏，金名秋，水名冬，忠臣之义，孝子之行取之土；土者，五行最贵者也，其义不可以加矣。五声莫贵于宫，五味莫美于甘，五色莫盛于黄，此谓孝者地之义也。"王曰："善哉！"[8]394

从五行相生相克的理论出发，董仲舒认为"五行者，乃孝子忠臣之行也"[8]405、"丧父，如水之克金也"[8]407。那么天子如何行孝呢？他从"土用事"出发，认为天子要"养长老，存幼孤，矜寡独，赐孝弟，施恩泽，无兴土功"[8]513，并在社会大力倡导孝。"孝弟者，所以安百姓也"[8]401，"故君民者，贵孝弟而好礼义"[8]403，以此来统治社会、稳定社会。

**参考文献：**

[1] 梁漱溟：《梁漱溟全集》（第三卷），山东人民出版社，2005年。

[2] 李学勤主编：《十三经注疏·尔雅注疏》，北京大学出版社，1999年。

[3] 李学勤主编：《十三经注疏·论语注疏》，北京大学出版社，1999年。

[4] 李学勤主编：《十三经注疏·礼记正义》，北京大学出版社，1999年。

[5] 李学勤主编：《十三经注疏·尚书正义》，北京大学出版社，1999年。

[6] 李学勤主编：《十三经注疏·毛诗正义》，北京大学出版社，1999年。

[7] 许慎：《说文解字》，中华书局，2003年。

[8] 张世亮等译注：《春秋繁露》，中华书局，2012年。

本文为"2020中国·衡水董仲舒与儒家思想国际学术研讨会"提交的论文。

牛冠恒（1982—），男，河南临颍人，哲学博士，中国社会科学院当代中国研究所助理研究员，中国实学研究会理事、副秘书长。

# "天心"即"爱人"
## ——论董仲舒的仁说

高一品

董仲舒发展了先秦儒家的仁学理论，在继承孔孟仁学的基础上对其进一步发展，其超越之处不但体现在对于"仁"的宇宙论与本体论基础的探求，说明在仁说体系内天道与人道的贯通性，为仁说在现实政治领域的应用提供合法性依据；也体现在其对"仁"的理解不再局限于其内部所蕴含的由近及远的，从"亲亲"到"仁民"的伦理性等级秩序，而是将"仁"的含义诠释为更加适用于政治领域的"爱人"，其"仁"的对象的选择不强调以血缘亲疏为第一原则，而是泛爱众生。并且笔者不同于多数学者重点关注于董仲舒仁说体系中对"仁"与"义"概念的区别，而是以广义的角度，对"仁"的思想观点进行整体性理解与诠释，说明其在政治治理中的具体展现。

## 一、研究述评与问题的提出

### （一）研究述评

20世纪80年代以来，学界在对董仲舒的仁说进行研究时，主要关注其伦理性与道德性，多数学者更加侧重于分析其"仁"的思想在精神境界与品德修养中的作用，而未充分重视"仁"的精神在其王道政治领域的具体展现。例如，王钧林关注到董仲舒"仁"这一概念所包含的"爱人"的内涵,但是没有分析仁说在董仲舒王道政治体系当中的核心性地位①。曾振宇虽然从天人关系的角度对董仲舒的仁说进行诠释,关注到其宇宙论、本体论的维度,将"仁"与"气"相联系,但并未涉及现实政治领域,只是局限于人性论的部分,未突出"仁"在其政治治理领域的显现②。李怡轩、李光辉突出了董仲舒对先秦仁学的继承发展,论述其仁说系统中的人性理论与基于"性三品"说的"三纲五常"的制度制定③。李耀南着重论述了董仲舒仁说体系当中天道论与人性论的内容④。梁宗华论述了董仲舒仁说体系中天道论的内容及其仁义观的建构,论及人性论与三纲五常的内容,仍是侧重于伦理道德的范畴而不是王道政治领域⑤。杨国荣着重诠释了董仲舒天道之"仁"对人道之"仁"的照应,并论及董仲舒"德主刑辅"的施政原则。但是没有对董仲舒的王道政治中如何具体展现"仁"的思想内涵进行系统论述⑥。任蜜林主要从天道的角度阐述董仲舒的人性论,说明王道教化的必要性,但是未论述具体的王道政治原则如何展现其仁说⑦。

多数学者在对董仲舒的仁说与先秦儒家的仁学进行比较分析后,强调董仲舒思想体系中将"仁"与"义"相区分的特点。例如,王文东辨析了董仲舒仁说体系当中"仁"与"义"的区别,包括二者内涵

---

① 王钧林:《董仲舒对儒家仁学的创新与发展》,《济南大学学报》(社会科学版)2009年第6期,第9—12页。
② 曾振宇:《"仁者安仁":儒家仁学源起与道德形上学建构——儒家仁学从孔子到董仲舒的哲学演进》,《中国文化研究》2014年第2期,第1—14页。
③ 李怡轩、李光辉:《从孔子到董仲舒:传统儒家伦理的制度诉求之路》,《西南政法大学学报》2015年第5期,第47—51页。
④ 李耀南:《略论董仲舒的"仁之美"》,《贵州社会科学》2001年第1期,第44—48页。
⑤ 梁宗华:《董仲舒对儒学的构建及其意义》,《东岳论丛》1996年第4期,第71—76页。
⑥ 杨国荣:《神学形式下的人文内涵——董仲舒与儒学的衍变》,《江淮论坛》1992年第3期,第63—69页。
⑦ 任蜜林:《董仲舒王道视野下的人性善恶论》,《哲学动态》2016年第6期,第32—39页。

的不同，哲学基础的不同①。曹树明说明了董仲舒对孔孟仁学的继承发展，主要关注的重点在于对董仲舒"仁""义"概念的区分，说明其"仁"是指向他人的，而"义"才是约束自身的，对董仲舒仁说的讨论仍然是限定在道德维度当中②。李润杰、王惠玲主要从董仲舒对"仁"与"义"内容的理解进行分析，强调董仲舒对二者的区分③。陈昇详细区分了孟子与董仲舒对"仁""义""仁义"理解的差异之处与相同之处④。余治平认识到了董仲舒在"仁"的基础上建立了天与人的关联性，但是重点仍是强调"仁"与"义"的差异，不仅有"人""我"之别，还有"远""近"之分⑤。孟维将董仲舒的仁说与先秦时期的孔孟仁学进行比较，说明董仲舒将"仁"的范围扩大，并强调了"仁"的对象是他人⑥。杨济襄仍主要在道德领域对董仲舒的仁说进行讨论，说明其在继承先秦仁学的基础上，有其自身的特点，将"仁"与"义"相区别，并通过《春秋》中的具体事例进行说明⑦。

此外，大部分学者强调董仲舒仁说体系当中"天"与"人"的对应关系，在天人感应的背景下诠释天道与王道的关联性。例如，姚晓华提及了天道与人道的关联性，说明天意对王道政治的影响，说明君

---

① 王文东：《董仲舒公羊学对儒家仁义论的创造性阐释》，《吉林师范大学学报》（人文社会科学版）2015 年第 1 期，第 62—68 页。

② 曹树明：《董仲舒的仁义观》，《河北科技大学学报》（社会科学版）2002 年第 4 期，第 48—50 页。

③ 李润杰、王惠玲：《董仲舒"仁学"思想浅析》，《唐山学院学报》2005 年第 3 期，第 17—19 页。

④ 陈昇：《孟子与董仲舒对仁、义理解之异同》，《衡水学院学报》2016 年第 3 期，第 12—18 页。

⑤ 余治平：《董子仁义学新释》，《衡水学院学报》2012 年第 5 期，第 1—5 页。

⑥ 孟维：《董仲舒对先秦儒家"仁"的继承与发展》，《文学界》（理论版）2010 年第 11 期，第 219 页。

⑦ 杨济襄：《儒家道德思想的实践——董仲舒"仁义法"的人我内外之别》，《衡水学院学报》2018 年第 6 期，第 6—15 页。

主在国家运行过程中的重要作用①。杨国玉、韩进军认识到了董仲舒仁说体系当中，人道与天道的关联性，将"仁"置于"五常"的体系内进行理解②。陈福滨在说明董仲舒德主刑辅的政治原则时侧重于强调其政治治理方略与"天"的关联性，但是没有以"仁"为核心③。崔迎军同样认识到了董仲舒仁说理论当中"天"与"人"的关联性，但重点仍在于论述董仲舒的"仁"相较于先秦孔孟的仁学具有近一步的发展，仁的范围逐渐扩大，并在此基础上强调"仁"与"义"的区别④。张实龙说明了"仁"是董仲舒思想体系的核心，但是主要侧重于"仁"与天道的关联性，而没有详细论述"仁"在现实政治领域的具体展现⑤。

少数学者以"仁"为核心分析了董仲舒的王道政治思想，但是一些学者受到其所处时代思想文化背景的限制，没有以理性的态度对其具体内容进行客观分析。例如，金春峰论及了董仲舒"仁"的思想在政治领域的具体展现，但是在阶级对立与阶级斗争的框架下对董仲舒的思想进行分析与诠释，强调其中统治阶级与被统治阶级之间的矛盾性，相对缺乏客观性⑥。于首奎虽然对董仲舒仁说的理解由伦理道德领域的个人品德扩展至社会政治领域，但是缺乏系统性，并且受到其所处特殊历史文化背景的影响，强调董仲舒对人民展现的仁爱是欺骗

---

① 姚晓华：《董仲舒对孔子"仁学"的发展》，《衡水学院报》2012年第2期，第13—15页。

② 杨国玉、韩进军：《论董仲舒对先秦仁学的继承和改造——孔、孟、董论"仁"比较》，《河北大学学报》（哲学社会科学版）2002年第1期，第100—103页。

③ 陈福滨：《董仲舒的历史观与政治哲学》，《衡水学院学报》2020年第3期，第29—34页。

④ 崔迎军：《董仲舒对儒家仁义思想的改造及其意蕴》，《宜宾学院学报》2008年第9期，第32—34页。

⑤ 张实龙：《仁——董学之本》，《浙江万里学院学报》2004年第6期，第1—4页。

⑥ 金春峰：《论董仲舒思想的特点及其历史作用》，《中国社会科学》1980年第6期，第67—85页。

性的<sup>①</sup>。

（二）问题的提出

可见，自80年代以来，学界对董仲舒仁说的认识与研究普遍基于其对前秦孔孟仁学的继承。因而自然将其仁说的内容归于伦理道德领域，重视其在个人品德修养与道德教化方面的重要作用。但是笔者认为，在董仲舒的思想体系当中，"仁"并不仅仅只是局限于伦理道德范畴，不仅仅是作为"仁、义、礼、智、信"，"五常"之一的个人品德。而是贯穿于董仲舒的整个思想体系当中的，纵向贯通于天道与人道，并且"仁"是其王道政治运行所依据的核心原则，横向贯通于其王道政治体系当中的各个方面，包括经济发展方针的制定与对民众的教化。因此，多数学者只是在其"天人感应"的理论背景下强调天道与人道的关联性是较为片面的。只是说明君主应该顺应天意而遵循"仁"的原则，而没有详细论证这种"仁"的内涵是如何具体被应用与施行的。由此不能使人们对董仲舒的仁政的现实性进行充分认识，而是认为董仲舒的思想具有浓厚的神学色彩，甚至将其划归至神本的阵营。笔者认为，这是对董仲舒思想的一种严重误解，是由于对其思想体系没有进行整体性与客观性认识而产生的偏见。只是认为其所处的时代具有"大一统"和巩固王权的诉求，而笼统地认为其思想完全是为统治者服务的，完全是统治阶级控制被统治阶级的工具，从而判定其思想体系当中不可能具有真实性的"仁"，不可能具有对人民的仁爱之情，即使提及"仁"也是具有欺骗性的。这是一种对董仲舒仁说内容的错误理解。

所以笔者在分析董仲舒对先秦仁学继承与发展的基础上，主要关注其仁说在现实王道政治领域的具体应用与展现，不同于先前多数学者着重辨析其理论中"仁"与"义"概念的区别，而是从广义的角度，对"仁"进行整体性的理解。并且较为客观地分析董仲舒的仁说在当时的社会历史背景下的重要影响，尤其是以"仁"为核心的王道

---

① 于首奎：《董仲舒的"仁学"刍议》，《中国哲学史》1994年第4期，第77—83页。

政治对《白虎通》中仁政思想的影响，揭示其仁说中所展现的仁爱思想的真实内容。

## 二、"爱气"为生与"仁"为天心

在董仲舒的思想体系当中，"天"是有意志的，天意的核心即为"仁"，天通过自然界的变化发展及人类社会的运行所展现的意志即为仁爱。

（一）以"爱气"为"生"

在董仲舒看来，天的仁爱之心展现在自然界的运行发展过程中，首先表达为对"生"的积极态度。《春秋繁露·王道通三》说：

> 爱气以生物……乐气以养生，哀气以丧终，天之志也。是故春气暖者，天之所以爱而生之；……春主生，夏主养，秋主收，冬主藏。……是故春喜、夏乐、秋忧、冬悲，悲死而乐生。……乐生而哀终，天之当也。

据上引文可知，其一，董仲舒认为，"天"对于"生"的态度是积极的，如果以相应的情感表达，则将"生"对应"爱"。虽然"气"的运行变化自然导致了万物由生到死的过程，但是"天"却对"生"表现出"喜"的情感。其二，在董仲舒的理论体系当中，"生"是与自然界"春、夏、秋、冬"，四季运行变化中的"春"，木、火、土、金、水，五行运行变化中的"木"，阴阳二气运行变化中的"阳"所对应的。在四时的变化过程当中，"春"是万物初生的阶段，《春秋繁露·祭义》说："春之所始生也"，《春秋繁露·人副天数》说："春生夏长，百物以兴"，《春秋繁露·循天之道》说："春气生而百物皆出"。董仲舒还认为，万物的"生"是因为"天"对"春"的情感是喜悦的，是一种展现为"爱"的积极态度。《春秋繁露·阴阳义》说："春，喜气也，故生。"《春秋繁露·王道通三》说："是故春气暖者，天之所以爱而生之。"《春秋繁露·循天之道》说："故养生之大者，乃在爱气。"在此基础上，董仲舒又说明了"春"与"木""阳"的关联性。《春秋繁露·阴阳终始》说："故至春，少阳东出就木，与之俱生。"《春秋繁露·天辨在人》说:"故少阳因木而起,助春之生也。"

可见,在董仲舒的仁说思想当中,"春""木""阳"都是相互关联的,均具有代表生机的积极意义,都是对万物的长养表达欣喜之情与乐观的态度,由此展现其"仁"向往"生"的内涵,说明天道之仁即自然界万物发生本然所蕴含的"仁"。

笔者认为,董仲舒无论是将"春"与"生"相联系,还是将"春"与"木"或"少阳"相对应,其目的始终在于表达"天"对于万物生长的喜悦之情,对于万物的产生的积极态度。虽然自然界万物的产生与灭亡都是自然而然的过程,是阴阳二气此消彼长的运行过程,即使是上天也无法对其进行外在的强制规定,但却仍然对"生"表达出喜悦的情感,更加说明"天"的"仁"。"天"是因其仁爱的本性才会对万物的"生"产生喜悦的情感,才会对万物的消亡产生出悲哀之情。由此说明,董仲舒的仁说体系是存在宇宙论基础的。并且在此基础之上,表达"天"不仅仅希望自然界存在展现为"生"的仁爱现象,也要求人类社会按照"仁"的原则发展。

(二)"仁,天心"

在董仲舒看来,天的这种仁爱之心展现在人类社会运行的过程中,首先体现在对人类总体的要求上。因为"天"是具有仁爱之心的,而人是天的副本,因此人也应该具有仁爱之情。《春秋繁露·人副天数》说:"物疢疢莫能为仁义,唯人独能为仁义。"董仲舒认为,相对于动物,人是具有践行仁义的能力的。而"天"是具有趋向"仁"的意愿的,所以希望人类也具有仁德,希望人也具有仁爱之心。"人之受命于天也,取仁于天而仁也。"(《春秋繁露·王道通三》)在此,笔者所理解的"仁"并不是狭义的,不是与"义""礼""智""信"相并列的五种品德之一,而是包含"五常"的全体,从仁统四德的广义的角度理解"仁",将其诠释为一种整体性的德行和情感。董仲舒认为,"天之为人性命,使行仁义而羞可耻"(《春秋繁露·竹林》)。可见,在董仲舒的仁说体系当中,"天人一也"(《春秋繁露·阴阳义》)不仅表现为"天"具有与人相类似的喜怒哀乐的情感,能够对万物的"生"表现为喜悦的情感,也表现为"人"能够具有与

"天"相同的"仁"的德行。此种整体性的"仁"的具体展现,即为具有仁义的品德与辨别善恶的能力及羞恶之心。"天"具有"任阳不任阴"(《春秋繁露·天道》)的"仁"的德行,那么人也应该具有向往仁义之德的品行和情感倾向。对此,董仲舒将人道的"三纲"与天道相联系,"阳为夫而生之……春为父而生之"(《春秋繁露·暖燠常多》),其将天道之中的"阴""阳"和自然界的"四时"与夫妇、父子等人道中的关系相联系,不仅说明了"三纲"是来源于天的,也说明了"天"要求人遵循"仁"的原则,其具体内容则展现为孝悌等。

其次在董仲舒的仁说体系中,"天"的"仁"体现在其对人民的爱护上,即要求君主以仁爱之心对待人民,要施行仁政。《春秋繁露·阴阳义》说:"使德之厚于刑也,如阳之多于阴也。"《春秋繁露·天道》说:"天之任阳不任阴,好德不好刑如是。……故阳出而前,阴出而后,尊德而卑刑之心见矣。"《春秋繁露·基义》说:"此见天之亲阳而疏阴,任德而不任刑也。"可见,董仲舒在将"阳"与"德"相对应,"阴"与"刑"相对应的基础上说明,"天"是倾向于"阳"的,即说明上天的意志是主张统治者施行仁政,其具体原则应为以德行感召与教化为主,以外在的强制性的刑罚为辅。

笔者认为,董仲舒仁说体系中的天道之仁,不但体现在本体论维度中,"天"对于"阳气"的重视与推崇,也体现在宇宙生成论中,"天"对于万物生成发展的积极态度。实际上,万物的产生与变化发展是一个自然而然的过程,其本然状态即为如此。董仲舒只是以本体论与宇宙论作为其仁说理论的基础,说明天道之中蕴含着"仁",以此论证人道之"仁"的合理性与合法性。因而,现实社会中的"仁"才是其理论的重点与核心内容,也是其仁说的终极目的之所在。董仲舒希望通过"天"具有"仁"的意愿而要求人类社会也同样按照"仁"的法则运行。一方面要求君主在治理国家时按照"仁"的原则施行仁政,善待人民;另一方面,要求人民依据其可为"善"的本性而培养自身"仁"的德行。由此使得王道仁政得以施行,人类社会可以按照"仁"的法则得以和谐发展。

## 三、以"仁"为核心的王道政治

在董仲舒的王道政治理论体系中,"仁"为其核心。"天"以"仁"为原则而对君主和人民提出要求,君主要施行仁政,而人民要具有仁义的品德。

(一)以"仁"为政治原则与内容

先秦儒家的仁学体系当中,已经强调施行王道政治的重要性。孟子即要求君主"仁民",说明了政治治理过程中"得道者多助,失道者寡助"(《孟子·公孙丑下》)的必然性,由此论证为人君者应该以德行引导、教化人民。董仲舒在对先秦的仁学思想进行继承的基础上,进一步强调施行仁政的重要性,说明以"仁"为核心的政治原则。他在《春秋繁露·俞序》篇中说:"霸王之道,皆本于仁。"在《春秋繁露·离合根》篇中又说:"泛爱群生,不以喜怒赏罚,所以为仁也。"可见,董仲舒认为,无论是君主以个人品德进行正面引导、教化人民,还是辅之以外在的强制手段惩罚人民,都是基于"仁"的原则,是以人民的幸福为目的,而不是依据个人的情感随意进行奖惩。

董仲舒在孟子仁学的基础上进一步探求君主施行仁政的超越性基础,以此论证以"仁"为政治原则与核心的合理性与合法性。其所使用的方法即为说明"仁"是上天所要求的,施行仁政是符合天意的。如果君主不施行王道政治,自然界则会产生灾异现象,以表示天对君主的谴告。但是董仲舒强调这种以灾异表达天的愿望的方式并不是"天"不顾及人民的幸福安乐,而是其仁爱之心的展现。《汉书·董仲舒传》说:"以此见天心之仁爱人君而欲止其乱也。"董仲舒认为上天是通过灾异对君主进行谴告,希望其施行仁政,其最终目的是希望人民生活安乐。

笔者认为,孔孟"仁"的内涵中所需强调的从"亲亲"到"仁民"这种由近及远的秩序,说明其关于"仁"的认识仍是局限于伦理道德范畴。针对个人品德而言,孝悌的伦理原则是第一位的,是

"仁"的最初展现。其对远近亲疏的强调则是表达"仁"的本质属性与内涵。而董仲舒的仁说，将"仁"诠释为"爱人"，"仁者，爱人之名也"（《春秋繁露·仁义法》），则是展现其政治属性，是基于对个人品德要求的基础上，将"仁"扩展至政治领域，"仁"的对象不再局限于具有血缘关系的亲属，而是全体人民。所以，在"仁"这一原则的要求下，君主不能只顾及其一家一姓的利益，不能只考虑自身的享乐，而应关注与自身没有血缘关系的广大人民的利益。由此使得"仁"德由伦理领域进一步扩展至政治领域。此种将"仁"的概念的外延进行由近及远的扩充，可以视为董仲舒对孟子仁学的发展，二者之间并不存在矛盾性。一些学者认为，董仲舒所强调"仁"的"爱人"或"泛爱群生"（《春秋繁露·离合根》）的内涵抛弃了先秦儒家仁学的核心精神。而笔者认为，董仲舒的仁说所强调的"爱人"不是忽视了差等，而是将"仁"的原则施用于政治领域的展现，使其不再局限于伦理道德领域，而是更广泛地爱人民，是在继承孔孟仁学核心内涵的基础上对其进一步发展。董仲舒的"仁"不再局限于亲近的伦理关系，而是将其发展到更广阔的范畴中。其认为人不仅应爱父母兄弟，也应该爱人民，甚至爱他国之民。所以在其以"仁"为核心的政治治理过程中，君主不能仅局限于一家一姓的小爱，其仁爱还要"推恩"至"远"（《春秋繁露·竹林》），不仅要爱其人民，甚至包括对他国人民的仁爱。例如，其提及《春秋》中对臣子为他国人民而违背本国国君命令这一行为的褒奖，说明其政治领域中的"仁"不仅局限于一国之内，在特殊情况下是可以超越远近亲疏关系或上下等级制度的一种大爱。

（二）以"仁"为教化的目的

在董仲舒的仁说体系当中，不但以天意表达对君主施行仁政的要求，也希望人民能具有"仁"的品质。首先，其认为人的本性可以为善，具有善质，为"仁"的实现提供了可能性。在此基础上，其认为君主施行仁政的内容之一就是以"仁"为核心教化百姓，使其遵循礼义的原则，切实按照"仁"的要求规范自身行为。

在以阴阳二气的运行变化为本的基础上，董仲舒认为人同样是由阴阳二气构成，落实到人性中即展现为"贪"与"仁"两方面。他说："天两有阴阳之施，身亦两有贪仁之性。"（《春秋繁露·深察名号》）因为人是天的副本，人道与天道是相照应的，而"天"是追求"仁"的，所以人也应该具有向往"仁"的本性。但是董仲舒认为，人最初本性中只是具有为善的可能性，其以"禾"与"米"的关系来比喻"性"与"善"的关系，说明"性"并不已经是善的，不是"善"已经完成的状态，而是处于萌芽阶段的善。所以，人性只是具有为善的可能性。由此论证后天的王道教化的重要性与必要性。董仲舒认为，只有通过君主施行仁政，以自身的德行对人民进行积极的引导，才能使其具有善性，才能使其行为遵循礼义的原则。由此，董仲舒批评了孟子的性善论，认为孟子仁学理论中的善性，只是一种相较于禽兽的初级的"善"，认为其所强调的善端只是局限于"动之爱父母"（《春秋繁露·深察名号》），只是局限于亲近的血缘关系之中。而董仲舒所认为完全的善性是能够自觉遵循三纲五常的原则，并且具有忠信、博爱等德行。所以其认为这种善是圣人才能达到的境界，而人民想要趋向此种程度的善，是需要王道教化的，不是本性自然发展所能达到的。

所以，不仅教化的目的是使人民发掘与培养本性中的"仁"，君主进行王道教化的原则和所使用的具体手段也应当以"仁"为核心。首先，应以礼乐为主，以外在的强制性手段为辅，即遵循德主刑辅的原则。君主应在要求自身"贵孝弟而好礼义"（《春秋繁露·为人者天》）的基础上，以自身的德行对人民进行感召，继而"感以礼乐"（《春秋繁露·立元神》）。但是无论对"礼"的具体内容进行怎样的规定，其始终是以"仁"为核心的，"大失其仁，安著其礼?"（《春秋繁露·竹林》）可见，"礼"是不能脱离"仁"而独立自存的。无论是孝悌还是其他"礼"的具体规定，都是以"仁"为核心，展现"仁"的原则，是对"仁"的具体表达。在教化人民遵循"礼"的基础上，董仲舒也认识到"乐"的重要作用。《汉书·董仲舒传》说："乐者，所以变民风，化民俗也；其变民也；其变民也易，其化人也著。"可见，董仲舒教化的原则是以内在性的"化"为主，使得礼乐作用于人的内心,而不是以外在性的强制性的刑罚手段为主导。董仲舒认为,无论是上天还是君主,都因其具有"仁"的本性而不愿将刑罚的手段施用于民,即使采取暴力手段,也是不得已而为之,其教化的最终目的始终是使人民践行"仁",最终实现"天下常无一人之狱矣"(《汉书·董仲舒传》)。

(三)以"仁"为经济发展依据

先秦时期,孟子仁学思想已经展现在其对经济发展领域的关注中。孟子切实关注人民的生产生活,关注农业的发展,其所主张的仁政思想当中也包含了相关的内容。孟子对当时君主"凶年,粪其田而不足,则必取盈焉"(《孟子·滕文公上》)的行为进行强烈谴责,并且提出关于帮助农民发展经济的具体政策。如,《孟子·公孙丑上》提出:"耕者,助而不税",《孟子·梁惠王上》说:"不违农时"。其认为,王道教化得以实现的基础在于人民的物质生活具有基本保障,"有恒产者有恒心"(《孟子·滕文公上》),人民只有解决温饱问题,才具有践行仁义的可能性,内在的礼乐教化才能发挥作用。董仲舒的仁说体系中同样包含对人民物质生活的关注,同样意识到税法的制定对于人民的重要影响。因此《春秋繁露·五行顺逆》曰:"无夺民时,使民,岁不过三日,行什一之税。"在《春秋繁露·竹林》中提出:"凶年不修旧"等具体的经济发展原则。并且在此基础上进一步探寻人民生活困苦的根本原因,认识到当时对人民经济发展造成严重影响的原因是贫富差距过大,由此其提出了"调匀"的经济发展方针,并且要求政府限制私有土地的扩张,且将盐铁等利润高的行业归于人民经营,官方不能与民争利。

笔者认为,无论是董仲舒提出关于税法制定的具体内容,还是要求君主遵循"不与民争利"的原则,其都是以"仁"为核心,希望人民生活幸福安定。因此,在董仲舒的仁说体系中,不能对"利"这一概念进行狭义的理解,不能将其置于与"义"相对立的位置,而应将其视为与"义"和谐一体,相辅相成的存在。《春秋繁露·身之养重于义》曰:"天之生人也,使人生义与利。利以养其体,义以养其心。心不得义,不能乐;体不得利,不能安。义者,心之养也;利者,体之养也。"《春秋繁露·诸侯》篇:"生育养长,成而更生,终而复始,其事所以利活民者无已。天虽不言,其欲赡足之意可见也。古之圣人,见天意之厚于人也,故南面而君天下,必以兼利之。"可见,在董仲舒的仁说体系当中,侧重于物质性的"利"与侧重于精神性的"义"都对人的发展具有积极性影响,从当时人民自身发展的角度,"利"与"义"或"仁"并不具有矛盾性或冲突性。许多学者在进行研究讨论时,经常将"义"与"利"的对立作为理论前提。实际上这种理解方式是狭隘的。笔者认为,至少在董仲舒的仁说体系当中,"利"这一概念对于人民自身发展的积极含义是不应该被忽视的。先秦仁学理论当中多将"利"作为与"义"对立的存在,在道德领域内对追求"利"的行为进行批评或要求人们在符合"义"的前提下才能提及"利"。

笔者认为,应该从广义上对董仲舒的仁说进行理解,以整体性的维度,将"义"与"利"共同纳入"仁"的范围内。此外,董仲舒在论及"仁"与"义"的过程中,将二者进行远近、内外的区别,认为"仁"的对象是他人,而"义"作用的对象是自身。由此,学界多数学者在论及董仲舒仁说时重点关注其对"仁"与"义"的区别,认为这是董仲舒相较于先秦仁说的发展。而笔者认为,董仲舒对"仁"与"义"进行此种远、近与人、我的分别,其目的在于论证其"仁"所蕴含的"爱人"的含义,说明"仁大远,义大近;爱在人谓之仁"(《春秋繁露·仁义法》),即为了强调"仁"不仅仅局限于血缘伦理的范畴,其对象不局限于父母、兄弟等,"仁"的应用也不应受到远近亲疏关系的局限。"仁"所作用的范围与对象是"远",由此展现其"仁"说所强调的"泛爱群生"的内涵,展现其在政治领域中的重要意义,而不仅局限于个人的道德领域。由此,笔者认为,董仲舒的仁说相较于先秦仁学的超越之处,不在于大多数学者所认为的,将"仁"与"义"进行明确的区分,而在于其将"仁"赋予更加丰富的内涵,使"仁"这一概念具有更广泛的外延,不再受到亲疏等级秩序的限制,而是真正实现了泛爱与博爱,由此使得其仁说理论相较于先秦时期更加适用于政治领域,而不限于伦理道德领域。所以,可以认为，其仁说相对先秦时期更具丰富性与体系性。

## 四、《白虎通》对董仲舒仁说的继承发展

董仲舒的仁说不仅对当时的经济、政治、教化等领域的具体制度的制定具有重要作用，对后世思想家的仁学也具有重要影响。例如对《白虎通》中"仁"的相关思想内容的影响。

（一）对董仲舒天道之"仁"的继承发展

《白虎通》首先继承了董仲舒仁说体系中关于天道论的内容。例如，《白虎通·五行》篇中，"藏于木者，依于仁也"，继承了董仲舒将"仁"与"五行"之中"木"相关联的思想，认为"木"象征着生机，象征着万物的"生"，展现了"仁"的精神。《白虎通·性情》曰："仁者，好生。"一句更是明确表达"仁"与"生"的关联性，说明"仁"表现为对万物生长的愿望。并且，《白虎通》继承了董仲舒将"仁"与本原性的"气"相联系的观点，同样将"仁"与代表积极作用的"阳气"相对应，明确表达"阳气者仁"（《白虎通·性情》），虽然此一表述是在《白虎通》关于人性的讨论中出现，但仍是从本体论的维度。

此外，在《白虎通》以天道论的维度继承了董仲舒将"仁"与"木""阳气"等相关联的思想内容的基础上，对其进一步发展。在"人副天数"与"天人合一"的原则下，《白虎通》将"五常"与"五脏"相对应，将"肝"与"仁"相对应，并将"肝"与"木"相关联，以此在其仁学中形成天与人相互关联的系统，并将"东方"与"阳""生"相关联，同样是其"仁"的精神在天道论中的具体展现。

笔者认为，《白虎通》将"仁"与"木""东方"等自然界中本然存在的元素相联系，说明"仁"在天道论中的体现，其根本目的在于论证"仁"存在的合法性与必然性。以自然界生育万物的本性即为"仁"，"天"的本性即为"仁"，天希望万事万物都得以生长发展，而为"仁"的存在提供依据。通过天道具有"仁"的本性以论证人道之"仁"存在的合理性，说明人类社会也同样应该践行"仁"的原则。

## （二）对董仲舒王道之"仁"的继承发展

《白虎通》继承了董仲舒在仁说理论中将天道与人道相关联的逻辑体系，在其政治治理领域中同样展现了"仁"这一核心思想。

首先，《白虎通》以"天"的名义要求君主施行仁政，继承董仲舒以灾异谴告的形式，说明君主必须遵循"仁"的原则对待人民。如果君主不行仁政，不爱护人民，则会产生"天见灾变"（《白虎通·谏诤》）的现象，君主也会因此而失去统治权力。

其次，在《白虎通》中，"仁"的原则同样展现在政治领域中的形式之一，即为君主能够"任贤"。笔者在上文已经提及，董仲舒思想体系中是以广义的角度理解"仁"的概念，其在政治领域所应用的"仁"突破了以"亲亲"为基础的顺序，即要求君主施行"仁"的对象是全体人民，而不是按照先秦仁说由近及远的原则，将自身的"亲"置于优先地位。所以，其在任免官吏的过程中不应该以"亲亲"为首要原则，而是应该以是否贤能作为优先标准。《春秋繁露·立元神》曰："夫欲为尊者，在于任贤。"《白虎通》则同样继承了这一原则，并且以是否切实为百姓带来利益作为考察官吏能力的标准，在进行政绩检验的基础上进行赏罚。如《白虎通·考黜》篇说："能安民者赐车马，能富民者赐衣服。"此外，《白虎通》还说明了官吏具有劝谏君主为仁的职能与具体应如何进行劝谏的方式。如《白虎通·谏诤》篇曰："四弼兴道，率主行仁……顺谏者，仁也，出词逊顺，不逆君心。此仁之性也。"贤能的官吏应以劝谏君主施行仁政作为自身的责任，并且要以君主能够接受的较为缓和的方式，这才是为人臣者践行王道政治的具体行为原则与内容，是"仁"在行政领域的展现方式之一，是"仁"的精神本身所具有的性质。

最后，《白虎通》继承了董仲舒强调教化的思想，说明只有通过教化才能使人民达到"仁"，要求君主"立庠序以导之"（《白虎通·辟雍》），并且君主所施行教化的具体方式也必须遵循"仁"的原则，应该主要以礼乐的形式进行引导，而外在的强制性手段只应处于辅助性地位。如《白虎通·考黜》篇说："长于教诲，内怀至仁，则赐时王乐以化其民。"《白虎通·五经》篇说："夫制作礼乐，仁之本。"可见，其继承了董仲舒以"仁"为原则对人民进行内在引导的思想，以礼乐的形式对人民进行潜移默化的感召，而不是以暴力威慑的方式对人民进行外在的控制。并且《白虎通》明确指出以"仁"的原则进行教化的具体内容，即"教里中之子弟以道艺、孝悌、仁义"（《白虎通·辟雍》）。由此，使人民能够遵循"仁"的原则，培养发展其潜在的"仁"的本性。

笔者认为，《白虎通》对董仲舒仁说的继承发展主要展现在政治治理领域，其对天道论中"仁"的相关论述可以视为仁政思想的宇宙论、本体论基础。实际上，仁说理论始终是围绕着政治领域的"爱人"所展开的。无论是对自然界中"生"的积极态度，还是对人的本性中所具有的"善"质的向往，其所表达的核心内容都是"爱人"，最终希望君主能在政治治理过程中遵循"仁"的原则，爱护人民。

## 结　语

笔者认为，在董仲舒的仁说体系当中，无论是其对天道之"仁"的认识，还是其对人道之"仁"的理解，都是以"爱"为核心而展开的。天道之"仁"的对象是"群生"，即爱天地间万事万物。"天"对于万物的生长发展的态度是积极的，对天地万物的"生"会产生喜悦之情。而在人类社会当中，董仲舒以"天"的意志表达其对仁政的愿望，仁政的核心是"爱人"。此处的"人"所指代的范围不仅是与行为者自身具有血缘伦理关系"人"，更加强调的是爱他人。"他人"展现在伦理道德领域则为与自身相对，即对"仁"的概念进行狭义的理解，例如董仲舒对"仁"与"义"的概念在狭义上进行区分，认为"仁"是指向他人的，而"义"是对自身的要求。而在政治治理领域中，仁政之"仁"是一种广义的仁爱，不再局限于一家、一姓、一国的小爱，而是一种广泛地指向全体人民的大爱。广义上的"仁"不是与"义"相对待的，也不是与"利"相对立的，而是以人类全体的幸福为最终目标的仁爱。在此意义上，"义"所达到的对自身的完善，"利"所带来的对人民的物质满足与保障，都是属于"仁"的范围，都是仁政希望达成的结果。

所以笔者在此关注的重点不同于多数学者将董仲舒的"仁"说置于伦理道德领域,对其进行狭义的理解,着重专注其"仁"与"义"的区别等内容,而是从广义上对董仲舒的仁说体系进行整体性分析,说明其以"仁"为核心,将天道与人道相贯通,探寻仁政思想的宇宙论与本体论基础,说明"仁"在人道的流行是"阳气"提供的支持。进而说明其"仁"的思想核心如何在人道之中得以展现,其中包括在经济领域中说明追求"利"的合理性,即为人民的生存发展提供基本的物质保障,由此可以将"利"纳入"仁"说的体系之中。在政治领域中,说明君主首先应该要求自身,以自身的德行对人民进行感召,依据德主刑辅的施政原则进行治理。这种对君主自身德行的要求,要求其自省,即为将"义"的要求纳入"仁"的范围之中。在教化领域当中,董仲舒同样要求遵循"仁"的原则,主张以"礼""乐"为内容对人民进行内在的教化,使其天生具有的"善"质得以发展,将为善的可能性转变为现实性。由此,将"礼""乐""善"作为其仁说的内容。可见,在董仲舒仁说体系当中,其"仁"的含义相较于先秦仁学更具丰富性,应从整体性的角度对其进行理解与诠释。

本文为"2020 中国·衡水董仲舒与儒家思想国际学术研讨会"提交的论文。

高一品(1994—),女,黑龙江哈尔滨人,清华大学哲学系在读博士。

# 仁以安人,义以正我
## ——董仲舒对孟子"仁义俱内"、告子"仁内义外"说的批判与超越

张 凯

陈来在《仁学本体论》中认为董仲舒对儒家仁义的诠释"有其重要的理论意义和伦理意义,这一点以前都被忽略了"[1]134。这对于董仲舒的仁义观在思想史上的地位是中肯的评价。近代以来对董仲舒思想多以阶级批判或唯物、唯心论视角下进行讨论,存在矫枉过正现象。就仁义论而言,徐复观所著《两汉思想史》及冯友兰《中国哲学史》对董仲舒关于仁义论的评述都有不周之处,前者认为"仁义是统治者加强自私自利,强加与贫贱者的精神与物质的枷锁",而董仲舒的仁义"针对一般知识分子,尤其是针对着统治阶级集团,以实现他的人民为主体的政治理想"[2]342具有很强的阶级性;后者论述认为董子"欲发展人质中之善端,使之成为完全之善,则须实行诸德",并指出"仁义最为重要"[3]17。冯友兰将董仲舒的仁义观置于个人伦理与社会伦理的角度经行讨论,弱化了董仲舒仁义观的政治行为的指导作用。这些评价各有一定的理论前提和正确性,但皆存在时代影响下的局限性,不可避免地对董仲舒仁义论的实质与时代意义的认知造成障碍。董仲舒作为公羊学的大家,在历史上有着"孔子之文在仲舒"[4]614的高度评价。其思想以儒学为根本,吸收了先秦诸子的相关理论,构建了以"天"为纲的具有系统性的儒学。其中,董仲舒的仁

义论更是体现了其作为儒学家对孔孟仁义观念继承与发展，近年来亦受到学界广泛关注。周桂钿在《董学探微》中指出："董仲舒的仁义论对封建社会的影响是深远的。他无意迎合当时统治者的口味，有心为封建社会的长治久安献策。"[5] 118董仲舒的仁义观不仅具备着伦理价值，对封建政治亦具备着重要意义。余治平则指出董仲舒的"义，作为一种外在规范和客观法则，一定程度上有了法（law）的倾向和要求"，并认为法涵于义，义涵于仁，仁的道德实践则需要智[6]。从中我们可以看出对董仲舒的仁义观不仅涉及伦理准则，一定程度上也涉及中国古代政治实践。与此同时，我们还需要发现董仲舒的仁义观所涉及的理性认知的层面。本文将立足先秦仁义观背景下，客观分析文献中董仲舒所治《公羊》对仁义观的突破，对其关于儒家仁义应用至人与人之间的道德实践、政治实践做新的探讨。

## 一、孟子与告子的仁义观比较

先秦对于"仁""义"关系的重要论述，主要集中在儒家和名家。道家、墨家等家亦有所述。郭店楚简，《六德》载有的"仁，内也；义，外也；礼乐，共也"和《语丛一》的"仁生于人，义生于道。或生于内，或生于外"等说法[7]，显示了在孟子之前，先秦就有关于"仁义内外"的讨论，或许对孟子和告子的思想产生了一定的影响。本节着重比较告子的"仁内义外说"、孟子"仁义俱内说"，以突显董仲舒对仁义观的思想的继承与贡献。

孟子是儒家的重要代表人物。韩愈曾高度评价孟子的历史地位，阐发其对儒家的道传递过程的思想中写道："孔子传之孟轲，轲之死，不得其传也。"[8]18虽然有所争议，但也可见孟子于儒学发展之作用。告子未有著作流传，其思想主要出现在与孟子的机辩之中。孟子与告子对仁义的理解不一，孟子主要持"仁义俱内"说，而告子持"仁内义外"之说。《孟子·告子上》记录了二人在仁义观上的争辩：

> 告子曰："食色，性也。仁，内也，非外也；义，外也，非内也。"

孟子曰："何以谓仁内义外也？"

曰："彼长而我长之，非有长于我也；犹彼白而我白之，从其白于外也，故谓之外也。"

曰："异于白马之白也，无以异于白人之白也；不识长马之长也，无以异于长人之长与？且谓长者义乎？长之者义乎？"

曰："吾弟则爱之，秦人之弟则不爱也，是以我为悦者也，故谓之内。长楚人之长，亦长吾之长，是以长为悦者也，故谓之外也。"

曰："耆秦人之炙，无以异于耆吾炙。夫物则亦有然者也，然则耆炙亦有外与？"[9]290

告子对于仁内义外的认知是经过与孟子的对话逐渐呈现出来的。告子直接提出"仁内义外"的论述，并在孟子的诘问下予以回复。告子认为"彼长而我长之，非有长于我也；犹彼白而我白之，从其白于外也，故谓之外也"。告子并未直接回答孟子"什么是仁？""什么是义？"告子对于仁义的概念的认知是设定在"彼""我"相接产生的。对于"彼"，我们的感知直接判断并产生"彼是年长"的假设。"彼是年长"的认知则通过"我"产生"我长之"，即恭敬、尊敬等系列的趋善的道德行为。这其中隐含着告子对于"我长之"行为的动力因源自哪里的思考。该动因是源自"我"发现其长而长之，还是"我"长之而发现其长？告子认为"我长之"行为的动力因是源自我发现其长而长之，并且进一步提出"犹彼白而我白之，从其白于外也，故谓之外也"。这里的"彼"已抽象至普遍意义上的"非我"，"我"因其具备"白"的特点，而判断"非我"为"白"。"我"获得"某一非我具备白的属性"的认知，由此该认知来源自外，"故谓之外也"。首先，告子并未直接回应什么是"仁"、什么是"义"，根据孟子持"仁内"说及告子以之为外，此当论"义外"之言。其次，告子将具有道德价值判断下的道德行为与"我"获得该"非我"具备某属性的知识做类比。其根本上是错误地将"我长之"和"我以彼为长"等同之，即将履行道德行为与认知道德行为等同之。

孟子意识到告子对"义"概念的界定出现混淆，并一连三问，而实质上是两大问题。首先，孟子认为判定"马是白的"与判定"人是白的"是相同的认知，该认知都是对任何一个具有"白色"属性的"非我"都是确定无疑的，也是通过相同的认知方式产生的判断，即"A是B"。但是，"我长马"与"我长人"的"长"则是否一致？"长马之长"是人对其他物种的情感表达而非道德行为，"长人之长"是对人与人之间长幼、先后、亲疏等复杂情感且合道德的行为的表达。孟子在这里将情感之善与合道德行为之善加以了区分。孟子对于告子的提问多次采用不同种类下是否产生相同思维判断。如"犬之性犹牛之性，牛之性犹人之性与？"[9]290孟子虽然看到告子对"义"概念的混淆，但又将人与人之间的思维判断同人与物之间的思维判断加以类比，忽视了情感判断在"人""禽"之间的差别。这给予了告子进一步阐释的空间。其次，就是质疑告子对于"义"的理解是基于认知"长者"产生的，还是对长者"长之"的善行为产生的？这实质上就是对"义"产生于对外的反应，还是产生于自身的道德行为表达的发问。

告子坚定地维护着自己"仁内义外"的思想。告子将"仁""义"涉及的概念认知全部设定在"人"的范围之中，对孟子陷于人禽之间的困惑进行回应。首先，告子认为人情感之善是基于"我"的视角下加以判断的，"吾弟则爱之，秦人之弟则不爱也"。告子以"爱"释"仁"并非新见。《论语·颜渊》："樊迟问仁。子曰：'爱人'。"[9]126爱人，即是"仁"的表现；"爱"，就是实践仁的方式。告子以血缘亲疏、国之内外指出"仁"是基于个人的价值判断，"故谓之内"。其次，告子认为"长楚人之长，亦长吾之长"，"义"的标准是与人相接而产生的基本判断，"故谓之外也"。它突破了血缘亲情、国界及"人"与"我"的分别，而是以普遍的道德准则为依据。告子并未论述主体判断是否为"义"的普遍的道德准则是源自人内心本已具备的，还是外物赋予，割裂了情感判断、道德意识与道德实践的联系。最后，我们可以发现，告子在陈述以上四种主体行为价值判断过程中，默认了是以"我"为主体的。这给理性认知"义"的过程中走向了个人主观判断。

孟子以"耆秦人之炙"与"耆吾炙"无有差别并指出"夫物则亦有然者也"。"嗜炙"行为看似是指"我"完成的,其实孟子并未指出主体仅局限于"人"之中。该主体可泛指"每个人",甚至可以表现"嗜炙"行为的每一个动物。孟子意识到人与人之间的道德行为不同于"非人"之中,但"嗜炙"又是源自食欲的基础行为表现。无论是否有"嗜炙"的行为,该判断都是欲望使然,不因客观对象是"秦炙""吾炙"改变。

孟子的仁义观是基于其"性善论"而言,而孟子是以"以心善言性善"[10]139,也就是孟子的"四端之心"。李景林指出:"孟子言人性,不是仅以'仁义'来规定人的本质,而是进一步强调:仁义为人的情感和形色所本有。"[11]32孟子"由仁义行,非行仁义也"[9]263的提法,正是对仁义本自于心的强调。孟子所追求的"仁""义"的概念是既不因客观对象的变化而变化的,也需要区别于"禽"而言的属于人的行为范畴。孟子总以"人禽共有"的行为与情感诘难告子,实质上是对告子混淆于外,不懂得辨析"仁""义"之主体为人,也没有分辨"义行"并不是"义"的抨击。但是孟子所言仁义,亦是通过人的具体行为来表述的,"仁之实,事亲是也。义之实,从兄是也"[9]257。告子仁义观则是基于其"性无善无不善"而言的,"性犹湍水也,决诸东方则东流,决诸西方则西流。人性之无分于善不善也,犹水之无分于东西也"[9]289。告子虽然强调"生之谓性",但将人性的不同决诸于后天的改变,也对其认知人行为正确性的来源带来了影响。

尽管孟子和告子的理论各有立场,但孟子与告子的争锋有利于推动"仁义观"的发展。两人通过对不同事物的认知,对不同行为的判断,使得我们不仅要思考"仁""义"是什么,还要思考"仁""义"适用的对象是否为人以及思考人判断其情感行为与道德行为的合善性,更要思考"仁""义"的来源。

## 二、董仲舒据《春秋》以释"为仁"

张岱年先生说过,自孟子后,论仁义最为清晰详尽的当属汉代的董仲舒[12]268。董仲舒在《春秋繁露》集中阐发"仁义"思想的篇幅有《仁义法》《必仁且智》《身之养重于义》。董仲舒讨论"仁""义"不同于孟子与告子所举之例皆是一种思维的假设。董仲舒以公羊家的视角对《春秋》所记之事经行评判。因此,要理解董仲舒的"仁"和"义",要先理解其所引春秋之事例。

在《仁义法》中,董仲舒用了三个春秋事例,展示了他理解的仁,仁的客观对象的范围,"不仁"的后果。

首先,董仲舒继承了先秦儒家的思想,认为仁即是爱。

> 昔者,晋灵公杀膳宰以淑饮食,弹大夫以娱其意,非不厚自爱也,然而不得为淑人者,不爱人也。质于爱民以下,至于鸟兽昆虫莫不爱。不爱,奚足谓仁!仁者,爱人之名也。[13]565

依据《左传》该事件发生在鲁宣公二年。《公羊传》则在宣公六年对赵盾复见于《春秋》的书例做传记录了此事:"赵盾之复国奈何?灵公为无道,使诸大夫皆内朝,然后处于台上,引弹而弹之,已趋而辟丸,是乐而已矣。""有人荷畚。……赵盾曰:'是何也?'曰:'膳宰也,熊蹯不熟,公怒以斗挚而杀之,支解将使我弃之。'"[14]622即晋灵公昏庸无道,对着内朝大夫弹射石丸等,见其四处奔走,躲避弹丸自娱。另有晋灵公的厨子因未烹熟熊掌,引得晋灵公怒而杀之并将其肢解,手段极其残忍。这些事都让赵盾知晓,赵盾在当时又是晋国极其贤明的重臣。晋灵公心有惭愧而对赵盾杀意。

晋灵公自娱的行为有三:其一,不尊礼。弹射大臣于内朝,何休言"礼,公族朝于内朝,亲亲也;虽有贵者,以齿,明父子也。外朝以官,体异姓也"[14]624。因此,所射皆为亲族近臣。晋灵公以弹射人,纵其欲,其过一也;所射为其亲族近臣,伤其亲,其过二也;伤亲非合周礼,乱尊卑,其过三也。其二,不自制。"杀膳宰以淑饮食。"嗜熊掌以娱口腹,不制欲,其过四也;怒而杀人,不制怒,其过五也;尽其恶以肢解,不制恶,其过六也。其三,不自省。羞于心而欲杀重臣以掩其过,其过七也。

当然,晋灵公之死的相关事件颇为复杂,但简单梳理下来,晋灵公就有七处过错,其无道亦可一窥。晋灵公纵其欲以达到自娱,是自爱的表现。这种爱在不涉及旁人的时候，无法判定其善与恶，具有动物性、非理性的特征。但是，当其行为是与他人之间发生的，便会引发恶果。在董仲舒看来，爱己而害人，即为不仁。董仲舒并不否定爱己的行为，但他强调"爱"的实质是推己及人，乃至"鸟兽昆虫"莫不爱。董仲舒："仁者，憯怛爱人，谨翕不争，好恶敦伦"[15]584《礼·表记》："中心憯怛，爱人之仁也。"[15]252《论语》："樊迟问仁，子曰：'爱人'。"[15]252 由此可观，董仲舒对仁的理解虽然未能突破"仁者，爱人"的行为假设，但他将爱的对象进一步扩大，其目的是引向了对"爱"本身的思考。董仲舒的"爱"需以亲亲为基本原则，做到自省、自制。苏舆："仁者不能有好而无恶，但各得其正，无所偏僻，斯厚于伦类矣。"[15]252 孔子："克己复礼为仁。一日克己复礼，天下归仁焉。"[9]126 爱由心生，爱可达仁。仁的表征必须是在"我"爱"非我"的行为中加以评判而产生的概念。因此董仲舒的"为仁之方"是据之以"爱"心又行之以德的实践。主体行为仅是"爱"的情感波动并不能称为仁的。

董仲舒如何判断实践行为是行之有德？董仲舒又举两例：

> 酅传无大之之辞，自为追；济西传大之，则善其所恤远也。[13]565

事例一：鲁僖公二十六年《春秋》载："齐人侵我西鄙。公追齐师，至酅，弗及。"《公羊》："其言至酅弗及何？侈也。"[14]472 酅，春秋时齐国之地，在今山东东阿西南。该处记录是齐孝公攻打鲁国的西边城邑，鲁桓公能率师退却强齐，追至酅则归，《公羊》以此为"侈"。何休解："侈，犹大也。"按照春秋书例，国内兵不书而举地，记录此事是对鲁僖公的一种褒扬。

事例二：鲁庄公十八年，《春秋》载："夏，公追戎于济西。"《公羊传》："此未有言伐者，其言追何？大其为中国追也。此未有伐中国者，则其言为中国追何？大其未至而豫御之也。其言于济西何？大之也。"[14]289 从《公羊传》可知，未有戎伐鲁之事，鲁庄公主动追戎预防之。《公羊》以此为"大"，对鲁庄公持褒扬的态度。

董仲舒详细比较了两件事例，首先，董仲舒认为二者皆值得褒扬，但是褒扬的程度有大小。董仲舒对比僖公赞其侈，庄公赞其大，充分肯定庄公的行为较僖公更值得赞扬。其理由是僖公是"兵已加焉，乃往救之"[13]565，而庄公是"未至，豫备之"[13]565。僖公之善，抵御强敌，御国之侮；庄公之善，绝乱未形，杜天下之害。

其次，董仲舒善鲁庄公之智。苏舆："礼之本起于别嫌疑，谨纤微，故妨患未形，智之至也。"[15]246董仲舒明确指出判定庄公之智的标准乃是其"知礼之本"，将智的范围限定在对礼的理解，运用之中。董仲舒认为"礼者，继天地，体阴阳"[13]628，遵循礼，即遵循天道。在董仲舒看来唯有圣人之智方能理解礼，运用礼。董仲舒对理性认知礼的作用，可以理解仁是什么？"仁而不智，则爱而不别也；智而不仁，则知而不为也。故仁者所爱人类也，智者所以除其害也。"[13]581董仲舒对于爱的目标是可以没有对象范围的。但是仁爱必须是通过理性分析，且所爱的对象只能限定在人类之中。董仲舒区别了动物性的情感与理性情感，而为仁是理性情感下对"非我"的德性行为。

最后，董仲舒详细阐发了如何将仁应对在群体之间。董仲舒言："王者爱及四夷，霸者爱及诸侯，安者爱及封内，危者爱及旁侧，亡者爱及独身。"[13]566尽管董仲舒更加赞扬鲁庄公，但顶着"春秋无义战"的高压线，董仲舒仍然认可鲁僖公的行为，因为其为自己的国家带来了安宁与荣誉。鲁庄公更是在保证鲁国长期安宁的前提下，又在夷夏之间的相处之间起到示范效果，长远来看具有垂范各诸侯国的作用。董仲舒对于群体间的仁的行为的判定，极大地吸收了周礼"亲亲""尊尊"以及儒家的"正名"思想。他确定主体的身份而言政治主体的行为范围，王者对应四夷、霸者对应诸侯、安者对应封内、危者对应旁侧、亡者对应独身。不仅陈述了不同身份下仁可用的范围，也陈述了治理者使用仁的程度的政治结果。

董仲舒又通过"梁亡"的事例，展示了治理者"不仁"的政治后果。

> 春秋不言伐梁者，而言梁亡，盖爱独及其身者也。[13]566

此事记在《春秋》鲁僖公十九年："梁亡。"《公羊》言："此未有伐者，其言梁亡何？自亡也。其自亡奈何？鱼烂而亡也。"[14]447据《左传》所记，梁伯好土功，不惜民力，民不堪其苦。后秦伐梁，民散不守其土。为秦所取。何休解："鱼烂从内发，故云尔。著其自亡者，明百姓得去之，君当绝也。"董仲舒言："独身者，虽立天子诸侯之位，一夫之人耳，无臣民之用矣。"[13]566 孟子亦有言："贼仁者谓之贼，贼义者谓之残，残贼之人，谓之一夫。"[9]200 董仲舒对于梁伯不爱民而失其土，认为其是爱己身而不爱民导致的。如此不仁导致的君主失其国，董仲舒对臣民是不加谴责的。董仲舒看来"爱人"对于一个君主而言不仅是体现了其"仁者之姿"，亦是其教化百姓，守护国土的职责。

## 三、董仲舒据《春秋》以释"为义"

董仲舒从春秋具体事例中，阐述"为仁"的基本内涵是爱，但仁适用的对象、范围及评价是否为仁皆是外来探寻的。同样是自爱乃至伤人，晋灵公伤臣而为臣诛，梁伯劳民而失民，董仲舒更看重民心的向背。这并不是说董仲舒一定具备着民本思想，而是基于不同社会角色各自的社会要求使然。董仲舒在评论《春秋》事例中的各个行为主体——君、臣、民，都暗含着对其名号的辨析以确定该主体的行为的社会限度。董仲舒认为"义"就是主体的行为符合社会的限度。董仲舒在《仁义法》中举了四个春秋事例来阐释他对义的理解。

> 楚灵王讨陈、蔡之贼，齐桓公执袁涛涂之罪，非不能正人也，然而《春秋》弗予，不得为义者，我不正也。阖庐能正楚蔡之难矣，而《春秋》夺之义辞，以其身不正也。潞子之于诸侯，无所能正，《春秋》予之有义，其身正也。[13]571

事例一：鲁昭公八年，《春秋》记："冬十月，壬午，楚师灭陈，执陈公子招，放之于越，杀陈孔瑗，葬陈哀公。"[14]936《春秋》灭国例月，这里记录了灭国之日"壬午"以明楚国假托讨贼而灭陈国。且《春秋》以灭国为重，常例不应再书流放公子招、杀孔瑗、葬陈哀公之事，以责楚灵王。鲁昭公十一年，《春秋》记："冬十有一月，丁酉，楚师灭蔡，执蔡世子有以归用。"《公羊》："恶乎用之？用之防也。其用之防奈何？盖以筑防也。"①

事例二：鲁僖公四年，《春秋》："齐人执陈袁涛涂。"[14]394《公羊》记录了陈袁涛涂为了不让其军经过陈国，建议齐桓公沿滨海而东，使齐军陷于大泽之中。齐桓公拘捕了陈国大夫袁涛涂。按照《春秋》书例"称侯而执者，伯讨也"。此为奉天子之命而讨。此处"称人而讨者，非伯讨也"。即言齐桓公私自逮捕陈国大夫，《春秋》贬之。

事例三：鲁定公四年，《春秋》："冬，十有一月，庚午，蔡侯以吴子及楚人战于伯莒。楚师败绩。"②《公羊》于此经详细记录了此为楚国伐蔡，蔡昭侯求救于吴。伍子胥欲报父仇，劝吴王阖闾兴师，败楚于伯莒的经过。

事例四：鲁宣公十五年，《春秋》："六月，癸卯，晋师灭赤狄潞氏，以潞子婴儿归。"《公羊传》："潞何以称子？潞子之为善也，躬足以亡尔。虽然，君子不可不记也。离于夷狄，而未能合于中国，晋师伐之，中国不救，狄人不有，是以亡也。"[14]1079

这四个事例，主要分为两大类型。其一，自我行为不符合社会的限度而正他国者，或不符合周礼，如：楚灵王、齐桓公、阖闾专讨；楚灵王伐丧；阖闾弑君等。或不符合基本道德准则，如阖闾妻楚王之母。其二，约束自我行为而为他国灭之者。此言潞子，虽为夷狄之君，然尊礼行善，而《春秋》予之有义。董仲舒分此两大类，言楚灵王、齐桓公、阖闾自身不正，是为不义；潞子其身自正，是为义。

董仲舒所论之义，其客观对象只限定在"我"的范畴之中。"我"自正而不能正"人"亦为义，"我"不正而能正"人"是为不义。因此，董仲舒一再强调"义在正我，不在正人，此其法也"。

---

① 同年四月，楚灵王欲灭蔡国，诈称愿与蔡侯般相会，将其诱致申地杀之，继而讨伐蔡国，至十一月，灭蔡。《春秋》："夏，四月，丁巳，楚子虔诱蔡侯般，杀之于申。"楚子虔，即楚灵王，诸侯书名，乃《春秋》诸绝之。（见何休注，徐彦疏，刁小龙整理：《春秋公羊传注疏》，上海古籍出版社，2014年，第944页。）

② 同月，《春秋》书："庚辰，吴入楚。"《公羊》："吴何以不称子？反夷狄也。其反夷狄奈何？君舍于君室，大夫舍于大夫室，盖妻楚王之母也。"（见何休注，徐彦疏，刁小龙整理：《春秋公羊传注疏》，上海古籍出版社，2014年，第944页。）

## 四、董仲舒的"仁义观"对人我相与准则的规定

董仲舒认为"为仁"需要理性的爱他人,"为义"需要依据社会限度准则要求自我。那么,董仲舒的仁是什么?义又是什么?它们最终的依据又是什么?

苏舆从训诂学对董仲舒的"仁""义"做了分析,其言:"仁从人,义从我,是字形之别也。"并引《说文》:"'仁,亲也,从人,从二。又古文仁,或从尸。'尸即篆体人字。……'谊,人所宜也''义,己之威仪也,从我从羊。'"[15]243 董仲舒本人也是乐于用字形来释义,如三画连中为王等。义,繁体书为"義",董仲舒言:"义者,谓宜在我者;宜在我者,而后可以称义。故言义者,合我与宜以为言,以此操之,义之为言我也。"[13]571 周桂钿也对"义"做了详细的训诂,认为董仲舒将"义"释为"宜""正""我"三义,在训诂学上都是可以说得通的[5]123。所以董仲舒认为的仁即是爱人的一种表征,义即是合我与宜为之一的一种表征。

那么爱的情绪波动来自内心,为什么不是仁内呢?所宜之礼来自社会准则,自律行为实践为主体自我,义又何言在内呢?这便与董仲舒构建的以天为本体的宇宙息息相关了。在《春秋繁露·为人者天》中,董仲舒言:"人之形体,化天数而成;人之血气,化天志而仁;人之德行,化天理而义。"[13]702 董仲舒利用其天人相副的观念,将"仁"与"义"比副为天之志、天之理。天志与天理经过人的血气、德行便成为了其道德的准则。甚至我们可以认为董仲舒所理解的"仁""义"只有在其信仰的天之中才能得到完满的呈现,"是故仁义制度之数,尽取之天"[13]791。余治平认为:"董仲舒对'仁'(以及'义')所作的别出心裁的理解,无非是想用天的神圣性和不可侵犯性来展现仁(或义)所具有的绝对性、权威性和超越意义。"[16]33-38 于天而言,仁为天心,义合于天理。仁、义皆出于天,这是董仲舒天学的必然。但是对于人而言,我们看到的是天对万物的仁爱,对天道的谨守。"仁外义内"应该是对"仁""义"发生状态的理解。与人而

言，仁是血气化之于己身可谓仁内，义是对天理的践行可谓义外。但是仁义又皆在天之中，究其天道，仁义皆在天之内，人之外。董仲舒如此匠心独运地阐发其仁义观，其目的是为了教化民心，而其间的难度就在这"我"与"非我"之间的把握。

董仲舒通过对《春秋》公羊学的发挥，利用具体的历史事例分析出"仁之法在爱人，不在爱我；义之法在正我，不在正人。我不自正，虽能正人，弗予为义；仁不被其爱，虽厚自爱，不予为仁。"董仲舒将"仁""义"发生的条件抽象为"人""我"之间产生。"人"与"我"不能看作是个体对个体而言的。在董仲舒所举的事例之中，"人""我"的范畴包含着个体对个体、个体对群体、群体对个体、群体对群体，甚至在同一个事件中涉及多种"人""我"之间关系的处理。董仲舒所提出的"以仁安仁，以义正我"，而对于为仁、为义者，最大的障碍就是如何"辨乎内外之分"。董仲舒言："是义与仁殊。仁谓往，义谓来；仁大远，义大近；爱在人，谓之仁，义在我，谓之义；仁主人，义主我也。"[13]573如果我们将关注点放到"仁主人，义主我"，那么在逻辑上是可以推论出：人谓往，我谓来；人大远，我大近。这里的"我"不仅仅蕴含着义的对象，也蕴含义的动态趋向。人与仁的关系亦然。所以当我们探寻仁义到底是什么的时候，不能仅寻找它的内涵是什么，更要在实际生活中辨析人我之间相与的方式。当然这并不是要以个人为中心，而是切实地认清个人的本职。

**参考文献：**

[1] 陈来：《仁学本体论》，三联书店，2014年。

[2] 徐复观：《两汉思想史》（第二册），九州出版社，2014年。

[3] 冯友兰：《中国哲学史》，华东师范大学出版社，2011年。

[4] 王充著，黄晖撰：《超奇》，《论衡校释》（第二册），中华书局，1990年。

[5] 周桂钿：《董学探微·仁义论》，北京师范大学出版社，2008年，第118页。

[6] 余治平：《仁义诠释的一条独特进路——以董仲舒仁义学说为中

心》,《孔子学刊》(第三辑),2012年。

[7] 荆门市博物馆:《郭店楚墓竹简》,文物出版社,1998年。

[8] 陈来:《宋明理学》,华东师范大学出版社,2004年。

[9] 朱熹:《四书章句集注》,长江出版社,2016年。

[10] 徐复观:《中国人性论史·先秦篇》,三联书店,2001年。

[11] 李景林:《伦理原则与心性本体——儒家"仁内义外"与"仁义内在"说的内在一致性》,《中国哲学史》2006年第4期。

[12] 张岱年:《中国哲学大纲》,中国社会科学出版社,1982年。

[13] 钟肇鹏主编:《春秋繁露校释·仁义法》(校补本),河北人民出版社,2005年。

[14] 何休注,徐彦疏;刁小龙整理:《春秋公羊传注疏·宣公六年》,上海古籍出版社,2014年。

[15] 苏舆撰、钟哲点校:《春秋繁露义证》,中华书局,2015年。

[16] 余治平:《董仲舒仁义之学的特殊性》,《北京青年政治学院学报》2006年第8期。

本文为"2020中国·衡水董仲舒与儒家思想国际学术研讨会"提交的论文。

张凯(1992—),男,安徽合肥人,上海交通大学人文学院在读博士。

# 董仲舒"仁""智"并进理路及其现代启示

姜淑红

董仲舒是中国古代著名的思想家、政治家、哲学家、教育家,是汉代经学大师。董仲舒的思想集中保存在《天人三策》和《春秋繁露》中。《天人三策》是董仲舒对汉武帝垂问的对答。《春秋繁露》是董仲舒阐释儒家经典《春秋》的著作,以《公羊春秋》为依据,将周代以来的宗教天道观和阴阳、五行学说结合起来,吸收法家、道家、阴阳家思想,建立了一个新的儒学思想体系,成为汉代的官方统治哲学,可以说,董仲舒是继孔子之后中国古代文化的第二圣人。董仲舒在《春秋繁露》中,系统论述"仁""智"的内涵及其关系,从国家治理的角度对为政者应该具有的素养作出规定,不仅直接影响到汉代的具体政治,而且对后世中国古代思想都产生了深远的影响。梳理挖掘董仲舒的"仁""智"思想,对当今国家治理现代化也有现实借鉴意义。

## 一、为政者修身的重要性

中国古代先哲孜孜以求,探索构建美好社会的路径,形成了追求良政善治的传统。董仲舒作为一代大儒,更不例外。《春秋繁露》充满了"劝政"之言,规劝的对象是君主。在古代社会,君主的权力至高无上,天下兴亡系于一身,君主具有什么样的治国理念,施行何种治国之道，事关全局。董仲舒深谙此理，在《天人三策》中说："故为人君者，正心以正朝廷，正朝廷以正百官，正百官以正万民，正万民以正四方。四方正，远近莫敢不一于正。"在董仲舒看来，君主和百官，也就是为政者的才能和品德如何，与百姓生活息息相关，直接决定了国家的发展方向。他从以下四个方面具体论述了为政者的必要性。

第一，百姓一生命运之所系。《春秋繁露·重政》指出，"人始生有大命，是其体也。有变命存其间者，其政也。政不齐则人有忿怒之志，若将施危难之中，而时有随、遭者，神明之所接，绝属之符也。亦有变其间，使之不齐如此，不可不省之，省之则重政之本矣"①。人一出生就天然地被附有生命，这是人的自然生命，是人的本然状态，是"大命"。然而，人在一生发展中，除了"大命"这个自然状态外，还有应然状态和实然状态，也就是人应该发展成什么状态以及实际发展成什么样子，这是由政治造成的。假若政治不清明，百姓生活就如同走钢丝一样，随时在危难中进行活动。为政者要时刻省察自己和施政行为，省察自身和省察政治即是重视政治的根本。

第二，国家社会发展的枢纽和关键。《春秋繁露·立元神》说，"君人者，国之元，发言动作，万物之枢机。枢机之发，荣辱之端也，失之毫厘，驷不及追。故为人君者，谨本详始，敬小慎微。"②又说，"君人者，国之本也"③。董仲舒指出作为最高统治者是国家发展的根本所在，一言一行都为天下之表率，关系甚重，因此在作出决定之前，就要格外谨慎小心。而统治者不可能靠一个人的力量治理好国家，最好的办法就是加强修养，提高水平，同时尊贤任能，团结臣属。

《春秋繁露·立元神》进一步指出："体国之道，在于尊神。尊者所以奉其政也，神者所以就其化也，故不尊不畏，不神不化。夫欲为

---

① 苏舆：《春秋繁露义证》，中华书局，2019年，第131、132页。
② 苏舆：《春秋繁露义证》，中华书局，2019年，第146页。
③ 苏舆：《春秋繁露义证》，中华书局，2019年，第148页。

尊者在于任贤，欲为神者在于同心。……莫见其所为而功德成，是谓尊神也。"① 治理国家的方法，在于地位尊贵和才智神妙。地位尊贵，所以能令人奉行政令；才智神妙，所以能成就他的教化。所以地位不尊贵人就不会敬畏，才智不神妙人就不会被教化。想要使地位尊贵的人，就在于任用贤能；想要使才智神妙的人，就在于同心同德……没有人看到他做了什么，而功业德行都已成就，这就是所谓的尊贵与神妙。所谓贤能，不是不修而得，不学而能，必须要靠不断地修炼才能达成，因此，为政者的修身就至关重要了。

第三，社会风气的导向标。《春秋繁露·三代改制质文》说："正者，正也。统致其气，万物皆应，而正统正，其余皆正，凡岁之要，在正月也。法正之道，正本而末应，正内而外应，动作举措，靡不变化随从，可谓法正也。"② 正，就是端正。统领引导阴阳之气，万物全都相应而归正；统领端正，其余都端正了。一年的关键，在于正月。效法正月的方法，是端正根本而后枝末就随之端正，内部端正外部也就相应端正，任何动作、举措，没有不随之变化的，这可以说是效法正月了。董仲舒认为统治者行为端正，不存"君民之心"，而是设身处地为百姓着想，以仁爱之心教化人，尊敬长辈和老人，不侵夺农时，那么百姓就会家家衣食富足，没有愤怒，没有忧患，没有恃强凌弱，也没有中伤之心和嫉妒之心。"民修德而美好，被发衔哺而游。不慕富贵，耻恶不犯。"③

## 二、为政者"仁""智"并进

董仲舒在论证为政者修身于国家治理重要性的基础上，进一步提出了"仁""智"并进理路，也就是仁智和理智并行，是德性主义和理智主义并进的儒家智慧。在董仲舒看来，为政者最重要的素养莫过

---

① 苏舆：《春秋繁露义证》，中华书局，2019年，第150页。
② 苏舆：《春秋繁露义证》，中华书局，2019年，第173、174页。
③ 苏舆：《春秋繁露义证》，中华书局，2019年，第90页。

于"仁"和"智",而二者是须臾不可分离,互为补充,互为助益,缺一不可。

《春秋繁露·必仁且智》说:"莫近于仁,莫急于智。不仁而有勇力材能,则狂而操利兵也;不智而辩慧狷给,则迷而乘良马也。"① 董仲舒用生动的比喻论述了"仁""智"统一的思想,没有仁,只有智,如同"狂而操利兵",智就成为恶人作恶的帮凶和助推力。没有智,只有仁,如同"迷而乘良马",在错误的道路上越走越远,南辕北辙而适得其反。

不仁爱不智慧但却有才能,是非常可怕的,因为表面的才能很容易迷惑民众,赢得人心,容易粉饰过错、掩盖错误,让人无法辨清是非,因而更容易引起严重后果。无仁无智有才不堪用,有仁无智,或者有智无仁同样不行。"仁而不智,则爱而不别也;智而不仁,则知而不为也。"仁爱但不智慧,就会爱人却不能区别善恶;智慧但不仁爱,就会虽知区别却不愿意践行。因此,在董仲舒的认知中,"仁"与"智"都是一种智慧,仁智与理智二者互为补充,互为表里,你中有我,我中有你。首先,"仁"中有"智"。"仁"虽然偏重爱人,但同时也是一种智慧,爱谁,怎样爱,怎样更好地爱?都需要鉴别判断,这就是对人的认知能力和判断能力的一种考验了。其次,"智"中有"仁"。"智"偏重理性判断和理性分析,但同时也内在地包含爱人的成分。辨别是非善恶、邪正曲直,是为了扬善抑恶,扶助弱小,伸张正义,只有"智"中有"仁",才能到达这一理想目标。

既然"仁""智"二者缺一不可,究竟"仁"和"智"的具体含义是什么呢?董仲舒从德性主义和理智主义角度做出了规范和解释。

(一)仁

《春秋繁露·必仁且智》指出,"何谓仁?仁者憯怛爱人,谨翕不争,好恶敦伦,无忧恶之心,无嫉妒之气,无感愁之欲,无险无险诐之事,无辟违之行,故其心舒,其志平,其气和,其欲节,其事易,其行道,故能平易和理而无争也,如此者,谓之仁。"在董仲舒看来,

---

① 苏舆:《春秋繁露义证》,中华书局,2019年,第226页。

仁的首要含义是要极为忧伤地爱护别人，换句话说，要有怜悯之心、慈悲之心，对别人遭受的苦难感同身受，对深处困境的人心怀怜悯，对世间一切不平之事心怀忧虑。正如孟子在《公孙丑章句上》中所说，"人皆有不忍人之心。先王有不忍人之心，斯有不忍人之政矣。以不忍人之心，行不忍人之政，治天下可运之掌上"。有怜悯之心，才有怜悯体恤百姓的政治，如此一来，就掌握了治理国家的要诀，治国平天下也就易如反掌了。除了怜悯爱护别人之外，作为"仁"的应有之义还有：恭谨和谐而与人无争，喜好德行而笃行伦理，无害人忌恨之心，无嫉妒愁闷之苦，无阴险不当之事，无违法乱纪之行。可见，"仁"的含义范围甚广，是在爱人之心、悲天悯人之心衍生下的正直善良的处世道德原则。

董仲舒对"仁"的解释，其独特的、特别有价值的地方，还在于他特别指出"仁"的具体指向和对象，"仁"的指示对象是他人而非自我。《春秋繁露·仁义法》说："《春秋》之所治，人与我也。所以治人与我者，仁与义也。故仁之为言人也，义之为言我也，言名以别矣。仁之于人，义之于我者，不可不察也。"① 每个个体都不是孤立的，都处在一定的社会环境中，每天都在与他人发生各种各样的联系。我们说一个人善良，当然不是指对他自己善良，而是在与他人发生联系之时的所指。董仲舒认为，《春秋》研究的，就是他人与自我的关系，而"仁"和"义"则是用来规范他人与自我关系的。"仁"的指向是他人而非自我，"义"是对自我要求而非对他人要求。理论上讲起来很容易理解，但是在具体实践中，人们往往失去这个意识，或者有意无意回避这样的意识，反而用仁来宽待自己，用义来要求别人，正所谓"以仁自裕，而以义设人"，这样混淆"仁"的指示对象，就很容易造成混乱。董仲舒指出，"仁之法在爱人，不在爱我。义之法在正我，不在正人。我不自正，虽能正人，弗与为义。人不被其爱，虽厚自爱，不予为仁"②。人必须首先自身端正，然后才能去要

---

① 苏舆：《春秋繁露义证》，中华书局，2019 年，第 219、220 页。
② 苏舆：《春秋繁露义证》，中华书局，2019 年，第 220、221 页。

求别人，如果单方面去要求别人，哪怕此种要求和规范多么合情合理合法，都是片面的似乎正确，而非真正的合乎道义，自然也不是爱人的体现，也就不是"仁"了。

明确"仁"的指示对象之后，董仲舒重点解释为政者之"仁"，认为搞清楚"仁"的正确含义，以及如何践行"仁"，对于为政者提高素养、提高治理水平有重要意义。《春秋繁露·仁义法》说，"君子求仁义之别，以纪人我之间，然后辨乎内外之分，而著于顺逆之处也。是故内治反理以正身，据礼以劝福。外治推恩以广施，宽制以容众"①。君子，也就是为政者，明确"仁"和"义"的指示对象之差异，才能正确处理他人和自我之间的关系，对内端正自身，对外广施恩德，才能得到百姓的真心爱戴和拥护。具体如何去做，才真正符合"仁"呢？

董仲舒指出"治民"与"治身"大大不同，"孔子谓冉子曰：'治民者先富之，而后加教。'语樊迟曰：'治身者，先难而后获。'以此之谓治身与治民，所先后者不同焉矣。"统治人民，要先使人民富有，然后再实施教化；管理自身，要先经历困难然后讲求获得。由此看来，"治民"和"治身"，也就是管理百姓和管理自身，要做的事情先后是有很大差别的。董仲舒反复强调"治民"与"治身"的不同。"治民"要心系百姓，一心为百姓谋福祉，让百姓衣食无忧，然后教化引导。"治身"要勇于担当，先人后己，严于律己、宽以待人。

（二）智

董仲舒认为，"智"主要表现在以下几个方面：

第一，善于规划和筹谋。《春秋繁露·必仁且智》说："何谓之智，先言而后当。凡人欲舍行为，皆以其智先规而后为之。"在董仲舒看来，个人要想做成某件事情，或者舍弃某些东西，都要靠个人的智慧去选择，完全要靠"先规而后为之"。也就是说，"智"的核心要素就是规划。什么是规划呢？规划是在事情未实际发生前，就预先设计要做什么事情？为什么要做？由何人来做？怎样完成有效的动员，

---

① 苏舆：《春秋繁露义证》，中华书局，2019年，第224页。

以及怎样实现团体的合作和最优价值目标？总之，规划是个人或者团体制订得较为全面长远的发展计划，是对未来整体性、长期性、基本性问题的思考和考量，设计未来整套行动的方案。董仲舒把规划看得至关重要，甚至提高到决定一国生死存亡之高度。作为统治者来说，规划正确得当，就能成就功业，有一番大作为，且能"其行遂，其名荣，其身故利而无患，福及子孙，德加万民"。假若规划不当，就会一事无成甚至身败名裂，"其行不遂，其名辱，害及其身，绝世无复，残类灭宗亡国是也"①。

第二，预见祸福，早知利害。《春秋繁露·必仁且智》指出，"智者见祸福远，其知利害蚤，物动而知其化，事兴而知其归，见始而知其终"②。所谓预见并非是指神赐的超自然力量，而是个人根据自己的固有知识，根据对事物发展规律性认识，以清醒的头脑、广阔的视野及长远的眼光思考未来，判断未知，在事情未发生或者未出现结果之前，或者刚露出苗头时，就能准确判断它的发展方向，从而未雨绸缪，早做准备，赢得主动和先机。此外，预见性还指在灾害发生前，就能清醒警觉，见微知著，将可能的危害消灭于萌芽之中，或者将危害程度降到最低。先于祸害而能事先防救，也是思想明智的一大表现，《春秋繁露·仁义法》说，"夫救蚤而先之，则害无由起，而天下无害矣。然则观物之动，而先觉其萌，绝乱塞害于将然而未形之时，《春秋》之志也，其明至矣。非尧舜之智，知礼之本，孰能当此？故救害而先知之，明也"③。预见性的特点是，"言之而无敢哗，立之而不可废，取之而不可舍，前后不相悖，终始有类，思之而有复，及之而不可厌。其言寡而足，约而喻，简而达，省而具，少而不可益，多而不可损。其动中伦，其言当务"④。意思是：他说话别人不敢喧哗，他建立的别人不能废除，他采取的别人无法舍弃，前后不相违背，始

---

① 苏舆：《春秋繁露义证》，中华书局，2019年，第228页。
② 苏舆：《春秋繁露义证》，中华书局，2019年，第228页。
③ 苏舆：《春秋繁露义证》，中华书局，2019年，第221、222页。
④ 苏舆：《春秋繁露义证》，中华书局，2019年，第228页。

终都有法度。思考的都可以反复验证，追求达到的从不满足。他的言语简洁而内容充实，简约却明白易懂，简洁却晓畅通达，省略却完备，语句少的别人不能再增多，语句多的别人不能再减少。他的动作行为符合原则，他的言论切合实务。

第三，谨慎施政，反省警戒。《春秋》至深的要义有两条，这两个要义就是小与大，微细和显著之间的差别，小大和微著之间可以相互转换，结果向好的方向发展还是向坏的方向发展，就看为政者是否能在开端时，就能谨慎施政，反省警戒。《春秋繁露·二端》有言，"《春秋》至意有二端，……小大微著之分也。夫览求微细于无端之处，诚知晓之将为大也，微之将为著也"①。董仲舒指出，不能因为细小和微末而忽视，恰恰相反，要格外注意和特别重视细小和开端，"是小者不得大，微者不得著，虽甚末，亦一端。……吾所以贵微重始也。"② 由此，为政者要不断审视自己，反省警戒，时刻存有敬畏之心，修养自身，谨慎施政，留心细微征兆，才能避免过错，弥补失误，"然而《春秋》举之为一端者，亦欲其省天谴而畏天威，内动于心志，外见于事情，修身审己，明善心以反道也，岂非贵微重始、慎终推效者哉！"③

## 三、"仁""智"并进理路的现代启示

董仲舒的"仁""智"并进理路，内涵丰富，指向明确，对于为政者和领导干部加强修养和学习，提高治理水平，有重要的现实借鉴意义。

第一，率先垂范、躬身践行。董仲舒指出，"以仁安人，以义正我"，"我不自正，虽能正人，弗与为义"。领导干部只有在生活和工作中，率先垂范，以身作则，在制定政策和推行实施过程中，都心存

---

① 苏舆：《春秋繁露义证》，中华书局，2019年，第136页。
② 苏舆：《春秋繁露义证》，中华书局，2019年，第137页。
③ 苏舆：《春秋繁露义证》，中华书局，2019年，第137、138页。

敬畏，切实做到自重、自省、自警、自励，真正做到慎独、慎微、慎始、慎终，才能"身正"，才能成为他人自觉效法的榜样，带动、鞭策和鼓励普通党员和一般群众，从而形成积极向上、奋发有为、人人担当的正向磁场。所谓"君子之德风，小人之德草，草上之风必偃"，领导干部的"身正"事关社会风气是否积极健康向上。做到"身正"已然不易，却不是最终目标，最终目标是要在"身正"基础上的躬身践行，达到"知行合一"，实现"知"与"行"的统一。领导干部只有对施政心存敬畏，以政治家的风范和标准严格要求自己，身体力行，把对百姓的承诺落实到行动上，真正做到心系百姓，情系民生。

第二，己所不欲，勿施于人。《论语·颜渊》中，仲弓向孔子请教什么是"仁"，孔子回答，"出门如见大宾，使民如承大祭。己所不欲，勿施于人。在邦无怨，在家无怨"。为政者要时刻存有敬畏之心，敬畏本职工作，敬畏民众。"出门如见大宾"，是指敬畏工作，外出工作，管理一方，要如同接待贵宾一样，如履薄冰，严肃认真，丝毫马虎不得。"使民如承大祭"，指对待辖区内的百姓，要心存敬畏，如同承接大的祀典一样，严肃认真，量民力而行，己所不欲，勿施于人。

董仲舒对于"仁"的解释，首要之义就是要有怜悯之心，对百姓有爱护之心，这点对领导干部来说尤为重要。领导干部只有体察百姓疾苦，关心百姓生活，才能真正做到心中有百姓，才能"想民之所想、急民之所急、办民之所需、干民之所盼"。

第三，严于律己、宽以待人。董仲舒指出，"躬自厚而薄责于外""君子攻其恶，不攻人之恶""求诸己谓之厚，求诸人谓之薄"，君子严厉地责备自己的过失而轻微地责备他人的过失，或者不责备原谅他人的过失。要求自己叫作忠厚，要求他人叫作刻薄。董仲舒认为，用管理自己的方法管理他人，是居上位而不宽容，用管理他人的原则对待自己，是行礼不恭敬。如此一来，有害于宽厚百姓就不亲近，不亲近就不信任，不信任就导致人心涣散而有害社会稳定和发展。因此，领导干部是否能做到严于律己、宽以待人，绝不是单纯个人处世小事，而是事关国家发展全局的大问题。领导干部要善于换位思考，不将个人意志强加他人，尤其在推行政策举措时，要充分考虑民众的承受能力和接受范围，同时多一些人文关怀和政策疏导，少一些行政命令和强硬呵斥。不求全责备，是指对待下属或者属地民众，要有一颗宽容之心、理解之心和包容之心。不求全责备不代表要求不严，严格要求和求全责备是两个不同的概念，严格要求是指要求他人做事要有高标准，朝着高目标努力；求全责备则是苛责他人完美无缺，不容有丝毫差错。严格要求允许差错，宽容失败，有相应的容错纠错机制，带来的结果是前进上进，热情澎湃；而求全责备则不允许失败和失误，没有容错纠错，也没有犯错预警，带来的结果是无人敢承担责任，相互推诿、相互扯皮。

第四，未雨绸缪、慎思慎行。董仲舒指出，"以其智先规而后为之"，又在《春秋繁露·竹林》中指出，"辞不能及，皆在于旨，非精心达思者，其孰能知之？"[①] 领导干部领导水平的高低，很重要的一点是能否做到未雨绸缪，对事情预先做出准确的判断和思考。凡事预则立，不预则废，面对复杂多变的国际国内形势的挑战，领导干部更要扭转承平享受意识，做到艰苦朴素、居安思危，只有时时怀有强烈的忧患意识，在制定决策时才能做到不盲目、不跟风，慎思慎行，精准把握问题规律，科学预见事物发展走势，以全局性眼光和准确的预见性主动发现问题和隐患，防患于未然，才能团结和带领广大党员和群众在正确的方向中向前行进。

本文为"2020 中国·衡水董仲舒与儒家思想国际学术研讨会"提交的论文。

姜淑红（1983—），山东潍坊人，历史学博士，淄博职业学院稷下研究院业务部主任、齐鲁理工学院齐鲁文化研究院兼职教授。

---

① 苏舆：《春秋繁露义证》，中华书局，2019 年，第 43、44 页。

# 董仲舒仁智义利并举的仁学思想

代春敏

董仲舒丰富和发展了先秦以来的仁学思想,他的主要著作《春秋繁露》中的《仁义法》《必仁且智》《身之养重于义》《对胶西王越大夫不得为仁》《观德》等六篇文章,独具特色和理论维度,集中论述了关于仁、智、义、利以及德、礼之间的关系(在其他篇章中也有分散论述)。董仲舒结合当时的历史现实,从社会政治需求出发,对于仁、智、义、利做了详细的区分和辨析。本文将从仁义并举、仁智并举、义利并举几个方面来分析董仲舒的仁学思想。

## 一、仁义并举

董仲舒第一次将仁、义并举,对仁、义的内涵、法则和对象等进行了明确的界定和区分。孔子强调仁、义,但二者并没有同时并举或做明确区分。在孔子看来,"仁"有广义和狭义之分,一方面,"仁"是核心概念,是一种最高的道德标准和理想境界,仁包智、勇、礼、义等;另一方面,狭义的"仁",又是可以和礼、义、智、勇等一样,属于同一个道德范畴。孟子提出"仁义礼智"四端说,孟子的仁义观包含两方面的内容:一方面,"仁义在内"。仁与义是源于人内在心性的恻隐之心和羞恶之心,是内心必须永远遵循而不能违背的基本准则,而不是外在力量强加于自身的;另一方面,居仁由义。"仁,人之安宅也；义，人之正路也。"《孟子·离娄上》）仁、义的内涵又有不同，仁是人的至高追求，是人的最终目标，而"义"则是达到这个目标须臾不可脱离之正路。

董仲舒从《春秋》大义出发，认为"仁外义内"：以仁安人，以义正我，而且还指出"仁义一体"，仁义的法则是治国理政的根本道德原则和最高法则。

（一）仁外义内

董仲舒遵循《春秋》的宗旨，认为研究人与我关系的范畴就是"仁"和"义"，明确指出仁与义在对待人我关系时的不同，"仁之于人，义之于我"，仁是爱别人，义是正自我。深刻省察这一点非常重要，否则，用错了地方和对象，就会造成混乱。仁、义的法则是：以仁安人，以义正我。

"仁者，爱人之名也"，仁就是爱别人，以仁安人，并且董仲舒把"仁爱"的范围扩大到"我"之外的所有"他人"，甚至"鸟兽昆虫莫不爱"。如果只厚爱自己，不爱别人，就不能称为"仁"。楚宋围城之战中，楚国大夫司马子反擅自专权，向宋国大将华元透露本国军情，准备合谈退军，《春秋》反赞之以"仁"，只因司马子反听到宋国子民陷入"易子而食，析骸而炊"的绝境，不忍再坚持用兵，在司马子反心中，楚宋两国百姓的生命同样重要，这是"一视同仁"，"当仁不让"之举。而且董仲舒认为，仁爱的对象和范围远近决定"爱"的程度："远而愈贤、近而愈不肖者，爱也。"广施仁爱、爱及四夷才是王者之爱；只厚爱自己不爱他人，虽处君位，也被董仲舒称为"一夫之人耳，无臣民之用矣"。

"义云者，非谓正人，谓正我。"董仲舒说，"正"是自我的正当和恰当，合乎礼义，不是以义辅正别人，"宜在我者，而后可以称义"。哪怕是在上位的君主，自身不正，也无法匡正臣民。"子帅以正，何敢不正？"

仁与义在人我、内外、远近、往来等方面明显不同，仁是施于别人，向外推广；义是求诸己，匡正自我。董仲舒说，之所以这么详尽地探寻仁和义的区别，是为了更好地把握和调节人我关系，将这些人我内外辨别清楚，才能明白人际关系和谐和违逆的道理。董仲舒指出，自治与治人的标准不可歪曲：以义正我，是严格地按照礼义规范端正自己，严厉地对待自己的过失；以仁爱人，是广博地施予仁爱，宽厚地对待别人的过失。所以要谨慎对待仁、义的施加对象和标准。

（二）仁义一体

董仲舒从多种角度阐述仁与义的区别，但是在道德实践层面，仁与义又不能截然分开，把仁和义看作是两码事，所以作为道德行为主体，要认真省察仁义的分别，把握施行仁义的不同对象和范围，谨慎地施仁行义，自然地融为一体。

"君子攻其恶，不攻人之恶"，"不攻人之恶，非仁之宽与？不自攻其恶，非义之全与？"君子不责备别人的过失而只责备自己的过错，董仲舒说："此之谓仁造人，义造我，何以异乎？"责备自己，在我是义，表现出来是对别人的仁爱；不责备别人的过错，在人是宽厚仁爱，实际是时时反省以义匡正自己，反求诸己，"躬自厚而薄责于人"，二者又有什么不一样的吗？董仲舒引用孔子的诸多观点来强调在实践层面如何践行仁义。"治身者，先难后获"，仁者自己先做困难的事情，把获取放在后面，这是仁者以"义"端正自己，同时又是仁爱宽容别人。《诗经》中说："饮之食之，教之诲之。"这是治理百姓，先解决百姓的温饱问题，还要道德教化和引导；"彼君子兮，不素餐兮。"上位的君子，先做好自己的事情，不能白白地拿着俸禄，这是自治。实际是君子严以修身，敢于担当，"先之劳之"。

同一件事情，对于自身来说是"以义正我"，对于人民来说，就是施仁政，富之教之，以民为本。《春秋》也是如此，讥刺上位者的错误，实际就是怜惜下层百姓疾苦；对于其他国家的小过错，《春秋》不作记录，对于自己国家小的错误，《春秋》都会详细记载，这是用在国与国之间的仁义之法。所以，对待自己再怎么严格都可以，但对别人不能求全责备，这是施仁行义时要特别注意的原则。

仁义一体并非是混淆仁义的对象和法则，而是要更加谨慎思虑，认真对待。针对人们容易出现的错误，董仲舒反复强调"以自治之节治人，是居上不宽也；以治人之度自治，是为礼不敬也"。因此，在道德实践环节，始终反求诸己，以义匡正自己的言行，就是正确实施了仁与义的对象和法则，否则，就是不仁不义，一定会遭到祸患。

## 二、仁智并举

"智"，指智慧、才干能力，或者对道德原则和规范的认知和判断。仁与智是孔子构建的理想型人格必备的德性，"知、仁、勇，三达德"。孔子多次兼言仁、智，"知者乐水，仁者乐山。知者动，仁者静。知者乐，仁者寿"。仁、智同属人内在的德行，无法清楚地用语言区分，孔子借用山水的自然特性将智者和仁者对举，可以让人明显感受到仁者和智者的不同特点，朱熹在《四书集注》中说："知者，达于事理而周流无滞，有似于水，故乐水。仁者，安于义理而厚重不迁，有似于山，故乐山。"可谓自然之美与德性之美的巧妙结合，天人合一。对于仁、智二者之间的关系，孔子说道："择不处仁，焉得智？""仁者安仁，智者利仁。""知及之，仁不能守之，虽得之，必失之。"可见，孔子在仁、智对举时，以仁为根本的道德标准和最高的理想境界。

董仲舒说："何谓之智？先言而后当。凡人欲舍行为，皆以其智先规而后为之。"之前的言说和判断与后来的行为结果一致，都是合适、恰当的，对于某种行为，如果想要实践或者放弃，都要用智慧深思熟虑，周密计划，然后再采取行动，这是"智"。也就是孔子所说的"必也临事而惧，好谋而成者也"。董仲舒将仁、智并举，他说："莫近于仁，莫急于智。"一个"近"和"急"，为什么仁和智这么重要和迫切呢？因为二者不能很好地统一时，就会出现问题。而且董仲舒还谈到一个与仁和智密切相关的重要因素——"才"。判断人才的标准是"德才兼备"，德行和才干都要具备，董仲舒这里讨论的仁和智可以看作是"德"的部分。

（一）有才而无仁智

董仲舒所说的"才"，指的是"勇力材能"，"辩慧獧给"。"勇力"，指好勇有武力。"材能"，有才干，有能力。"辩慧"，聪明而有辩才。"獧给"，做事敏捷。拥有这样的才能很重要，但董仲舒说，有才而没有仁和智就很危险了，他比喻这样的人是："不仁而有勇材能，则狂而操利兵也；不智而辩慧獧给，则迷而乘良马也。"一个人没有仁德，而有勇力和材能，就好像是邪狂的人拿着锐利的兵器；一个没有智慧，而巧言善辩，做事敏捷的人，就如蒙着双眼骑一匹良马，而迷失了方向。

董仲舒把"才"比喻成锐利的兵器和良马，是外在于德行的"工具"，与孔子所说的"器"类似，指一材一艺之专长，司马光在《资治通鉴》中论德和才的关系时说："德者，才之帅也；才者，德之资也。"

仁和智是内在德行修养和人格境界，对于无仁无智而有才的人来说，不是没有才能，而是"施之不当，处之不义"，失去了对道德价值的正确认知和判断，反而会利用手中的"利器"，给自己或他人造成损害。董仲舒说："不仁不智而有材能，将以其材能，以辅其邪狂之心，而赞其僻违之行，适足以大其非，而甚其恶耳。"没有仁、智这种品德，反而会因为其才能而加大他的错误，增加他的罪恶，使其做更大的坏事，给国家带来更大的危害。

（二）仁而不智　智而不仁

除了才能，董仲舒具体谈到仁和智各有不同的体性、功用和效果。董仲舒说，"仁"是用来爱人类爱万物的，如果只知道爱，却无法清晰地辨别爱的对象和程度，毫无差别地爱，就是"仁而不智，则爱而无别也"。"智"是拥有知识和智慧，对人和事进行明确的认知和判断，如果只有智慧而无仁德，那么即使能够对事物做出正确的判断，却不能采取正确的道德行为，也就是"智而不仁，则知而不为也"。

有仁爱，更要有智慧，才能更恰当地表达仁爱，不然，也达不到仁的目标和境界。比如像上面所说的有才而无智无仁之人，假如不用智慧认真审察，很容易被其表面的才能所迷惑。对待万物亦是如此。

"智"是帮助人做出正确的判断，"智者所以除其害也"，有了智慧可以消除有害的因素，避免发生错误。但是，只有智慧而没有仁心仁德，也不会做出正确的行为，《论语》中记载宰我和老师孔子讨论"三年之丧"的问题，宰我是孔子门言语科的弟子，不能说不智，他也懂得为什么要守"三年之丧"，但是他找出种种理由和老师辩驳，而孔子只问他一个问题："女安否？"宰我回答说："安。"孔子也没办法，说如果心安你就去做吧。最后孔子说宰我"不仁"。"仁"与"不仁"只关乎人内心的道德准则和价值判断。有些人智商很高，谋虑缜密，但是"知而不为"，"不为"是不按照应然的价值判断去做事，而只按自己的实际价值去行动，这是"智而不仁"。"择不处仁，焉得智？"不择仁道而处，哪里谈得上智呢？当然也就更谈不上"仁"。

（三）既仁且智

不管是"仁而不智"，还是"智而不仁"，都不是真正的"仁""智"。董仲舒认为，"仁者所以爱人类也，智者所以除其害也"。仁和智虽然功用和效果不同，但只有二者高度统一，才能发挥人才的作用。孔子也说："唯仁者能好人，能恶人。"真正的仁者既知道怎样仁爱，也拥有智慧懂得怎样除害；真正的智者"择仁而处"，能做出正确的判断和行为。

什么是真正的"仁"呢？董仲舒描述了仁者的状貌气象："惨怛爱人，谨翕不争，好德敦伦，无伤恶之心，无隐忌之志，无嫉妒之气，无感愁之欲，无险诐之事，无辟违之行。故其心舒，其志平，其气和，其欲节，其事易，其行道，故能平易用和理而无争也。如此者，谓之仁。"从董仲舒的描述中，我们看到：仁是身与心的高度和谐，是外在气质风范、言谈举止与内在的情感、心志以及价值观等的自然融洽，中正平和。董仲舒说真正的仁爱是善于观察事物运动的态势，事先发现苗头，把祸乱消灭在将要发生而尚未成形的时候。鲁庄公深谋远虑，将敌人追赶到济西，在敌人未到的时候未雨绸缪，预先防备。《春秋》大加赞赏他"绝乱塞害于将然而未形之时，《春秋》之志也。其明至矣"。

董仲舒说真正的智者："见祸福远，其知利害蚤，物动而知其化，事兴而知其归，见始而知其终。"对于智者的状貌气象，董仲舒描述道："言之不敢哗，立之而不可废，取之而不可舍，前后不相悖，终始有类，思之而不复，及之而不可厌。其言寡而足，约而喻，简而达，省而具，少而不可举办，多而不可损。其动中伦，其言当务。如是者，谓之智。"真正的智者不只是头脑聪明智商高，而是有仁爱之心，有洞察力，言行中伦，决策明智，前后不悖。

董仲舒赞美汤、武既有其仁亦有其智，有位有德，德位相配，"当其行，遂其名"，汤、武的功业福泽子孙，惠及百姓。而桀、纣无仁无智，"不当其位，不遂其名，辱害及其身，绝世无后"。不仅有辱自身，还祸及后世子孙百姓。所以董仲舒说"莫近于仁，莫急于智。"

仁智虽有别，亦相融相辅，仁与智统一起来，才能防止祸害，使仁爱更加深厚，恩及四夷远方，使智慧至明至远。因此，真正的"仁"必包含着"智"，"智"必有"仁"，或说"仁即是智"、"智即是仁"，仁智一体。

## 三、义利并举

"义利之辨"是中国古代思想，尤其是儒家思想中的重要论题，将义利并举，对于二者之间关系的辨析，也体现出儒家的道德价值取向和义利追求。"子罕言利，与命与仁。"孔子很少谈"利"，他的价值引导是天命和仁德，但孔子并不排斥利，对于治理百姓，孔子说要"庶之""富之"，"因民之所利而利之"；对于个人，他说："富而可求也，虽执鞭之士，吾亦为之。"如果财富利益可求，哪怕做一名执鞭小吏也可以。孔子所说"可求之利"一定是以道义为前提，如果不合于道义，那么"富贵于我如浮云"而已。孔子所倡导的义利观是："君子喻于义，小人喻于利"，"放于利而行，多怨"，"见利思义"。孟子更是看重"义利之辨"，开篇就对齐宣王讲："王何必曰利？亦仁义而已。"孟子是真的反对"曰利"吗？孟子只是反对国君追求个人的"私利"，而不是一切"利"。朱熹在《孟子集注》中说："当是之时，天下之人唯利是求，而不复知有仁义。故孟子言'仁义'而不言'利'，所以拔本塞源而救其弊，此圣贤之心也。"当时国与国，人与人之间利益纷争，所以孟子更为崇尚"义"，认为"义"是比生命更可贵的道德品质,"舍生而取义者也"。孟子以"义"为名和标准,追求惠泽天下百姓的"公利",扩大了利的内涵,他是为天下之民谋"天下之利"。董仲舒继承了先秦诸子的义利思想,在仁义法则的基础上,进一步发展了儒家的义利之辨:一方面,从天道和人性论发,提出义利两有;另一方面,从道德价值意义角度提出"正义不谋利"。

(一)义利两有

董仲舒说,"天地者,万物之本,先祖之所出也"。天生万物,人的性命本于天。天人相副,"身之名,取诸天",天道与人身相副,"天两有阴阳之施,身亦两有仁、贪之性","仁、贪之气,两在于身"。仁、贪之气相当于义和利,董仲舒从天道和人性论的角度,认为"天之生人也,使人生义于利"。义和利是人身上本来就存在的。《荀子》中说:"义与利者,人之所两有也,虽尧、舜不能去民之欲利……虽桀、纣亦不能去民之义。"

董仲舒非常客观地看待义、利,承认义和利都是人的生命所需。义和利对于人的生命来说,有不同的功能。"利以养其体,义以养其心。心不得义,不能乐;体不得利,不能安。义者,心之养也;利者,体之养也。"董仲舒认为人的生命有身与心两个层次,或者说有物质和精神两种需求。利用来滋养身体,满足人身体在物质方面的需求,义用来涵养心性,满足人精神的追求。如果缺少利,身体得不到正常保养,就不能安适,缺少义的涵养,精神就得不到真正的快乐,义和利缺一不可。

(二)重义轻利

虽然人有义和利,各有功能和用途,但是董仲舒提出"义重于利"。"天之为人性命,使行仁义而羞可耻,非若鸟兽然,苟为生,苟为利而已"。上天赋予人生命,人与天地并列,参天地化育,与禽兽存在本性上的不同,即"人禽之辨",《易经》说:"立人之道,曰仁与义。"人之所以异于禽兽,是因人有比生命更高的价值和道德追求。

1. 养生之义利

从个人养生来讲,董仲舒说:"体莫贵于心,故养莫重于义,义之养生人大于利。"身体最珍贵的莫过于人的心,以义来修养自己的道德和精神比以利来保养人的身体更加重要。

像孔子的学生颜渊、闵子骞、原宪、曾参等生活贫贱困苦，在物质方面没有什么利，但是他们好学乐道，志行高洁，不觉其苦，反乐在其中。颜渊："一箪食，一瓢饮，在陋巷，人不堪其忧，回也不改其乐。"孔子连连赞叹道："贤哉，回也。"尽管颜回早逝，但是他的生命不因长短论寿夭，不因生死论悲欢，"朝闻道，夕死可矣"。一日闻道，知如何生而为人，以义养心，由道而生，"则一日之生，亦犹夫千万世之生矣"（钱穆）。孔子也是"饭疏食饮水，曲肱而枕之，乐亦在其中矣，不义而富且贵，于我如浮云"，把"义"当作生命第一需要，不假外求，外在的富贵或贫贱都不会影响内心的志向。因此，孔子门弟子的"乐"不是乐生活的贫贱富贵，而是"以义养心"的生命的富足和安适。相反，有些人生活富裕，地位尊贵，拥有很多利，但祸患深重，怨恶不断小。所以只看重"利"来养身体，看似物质丰厚，衣食无忧，但心得不到"义"的滋养，日益忧虑，终生无乐。

因此董仲舒的"养生"是包含身体和精神两方面的，他主张"循天之道以养其身，谓之道也"。效法天地的中和之气，"外无贪而内清静，心和平而不失中正，取天地之美以养其身"。天地间最美的莫过于"天道施，地道化，人道义"。人道是以"义"养心，以"义"行事，"人道者，人之所由，乐而不乱，复而不厌者"。遵循人道养身养心，生命才会得到真正的快乐和安宁。

2. 治国之义利

首先，从治理国家的角度，董仲舒认为作为国君，要"正义谋利"。在《对胶西王越大夫不得为仁》篇中，胶西王刘印认为春秋越王有贤德，范蠡、文种帮助越王成就霸业而不居功，因此推崇他们为"仁人"。董仲舒随后道义告诫胶西王："仁人者，正其道不谋其利，修其理不急其功。"（《汉书·董仲舒传》中作"正其谊不谋其利，明其道不计其功"）意思是有仁德的人，遵循正道行事而不存心谋求利益，按照道理做事而不急于求得事功。"不谋其利"不是说不谋求利益，而是先必须端正谋利的目的、动机、途径，审视其是否符合道义，"见利思义"，不可不顾道义，一味以谋求利益为最终目标。正义和明道是体,是根本;谋利和计功是用,是末端。君子不把利和功作为终极目标和最高的价值追求,君子有更高的价值标准和范畴——仁义之道。把名利和财富作为唯一的目标,唯利是图,无视礼义,以欺诈之心获取霸业,这是丧失了为人的根本,是君子所不屑于做的。

其次,董仲舒主张"不与民争利"。董仲舒针对当时的社会经济状况,提出"不与民争利"的思想。《春秋》之所以记载了"鲁庄公在棠地观鱼"这件事,是为了讽刺隐公与民争利的做法,表示对鲁庄公的厌恶之情,尽管用的是隐讳的记载方法。董仲舒说:"凡人之性,莫不善义,然而不能义者,利之败也。故君子终日言不及利,欲以勿亏之而已,愧之以塞其源也。"(《玉英》)这里的"君子"指的是居于上位的人。董仲舒认为,君子以"口不言利",羞于言利来拔本塞源。包括周天子派人索求丧葬之物和费用,都是《春秋》所讥讽和贬斥的。《大学》中说:"畜马乘不察于鸡豚,伐冰之家不畜牛羊,百乘之家不畜聚敛之臣",这是在国家治理层面,对于有俸禄的官员,不得与民争利,《汉书·董仲舒传》中董仲舒明确提出:"故受禄之家,食禄而已,不与民争业,然后利可均布,而民可家足。"百姓势力单薄,董仲舒就寻求天道的理论支持,认为上天在创造万物时,天意是"不重予",比如有四条腿的就不长翅膀,有翅膀的就只有两条腿,有上齿的就不长角,有角的就没有上齿等。遵循天道,人自然也不能既有国家的俸禄,又和老百姓争夺其他的利益。所以董仲舒在孔子"不患寡而患不均"的基础上进一步提出"调均"的思想。在《服制》《度制》两篇,董仲舒认为从人的服装、饮食、居室等日常用度到官制、军制、俸禄等方面,在社会资源的分配上,要设定严格的"度制",使"富者足以示贵而不至于骄,贫者足以养生不至于忧"(《度制》)。防止逐利之心的滋生,缓和贫富分化,稳定社会,这样才能得到长治久安。

董仲舒将义利并举,并非是将义、利二者对立,更不是不求利,不谋利,对立的只是当人们面对义和利时完全不同的两种态度,做出的价值判断和趋向也是截然相反的。所以不管是个人修身养性还是国家治理,都要辨清义利之轻重,

## 四、仁智义利统一的仁学思想

　　董仲舒将仁、智、义、利并举论述，目的不是纯哲学意义上的辨析和讨论，最终都归结到国家的治理层面，仁义礼智四者都统一于"仁"，施仁爱，行德政。徐复观说："中国思想，虽有时带着形而学的意味，但归根到底，它是安住于现实世界，对现实世界负责，而不是安住于观念世界，在观念世界中观想。"① 董仲舒适应了当时西汉的历史现实，顺应大一统的社会发展的政治需求，他对仁义之辨、仁智之辨、义利之辨的深入论述和分析，极大地丰富和发展了自先秦以来的儒家仁学思想。

　　董仲舒提出仁义并举，分析仁与义的区别和法则，提醒在上位者注重仁、义的区别，端正自己的行为，时刻反省是否符合仁义的法则，目的就是要求上位者要对人民施加恩惠，以免偏于治人，疏于自治，仁爱自己，而不知博施于众。提出仁智并举，董仲舒强调"知人"的重要性："有否心者，不可藉便埶；其质愚者，不与利器。既仁且智，选贤举能，以利国家。"国家选拔人才，任用贤能，识人知人非常重要，"凡世不治者，或智而不仁，或仁而不智，无出其类者"。假如不仁不智，国家治理就会出现危机。"举直错诸枉，能使枉者直。"仁者兼有智，能够用对人才，选贤任能，可使不仁者远离，《孔子家语王言解》中孔子说："仁者莫大于爱人，智者莫大于知贤，贤政者莫大于官能。"人尽其才，各尽其用，这就是真正的仁者和智者。董仲舒将义利并举，也是要求作为统治者的"君子"，不以满足个人的私利为目的，要按照道义"正其道"，"修其理"，为民兴利，还要以显德示民，教化百姓，让百姓懂得义利之要害，慎用刑罚。

　　从以上的观点可以看出，虽然有仁义、仁智和义利之分，但仁义礼智四者统一于"仁"，仁、义一体，仁必兼智，智必有仁，在此基础上明辨是非利害，以义为利，达到最大的"利"，仁义礼智相辅相

---

① 徐复观：《两汉思想史》（一），九州出版社，2014 年，第 276 页。

成。透过董仲舒的仁学思想，我们也看到了他所有的社会治理体系和政治构想都植根于他对天道的敬畏之心，对百姓的仁爱之情，不仅继承了儒家以民为本的仁学基础，也开启了儒家仁学思想更深入的探讨和解析，具有承前启后的重要作用。

本文为"2020中国·衡水董仲舒与儒家思想国际学术研讨会"提交的论文。

代春敏（1973—），女，河北衡水人，衡水学院董子学院讲师。

# 董仲舒教育、法律思想研究

# 董仲舒王教思想初探

谢遐龄

## 一、重建王教是董仲舒面对的时代要求

董仲舒所处的时代，是诸子峰起之后、暴秦灭亡之时，汉朝经初期摇摆治国道路逐渐清晰，缙绅先生呼吁回归先王之道。诸子百家，从一个方面看，是思想解放、百花争妍，产生了丰硕的成果；从另一个角度看，是思想混乱，有国者不知所从。毕竟国家治理只能采取一种思路，不得心无定见、左右摇摆。而且立国六十几年，尽管与民休养生息，呈现后世所称"文、景之治"的繁盛局面；但是社会风气败坏，连刘氏子弟都没管理好，或起兵造反，或骄奢淫逸、生活糜烂。这些情况，在董仲舒的对策文和《春秋繁露》中到处可见。如对策文：

> 至周之末世，大为亡道，以失天下。秦继其后，独不能改，又益甚之，重禁文学，不得挟书，弃捐礼谊而恶闻之，其心欲尽灭先王之道，而颛为自恣苟简之治，故立为天子十四岁而国破亡矣。自古以来，未尝有以乱济乱，大败天下之民如秦者也。其遗毒余烈，至今未灭，使习俗薄恶，人民嚚顽，抵冒殊扞，孰烂如此之甚者也。孔子曰："腐朽之木不可雕也，粪土之墙不可圬也。"今汉继秦之后，如朽木、粪墙矣，虽欲善治之，亡可奈何。

法出而奸生，令下而诈起，如以汤止沸，抱薪救火，愈甚亡益也。①

描写社会，曰"朽木粪墙"，评述治理，曰"法出而奸生，令下而诈起"。

重建王教，是董仲舒面对的历史使命。

《庄子·天下》描写诸子情况时写道："天下大乱，贤圣不明，道德不一。天下多得一察焉以自好。""悲夫！百家往而不反，必不合矣！后世之学者，不幸不见天地之纯，古人之大体。道术将为天下裂。"他还追述了之前王教昌明时代的状况——

> ……以事为常，以衣食为主，蕃息畜藏，老弱孤寡为意，皆有以养，民之理也。古之人其备乎！配神明，醇天地，育万物，和天下，泽及百姓，明于本数，系于末度，六通四辟，小大精粗，其运无乎不在。其明而在数度者，旧法、世传之史尚多有之；其在于《诗》《书》《礼》《乐》者，邹鲁之士、缙绅先生多能明之。《诗》以道志，《书》以道事，《礼》以道行，《乐》以道和，《易》以道阴阳，《春秋》以道名分。……

这段评论六经要旨的话，意在阐述六经各从某个方面表述王教；六经总合起来体现完整的王教。反衬诸子各突出一察，以片面性导致王教晦暗。

诸子之起源，依《汉书·艺文志》，归之于国家各职能部门对王教的片面强调——

> 儒家者流，盖出于司徒之官，助人君顺阴阳明教化者也。

> 道家者流，盖出于史官，历记成败存亡祸福古今之道，然后知秉要执本，清虚以自守，卑弱以自持，此君人南面之术也。

---

① 《董仲舒列传》，《汉书》，中华书局，1962年，第2504页。文中引孔子语出自《论语·公冶长》："宰我昼寝。子曰：'朽木不可雕也，粪土之墙不可圬也，于予与何诛？'"注家多释作孔子责备宰予懒惰。董子解释为批评时政，公羊家语也。戴望注曰：朽木粪墙"喻世乱不可为治"。"宰我伤道不行，故假昼寝以自晦其明。夫子谓天下虽乱，吾心自治。君子乐天知命，虽毁弃，何伤乎？诛，伤也。"郭晓东：《戴望注论语小疏》，华东师范大学出版社，2014年，第103页。

阴阳家者流，盖出于羲和之官，敬顺昊天，历象日月星辰，敬授民时。

法家者流，盖出于理官，信赏必罚，以辅礼制。

名家者流，盖出于礼官。

墨家者流，盖出于清庙之守。

纵横家者流，盖出于行人之官。

杂家者流，盖出于议官。

农家者流，盖出于农稷之官。

小说家者流，盖出于稗官。

诸子十家，其可观者，九家而已。皆起于王道既微，诸侯力政，时君世主，好恶殊方，是以九家之术蜂出并作，各引一端，崇其所善，以此驰说，取合诸侯。……今异家者各推所长，穷知究虑，以明其指，虽有蔽短，合其要归，亦《六经》之支与流裔。

诸子之说皆六经之片面展开。

《艺文志》也列出诸经之所长——

> 六艺之文，《乐》以和神，仁之表也；《诗》以正言，义之用也；《礼》以明体，明者著见，故无训也；《书》以广听，知之术也；《春秋》以断事，信之符也。五者，盖五常之道，相须而备，而《易》为之原。故曰"《易》不可见，则乾坤或几乎息矣"，言与天地为终始也。至于五学，世有变改，犹五行之更用事焉。

亦认为六经构成一个整体，全面体现王教。

庄子"道术将为天下裂"，述诸子得失利弊，哀叹王教灭裂。评论六经所长，表达了对王教深深的缅怀。故而董仲舒曰："君子知在位者不能以恶服人也，是故简六艺以赡养之。《诗》《书》序其志，《礼》《乐》纯其美，《易》《春秋》明其知。六学皆大，而各有所长。《诗》道志，故长于质。《礼》制节，故长于文。《乐》咏德，故长于风。《书》著功，故长于事。《易》本天地，故长于数。《春秋》正是非，故长于治人。"（《玉杯》）其说以六经养君子之德，述及各经之长虽异于庄子、荀子，（《荀子》《劝学》："《书》者，政事之纪也。《诗》者，中声之所止也。《礼》者，法之大分，类之纪纲也。"《儒效》："《诗》言是，其志也；《书》言是，其事也；《礼》言是，其行也；《乐》言是，其和也；《春秋》言是，其微也。"）枢要在追求完整的王教，则一也。

董仲舒认为，"所闻曰：天下和平，则灾害不生。今灾害生，见天下未和平也，天下所未和平者，天子之教化不行也"。他说："诗云，'不愆不忘，率由旧章。'旧章者，先圣人之故文章也。率由，各有修从之也。"① 提出的思路即是"率由旧章"。

## 二、王教以奉天法古为总纲

"春秋之道，奉天而法古。"② 道出王教之总纲。

董仲舒曰："父者，子之天也，天者，父之天也。（俞云：当作'祖者父之天也'。故下文曰'天者万物之祖'。）无天而生，未之有也。天者，万物之祖，万物非天不生。独阴不生，独阳不生，阴阳与天地参然后生。"③ 常言道：敬天法祖。按董子意，敬天与敬祖是一回事。"天地者，万物之本、先祖之所出也。"④ "为生不能为人，为人者，天也。人之人本于天，天亦人之曾祖父也。"⑤

天为万物之祖，本也；祖先出于天。帝王祭祖须祭天，其理以"报本反始"说为最明白——"定公问于孔子曰：'古之帝王必郊祀其祖以配天，何也？'孔子对曰：'万物本于天，人本乎祖，郊之祭也，大报本反始也，故以配上帝。天垂象，圣人则之，郊所以明天道也。'"⑥ 孔子曰"万物本于天，人本乎祖"，敬天法祖，意在明白自己所自来。董子之说，忠实地继承孔子思想。

董子进一步叙述人的身体、情感等源自天——"人之形体，化天

---

① 苏舆：《春秋繁露义证·郊语》，中华书局，1992年，第401、397页。
② 苏舆：《春秋繁露义证·楚庄王》，中华书局，1962年，第14页。
③ 苏舆：《春秋繁露义证·顺命》，中华书局，1962年，第410页。
④ 苏舆：《春秋繁露义证·观德》，中华书局，1962年，第269页。
⑤ 苏舆：《春秋繁露义证·为人者天》，中华书局，1962年，第318页。
⑥ 陈士珂辑：《孔子家书疏证》，上海书店，1987年，第184页。

数而成；人之血气，化天志而仁；人之德行，化天理而义；人之好恶，化天之暖清；人之喜怒，化天之寒暑；人之受命，化天之四时。人生有喜怒哀乐之答，春秋冬夏之类也。喜，春之答也；怒，秋之答也；乐，夏之答也；哀，冬之答也。天之副在乎人。人之情性有由天者矣。"①

天且厚待于人："生育养长，成而更生，终而复始，其事所以利活民者无已。天虽不言，其欲赡足之意可见也。"②"仁之美者在于天。天，仁也。天覆育万物，既化而生之，有养而成之，事功无已，终而复始，凡举归之以奉人。察于天之意，无穷极之仁也。"③ 父母生养，是恩情。天之恩典，比之父母，广大无边矣，更提升为仁，称颂曰"天，仁也！"且为"无穷极之仁"。此义，可与基督教"神的恩典"作比较研究。

法古，即前引"率由旧章"，所法不仅本朝先祖，还有前朝、前前朝……虽然每次改朝换代均须改制易服，道却不变。此即"天不变道亦不变"之义。至于"天不变"，董子还提供了一个"社会学、政治学的"解释——"若夫大纲、人伦、道理、政治、教化、习俗、文义尽如故，亦何改哉？故王者有改制之名，无易道之实。"④ 所谓"天不变"，国情民情不变、传统一贯也。道即今所谓传统。传统即自古至今一以贯之道。核心价值体系在是焉。

奉天，则王教须遵循天道。德主刑辅。重德教。董子曰：臣谨案《春秋》之文，求王道之端，得之于正。正次王，王次春。春者，天之所为也；正者，王之所为也。其意曰，上承天之所为，而下以正其所为，正王道之端云尔。然则王者欲有所为，宜求其端于天。天道之大者在阴阳。阳为德，阴为刑；刑主杀而德主生。是故阳常居大夏，而以生育养长为事；阴常居大冬，而积于空虚不用之处。以此见天之

---

① 苏舆：《春秋繁露义证·为人者天》，中华书局，1962年，第318—319页。
② 苏舆：《春秋繁露义证·诸侯》，中华书局，1962年，第313页。
③ 苏舆：《春秋繁露义证·王道通三》，中华书局，1962年，第329页。
④ 苏舆：《春秋繁露义证·楚庄王》，中华书局，1962年，第18页。

任德不任刑也。天使阳出布施于上而主岁功，使阴入伏于下而时出佐阳；阳不得阴之助，亦不能独成岁。终阳以成岁为名，此天意也。王者承天意以从事，故任德教而不任刑。刑者不可任以治世，犹阴之不可任以成岁也。为政而任刑，不顺于天，故先王莫之肯为也。今废先王德教之官，而独任执法之吏治民，毋乃任刑之意与①！

依"天道之大者在阴阳"，设定"阳为德，阴为刑"；对应四时，阳常居大夏主生（生育养长），阴常居大冬主杀。以"终阳以成岁为名""阴之不可任以成岁"为天意②。治国理政刑不可缺，但决不可以违逆天意"任刑"，必须德主刑辅，注重德教。

## 三、祭祀：落实奉天法古之第一要务

上述董仲舒所论，皆属王道学或天道学。旧时为方便说法，曾称之为宗教神学，俗谛耳。研究董学、汉代儒学，须明了古代中国是宗教国家、宗教社会；而所行的宗教乃国家宗教。即当时的国家，是军事、宗教、政治（或行政）三位一体的结构。所谓三位一体，是自今日视角称呼。当时是浑然一体，宗教即政治、政治即宗教，宗教政治不二。不打禅语，难明其理。吾前已论，董子所营，并非创建儒教，而是把儒学阐释为王道学，让国家承认儒学为国家宗教的唯一阐释者。

（一）祭天为教化之首务

王道学须落实为制度，其最为重要的是祭祀制度——祭礼。奉天之意，由祭天体现。

汉帝自高祖刘邦即重视宗教建设。初时即立黑帝祠。史称："二年，东击项籍而还入关，问：'故秦时上帝祠何帝也？'对曰：'四帝，

---

① 《汉书》，中华书局，1962年，第2501、2502页。

② 注：天意不可解释为天之意志。虽然天有主宰义，天意乃倾向义，近似"自然规律"，并非人格之意志。天不可理解为人格式的存在。理由很明显：天乃形而上者，不是形而下者。人格则为形而下者。

有白、青、黄、赤帝之祠。"高祖曰："吾闻天有五帝，而有四，何也?"莫知其说。于是高祖曰："吾知之矣，乃待我而具五也。"乃立黑帝祠，命曰北畤①。说的是刘邦被项羽打败退回关中，循秦制，在雍地宗教建设举措。直接显示的是自己承接天命，让天下民心有归属。有的学者评论这是他为巩固政权利用宗教的政治措施。我们认为这样的叙事方式，不合乎古时的情况。当时的权力，是军事、宗教、政治三者浑然一体的结构，也即军权、教权、政权为一。政即教、教即政。正确的叙事当为：刘邦有担当天子的觉悟，执行天子职责，从事国家体制建设。

然而，皇室的宗教建设缺乏理论指导，实践上也重视不够。《春秋繁露义证》董子语"今郊事天之义……文章之最重者也，前世王莫不从重，粢精奉之，以事上天。至于秦而独阙然废之，一何不率由旧章之大甚也!"引凌注揭示秦汉郊礼废弛情况：

> 凌云：《文献通考》"秦始皇既并天下，三年一郊"。按：自秦始皇有三年一郊之制。汉文在位，始亲郊雍畤及渭阳五帝各一而已。景帝不亲郊。武帝元光后常三岁一郊。昭帝不亲郊。宣帝神爵以前十三年不亲郊，以后间岁一郊，元成如之。盖西京郊祀，若雍五畤，若甘泉太乙，皆出于方士祈福之说，而非有古人报本之意。故三代之礼制，至秦汉荡然。礼之大者，莫重于郊。汉承秦弊，废郊礼。董生之论，其警汉深矣。②

凌注批评西汉郊祀意图，"皆出于方士祈福之说，而非有古人报本之意"，准确透彻，深得董子意。

《春秋繁露》中关于郊天之礼，讲得清晰有据。董子以郊为祭天专名，禘为宗庙之祭，今文家说也。（古文家则以禘为祀天帝，郊为祈农事，禘重于郊。）《郊语》中，论证继承古制、郊祀重于一切，以《诗》"率由旧章"句结之，前有一大段话：

> 孔子曰："君子有三畏：畏天命，畏大人，畏圣人之言。"彼

---

① 《史记》，中华书局，1959年，第1378页。
② 苏舆：《春秋繁露义证·郊语》，中华书局，1962年，第397、398页。

> 岂无伤害于人，如孔子徒畏之哉！以此见天之不可不畏敬，犹主上之不可不谨事。不谨事主，其祸来至显；不畏敬天，其殃来至闇。闇者不见其端，若自然也。故曰：堂堂如天殃。言不必立校，默而无声，潜而无形也。由是观之，天殃与主罚所以别者，闇与显耳。不（苏舆注："不"字疑衍）然其来逮人，殆无以异，孔子同之，俱言可畏也。天地神明之心，与人事成败之真，固莫之能见也，唯圣人能见之。圣人者，见人之所不见者也，故圣人之言亦可畏也。奈何如废郊礼？郊礼者，人所最甚重也，废圣人所最甚重，而吉凶利害在于冥冥不可得见之中，虽已多受其病，何从知之！故曰：问圣人者，问其所为，而无问其所以为也。问其所以为，终弗能见，不如勿问。问为而为之（俞曰，当作"问其所为而为之"），所不为而勿为，是与圣人同实也，何过之有！①

这段话的宗教性明显，神学味儿十足。孔子畏天命之语，直接视为宗教言论。董子距孔子较近，体验必真，应信之。吾人常夸言孔子人文主义精神，无视其宗教态度，读董子此语，当觉惭愧。董子又以比喻法娓娓说理，以"天之不可不畏敬"比之于"主上之不可不谨事"。解释得罪遇祸，"天殃与主罚所以别者，闇与显耳"。上天之罚，"不见其端，若自然也"。所论与西方中世纪哲人所遇难题类似——难以确定神与惩罚之间的因果关联。足见此处讨论之神学意味。"天地神明之心，与人事成败之真，固莫之能见也，唯圣人能见之"：吾辈常人看不到因果关联，而圣人能够看到。这就是圣人与吾辈常人不同处。口气一转，回到所引孔子言论"畏圣人之言"。又是神学口气！圣人能直观天意、传达"天地神明之心"。敬畏圣人，敬畏须体现在：只问我该做什么，不问为什么我该这样做。问为什么，终究是搞不懂

---

① 苏舆：《春秋繁露义证·郊语》，中华书局，1962年，第396、397页。"堂堂如天殃。言不必立校"句，原点为"堂堂如天，殃言不必立校"。似乎"天殃"较顺。"不然其来逮人"，原点为"不然，其来逮人"，似当依苏舆注去掉"不"字，作"然其来逮人"。

的。吾辈是没能力搞懂的，坚持去问，岂不是把自己当成圣人了。这番论调，颇似当代"理解的要执行，不理解的也要执行"，乃至"不理解的不要多嘴去问，试图理解"。真神学腔调也。

紧接着董子说了句极其重要的话："天者，百神之大君也。"虽然下文"事天不备，虽百神犹无益也"引向实践，容易冲淡读者对意义的关注，其强调天在整个神祇体系中的总统位置仍然极明显。本文关注的是更深层的王道学（＝天道学）意义。这个论断已经包含了区分天与帝，并把天提升到帝之上的意义。再者，从逻辑看，上天概念之抽象性有所显露。董子指出，天地不得合祭，须先祭天，后祭地："以郊为百神始，始入岁首，必以正月上辛日先享天，乃敢于地，先贵之义也。"天贵于地。又："圣人正名，名不虚生。天子者，则天之子也。以身度天，独何为不欲其子之有子礼也！今为其天子，而阙然无祭于天，天何必善之？"① 上天是否善待天子，取决于天子是否以恪守礼制敬天。周祚长，秦二世而亡："夫岁先之（周）与岁弗行（秦）也，相去远矣"。乃天人（人，国家、君王）关系之逻辑。孔子曰："克己复礼为仁"，意在此乎？

"天下和平，则灾害不生。今灾害生，见天下未和平也，天下所未和平者，天子之教化不行也。"而郊事天，教化之第一要事也。

（二）"通三统"：见法古义

董子曰："三代改正，必以三统（疑此处少一"统"字）天下，曰：三统五端，化四方之本也。"② 以"三统五端"为教化之本。"通三统"说则出于下文：

> 《春秋》曰："杞伯来朝。"王者之后称公，杞何以称伯？春秋上绌夏，下存周，以春秋当新王。春秋当新王者奈何？曰：王者之法，必正号，绌王谓之帝，封其后以小国，使奉祀之。下存二王之后以大国，使服其服，行其礼乐，称客而朝。故同时称帝

---

① 苏舆：《春秋繁露义证·郊语》，中华书局，1962年，第399页。
② 苏舆：《春秋繁露义证·三代改制质文》，中华书局，1962年，第196页。前一"三统"，注引《汉书·律历志》，谓"三统者，天施、地化、人事之纪也"。

者五，称王者三，所以昭五端，通三统也。是故周人之王，尚推神农为九皇，而改号轩辕谓之黄帝，因存帝颛顼、帝喾、帝尧之帝号，绌虞而号舜曰帝舜，录五帝以小国。下存禹之后于杞，存汤之后于宋，以方百里，爵号公。皆使服其服，行其礼乐，称先王客而朝①。

讲的是改朝换代时的国家体制（封国原则以及爵号定制）和祭祀制度。历朝君主，以三王、五帝、九皇、六十四民排序。文以周人之王为范例述改号公式。神农当原称帝，周登天子位，向上推，原居五帝首位的神农归入九皇组。轩辕原于五帝中排名神农之后，居第二位，现移至首位，为之改号称作黄帝。舜本在三王之列，现移至五帝组，因而号为帝舜。禹之后封于杞，爵号公。（下文曰，春秋作新王，与殷、周为三王，禹须绌为帝，杞国封地须缩小，爵号亦相应由公降为伯。）

"通三统"之义，依《白虎通》说，并列三王；三王各居黑统、白统、赤统。通者，存二王之后。这种解释似牵强。吾臆，通黑、白、赤三统，义谓宗教上的一致。此篇之篇首苏舆注引《礼记·礼器》"三代之礼一也，民共由之"。礼一，意即同一个宗教。上追五帝、九皇、六十四民历代君王，意即宗教自古一以贯之。由此可见，天命观意味着古代中国宗教的继承性。换代并非变更宗教，转移教主而已。从而，祭祀本朝先祖，亦须同祭历代君王，因而有排位次序。法古非虚言，须实质化于祭祀制度。这一规则留存于后代各朝的礼制中。

（三）祭祖与祭天

董子曰：古者岁四祭。四祭者，因四时之生孰，而祭其先祖父母也。故春曰祠，夏曰礿，秋曰尝，冬曰蒸。此言不失其时，以奉祭先祖也。过时不祭，则失为人子之道也。祠者，以正月始食韭也；礿者，以四月食麦也；尝者，以七月尝黍稷也；蒸者，以十月进初稻

---

① 苏舆：《春秋繁露义证·三代改制质文》，中华书局，1962年，第198、199页。

也。此天之经也，地之义也。孝子孝妇，缘天之时，因地之利。地之菜茹瓜果，艺之稻麦黍稷，菜生谷熟，永思吉日，供具祭物，斋戒沐浴，洁清致敬，祀其先祖父母。孝子孝妇不使时过已，处之以爱敬，行之以恭让，亦殆免于罪矣①。

每年有四次祭祖，依春、夏、秋、冬之序为祠、礿、尝、蒸。"缘天之时，因地之利"——依季节，祭之以土地出产——遵照天地之道。论者常言农耕文明，我则补充一句：亦温带文明。盖因中华民族生活在北温带，四季分明，故而四时在宗教、哲学中都是重要概念。

董子又曰：春秋之义，国有大丧者，止宗庙之祭，而不止郊祭，不敢以父母之丧废事天地之礼也。父母之丧，至哀痛悲苦也，尚不敢废郊也，孰足以废郊者？故其在礼，亦曰："丧者不祭，唯祭天为越丧而行事。"夫古之畏敬天而重天郊如此甚也。

国有大丧，祭祖暂停。但不得停止郊祭。又，针对以民众饥寒反对郊祭，驳斥道：

> 今群臣学士不探察，曰："万民多贫，或颇饥寒，足郊乎？"是何言之误！天子父母事天，而子孙畜万民，民未遍饱，无用祭天者，是犹子孙未得食，无用食父母也。言莫逆于是，是其去礼远也。先贵而后贱，孰贵于天子？天子号天之子也，奈何受为天子之号，而无天子之礼？天子不可不祭天也，无异人之不可以不食父。为人子而不事父者，天下莫能以为可。今为天之子而不事天，何以异是？是故天子每至岁首，必先郊祭以享天，乃敢为地，行子礼也；每将兴师，必先郊祭以告天，乃敢征伐，行子道也。

董子此论言词激切严厉。斥之为大逆不道、不通礼之意义。祭天犹如奉养父母，子孙未饱，怎可不供食于父母？天子对天的关系，犹如民众对父母的关系。祭天即所以尽孝道，示范给万民。宗教涵伦理。宗教活动即伦理教化。

---

① 苏舆：《春秋繁露义证·四祭》，中华书局，1962年，第406—408页。

## 四、奉元正本：落实教化的理论和实践

前引"三代改正，必以三统天下，曰：三统五端，化四方之本也"，即奉元正本义。五端，《公羊传》开篇曰：元年，春，王、正月，再加公即位，为五端，或五始。

"改正"何义？"王者必受命而后王。王者必改正朔，易服色，制礼乐，一统于天下"；"改正之义，奉元而起，古之王者受命而王，改制称号正月，服色定，然后郊告天地及群神，远追祖祢，然后布天下"①。今人多忽视"改正朔，易服色"深意。举例以明之。未"郊告天地及群神，远追祖祢"，服色西制，且不论；年号以耶诞记，历法以西历，夺正月初一元日名，贬称为春节；予公历一月一日，称元旦。由此可领会董子之说意义所在。元字不仅有哲学意义，更有宗教意义，可轻与哉！

董子曰："《春秋》大元，故谨于正名。"②"谓一元者，大始也。"③《春秋》重视元概念。把一年称为元年，凸显开始、开端之价值。正名：澄清基础概念。今日范例：邓小平同志抓住时代根本概念，搞清楚什么是社会主义、怎样建设社会主义。

董子曰："惟圣人能属万物于一，而系之元也。终不及本所从来而承之，不能遂其功。是以春秋变一谓之元。元，犹原也。其义以随天地终始也。故人唯有终始也，而生不必应四时之变。故元者为万物之本。而人之元在焉。安在乎？乃在乎天地之前。故人虽生天气及奉天气者，不得与天元，本天元命，而共违其所为也。故春正月者，承天地之所为也。继天之所为而终之也。其道相与共功持业，安容言乃天地之元？天地之元奚为于此？恶施于人？大其贯承意之理矣。"

---

① 苏舆：《春秋繁露义证·三代改制质文》，中华书局，1962年，第185、195页。
② 苏舆：《春秋繁露义证·深察名号》，中华书局，1962年，第305页。
③ 苏舆：《春秋繁露义证·玉英》，中华书局，1962年，第67页。

圣人之所以有超强领导力，在于他有能力"属万物于一"。换句话说，唯有奉元且统领全局。奉元是关键词，是核心。元是天道——"其义以随天地终始"。人道随天道。也就是说，治国理政根本路线须循天道。"春正月"表现的正是天地之道。董子所说，意思是：治国之道，须抓源头。重源头治理，不要仅仅注重末端治理，把重担全部压在基层干部身上。

  是故《春秋》之道，以元之深正天之端；以天之端正王之政；以王之政正诸侯之即位；以诸侯之即位正竟内之治。五者俱正，而化大行。①

教化，"元"之义首先要搞清楚。特别要从宗教角度阐明。哪一天是元旦？要合乎天道运行。日月四时，天道也。吾华敬天，四时涵宗教意义，春夏秋冬四季亦各涵宗教意义。（四时之哲学意义则木火金水，五行。）吾中华地处北温带，立春日为一年之端，以历，则正月初一日。褫夺元日地位，贬称春节，宗教事件也。

"春正月"确定，正王之政，再诸侯即位。以达境内，五端正而化及四方，天下平矣。

正王政，枢要在正国君之心。董子曰："君人者，国之元，发言动作，万物之枢机。枢机之发，荣辱之端也。失之豪厘，驷不及追。故为人君者，谨本详始，敬小慎微，志如死灰，形如委衣，安精养神，寂寞无为。休形无见影，揜声无出响。虚心下士，观来察往。谋于众贤，考求众人，得其心徧见其情，察其好恶以参忠佞，考其往行，验之于今，计其蓄积，受于先贤，释其雠怨，视其所争，差其党族，所依为臬，据位治人，用何为名，累日积久，何功不成？"曰："君人者，国之本也，夫为国，其化莫大于崇本，崇本则君化若神，不崇本则君无以兼人，无以兼人，虽峻刑重诛，而民不从，是所谓驱国而弃之者也，患庸甚焉！"②君主为国之元、国之本。君主是教化

---

  ① 苏舆：《春秋繁露义证·玉英》，中华书局，1962年，第68—70页。《重政》，第147页。《二端》，第155、156页。苏舆移《重政》、《二端》文于《玉英》。

  ② 苏舆：《春秋繁露义证·立元神》，中华书局，1962年，第166—168页。

源头。元，原也，源头义。本，根本、基础。

董仲舒在对策中写道：

> 臣谨案《春秋》谓一元之意，一者万物之所从始也，元者辞之所谓大也。谓一为元者，视大始而欲正本也。《春秋》深探其本，而反自贵者始。故为人君者，正心以正朝廷，正朝廷以正百官，正百官以正万民，正万民以正四方。四方正，远近莫敢不壹于正，而亡有邪气奸其间者。是以阴阳调而风雨时，群生和而万民殖，五谷孰而草木茂，天地之间被润泽而大丰美，四海之内闻盛德而皆来臣，诸福之物，可致之祥，莫不毕至，而王道终矣。①

正本，在君王正心。君主正心则化及天下、感动天地，祥瑞毕至，王道成焉。

综上所述，奉元正本，理论是三统五端。实践，在制度层面，是改正朔、易服色、制礼乐；施行、实现，则从上到下，由内向外，君王正心是源头。

## 五、兴学养贤、选好郡守县令是教化关键

董子接着盛赞武帝道："今陛下贵为天子，富有四海，居得致之位，操可致之势，又有能致之资，行高而恩厚，知明而意美，爱民而好士，可谓谊主矣。"紧接着口气一转，毫不留面子地批评道："然而天地未应而美祥莫至者，何也？凡以教化不立而万民不正也。"明面上说教化不立。而由万民不正倒推，相当于指斥武帝心不正！董仲舒的批评一是遵守"全面性"，首先肯定优点是主流，而后再指出缺点；二是委婉，不正面斥责武帝心不正，仅仅是就事论事地批评"教化不立"——工作没做好。虽然是直言，还是留情面的。接着就是上课了："夫万民之从利也，如水之走下，不以教化堤防之，不能止也。是故教化立而奸邪皆止者，其堤防完也；教化废而奸邪并出，刑罚不

---

① 《董仲舒列传》，《汉书》，中华书局，1962年，第2502、2503页。

能胜者,其堤防坏也。古之王者明于此,是故南面而治天下,莫不以教化为大务。立大学以教于国,设庠序以化于邑,渐民以仁,摩民以谊,节民以礼,故其刑罚甚轻而禁不犯者,教化行而习俗美也。"

再次对策,董子颂扬曰:"今陛下并有天下,海内莫不率服,广览兼听,极群下之知,尽天下之美,至德昭然,施于方外。夜郎、康居,殊方万里,说德归谊,此太平之致也。"方外归德,对内却:"然而功不加于百姓者,殆王心未加焉。"敦促武帝留意。

董子继续写道:"陛下亲耕籍田以为农先,夙寤晨兴,忧劳万民,思维往古,而务以求贤,此亦尧、舜之用心也,然而未云获者,士素不厉也。"并非不留心。不但留心,且为尧舜之用心!文意再一跌:如此留心却未见效,病因是"士素不厉"——素来对贤士不尊重。(厉,师古注:"厉谓劝勉之也。一曰砥砺其行也。"以下文"养士"度之,似解释为尊养近之。而"琢玉",似砥砺亦通。劝勉,则兼二义。)"夫不素养士而欲求贤,譬犹不琢玉而求文采也。故养士之大者,莫大乎太学;太学者,贤士之所关也,教化之本原也。今以一郡一国之众,对亡应书者,是王道往往而绝也。"教化依靠贤士;贤士由太学出;所以,太学是教化之本原。论证太学在教化中的重要位置。文中"厉"字是个关键词。养士成贤,在乎厉。这个词还须更深入地讨论。

于是董子正面建议道:"臣愿陛下兴太学,置明师,以养天下之士,数考问以尽其材,则英俊宜可得矣。"

接着,话题转向推行教化的关键岗位。董仲舒提出,"今之郡守、县令,民之师帅,所使承流而宣化也;故师帅不贤,则主德不宣,恩泽不流。今吏既亡教训于下,或不承用主上之法,暴虐百姓,与奸为市,贫穷孤弱,冤苦失职,甚不称陛下之意。是以阴阳错缪,氛气充塞,群生寡遂,黎民未济,皆长吏不明,使至于此也"。郡守、县令,大略相当于今日局级、处级领导干部。他们位处教化民众的关键岗位,乃万"民之师帅";职能是"承流宣化"。吏,指小吏,郡守县令的下属。他们多有"暴虐百姓,与奸为市"恶行,造成社会"阴阳错缪,氛气充塞,群生寡遂,黎民未济"严重局面。原因是,他们的领导，长吏（郡守、县令）昏庸。

董仲舒认为是选任官员的"干部路线"不当：

> 夫长吏多出于郎中、中郎，吏二千石子弟选郎吏，又以富訾，未必贤也。且古所谓功者，以任官称职为差，非谓积日絫久也。故小材虽絫日，不离于小官；贤材虽未久，不害为辅佐。是以有司竭力尽知，务治其业而以赴功。今则不然。絫日以取贵，积久以致官，是以廉耻贸乱，贤不肖浑殽，未得其真。

汉朝当董仲舒时，"长吏多出于郎中、中郎"及"吏二千石子弟"（高干子弟），"又以富訾"（出资购买），故而董子说"未必贤也"。他进一步提出一项重要原则："小材虽絫日，不离于小官；贤材虽未久，不害为辅佐"，反对"絫日以取贵，积久以致官"的论资排辈方针。但凡小材，资历再老，仍然让他在小官职位上。今日，可引申为，不要以积累政绩得提拔。主张以贤材任长吏。

董仲舒建议的选贤方法："臣愚以为使诸列侯、郡守、二千石（大臣，即高级干部）各择其吏民之贤者，岁贡各二人以给宿卫，且以观大臣之能（借举贤还可考察这些高级干部识别人材的能力）；所贡贤者有赏，所贡不肖者有罚。夫如是，诸侯、吏二千石皆尽心于求贤，天下之士可得而官使也。遍得天下之贤人，则三王之盛易为，而尧、舜之名可及也。毋以日月为功，实试贤能为上，量材而授官，录德而定位，则廉耻殊路，贤不肖异处矣。"

何为贤？董子以养身作比，治国通于治身也：

> 气之清者为精，人之清者为贤。治身者以积精为宝，治国者以积贤为道。身以心为本，国以君为主。精积于其本，则血气相承受；贤积于其主，则上下相制使。血气相承受，则形体无所苦；上下相制使，则百官各得其所。形体无所苦，然后身可得而安也；百官各得其所，然后国可得而守也。夫欲致精者，必虚静其形；欲致贤者，必卑谦其身。形静志虚者，精气之所趣也；谦尊自卑者，仁贤之所事也。故治身者务执虚静以致精；治国者务

尽卑谦以致贤。能致精则合明而寿；能致贤则德泽洽而国太平。①

国以君为主，须令百官各得其所。治国须贤材。致贤须治国者务尽卑谦。董子反复致意，曰"治身者务执虚静以致精"，以之为通理，劝诫治国者。自诸子倡举贤之议。墨、孟、荀皆然。其理甚明。然则董子反复申说，足见致贤难矣。王教难成哉！

本文为"2020 中国·衡水董仲舒与儒家思想国际学术研讨会"提交的论文。

谢遐龄（1945—），男，浙江温岭人，复旦大学社会发展与公共政策学院教授，博士生导师。

---

① 苏舆：《春秋繁露义证·通国身》，中华书局，1962 年。

# 董仲舒의 教育思想과 實踐
## ——中國教育의 楚石으로서 董子思想의 大要

### 申昌鎬

## 一、緒言

  孔子의 集大成 이후, 中國儒學은 크게 두 차례의 큰 변화를 겪었다. 하나는 前漢의 董仲舒(B. C. 179—B. C. 104, 이하 "董子"라 함)가 大一統을 중심으로 하는 國家主義의 기치 아래 이룬 유학의 國敎化이고, 다른 하나는 南宋의 朱熹(1130~1200)가 집대성한 性理學이다. 그런만큼 董子는 漢나라의 국가 초석을 다진 유학의 대표인물이자, 國家主義를 학문적으로 정돈한 大學者이며, 中華의 敎育精神에 큰 영향을 미친 교육가이다.
  董子는 한나라 景帝 때 博士로 재직하였는데, 그의 학문적 造詣와 "三年不窺園"이라는 治國精神은 당시 학자들의 주목을 받아 많은 사람들이 그를 스승으로 모셨다. 그의 이력으로 보아 많은 저서가 있었을 것으로 추측되지만, 현재 전해지고 있는 저서는 많지 않다. 일반적으로 春秋繁露로 알려진 董子春秋와 漢書《董仲舒傳》의 "賢良對策"에 관한 기록이 대표적으로 남아 後代에 엄청난 영향력을 미치고 있다.

본 발표문은 大一統의 國家主義①기초를 제공한 董子의 교육적 사유가 어떤 차원에서 진행되었는지, 그 대강의 요지를 검토하고, 현대적 의의를 고찰한 것이다. 동서고금을 막론하고, 국가공동체의 이념을 수립할 때 교육은 핵심 기능으로 작용한다. 중국의 경우, 國家主義를 통해 민족의 단결은 물론, 국가발전의 기본 이념을 제시해 왔다. 이는 국가의 부흥과 그것을 추동하는 교육의 방향을 명확하게 제기하는 지침이 된다.

孔子에서 董子, 그리고 朱子로 이어지는 中國儒學의 3단계 변천과정에서, 董子는 어떤 역할을 하였을까? 中國敎育思想史에서 볼 때, 공자가 초기에 유학을 정돈하여 유학교육을 開始하였다면, 董子는 중기에 유학을 체계화하여 유학교육의 指針을 제공하며 定礎작업을 진행하였다. 이후 朱子를 비롯한 여러 유학자들은 시대변화에 따라 다양한 사상을 섭렵하고 교육사상을 풍부하게 擴張하여 발전시켜 나갔다. "開始―定礎―擴張"의 3단계로 전개되는 과정에서, 董子의 교육적 사유는 이전의 교육사상을 체계화하면서도 초기와 후기를 연결하는 관절이나 허리역할을 한다. 그만큼 중국교육사상사의 전 체계를 조절하는 구심이 된다.

특히, 교육을 국가제도로 정착시키는 동시에 국가 기반을 건실하게 다지는 핵심 기능으로서 지위를 부여하며, 그 기준과 방침을 구체적으로 정돈하였다. 이는 중국이라는 국가의 체계를 설정하는 엄중한 신호이다. 그것은 "國家主義大一統"이라는 독특한 국가공동체의 정체성 확립인 동시에, 이후 주자의 성리학으로 이어지면서 중국유학의 교육적 토대를 형성한다. 요컨대, 중화민족교육의 발전에 결정적인 기여를 했을

---

① 董子가 정립한 大一統사상은 중국인들의 민족정서인 中華思想으로 변화된다. 中華는 客家文化와 함께 중국문화의 정체성을 대표하는 개념으로, 春秋戰國이래 漢族들이 자신들의 중심사상으로 강조한 것이다. 이에 비해 주변의 이민족들은 夷狄이라고 하여 언제나 漢族과 구별하였다. 이 두 개념을 통합하여 華夷思想이라고 한다. 中華를 중시하는 사상가들은 孔子이래 확립된 유학의 王道政治를 中國이 먼저 실천하고 이후에 이민족과 타국에게까지 확산해 나가야 한다고 주장한다. 그러므로 중화의 中은 中國 또는 중앙을 의미하며 華는 儒學의 王道文化를 의미한다. 孫興徹: 《董仲舒의 정치사상에 관한 解釋學的 理解》, 현상·해석학적교육연구 7권 2호, 2010, 참고.

것으로 판단된다①.

본 발표문은 한나라 초기의 역동적인 시대정신을 고려한 董子의 교육적 사유와 정책실천을 객관적 시각으로 검토하고, 그 현대적 의의를 대략적으로 조명해 보려고 한다. 그 주요 내용은 교육의 '기조 — 근거 — 지향 — 실천' 이라는 논리구조를 통해 개괄해 본다.

## 二、敎育의 基調：儒學의 國敎政策確立과 人材養成

춘추전국시대를 거치면서 유학은 孔子 — 孟子 — 荀子 등에 의해 상당한 사상적 기반을 구축하였다. 하지만 이런 原始儒學이 당시 시대를 선도하는 핵심적인 사상은 아니었다. 한나라 초기에도 마찬가지였다. 유학을 중심으로 인간의 삶을 설계해 나가기보다는 道家的 색채가 상당히 반영된 "無爲" 정치를 통해 백성을 다스렸다.

漢나라 초기에는 黃老學이 큰 영향력을 미치고 있었다. 주요인물로 蓋公과 曹參을 들 수 있는데, 이들은 "淸靜無爲"를 핵심사상으로 펼치고 있었다. 曹參이 한나라의 재상이 된 후, 그는 백성에게 秦나라의 虐政에서 벗어나 휴식을 취할 수 있도록 아무것도 하지 않아도 되는 분위기를 만들었고, 세상 사람들은 이러한 정책을 펼치는 그를 칭송하였다. 백성의 생활에 개입하지 않고 자연스럽게 국가가 발전할 수 있도록 농민의 자유로운 생활을 허락하였다. 이에 淸靜無爲사상에 입각한 삶의 태도는 오랜 전쟁 이후 피폐해진 한나라 초기의 경제를 복구하는 데 상당한 도움이 되었다. 그러나 시간이 지나고 국가체제를 정비해 나가는 과정에서 淸靜無爲가 지닌 사상적 한계가 드러나고 각종 폐단이 나타나기 시작하였다. 특히, 武帝가 즉위한 이후, 淸靜無爲정치로 인해 생겨난 여러 가지 사회모순에 대해, 적절한 대안제시나 시대정신에 부합하는 새로운 정치를 모색

---

① 董子의 교육사상은 한나라 이후 중국 역사 2000여 년 동안 교육사상의 발전에 주요한 기틀을 마련하였고, 위를 이어받고 아래를 열어, 중국 교육사상 발전을 추동하였다. 魏彥紅：《董仲舒敎化思想硏究述評》, 董學新論, 長春出版社, 2018, pp. 51—69, 참고.

해야 할 필요성이 제기되었다. 그야말로 선택의 기로가 다가왔다. 그 절박한 상황은 漢書《董仲舒傳》에서 간절하게 드러난다.

그런데 "無爲"의 정치를 넘어서 국가발전을 도모하려면 어떻게 해야 하는가? 그와 상대적인 "有爲"의 정책을 시행해야 하는가? 그렇다면 어떤 사상을 바탕으로 해야 하는가? 法家가 강조한 法治를 중심으로 해야 하는가? 儒家가 강조한 德治를 중심으로 해야 하는가? 무엇을 정치의 지도사상으로 삼을 것인가? 어떤 조치를 취하는 것이 합리적인가? 이런 문제를 해결하기 위해, 武帝는 人材養成과 選拔의 문제를 신중하게 고려하였고, 董子는 더욱 깊이 고민하였다. 그로부터 제시된 대안이 다름 아닌 "賢良對策"이다. 이는 국가의 人材涵養을 일차적으로 내세운, 無爲에서 有爲로 전환하는 새로운 교육정책의 시발점이었다.

董子의 문제의식은 당시 사회상황을 신중하게 고려한 결과였다. 한나라 초기의 상황은 동일한 스승에게서 배워도 사람마다 도리를 달리하고, 사람마다 논의를 달리하며, 온갖 사상가들이 제시하는 문제해결의 방책이 다르고, 취지와 뜻도 같지 않았다. 때문에 董子는 제일 먼저 "사상을 통일해야 한다!" 라는 고민에 휩싸였다. 학문적으로 혼란한 국면을 바꾸고, 통일된 사상체계를 아래로부터 위에 이르기까지 시행하려고 했다. 이른바 大一統이다. 董子가 무제에게 일러준 대비책은 다음과 같은 주장에 함축되어 있다.

춘추의 大一統이란 공간적으로 세상의 영원한 원칙이며, 시간적으로 옛날부터 지금까지의 공통된 이치이다. 현재 학자마다 그 지향하는 진리가 다르고, 사람마다 그 주장하는 이론도 다르며, 온갖 학파가 방향을 달리하면서 그 취지도 같지 않다. 때문에 윗사람은 통일된 양식을 일관되게 지킬 방법이 없고, 법제가 자주 바뀌어 아래 사람들은 지켜야 할 사안이 무엇인지 알지 못한다. 이에 六藝의 과목과 공자의 학술에 속하지 않는 것은 모두 금지하여 함께 나아가지 못하도록 해야 한다. 비뚤어지고 한쪽으로 치우친 이론이 사라진 다음에야 학술이 하나의 계통으로 정돈될 수 있고 법도가 밝혀질 수 있으므로 백성들이 따를 것이 무엇인지 알게 된다①.

董子는 秦나라가 강력한 法治를 시행하였고, 그 경직된 사고와 지나친 엄격함이 나라를 멸망으로 이끈 역사적 교훈을 생생하게 기억하고 있었다. 그것은 국가를 설계해 나가는 지도자로서 절대 소홀히 할 수 없는 사상적 고민이었다. 董子는 法治의 한계를 심각하게 인식하고, 처음부터 儒家의 학설을 기반으로 국가 수립의 기초를 마련하였다. 특히, 군주는 正心으로 조정을 바르게 하고, 조정을 바르게 함으로써 모든 관리를 바르게 하고, 관리를 바르게 함으로써 백성을 바르게 하고, 백성을 바르게 함으로써 세상을 바르게 한다는 논리를 강조한다②. 그것은 "유학을 중심으로 사상을 통일한다!"는 관점을 바탕에 두고 있다. 즉, 최고지도자인 군주는 仁·義·禮·智·信의 五常을 기본덕목으로 터득해야 한다. 五常은 유학이 강조하는 六藝의 과목과 공자의 학술에 기초한다. 때문에 유학 이외의 잡다한 모든 異說, 통일적 사고를 방해하는 사악한 학설은 끊어야 한다.

이것이 바로 그 유명한 "유학만이 존귀하다!"라는 "독존유술(獨尊儒術)"의 국가철학이다. "독존유술 (獨尊儒術)"은 정치적 차원에서 한나라를 이끌어 갈 핵심 사상일 뿐만 아니라 사회문화나 교육적 측면에서도 필연적으로 담보해야 하는 사유의 중심이었다. 유학을 治國思想으로 설정한 후, 이에 기초한 정치를 시행하기 위해서는, 선행되어야 할 중요한 문제가 대기하고 있었다. 그 무엇보다도 유학으로 무장한 국가 인재의 발굴과 양성, 그리고 선발이었다.

당시 한나라 무제는 밤낮으로 부지런히 생각을 짜내고 정신을 다썼을

---

① 《漢書·董仲舒傳》: 春秋大一統者, 天地之常經, 古今之通誼也. 今師異道, 人異論, 百家殊方, 指意不同, 是以上亡以持一統; 法制數變, 下不知所守. 臣愚以為諸不在六藝之科孔子之術者, 皆絕其道, 勿使並進. 邪辟之說滅息, 然後統紀可一而法度可明, 民知所從矣.

② 이는 帝王의 修養學인 大學의 格物—致知—誠意—正心—修身—齊家—治國—平天下의 정신이다.

정도로 국가의 안정과 발전을 고심하였다.① 그러나 노력한 만큼의 정치적 공적이나 효과를 거두지 못했다. 이런 상황에 대해, 董子는 현명한 인재가 君主인 武帝를 제대로 보좌하지 않았고, 동시에 무제가 현명한 인재를 얻지 못한 이유에 대해서도 깊이 생각하였다. 이런 상황에서 최고 지도자를 제대로 보좌하지 못하는 관리들이 횡행한다면, 그것은 청산해야 할 사회의 문제점이다! 董子는 적폐청산의 내용을 세 가지로 정돈하였다.

첫째, 나라를 이끌어갈 학자를 제대로 양성하지 않고 인재발굴을 위한 교육을 진지하게 실시하지 않았다. 둘째, 인재선발과 발탁의 과정에서 합리적인 방식을 채택하지 않았다. 한나라 초기의 관리는 대부분 관료를 세습한 자손들을 대상으로 선발했고, 부자들이 돈을 기부하거나 뇌물 같은 것으로 관직을 얻었다. 셋째, 관리가 되어 승진하는 과정에서도 비합리적 요소가 작용하였다. 승진의 자격을 논의할 때 실력이 아니라 선배나 후배와 같은 나이에 따라서 줄을 세우는 불합리한 현상이 존재하였다.

이러한 국가 발전의 저해요소들은 董子를 개혁의 선봉으로 나서도록 만들었다. 獨尊儒術을 내세운 董子는 단호했다. 유학의 합리성에 근거해 볼 때, 위의 세 가지 적폐청산의 문제는 개혁이나 혁신이라기보다는 올곧은 학자라면 오히려 당연한 작업이었다.

첫째 문제인 국가를 위해 헌신할 학자를 양성하지 않고 인재발굴을 위한 교육을 제대로 실시하지 않은 것은, 제대로 정비된 학교가 없기 때문이었다. 이에 董子는 인재양성의 요람인 太學 설립을 강조하였다. 그는 太學을 인재양성의 장소로 보았을 뿐만 아니라 백성의 敎化②를 추진하는 핵심수단으로 삼았다.

---

① 《漢書·董仲舒傳》: 烏虖! 朕夙寤晨興, 惟前帝王之憲, 永思所以奉至尊, 章洪業, 皆在力本任賢. 今朕親耕藉田以為農先, 勸孝弟, 崇有德, 使者冠蓋相望, 問勤勞, 恤孤獨, 盡思極神, 功烈休德未始云獲也. 今陰陽錯繆, 氛氣充塞, 群生寡遂, 黎民未濟, 廉恥貿亂, 賢不肖渾淆, 未得其真, 故詳延特起之士, 意庶幾乎!

② "敎化"라는 표현은 訓練과 유사한 言表로 특수한 상황에 처한 개인의 입장을 고려한 교육활동이다. 즉 특정한 이념과 목적을 일방적으로 주입하는 과정이다. 이하 "敎化"는 현대적 의미에 부합하도록 "敎育"으로 치환하여 사용한다. 申昌鎬: 《敎育學槪說》, 書賢社, 2005; 申昌鎬: 《儒敎의 敎育學體系》, 高麗大學校出版部, 2012, 참고.

둘째, 人材選拔과 拔擢의 과정에서 합리적인 방식으로 하지 않은 문제에 대해, 董子는 官吏選拔을 엄격히 할 것을 건의하였다. 관리를 선발하고 임용하는 과정에는 관리로서의 자질과 자격을 철저히 논의하여, 국가를 위해 진정으로 봉사할 수 있는 인재등용을 고민하였다.

셋째는 관리등용 이후의 질적 성장을 위한 승진의 문제를 합리적으로 시행하는 일이었다. 단순하게 나이가 많고 적은 순서로 줄을 세우는 왜곡된 현상을 극복하여, 量材로 관직을 수여하고, 錄德으로 지위를 정하였다. 이러한 조치는 국가설계를 비롯하여 성장과 발전을 위한 교육원칙의 설정이었다.

漢武帝는 이와 같이 董子가 태학을 일으키고 인재를 선발하며 능력이 있는 자를 임용하려는 건의를 기꺼이 받아들였다①. 인재의 발굴과 양성, 이후 관리로 등용하여 국가를 발전시키는 작업은 교육의 주요한 임무이다. 특히, 현명한 관리의 뛰어난 재능은 국가성장의 핵심동력 역할을 한다. 현명한 관리의 재능은 단순한 기술수준을 넘어, 관리의 德性과 연결된다. 즉 賢能의 "材"는 "德"의 기준과 儒學의 經術, 道德과 연결된다. 여기에서 그 능력을 관찰하여 천거하는 제도인 察擧가 등장한다. 이는 교육제도를 크게 발전시켰을 뿐만 아니라 한 나라의 儒學부흥을 가속화시켰다.

이 지점에서 董子가 무엇을 중심으로 국가교육의 밑그림을 그렸는

---

① 《漢書·董仲舒傳》: 養士之大者, 莫大虐太學; 太學者, 賢士之所關也, 教化之本原也. ……臣願陛下興太學, 置明師, 以養天下之士, 數考問以盡其材, 則英俊宜可得矣. 所貢賢者有賞, 所貢不肖者有罰. ……遍得天下之賢人, 則三王之盛易為, 而堯舜之名可及也. 毋以日月為功, 實試賢能為上, 量材而授官, 錄德而定位, 則廉恥殊路, 賢不肖異處矣. ……於是天子復冊之.

지, 그 핵심을 진지하게 성찰할 필요가 있다①. 그것은 국가교육의 基調를 "국가적 人材養成"에 두었다는 점이다. 이런 사유는 東西古今을 막론하고, 국가공동체가 존재하는 모든 교육에 적용된다. 董子의 공헌은 매우 간단하면서도 핵심을 관통한다. 교육의 기능과 역할이 어떠해야 하는지, 그 본질을 꿰뚫어본다. 요컨대, 학교의 제도적 공고화를 근간으로 인재를 양성하여 통일성을 기하면서도 유연한 국가체제를 고려하였다②.

## 三、敎育의 根據; 人間의 基準으로서 中民의 本姓

교육은 "인간"을 대상으로 한다. 칸트 (I. Kant)에 의하면, 인간만이 교육을 받을 수 있는 유일한 피조물이다. 특히, 유학은 시조에 해당하는 공자가 논어의 첫 구절에서 "학이시습 (學而時習)"이

---

① 물론, 董子가 국가교육정책을 펼칠 수 있는 상황도 서서히 조성되었다. 당시 유학은 다른 학파가 갖지 못한 경쟁력을 지니고 있었다. 유학사상은 夏·殷·周三代의 歷史知識을 토대로 춘추전국시대의 공자, 맹자, 순자 등 여러 학자들이 전통을 계승하며 일관된 역사체계를 유지하고 있었다. 무엇보다도 大一統을 구심으로 하는 중앙집권화를 위해 관료의 안정적 충원을 보장할 수 있는 제도적 장치가 요구되었다. 이에 무제는 B. C. 134년에 처음으로 郡國에서 孝廉각 1인을 薦擧하는 察擧制度를 통해 황제를 보필할 새로운 인재를 등용하기 시작하였다. 그리고 董子의 건의에 따라 유학을 國學으로 채택하여, B. C. 124년 儒學의 經書인 詩·書·禮·樂·春秋를 연구하는 五經博士를 두고, 太學을 설치하여 중앙귀족과 지방출신의 인재들에게 유학의 경전을 교수하였다. 이와 같이 유학의 경전이 중앙과 지방에서 대대적으로 교수되고, 관리임용에서 시험과목으로 채택됨에 따라 宣帝 이후에는 유학 출신의 관료가 법가 출신의 관료를 대체하기에 이른다. 五經博士 제도의 실행과 太學건립 이후, 대관료의 자제와 대부호의 관직독점에 제동이 걸렸고, 중소지주와 지식인들이 관직으로 나아가는 길이 열렸다. 이제 과거의 왜곡된 人材문제를 청산하고 새로운 양식의 국가 인재양성을 위한 합리적인 국가교육이 시행되기 시작하였다. 李春植, 中華思想, 敎保文庫, 1998, p. 240.; 柳東垣, 《儒家思想의 官學化－董仲舒의 天人感應論을 中心으로－》, 《中國學硏究》第22輯, 2002; 辛正根: 董仲舒, 中華主義의 開幕, 太學社, 2012, 참고.

② 《漢書·董仲舒傳》: 立大學以敎於國, 設庠序以化於邑, 漸民以仁, 摩民以誼, 節民以禮, 故其刑罰甚輕而禁不犯者, 敎化行而習俗美也.

라고 언급했듯이①, 學의 哲學이다. 따라서 學을 삶의 기저로 하는 "인간"을 어떻게 이해하느냐의 문제가 교육을 인식하고 실행하는 관건이 된다.

춘추시대를 살았던 공자는 인간의 본성에 대해 많이 언급하지는 않았다. "본성은 비슷하지만 교육에 의해 습관이 달라진다!"② 라는 대명제를 제시하였다. 이후, 맹자와 순자는 본성에 善과 惡이라는 가치를 강력하게 개입시켰다. 맹자가 강조한 性善이나 荀子가 주장한 性惡은 교육의 방향이나 목표를 상당히 다른 양상으로 진행시킨다. 인간의 본성을 善으로 인식하는 경우, 그 선을 확장해 나가는 啓發式敎育이 강조될 수 있고, 악하게 인식하는 하는 경우, 그 악을 고쳐 나가는 矯正式敎育이 강조되기 쉽다③.

董子는 기존의 본성론과 다른 방식으로 인간의 성품을 이해한다. 아주 간단하지만 명확하다.

인간의 본성이라 명명할 때 이는 타고나는 것 아닌가? 자연스럽게 자질로 타고나는 것을 성이라 이른다. 성이란 자질이다.④

성이란 태어나면서 지니고 있는 근본 바탕이다.⑤

성이란 타고난 자질이다.⑥

董子는 어떤 가치 개입도 하지 않고, 냉정하고 객관적으로 인간의 본성을 탐구했다. 공자가 그랬듯이 性의 본질에 대한 절제된 의견을 제시한다. 얼핏 보면, 董子의 "生之自然之資"는 告子의 "生之謂性"이나 荀子의 "本始材朴"등과 유사한 구조를 가지고 있다⑦. 그것은 선과 악

---

① 《論語・學而》: 學而時習之不亦說乎? 有朋自遠方來不亦樂乎? 人不知而不慍不亦君子乎?
② 《論語・陽貨》: 子曰, 性相近也. 習相遠也.
③ 申昌鎬:《儒教의 教育學體系》, 高麗大學校出版部, 2012, pp. 276—280.
④ 《春秋繁露・深察名號》: 性之名非生與? 如其生之自然之資謂之性. 性者, 質也.
⑤ 《春秋繁露・實性》: 性者, 天質之樸也.
⑥ 《漢書・董仲舒傳》: 性者, 生之質也.
⑦ 朴東仁:《董仲舒의 儒術獨尊의 政治哲學의 意味》, 高麗大學校大學院博士學位論文, 2010. p. 55

이라는 가치를 개입하기 이전의 인성으로, 인간이 태어나면서 지니는 素質이다. 孟子의 性善을 기준으로 볼 때, 董子의 본성론은 그것과는 다른 性未善과 善質論으로 정돈할 수 있다①.

문제는 소질로서의 본성을 어떻게 이해하느냐이다. 董子의 素質이해는 상당히 독특하다.

   인간본성의 경우, 자연스럽게 생성한 것을 性情이라 한다. 性과 情은 서로 합쳐서 하나의 瞑 [어두움]이 된다. 情 또한 性이다. 性이 이미 善하다고 말한다면 情은 어떻게 되는가? 그러므로 孔子는 性善을 말한 적이 없다. 왜냐하면 그렇게 이름 붙일 경우 본성을 제대로 파악하지 못하고 얽매이기 때문이다.②

性과 情은 性分만 다른 동일한 물질로 형성되어 실재로 분리될 수 없는 하나의 실제이다③. 성과 정을 동일한 본체의 다른 작용양상으로 놓고 이해하면, 인간본성은 두 가지 의미를 지닌다. 하나는 "타고난 資質로서의 본성" 이고 다른 하나는 "情欲에 대립하는 본성" 이다. 그런데 타고난 자질로서 근원적 본성은 정욕에 대립하는 性인 "仁"과 정욕을 함유한 "情"인 "貪"을 모두 포함한다④. 다시 말하면, 董子는 本性의 일반적 범주 이외에, 本性을 다시 性과 情으로 나누어 설명한다. 이때 性은 사람의 本質이고 情은 사람의 欲望이다⑤.

   사람의 참다운 실정에는 貪과 仁의 측면이 있다. 이 두 가지는 모두 사람의 몸에 깃들어 있다. 몸이라는 명칭은 자연에서 연유한다. 자연은 음과 양이라는 두 기운의 작용을 겸비하고 있다. 자연에 있는

---

① 《春秋繁露・深察名號》: 今萬民之性, 有其質而未能覺, 譬如瞑者待覺, 教之然後善. 當其未覺, 可謂有善質, 而不可說服力善, 與目之瞑而覺, 一概之比也.

② 《春秋繁露・深察名號》: 天地之所生, 謂之性情. 性情相與為一瞑. 情亦性也. 謂性已善, 奈其情何? 故聖人莫謂性善, 累其名也.

③ 金周昌:《物學의 起點, 董仲舒哲學의 辨證的 思惟：一氣, 感應, 民主概念을 中心으로》,《儒學研究第 34 輯》, 2016, p. 258.

④ 安承錫:《董仲舒의 政治思想에 關한 研究》, 大邱韓醫大學校大學院博士學位論文, 2015, p. 59.

⑤ 代春敏:《董仲舒教化思想初探》,《董仲舒與儒學研究》(第 7 輯), 巴蜀書社, 2019, p. 634.

음은 제어를 받아야 한다. 몸에도 정욕이 있어 절제를 받아야 한다. 이는 자연의 질서와 같다. 하늘이 이처럼 음을 제어하는데, 사람이 어찌 자신의 욕망을 덜어내고 정욕을 멈추게 하여, 자연의 질서에 적응하지 않겠는가?①

여기에서 貪과 仁의 내용과 형식을 주시할 필요가 있다②. 仁의 기운은 본성을 주도하는 측면이고, 貪의 기운은 종속적 측면에 해당한다. "仁"은 본성 가운데 사회의 도덕을 추진하고 발전시키는 선천적 요소를 가리키고, "貪"은 본성 가운데 사회의 도덕을 저해하고 퇴폐시키는 선천적 요소를 가리킨다. 이 두 가지는 인간의 본성 자체에 同時居住하면서 대립하는 특성을 지닌다. 이런 차원에서 인간은 욕망을 소유한 존재이다. 따라서 인간의 순순한 성품을 선으로 만들기 위해서는 윤리적 교화가 요청되고, 정욕을 억제시키기 위해서는 도덕적 규범이 필요하다③.

董子 이전에도 여러 측면에서 인간 본성에 대한 논의가 진행되었지만, 크게 보면 맹자의 성선설과 순자의 성악설로 대별된다. 성선과 성악은 道德的先驗論의 차원을 벗어나지 않는다④. 董子의 "仁氣"와 "貪氣" 사상도 이런 측면과 동일하지는 않지만 연결되는 지점은 존재한다.

---

① 《春秋繁露·深察名號》: 人之誠, 有貪有仁. 仁貪之氣, 兩在於身. 身之名, 取諸天. 天兩有陰陽之施, 身亦兩有貪仁之性. 天有陰陽禁, 身有情欲, 與天道一也. 是以陰之行不得干春夏, 而月之魄常厭於日光. 乍全乍傷, 天之禁陰如此, 安得不損其欲而輟其情以應天;《漢書·董仲舒傳》에는 "命者, 天之令也. 性者, 生之質也. 情者, 人之欲也."로 제시하며, "命一性一情"의 특성을 구분하여 보여준다.

② 陳福濱:《董仲舒人性論研究》,《董仲舒與儒學研究》第 8 輯, 巴蜀書社, 2019, pp. 331—332.

③ 金相來:《董仲舒의 天人合一說과 그 倫理의 含义》,《退溪學論叢》第 30 輯, 2017, p. 23.

④ 어떤 연구에서는 董子의 人性論을 孟子와 荀子의 관점을 綜合한 것으로 이해하기도 하지만, 孟子와 荀子의 人性論은 善惡의 道德價值가 先天的으로 부여된 것에 무게 중심을 둔다. 董子의 경우, 本性은 性惡이라는 도덕적 가치 개입을 앞세우기보다는 自然素質 자체이고, 性에 녹아든 情欲의 문제를 처리하는 방식에서 교육을 통한 후천성에 무게 중심을 둔다. 性의 순수한 측면을 善으로 이해하면 맹자의 관점이 엿보이고, 情欲을 惡으로 이해하면 순자의 관점이 엿보이기도 하지만, 董子의 人性論은 맹자·순자와는 엄연한 차이가 존재한다. 金春峰:《漢代思想史》, 中國社會科學出版社, 2006, pp. 155—159.

하지만 董子는 인간의 본성과 善을 엄격히 구분하였다. 그는 인성과 선을 가능성과 현실성, 또는 근거와 결과의 관계로 파악하였다. 본성은 善의 가능성이자 선이 내재하는 근원이다. 善은 본성의 이러한 가능성과 내재적 근거이다. 때문에 교육의 조건에 따라, 도덕적 선이 현실의 인격으로 轉化되는 결과를 가져온다. 인성 가운데는 기본적인 욕망인 情欲과 貪欲이 근원적으로 존재한다. 그런데 맹자처럼 性이 이미 善하다고 의미를 부여하면, 선천적인 情은 어떻게 처리할 수 있는가? 董子는 인간의 본성과 선의 관계를 다음과 같이 서술한다.

> 인간의 本性이란 태어나면서 지니고 있는 근본 바탕이고, 善이란 왕의 가르침에 의한 교육을 통해 이루어진 결과물이다. 그 바탕이 없으면, 왕의 교육은 이루어질 수 없고, 왕의 교육이 없으면 바탕의 소박함은 선할 수 없다.①

> 본성은 점진적인 교육을 거쳐 비로소 선으로 바뀐다. 본성이 선으로 바뀐 것은 교육이 만들어낸 결과이지 천성적 본질이 바로 이런 것은 결코 아니다. 그러므로 본성이라 말하지 않는다.②

> 인간의 본성은 벼에 비유되고, 선은 쌀에 비유된다. 벼에서 쌀이 산출되어 나오더라도 벼의 상태는 아직 온전하게 쌀이 되었다고 할 수 없다. 마찬가지로 선이 본성에서 산출되어 나오더라도 성의 상태는 아직 온전하게 선이 되었다고 할 수 없다.③

> 성은 누에고치와 같고 계란과 같다. 계란은 어미닭이 품어 일정한 시간이 지나야 병아리를 까고 병아리가 자라나 닭이 된다. 누에고치는 고치 켜기를 기다려야 실이 된다. 본성은 교육을 통해 시간이 지

---

① 《春秋繁露·實性》: 性者, 天質之樸也; 善者, 王教之化也. 無其質, 則王教不能化; 無其王教, 則質樸不能善. 質而不以善性.

② 《春秋繁露·實性》: 性待漸於教訓而後能為善. 善, 教訓之所然也, 非質樸之所能至也, 故不謂性.

③ 《春秋繁露·深察名號》: 性比於禾, 善比於米. 米出禾中, 而禾未可全為米也. 善出性中, 而性未可全為善也.

나야 인격적 선이 된다.①

본성에는 善의 실마리가 있고 마음에는 善의 바탕이 있다.②

이런 관점에서 보면, 본성은 가치가 이미 담겨 있는 선이 아니다. 선은 본성에서 나온다. 그 과정에 교육이 적극적으로 개입한다. 다시 말하면, 교육의 과정을 거치지 않은 본성은 인격적 선으로 나아갈 수 없다. 이것이 董子가 인간에게 왜 교육이 필요한지, 그 논리적 근거를 마련하는 모습이다. 교육의 결과, 善은 사회를 지탱하는 윤리도덕이 된다. 즉 도덕적 인격을 형성한다.

董子의 교육 사상적 기반은 아주 간단하다. "본성은 교육 이후에 善하게 된다!" 본성은 교육의 작용이 없을 경우, 국가사회를 지도할 인재로서 선한 인간양성을 꿈꿀 수 없다. 董子의 인성에 관한 사유는 형식적으로 볼 때, 맹자와 상당히 다른 양상이다. "본성이 이미 선하다면, 교육할 의미가 없다!" 그것은 人爲的으로 有爲의 차원에서 교육을 실천하는 작업을 부정하는 것과 마찬가지가 된다.

董子는 교육의 불이행을 무위의 자연으로 인식하고, 유위나 인위가 없는 교육에 강력한 회의를 제기한다.

지금 말하는 本性이 이미 善하다면, 이런 상황에서는 특별히 선으로 만들기 위한 敎育이 필요 없다. 그렇다면 아무것도 하지 않고도 스스로 자라는 自然과 같은 것이 아닌가?③

맹자나 순자가 강조한 본성의 선악 입장에서 보면, 董子의 인간 본성 이해는 차원이 다르다. 상당히 비판적이고, 무엇보다도 교육을 향한 열정을 드러낸다. 董子는 선진 시기부터 한나라 초기까지 보편적으로 유행하던, 인간 본성을 이해하는 여러 이론을 진지하게 고려한 듯하다. 특히, 공자가 언급한 인간성의 등급을 고민하며 그것을 구체적으로 이론화한 것 같은 인상을 준다. 공자는 다음과 같이 인간의 등급 차이에 대해 언급

---

① 《春秋繁露·深察名號》: 性如繭如卵. 卵待覆而成雛, 繭待繅而爲絲, 性待教而爲善.
② 《春秋繁露·實性》: 性雖出善, 而性未可謂善也.
③ 《春秋繁露·實性》: 今謂性已善, 不幾於無教而如其自然!

하였다.
　　　　　보통 사람 이상에게는 고차원적인 사안을 말해 줄 수 있으나 보통 사람 이하에게는 그런 것을 말해 줄 수 없다.①
　　　　　가장 지혜로운 사람과 가장 어리석은 자는 변화시킬 수 없다.②
　　인간을 上·中·下의 位階로 나눌 때, 중간급에 속하는 보통 사람, 즉 中人이 인간의 속성을 구별하는 기준으로 설정되어 있다. 이러한 사유는 일반적이고 보편적으로 생각할 수 있기 때문에 상당한 설득력을 갖는다. 다시 말하면, 中人 이하의 자질을 지닌 사람에게 갑자기 고상한 차원의 형이상학적인 이론을 말하면 제대로 알아듣지 못한다. 교육은 사람의 지적 수준 차이에 따라, 적절하게 눈높이를 맞추어 실시해야 한다. 많이 배우고도 덕성을 갖춘 사람은 스스로 자신을 수양해 나가기 때문에 별도의 교육을 하지 않아도 그 수준이 함부로 떨어지지 않는다. 그와 반대편에 자리하는, 제대로 배우지 못하고 수준이 낮은 인간의 경우, 교육을 한다고 해서 어느 순간에 자질이 놀랍게 향상되기도 어렵다. 공자는 이처럼 인간 본성을 층계를 어렴풋이 지적하였다.

　　그러나 동중서는 보다 과학적이고 세밀하게 인간의 성품을 정돈하였다. 인간의 본성을 세 가지 등급으로 분명하게 나누었다③.

　　　　　성인의 차원에서 본성은 일반적인 본성으로 명명할 수 없다. 그릇이 작은 사람의 본성도 일반적인 본성으로 명명할 수 없다. 일반적인 본성으로 명명하는 것은 보통 사람의 본성이다. 일반백성의 본성은 누에고치나 계란과 비슷하다. 계란은 어미닭이 20일을 품어야 병아리가 될 수 있다. 누에고치도 삶고 켜는 작업을 한 다음에 야 실을

---

　　① 《論語·雍也》: 子曰, 中人以上, 可以語上也; 中人以下, 不可以語上也.
　　② 《論語·陽貨》: 子曰, 唯上智與下愚不移.
　　③ 인간의 本性을 세 가지 등급으로 나눈 것을 일반적으로 "性三品說"로 명명한다. 그것은 앞에서 논의한 性情과 함께 董子人性論의 핵심을 차지한다. 董子는 本性을 "性善－情惡"이라는 二元構造로 정리하면서 孟子나 荀子가 인성을 "善－惡"으로 해석하는 데서 오는 편협성과 그로 말미암아 봉착할 수 있는 모순에서 벗어날 수 있게 하였다. 동시에 인간이 오직 선한 聖人이나 오직 악한 斗筲가 아닌, 中民으로 인식함으로써, 교육의 가능성을 명확하게 제시하였다. 金奉建: 《董仲舒의 人性論》, 《哲學論叢》 第6輯, 1990, p. 368.

뽑을 수 있다. 마찬가지로 본성도 단계별 교육과 훈련을 거친 다음에야 완전한 인격을 형성할 수 있다. 선은 교육과 훈련을 거쳐 그렇게 된 것이지 바탕이 소박하게 미칠 수 있는 것이 아니므로 성이라 하지 않는다.①

본성이라고 명명할 때, 이는 지혜로운 사람의 성도 아니고 어리석은 사람의 성도 아니며, 중간 정도의 수준을 갖춘 보통 사람의 본성을 말한다.②

이 세 가지 등급의 본성 가운데 董子가 기준으로 삼은 것은 보통 사람, 즉 "일반백성"에 해당하는 "中民"이다. 특히, 인간의 본성을 가치가 개입된 善과 惡의 양극단에서 취하지 않고, 인간 자체를 있는 그대로 보고 중간에서 취하였다. 이는 인간의 본성에 내포된, 인간을 규정하는 사실적 근거이다. 때문에, 本性이라고 했을 때, 董子가 고민한 본성은 공자가 말한 中人의 본성을 의미한다.

교육은 인간의 능력이 유사하더라도 비슷한 결과를 가져오지 않을 경우가 있다. 하물며 동일한 수준이 아닐 경우, 그 효과나 결과가 비슷하거나 동일할 수 있겠는가? 세 가지로 나눈 성품 가운데, 聖人의 차원에 있는 사람은 自覺을 통해 자신의 감정과 욕망을 억제하며 반드시 善의 방향으로 발전한다. 그릇이 작은 사람, 즉 斗筲에 해당하는 사람은 감정과 욕망이 강렬하고 스스로 절제하기 어렵기 때문에 반드시 惡의 방향으로 발전하게 된다. 이들은 교육을 통해 선으로 유도할 수 있는 대상이 아니다! 그러므로 그 중간 지점에 걸쳐 있는 보통 사람, 즉 일반백성인 '中民'의 본성을 소유한 인간이 교육의 주요 대상이 된다. 특히, 中民은 그들이 지닌 情을 선하게 바꾸어야 한다③.

董子는 인간 본성의 기준을 聖人이나 斗筲에 두지 않고 보통 사람에 두었다. 하지만 그 최종 목표는 聖人의 본성을 지향한다. 이런 점에서 그의

---

① 《春秋繁露・實性》: 聖人之性不可以名性, 斗筲之性又不可以名性, 中民之性如繭如卵. 卵待覆二十日而後能為雛, 繭待繰以涫湯而後能為絲, 性待漸於教訓而後能為善. 善, 教訓之所然也, 非質樸之所能至也, 故不謂性.
② 《春秋繁露・深察名號》: 名性, 不以上, 不以下, 以其中名之.
③ 孫興徹:《董仲舒의 人間觀研究》,《南冥學》第 17 輯, 2012, p. 287.

인간론은 본질적으로 교육에 무게중심을 두고 있다. 이것이 동자의 교육사상적 공헌이다. "中人"이라는 일반백성을 교육의 대상으로 摘示하고, 국가교육의 근거가 되는 인성을 과학적으로 구명해 낸 것이다.

## 四、教育의 指向；道德的人格

앞에서 董子는 淸靜한 無爲가 아니라 有爲정치를 고려한다고 했다. 그 중심은 유학의 敎育과 법가의 刑罰이라는 두 수레바퀴이다. 하지만 이 두 가지는 뚜렷하게 구분된다. 교육을 통한 도덕적 인격수양이 근본이고 刑罰을 주어 감옥살이 하는 것은 말단이다. 이는 유학의 통치사상 근거인 董子의 陰陽學說에 기인한다. 董子는 陰陽을 도덕적으로 해석하여 陽은 善이고 陰은 惡이라고 하였다. 이 때 陰陽學은 도덕교육이 중심이고 형벌은 부수적인 것이다①. 따라서 법가의 형벌은 유학의 교육으로 전환해야 한다②. 그런 사유는 "교육은 정치의 근본이다. 형벌은 정치의 말단이다."③ 라는 주장과 "聖人이 실천하는 정치는 威勢로만 행할 수 없고, 반드시 교육을 통해 성취해야 한다."④ 라는 언급에서 증명된다⑤. 교육을 근본으로 강조하는 사상은 仁政과 德治를 실현하려는 유학의 전통을 계

---

① 董子의 음양학설에서 볼 때, 人性또한 陰陽의 일부이다. 때문에 陰陽의 氣運으로 백성의 人性을 다스려야 한다. 백성의 인성 가운데 음양의 기가 적정한 평형이 유지되도록 해야 한다. 앞에서 언급한 中民은 자신들의 情欲을 통제할 수 없어 항상 정욕에 따라 행동한다. 그러므로 君主는 天命을 받아 백성의 정욕을 다스려 백성이 과도하게 행동하지 않도록 하는 동시에 백성의 정욕을 지나치게 묶어놔서도 안 된다. 이때 정욕은 陰氣이다. 陰氣의 制御를 통해 사회를 안정시키려는 것이 董子의 교육적 의도이다. 鄭漢均：《董仲舒天學》, 法仁文化社, 2003, p. 223, 참고.
② 徐輔根：《中國董仲舒의 統治思想》,《大韓政治學會報》第 18 輯 2 號, 2010, p. 204.
③ 《春秋繁露・精華》: 教，政之本也. 獄，政之末也.
④ 春秋繁露「爲人者天」: 聖人之道, 不能獨以威勢成政, 必有教化.
⑤ 董子는 武帝와 세 차례에 걸쳐 策問과 對策을 주고 받는 天人三策의 과정에서, 어떤 정치제도나 사회제도로 국가를 지도해 나가기 보다 도덕적 내용들을 교육하는 內向的 방향으로 국가를 이끌어 나가려고 노력하였다. 邊文洪：《董仲舒의 內向의 哲學硏究》, 人文學硏究  第 34 卷 第 3 號, 2007, pp. 326−330.

승한것이다.

　　教化로 상징되는 유학의 교육은 도덕적 인격을 확보하려는 수양이다. 유학이 추구하는 도덕성의 핵심은 "三綱五常"이다. 董子는 삼강오상을 윤리의 핵심이자 도덕교육의 중심에 놓았다. 先秦儒學의 경우, 宗法社會의 복잡한 人倫關係를 "五倫"으로 정돈하였다. 五倫은 中庸에서 五達道로 그 맹아를 보이고①, 맹자에서 구체적으로 드러나는데 "父子有親·君臣有義·夫婦有別·長幼有序·朋友有信"이다②. 董子는 五倫가운데 "君臣·父子·夫婦"의 세 가지 관계를 매우 중요하게 여겨, 별도의 가치를 부여하였다. 等級과 名分을 강화하여 主從관계 및 上下垂直的 윤리가 분명하도록 이론화하였다. 이것이 이른 바 "三綱"으로 "君爲臣綱·父爲子綱·夫爲婦綱"이다.

　　董子는 王道를 구현하기 위한 도덕성의 핵심인 三綱을 자연의 질서인 天에서 구할 수 있다고 여겼다. 그러기에 유명한 "天人感應"과 "陽尊陰卑"의 이론을 제기하였다. 엄밀히 말하면, "三綱"은 董子가 처음으로 언급한 것은 아니다. 하지만 이에 대해 체계적으로 논의하고 교육과 윤리도덕의 실천에 적용하여 체계를 다져 후대에 영향을 미치도록 설계한 것은 董子의 공적이다. 여기에서 "忠臣·孝子·順妻"의 윤리가 갖추어지고, 중국전통사회의 중요한 도덕규범이 확립되었다.

　　이때 "三綱"과 짝하는 것이 "五常"이다. "오상"은 仁·義·禮·智·信이다. 오상은 윤리도덕의 주요개념으로 오래전부터 제기되었지만, 董子가 본격적으로 "오상"의 도를 높이고 새롭게 해석하였다. "삼강"은 도덕의 기본준칙이고, "오상"은 도덕의 핵심 觀念이다. 즉 개체의 도덕적 認知와 情感, 意志, 實踐등 인간의 심리는 물론 행위능력과 관련된다. "삼강"과 "오상"은 서로 결부되어 綱常의 체계

---

① 《中庸》20章：君臣也，父子也，夫婦也，昆弟也，朋友之交也. 五者，天下之達道也.

② 《孟子·滕文公上》：聖人有憂之，使契爲司徒，教以人倫，父子有親，君臣有義，夫婦有別，長幼有序，朋友有信.

를 갖추고 중국 전통사회를 지탱하는 도덕교육의 중심 내용이 되었다①.

중국 고대사회의 교육은 개인의 자각적 도덕수양에 근거하여 인격을 갖추어 나가는 작업이 핵심이었다. 董子도 마찬가지였다. 앞에서 살펴본 것과 같이, 도덕적 인격을 갖추기 위한 교육의 원칙을 인간의 본성에 반영하였다. 董子는 개체 행위의 동기는 행위의 효과보다 큰 도덕적 가치가 있다고 보았다.

  의지가 邪惡한 자는 기다려봤자 도덕성을 갖춘 인격자가 될 수 없다. 악을 앞세우는 자는 그 죄가 특별히 무겁다. 근본이 곧은 사람은 그 논의하는 내용이 재빠르다.②

도덕성에 대한 이러한 사상적 강조와 행위동기에 대한 관점은 교육의 중심에 자리잡는다. 대학에서 언급하듯이, 사람들이 마음을 바르게 하고 뜻을 성실하게 하며, 국가를 위해 헌신하는 도덕적 인격자를 지향한다. 동시에 이런 교육은 사회적 綱常에 저촉되거나 국가의 이익에 피해를 주는 의식의 싹이 자라나지 못하게 만들었다.

이 지점에서 이익과 의리가 중요한 사안으로 대두한다. 도덕적 인격 함양의 과정에서 利와 義의 관계를 어떻게 볼 것인가? 董子는 말한다.

  자연의 질서에 따라 인간이 태어날 때 사람에게 의리와 이익이 생겨나게 하였다. 이익으로 그 몸을 기르고 의리로 그 마음을 기른다. 마음은 의리를 얻지 못하면 즐거울 수 없고, 몸은 이익을 얻지 못하면 편안할 수 없다. 의리는 마음을 기르는 일이고, 이익은 몸을 기르는 일이다.③

利는 사람의 몸, 즉 육체적 器官의 요구를 충족시켜 준다. 義는 사람의 마음, 즉 정신적 심령의 요구에 만족을 준다. 이 두 가지는 인간을 형성하는 과정에서 어느 한쪽도 결여되어서는 안 된다. 하지만 몸은 마음보다

---

① 劉振維:《論董仲舒"三綱""五常"之宗教蘊義》, 南華大學哲學系,《倫理與宗教的對話: 第十屆比較哲學會議》, 2009, 참고.
② 《春秋繁露·精華》: 誌邪者不待成, 首惡者罪特重, 本直者其論輕.
③ 《春秋繁露·身之養重於義》: 天之生人也, 使人生義與利. 利以養其體, 義以養其心. 心不得義不能樂, 體不得利不能安. 義者心之養也, 利者體之養也.

귀한 것이 아니다. 그러므로 인격을 양성하는 과정에서 義보다 중요한 것은 없다. 인간을 기르고 낳는 교육의 차원에서는 義가 利보다 그 가치가 훨씬 크다. 義가 있는 사람은 가난할지라도 스스로 삶을 즐길 수 있다. 義가 없는 자는 부유할지라도 스스로 그것을 보존할 수 없다①. 이 지점에서 국가교육의 지향을 구체적으로 인지할 수 있다. 국가의 이익과 발전을 위한 도덕적 인격의 함양, 즉 의리는 개인의 이익추구보다 높은 차원이다. 이것이 국가교육의 지향점이자 삶의 기본방향이다. 그 교육이 지향하는 원칙은 다음과 같이 정돈된다.

도덕적 인격을 갖춘 사람은 그 의리를 바르게 한다. 그 이익만을 도모하지 않는다. 그 도리를 밝히되 그 공적으로 이익을 계산하지 않는다!②

다음으로 도덕적 인격자는 "仁"과 "義"에 관한 이해를 통해 보다 구체적으로 확인된다. "仁"은 공자로부터 비롯된 유학의 핵심용어이다. 한 마디로 얘기하면 "사람을 사랑하는 일"③로 대표되었다. 그것은 인간의 생명을 귀중하게 여기고, 인간을 사랑하는 삶을 기반으로 확립된 개념이다. 무엇보다도 개체생명의 가치와 권리를 존중하는 데서 잘 드러난다. "義"는 국가의 공리를 위한 구성원의 행위준칙이다. 이는 개인의 공동체에 대한 책임과 의무에서 잘 드러난다.

인과 의의 관계를 중심축으로 도덕적 인격을 완성하려는 의지는 다음과 같은 관점을 기초로 한다.

仁으로 사람을 편안하게 하고, 義로 자신을 바르게 한다. ……仁의 법칙은 사람을 사랑하는 일에 있다. 나를 사랑하는 것에 있지 않다. 義의 법칙은 나를 바르게 하는 일에 있다. 남을 바르게 하는 것에

---

① 《春秋繁露·身之養重於義》：體莫貴於心，故養莫重於義，義之養生人大於利。奚以知之？今人大有義而甚無利，雖貧與賤，尚榮其行，以自好而樂生，原憲、曾、閔之屬是也。人甚有利而大無義，雖甚富，則羞辱大惡。惡深，非立死其罪者，即旋傷殃憂爾，莫通能以樂生而終其身，刑戮夭折之民是也。夫人有義者，雖貧能自樂也。而大無義者，雖富莫能自存。

② 《漢書·董仲舒傳》：夫仁人者，正其誼不謀其利，明其道不計其功。

③ 《論語·顏淵》：樊遲問，仁。子曰，愛人。

있지 않다.①

사람을 편안하게 만들어 주고 사람을 사랑하는 일, 자신을 바르게 하는 일! 이는 사람에 대한 존중과 배려, 포용의 정신이 담겨있는데, 선진유학에서 지속적으로 강조해 온 윤리의식이다. 董子는 이를 국가교육의 최고 목표로 설정하고, 도덕주체로서 국민들이 자각할 수 있도록 제도화하였다.

## 五、教育의 實踐: "强勉" — "專一" — "精思"의 有機體

다시 강조하지만, 董子는 교육의 주요 임무를 도덕성을 함양하는 데 두었다. 그것은 "獨尊儒術"의 사상을 基底로 교육에서 완전한 儒學化를 제창한다. 유학의 國敎化, 太學과 五經博士 등의 제도화를 통해 교육은 실제를 구현한다. 특히, "六藝"로 국가적 인재함양을 도모한다. 각 經書의 연구는 교육적 효과 측면에서도 다르게 드러날 것으로 인식되었다.

六學, 즉 六藝는 모두 그 미치는 영향이 크다. 제각기 장점이 있다. 詩는 뜻을 말한다. 그러므로 質에 장점이 있다. 禮는 절제을 도모한다. 그러므로 文에 장점이 있다. 樂은 덕을 읊조린다. 그러므로 風에 장점이 있다. 書는 공적을 드러낸다. 그러므로 事에 장점이 있다. 易은 자연의 질서에 근본한다. 그러므로 數에 장점이 있다. 春秋는 옳고 그름을 바르게 한다. 그러므로 治人에 장점이 있다.②

《詩》《書》《禮》《樂》《易》《春秋》의 여섯 교재는 제각기 중요한 교육적 가치가 있다. 춘추번로라는 저술로 대변되듯이, 대학자로서

---

① 《春秋繁露・仁義法》: 以仁安人, 以義正我. ……仁之法在愛人, 不在愛我. 義之法在正我, 不在正人.

② 《春秋繁露・玉杯》: 六學皆大, 而各有所長. 詩道志, 故長於質. 禮制節, 故長於文. 樂詠德, 故長於風. 書著功, 故長於事. 易本天地, 故長於數. 春秋正是非, 故長於治人.

董子는 무엇보다도 춘추의 교육적 의의를 강조하였다. 董子가 보기에 춘추의 근본적 특징은 "奉天而法古"이다. 이는 위로는 자연의 법칙에 관한 실마리를 탐구하고, 아래로는 국가 지도자들의 지위를 바르게 만드는 내용을 담고 있어, 백성이 진정으로 바라는 일이다. 옛날의 사건을 정리하고, 옳고 그른 일에 대해 정확하게 판단하며, 지나간 사안을 정돈하여 장래를 밝힌다. 때문에 仁義를 실천하는 모범적인 윤리학 교과서이자 교육철학으로 기여한다.①

하지만 董子가 교육을 실천하는 과학적인 방법을 체계적으로 제시한 것은 아니다. 근대과학과 교육이 등장하기 이전, 고대사회에서 교육실천은 시대적 한계로 인해 과학적 방법이 제시될 수 없었다. 뿐만 아니라 교육은 그 속성상 일률적인 학업방법을 제공하여 통용하기 어렵다. 학습자와 교육내용의 특성에 따라 다양한 방법이 적용되기 때문이다. 그러나 교육에서 보편성을 지닐 수 있는 학업방법의 원칙은 제시할 수 있다.

董子는 교육실천의 방법으로 세 가지 측면을 무엇보다 강조하였다②. 첫째는 꿋꿋하게 힘쓰는 "强勉"이고, 둘째는 몰입하는 "專一"이며, 셋째는 심도 있게 생각하는 "精思"이다. 그것은 "努力"과 "致志", "要旨"의 필요성에 대한 역설이다.

첫째, 强勉努力이다. 동자는 그 실천방법을 다음과 같이 언급한다.

배우고 묻는 일에 꿋꿋하게 힘쓰면, 듣고 보는 세상이 넓어지고 지식이 더욱 분명해진다. 행실과 도리를 실천하는 일에 꿋꿋하게 힘쓰면, 도덕성이 날로 축적되어 인격을 크게 이룬다.③

學問이나 行道를 막론하고, 교육실천의 과정에서 핵심은 "꿋꿋하

---

① 《春秋繁露 · 俞序》: 上探正天端, 王公之位, 萬物民之所欲, 下明得失, 起賢才, 以待後聖. 故引史記, 理往事, 正是非, 見王公. 春秋繁露「精華」: 道往而明來者也. 然而其辭體天之微, 故難知也. 弗能察, 寂若無; 能察之, 無物不在.

② 孫培靑主編: 《中國敎育史》, 華東師範大學出版社, 2000, pp. 119—120.

③ 《漢書 · 董仲舒傳》: 彊勉學問, 則聞見博而知益明; 彊勉行道, 則德日起而大有功.

게 힘쓰는 "强勉努力정신의 발휘이다①. 그래야 교육이 성공할 수 있다.

둘째, 專一致志이다. 이는 평소에 志向하는 내용에 대해 마구 날뛰는 짐승들처럼 제멋대로 행동하지 말고, 온힘을 다해 몰두하는 자세이다. 그러나 선천적으로 타고난 능력의 한계로 의해 專一의 여부가 결정된다.

> 하나의 눈으로 두 가지를 동시에 볼 수 없고, 하나의 귀로 두 가지를 동시에 들을 수 없으며, 한 손으로 두 가지 일을 동시에 할 수 없다. 한 손으로 네모를 그리고, 다른 한 손으로 원을 그린다면, 그 흩어진 만큼 제대로 성공할 수 없다②.

교육의 과정에서는 마음과 뜻을 한곳에 몰두해야 학업의 효율을 지속할 수 있다. 온힘을 모아 집중해야 학업내용을 파악하고 장악하는 힘을 갖출 수 있다.

셋째, 精思要旨이다. 교육을 실천하는 방법은 생각의 깊이를 더하고 요점을 정돈해 나갈 때 효과를 발휘할 수 있다. 董子가 강조한 春秋의 경우, 세상이 넓고 일이 복잡한 만큼, 글자체는 간략하지만 큰 의미가 함축되어 있다. 때문에 그 핵심을 쉽게 파악할 수 없다.

> 말로 다 해명하지 못하는 것은 모두 요지나 대의에 밝혀야 하는데, 마음을 다하여 깊이 생각하지 않고서 어찌 그것을 알 수 있겠는가?……글의 대의를 파악한 사람은 그 말의 해명을 멋대로 자임하지 않는다. 그 말에 대한 해명을 자임하지 않은 이후에야, 그에 맞는 도리에 다가설 수 있다.③

춘추를 비롯한 육예의 내용에서 微言 가운데서 大義를 파악하려면, 학업을 실천하는 사람은 마음을 다하여 깊이 생각해야 한다. 그래야만이 교육의 실천과정에서 학업내용의 큰 뜻을 터득하여 추리의 근거로 삼을 수

---

① 何倩、唐明貴:《董仲舒的思想政治教育方法及其當代價值》,《董仲舒與儒學研究》第4輯, 巴蜀書社, 2015, pp. 446-449.

② 《春秋繁露・天道無二》: 是以目不能二視, 耳不能二聽, 手不能二事. 一手畫方, 一手畫圓, 莫能成.

③ 《春秋繁露・竹林》: 辭不能及, 皆在於指, 非精心達思者, 其孰能知之. ……見其指者, 不任其辭. 不任其辭, 然後可與適道矣.

있다.

　　이러한 교육실천의 과정에서 절대적 기여를 하는 존재가 스승이다. 교육실천을 담보하는 존재로서 스승 노릇을 잘하는 사람은 그 도리를 아름답게 여긴다. 그 행실을 신중히 한다. 때에 맞추어 일찍 하거나 늦게 처리한다. 일이 많거나 적거나 가리지 않고 떠맡는다. 일을 마주할 때 빠르거나 느리게 하지 않는다. 어떤 것을 만들 때 너무 급하게 만들지 않는다. 옛일을 자세하게 살피며 공부하는 데 소홀히 하지 않는다. 자신의 행위를 성찰한다. 자신의 일에 몰입하여 성취한다. 이런 방식으로 교육을 실천하여 힘은 수고롭게 쓰지 않지만 몸은 크게 이룬다.①

　　동자는 이처럼 스승의 역할을 존중하며, 교육실천의 양식을 제공하였다. 특히, 春秋의 微言大義를 파악하고 장악하는 과정에서, "强勉"하고 "專一"하며 "精思"하는 유기체적 학습은 "努力"하고 "致志"하며 "要旨"를 밝혀내는 공부의 방법으로 정돈된다.

## 六、결어

　　지금까지 董子의 국가교육 設計에 대해 개략적으로 살펴보았다. 董子는 漢나라를 大一統의 國家主義로 만들어 낸 張本人이다. 그것은 현재까지도 중국 문화제도의 초석으로 자리하고 있다. 董子의 국가교육을 요약하면 다음과 같이 정돈할 수 있다.

　　첫째, 敎育의 基調를 제시하였다. 동자는 儒學을 國敎로 하는 大一統의 사상을 確立하고, 이에 헌신할 수 있는 人材養成을 교육의 기본방침으로 삼았다. 그 기초는 獨尊儒術을 통해 국가인재를 양성하고, 人材選拔과 拔擢, 官吏登用과 昇進의 문제를 합리적으로 시행하는 사업으로 연결되었다.

　　둘째, 敎育의 根據를 확립하였다. 董子는 人間을 객관적으로 인식하고 인간의 基準을 上智나 下愚가 아닌, 中民의 本姓에 두었다. 性未善

---

① 《春秋繁露・玉杯》: 善爲師者, 既美其道, 有愼其行, 齊時蚤晚, 任多少, 適疾徐, 造而勿趨, 稽而勿苦, 省其所爲, 而成其所湛, 故力不勞而身大成.

과 善質論, 그리고 性三品說을 통해 "中人"이라는 백성을 국가교육의 주요대상으로 摘示하고, 국가가 교육해야 할 구체적 근거를 과학적으로 구명하였다.

셋째, 教育이 指向하는 목표를 설정하였다. 董子는 교육을 통해 양성하려는 인간유형을 윤리성을 온전하게 갖춘 道德的 人格에 두었다. 유학에서 聖人君子로 상징되는 도덕적 인간을 "天人感應"과 "陽尊陰卑"의 이론에 근거하여 "三綱五常"을 확립하고, 국가공동체가 지향해야 할 사회도덕의 내용을 확인시켜 주었다.

넷째, 教育의 實踐방식에 주요한 원칙을 제공하였다. 董子는 도덕성 함양의 기본내용을 "六藝"에 두고 국가의 인재함양을 도모하면서, 춘추를 중심으로 하는 經書연구에 집중하도록 하였다. 그 주요방식으로 強勉努力과 專一致志, 그리고 精思要旨의 실천원칙을 제시하고, 교육방법의 철학적 기준인 동시에 동기부여의 양식을 마련하였다.

이러한 董子의 국가교육 설계는 漢書를 저술한 班固의 평가를 통해, 그 위대함을 명확하게 확인할 수 있다. "董子는 對策을 제시하면서 공자를 미루어 밝히고, 百家爭鳴으로 혼란스런 學術을 억누르고 쫓아냈다. 太學을 비롯한 學校를 세우고 五經博士와 같은 官職을 제도화하여 州郡의 숱한 인재들을 孝廉으로 천거하였다. 이 모든 국가의 교육정책이 董子의 아이디어에서 나와 시행된 것이다."① 이런 점에서 董子는 孔子유학의 충실한 계승자이다. 공자를 중심으로 집대성을 거친 유학의 본질을, 누구보다도 시대정신에 맞게 구현해 냈다.

총괄하면, 董子는 중국 국가교육을 밑그림을 설계하고, 실제 구현을 통해 교육의 구체적인 기반을 닦은 중국 국가주의 교육사상의 大父이다. 그의 사유는 시대정신을 관통하며 현실을 반영하였고, 그의 정책은 구체적이고 과학적이었으며, 그의 전망은 국가공동체의 성장과 번영을 내다보았다. 이론과 실천이 부합하는 유학의 실학을 제창하였다. 요컨대, 董子는 중국 고대의 국가주의 교육의 기틀을 다진 위대한 정치가이자

---

① 《漢書・董仲舒傳》: 及仲舒對冊, 推明孔氏, 抑黜百家. 立學校之官, 州郡擧茂材孝廉, 皆自仲舒發之.

유학자이며 교육 사상가이다. 그의 사유와 실천은 漢代에만 그치지 않고, 후대에도 지속적으로 영향을 미치며, 현대교육에도 응용할 수 있는 다양한 아이디어를 제공한다.

**参考文献：**

［1］金奉建：《董仲舒의 人性論》，《哲學論叢》第 6 輯，1990.

［2］金相來：《董仲舒의 天人合一說과 그 倫理의 含意》，《退溪學論叢》第 30 輯，2017.

［3］金周昌：《物學의 起點，董仲舒哲學의 辨證的 思惟：一氣，感應，民主概念을 中心으로》，《儒學研究》第 34 輯，2016.

［4］金春峰：《漢代思想史》，中國社會科學出版社，2006（修訂第 3 版）.

［5］代春敏：《董仲舒教化思想初探》，《董仲舒與儒學研究》第 7 輯，巴蜀書社，2019.

［6］柳東垣：《儒家思想의 官學化——董仲舒의 天人感應論을 中心으로—》，《中國學研究》第 22 輯，2002.

［7］劉振維：《論董仲舒"三綱""五常"之宗教蘊義》，南華大學哲學系，《倫理與宗教的對話：第十屆比較哲學會議》，2009.

［8］李春植：《中華思想》，《教保文庫》，1998.

［9］朴東仁：《董仲舒의 儒術獨尊의 政治哲學的 意味》，高麗大學校大學院博士學位論文，2010.

［10］邊文洪：《董仲舒의 內向的 哲學研究》，《人文學研究》第 34 卷第 3 號，2007.

［11］徐輔根：《中國董仲舒의 統治思想》，《大韓政治學會報》第 18 輯 2 號，2010.

［12］孫培青主編：《中國教育史》，華東師範大學出版社，2000.

［13］孫興徹：《董仲舒의 人間觀研究》，南冥學第 17 輯，2012.

［14］孫興徹：《董仲舒의 政治思想에 관한 解釋學的 理解》，《現象·解釋學的 教育研究》7 卷 2 號，2010.

［15］辛正根：《董仲舒》，《中華主義의 開幕》，太學社，2012.

［16］申昌鎬：《教育學概說》，書賢社，2005.

［17］申昌鎬：《儒教의 教育學體系》，高麗大學校出版部，2012.

［18］安承錫：《董仲舒의 政治思想에 關한 研究》，大邱韓醫大學校大學院博士學位論文，2015.

［19］魏彦紅：《董仲舒教化思想研究述評》，《董學新論》，長春出版社，2018.

［20］鄭漢均：《董仲舒天學》，法仁文化社，2003.

［21］陳福濱：《董仲舒人性論研究》，《董仲舒與儒學研究》第 8 輯，巴蜀書社，2019.

［22］何倩、唐明貴：《董仲舒的思想政治教育方法及其當代價值》，《董仲舒與儒學研究》第 4 輯，巴蜀書社，2015.

本文为"2020 中国・衡水董仲舒与儒家思想国际学术研讨会"提交的论文。

申昌镐，高丽大博士（Ph. D），现在高丽大学校教授，教育问题研究所长，平生教育院长，韩国教育哲学学会长，韩中哲学会会长。

# 董仲舒的人性教化论及其教育人类学义涵

陈德和　高婷婷

## 一、前言

西汉武帝时代的大儒董仲舒（约前176—前104），他在华夏民族历史中的重要地位及影响，相信是任何的炎黄子孙所不能否认的，事实上除了在一般的中国通史中必定少不了对董仲舒生平言行事迹学问等大书特书之外，其他各类的专业历史，如：中国文化史、中国学术史、中国思想史、中国哲学史、中国政治史、中国教育史等，也莫不辟有专篇或专章对董仲舒相关的见解进行一定程度的论述，而董仲舒作为一位深通春秋公羊学的学者和一代经师，凡中国儒学史及中国经学史中当然亦会对他相对的观念理论有所阐明和检视。

然而尽管董仲舒已然是名噪古今，但历来各界对他功过得失的评价却正反双方皆有之，且高低之间亦见两极化，其一抑一扬之间有如天壤之别，例如肯定者方面，或以为其乃洞彻且了然于文化之传承与理想之归趋是以主张"奉天而法古"，并能因应时运适切向武帝提出"独尊儒术，罢黜百家"之说，终一举而将儒学重新推回主流之地位，如此之"守经以应权"，诚非划时代之大儒通儒所能为也；或以为其能于汉代大一统形成而皇权威权极端膨胀和扩张中，独据天人感应、天人相副之说而严肃点提"灾异谴告"以为统治者戒，此于集权政治之驯化及生民福祉之安立,其智慧实不可及而贡献乃非同小可者。相较之下,对他不以为者其批判之论调亦丝毫不假词色,其中或以微观之立场,特从哲学知识做考察,认为董仲舒的著作中其思想观念固常有不一致者在,凡本体论、宇宙论、人性论、伦理学等议题均曾出现圆凿方枘之命题而难予统一者,且其历史哲学中之论朝代之更迭递嬗乃有如"神圣之喜剧"者;又或以宏观之视野,专就学统慧命做抉择,反对其以阴阳五行之说渗入儒学、以三科九旨之论神化孔子,以为此乃偏激驳杂而终成外学或异端,这类之批判其轻者乃讥讽董仲舒之学为迷信,重者则以为既诬且诞乃斥之曰"怪异之妖言"。

  董仲舒著作应以《汉书》本传中所记存之《天人三策》和世传之《春秋繁露》一书为主①,凡其思想见地和观念理论自皆汇聚于此,而其生活实践包括个人之修行及家国天下之关怀投入等,亦莫不据此内在之思想理念而付诸行动者,若以上正反双方之指陈,其实皆据董仲舒之传记及其如是之著述发议论,是以并非无的放矢,至于双方所以呈现南辕北辙之评判,要之当在于或就其具体行为之展露及其结果以称其长,或从思想知识之营造及其体系而贬其短。

  徐复观先生尝以"先秦儒家思想的转折及天的哲学的完成"综括形容董仲舒的思想,并说董仲舒思想的荒谬其实和他著述的动机、目的乃至其人品是不相一致的,所以董仲舒是思想史上很难处理的一位大思想家②。徐先生殚精竭虑研究董仲舒,既刺其短亦护其长,诚然不失为董仲舒的解人,他对董仲舒其人其思想的形容与理解是面面俱到的,也是中肯的。然而董仲舒自是董仲舒,尽管历来正反各方对他褒贬臧否的意见层出不穷,但实际上终难撼动董仲舒在历史中之固有地位也。本文则拟对比孟子(约前372—约前289)、荀子(约前313—约前238)之思想以探究并厘定董仲舒思想中人性论与教化论

---

  ① 徐复观先生对董仲舒之著作及现存之情况曾做翔实之搜罗和考证,并以专篇表明之。参见徐复观《两汉思想史》(卷二),台北:台湾学生书局,1976年,第306—309页。

  ② 徐复观:《两汉思想史》(卷二),台北:台湾学生书局,1976年,第295—298页。

之观点,并与新兴学科"教育人类学"(educational anthropology)进行适度之对话,尝试披露其所可能含蕴之义理,借以展现董仲舒思想在现代学术中之风姿与意义。

## 二、董仲舒人性论与教育人类学

教育人类学是 20 世纪 50 年代中期兴起于德国的新式学科,如今在日耳曼语系国家较为蓬勃发展,因其出现至今仍不及百年,是以在理论建构上呈现千岩竞秀之局面,诸多相关议题亦络绎探索中①。据现有成果观之,教育人类学本为哲学人类学(philosophical anthropology)和教育学(pedagogy)之整并结合,学问之主要内容在于探讨人之原初状态、原生本质及其心灵精神之成熟发展②;教育人类学尽管现今无论观念内容和思想定位均呈现多元之意见,但如上所言之基础态度则始终如一。教育人类学诚然以"人的存在本质及其可能之发展"为一切学问探索之动机与目的,且因其乃专从教育之观点研究人之成长与改变,是以尤其留意于人之可塑性、可教育性、教育之需要性及教育之意向性等议题,换言之,人之原初存在如何确定?人之内在本质如何发现?人之成长依据如何理解?人之意义实现如何认取?诸如此类者,莫不贴切关联人存在之实然与应然等两大哲学人类学课题,并及于教育活动之发皇和教育目的之确认,其实为当今教育人类学之研究所念兹在兹之重心。

(一)人性为可造之资

人性之讨论与确认乃儒学之显题,董仲舒既被史家许为"儒者宗"③、"为群儒首"④,其能表达一套关于人性之说解,自为意料中

---

① 詹栋梁:《教育人类学》,台北:五南图书公司,1986 年,第 133 页。
② 詹栋梁:《教育人类学》,台北:五南图书公司,1986 年,第 123 页。
③ 班固:《汉书·五行志·叙》曰:"汉兴,承秦灭学之后,景、武之世,董仲舒治公羊春秋,始推阴阳为儒者宗。"
④ 班固:《汉书·董仲舒传·赞》曰:"仲舒遭汉承灭学之后,六经离析;下帷发愤,潜心大业,令后学有所统一,为群儒首。"

事。儒家人性论所探讨者乃包括人之存有及其本质,就此而言实与哲学人类学具存共同之议题,且儒家之所以密切关怀人性之所以然,乃因儒学本为成德之教,是以不可不了然于人之实然与当然,至于成德之教本具教化之观念,是又无可或疑者,即此两点以衡量之,儒家思想和教育人类学之基本主张实乃心同理同也,儒者如董仲舒其思想观念或未必纯粹承接先秦儒学,但具足德行之教诲实亦无可否认者,故在基调上自当如此这般于教育人类学而无例外矣。

董仲舒所谓人性并不像孟子和荀子一般之就普遍人类而讨论之,他在《春秋繁露·深察名号》说:"名性,不以上,不以下,以其中名之。"可见董仲舒之论人性乃排除上智与下愚而仅设定中等之资者为范围,此中等之资董仲舒尝称其为"中民之性",当然除中民之性外,董仲舒亦当承认另有"圣人之性"和"斗筲之性",但这两者董仲舒以为其乃无可教化、不能改变故皆存而不论,是故董仲舒在《实性》中说:"圣人之性,不可以名性;斗筲之性,又不可以名性。名性者,中民之性。"董仲舒所以将人性论述之范围做此设限,乃为其教化论之必要及其可能预留伏笔,而教育人类学既强调可塑性及可教育性乃人之存在本质之重要内容,由此以观,董仲舒之以可教化及当教化论人性,此诚可为教育人类学之同路人也。

依教育人类学之观点:人始生之时仅有天赋之"本能"而无"才能";前者既是与生俱来故可名为"自然",至于才能之获得则端赖后天之学习与训练,亦即依靠"教育"以建其功;前者为人之"在世存有",后者则成就人之文化社会角色扮演;至若天赋本能之所以能由学习或训练而升华转化成为才能,乃因其为可塑造者也,换言之,可塑性之肯定,实即决定学习或教育之需要与可能之不可或缺之前提也[①]。董仲舒于《深察名号》尝曰:"今万民之性,待外教然后能善。"今教育人类学亦如是云云,其一古一今诚相辉映也。董仲舒反对从普遍之对象以论人性,此是否恰当固不无疑虑,然他如此决定诚别有深意,其最成功处,乃在对人之可塑性做出积极之肯定,并为全

---

① 詹栋梁:《教育人类学》,台北:五南图书公司,第428页。

民之所以当教化、全民之所以可教化提供必要而有效之理由。

董仲舒之论中民之性亦曾留意情之存在及其与性之关系,因而每有"性情"或"情性"等词语出现,例如他在《正贯》有曰:"故明于情性,乃可与论为政,不然,虽劳无功。"在《符瑞》中亦云:"极理以尽情性之宜,则天容遂矣。"《保位权》尝曰:"圣人之治国也,因天地之性情、孔窍之所利,以立尊卑之制,以等贵贱之差。"又如在《深察名号》曰:"天地之所生谓之性情,性情相与为一瞑,情亦性也。……身之有性情也,若天之有阴阳也。言人之质而无其情,犹言天之阳而无其阴也。"在《为人者天》则曰:"天之副在乎人,人之情性有由天者矣。"董仲舒之言性情或情性诚有如此者,其这般之论调与用词,自有天地阴阳等观念为其思想之背景,但也不能排除来自荀子之影响,因荀子乃常将情与性合而言之曰"情性"①,此则孔子和孟子所未曾有也。唯在荀子思想中,凡情绪、情识、情欲等莫不都是与生俱有而为人性组成之重要部分②,董仲舒却不似荀子之如此清楚定义情性之地位及关联,他时或以为两者混合成一体,时或将两者视为同一者,如此之看似模拟两可、犹豫不定,实有进一步确认之必要。

董仲舒关于情性之叙述,因表达之不精巧以致含糊笼统,唯深究之则见其乃未将性与情等同看待也。董仲舒固曾说"情亦性",但董仲舒很有可能只因情与性皆是生之自然,故将二者等同而视之,然此乃同类之同而非同一之同也,且依董仲舒之意,性与情均具足于人之生命中,是以浑然为一体而无法截然划分为二,故谓"性情相与为一瞑",然此浑然为一而不可了然区分,实为同体之同而非同一之同也。

---

① 例如荀子于《荀子·性恶》中说:"若夫目好色,耳好声,口好味,心好利,骨体肤理好愉佚,是皆生于人之情性者也。"

② 荀子在《荀子·天论》中说:"天职既立,天功既成,形具而神生,好恶喜怒哀乐臧焉,夫是之谓天情。"《性恶》说:"夫好利而欲得者,此人之情性也。"《荣辱》说:"人之情,食欲有刍豢,衣欲有文绣,行欲有舆马,又欲夫余财蓄积之富,然而穷年累世不知足,是人之情也。"凡以上对情概念之描述即出现情绪、情欲、情识等意思。

情与性皆天之所赋又混而为一，然彼此乃互有差异而不当以为同一，董仲舒实知之矣，盖他承认："身之有性情也，若天之有阴阳也。言人之质而无其情，犹言天之阳而无其阴也。"董仲舒于此实可为人之拥有情与性做存有论之说明，唯依是而观之，情与性虽同属乎天，然情是阴，性是阳，情与性之有分乃犹如阴阳之有别，非仅如此，董仲舒于《阳尊阴卑》中一贯标举"贵阳而贱阴"之态度，如是或贵或贱之尊卑观念下，情与性在价值上之地位，亦当如阴阳一般而有大小、先后、上下、顺逆、强弱、盛衰、予夺之别，则情与性两者其乃非分析之一致而只可为同属之一类或综合之一体此亦明矣，至乎或以为董仲舒乃"性善情恶论"者，恐亦未必然，此因董仲舒诚不就自然资质处言善恶也。

（二）人性为自然之质

董仲舒仅将人性设定在中民范围，若圣人之性与斗筲之性则不与焉，这种论性态度虽然未免偏狭，但却能特别彰显人性的可发展性和可改变性。董仲舒既对人性设定范围，也为人性提出定义，如在《深察名号》中，他就说："性之名非生与？如其生之自然之资谓之性；性者，质也。……性之名，不得离质，离质如毛则非性已，不可不察也。"董仲舒诚然以性为质且乃天生之自然，唯董仲舒《深察名号》又说："天之所为，有所至而止，止之内谓之天性，止之外谓人事，事在性外，而性不得不成德。"是则人性之作为天所赋予之资质，乃是因成德之需要而不得不有者，故其并非中性之才质义而乃带目的性也。

董仲舒之以天生自然为人性，如是之见解乍看之下实大类于荀子，盖荀子亦尝言："生之所以然者谓之性。性之和所生，精合感应，不事而自然，谓之性。"（《荀子·正名》）其继在《性恶》中曰："凡性者，天之就也，不可学，不可事。……不可学不可事而在人者，谓之性。"且又在《礼论》中曰："性者，本始材朴也。"诸如此类之言论较诸董仲舒之说性，两者实相像，然而若据此即以为荀子之性概念已然为董仲舒完全继承之，此则恐有未当，因董仲舒之论性本有一天概念以为其存在之超越依据，此超越之天究其实乃是具神性义而为人格天、意志天或宗教天并夹杂气化之思想者①，董仲舒之天概念其与荀子之纯就实然现象之观察以言天之自然义而为物理天②，二者实判然有别，识者苟明白于此，则对荀子与董两家人性论之差异，当能仔细再做区别。

荀子本据物理天而就生命与生俱来之实际现象以言天生自然之人性，此乃纯依经验主义或实在论之立场者③，而于此立场下，凡曰自然之人性，其所指涉者实不外乎人之生命本能、心理情绪和感性好恶等④。孟子尝以为人之存在本为大体、小体之总和或综合，凡此小体、大体均是人所与生所俱来者，是以皆可谓之曰"体"，然就人之德行成就言，其彼此间之先后主从乃明显有别，孟子并曾以"命"

---

① 董仲舒《春秋繁露·阴阳》曰："天亦有喜怒之气，哀乐之心，与人相副。"《郊义》曰："天者，百神之君也。"据此可知董仲舒之天概念乃属人格天，此或可曰意志天，亦即宗教天。又董仲舒另于《天道无二》中曰："天之常道，相反之物也，不得两起，故谓之一。一而不二者，天之行也。阴与阳，相反之物也，故或出或入，或左或右。"又《五行之义》曰："天有五行，一曰木，二曰火，三曰土，四曰金，五曰水。木，五行之始也；水，五行之终也；土，五行之中也；此其天次之序也。"又《五行相生》曰："天地之气，合而为一，分为阴阳，判为四时，列为五行。行者，行也，其行不同，故谓之五行。五行者，五官也，比相生而间相胜也。"《天地阴阳》则曰："天地阴阳木火土金水九，与人而十者，天之数毕也。"《天之为》另曰："明阴阳入出实虚之处，所以观天之志。辨五行之本末顺逆小大广狭，所以观天之道。"凡此可见董仲舒之天概念乃含气化流行义。

② 荀子在《天论》中说："天行有常，不为尧存，不为桀亡，应之以治则吉，应之以乱则凶。……日月星辰瑞历，是禹桀之所同也，禹以治，桀以乱，治乱非天也。……天不为人之恶寒也辍冬，地不为人之恶辽也辍广。"荀子的天既无宗教义，亦无超越义，它全然是经验的实然义，所谓"天行有常"也只是说大自然运行法则和秩序而已，所以荀子的天乃物理的天。

③ 徐复观先生即认为荀子的人性论是："中国地经验主义的人性论。"徐复观：《中国人性论史·先秦篇》，台北：商务印书馆，1969年，第229页。

④ 笔者以为荀子之所谓人性其所指涉者当有三类对象：一是天生之感官知觉，二是自然之生理欲求，三是原始之情识好恶。参见陈德和《儒家思想的哲学诠释》，台北：洪叶文化公司，2003年，第131—132页。又徐复观先生则以为荀子对性之内容规定可为三类：一是饥而欲食等官能欲望，二是目辨黑白等官能能力，三是固可与如此、与如彼之可塑造性。参见徐复观：《中国人性论史·先秦篇》，台北：商务印书馆，第230页。

"性"相对举而分别形容之①；孟子乃以本心善性为人之大体或主体，若耳目之官等形色则为小体，由此而论，孟子之言德行价值之成就自以大体为依据，故曰："从其大体为大人，从其小体为小人。……先立乎其大者，则其小者不能夺也，此为大人而已矣。"(《孟子·告子上》)至若小体其于人虽不得不有者，但非德行之根源也。唯荀子之论性，不与孟子相类也。

荀子所谓"不事而自然谓之性"既不离于人之自然生命中所拥有之本能、欲望、心绪、情识等，其自当属于孟子所说之小体，至于孟子所主张之主体或大体，实非荀子所愿闻，亦非其主张之性概念所能有也。荀子之以人性为素朴，董仲舒于此当无异议，然若以为凡素朴之人性皆仅如孟子所谓之小体而已，亦皆不必具含善端善质者，董仲舒必不以为然矣。

董仲舒之天概念本具神性义并具有目的论之倾向者，是以当其所谓"生之自然之资谓之性；性者，质也"时，固然旨在充分表明人性本为素朴、自然之资质而已，然董仲舒于《为人者天》尝曰："人之为人本于天，天亦人之曾祖父也，此人之所以乃上类天也。"据此，实亦不能排除此人之由意志天所生之资质乃类合于天且有感于天，是以愿意聆听天意之召唤、积极服从该有之教诲，因之乃具价值义及目的义，或至少有此倾向。所以，实不宜贸然以为董仲舒之人性全然属于情绪、欲望、本能等之纯为被治之小体，亦不能忽视其具善端善质而是否能被视为带主体义之可能者，事实上董仲舒在《玉英》中说："凡人之性，莫不善义。"在《玉杯》中亦曾曰："人受命于天，有善善恶恶之性，可养而不可改，可豫而不可去"，此所谓"莫不善义"之性，所谓"可养而不可改，可豫而不可去"之"善善恶恶"者，岂

---

① 此小体孟子固亦承认其乃人之天生而有者，但孟子主张应当它是"命"而不可为"性"，至若使人为善之大体则是"性"而不是"命"，是以孟子在《尽心下》中说："口之于味也，目之于色也，耳之于声也，鼻之于臭也，四肢之于安佚也，性也，有命焉，君子不谓性也。仁之于父子也，义之于君臣也，礼之于宾主也，智之于贤者也，圣人之于天道也，命也，有性焉，君子不谓命也。"

只情识、本能、欲望等类之小体乎！岂非人之异于禽兽草木之几希而为人之主体乎？又，人或以为董仲舒此说乃犹如孟子于《告子上》中引《诗经·大雅·烝民》："天生烝民，有物有则，民之秉彝，好是懿德"以说人性之善乃本乎天者，故其与孟子性善论之立场可相接近，对此笔者亦难予苟同，其义下段再试做说明。要之，董仲舒之人性论实不能与孟子或荀子之人性论相牵就也。

（三）人性为成德之才

人性之为成德之才，此乃儒者之通义，董仲舒自亦不外于是，如其于《实性》尝曰："性者，天质之朴也；善者，王教之化也。无其质，则王教不能化；无其王教，则质朴不能善。"然而素来儒者对人性之界定既非一致，是以德行之成就究竟是依人性之显扬而有？抑或因人性之改造而得？儒者间亦各持己说并互有坚持，如前所言，董仲舒之人性论概不与荀子等同，但在德行如何成就之议题上主张其乃人性之改造而后得，此则董仲舒与荀子乃是异口同声者，如荀子《礼论》固曾曰："性者，本始材朴也；伪者，文理隆盛也。无性则伪之无所加，无伪则性不能自美。"此说较诸董仲舒《实性》中之表示，彼此实两相呼应，据之以论，董仲舒其明显反对孟子之人性本善说诚可知也，盖唯有主张性本善之说者方乃认为德行是依人性之开显与发扬而来，是以孟子在《尽心下》乃曰："人皆有所不忍，达之于其所忍，仁也；人皆有所不为，达之于其所为，义也。"若董仲舒既不主性善论，是亦不必以孟子之意为然也。

董仲舒人性论之不同于孟子处者本有多端，此或可权就道德哲学或伦理学中之规范伦理学（normative ethics）理论以管窥其一斑①。规范伦理学对于善之成立盖有形式主义与目的主义或曰动机论与结果论之壁垒分明两派意见，若董仲舒对善之认定无疑是目的主义或结果

---

① 儒家伦理学之性格是否属于规范伦理学，此在学界自有不同认定，现今诸多学者认为当更近于德行伦理学（virtue ethics），笔者则以为儒家道德思想之性格自有其特色，无论是规范伦理学或德行伦理学均不足以形容之，然此义因与本文题旨无甚关联，是故暂时搁置而不予细究。

论之立场，即在此义上他和荀子乃相互一致者，事实上，荀、董两人即曾不约而同以此理由质诸孟子，一起对孟子偏形式主义或动机论之伦理思想及其性善之主张表示不以为然。

目的主义或结果论是专就具体行为最后之是否符合道德规范之要求而判定其为善或不善，若荀子于《性恶》中曰："孟子曰：'人之性善。'曰：'是不然。凡古今天下之所谓善者，正理平治也；所谓恶者，偏险悖乱也；是善恶之分也已。'"此所谓正理平治及偏险悖乱，其实莫不都是就最后之行为结果而言，无独有偶者，董仲舒亦持相同之论调，如《实性》说："善如米，性如禾，禾虽出米，而禾未可谓米也，性虽出善，而性未可谓善也。"这即如同荀子那般，认为善或不善乃不可就产生之素质说，其只宜从行为之最后结果以判定之也。

相较于荀子和董仲舒之目的主义或结果论，孟子乃别具形式主义或动机论之色彩者，因为他曾明白区分"由仁义行"与"行仁义"之不同，且以"由仁义行"为尚[①]；"由仁义行"是由本心善性之自发，亦即以人人所具有之仁义内在的道德理性为依据，顺之而展现及完成最后之道德行为，至若"行仁义"则是仅以合乎外在之仁义德目为道德行为之完成，至于需不需要出于为善之动机、需不需要以道德心性之自觉为前提，凡此皆无关紧要，且更不予论究，孟子因而以为此乃不足为如如之善、不足为行为之最具道德义者。

荀子原主目的主义或结果论，是对孟子性本善说的不认同，董仲舒当然也有相同的反对意见，不过董仲舒仍有进于荀子者，他是别开生面地又做积极说明：尽管人性虽具善端善质而可以为善，但终究不

---

① 孟子于《离娄下》曰："人之所以异于禽兽者几希，庶民去之，君子存之。舜明于庶物，察于人伦，由仁义行，非行仁义也。"

等于已然是善也①。董仲舒之如此之区分，实又有类于希腊哲人亚里斯多德（Aristoteles，前384－前322）之言潜存（potentiality）与实现（actuality）之关系，至若荀子于此则无所置喙也。

董仲舒固不愿承认孟子之以人之性乃具先验义之良知良能或仁义内在之道德理性而如如是善者，此亦与其天启之观念及阴阳之思想有关，盖在天启观念中，天具无上之权威乃一切之根源而为唯一之施化或创造者，人则为天之权威所决定之被施化或被造者，人虽可依天命而与天相合，但此相合毕竟是人之驯服于天也，总之天乃绝对之神圣而永恒，人则是有限而非完美者。

人之所以成为有限，其具体理由董仲舒又曾借阴阳气化之分野表明之，例如他在《深察名号》中曰："人之诚有贪有仁。仁贪之气两在于身，身之名，取诸天，天两有阴阳之施，身亦两有贪仁之性。"因性中有贪，是以必须进行教育，人亦永远相对于能治之天而为不完美之有限者。又，董仲舒如此之以仁、贪俱在说人性，或有以为此乃"性善恶混"之见解者，其实不然，盖董仲舒既以天生自然之资质定义人性，此素朴之资质天性则只是成善成恶之条件或可能而已，它本身乃不能当下即是善，此犹如他在《实性》所曾言："性虽出善，而性未可谓善也。……性有善质，而未能为善也。"唯性既未可谓善，亦未能为善，则依此义而推之，董仲舒乃当认为性中之有贪而为成恶

---

① 董仲舒《春秋繁露·深察名号》曰："或曰：'性有善端，心有善质，尚安非善？'应之曰：'非也。茧有丝，而茧非丝也；卵有雏，而卵非雏也，比类率然，有何疑焉？……性有善端，动之爱父母，善于禽兽，则谓之善，此孟子之善。循三纲五纪，通八端之理，忠信而博爱，敦厚而好礼，乃可谓善，此圣人之善也。是故孔子曰："善人吾不得而见之，得见有常者斯可矣。"由是观之，圣人之所谓善，未易当也，非善于禽兽，则谓之善也。……夫善于禽兽而未得为善也，犹知于草木而不得名知。……质于禽兽之性，则万民之性善矣；质于人道之善，则民性弗及也。万民之善于禽兽者许之，圣人之所谓善者弗许。吾质之命性者异孟子。孟子下质于禽兽之所为，故曰性已善，吾上质于圣人之所为，故谓性未善。'"姑不论董仲舒对孟子性善说之裁判是否的当，但他之不以性之有其善质即可名之曰善而必以人之忠信博爱、敦厚好礼等善德善行方可称为善，此乃规范伦理学中之目的主义或结果论之立场，故其反对孟子动机论或形式主义之既有善端即可称善之说亦宜矣。

之质，且中资之民亦可能因不受教或失教而终难免于为恶，但就当下之人性质素而论，仍未可断然以为恶，是以性善恶混之说，终非董仲舒人性论之真正立场也。

## 三、董仲舒教化论与教育人类学

儒家之人性论虽有孟、荀性善与性恶之不同主张，但承认人之具有可塑性及可教育性之本质则是异口同声毫无例外，董仲舒之人性论虽不牵就于孟子和荀子，且亦因其不迁就以致横生枝节显得十分驳杂而不纯粹，然其以为人之具可塑性和可教育性则并无二致。又，教育人类学既已承认人之存在乃具可塑性及可教育性，其必将继之又认为人之当具教育之需要性，若儒学本为成德之教，则其有类于教育人类学之承认教育之需要性，自是理所当然。

儒家成德之教，质言之即是人性之教化与完成，凡教育人类学所属意之人的存在本质及其改变与发展，全可约诸于此成德之教中。又，人性之教化若依孟子性善论即是人性之自觉自明自证自成者，另依荀子义则人性乃易于走作而成其恶，故当受外在师法礼义之教诲以求终能服于善者，至乎董仲舒之论教化，则缘于其人性之观点并未牵就于孟子和荀子，故其教化论亦能在孟、荀之外另辟蹊径而成一家之言，凡此当可就：教化之所由起、教化之所以行和教化之所当成三者，说明其具体之原委。

（一）教化之所由起

董仲舒《春秋繁露·王道通三》曾说："仁之美者在于天，天，仁也。天覆育万物，既化而生之，有养而成之，事功无已，终而复始，凡举归之以奉人。察于天之意，无穷极之仁也，人之受命于天也，取仁于天而仁也。"依据此说，董仲舒似可有"道德形上学"

(moral metaphysics) 之意思在①,且若能坚持此立场以言教化所由起,董仲舒亦极其可能接上孟子之由至诚无息而言天道与人德之思路②,进之必将会心于天道性命相贯通之义理而印证儒家圆融之教诲,由是乃足可澄清后世其对其主张天启伦理之疑虑,并完全洗刷神学道德学之嫌疑,然而董仲舒终究非如是也,盖他既如上文所言乃以宗教天为意,故所谓"人之受命于天"实乃是依天启义以论定人生在世之义务或使命,所谓"取仁于天而仁也"亦不外乎服从天之意志而追随于天而已。

董仲舒以为,人之所以必须受教化此乃天之所命故也,而上天所以会降此命令,一则缘于此宗教天既曰神圣其则其必不妄为,故所命予人之自然质素乃具足可教化之内在者,故董仲舒《深察名号》曰:"民之号,取之瞑也。……今万民之性,有其质而未能觉,譬如瞑者待觉,教之然后善。当其未觉,可谓有善质而未可谓善,与目之瞑与觉,一概之比也。"二则缘于宗教天乃唯一之神圣与永恒者,人之存在则为有限且不完美故当教化之也,如:董仲舒曾在《天人三策》(三)说:"天令之谓命,非圣人不行,质朴之谓性,性非教化不成,人欲之谓情,情非度制不节,是故王者上谨于承天意,以顺命也。"

---

① "道德形上学"一词为牟宗三先生最早提出,并以之为正宗儒家形上学之本义与特色。道德的形上学是指经由道德之实践所体贴得来之关于天道天理的心得与实感;此形上学中之作为一切存在的根本原理,它本是生生不息的超越实体,其意义和内容则完全是道德的,所以可以统称之为"道德性之超越实体",又可简名之曰"创造性真几",若依孟子义,它亦即是人人所本有之道德心性的活水源头,乃天爵之所由来也。参见牟宗三:《心体与性体》(第一册),台北:正中书局,1968年,第6—11页。

② 孟子在《孟子·离娄上》说:"诚者天之道也,思诚者人之道也。至诚而不动者未之有也,不诚未有能动者也。"以诚为天道之内容,则此天道乃是道德义之天道,思诚则是对此道德义天道之向往,孟子在《尽心上》又说:"尽其心者知其性也,知其性则知天矣。"尽心知性是将先天具足仁义礼智四端之本心澈底朗现之、完全实现之,借而证得自我之真实存在乃合道德性之存在,孟子并认为唯此自觉自发之践履笃行乃能默契于天道天理以完成其向往。综上所说,孟子之心、性、天皆是道德的,凡心、性、天之证得皆不离于自我意志之发皇与德行之显扬,是以孟子之教化观乃天地人我整体实现之德行教诲,若识得此义,则对孟子《尽心上》所谓:"夫君子所过者化,所存者神,上下与天地同流,岂曰小补之哉",当可了然于心而深信不疑矣。

此中之"承天意以顺命"当然就是服从天志天命,若"性非教化不成、情非度制不节"则是以人之有限或不完美,故必须受天理之薰习、王道之教化也。又董仲舒在《竹林》尝说:"天之为人性命,使行仁义而羞可耻,非若鸟兽然,苟为生、苟为利也。"此即言人之受命于天而于本性之质素中,乃有行仁义、羞可耻之道德可能性,且既有此道德之可能性,即当顺应此命而由性之受教化以终成其善,万不可流于鸟兽般之只求生理之需求或一己之满足也。

董仲舒在《深察名号》又说:"人之诚有贪有仁,仁贪之气两在于身。身之名取诸天,天两,有阴阳之施,身亦两,有贪仁之性;天有阴阳禁,身有情欲柜,与天道一也。"此明显不从宗教天以言人之有穷有限、人之有不完美者在,而另由阴阳二气之运作以说明之。阴阳气化在董仲舒之思想体系中究竟是形而上或形而下,这似乎很难一概而论,其与宗教天之关系是一、是二亦颇难断定。董仲舒思想之驳杂含混诚有如是者,笔者则认为,董仲舒诚然能以宗教天为唯一之超越者与决定者,至于阴阳之气化与五行之运作,则通通视为宗教性之超越者其神功妙用之造化在形下世界所遗留之痕迹,由是天与阴阳五行间乃形成超越之区分,若《周易·系辞传》之言太极与阴阳之关系即如是之安排。但董仲舒之学毕竟是驳杂而含混,其形上学中凡天、元、气、阴阳、五行往往纠缠为成为一团模糊之概念,以至于无法精准判定该有之地位,像上文曰"天两,有阴阳之施",天与阴阳是否有存有论之差异(ontological difference),即难以确认也。

董仲舒的教化论确实可从宗教天的提出而获得超越之依据,此合理性之一乃在于凡宗教天必当是带有目的性者,至若阴阳对转、五行生克则原只是机械之循环,然而在董仲舒的叙述里,却也常见阴阳五行之具创造性决定并带目的论之基调者①，若上引《深察名号》之言曰"天两，有阴阳之施，身亦两，有贪仁之性"即可为证，至若《五行之义》："天有五行，……五行者，乃孝子忠臣之行也，……土者，五行之主也，……圣人之行莫贵于忠，土德之谓也。"亦是明显例证。董仲舒如此之将阴阳五行目的化，已然是为其教化论另又寻获宇宙论之基础也。

董仲舒之论教化所由起，既有其终极之理由，亦有其现实之理由，对比之下，若教育人类学之论教育之需要性及教育之意向性，因限于自身本属社会科学类之学科学门，是以关于超越性之依据如或形上学之理由等皆付诸阙如，其仅止于现实层面发议论，故远不如董仲舒理论之完备也。

（二）教化之所以行

教化既有其必要性和必然性，则此教化理当由谁发动以及教化之重心该当置于何处，凡此亦是董仲舒所曾设定者。依董仲舒之意，教化之发动从根源上说当然是天或天意天志，然而天或天意天志本神圣永恒之超越性存在，董仲舒于《离合根》中曾形容为："天高其位而下其施，藏其形而见其光。高其位，所以为尊也；下其施，所以为仁也；藏其形，所以为神；见其光，所以为明。故位尊而施仁，藏神而见光者，天之行也。"如此之超越性存在乃非经验知识所能及，且若依儒家之通义，凡超越之天意天志或天道天理，唯赖德行境界所证成之智慧方可与闻之，在《论语·公冶长》中，子贡曰："夫子之文章，可得而闻也；夫子之言性与天道，不可得而闻也。"子贡之不可得而

---

① 董仲舒在《基义》说："凡物必有合，……阴者阳之合。妻者夫之合，子者父之合，臣者君之合。物莫无合，而合各有阴阳，阳兼于阴，阴兼于阳，夫兼于妻，妻兼于夫，父兼于子，子兼于父，君兼于臣，臣兼于君，君臣父子夫妇之义，皆取诸阴阳之道。君为阳，臣为阴，父为阳，子为阴，夫为阳，妻为阴。阴道无所独行，其始也不得专起，其终也不得专功，有所兼之义。是故，臣兼功于臣，子兼功于父，妻臣兼功于夫，阴兼功于阳，地兼功于天。"董仲舒如此之将阴阳关系等同于天地之生化，等同于君臣、父子、夫妻之关系及该有之互动，则其具目的论之性格乃呼出欲出矣，当然董仲舒所差之最后一步，即是未将阴阳二气拟人化而成具人格性之存在也。

闻于性与天道，即是境界容有未达而德慧适有不足故也，至若异于志士仁人之匹夫匹妇，其更因德之未迨、慧乃不成而益是无能为力者也，是以《周易·系辞上传·第五》说："一阴一阳之谓道，继之者善也，成之者性也。仁者见之谓之仁，知者见之谓之知，百姓日用而不知，故君子之道鲜矣。"

然而天意天命既如此难测，万民百姓又皆只是中等之资而宛如匹夫匹妇，其又奈何？且董仲舒《深察名号》云："万民之性，有其质而未能觉，譬如瞑者待觉，教之然后善。"继之又曰："性而瞑之未觉，天所为也；效天所为，为之取号，故谓之民；民之为言，固犹瞑也。……性如茧如卵，卵待覆而成雏，茧待缫而为丝，性待教而为善，此之谓真天。"可是上天虽以人之有限而不完美而属意人之有待教化俾以成其善，惟未觉之民终究只是未觉之民，其又何以能够知会上苍之雅意？又何以能够甘愿受教之以实现其善德？董仲舒于此乃以天子或君王之存在回答之，盖他认为难测之天意和未觉之凡民其彼此间，上天早已安排世间之王者以代天而行其道也，是以〈深察名号〉说："天生民性有善质而未能善，于是为之立王以善之，此天意也。民受未能善之性于天，而退受成性之教于王，王承天意以成民之性为任者也。"董仲舒如是之解释，已然是为世间之统治者安立一合理地位，唯议者以为此乃"君权神授"之说，谤者更以为董仲舒既持此说实有为威权统治帮腔之嫌疑，不过笔者则不以议者谤者之评论为然而敢为董仲舒辨，其义将于下文陆续说明之。

董仲舒于《深察名号》中曰："受命之君，天意之所予也。"然此"受命之君"又将何德何能以上承天意而下化民情，若董仲舒于《王道通三》之所言，实已知其然，他说："古之造文者，三划而连其中，谓之王。三划者，天地人也，而连其中者通其道也，取天地与人之中以为贯而参通之，非王者孰能当是？"盖董仲舒心目中之天子或君王乃是能通贯天地人而为之者也，其异于匹夫匹妇之平凡，故能畅达于天心天意天命而有效推行其教化，是以董仲舒于《玉英》乃曰："匹夫之反道以除咎，尚难；人主之反道以除咎，甚易，《诗》云：'德輶如毛。'言其易也。"且如是之天子或君王实亦是"同诸天地""行天德""法天"之圣人,唯此圣人之"视天而行"而"属万物于一而系之元",是以天子或君王得能上承天意而下化民情①,若其具体之作为,董仲舒在《王道通三》谓之曰:"是故王者唯天之施,施其时而成之,法其命而循之诸人,法其数而以起事,治其道而以出法,治其志而归之于仁。"② 总而言之即体天道以立人道之意也。

董仲舒之将圣者王者一元化,自是基于儒家之传统,此传统之最大特色乃是就天子之所以为天子之本质而立一纯粹理念(pure form),孟子尝于《离娄上》曰:"惟仁者宜居高位。"于《公孙丑上》更曰:"人皆有不忍人之心,先王有不忍人之心,斯有不忍人之政矣。"荀子于〈解蔽〉曰:"圣也者,尽伦者也;王也者,尽制者也;两尽者,足以为天下极矣。"凡此之说皆是据德为准、依理为衡以确认君王之地位,儒家之言圣王义诚有如此者③,若董仲舒曾于《观德》曰:"至德以受命。"又于《诸侯》曰:"古之圣人见天意之厚于人也,故南面而君天下,必以兼利之。"再于《王道通三》曰:"天常以爱利为意,以养长为事,春秋冬夏皆其用也;王者亦常以爱利天下为意,以安乐一世为事,好恶喜怒而备用也。"凡此亦皆不失儒家重德重生之传统与王者体天立极之古训也。

董仲舒在《为人者天》中说:"圣人之道,不能独以威势成政,必有教化,故曰:先之以博爱,教以仁也;难得者君子不贵,教以义也。虽天子,必有尊也,教以孝也;必有先也,教以弟也。此威势之不足独恃,而教化之功,不亦大乎!"据上所言圣王之教化亦无乃为

---

① 董仲舒于《楚庄王》中说:"故圣者法天,贤者法圣,此其大数也;得大数而治,失大数而乱,此治乱之分也。"《重政》说:"惟圣人能属万物于一而系之元也。"《基义》说:"圣人之道,同诸天地。"《威德所生》说:"行天德者谓之圣人。"《天容》说:"圣人视天而行。"

② 赖炎元先生以为凡此天子之五项作为从苏舆《春秋繁露义证》之斠雠而订做:法其时而成之,法其命而循之诸人,法其数而以起事,法其道而以出治,法其志而归之于仁。参见赖炎元《春秋繁露今注今译》,台北:商务印书馆,1984年,第297页。

③ 牟宗三先生尝言儒家之论天子皆属于理想之问题不属于历史事实之问题,故儒家之论天子乃以理言而不以气言,以理定而不以气定。参见牟宗三《名家与荀子》,台北:学生书局,1979年,第230页。

道德之教化，是以此圣王自当为儒家义者①，至于教化所以日起有功，此固然有赖明主贤君之积极作为，唯若就施化对象之修养改造言，万民百姓所以能由未能善之性而寖假以渐终成忠信博爱、敦厚好礼之善德，依董仲舒之意其工夫实践之关键乃在心能之发用，他曾在《深察名号》中说："栣众恶于内，弗使得发于外者，心也，故心之为名，栣也。人之受气苟无恶者，心何栣哉？"董仲舒如此表明似乎走向荀子"以心治性"之路数，惟荀子《解蔽》虽言："心者，形之君也而神明之主也。"但此心本为知礼义而非生礼义者，故其性格近于认知心，若董仲舒之心则不类此认知之性格而乃有如孟子之言良知良能者。荀子之心相对于道德工夫言只能谓心知而不能谓心能，故不宜视之为道德心，若孟人所谓"怵惕恻隐之心"或"不忍人之心"凡此才属于道德心；认知性心灵实未直接具含道德之能力，故亦未能直接节制情绪、本能和欲望之失衡或过度冲动，今董仲舒定然以心为能制众恶于未发者，则此心之具道德能动义可知矣，且此心之纯粹固不与性之有仁有贪相一致，故不失为生命中之可贵者，董仲舒是以在《通国身》说："身以心为本，国以君为主。"又于《身之养重于义》说："体莫贵于心。"董仲舒诚知心之能动及纯粹而可贵，但此是否即如孟子之肯定道德心并以之为生命天生之良贵者，终因证词之未全而不可知之矣。

董仲舒之言心亦提及其超越之依据，例如前引《深察名号》之文曰："吾以心之名得人之诚，人之诚有贪有仁，仁贪之气两在于身。身之名取诸天，天两，有阴阳之施，身亦两，有贪仁之性；天有阴阳禁，身有情欲栣，与天道一也。"天与阴阳是一或二在此说中乃如前所言颇难认定，至乎贪与仁董仲舒以为乃阴阳气化所落实于人身者，此与其合目的性之阴阳观自无矛盾之处，至于心之所由来，董仲舒似无明文交代，要之，当亦不外来自天或阴阳。

---

① 王者典范既乃儒家义之圣人，所以他对此圣王之具体形容自然充满着德行价值之氛围，例如董仲舒在《王道通三》中说："人主之大守，在于谨藏而禁内，使好恶喜怒必当义乃出，……如春夏秋冬之未尝过也，可谓参天矣。"

董仲舒将仁、贪或归之为性,或归之为情欲,则所谓心之栣众恶除"以心治性"外又横生"以心治欲"之歧义。"以心治性"与"以心治欲"在荀子道德思想中固不相违,盖情欲依荀子之见乃归之于性,是以治性犹治欲也,然就孟子道德思想言心性本如如为一,故在孟子观念中谓之"以心治欲",谓之"以心治性"则明显不可。笔者以为:董仲舒之人性论虽不牵就于孟子或荀子,实则颇游离于孟、荀之际,然毕竟近荀者多、近孟者少,是以在教化论上亦不免较倾心于荀子,故其之主张心栣众恶而或曰"以心治性"或曰"以心治欲",两者均似理所当然而不以为杵,此亦良有以也。

(三)教化之所当成

儒家成德之教是践仁以知天之天人合一之教,其最明显之诉求自是道德人格之实现与道德宇宙之形成,如此之型模或可以《中庸·第二十七章》所言之"君子尊德性而道问学,致广大而尽精微,极高明而道中庸"形容之。儒家之言道德固不离于仁义,唯此仁此义之深度、广度、向度则是究天人、达内外而通古今者,凡现实性之关怀与终极性之关怀皆兼而有之。教育人类学之探讨中,将人在接受教育陶铸后所能成就之特色专长及其身分人格约区分为六种型态:学者型(理论型)、事业家型(技术型)、艺术家型(艺术型)、僧侣型(宗教型)、政治家型(权力型)、人道家型(社会型),若儒者之养成及其典范,无疑是将此六类统整为一而求其全体之实现也。

西汉时代思想家扬雄(前53—18)于《法言·君子》曾说:"通天地人曰儒。"扬雄之释儒自有所本,其乃直承古意而非孤明独发,若《中庸·第二十二章》曰:"唯天下至诚为能尽其性,能尽其性则能尽人之性,能尽人之性则能尽物之性,能尽物之性则可以赞天地之化育,可以赞天地之化育则可以与天地参矣。"《第三十二章》又曰:"唯天下至诚为能经纶天下之大经,立天下之大本,知天地之化育。夫焉有所倚,肫肫其仁,渊渊其渊,浩浩其天,苟不固聪明圣知达天德者,其孰能知之。"凡是所言,莫不皆以天地人三维度之成就为儒家圣者该有之繁兴大用与盛德大业,前文所述董仲舒对儒家圣王典范之定义,实亦不得外乎此也,笔者尝以统贯天人、建中立极、精思力践、内圣外王四义形容儒学之义理及儒者之风貌①，当是中肯之见。

董仲舒对世间统治者乃有其真切之期待，如是之期待究其为教化之所当成也。董仲舒于《立元神》说："天地人，万物之本也，天生之，地养之，人成之；天生之以孝悌，地养之以衣食，人成之以礼乐；三者相为手足，合以成体，不可一无也。"凡此实可为董仲舒对理想政治与目的世界之图绘，且不啻为人文天地及道德宇宙之缩影，其固为一切教化之依归，实亦是董仲舒之有求于现实之君王也，盖依董仲舒之意，唯一能实现此理想人间者，当是能以此为职志而愿戮力以行之现实之统治者，《立元神》尝曰："夫为国，其化莫大于崇本，崇本则君化若神，不崇本则君无以兼人，无以兼人，虽峻刑重诛而民不从，是所谓驱国而弃之者也，患孰甚焉。"此言"崇本"实乃以天地人三本为政务之核心，质言之即：既以教化为重而求道德之普及，并以经济为要而求民生之安养，更以文明为意而求礼乐之昌隆。三本之崇举实不出正德、利用、厚生之古训，凡有国者皆当如是以成济天下。《立元神》复曰："明主贤君，必于其信，是故肃慎三本，……三本皆奉，则民如子弟，不敢自专，邦如父母，不待恩而爱，不须严而使。"此乃反复其意而希求帝王能奉三并实践之而为明主贤君之典范也。

董仲舒以天意为由借以安立世间统治者之存在地位，是以不免招来君权神授、王权至上之讥谤，事实上董仲舒于《玉杯》中言："春秋之法，以人随君，以君随天。……屈民而伸君，屈君而伸天，春秋之大义也。"于《为人者天》亦说："唯天子受命于天，天下受命于天子。"凡君权神授说及王权至上论似皆有若此者，非议者之讥谤讽刺当非无的放矢，然董仲舒之真心大愿恐不如是也，盖董仲舒复认为，圣王乃世间统治者之无上典范，凡朝廷之天子、人间之帝王自当以此为榜样而躬身笃行之，务求有方有德有为有作有功有成，必唯如此始可获得天意之印许及庇佑以永保其尊位，反之，苟不如此即失却天

---

① 参见陈德和《先秦儒家哲学的基本精神》，《鹅湖月刊》第 222 期，1993 年 12 月。

子、国君该有之典范而天命必不与焉：是故，董仲舒在《尧舜不擅移汤武不专杀》说："天之生民非为王也，而立王以为民也，故其德足以安乐民者，天予之，其恶足以贼害民者，天夺之。"董仲舒之期以道德约束王权并借德行质诸君王，诚历历在目而句句肯切，若谤者议者仍讥讽诋毁之，必以之为专制之帮腔、威权之帮凶，此则非诬即妄，笔者无以苟同也。

董仲舒对教化之所当成既有求于君，更有求于民也，此对中民之期待当可一言以蔽之曰：化性成善。董仲舒所谓之善德善行自是就素朴人性之教化结果而言，其主要德目则不外乎孝、悌、忠、信、仁、义、礼、智等，其中仁、义之观念董仲舒更提新说而在《仁义法》中曰："仁之为言人也，义之为言我也，……仁之法在爱人，不在爱我；义之法在正我，不在正人；我不自正，虽能正人，弗予为义；人不被其爱，虽厚自爱，不予为仁。"董仲舒此说明显异于孟子"仁，人心也；义，人路也"（《告子上》）及"仁，人之安宅也；义，人之正路也"（《离娄上》）之见地，其理念依据则来自《春秋》，故《仁义法》曰："《春秋》之所治，人与我也；所以治人与我者，仁与义也；以仁安人，以义正我。"

董仲舒身为景帝和武帝两朝之经学博士，并以《春秋公羊学》为专长而名扬士林，是以他之常据《春秋》以发议论乃自然而然者，而《春秋》所侧重者本为客观之义道，今见董仲舒之不似孟子直就人之主观心性以言仁言义，其乃另从人我内外之际而以安人和正我对仁对义做出新解，此实即《春秋》重客观精神之显扬，而董仲舒长留青史之名言曰："正其谊，不谋其利；明其道，不计其功"[①]，其所豁显之德行意义和伦理主张，亦莫非是以客观之义道为权衡，董仲舒之明《春秋》大义，诚有如是者也。

---

① 此据班固《汉书·董仲舒传》。《春秋繁露·对胶西王越大夫不得为仁》则曰："正其道，不谋其利；修其理，不急其功。"

## 四、结论

　　汉帝国之建立非仅是政治大一统之形成，其实也是学术大整合之完构。董仲舒身为一代儒宗，处此亘古未有之新纪元，故《春秋》之大义而推儒学于一尊并定儒学为国教，其能为家国天下安立道德之基础，为文化之发展确定其方向，居功甚伟，然其思想内容却也反映时代之趋势而成一大综合，此较诸先秦儒学乃明显驳杂而欠融通，是以非之者乃特以此为意而多见贬抑之论。今笔者则不欲详就细节以论其功过、明其得失，只以董仲舒之人性论和教化论为课题，据由比较与分析之手法以探索其义蕴，并略提现今新兴学科教育人类学之观点以明两造之所惺惺相惜莫逆于心者，此当在辨明董仲舒之义理，并突显其在现代学术中可能之身影也。

　　董仲舒论人性仅以中民为对象，凡上智与下愚皆不与焉，此固不无可议之处，然董仲舒如是之举则乃意在显明人性之可教化与人性之可造化，此与现今教育人类学之从教育观点以明人之存在本质乃具可塑性、可教育性，实已若合符节。又董仲舒以为人性乃自然之天赋，本素朴而不足以言善，此自与荀子之见相类似，然其亦非如荀子之将人性归诸情绪欲望或官能，反以为人性之具善端善质，故终可因外力之陶冶镕铸如王道之教诲而成其善，如是之见又颇近孟子之性善，唯董仲舒终不以孟子为然，盖董仲舒始终坚信，人性乃为可善之质而非已善之德。

　　董仲舒之论人性，实徘徊于孟子性善论及荀子性恶论之际而不愿受迁就，然其言论既常见含混不明或前后不一者，以至于不免驳杂而少精致，如心、性、情之关系，如天和阴阳五行之关系，皆有如是之囫囵者，至若其将人性之来源及道德之依据皆归诸于神性义之宗教天，此天启之观念乃使道德威权化与伦理绝对化，其与儒家成德之教或主道德自律如孟子、或主道德他律如荀子，乃不无失之交臂之嫌。

　　董仲舒之论教化当可从教化之所由起、教化之所以行及教化之所当成以明其义。董仲舒本其天启伦理之思，故将教化之需要及内容皆归于天心天意，唯天心隐微而天意难测，依儒家之通则，若无德行之境界及其智慧对此皆不可及，而万民百姓既德有未修而慧有不及，又何能密契天心天意而身体力行之，董仲舒由是乃以王者为天之子其通天地人三才，故能承天意、顺天命、行天德而教化于民，其如是之见地，无疑为大一统之君王安立一合理之地位与基础，且不违其以宗教天为教化之超越依据而符应于天人感应之说也。

董仲舒以通天地人三才为帝王，此乃承继儒家之圣王义，是以董仲舒之为现实统治者求得合理存在地位之际，实亦同时提醒和期待其能正德利用厚生以成就王者之道也，后人每以为董仲舒之主张三纲无常乃为专制王权护航，并猖狂破坏道德之理想而甘居于奴性之社会，实则不然，董仲舒之苦心当如儒家之夙愿，意在王国之实现与道德宇宙之建立，是以其乃先求之于君而期待明主贤君之能以大德而居大位，随之则又期待此有德之君之能借身教言教以示范于民而成教化之实，若董仲舒之言教化之所能行及教化之所当成，莫非深含此意，凡崇本、奉本之说皆可为证，有识者诚不可不知也。

董仲舒在历史中之评价诚然两极化，笔者不敏是以不敢赞一言，若本文仅就其人性论与教化论而有所琢磨，笔者固承认，董仲舒于此之见地，若纯以知识标准言，自有无法自圆其说之处，然笔者更发现，董仲舒之论人性与教化实有一深远之背景在，亦有一责任之意识在，凡此背景与意识皆不离儒家之德慧、儒家之悲悯，笔者之敢为董仲舒辨，乃心有戚戚焉。

本文为"2020中国·衡水董仲舒与儒家思想国际学术研讨会"提交的论文。

陈德和（1954—），男，中国台湾嘉义人，南华大学生死学系哲学与生命教育硕士班教授。

高婷婷（1993—），女，陕西商洛人，商洛学院马克思主义学院专任教师。

# 春秋决狱中的情法冲突处理原则及其价值

李德嘉

"春秋决狱"其实是一种概称,是现代学术界对古代司法中"引经决狱"现象的总结,也有人称之为"春秋折狱"或"春秋断狱"。所谓"引经决狱"即以儒家经典中的"微言大义"作为依据来处理政治和司法问题,其中最重要的经典依据是以孔子所笔削的《春秋》为主。按照一般的观点,"春秋决狱"之风源于汉武帝时期的董仲舒。史籍记载,汉武帝当时经常派遣廷尉张汤去拜访在家养老的董仲舒,向他咨询重要案件的处理意见,董仲舒在回答这些案件的时候往往援引儒家经义,由此开创了"春秋决狱"的司法审判的方式①。

## 一、董仲舒的春秋决狱

虽然在董仲舒之前已经存在用儒家义理处理政治法律问题之先例,但是,董仲舒为一代儒宗,其援引经义断狱的活动对中国古代政治法律之发展更具有重大的意义。从宏观的传统法律发展演进的角度而言,董仲舒可称是实践对后世法律发展产生重大影响的"春秋决狱"司法的第一人。汉武帝独尊儒术,立五经博士,儒家经典成为官

---

① 《后汉书·应劭传》记载:"朝廷每有政议,数遣廷尉张汤亲至陋巷,问其得失,于是作春秋决狱二百三十二事,动以经对,言之详矣。"

学。从某种意义上说,国家意志对儒家经典的承认,结束了先秦儒家在百家中的争鸣地位和秦时非主导的角色,这时的儒家经典才能视为整个国家领域的经典,从理论上才有可能成为断狱的依据。武帝之前,虽有儒者援引经义处理政治法律问题,但那只可视为是个别官员内心道德的自由裁量,缺乏法律运作中的国家意志和权威性。因此,从这个层面上说,董仲舒依然可说是引经决狱的第一人。

(一) 董氏春秋决狱的司法实践

董仲舒从阴阳学说出发,把复杂的社会关系简单化、主次化,提出了"王道三纲"的思想,即"君臣、父子、夫妇之义,皆取诸阴阳之道。君为阳、臣为阴;父为阳,子为阴;夫为阳,妻为阴"。在这里,董仲舒实际上提出了对后世极具影响的"三纲"思想;"君为臣纲,父为子纲,夫为妻纲"①,并且强调"《春秋》之法,以人随君……故屈民而伸君……《春秋》之大义也"②,肯定"《春秋》为仁义法"③。对于此,董仲舒又进一步将它发挥到极致,认为在当今法制不稳定的情况下,《春秋》仁义法是调整社会关系的最根本法则。正如他所说:"《春秋》大一统者,天地之常经,古今之通谊也。今师异道,人异论,百家殊方,指意不同,是以上亡以持一统;法制数变,下不知能守。臣愚以为诸不在六艺之科,孔子之术者,皆绝其道,勿使并进。邪僻之说灭息,然后统纪可一而法度可明,民知所从矣。"④ 正因如此,汉代在"独尊儒术"之后,以《春秋》为法经就顺理成章了。

由于汉初天下苦秦之酷法,因此施行黄老无为之术,然而随着社会的发展,简单的立法已经无法适应复杂多变的社会问题。因此,在董仲舒的时期,国家一方面需要加强立法,制定法律、法典以应时用;另一方面又要解决燃眉之急,以解决司法实践的问题。对于前一

---

① 《春秋繁露·基义》。
② 《春秋繁露·王环》。
③ 《春秋繁露·仁义法》。
④ 《汉书·董仲舒传》。

问题，在成文法传统的国度中，又受诸多主客观条件的制约，不能恣意妄行，随意立法。对此，董仲舒也只能做立法的前期理论准备工作，提出大一统时代的立法指导思想——"三纲五常"。同时，对董仲舒而言，他也十分关注司法的问题，他深知"法制数变，下不知能守"是一个极其严重的现实问题，不解决好这个问题，君难治民、民难知义，社会将成为一个无序的乱世，那么怎能实现大一统以维护统治？因此，董仲舒便以《春秋》等儒家经义来审理案件，定罪量刑，这既符合儒家思想的要求，也能得到统治阶级的认可和欢迎。这样，《春秋》等儒家经典就适时地成了当时决狱的依据。所以当朝廷每议政事，每遇疑案时，总是请教于董仲舒。他不但认真负责，"动以经义、言之详矣"，而且"作《春秋决狱》二百三十二事"，以为司法审判的依据。史载："董仲舒一代纯儒，汉朝每有疑义，未尝不遣使者访问，以片言而折中焉。"①

董仲舒以儒家经义决狱的适用方法和运作程序也呈现系统性。《春秋》作为决狱依据主要有两个部分：一是春秋之"故事"；二是春秋"微言"。一般决狱过程有三个步骤：一是事实与法律问题的确定；二是发现和寻求春秋"故事"和"微言"；三是春秋经义的解释与法律原则的抽象。原则的抽象使春秋决狱的指向性更强，区别于先前的以经断狱中，方式偶然与运作任意的特点。

(二) 关于《春秋决狱》其书

董仲舒曾撰 232 件引经决狱之事，集为《春秋决狱》。有学者认为，《春秋决狱》的内容并非董氏拟设创写，而是当时司法实践的实践、案例，进行综合提炼，比附经义后写成的。董仲舒晚年因受审下狱而对仕途失去信心，因此后来虽然官复原职，但是毅然辞职还乡，"终不问家产业，以修学著书为事"②。董仲舒告老还乡后，武帝经常使九卿至董家，问以政事，董仲舒也总是以春秋经义处理政治法律的难题，并将这些对答整理成《春秋决狱》一书。因此，我们可以推

---

① 《通典》卷六九。
② 《汉书·董仲舒传》。

想，决狱之事一部分是董仲舒为官时亲自审理的案件，而另一部分则可能是他人所决之狱，董仲舒认为其判断符合儒家经义，因此记录在案，以供门生或司法官员参考。

## 二、春秋决狱的总原则：司法原情

"司法原情"又称"原情定罪""原心定罪"等。学界公认此为春秋决狱的最基本或最为重要的一项原则。过去一些学者对"原心论罪"的评价比较负面，想当然地将"原心论罪"与所谓"诛心"之术或是主观定罪直接挂钩，认为古代司法中长期存在的"原心论罪"是造成司法官员任意裁判，法律确定性差等弊病的根本原因。我们认为，这样的看法是对董仲舒"原心论罪"思想的一种误读。在对一种思想原则进行评价的时候，我们首先应该区分两个事实：一是这个思想原则的原本含义是什么，二是这个思想原则实际所起到的作用。"原心论罪"思想的初衷显然不是让司法官员在案件的裁判中翻手为云覆手为雨，更不是以"诛心"为名惩罚思想言论犯罪。这些问题应该是"原心论罪"在专制时代的司法实践中所产生的流弊，而不是"原心论罪"思想本身所具有的弊端。

（一）"原心论罪"之本义

董仲舒提出"原心论罪"之本义是为了矫正秦政之弊，董仲舒在一份对汉武帝的奏章中指出秦朝法律之弊病在于："诛名而不察实，为善者不必免，而犯恶者未必刑也。是以百官皆饰，虚辞而不顾实，外有事君之礼，内有背上之心，造伪饰诈，趣利无耻……是以刑者甚众，死者相望，而奸不息，俗化使然也。"在董仲舒看来，秦朝政治法律之问题在于法律的僵化规定与情理的现实状况之间的冲突，也就是规范的外在性与人的意志、情感之间的矛盾。孔子说："人而不仁如礼何！人而不仁如乐何！"在孔子看来，人如果没有真性情，即便行为符合礼乐的外在规范也不过是使人更加虚伪。因此，儒家传统历来要求，外在的规范与内在的情理要相互统一。而秦朝政法源自法家"循名责实"的思想，其发展流弊就是过分强调行为与规范的外在一致,而忽视了行为的主观态度和实际情感。现实中的事实问题复杂多变,行为背后的心理基础也千差万别,如果仅以简单、僵化之法条调整规范复杂之人情现象则会有"削足适履"之嫌。同时,由于古时所谓"法"实则只是"刑",只强调人的行为外在与规范的符合,未免会导致刑法的过分严苛,使董仲舒认为良好的司法应该探究人的内心状况和事实的真切,因此说:"春秋之听狱也必本其事而原其志,志邪者不待成,首恶者罪特重,本直者其论轻。"① 同是一种行为,如何处断,关键要看行为人的内心意志究竟如何。所谓"春秋之定狱,论心定罪。志善而违于法者免,志恶而合于法者诛"②,这种司法方式之目的就在于消除法律僵化之流弊,以追求人情与法理的相互协调。

中国古代的法律重视对人心的调整和规范,然而就事物的本质而言,法律又不可能直接作用于人心,它的直接对象只能是外化的行为,比如法律规定,父母不蓄私财、不得别籍异财等都是关于行为的。其实,相比较外在行为而言,古人更关注人的内心。上述各条虽然事关行为,但却又是对人心的规范,它们所要求的乃是子孙对父母、祖父母的孝心。因此,所谓父母在禁止蓄私财、禁止别籍异财的内在理由是"有亏侍养之道,而且大伤慈亲之心"。这种直接对于人心的要求远远超出了法律实际上能够奏效的范围,为了避免关心人的内在情感的法律成为具文,唯一的办法就是在司法中强调法官要深明义理并且洞悉人性,能够在实际的司法过程中审度人情,调节情与法的内在紧张关系。

(二)"原心论罪"的基本方法

"原心论罪"原则是一个概括性的总原则,或可视为春秋决狱案例的共性原则,每一则"经义决狱"的成例中,都能以原心论罪加以说明。但若孤立地理解原心论罪则有断章取义或臆想妄造之虞,只有将春秋决狱具体的适用原则与原心论罪原则联系起来,抽象与具体、

---

① 《春秋繁露·精华》。
② 《盐铁论·刑德》。

一般与个别相结合,这样才能明了"春秋决狱"原则的真意。

原心论罪作为义理性的原则,在于它固定了春秋决狱运行的基础,是其运用的内在模式、规程。原心论罪所强调的是人的"心"或"志",以现今的学术语言,可称为"动机""意图"等心理要件,然而在古人看来,原心论罪最为凸显的无非是两点,一是"原忠",二是"原孝"。儒家法律思想之核心便在于"亲亲"与"尊尊",孔子所谓:"凡听五刑之讼,必原父子之情,君臣之义以权之。"前者指的是"原孝",后者说的是"原忠"。春秋决狱以儒家之伦理原则为依据处理案件,故而原心论罪的主要标准就是"忠"与"孝"。

原心论罪除了有标准,义理上还要求它有一定的运用方法,从形式上而言,就是"原经"以儒家经典的要求来处理案件,原心论罪与经义决狱往往是相互联系在一起的。如何以经义处理刑案呢?通过研究案例,我们发现案例中体现的经义决狱之方法主要有两种方式:

第一,类推适用《春秋》成例裁判。比如淮南王刘安的谋反案件:

> 赵王彭祖、列侯臣让等四十三人议,皆曰:"淮南王安甚大逆无道,谋反明白,当伏诛。"胶西王臣端议曰:"淮南王安废法行邪,怀诈伪心,以乱天下,荧惑百姓,倍畔宗庙,妄作妖言。《春秋》曰'臣无将,将而诛'。安罪重于将,谋反形已定。臣端所见其书节印图及他逆无道事验明白,甚大逆无道,当伏其法。①

在本案中,这里胶西王援引的成例是春秋鲁庄公时期的故事,鲁庄公病危,遂以嗣位的人选,问于其弟叔牙,叔牙对曰:"庆父,才",而阴怀异志;鲁庄公又问其弟季友,季友对曰:"臣以死奉子般。"等到叔牙谋弑事迹败露,叔牙被迫饮鸩自尽。公羊传中基于"春秋诛心"的主旨,认为叔牙谋弑未成,亦构成谋反,其死是应该的,所以说:"君亲无将,将必诛焉。"胶西王援引《春秋公羊传·庄公十三年》中的故事认为刘安谋反之行为已经远远超过了预备的阶

---

① 《汉书·淮南衡山济北王传》。

段,"君亲无将,将而诛",何况刘安之行为已经"罪重于将",更加罪无可赦。

又比如,三国时王凌与外甥令狐愚一同谋废齐王曹芳而另立楚王曹彪,事败后向司马懿投降,不久自杀,死后受到剖棺暴尸的刑罚。案例如下:

> (王凌)进封南乡侯,邑千三百五十户,迁车骑将军、仪同三司。是时,凌外甥令狐愚以才能为兖州刺史,屯平阿。舅甥并典兵,专淮南之重。凌就迁为司空。司马宣王既诛曹爽,进凌为太尉,假节钺。凌、愚密协计,谓齐王不任天位,楚王彪长而才,欲迎立彪都许昌。嘉平元年九月,愚遣将张式至白马,与彪相问往来。凌又遣舍人劳精诣洛阳,语子广。广言:"废立大事,勿为祸先。"……凌阴谋滋甚,遣将军扬弘以废立事告兖州刺史黄华,华、弘连名以白太傅司马宣王。宣王将中军乘水道讨凌……凌至项,饮药死。……宣王遂至寿春。张式等皆自首,乃穷治其事。彪赐死,诸相连者悉夷三族。……朝议咸以为《春秋》之义,齐崔杼、郑归生皆加追戮,陈尸斫棺,载在方策。凌、愚罪宜如旧典。乃发凌、愚冢,剖棺,暴尸于所近市三日,烧其印绶、朝服,亲土埋之。①

在本案中,朝议中的大臣就是以春秋时郑归生、齐崔杼弑君之例来处理王凌案的。这两则旧例分别是指《春秋》"(宣公)四年……夏,六月,乙酉,郑公子归生弑其君夷",以及襄公二十五年崔杼弑君,三年后,齐人将崔杼暴尸于市。

第二,直接适用《春秋》义理裁判。如乞子杖父案:

> 甲有子乙以乞丙,乙后长大,而丙所成育。甲因酒色谓乙曰:汝是吾子。乙怒杖甲二十。甲以乙本是其子,不胜其忿,自告县官。仲舒断之曰:甲生乙,不能长育,以乞丙,于义已绝矣。虽杖甲,不应坐。②

---

① 《三国志·魏志·王凌传》。
② 《通典》卷六九。

本案并无直接引用《春秋》或其他儒家经典中的成例，但董仲舒却凭着儒家经义，将儒家的义理抽象为一项司法裁判中的原则，矫正了僵化适用法律所造成的不公正。儒家自孔子起对内容和实质的重视远远超过了形式和外在规范，因此，儒家往往更注重人在具体案件中的情感，而不是表面的合乎规范。任何规范，不仅是法，甚至于礼、乐都不过是内在的人的情感和人性的表现和辅助。礼乐法制之规范制度都是为了顺应、调节人情和人性而产生的，所以说："缘人情而制礼，依人性而作仪，其所由来尚矣。"在这样的思想影响下，儒家对于案件的审理就要求必须合乎人情、义理的要求。

儒家对于"孝"的伦理规范也更重视其情感的实质，子对父母应心存有"孝亲"之情，而父母对子则须有"慈爱"之意，若为父者已失亲亲之义，为子者再不负为人子的责任。所以《春秋》所载，献公不以申生为子，而申生自杀，实乃愚孝；又不以重耳为子，而重耳逃亡，《春秋》不以为不孝。可见父子之孝慈的义务不仅出于血缘的表面关系，而是需要有内在的情感和恩义为基础。因此，在此案中父甲对于乙一无供养之事实，二无哺育之恩情，董仲舒援引儒家重视情感实质的伦理原则认定乙杖父不是子杖父，不能加重处罚。

再如误杖伤父案：

> 甲父乙与丙争言相斗，丙以佩刀刺乙，甲即以杖击丙，误伤乙，甲当何论？或曰殴父也，当枭首。论曰：臣愚以父子至亲也，闻其斗，莫不有怵怅之心，扶杖而救之，非所以欲诟父也。《春秋》之义，许止父病，进药于其父而卒。君子原心，赦而不诛。甲非律所谓殴父，不当坐。①

所谓"许止进药"的典故来源于《春秋》昭公十九年，经曰："夏五月戊辰，许世子止弑其君买。冬，葬许悼公。"《春秋》之书处处微言大义，用词十分严谨。这里用"弑"字意为贬谪，许止为君父择医不慎，又没有尽到为父亲尝药的义务，因此，是弑君之大过。然而书"葬"又说明许止的行为本无主观上的恶意，因此宽宥其过失。

---

① 《通典》卷六九。

《公羊传》解说："曰'许世子弑其君买'是君子之听止也；葬许悼公，是君子之赦止也。赦止者，免止之罪辞也。"董仲舒从许止进药的春秋典故中概括出"君子原心，赦而不诛"的司法原则，然后运用在本案中。他指出子甲杖伤其父的行为是出于过失，按照春秋存心之恕，有宽宥之意，于是援引许止的故事中产生的君子原心之原则，不坐子甲殴父之刑。

## 三、春秋决狱的具体法律适用原则

通过对春秋决狱之案例的研究分析，我们发现春秋决狱的具体适用原则可以分为三大类：一是体恤人情和仁恕的恤刑原则。春秋决狱以儒家经义为指导，必然在具体的司法实践中体现出儒家的仁政思想，要求司法官员以"不忍人之心"决刑狱。二是保护家族血缘亲情的亲亲原则，春秋决狱中著名的养子容隐案第一次将"亲亲相隐"的儒家伦理思想上升为具有指导裁判效力的司法原则，体现了儒家思想中的孝亲之义。三是维护君主地位的尊尊原则，这一类原则主要是对君臣关系的调整，其中的指导思想已不纯是原始儒家的经义，而杂糅了对儒家经义的法家式理解。

"经义决狱"的首要原则"原心论罪"之核心就是探究人的主观心理状态和行为时的事实、情理来正确的定罪量刑，其探究行为本质与情理的根本目的在于使当时僵化、严苛的刑罚规范在具体案件的运用中更多地体现实质的正义。中国古人并没有主观与客观二分的科学思维，也没有实质正义与形式正义的政治哲学，古人常用的话语体系无非是"人情"与"事理"而已。在讲求形式合理性的法律体系中，可能会有一项合法而不符合情理的判决，然而在"穷天理、顺人情"的古人看来，罔顾清理的判决本身就是值得怀疑的。同时，在刑罚十分严酷的古代，判决合于法亏于情往往造成的是冤狱和滥刑。因此，穷究每一个案例中的人情与事理，往往可以救人于酷刑之中，其实也就是一种仁恕精神的体现。

## （一）原其情理

原心论罪的要义在于考察人的行为动机、心理状态及行为时之情景，即行为人是否身不由己。孔子说："苟志于仁，无恶也"，董仲舒也说审理案件要使"志善而违于法者免，志恶而合于法者诛"。在春秋决狱案例中，我们发现，所谓原心论罪不仅体现了对缺乏恶意的行为人的宽宥，更多的时候还要考察行为时的具体情景和行为人的主观目的是善是恶，对于行为人的善意要进行宽宥。所谓主观的善意在当时体现在是否能够体现孝亲的伦理亲情。比如，在康买得救父杀人案中，刑部员外郎为康买得请求减刑的理由就是"救父心切"：

> （长庆）二年四月，刑部员外郎孙革奏："京兆府云阳县人张莅，欠羽林官骑康宪钱米。宪征之，莅承醉拉宪，气息将绝。宪男买得，年十四，将救其父。以莅角觝力人，不敢捝解，遂持木锸击莅之首见血，后三日致死者。准律，父为人所殴，子往救，击其人折伤，减凡斗三等。至死者，依常律。即买得救父难是性孝，非暴；击张莅是心切，非凶。以髫龀之岁，正父子之亲，若非圣化所加，童子安能及此？《王制》称五刑之理，必原父子之亲以权之，慎测浅深之量以别之。《春秋》之义，原心定罪。周书所训，诸罚有权。今买得生被皇风，幼符至孝，哀矜之宥，伏在圣慈。臣职当谳刑，合分善恶。"敕："康买得尚在童年，能知子道，虽杀人当死，而为父可哀。若从沉命之科，恐失原情之义，宜付法司，减死罪一等。"①

刑部员外郎孙革的意见以现代刑法学的思维理解，主要说明了以下几个问题：第一，买得年仅十四岁，而伤害其父的张莅"角觝力人"，于是康买得"不敢捝解"，在此危急关头，买得以"木锸击莅之首"就是最为合适的选择；第二，买得的主观心理是救父心切，非暴非凶，因此，在主观上并不具有危害；第三，买得是未成年人，年仅十四岁而懂得救护父亲的道理，难能可贵，因此"虽杀人当死，而为父可哀"。虽然根据当时的律令，买得应该依"凡人斗殴致死"条处

---

① 《旧唐书·刑法志》。

死,但正是出于以上的理由,孙革认为对于康买得的处罚应该"减死罪一等"。

我们发现,所谓"原心",在本案中,很大程度就是"原情",法律应该保护父子之间相互救护的天然亲情,为了维护这种父子之间相互救护的天然亲情与伦理,有时甚至不惜违背法律规则的要求。这种"以情曲法"的做法在古人看来叫做"诸罚有权",所谓"权",某种意义上就是以情理突破法律规范的规定,这样做并不会使法律失去稳定性,因为有"权"就有"经","权"的前提是承认法律在正常情况下必须得到遵守,只有在将法律视为"常经"的前提下,适当运用刑罚的"权衡",不但不会破坏法律的稳定,相反能使法律的运作更加符合情理的要求。

司法中的原情断不是以儒家经义中的人伦亲情和尊卑秩序代替法律审理案件这么简单。我们通过研究春秋决狱中的案例可以发现,春秋决狱的原情主要有两个特点:一是探究事物背后的人情和事理,考察行为人在行为发生时的具体情形和心理态度,更重要的是发现行为人之所以如此行为是否具有可以矜宥的特殊缘由。二是所谓经义决狱主要是司法官员以儒家经义对实在法进行论理解释的活动,儒家经义在司法中间并不是以法律代替物的面目存在,而是作为法律解释的参考来出现的。

比如,在下面的案例中,就充分体现了董仲舒是如何通过春秋决狱来原其情理的。

> 甲夫乙将船,会海风盛,船没溺流死亡,不得葬。四月,甲母丙即嫁甲,欲皆何论?或曰:甲夫死未葬,法无许嫁,以私为人妻,当弃市。议曰:臣愚以为,《春秋》之义,言夫人归于齐,言夫死无男,有更嫁之道也。妇人无专制擅恣之行,听从为顺,嫁之者归也,甲又尊者所嫁,无淫行之心,非私为人妻也。明于决事,皆无罪名,不当坐。①

文中所言的"夫死未葬,法无许嫁,以私为人妻,当弃市"应该

---

① 《太平御览》卷六四〇。

是当时的实在法规定，当时有法官认为按照本条，甲应该被处以弃市的刑罚。而董仲舒则根据儒家经义解释法律，认为该妇甲并不构成法律规定的"私为人妻"罪。董仲舒指出了两点问题：第一，以春秋中所阐明的义理来看，"夫死无男，有更嫁之道"，春秋之义并不禁止夫死无男之妇女改嫁。因此，该案中的甲妇改嫁的行为虽然有违法律，但是并不违反春秋经义中早已确立的伦理原则和成例。然而，董仲舒并没有断然以春秋之大义否定法律的效力，认为法律无效而妇女无罪，他又进一步提出了第二点理由。董仲舒认为，该妇女的改嫁并不是其自己的主张而是听从了其母亲的教令，他认为儒家原则主张"妇人无专制擅恣之行，听从为顺"，妇女甲的改嫁是由于母命难违，并不具有意图再嫁的私心，因此，即便是根据实在法禁止"私为人妻"的规定，该妇女也不能构成本罪名。董仲舒提出的第二点理由更值得我们注意，他并没有突破成文法的框架而径以儒家经义作为裁判的依据，而是选择以儒家经义的要求对法律进行解释。儒家经义在春秋决狱的裁判中并没有取代成文法的地位，如果以现代法学的观点来看，儒家经义在裁判中的地位恐怕更加接近于判决书中说理部分，使判决的说理能真正做到情法两尽。

下面的案例或许更能说明春秋决狱中法官是如何以法律解释来使判决更加符合情理的：

> 甲为武库卒，盗强弩弦，一时与弩异处，当何罪？论曰：兵所居比司马，阑入者髡，重武备、责精兵也。弩檗机郭，弦轴异处，盗之不至，盗武库兵陈。论曰：大车无輗，小车无軏，何以行之？甲盗武库兵，当弃市乎？曰：虽与弩异处，不得弦不可谓弩矢射不中，与无矢同，不入与无镞同。律曰：此边鄙兵所臧直百钱者，当坐弃市。①

本案中武库卒甲盗窃强弩，因弦与弩的保存不在一处，因而未盗得弦。对于甲的定罪，当时的法官们形成两种观点：第一种是类比的思维，武库重地，可以比之于司马门，阑入者依律尚且处以髡刑，而

---

① 《白孔六帖》卷二六。

甲盗窃武库，仅是因为弩、弦异处而未得弦，其行为仍然构成盗窃武库罪。第二种观点着重于对所盗之物的定性，他们认为弩之无弦，犹车之无輗，根本不能发挥其所应有的作用，因此就不应该认定为盗窃武库之罪名。董仲舒支持第二种看法，既然未得弦，弩即不成其为弩，所以不成立"盗武库兵"罪，而应依"边鄙兵所藏直百钱者"之律论科。本案的结果虽然没有差别，但是董仲舒通过本案所确立的法律解释方法却有着很大的意义。前者的刑法解释方法属于类推的思维，在唐律中的表述就是"举轻以明重"，这种类推思维在古代社会有着弥补立法缺漏的意义，但是也容易造成轻易的入罪，因此古代律典将此种"举轻明重"的类推式法律适用方式严格限定在"断罪而无正条"的前提之下。而在本案，法官所遇到的问题并不是"断罪而无正条"，而是不能确定应该适用何种条文，因此，董仲舒指出不应该运用"举轻明重"的类推思维来确定应当适用的条文，而是应该首先界定犯罪行为的性质。对犯罪行为性质的正确界定在今天看来是一个法律解释学的方法，然而在古人看来恰恰就是原其情理的重要方面，所谓"情"，在某个方面而言就是指的对案情的正确理解而言，也只有对行为作出准确、全面的判断，才能进一步按照法理做出裁判。

（二）恶恶止其身

中国古代刑事法律中有所谓缘坐、连坐与族诛的办法，即一人犯罪而使与犯罪人有关联的亲属、四邻、上下级官员都与其一并承担刑事责任的法律规定。所谓株连之法，由来已久，有学者认为《尚书·甘誓》中所谓"予则孥戮汝"的说法就是上古刑罚中株连制度的滥觞。《左传》中也大量记载有关于春秋战国之际对战败者进行"灭族"的史实，比如"归罪于先縠而杀之，尽灭其族"。[①] 然而，这些记载均不能认为法律意义上的刑事责任制度。而真正考诸史籍，广泛实施连坐之法并将其制度化的是法家。《史记》记载商鞅在历史上第一次施行户籍制度，主要目的就是方便施行其连坐与告奸之法，"令民为

---

① 《左传·襄公二十三年》。

什伍,而相牧司连坐"①。秦国主要实行法家的政治法律措施,因此连坐之法在秦律中十分普遍。秦律中不仅可以适用连坐的罪名多,而且连坐的种类多,范围也很广。秦朝的连坐制度,根据其连坐的对象,主要有家属连坐、四邻连坐和职务连坐三种情况。汉初,为保证法律的继承性,统治者采取了汉承秦制的做法,大量沿用了秦朝的连坐法律。而儒家对于连坐则持反对的态度,儒家主张恶恶止其身的春秋之义,反对对无辜之人进行株连。儒家对于法律政策一直主张慎刑恤狱的刑事政策,认为连坐之法过于严苛,既不合于"恶恶止其身"的春秋之义,也不合于以不忍人之心治天下的仁政理想,因此,儒家一直反对对无辜之人进行株连。在法律儒家化之初,儒生们通过春秋决狱的方式来反对连坐之法的广泛施行。随着法律儒家化的逐渐深入,连坐的政策在法律中逐渐加以规范化,而且被严格限制在一定的范围之内。连坐之法在唐律中被称之为"缘坐",唐律中只有谋反、大逆、叛乱以及残酷不道的杀人罪、造畜蛊毒及教令者、军队密有征讨而告贼消息等六种情形才适用缘坐的法律规定,而且缘坐之范围也严格限制在亲属范围之内。

汉代有不少春秋决狱之案例反对当时实行连坐的法律规定。比如,安帝初年的一起关于反对官吏坐赃增锢子孙之律令的案例中,太尉刘恺就援引春秋"善善及子孙,恶恶止其身"之义反对禁锢坐赃之官吏子孙为官。

> 安帝初,清河相叔孙光坐臧抵罪,遂增锢二世,衅及其子。是时居延都尉范邠复犯臧罪,诏下三公、廷尉议。司徒杨震、司空陈褒、廷尉张皓议依光比。恺独以为:"《春秋》之义,'善善及子孙,恶恶止其身',所以进人于善也。《尚书》曰:'上刑挟轻,下刑挟重。'如今使臧吏禁锢子孙,以轻从重,惧及善人,非先王详刑之意也。"有诏:"太尉议是。"②

汉代律令中对于犯赃罪之官员实行禁锢本人终身甚至及其子孙做

---

① 《史记·商君列传》。
② 《后汉书·刘恺传》。

官的办法,所谓"禁锢二世"就是指禁止父子两代人入仕做官。禁锢子孙为官之法虽然是对坐赃之吏的一种严厉的惩罚,但是根据史籍的记载,这种禁锢之刑在当时却往往用来禁止异己的人及其子孙做官,在政治斗争中排斥异己的势力。东汉桓、灵二帝之时的"党锢事件"中,皇帝就曾下旨对李膺之党人施以"禁锢"之法,让他们终身不得为官①。在本案中,叔孙光因为坐赃罪而被处以禁锢之刑,连累了他的儿子也不得为官。太尉刘恺认为"禁锢"之刑本身就是不合理的,违反了《春秋》中"恶恶之其身,善善及子孙"的伦理原则,因此力排众议,反对对叔孙光处以"禁锢"之刑。值得注意的是,本案中反对禁锢之刑的观点并没有形成成例,后来禁锢之刑在隋唐之时才得以取消。但是,刘恺所提出的"恶恶之其身"却是汉代春秋决狱司法中一项重要的具体适用原则,深刻体现了春秋决狱中慎刑恤狱的司法特点。

又比如刘廙不坐之案:

> 魏讽反,廙弟伟为讽所引,当相坐诛。太祖令曰:"叔向不坐弟虎,古之制也。"特原不问……徙署丞相仓曹属。廙上疏谢曰:"臣罪应倾宗,祸应覆族。遭乾坤之灵,值时来之运,扬汤止沸,使不燋烂;起烟于寒灰之上,生华于已枯之木。物不答施于天地,子不谢生于父母,可以死效,难用笔陈。"②

本案中,太祖引春秋叔向不坐弟虎之故事,免去刘伟连坐的责任,其原因在于考虑到刘伟的贤能,故而特予免坐。因此,本案当属赦免的特例,并非废除相坐之法。

(三)功过相抵

功过相抵是中国传统法制中的一个重要传统,如果考其源流,可以上溯至西周时期的"八辟"之法中。功过相抵在传统刑法中的体现主要就是以议、请、减、赎为主要内容的有关贵族官员司法审判的特

---

① 《后汉书·党锢传》载:"帝意稍解,乃皆赦归田里,禁锢终身。而党人之名,犹书王府。"
② 《三国志·魏书·刘廙传》。

别法系统。在古代立法者心中,对官僚、贵戚、功勋之臣减刑是理所当然的。因为,享有议、请、减、赎待遇的人都是对朝廷有功之人,他们有的是自己作出了大功绩之人,有的是受大功绩之人的庇荫之人,正如《唐律疏议·名例》"八议"所说:"其应议之人,或分液天潢,或宿侍旒扆,或多才多艺,或立事立功,简在帝心,勋书王府。"因此,在古人看来保护贵族官员特权不是议、请、减、赎的真正动因,而是对有功之人进行的一种特殊的奖励。儒家思想一直主张用刑应该宽厚,定罪量刑中应该体现对人的宽恕之心,因此,对有功之人进行宽宥就是儒家法律思想的应有之义。同时,对有功之人的宽宥也体现了朝廷对功臣的恩遇,而对其所犯罪行的宽宥主要是希望给犯罪者一个反省和改过的机会。清代给事中姚文然就认为:"朝廷之待大臣,平日则遇恩使竭其力,有罪则存其体使愧其心。"① 这样的做法与儒家反对"不教而杀"的主张是一致的,主要体现了儒家"教化罪犯"的刑罚目的。汉儒春秋决狱的案例中也体现了汉儒所确立的"功过相抵"的司法原则,比如下面所引用的田延年案:

> 丞相议奏延年主守盗三千万不道。霍将军召问延年,欲为道地。延年抵曰,本出将军之门,蒙此爵位,无有是事。光曰:即无事,当穷竟。御史大夫田广明谓太仆杜延年,《春秋》之义,以功覆过。当废昌邑王时,非田子宾之言,大事不成。今县官出三千万自乞之,何哉?愿以愚言白大将军。②

功过相抵原则的确立,也在一定程度上减轻了法律可能存有的暴戾,对于鼓励社会上的人们为国家作出贡献也有着积极的意义。

## 四、春秋决狱的历史价值

第一,开启法律儒家化之历史进程。汉承秦制,故而具有相当的法家色彩。《史记》中称叔孙通所制之汉代仪规实际上就是杂糅了秦

---

① 《皇朝经世文编》卷九二。
② 《汉书·田延年》。

之朝仪与儒家的古礼。兼且汉初帝王好以酷吏主刑狱，务深文，因此司法未免过于严苛。汉武帝虽然尊儒，史称"复古更化"，然而其主要精力依然在于武功而不在于文治。因此，尊儒之举在很长的一段时间里只能称得上是一种"政策"，儒学对现实政治制度的影响很小。儒学真正对国家的政治制度起到影响，开始制度化的发展是在元、成以后，史称："自元、成后，学者蕃滋，贡禹毁宗庙，匡衡改郊兆，何武定三公。"此处所说的元、成以降，改郊兆、定三公可以说是儒家制度化的关键之转折。而在此之前，春秋决狱就已经开始了以儒家经义影响、改变司法审判的努力。因此，有学者指出，春秋决狱所引领的"法律儒家化"趋势，其实是政体"儒家化"的其中一个环节。其引用春秋经义以论断刑狱者，则以儒家之道德人伦主义及仁恕思想，注入实证法制之中①。

  法律体系不纯是一些技术性规范的整合与杂糅，而是以一整套伦理基础和价值信念为其基本的内核，不仅与政治体制相关，而且与一个时代或民族的道德规范、风俗习惯息息相关，并不是一朝一夕所能全盘改变的。所有的成文法典的规范、原则往往是从反复出现的个案中抽象、凝练出来的。春秋决狱恰恰就体现了这样一个由个案逐渐形成一般性原则的过程，这个过程其实就是"法律儒家化"的发展历程。

  第二，促成司法实践之人性化。在法制发展的历史经验中，一个基本问题就是：法律形式上的严格适用和法律目的的实现之间的冲突。一方面，为了防止司法者滥权并且取得心里强制的效果，因此需要在司法中严格适用法律条文的文本规定，不因司法者主观的好恶和案件的具体情况排除或改变法律的适用；而另一方面，律文的规定过于僵硬、刻板，则不免使法律的目的和个案的正义难以实现。在中国古代，法律往往以刑事制裁为强制力的表现形式，因此，如果像法家

---

① 黄静嘉："中国传统法制儒家化之登场与体系化——以程树德所辑两汉春秋决狱案例为切入点"，载黄静嘉：《中国法制史论述丛稿》，清华大学出版社，2006年，第66页。

一样片面强调法律在形式上的严格遵守,难免会有刑罚过于严苛的危险。从功利的视角来分析,严格执行成文法虽然可以在专制社会维护法律的普遍适用,有效地减少官吏滥权的可能,但是僵化执行法律所造成的不正义的后果却十分严重,而且无法恢复。在这样的历史背景下,儒家强调司法首先应该原其情理,并且以儒家思想中的伦理原则来解释法律,实际上所产生的后果就是减轻传统法制运作中的严酷性,并且使得传统法的实践趋于人性化。

汉代的春秋决狱开始了以儒家经义解释法律甚至以儒家经义作为司法审判的依据的实践,在这场司法实践的运动中,儒家经义中"仁政""恤刑"的思想对汉初的政治法律起到了深刻的影响,很大程度地改变了酷吏们"重刑思想"对司法的影响。春秋决狱的推行,由于儒家宽仁思想在司法审判中的运用,使得汉代的司法逐渐趋于"宽厚",有效地缓和了社会矛盾,有利于社会秩序的稳定。有如《后汉书·何敞传》中的记载:"以宽和为政,举冤狱,以春秋义断之,是以郡无怨声。"

本文为"2020中国·衡水董仲舒与儒家思想国际学术研讨会"提交的论文。

李德嘉(1987—),男,河南洛阳人,法学博士,北京师范大学法学院讲师,硕士生导师。

# 阴阳、五行视域下董仲舒法治理想探微

律 璞

在过去的学术研究过程中,有许多文章提及董仲舒的法律思想,但多局限于就事论事的叙述,对于董仲舒法律思想中依法治国精神的缘起和在什么样的结构体系中展开,则少有人论述。笔者认为,董仲舒的法治理想,也就是用法律治理国家和社会的理想,是在特定的阴阳、五行视域下展开和落实的,是在汉代宇宙系统论的大背景下得以表述的。汉代学者董仲舒用宇宙系统论构建自己的思想体系与思维框架,具体而言,其宇宙系统论的表现就是所谓的天有十数。董仲舒云:"天、地、阴、阳、木、火、土、金,水九,与人而十者,天之数毕也。"(《春秋繁露·天地阴阳》)在董仲舒看来,天之数有十种,实际上包含着三种结构体系,具体而言就是天、地、人,阴、阳,五行。董仲舒讲天之数是十,实际上是确立了一个大的宇宙结构体系和框架,这种宇宙结构和体系与汉代宇宙系统论的思维习惯相一致。而这种结构体系中包含了三个子系统,具体而言就是天、地、人;阴、阳;五行。

董仲舒的法治理想,也是在这个结构图示中展开和完成的。而以天、地、人,阴、阳,五行为表现的宇宙结构系统图式,实际上体现了董仲舒哲学体系中的时、空观念。董仲舒的法治理想就是以时、空观念为依托,在天、地、人,阴、阳,五行为表现的宇宙结构图示中实现的。这一点,在过去的学术研究活动中,没有引起学者的充分重视。著名的思想家李泽厚先生指出：在战国秦汉之际，以"黄老之学"著名的"道法家"在相当长的时间内逐步取得了统治地位[1]96。道家和法家有着渊源关系，秦汉之际，道家思想对法家思想有着十分重要的影响，这是毋庸置疑的。但是在董仲舒这里，情况却并非如此，董仲舒并未将其法治理想置于道家的理论框架下，而是试图将其法治理想置于阴阳、五行学说以及天、地、人结构体系中。在董仲舒思想里，更多的体现是将阴阳学说与法治理想相结合。可见，到了西汉中期，伴随着社会环境的变化，阴阳学说更多地和法家的思想实现了结合，突破了"道法家"的早期模式。

汉代阴阳、五行学说对学术的影响是深远的，正如法国学者谢和耐所言：汉代，有一种思想大行其道，似乎支配着预兆解释与神秘学说，这是一种基于时空相应体系的哲学，他对宇宙提出全面解释，亦即所谓"阴阳五行学说"[2]128。著名学者金春峰指出："董仲舒思想的一个重要特点是以阴阳五行为框架和模式，把自然、社会、人文、道德等一切现象都纳入这一井然有序的结构和模式之中。"[3]151

具体而言，董仲舒的法治理想是在其阴、阳；五行；天、地、人为表现的宇宙时、空结构图示中展现和落实的。本人拟以阴阳、五行为视角对董仲舒的法治理想加以分疏。

## 一、阴阳视域下的德主刑辅理想

董仲舒提出德主刑辅理论，也就是说治理国家有两种手段：道德教化的手段和刑罚处罚的手段。过去我们在讨论董仲舒德主刑辅理论时，主要从儒家和法家思想的角度出发进行论述，认为传统儒家强调大德而小刑。以德为主，以刑为辅。实际上，董仲舒的德主刑辅思想是在其阴阳学说的时空框架中实现的。也就是说，董仲舒的德主刑辅思想是和其阴阳学说的时空框架紧密相连的。有许多学者对时间和空间做出定义。清人吴昌莹指出：《经词衍释》曰：时，"是"也[4]178。在这里，"时"可以理解为存在。赫拉克利特说："时间是第一个有形体的实质。"[5]206亚里士多德指出："空间和时间也属于这一类的数量。

在时间方面,过去、现在和未来形成了一个连续的整体。空间也是一个连续的数量。"[6]19

(一) 阴阳学说下的空间框架

1. 董仲舒从阴、阳在空间中的方位变化来说明德、刑关系

董仲舒在《春秋繁露·阴阳位》这一内容中,详细阐述了阴阳方位变化和德、刑之间的关系。董仲舒曰:"阳气始出东北而南行,就其位也。西转而北入,藏其休也。阴气始出东南而北行,亦就其位也,西转而南入,屏其伏也。是故阳以南方为位,以北方为休。阴以北方为位,以南方为伏。阳至其位而大暑热。阴至其位而大寒冻。阳至其休而入化于地。阴至其伏而避德于下……阳出实入实,阴出空入空。天之任阳不任阴,好德不好刑。如是也,故阴阳终岁各一出。"(《春秋繁露·阴阳位》)

在董仲舒看来,阴阳各有自己的方位。阳气从东北出发向南行进,南方是阳的位置,然后从西面方向向北行进,北方是阳休整的场所。阴气从东南出发,向北行进,去寻找自己的位置,然后从西向南行进,南方是阴气藏伏的地方。在董仲舒看来,阴阳各有自己的位置,且沿着相反方向运行。阳的位置在南方,也就是说,阳在南方发挥自己的作用,北方是阳气休整的地方。简单地讲就是说,阳在南方工作,在北方休息。阴刚好相反,阴的位置在北方,阴在北方工作,在南方休息。南方是炎热的地方,所以阳正当其位时,就会有大暑热。而北方是寒冷的地方,阴正当其位时,就会有大寒冻。

阳在其休息的北方,完成自己的使命,进入土地。阴在其休息的南方却无法入化,而要逃避德,始终在德的下方运行。董仲舒认为,阳具有出实入实的特点,而阴的特点则是出空入空。董仲舒认为,阳的生长和消失路线是从上到下,阴的路线则是从下到上。阳出实入实,在实际发挥作用。而阴出空入空,不能实际地发挥作用。因此天喜欢阳不喜欢阴,喜欢德不喜欢刑,阴阳每年都沿着圆周的轨道运行一次。在这里,董仲舒运用了上、下,实、空这样的空间概念。以说明代表德的阳,从方位上来讲,南方是其正位,具有炎热的特点。而阴的正位在北方,具有寒冷的特点。阳向上成长,向下入地,出实入

实,实实在在地发挥作用。而阴向下或向上都只能入守,或出守虚位,不能实实在在地发挥作用。

"是故阳行于顺,阴行于逆。逆行而顺,顺行而逆者,阴也。是故天以阴为权,以阳为经。阳出而南,阴出而北。经用于盛,权用于末。以此见天之显经隐权,前德而后刑也。故曰:阳,天之德;阴,天之刑也(清人董天工曰:此言地与天合,推天之精,以别顺逆,辨善恶,阳善为德,阴恶为刑。阳行于顺,阴行于逆。天以阳为经,阴为权。显经隐权,前德后刑,盖阳为天之德,阴为天之刑也[7]163)。"(《春秋繁露·王道通三》)董仲舒认为,阳是按顺时针方向运行的,而阴是按照逆时针方向运行的。阴和阳是权和经的关系。经代表兴盛,权代表衰落。由此可以看出,天让经处于显赫的地位,而让权处于隐匿的地位。因此,德施加于前,而刑施加于后。可以看出,天之德为阳,而天之刑为阴。

2. 董仲舒从邪气的产生说明废德教,任刑罚的后果

董仲舒曰:"废德教而任刑罚,刑罚不中,则生邪气;邪气积于下,怨恶畜(师古曰:畜读曰蓄。蓄,积也[8]2501。)于上。"(《汉书·董仲舒传》)"上下不和,则阴阳缪盭(师古曰:盭,古戾字。孽,灾也[8]2501。)此灾异所缘起也。"(《汉书·董仲舒传》)董仲舒认为,如果废弃德教专任刑罚,刑罚不能适中,就会导致邪气产生。邪气在下面聚积,怨恶之气在上面蓄积。上下之气不和,就会使阴、阳之气发生错乱,灾难就会发生,这是灾异现象发生的原因。董仲舒认为,如果放弃德教专任刑罚,就会使邪气产生。邪气产生,就会打乱原有的阴、阳之气,导致灾异现象发生。

正因为阴阳在空间上各有以上特点,所以上天喜欢阳而不喜欢阴,当然也就喜欢德不喜欢刑。董仲舒曰:"阳为德,阴为刑。"(《春秋繁露·王道通三》)从以上理论可以看出,董仲舒用阴、阳运行的方位,发挥作用的实、虚这样的空间构架说明了其德主刑辅的法治理想。

(二)阴阳学说下的时间框架

董仲舒将自己的德主刑辅理论和阴阳学说下的时间框架结构结合

在一起，说明了时间流转、变迁和德、刑的关系。

1. 董仲舒从阴、阳的季节变化说明德、刑关系

董仲舒曰："天之道，终而复始。故北方者，天之所终始也。阴阳之所别合也。冬至之后，阳俛而西入，阴仰而东出，出入之处，常相反也。"（《春秋繁露·阴阳终始》）"故夏出长于上，冬入化于下者，阳也。夏入守虚位于下，冬出守虚位于上者，阴也。"（《春秋繁露·阴阳位》）

董仲舒认为，天道在终而复始地运行。阴阳运行的方位在北方，北方是阴、阳，也就是天道开始和终止的地方。阴、阳在这里集合，分别。冬至以后，阳就从西面进入北方，阴从东面出去。阴、阳运行的方向是相反的。从阴、阳分布的时间看，春夏季节，阳多而阴少。秋冬季节，阳少而阴多。董仲舒曰："春夏，阳多而阴少。秋冬，阳少而阴多。"（《春秋繁露·阴阳终始》）

董仲舒曰："是故天之道，以三时成生，以一时丧死。死之者，谓百物枯落也；丧之者，谓阴气悲哀也。"（《春秋繁露·阴阳义》）董仲舒认为，就天道运行的规律而言，有三个季节是帮助万物生长的，有一个季节，万物枯落。董仲舒云："使德之厚于刑也，如阳之多于阴也。"（《春秋繁露·阴阳义》）董仲舒认为，一年三个季节都是让万物生长的，只有一个季节让万物死亡，因此，德的施加也应当多于刑，就如同阳多于阴一样。在这里，董仲舒将德、刑与四季之阴阳相比附，从四季变迁，阳盛于阴这一时间角度出发，论述了其德主刑辅的基本理论。

董仲舒曰："春者，天之所以生也；仁者，君之所以爱也。夏者，天之所以长也；德者，君之所以养也；霜者，天之所以杀也；刑者，君之所以罚也。由此言之，天人之征，古今之道也。"（《汉书·董仲舒传》）董仲舒认为，春天是万物出生的季节，君主应当施仁。夏季是万物成长的季节，君主应当施德。秋季以后是万物萧瑟衰落的季节，君主应当施加刑罚。

2. 董仲舒从气的季节变化说明德、刑关系

董仲舒曰："春秋之中，阴阳之气，俱相并也。中春以生，中秋

以杀。"(《春秋繁露·阴阳终始》)在董仲舒看来,春秋两季的中间是阴阳之气相汇合的时候。因此,中春季节,万物生长。中秋季节,万物枯落。在这里,董仲舒指出,中春和中秋季节是万物生长和枯落的季节,原因是阴、阳之气在这时相会。董仲舒认为,气的聚散和天道的始终也有十分重要的关系。"天之所起,其气积,天之所废,其气随。"(《春秋繁露·阴阳终始》)天道开始运行的时候,气聚积在一起,天道终了的时候,气也随之散去。董仲舒认为,气的聚散有季节的划分。"故至春,少阳……至夏太阳……至于秋时,少阴兴……至于冬而止空虚,太阴乃得北就其类。"(《春秋繁露·阴阳终始》)在董仲舒看来,阳和阴相对应的季节分别是春夏和秋冬。春夏季节,阳气盛行。秋冬季节,阴气盛行。春季阳气少,称为少阳。夏季阳气多,称为太阳。秋季阴气少,称为少阴。冬季阴气多称为太阴。从季节的分布看,也就是时间的分布看,春夏季节,阳气聚集,秋冬季节,阴气聚集。

董仲舒认为,阴、阳之气的属性和产生的季节相关。董仲舒曰:"阴,刑气也;阳,德气也。阴始于秋,阳始于春。"(《春秋繁露·阳尊阴卑》)董仲舒认为,阴属于刑气,从秋天开始。阳属于德气,从春天开始。从季节轮回的角度看,在一年开始的春天,要行德。在一年快要终了的时候,应当行刑。董仲舒曰:"春气爱,秋气严,夏气乐,冬气哀。爱气以生物,严气以成功,乐气养生,哀气以丧终,天之志也。"(《春秋繁露·阳尊阴卑》)春、夏、秋、冬,各自所属气的性质不同,春气具有爱的属性,帮助万物生长。秋气具有严的属性,决定事物最后的归属。董仲舒用春气喜,说明阳,德气也。用秋气严,说明阴,刑气也。将德、刑放在阴、阳的环境下论说。董仲舒曰:"是故先爱而后严,乐生而哀终,天之常也。"(《春秋繁露·阳尊阴卑》)因此,从季节的轮回看,也就是天道运行的规律是先爱,然后严。因为喜乐帮助万物生长,因为哀伤导致万物衰亡。

董仲舒曰:"人主立于生杀之位,与天共持(清人董天工注曰:掌握[8])变化之势,物莫不应天化。天地之化如四时,所好之风出,则为暖气,而有生于物;所恶之风出,则为清气,而有杀于物。喜则为暑气，而有养长也；怒则为寒气，而有闭塞也。人主以好恶喜怒变俗习，而天以暖清寒暑化草木。"（《春秋繁露·王道通三》）董仲舒认为，君主掌握着身杀大权，应当和天一样，掌握事物变化的趋势，物都会顺应天地的变化，天地的变化就像四季的变化。喜欢某一件事情，就是暖气，有利于让万物生长；讨厌某一件事情，就是清气，可以让物死亡。喜属于暑气，帮助万物生长。怒是寒气，导致万物闭塞。君主用喜、怒、好、恶改变风俗，就像上天用暖、晴、寒、暑，改变草木一样。

（三）董仲舒从阴、阳的时空变化出发，得出德主刑辅的结论

董仲舒指出："天地之常，一阴一阳。阳者，天之德也。阴者，天之刑也。"（《春秋繁露·阴阳义》）在董仲舒看来，天道的运行，实际上是阴、阳的运动。而阳代表德，阴代表刑。

董仲舒曰："大德而小刑也，是故人主近天之所近，远天之所远，大天之所大，小天之所小。是故天数右（清人董天工注曰：推崇[7]161）阳，而不右阴，务（清人董天工注曰：追求[7]161）德而不务刑（陈仁锡曰：尚德缓刑[7]161），刑之不可任以治（清人董天工注曰：原作"成"[7]161）世也。犹阴之不可任以成岁也。为政而任刑，谓之逆天，非王道也（清人董天工注曰：此言人主事事如天，天道务德不务刑，刑之不可治也，犹阴之不能成岁。以阳尊而阴卑也，若为政而任刑，是逆天非王道也[7]161）。"（《春秋繁露·阳尊阴卑》）董仲舒认为，大德而小刑，是天道的要求。因此天亲近的也应当是君主亲近的。天认为广大的，也应当是君主认为广大的。因此，天崇尚阳，不崇尚阴。追求德，不追求刑。刑罚是不能够用来完成国家治理任务的，就如同阴不能单独成岁一样。用刑罚来治理国家，是违逆天道的表现。

董仲舒曰："天道之大者在阴阳。阳为德，阴为刑；刑主杀而德主生。是故阳常居大夏，而以生育养长为事；阴常居大冬，而积于空虚不用之处。以此见天之任德不任刑也。天使阳出布施于上而主岁功，使阴入伏于下而时出佐阳；阳不得阴之助，亦不能独成岁。终阳以成岁为名（苏林曰：尚德不尚刑也[9]2502），此天意也。王者承天意

以从事，故任德教而不任刑。刑者不可任以治世，犹阴之不可任以成岁也。为政而任刑，不顺于天，故先王莫之肯为也。"(《汉书·董仲舒传》)。董仲舒认为，天道最重要的体现是阴阳。阳具有德的属性，阴具有刑的属性。因此阳的位置在大夏，主要的功能是生育和抚养万物。阴的位置在大冬，常常处于空虚状态，不能很好地发挥作用。由此可以看出，上天是崇尚德而不是崇尚刑的。天让阳处于上位帮助岁月的形成。而让阴处于下位，辅佐阳完成成岁任务。所以阳得不到阴的辅助，也无法完成成岁任务。因此，尚德缓刑是天的意图。刑罚无法完成治理社会的任务，就像阴无法单独成岁一样，因此治理国家专任刑罚，是违逆天道的。

(四) 董仲舒对德主刑辅理论的落实提供了现实的路径

董仲舒曰："是故，教化立而奸邪皆止者，其隄防完也；教化废而奸邪并出，刑罚不能胜者，其隄防坏也。"(《汉书·董仲舒传》) 董仲舒指出，大德而小刑，具体就是指要用儒家的纲常伦理对百姓进行教化，发挥德教的作用。教化得以推行，奸邪行为就会得到制止。国家治理的堤防是完固的。放弃教化，就会使奸邪行为出现，刑罚也不能发挥很好的作用，国家治理的堤防就会损坏。董仲舒认为要推行教化就必须兴办学校。董仲舒曰："是故南面而治天下，莫不以教化为大务。立大学以教于国，设庠序（师古曰：教化之处也[8]2503）以化于邑，渐民已仁，摩民以谊，节民以礼，故其刑罚甚轻而禁不犯者，教化行而习俗美也。"(《汉书·董仲舒传》) 董仲舒认为，要推行教化就必须兴办学校。在国家设立大学，在基层乡村也要设立学校。通过教育，让百姓懂得仁、义、礼。这样，人们拥有很好的道德风尚，刑罚就是很轻微，也没有人触犯了。董仲舒不仅将德主刑辅的法治理想放在时空视域下进行阐释，并且叙述了大德而小刑的具体途径就是兴办学校，发挥教育的感化功能。通过大德从而达到小刑的目的。可见，董仲舒时空视域下的德主刑辅理论又与社会治理的现实环境紧密结合，具有实用主义的典型倾向。

## 二、五行视域下的法律适用观

（一）狱政管理思想

董仲舒的狱政管理思想是与五行变迁的规律紧密相合的。在董仲舒的宇宙系统论思想体系中，五行又是和方位这样的空间视域以及四季这样的时间视域紧密地联系在一起的。因此，我们可以认为，董仲舒的狱政管理思想是在一定的时、空视域下展开和实现的。

1. 春季应当宽缓刑罚

董仲舒曰："木者春，生之性，农之本也。劝农事，无夺民时，使民，岁不过三日，行什一之税，进经术之士。"（《春秋繁露·五行顺逆》）在董仲舒看来，五行中的木和春天相对应，春天是生长的季节，是农业生产的根本。这个季节，不夺民时，不要耽误农业生产。驱使百姓每年不超过三天，也就是要减轻徭役负担为每年三天，用收货物的十分之一纳税，举荐懂得经义和术数的人为官。在这样的季节里，为了方便农业生产，不误农时，应当采用适当的狱政管理措施。挺（清人董天工注曰：放也[7]184。清人苏舆注曰：挺，旧本作诞……淮南子也做挺……挺皆训宽[9]371）。群禁（清人董天工注曰：违法犯禁之人[7]184），出（清人董天工注曰：释放[7]184）轻系（清人董天工注曰：罪轻而拘囚之人[7]184），去稽留（清人董天工注曰：监狱中羁押之人[7]184），除桎梏（清人董天工注曰：脚镣之类的刑具[7]181。清人苏舆注曰：在足曰桎，在手曰梏。[9]371）。"（《春秋繁露·五行顺逆》）在五行之木对应的春天，为方便农业生产，应当改变囚犯集中关押的局面，采用放免的措施。具体而言，就是将轻微犯罪的囚犯释放出狱，减少监狱中关押的人数，除去各种刑具。董仲舒认为，在五行之木对应的春季应当宽缓刑罚，将轻微犯罪的囚犯释放出狱，以保证农业生产的顺利进行。同时减少在押囚犯的人数，对在押囚犯采用人道主义的措施，除去其刑具。这样做的目的，主要是保证农业生产，不误农时，当然也在减少在押囚犯数量的同时，防止疫病的传播。

## 2. 秋冬季应当执行刑罚

董仲舒从季节的变迁出发，指出应当在秋冬季节执行刑罚。董仲舒曰："金者秋，杀气之始也。"（《春秋繁露·五行顺逆》）"说曰：金，西方，万物既成，杀气之始也。故立秋而鹰隼击，秋分而微霜降。"（《汉书·五行志》）董仲舒认为，五行中的金元素对应的秋季是肃杀之气的开始。这个季节应当"审群禁，饬兵甲，警百官，诛不法"（《春秋繁露·五行顺逆》）。这个季节，就法治工作而言，就是对在押囚犯集中进行审理，修整兵器，警示百官，对犯罪行为人进行诛杀，就是对死刑囚犯集中执行死刑。

董仲舒曰："水者冬藏，至阴也。"（《春秋繁露·五行顺逆》）董仲舒认为，五行中水元素对应的冬季，阴气大盛。"水，北方，终臧万物。其于人道，命终而行臧。"（《汉书·五行志》）水元素对应的方位是北方。水的特点是终年隐藏万物，就人而言，就是生命结束，形体隐藏。这个季节，就法治工作而言，应当"闭门闾（清人董天工注曰：里门。古人冬至日关闭城门，搜索奸细），大搜索，断刑罚，执当罪（清人董天工注曰：应当判罪之人），饬关梁，禁外徙"（《春秋繁露·五行顺逆》）。董仲舒认为，在五行之水元素对应的冬季，应当关闭城门，搜索罪犯，对犯罪行为进行裁断，对应当判罪之人执行刑罚，应当关闭关禁，禁止百姓向外迁徙。

### （二）官吏执法思想

董仲舒认为，五行与五官、方位都是紧密相合的。官吏在执法过程中应当互相监督，互相制约。董仲舒的官吏执法理论是在其五行框架下实现的，是在以五行为核心的时、空视域下完成的。

## 1. 五行与五官相结合

董仲舒将五官与五行并且与方位相结合。董仲舒曰："东方者木，农之本。司农尚仁……南方者火，本朝，司马尚智……中央者土，君官也，司营尚信……西方者金，大理，司徒也。司徒尚义……北方者，执法，司寇也。司寇尚礼。"（《春秋繁露·五行相生》）

董仲舒认为，五行中的木与司农相对应。木在东方，和春季相对应。这个季节应当"使民以时，务在劝农桑，谋在安百姓。如此，则木得其性矣。若乃田猎驰骋不返宫室，饮食沈湎不顾法度，妄兴徭役以夺民时，作为奸诈以伤民财，则木失其性矣"（《汉书·五行志》）。"传曰：田猎不宿，饮食不享，出入不节，夺民农时，及有奸谋，则木不曲直。"（《汉书·五行志》）《汉书·五行志》认为，在木对应的春季，作为官吏，应当劝导农业生产，安抚百姓，让百姓有足够的时间从事农业生产，这样木就能够不失其性。假如官吏沉湎于田猎不返宫室，不顾法律规定，沉湎于酒色之中。大兴徭役，剥夺民时。作风奸诈，侵夺百姓财产。那么，木就会丧失其属性。

董仲舒认为，五行中的火与司马相对应。"说曰：火，南方，扬光辉为明者也。其于王者，南面向明而治。"（《汉书·五行志》）"传曰：弃法律，逐功臣，杀太子，以妾为妻，则火不炎上。"（《汉书·五行志》）《汉书·五行志》指出，火元素对应的南方，官吏应当向着光明治理国家。如果统治者放弃法律，驱逐功臣，谋杀亲属，以妻为妾，那么火就不能在上方发挥作用。

董仲舒认为，五行中的土与司营相对应。《汉书·五行志》指出："说曰：土，中央，生万物者也，其于王者，为内事。宫室，夫妇，亲属，亦相生者也。"（《汉书·五行志》）"传曰：治宫室，饰台榭，内淫乱，犯亲戚，侮父兄，则稼穑不成。"（《汉书·五行志》）在这个季节，"如人君好淫佚，妻妾过度，犯亲戚，侮父兄，欺罔百姓，大为台榭，五色成光，雕文刻镂，则民病心腹宛黄（清人董天工注曰：宛黄，黄黑色[7]185）舌烂痛。咎及于土，则五谷不成。暴虐妄诛，咎及倮蟲，倮蟲不为，百姓叛去。贤圣放亡（清人董天工注曰：流放逃亡[7]185）"（《春秋繁露·五行顺逆》）。这个季节，如果官员作风放荡，妻妾人数超过一定限度、侵犯亲戚、侮辱父兄、欺压百姓、大兴土木、广筑楼台亭榭、雕梁画栋，那么百姓就会生病，伤及土元素，五谷不能成熟。行为暴虐，滥行诛杀，就会伤害到昆虫，昆虫无所作为，百姓纷纷叛逃而去，贤圣的人也纷纷逃亡。

董仲舒认为，五行中的金与司徒相对应。"传曰：好战攻，轻百姓，饰城郭，侵边竟，则金不从革。"（《汉书·五行志》）《汉书·五行志》指出，在金元素对应的季节，如果官员喜欢发动战争，欺压百姓,大兴土木,侵犯其他国家,那么金元素的属性将发生改变。

董仲舒认为,五行中的水与司寇相对应。"传曰:简宗庙,不祷祠,废祭祀,逆天时,则水不润下。"(《汉书·五行志》)《汉书·五行志》指出,在水元素对应的冬季,如果官员简省宗庙,不及时举办各种祷告活动,废除祭祀,违逆天时,那么水元素向下滋润土地的功能将丧失。

2. 官吏在执法过程中应当相互制约

董仲舒认为,官吏在执法过程中应当互相监督,互相制约。

董仲舒曰: "木,司农(清人董天工注曰:农官,掌教民稼穑[7]179)也。司农为奸,朋党比周(清人董天工注曰:结党营私[7]180),以蔽主明,退匿(清人董天工注曰:黜退,埋没[7]180)贤士,绝灭公卿,教民奢侈,宾客交通(清人董天工注曰:勾结串通[7]180)不勤田事,博戏斗鸡,走狗弄马,长幼无礼,大小相虏(清人董天工注曰:掠夺[7]180)并为寇贼,横恣(清人董天工注曰:专横放肆[7]180),绝理(清人董天工注曰:不讲道理[7]180),司徒诛之。"(《春秋繁露·五行相胜》)董仲舒认为,五行中的木和司农相对应,司农是教导百姓从事农业生产的官员。如果司农不遵守法律,结党营私,隐瞒君主,埋没有才能的人,不能积极举荐,优秀的人才难以产生。引导百姓过奢华浪费的生活,和宾客勾结串通,不能致力于农业生产。赌博,斗鸡,遛狗,骑马,无长幼之礼,相互侵夺,起兵谋反或从事犯罪活动,专横放肆,没有法制观念,司徒可以将其诛杀。

董仲舒曰:"木者,君之官也(清人苏舆认为,此为衍文[9]367)。夫木者农也,农者民也。不顺如叛,则命司徒诛其率正矣。故曰:金胜木(清人苏舆曰:诛其率,谓诛其首恶也[9]367)。"(《春秋繁露·五行相胜》)董仲舒认为,五行中的木,象征农业,农业是国民的根本。董仲舒将五行中的木和司农官相对应,认为司农作为主导农事的官员,应当遵纪守法,如果司农违法乱纪,应当受到司徒的诛杀。在这里,司农和司徒之间有一个相互制约的平衡关系,这种相互制约的平衡关系是五行在空间结构上金胜木的结果。

"火者,司马也(清人苏舆曰:司马主兵,言马者,马阳物,乾之所为，行兵用焉，不以伤害为度，故言马也[9]370。）司马为谗，反言易辞，以潛愬人。内离骨肉之亲，外疏忠臣，贤圣旋亡，谗邪日昌……专权擅政……劫惑其君……有邪谗荧惑其君（清人苏舆曰：营其精神，乱其气志[9]370。）执法诛之。执法者，水也。故曰：水胜火（清人苏舆曰：天地之性，众胜寡，故水胜火也[9]368。）"（《春秋繁露·五行相胜》）

五行中的火，代表司马官，清人苏舆认为，司马主兵，代表阳。火具有阳的性质，因此，司马和五行中的火相对应。司马官如果不能遵守法律，制造谣言，陷害他人，在内疏远、断绝亲人骨肉关系，向外远离忠臣，导致圣贤之人纷纷逃亡，无立足之地，谗言和邪恶的行为日益猖狂。司马官用谗言迷惑君主，专权擅政，使君主精神迷乱，失去了行动的方向。在这种情况下，执法官就要诛杀他，也就是，司寇诛之。执法官有水的属性，所以说水胜火。清人苏舆认为，董仲舒所言水胜火，是因为众胜寡，也就是多胜少的结果。

董仲舒曰："土者夏季，成熟百种，君之官。循宫室之制，谨夫妇之别，加亲戚之恩。"（《春秋繁露·五行顺逆》）董仲舒认为，五行中土元素对应的夏季，是五谷生长趋于成熟的季节。这个季节，应当遵循宫室建设之制，区分男女，对亲属施加恩惠。

董仲舒曰："土者，君之官也。其相司营，司营为神（清人苏舆曰：是神与奸同类[9]369）。"（《春秋繁露·五行相胜》）董仲舒认为，五行中的土对应的是司营官，如果司营从事奸邪的事，违背法律的规定，具体而言，就是"听从为比（清人苏舆曰：比，阿党也[9]369。）……大为宫室，多为台榭，雕文刻镂，五色成光（清人苏舆曰：夫雕琢刻镂，伤农事者也[9]369。）赋敛无度，以夺民财，多发徭役，以夺民时，作事无极，以夺民力……夫土者，君之官也，君大奢，过度失礼，民叛矣。其民叛，其君穷矣。则司农诛之。故曰木胜土（清人苏舆曰：专胜散，故木胜土[9]370）。"（《春秋繁露·五行相胜》）董仲舒认为，如果司营交结朋党，大兴土木，多建宫台楼树，雕琢刻镂，伤害农业；征收赋税没有限度，剥夺了民财。多发徭役，剥夺了民时；做事没有限度，剥夺了民力；总之，司营违法乱纪，过度征收赋税、徭役,严重影响了民力,侵犯了百姓的利益。百姓纷纷背叛,导致君主山穷水尽,在这种情况下,司农就要诛杀司营,所以说是木胜土。

董仲舒曰:"金者,司徒也……专权擅势,诛杀无罪,侵伐暴虐,攻战妄取。令不行,禁不止……则司马诛之。"(《春秋繁露·五行相胜》)董仲舒认为,五行中的金应当和司徒官相对应。如果司徒官专权擅政,滥杀无辜,不能依照法律行事。侵害百姓的利益,处事残暴。随意发动战争,不遵守国家的法律。那么司马官就可以将其诛杀。董仲舒曰:"金者,司徒,司徒弱,不能使士众,则司马诛之,故曰火胜金(清人苏舆曰:精胜坚,故火胜金[9]370)。"(《春秋繁露·五行相胜》)董仲舒认为,和五行之金相对应的司徒官处于弱势,按照火胜金的原理,司徒违法应当得到司马的诛杀。

董仲舒曰:"水者,司寇也。司寇为乱,足恭小谨,巧言令色,听谒受赂,阿党不平,慢令急诛,诛杀无罪,则司营诛之。"(《春秋繁露·五行相胜》)董仲舒认为,司寇和五行中的水相对应。如果司寇违法作乱,表面一套,背后一套,在受理案件过程中接受贿赂,交结朋党,不能公平执法,怠慢国家法律,急于诛杀无罪。司寇作为司法官员,不能公平执法,违反法律,犯上作乱,就应得到司营的诛杀。董仲舒认为,司营诛杀司寇的原因是:"夫水者,执法司寇也。执法附党不平,依法刑人(清人苏舆认为:依,字疑有误[9]371应当为不依法刑人),则司营诛之,故曰土胜水。"(《春秋繁露·五行相胜》)董仲舒认为,五行中的水对应的官员是司法官员司寇。司寇如果在执法过程中交结朋党,不能公平执法,不能依照法律适用刑罚,那么司营可以将其诛杀,所以说是土胜水。

从以上论述可知,董仲舒将五行与五官相结合,认为官员的执法权力应当受到制约。司农(木),司马(火),司营(土),司徒(金),司寇(水)之间的关系是:司农违法,司徒诛之:金胜木;司马违法,司寇诛之:水胜火;司营违法,司农诛之:木胜土;司徒违法,司马诛之;火胜金;司寇违法,司营诛之:土胜水。董仲舒用五行相胜的理论来说明五官之间的权力制衡,正如周桂钿先生指出:

"董仲舒把五行与政治紧密联系起来,这里表达了一种思想,政权机构内部权力要互相制约。"[10]436在近代资本主义发展过程中,以英、美为核心的资本主义国家,确立了以三权分立为核心的分权和制衡机制,强调对权力的约束。而公元前2世纪,西汉武帝年间,董仲舒就已经提出了对权力的制约思想,是难能可贵的。

董仲舒试图将阴阳、五行为视角的时空框架与社会治理特别是法律治理相结合。正如著名思想家李泽厚先生所言:董仲舒理论的"关键点就在于如何认识和处理人事、政治、制度与阴阳、四时、五行相类比而存在,相关联而影响,使彼此构成一个和谐、稳定、平衡、统一的机体组织,以得到绵延和巩固。"[1]145冯友兰先生指出:董仲舒的主要贡献是:"他把主要来源于阴阳家的形上学的根据,与主要是儒家的政治、社会哲学结合起来。"[11]163

董仲舒将其德主刑辅理想以及法律适用理想置于阴阳、五行学说的时空框架下进行讨论,体现了尊时守位的传统思想。同时,董仲舒的德主刑辅和法律适用理想又与现实生活相结合,是董仲舒社会治理思想的重要组成部分。董仲舒以阴阳、五行学说视域下的时空框架为基础,探讨德主刑辅和法律适用的理论,强调德治,反对刑治。强调狱政管理应当随季节发生变动,强调在春季应当疏散狱囚,防止疫病传播,不耽误农业生产。董仲舒提出官吏之间应当互相制约,其权力的制衡理论,有助于防止官员擅权行为,保证廉洁政治。这些都是值得我们今天学习和借鉴的。

**参考文献:**

[1] 李泽厚:《中国古代思想史论》,人民出版社,1986年。

[2] 谢和耐著,黄建华、黄迅余译:《中国社会史》,江苏人民出版社,2010年。

[3] 金春峰:《汉代思想史》(增补第三版),中国社会科学出版社,2006年。

[4] 吴昌莹:《经词衍释》,中华书局,1956年。

[5] 列宁:《哲学笔记》,人民出版社,1956。

［6］亚里士多德：《范畴篇》《解释篇》，商务印书馆，2008年。

［7］董天工笺注，黄江军整理：《春秋繁露笺注》，华东师范大学社出版，2017年。

［8］班固：《汉书》，中华书局，1962年。

［9］苏舆：《春秋繁露义证》，中华书局，1992年。

［10］周桂钿：《董学探微》，北京师范大学出版社，2008年。

［11］冯友兰：《中国哲学简史》，北京大学出版社，2010年。

本文为"2020中国·衡水董仲舒与儒家思想国际学术研讨会"提交的论文。

律璞（1969—），女，土族，青海黄南人，西北政法大学刑事法学院副教授，硕士研究生导师。

# 《春秋繁露》的教化思想对后世从教者的启示

安桂玲

　　《师说》讲道："师者，所以传道受业解惑也。"传什么道？首先是道德，做有道德情操的人；其次是道理，教学生遵纪守法，维护社会公德。授什么业？鱼和渔。解什么惑？解的是受教育者的成长之惑。用今天的话来讲，教师应成为人类灵魂工程师。以此为标准，毫无疑问，董仲舒是一个伟大的教育家，他在《春秋繁露》中的教化思想以及设帷讲学的实践，给了后世从教者极大的启示。他所推崇的做人做事的原则和为君治国的方针，为当时的社会教化提供了可供参考的标准和方向，同时也为今天的教育者提供了可以效仿和带来灵感的比对和借鉴。

　　《春秋繁露》是重视教育的。从受教育者的角度讲，人具有很强的可塑性，在人身上，常常具有多种潜质。比如："人之诚，有贪有仁，仁、贪之气，两在于身。"① 也就是说，人之性，尚处于"未善"状态，"故性比于禾，善比于米；米出禾中，而禾未可全为米也；善出性中，而性未可全为善也"②。又如"茧有丝，而茧非丝也；卵有雏，而卵非雏也"③。由此可见教育的重要性，它可以最大限度除恶

---

① 张世亮、钟肇鹏、周桂钿译注：《春秋繁露》，中华书局，2012年，第376页。
② 张世亮、钟肇鹏、周桂钿译注：《春秋繁露》，中华书局，2012年，第378页。
③ 张世亮、钟肇鹏、周桂钿译注：《春秋繁露》，中华书局，2012年，第383页。

扬善，去贪成仁，所以《春秋繁露》反复重申："天生之，地载之，圣人教之。"① 董仲舒倡办太学、庠序，实施教化，并从为师之道、为学之道为从教者做出表率。

## 一、注重自身修养，以德行堪为人师（谁教）

谁来教，对学生、对社会风气有重要的导向作用。教师的道德修养，自古备受重视。《周易》讲"一阴一阳之谓道"，通俗点，道便是天地社会运行的自然规律，大道无形，却又时刻融于人们的日常生活，天道寓于民间，民日用而不知。教师要掌握这种自然规律，"明阳阴入出、实虚之处，所以观天之志；辨五行之本末、顺逆、小大、广狭，所以观天道也"②。理解天意民意，观察天道，并通过"德"表现出来，以形成对学生的教育影响。教师的道德修养至少应注意以下几个方面：

（一）俯仰无愧于天地

董仲舒重孝，曾专门给河间献王讲课："《孝经》曰：夫孝，天之经，地之义。"③ 孝是做人的根本。《孝经》"开宗明义章第一"就讲道："身体发肤，受之父母，不敢毁伤，孝之始也。立身行道，扬名于后世，以显父母，孝之终也。"④ 一个"孝"字在心，既不会出现心理问题，更不会做出活埋老母那种悖理悖德的蠢事。一个把双亲记挂在心的人，可以昂首行走在天地间，站在学生面前可以充满自信。践行孝道，不外乎做到以下三点：

1. 始于事亲

生活起居，侍奉膝下，是尽孝的开始。"居则致其敬，养则致其乐，病则致其忧，丧则致其哀，祭则致其严。"⑤《弟子规》对这几方

---

① 张世亮、钟肇鹏、周桂钿译注：《春秋繁露》，中华书局，2012年，第403页。
② 张世亮、钟肇鹏、周桂钿译注：《春秋繁露》，中华书局，2012年，第650页。
③ 张世亮、钟肇鹏、周桂钿译注：《春秋繁露》，中华书局，2012年，第394页。
④ 胡平生、陈美兰译注：《礼记·孝经》，中华书局，2011年，第163页。
⑤ 胡平生、陈美兰译注：《礼记·孝经》，中华书局，2011年，第186页。

面有具体要求：

"居则致其敬"指："父母呼，应勿缓。父母命，行勿懒。父母教，须敬听。父母责，须顺承。"

"养则致其乐"指："冬则温，夏则凊。晨则省，昏则定。亲所好，力为具。亲所恶，谨为去。身有伤，贻亲忧。德有伤，贻亲羞。"

"病则致其忧"指："亲有疾，药先尝。昼夜侍，不离床。"

"丧则致其哀"指："丧三年，常悲咽。居处变，酒肉绝。"

"祭则致其严"指："丧尽礼，祭尽诚。事死者，如事生。"

其实，对于现代人来讲，做到这几点并非易事。《论语·为政第二》中子游问孝，子曰："今之孝者，是谓能养，至于犬马，皆能有养，不敬，何以别乎。"① 孝敬双亲，不只是给钱给物，目的是能让老人快乐。老莱子彩衣娱亲的故事很难见到了，人们整天忙啊，有工作压力，还有手机、电脑分散精力，于是跟老人一说话就烦，正如孔子所讲："色难。"在照顾父母健康方面，常见到有人为能把父母送进高级医院、安排高级病房而骄傲，岂不知"为人父母不懂医是为不慈，为人子女不懂医是为不孝"，血脉亲情怎能和牌子、票子画等号！

孔子在解答为什么要守孝三年时说：孩子生下来三年，才离开父母的怀抱，能够自己走路自己吃饭，让父母稍稍松一口气。所以古人讲究守孝三年，是回报父母怀抱之恩、肌肤之情。如果父母过世不久便一切如常，那真要像孔子问宰我一样问一句："心可安否?"祭奠双亲的时候心中应该是庄严的，犹如父母就在面前。

这五个方面都做到了，才能算得上是真的侍奉父母双亲。

2. 中于事君

"子曰：君子之事亲孝，故忠可移于君。事兄悌，故顺可移于长。居家理，故治可移于官。是以行成于内，而名立于后世矣。"② 确切讲，一个人首先应该在家中"事亲孝""事兄悌""居家理"，才有资格步入社会，才能比较好地在社会上做人做事。

---

① 北京华美德文化传播中心编著：《论语》，云南大学出版社，2013年，第9页。
② 胡平生、陈美兰译注：《礼记·孝经》，中华书局，2011年，第194页。

### 3. 终于立身

"立身行道，扬名于后世，以显父母。"① "立身"就是成就人格、成就德行。"行道"就是把伦理道德都落实在自己的生活、工作上，成为社会的榜样。"扬名于后世"，指的是德行、名声非常好，大孝显亲，光宗耀祖，正所谓"君子有所为有所不为"，不给父母丢脸，"夙兴夜寐，无忝尔所生！"

### （二）涵养师德做表率

董仲舒强调仁、义，"是故《春秋》为仁义法，仁之法在爱人，不在爱我；义之法在正我，不在正人；我不自正，虽能正人，弗予为义；人不被其爱，虽厚自爱，不予为仁"②。坚持正人先正己，严于律己，宽以待人，"自责以备，谓之明，责人以备，谓之惑"③ 修己才能安人。随着老师德行提升，当学生在学业和心理上有困惑时，老师可以从容应对，也给学生树立处事的榜样。比如当学生情绪激动时，教师放低声音、放慢语速，或者静静地微笑着看着学生，就能使学生很快冷静下来。

参照《春秋繁露》的教化思想，涵养师德至少要做到：

### 1. 做人要有原则

"春秋尊礼而重信，信重于地，礼尊于身。何以知其然也？宋伯姬疑礼而死于火，齐桓公疑信而亏其地"④，宋伯姬遵守当时"妇人不见傅和母，不能出门"的礼制，宁可被火烧死也不逃生，虽然在今天看来缺乏变通，但春秋称赞她，这就是做人的原则。儒家所提倡的"饿死事小，失节事大"同理。齐桓公被胁迫不得不签订返回汶阳之田给鲁国的盟约，胁迫解除后，齐桓公没有怨恨，没有毁约，宁损其地也不背盟，正因守信，齐桓公在诸侯中威望大增，终成五霸之一。"《论语·颜渊》：子曰：自古皆有死，民无信不立。苏注："国家之于

---

① 胡平生、陈美兰译注：《礼记·孝经》，中华书局，2011年，第163页。
② 张世亮、钟肇鹏、周桂钿译注：《春秋繁露》，中华书局，2012年，第314页。
③ 张世亮、钟肇鹏、周桂钿译注：《春秋繁露》，中华书局，2012年，第321页。
④ 张世亮、钟肇鹏、周桂钿译注：《春秋繁露》，中华书局，2012年，第5页。

地,人之于身,可谓尊重矣,而信礼则又过之,以显信礼之大也。"① 都是讲尊礼重信的做人原则。

2. 身教胜于言教

"父不父则子不子,君不君则臣不臣。"② 是说父亲不像当父亲的那样慈爱子女,子女也不像做子女的那样孝顺父亲;国君不像国君的样子尊重臣子,臣子也不会忠于国君。其实,师生关系某种程度上也类似于君臣父子之间的双向互动,如果老师没个老师样,又怎敢指望学生能对他有足够的尊重呢!作为老师,首先要做的是自爱自重,庄严自己。宋闵公就是典型的反例。

宋闵公与大夫万喝酒聊天,发生言语冲突,"万怒,搏闵公,绝脰"③。堂堂国君,不顾身份、不计后果,亲与大夫搏,落个丢人殒命。《春秋繁露》评价他:"古者,人君立于阴,大夫立于阳,所以别位,明贵贱,今与臣相对而博,置妇人在侧,此君臣无别也,故使万称他国,卑闵公之意,闵公藉万而身与之博,下君自置,有辱之妇人之房,俱而矜妇人,独得杀死之道也。"④

"天高其位而下其施,藏其形而见其光;高其位,所以为尊也,下其施,所以为仁也,藏其形,所以为神,见其光,所以为明;故位尊而施仁,藏神而见光者,天之行也。"⑤ 这就是自身庄严的意义所在。

按照现代教育学的观点,学生是学习的主体,教师起主导作用,教师在教学中要尊重学生,发挥学生主观能动性,师生在课下可以是平等的朋友关系,但在严肃的学问面前,师生均应有敬畏之心,尤其学生,尊师重道才能学有所获。

"孔父义形于色,而奸臣不敢容邪"⑥ "目视正色,耳听正声,口

---

① 钟肇鹏主编:《春秋繁露校释》,河北人民出版社,2005年,第9页。
② 张世亮、钟肇鹏、周桂钿译注:《春秋繁露》,中华书局,2012年,第33页。
③ 张世亮、钟肇鹏、周桂钿译注:《春秋繁露》,中华书局,2012年,第128页。
④ 张世亮、钟肇鹏、周桂钿译注:《春秋繁露》,中华书局,2012年,第128页。
⑤ 张世亮、钟肇鹏、周桂钿译注:《春秋繁露》,中华书局,2012年,第190页。
⑥ 张世亮、钟肇鹏、周桂钿译注:《春秋繁露》,中华书局,2012年,第170页。

食正味,身行正道"①,当教师成为仁、义的化身,学生才会真心敬服。

3. 谦卑以成人之美

一个个体的心理发展受遗传素质、社会、学校、个人实践活动等多种因素的影响,把一个学生培养成才也不是一个老师可以独立完成的,正如《春秋繁露》所讲的:"天生之,地养之,人成之;天生之以孝悌,地养之以衣食,人成之以礼乐,三者相为手足,合以成体,不可一无也。"② 教师在育人过程中,保持平和心态,培养谦卑品质,很好地团队合作,才能推动教育工作有效开展。

在师德培养方面,可以效仿地的谦卑、土的厚道、山的包容、阴的谦让。

"地出云为雨,起气为风,风雨者,地之所为,地不敢有其功名,必上之于天,命若从天气者,故曰天风天雨也,莫曰地风地雨也;勤劳在地,名一归于天,非至有义,其庸能行此"③ "土者,火之子也,五行莫贵于土,土之于四时,无所命者,不与火分功名"④ "土者,五行最贵者也,其义不可以加矣。五声莫贵于宫,五味莫美于甘,五色莫盛于黄"⑤ 然而土却不与木火金水争功。

"山川神祇立,宝藏殖,器用资,曲直合,大者可以为宫室台榭,小者可以为舟舆浮楫。大者无不中,小者无不入。持斧则斫,持镰则艾。生人立,禽兽伏。死人入,多其功而不言,是以君子取譬也。"⑥山无私地奉献出一切物产而不索取,承受伤害污秽而不言不语。

"阴犹沈也,何名何有?皆并一于阳,昌力而辞功,故出云起雨,必令从天下,命之曰天雨。不敢有其所出,上善而下恶,恶者受之,

---

① 张世亮、钟肇鹏、周桂钿译注:《春秋繁露》,中华书局,2012年,第633页。
② 张世亮、钟肇鹏、周桂钿译注:《春秋繁露》,中华书局,2012年,第193页。
③ 张世亮、钟肇鹏、周桂钿译注:《春秋繁露》,中华书局,2012年,第396页。
④ 张世亮、钟肇鹏、周桂钿译注:《春秋繁露》,中华书局,2012年,第396页。
⑤ 张世亮、钟肇鹏、周桂钿译注:《春秋繁露》,中华书局,2012年,第396页。
⑥ 张世亮、钟肇鹏、周桂钿译注:《春秋繁露》,中华书局,2012年,第587页。

善者不受，土若地，义之至也。"① 阴把善誉让出去，恶名自己承当，其德行让人感动。

当有一天，师德养成为"功成事就，归德于上"② 时，离君子圣人也就不远了。

### 4. 专心做成一事

人生有限，精力有限，教师专心从教，学生才会专心学习。《春秋繁露》讲："天之常道，相反之物也，不得两起，故谓之一；一而不二者，天之行也。"③ 俗话说一心不能二用，"是以目不能二视，耳不能二听，手不能二事。一手画方，一手画圆，莫能成"④。时至今日，这个例子在《心理学》"注意的分配"课上重复实验，学生往往不能顺利完成。曹迎春在《论董仲舒的教师观》中也讲道："在教师治学方面，董仲舒强调强勉努力、专心致志和多连博贯。"⑤ 一个人关注太多，就可能误了正业，宋徽宗兴趣广博，多才多艺，琴棋书画无所不精，最后丢国被掳；明熹宗朱由校一手好木活却没做成好皇帝。

### 5. 终生学习不辍

教师职业的特殊性，要求教师要给学生一碗水，背后应有一条长流不息的小河，"不然，傅于众辞，观于众物，说不急之言而以惑后进者"⑥，岂不是误人子弟？"君子之所甚恶也，奚以为哉！"⑦ "圣人思虑不厌，昼日继之以夜，然后万物察者，仁义矣，由此言之，尚自为得之哉！故曰：于乎！为人师者，可无慎邪！"⑧ "天道积聚众精以

---

① 张世亮、钟肇鹏、周桂钿译注：《春秋繁露》，中华书局，2012年，第414页。
② 张世亮、钟肇鹏、周桂钿译注：《春秋繁露》，中华书局，2012年，第632页。
③ 张世亮、钟肇鹏、周桂钿译注：《春秋繁露》，中华书局，2012年，第454页。
④ 张世亮、钟肇鹏、周桂钿译注：《春秋繁露》，中华书局，2012年，第455页。
⑤ 曹迎春：《论董仲舒的教师观》，《衡水学院学报》2007年第9期。
⑥ 张世亮、钟肇鹏、周桂钿译注：《春秋繁露》，中华书局，2012年，第167页。
⑦ 张世亮、钟肇鹏、周桂钿译注：《春秋繁露》，中华书局，2012年，第167页。
⑧ 张世亮、钟肇鹏、周桂钿译注：《春秋繁露》，中华书局，2012年，第167页。

为光；圣人积聚众善以为功"①，天道积聚众多精气而产生光明，圣人积聚众多的善事而建立功业。这都是要求教师要勤奋自勉啊。2008年版《中小学教师职业道德规范》第六条，明确要求教师"终身学习"，教师教学是用生命在备课，博采众家之长，备教材、备学生、备班风校风、备教育规律……

6. 教学不忘科研

《汉书·董仲舒传》记载："董仲舒，广川人也。少治《春秋》，孝景时为博士。下帷讲诵，弟子传以久次相授业，或莫见其面。盖三年不窥园，其精如此。进退容止，非礼不行，学士皆师尊之。"② 讲的是，董仲舒在汉景帝时为博士，弟子众多，先入学的对后入学的传授学业，他自己三年不看园圃，精心钻研学问到如此的程度。他的进退仪容举止，不符合礼仪的不做，学士们都尊他为老师。当今的老师，繁重的教学任务常使人无暇科研，甚至把科研视任务为负担。殊不知，主动及时地总结进取，从实践到理论、再由理论到实践……是一种螺旋式上升的过程，教师提高，学生受益。

## 二、细化教育过程，以善教育人子弟

一个合格的教师，不仅要有高尚的情操、高深的学识，还要有教育智慧，以善教育人子弟。

（一）承认学生差异（教谁）

"人之为人本于天"③，即人所以成为人在于其禀受于天，所以教育要顺应学生禀赋和成长规律，承认个别差异，对学生一视同仁，宏观看待学生。人与人之间存在个别差异，教育上不能用一把尺子去量所有学生。"天不重与，有角不得有上齿，故已有大者，不得有小者，

---

① 张世亮、钟肇鹏、周桂钿译注：《春秋繁露》，中华书局，2012年，第210页。
② 《汉书·董仲舒传》，华语网（Thn21.com）。
③ 张世亮、钟肇鹏、周桂钿译注：《春秋繁露》，中华书局，2012年，第398页。

天数也。"① 上天把不同的生存本领"分发"给不同生类，自然界才丰富多彩，人们才有机会各显其能。

《春秋繁露》还讲道："凡物必有合；合必有上，必有下，必有左，必有右，必有前，必有后，必有表，必有里，有美必有恶，有顺必有逆，有喜必有怒，有寒必有暑，有昼必有夜，此皆其合也。"② 如此看来，上下、左右、前后、表里、美恶、顺逆、喜怒、寒暑、昼夜，都是相对概念，具体到一个班上，有学习成绩好的，必然会有成绩稍差的；有排序靠前的，必然会有排序靠后的，教师不能有偏见、贴标签，只对部分学生另眼相看。《中小学教师职业道德规范（2008年修订）》规定"不以分数作为评价学生的唯一标准"直接切中要害。

《春秋繁露》中还提道："质于爱民，以下至于鸟兽昆虫莫不爱。"③ 意思是诚恳地爱护人民和万物，以至于对鸟兽昆虫也没有不爱护的。《论语》中讲"有教无类"，《弟子规》讲"泛爱众，而亲仁"，社会有各种区分：阶层、贫富、智愚、地域、亲疏，教师的爱应该像阳光一样普照学生心田，教育教学时能够一视同仁，才是真正的好老师。

那有什么办法可以了解学生呢？古之人有言曰："不知来，视诸往。"④ 对学生的熟悉可以通过观察、谈话、作品分析等。"故圣人闻其声，则别其清浊；见其形，则异其曲直。于浊之中，必知其清；于清之中，必知其浊；于曲之中，必见其直；于直之中，必见其曲。"⑤ 借此，从声音顺逆知清浊，从形质善恶知曲直。浊中有清，清中有浊，曲中有直，直中有曲。辩证看待学生，确信他们各有所长、是发展中的人，这就是最恰当的学生观。

---

① 张世亮、钟肇鹏、周桂钿译注：《春秋繁露》，中华书局，2012年，第186页。
② 张世亮、钟肇鹏、周桂钿译注：《春秋繁露》，中华书局，2012年，第464页。
③ 张世亮、钟肇鹏、周桂钿译注：《春秋繁露》，中华书局，2012年，第316页。
④ 张世亮、钟肇鹏、周桂钿译注：《春秋繁露》，中华书局，2012年，第99页。
⑤ 张世亮、钟肇鹏、周桂钿译注：《春秋繁露》，中华书局，2012年，第206页。

（二）熟悉教育内容（教什么）

在教育内容方面，《春秋繁露》在几个关键点提醒后世从教者，育人要"贵志"、使用合适的"教材"、教给学生该有的学习态度和方法。

1. 思想基础

《春秋繁露》多处体现"贵志"思想。比如：春秋讥文公以丧取。虽然说，"文公乃四十一月方取，取时无丧，出其法也久矣"①，但"春秋之论事，莫重于志。今取必纳币，纳币之月在丧分，故谓之丧取也"。守孝三年，缘自"肌肤之情"②，文公"虽从俗而不能终，犹宜未平于心，今全无悼远之志，反思念取事，是春秋之所甚疾也"③。另外，书中讲道："缘此以论礼，礼之所重者，在其志，志敬而节具，则君子予之知礼；志和而音雅，则君子予之知乐；志哀而居约，则君子予之知丧。故曰非虚加之，重志之谓也。"④ 就连"听狱"定罪，看中的也是志，"春秋之听狱也，必本其事而原其志。志邪者，不待成；首恶者，罪特重；本直者，其论轻"⑤。

春秋讲礼贵志，并不盲目在乎形式，从"礼云礼云，玉帛云乎哉！"推前引后，反问："朝云朝云，辞令云乎哉？""乐云乐云，钟鼓云乎哉？""丧云丧云，衣服云乎哉？"今天的教育，也应该做好价值引领，《中小学教师职业道德规范》2008版规定教师要"志存高远"，那么在激发和培养学生的学习动机时，也要引导学生目光放远，风物长宜放眼量，为中华之崛起而读书，把社会主义核心价值观转化为内在的学习需要，杜绝华而不实，造就出一批"精致的利己主义者"。

2. 使用"教材"

董仲舒深谙治国为政之理、教书育人之道，他在书中指出："圣人之道，不能独以威势成政，必有教化。故曰：先之以博爱，教以仁

---

① 张世亮、钟肇鹏、周桂钿译注：《春秋繁露》，中华书局，2012年，第25页。
② 张世亮、钟肇鹏、周桂钿译注：《春秋繁露》，中华书局，2012年，第25页。
③ 张世亮、钟肇鹏、周桂钿译注：《春秋繁露》，中华书局，2012年，第25页。
④ 张世亮、钟肇鹏、周桂钿译注：《春秋繁露》，中华书局，2012年，第27页。
⑤ 张世亮、钟肇鹏、周桂钿译注：《春秋繁露》，中华书局，2012年，第96页。

也；难得者，君子不贵，教以义也；虽天子必有尊也，教以孝也；必有先也，教以弟也。此威势之不足独恃，而教化之功不大乎！"① 老百姓接受了仁义孝悌的教育，就会懂礼，就少了蛮夷戎狄的野性，大大提高了文明程度。董仲舒在教化过程中使用的教材为六艺，"诗书序其志，礼乐纯其美，易春秋明其知，六学皆大，而各有所长。诗道志，故长于质；礼制节，故长于文；乐咏德，故长于风；书著功，故长于事；易本天地，故长于数；春秋正是非，故长于治人；能兼得其所长，而不能遍举其详也"②。这也给了我们启发，今天的教学，不仅传授各科专业知识，在各门学科中加入思政内容，能够更好地实现教书育人之目的。

　　3. 学习态度

　　学生的学习态度有其原生态成分，更应该是教师教育的重点内容。孔子曰："畏天命，畏大人，畏圣人之言。"③ 作为受教育者，端正态度，心怀敬畏、谦虚诚恳是不可或缺的。曾经参观位于枣强县王常乡后旧县村的董子祠，发现一个特殊景观：外高内低。据说是自然天成。当年董仲舒讲学，听者众，连池塘里的蛤蟆都不作声，意指圣人说话，万物肃静。这种心理在《教育心理学》上叫"学习的准备"，怀着期待与恭敬进入学习状态，才能达到良好的学习效果。

　　4. 学习方法

　　教育过程中，师者不仅给学生"鱼"，更要给"渔"，让学生变"我要学"为"我会学"，这就涉及教给学生学习方法。古人学习有个特点：《春秋繁露》讲"听狱"，《论语》讲"听讼"，董子讲学设下帷帐，学生见不到老师真容，只能靠听觉接收信息。《说文解字》解释"听"：是会意兼形声字，甲骨文从耳，从口，会一人用口说话，一人用耳听之意。小篆变得复杂化了，会"有德者耳聪"之意，隶变后楷

---

① 张世亮、钟肇鹏、周桂钿译注：《春秋繁露》，中华书局，2012年，第401页。
② 张世亮、钟肇鹏、周桂钿译注：《春秋繁露》，中华书局，2012年，第35页。
③ 张世亮、钟肇鹏、周桂钿译注：《春秋繁露》，中华书局，2012年，第63页。

书写作"聽"①。

声音的传播可以超越任何障碍。那么听的人要有听的能力,听的过程判断事物的真实性,不能偏听偏信。心理学研究发现,要想听课效果好,必须眼耳手脑多种感觉器官并用,其中听是关键,没听到就是没学到。心理学家格桑泽仁曾专门讲侧耳倾听,听也是一种人际互动能力。

而且,听的人还要有听德。比如孔子,别人说他是丧家之犬,他听了莞尔一笑。他在《为政》篇总结自己一生:"吾十有五而志于学,三十而立,四十而不惑,五十而知天命,六十而耳顺,七十而从心所欲,不逾矩。""耳顺",就是听到好话坏话都能平和接受。现代人学着感恩一切、闻过则喜也是在提升自己的道德修养。

听也有礼在其中,像"听话、听从",体现了晚辈对长辈、下级对上级的顺从,"聆听、倾听"体现了晚辈对长辈、下级对上级的恭敬。

另外,《春秋繁露》还提到了多连博贯的学习方法,"得一端而多连之,见一空而博贯之,则天下尽矣"②。明白一个道理就要把它多方面联系起来,看到一个问题就要把它广泛连贯起来,加以推论,这样就能尽知天下了。

(三)选择教育方法(怎么教)

《春秋繁露》不仅重视教育内容,也很注重教育方法,认为教学中教师"其言寡而足,约而喻,简而达,省而具,少而不可益,多而不可损"③,意即他的言语不多而理由充分,语言简约而清楚明白,简单而能表达充分,省略却又全面,语句少时而别人无法增加什么。语句多时而别人无法减少什么。他说的话都切合时务,甚至"居无为之位,行不言之教"④ 也能取得理想效果。

---

① 许慎编:《说文解字》,辽海出版社,2015年,第 54 页。
② 张世亮、钟肇鹏、周桂钿译注:《春秋繁露》,中华书局,2012年,第 99 页。
③ 张世亮、钟肇鹏、周桂钿译注:《春秋繁露》,中华书局,2012年,第 328 页。
④ 张世亮、钟肇鹏、周桂钿译注:《春秋繁露》,中华书局,2012年,第 206 页。

"是故善为师者,既美其道,有慎其行,齐时蚤晚,任多少,适疾徐,造而勿趋,稽而勿苦,省其所为,而成其所湛,故力不劳,而身大成,此之谓圣化,吾取之。"① 在教学方法上,能适时教学,教多少,讲快慢,都有讲究。能达到目的就不必太快,安排休息又不能停顿,花的工夫少,而收获又能达到最大,因此不用太劳累却能获得巨大的成功。这些都是教育智慧吧。

　　董仲舒在教化时有个绝活儿,就是音乐教育。

　　"凡音之起,由人心生也。"② "乐者,音之所由生也;其本在人心之感于物也。"③ "凡音者,生人心者也。情动于中,故形于声。声成文,谓之音。"④ 这就是为什么《春秋繁露》最推崇音乐教育的原因了。"乐者,盈于内而动发于外者也"⑤,古人作乐的目的,皆为化民易俗,儒家所有教化最后总成于乐。

　　声音打动人是别的形式所不能取代的,音乐对人的影响力也是不可低估的。《礼记·乐记》就记载,郑卫之音会把人带坏。如果现在你走进南街村,满耳的革命歌曲可以激发人奋发向上的激情。《乐记》强调,音乐给人们的愉悦感受是人类生活不可缺少的,它认为:"夫乐者,乐也,人情之所不能免也。"音乐能影响人的情感、性格、意志,对青春期学生的教育,亦可有针对性地选择高亢、悠扬、安静的乐曲作为生活学习的背景,起到潜移默化的调节作用;同时,五音入五脏,可以根据宫商角徵羽的特点,有意识地调理人的五脏六腑。

　　《春秋繁露》还讲到环境教育。"衣服容貌者,所以说目也;声音应对者,所以说耳也;好恶去就者,所以说心也。故君子衣服中而容貌恭,则目说也;言理应对逊,则耳说矣;好仁厚而恶浅薄,就善人

---

① 张世亮、钟肇鹏、周桂钿译注:《春秋繁露》,中华书局,2012年,第36页。
② 胡平生、陈美兰译注:《礼记·孝经》,中华书局,2011年,第96页。
③ 胡平生、陈美兰译注:《礼记·孝经》,中华书局,2011年,第97页。
④ 胡平生、陈美兰译注:《礼记·孝经》,中华书局,2011年,第98页。
⑤ 张世亮、钟肇鹏、周桂钿译注:《春秋繁露》,中华书局,2012年,第21页。

而远僻鄙,则心说矣。故曰:行思可乐,容止可观。此之谓也。"①所以教师讲究礼仪是很有必要的,这属于师生间的非言语沟通。

除此之外,《春秋繁露》还提供了其他几种教育方法:

1. 因材施教

《春秋繁露》强调"使人必以其序,官人必以其能"②,是指使用人要按照一定的顺序,任用人要按照各自的才能。教育上也应如此,每个学生先天禀赋和后天生长环境不同,各自形成了不同的特点,比如性格上有内倾型、外倾型,气质分为胆汁质、多血质、黏液质和抑郁质,教师需要遵循自然规律,因材施教。

《论语·先进第十一》中曾记载因材施教的案例一则:

子路问:"闻斯行诸?"子曰:"有父兄在,如之何其闻斯行之?"冉有问:"闻斯行诸?"子曰:"闻斯行之。"公西华曰:"由也问:'闻斯行诸?'子曰:'有父兄在。'求也问:'闻斯行诸?'子曰:'闻斯行之。'赤也惑,敢问。"子曰:"求也退,故进之;由也兼人,故退之。"③ 对于同样的问题,孔子却作了不同的回答。是由于子路性勇敢前,做事有时不免轻率,所以孔子要他在听到一件该做的事时,最好向父兄请教后才去做;而冉有则由于个性谦退,遇事往往畏缩,因此孔子要他在听到一件该做的事后立刻去做。

"故知其气矣,然后能食其志也;知其声矣,而后能扶其精也;知其行矣,而后能遂其形也;知其物矣,然后能别其情也。"④ 了解学生,就能因材施教,扬长避短。在培养学生干部时也可借鉴这点,比如,多血质的同学可以做班长,做统领全局、开拓外交等工作;黏液质的同学可以做学习委员,做哪些细致谨慎、学业指导等工作。

2. 防微杜渐

---

① 张世亮、钟肇鹏、周桂钿译注:《春秋繁露》,中华书局,2012年,第403—404页。
② 张世亮、钟肇鹏、周桂钿译注:《春秋繁露》,中华书局,2012年,第408页。
③ 北京华美德文化传播中心编著:《论语》,云南大学出版社,2013年,第97页。
④ 张世亮、钟肇鹏、周桂钿译注:《春秋繁露》,中华书局,2012年,第158页。

《春秋繁露》提醒："凡百乱之源，皆出嫌疑纤微，以渐寖稍长，至于大。圣人章其疑者，别其微者，绝其纤者，不得嫌，以蚤防之。"①"夫救蚤而先之，则害无由起，而天下无害矣。然则观物之动，而先觉其萌，绝乱塞害于将然而未形之时，春秋之志也。"②学生成长如同小树，最怕主干未生，邪枝疯长，这就难成栋梁了，所以园丁要及时修剪打理。教师及时发现并纠正学生成长中不合德合道的言行，防微杜渐，既是爱学生，也是对社会负责。

3. 同伴影响

《春秋繁露》中讲道："美事召美类，恶事召恶类，类之相应而起也。"③又说到祈雨止雨的原理："欲致雨，则动阴以起阴，欲止雨，则动阳以起阳。故致雨，非神也，而疑于神者，其理微妙也。"④推而广之，祸福所从生"无非己先起之，而物以类应之而动者也"⑤。由此联想到青春期教育。青春期的孩子常令家长和老师不知所措，针对青少年"渐渐从家庭中脱离，对父母、教师的心理和情感依赖日益减少，而对与同伴建立良好的人际关系的依赖却在增强"⑥。这一特点，可以借鉴"同类相动"的智慧，变被动为主动，借同伴对青少年进行教育引导。

4. 教育时机

"天有和有德，有平有威"，"天之序，必先和然后发德，必先平然后发威，此可以见不和不可以发庆赏之德，不平不可以发刑罚之威"⑦，是说天有温和、恩德、公平、威严四种德性，天的次序一定是先温和然后才布施恩德，先公平然后再发布威严。由此警醒教师在

---

① 张世亮、钟肇鹏、周桂钿译注：《春秋繁露》，中华书局，2012年，第289页。
② 张世亮、钟肇鹏、周桂钿译注：《春秋繁露》，中华书局，2012年，第316页。
③ 张世亮、钟肇鹏、周桂钿译注：《春秋繁露》，中华书局，2012年，第480页。
④ 张世亮、钟肇鹏、周桂钿译注：《春秋繁露》，中华书局，2012年，第484页。
⑤ 张世亮、钟肇鹏、周桂钿译注：《春秋繁露》，中华书局，2012年，第484页。
⑥ 范翠英、孙晓军主编：《青少年心理发展与教育》，华中师范大学出版社，2013年，第189页。
⑦ 张世亮、钟肇鹏、周桂钿译注：《春秋繁露》，中华书局，2012年，第637页。

对学生奖惩时，不仅恩威并施、严爱结合，而且一定要掌握时机。即使心中愉悦，也要先温和心境再发布恩德；即使心中愤怒，也要先求得公正再树立威严。

## 三、自己心身健康，为学生树立榜样

教师心身健康是一切教育活动的基础。作为教师，身处亚健康易发的高危群体，及时调整个人情绪，提升个人心理境界甚为必要。"其心舒，其志平，其气和，其欲节，其事易，其行道，故能平易和理而无争也，如此者，谓之仁。"① 这样的老师心情舒畅，志气平和，欲望有节制，行事平易，行为合乎正道，所以他能平和愉快而合理地生活，与世无争，这样的德行就叫作仁。这是指心理健康。

在身体健康方面，《春秋繁露》有一整套的养生智慧，建议"循天之道以养其身"②。《黄帝内经·素问·刺法论》讲到"正气存内，邪不可干"③，又具体指出"法于阴阳，和于术数，食饮有节，起居有常，不妄作劳，故能形与神俱，而尽终其天年，度百岁乃去"④。这样，从四季、情志、环境、饮食等方面做好养生，以达到健康长寿的目的。

## 结　语

掩卷，再次为董子的博学深远所叹服！《春秋繁露》是一座取之不尽、用之不竭的宝藏，值得一读再读。同时也为董学前辈严谨的治学精神所感动，文中有些观点就是受"2020 年《春秋繁露》研读班"各位授课老师余治平、季桂起、王文书、秦进才、张丰乾几位先生的

---

① 张世亮、钟肇鹏、周桂钿译注：《春秋繁露》，中华书局，2012 年，第 327 页。
② 张世亮、钟肇鹏、周桂钿译注：《春秋繁露》，中华书局，2012 年，第 605 页。
③ 秦泉主编：《黄帝内经》，汕头大学出版社，2014 年，第 200 页。
④ 秦泉主编：《黄帝内经》，汕头大学出版社，2014 年，第 1 页。

启发；还有一些观点，是与同事在"传统文化进班会"活动中相互切磋，尤其是向王章峰老师学习的结果。正如书中所讲的，"夫目不视，弗见；心弗论，不得；虽有天下之至味，弗嚼，弗知其旨也；虽有圣人之至道，弗论，不知其义也"①。后世从教者放平心态、踏实钻研，取其精华，付诸实践，一定能提高个人修养和教学水平。

本文为"2020中国·衡水董仲舒与儒家思想国际学术研讨会"提交的论文。

安桂玲（1967—），女，河北阜城人，衡水学院教育学院副教授。

---

① 张世亮、钟肇鹏、周桂钿译注：《春秋繁露》，中华书局，2012年，第321页。

# 董学文本与董学史研究

# 论康有为的《春秋董氏学》[①]

曾 亦

清自嘉庆、道光以降,今文学得以复兴,然其初不过治《公羊》而已;至刘逢禄,始标榜以汉师家法治《公羊》,自谓"寻董、胡之绪",且以"董生、何氏之书若合符节"[②]。其后至龚自珍、魏源以下,则声称由东汉以趋西汉,而自何休以上溯至董子矣。

康有为初治《公羊》,即以董仲舒为主。据《自编年谱》,光绪二十年(1894),始撰《春秋董氏学》[③]。二十二年,续成《春秋董氏学》。二十三年冬,上海大同译书局刊行此书。二十四年,广州演孔书局再刊。戊戌、庚子间,两遭奉旨毁版。1917年,以《万木草堂丛书》重刊。

## 一、董子"轶荀超孟"

南海以"素王改制"为《春秋》之义,唯《公羊》能详之。然《公羊》多"非常异义可怪之论",素为后人所疑。至于董子,则不

---

① 基金项目:本文为国家社科基金重大项目"《春秋》三传学术通史"(19ZDA252)阶段性成果。

② 刘逢禄:《春秋公羊何氏释例》叙。

③ 又据《春秋董氏学》自序,末有"孔子二千四百四十四年,光绪十九年癸巳七月,南海康有为自序",则南海撰此书在光绪十九年也。

然。盖《公羊》所发"孔子改制变周,以《春秋》当新王,王鲁绌杞,以夏、殷、周为三统"诸说,"如探家人筐箧,曰道不休","吾以董子学推之今学家说而莫不同,以董子说推之周、秦之书而无不同"①,董子为汉儒宗,其地位良非邵公可比。南海取径董氏以治《春秋》,其缘由正在此也。

孔子以后,南海大致并推孟、荀②。至若论传孔子之道,孟子犹在荀子之上。南海曰:

> 孟子乎,真得孔子大道之本者也!……欲得孔子性道之原,平世大同之义,舍孟子乎莫之求矣。……孟子乎,真孔门之龙树、保罗乎!……通乎孟子,其于孔子之道得门而入,可次第升堂而入室矣。③

孔子之道在《春秋》,故孟子能传孔子之道,以其深于《公羊》而尊《春秋》也。南海谓孟子"上述禹、汤、文、武、周孔而及孔子,不及其他书,惟尊《春秋》",而《公羊》详素王改制之义,故

---

① 康有为:《春秋董氏学》自序,《康有为全集》第二集,中国人民大学出版社,2007年,第307页。

② 辛卯间,南海尝与朱一新论性。朱氏主宋儒之成说,极言荀、董论性之非。(参见朱一新:《朱侍御答康长孺论性书》,《康有为全集》第一集,中国人民大学出版社,2007年,第331—333页)南海则谓荀子论性有过于孟子者,"荀子之与孟子辨者,盖深恐人之任性而废学。……是荀子言,未见有悖于圣言者也。……然正惟从孟子之说,恐人皆任性;从荀子之说,则人皆向学"(康有为:《答朱蓉生先生书》,《康有为全集》第一集,第330页)。十年后,南海撰《孟子微》,其中有云:"言性恶者,乱世之治,不得不因人欲而治之。故其法检制压伏为多,荀子之说是也。言性善者,平世之法,令人人皆有平等自立,故其法进化向上为多,孟子之说是也。各有所为,而孟子之说远矣,待人厚矣,至平世之道也。"(康有为:《孟子微》卷一,《康有为全集》第五集,中国人民大学出版社,2007年,第414页)此时南海据《公羊》三世说而平分孟、荀,则孟子论性,乃施于平世也;若荀子之性恶,乃就乱世而立论。且宋儒贬荀子之言性,以为有碍人之自觉;至若南海之讥荀子,盖以人性恶,则不得不张君权,而妨人类之进乎太平也。南海又讥宋儒既贬荀子性恶之说,至其变化气质之说,实与荀子说合。

③ 康有为:《孟子微》序,1901年,《康有为全集》第五集,中国人民大学出版社,2007年,第412页。

惟《公羊》能传《春秋》①。故孟子可谓"《公羊》正传"②,"《公羊》、孟子独明《春秋》,力拒杨、墨,真《公羊》之嫡传哉"③。宋儒以孟子道性善而尊之,南海则以孟子深于《公羊》而尊之也。

至于荀子,则深于《礼》也,乃专为据乱世而施。南海曰:

> 荀卿传《礼》,孟子传《诗》《书》及《春秋》。《礼》者防检于外,行于当时,故仅有小康、据乱世之制,而大同以时未可,盖难言之。《春秋》本仁,上本天心,下该人事,故兼据乱、升平、太平三世之制。子游受孔子大同之道,传之子思。而孟子受业于子思之门,深得孔子《春秋》之学而神明之……传平世大同之仁道,得孔子之本者也。……荀子以人性为恶,而待隐括之,传小康、据乱之道,盖得孔子之粗末者也。④

荀子得孔子之粗末,不过传小康、据乱之道而已。若孟子,则深得孔子《春秋》之学,而传平世大同之仁道,可谓得孔子之精微也。

南海与宋儒皆尊孟,以为皆有传道之功,然其所取不同。盖南海取孟子明《春秋》改制微言,而宋儒则以孟子明性善,得道统之真也。荀子虽不与传道之功,至于就传经之学统而论,南海则以孟、荀并举,谓孟子为《公羊》正传,而荀子为《穀梁》太祖也。其《桂学答问》(1894)有云:

> 圣学原有此二派,不可偏废。而群经多传自荀子,其功尤大,亦犹群经皆注于朱子,立于学官也。二子者,孔门之门者

---

① 康有为:《春秋董氏学》自序,《康有为全集》第二集,中国人民大学出版社,2007年,第307页。南海又有《孟子公羊同义证传序》(1896年12月)一文,其中谓"学者欲通孔子之大道,必于《春秋》求之;欲通《春秋》,必于《公羊》求之;欲通《公羊》,必于《孟子》求之。孟子、公羊同师说,无二道"(《康有为全集》第二集,中国人民大学出版社,2007年,第129页)。

② 康有为:《桂学答问》,《康有为全集》第二集,中国人民大学出版社,2007年,第19页。

③ 康有为:《孟子公羊同义证传序》,《康有为全集》第二集,中国人民大学出版社,2007年,第129页。

④ 康有为:《孟子微》序,《康有为全集》第五集,中国人民大学出版社,2007年,第411页。

也。舍门者而遽求见孔子，不可得也。二子当并读，求其大义，贯串条分之。①

不过，即便就传经而言，南海又攻荀子之拘隘，至于后来之刘歆、朱子，皆以不明太平大同之道，不过割据六经之一偏而为说耳②。南海曰：

> 浩乎孔子之道，荡荡则天，六通四辟，其运无乎不在。……始误于荀学之拘陋，中乱于刘歆之伪谬，末割于朱子之偏安，于是素王之大道，暗而不明，郁而不发，令二千年之中国，安于小康，不得蒙大同之泽，耗矣哀哉。③

南海又谓朱子之学实出于刘歆，曰：

> 朱子之五经，于孔子五经皆失，惟日在刘歆宇下盘旋奔走，归附后行而已。……今天下所言孔子者，皆非孔子之学，实朱子之学而已。而言朱子学者，又非朱子之学，大半实刘歆之学而已。刘歆之学，只有据乱、小康之学，而不知太平大同学者也。……朱子惑于刘歆据乱之世，据《礼运》大同之说为老子之学，是朱子舍弃孔子太平大同之说，而无以范围方今民主社会之义，则孔子之道穷矣。天下既误尊朱子为孔子，而朱子守刘歆之据乱说，不能范围民意，不能范围社会。……朱子知四书而不知五经，知据乱而不知太平大同，非割去中原等于偏安而何？④

盖南海欲参用西法，以变中国数千年衰乱之制，则不得不尊《公羊》改制之说；又雅不欲夷之变夏，故尊《公羊》以及孔、孟，以为西法亦未出吾古圣先贤之藩篱也。南海之抑刘歆、朱子，实以其不能合于

---

① 康有为：《桂学答问》，《康有为全集》第二集，中国人民大学出版社，2007年，第19页。

② 梁启超颇张师说，谓孟子传《春秋》大同之义，其中，以井田为大同之纲领，以性善为大同之极效，以尧舜文王为大同之名号，以王霸辨大同小康。（参见梁启超：《读孟子界说》，《饮冰室文集》之三，中华书局，1989年）

③ 康有为：《礼运注》序，《康有为全集》第五集，中国人民大学出版社，2007年，第553页。

④ 康有为：《答朴君大提学书》，1924年，《康有为全集》第十一集，中国人民大学出版社，2007年，第346页。

今日社会也。

故自孟子以下，南海首举董仲舒而尊之。其谓董子曰："其传师最详，其去先秦不远，然则欲学《公羊》者，舍董生安归？"① 又曰："汉世去孔子不远，用《春秋》之义以拨乱改制，惟董子开之。"② 南海甚至以董子有过于孟、荀者，其曰：

> 大贤如孟、荀，为孔门龙象，求得孔子立制之本，如《繁露》之微言奥义不可得焉。董生道不高于孟、荀，何以得此？然则是皆孔子口说之所传，而非董子之为之也。善乎王仲任之言曰：文王之文，传于孔子。孔子之文，传于仲舒。故所发言，轶荀超孟，实为儒学群书之所无。若微董生，安从复窥孔子之大道哉！③

> 孔子立教宗旨在此，虽孟、荀未能发之，赖有董子，而孔子之道始着。④

董子贤于孟、荀如此，是以"因董子以通《公羊》，因《公羊》以通《春秋》，因《春秋》以通六经，而窥孔子之道本"⑤，"考孔子真经之学，必自董子为入门"⑥，"董子为《春秋》宗，所发新王改制之非常异义及诸微言大义，皆出经文外，又出《公羊》外，然而以孟、荀命世亚圣，犹未传之，而董子乃知之"⑦。南海称颂董子如此，其地位

---

① 康有为：《春秋董氏学》自序，《康有为全集》第二集，中国人民大学出版社，2007年，第307页。

② 康有为：《春秋笔削大义微言考》自序，《康有为全集》第六集，中国人民大学出版社，2007年，第3页。

③ 康有为：《春秋董氏学》自序，《康有为全集》第二集，中国人民大学出版社，2007年，第307页。

④ 康有为：《春秋董氏学》卷六上，《康有为全集》第二集，中国人民大学出版社，2007年，第375页。

⑤ 康有为：《春秋董氏学》自序，《康有为全集》第二集，中国人民大学出版社，2007年，第307页。

⑥ 康有为：《新学伪经考》，《康有为全集》第一集，中国人民大学出版社，2007年，第545页。

⑦ 康有为：《春秋董氏学》卷三，《康有为全集》第二集，中国人民大学出版社，2007年，第357页。

良非劭公所及。盖微董子,劭公实不足以抗衡古学诸师也。

孔子以后,世儒素重朱子,是以南海又举朱子与董子并论,曰:

> 由元、明以来,五百年治术、言语皆出朱子,盖朱子为教主也。自武章终后汉,四百年治术,言议皆出于董子,盖董子为教主也。二子之盛,虽孟、荀莫得比隆。①

则孔子以后,董子对政治、学术之影响,唯朱子可比。至若论传孔子之道,盖两汉经师,去古未远,其传授皆有渊源,则董子犹在朱子之上也。南海曰:

> 朱子生绝学之后,道出于向壁,尊四书而轻六经,孔子末法无由一统,仅如西蜀之偏安而已。董子接先秦老师之绪,尽得口说,《公》《穀》之外,兼通五经,盖孔子之大道在是。虽书不尽言,言不尽意,圣人全体不可得而见,而董子之精深博大,得孔子大教之本,绝诸子之学,为传道之宗,盖自孔子之后一人哉!②

> 朱子生于大统绝学之后,揭鼓扬旗而发明之,多言义而寡言仁,知省身寡过而少救民患,蔽于据乱之说而不知太平大同之义,杂以佛老,其道觳苦,所以为治教者,亦仅如东周、刘蜀、削晢之偏安而已。③

盖董子得圣人之全体,而朱子之学不过偏安一隅而已。

## 二、《繁露》与《春秋》之例、义、礼

素来治《公羊》者,或以义,或以例,或以礼。以例治《公羊》者,莫善于劭公《解诂》"三科九旨"之例。清世治《春秋》者,首

---

① 康有为:《春秋董氏学》卷七,《康有为全集》第二集,中国人民大学出版社,2007年,第416页。

② 康有为:《春秋董氏学》卷七,《康有为全集》第二集,中国人民大学出版社,2007年,第416页。

③ 康有为:《孔子改制考》序,《康有为全集》第三集,中国人民大学出版社,2007年,第3页。

推庄方耕，然徒明其义而已；同时又有孔巽轩，始知《春秋》有例，然不知"三科九旨"，可谓学不由径也。迄自刘申受，始由邵公例入手，遂通《公羊》矣。其后，魏默深亦谓邵公例可上溯于董子，南海盖祖其说，曰：

> 国律有例，算法有例，礼有升降例。乐有宫商谱，诗有声调谱，亦其例也。若著书，其例尤繁。而他书之例，但体裁所系，于本书宗旨尚不相蒙。惟《春秋》体微难知，舍例不可通晓。……学《春秋》者，不知托王改制、五始、三世、内外、详略、已明不着、得端贯连、无通辞而从变、诡名实而避文，则《春秋》等于断烂朝报，不可读也。言《春秋》以董子为宗，则学《春秋》例亦以董子为宗。董子之于《春秋》例，亦如欧几里得之于几何也。①

南海遂备列董子所发《春秋》之例，以见邵公例之所本②。南海又谓逢禄以《春秋繁露》解《公羊》，始为知学③。可见，南海之尊董，亦尚董子例也。

然梁启超谓"畴昔治《公羊》者皆言例，南海则言义"④，又谓"有为之治《公羊》也，不斷斷于其书法义例之小节，专求其微言大义，即何休所谓非常异义可怪之论者"⑤，又攻王闿运之《公羊笺》

---

① 康有为：《春秋董氏学》卷二，《康有为全集》第二集，中国人民大学出版社，2007年，第323页。

② 不过，南海认为董、何亦有同功者，盖《公》《谷》不过传《春秋》大义耳，至于非常可怪之微言，如升平、太平之说，则赖董、何而笔之于竹帛。南海甚至以为，后世中国治教始终停留在据乱之阶段，皆因不重视董、何之说，盖不知董、何之学，实出于孔子之口说耳。（康有为：《春秋笔削大义微言考》发凡，《康有为全集》第六，中国人民大学出版社，2007年，第6、7页）

③ 康有为：《致朱蓉生书》，1891年，《康有为全集》第一集，中国人民大学出版社，2007年，第316页。

④ 梁启超：《论中国学术思想变迁之大势》，中国人民大学出版社，2007年，第129页。

⑤ 梁启超：《清代学术概论》二十三，《梁启超论清学史二种》，中国人民大学出版社，2007年，第64页。

"拘拘于例，无甚发明"①，可见，康氏一门皆不尚例也。盖董子虽以《春秋》有例在，又谓"《春秋》无达辞"，其言例尚粗疏，远不若何劭公之精密。南海尊董，实以其学术门径颇近乎董子故也。

若《春秋》之义，所谓"文成数万，其旨数千"，而其义之尤大，又不得不微言之者，斯素王改制之说也。良由畏当世大人之故，赖口说而传之将来，至董子乃明言之，"董子为《春秋》宗，所发新王改制之非常异义及诸微言大义，皆出经文外，又出《公羊》外，然而以孟、荀命世亚圣，犹未传之，而董子乃知之"②，"公羊传《春秋》托王于鲁，何注频发此义，人或疑之，不知董子亦大发之"③。董子能发改制王鲁之说如此，至于三统之说，"惟董子乃尽闻三统，所谓孔子之文传之仲舒也"④。南海又具录汉人所言《春秋》之义，皆在《公羊》之外，皆赖董子口说传之。

至于《春秋》之言礼，尤关乎孔子之改制。南海曰：

> 《春秋》为改制之书，包括天人，而礼尤其改制之著者。故通乎《春秋》，而礼在所不言矣。孔子之文传于仲舒，孔子之礼亦在仲舒。孔门如曾子、子夏、子游、子服景伯，于小敛之东西方、立嫡之或子或孙，各持一义，尚未能折衷。至于董子，尽闻三统，尽得文质变通之故，可以待后王而致太平，岂徒可止礼家之讼哉？……今摘《繁露》之言礼者，条缀于篇，以备欲通孔子

---

① 梁启超：《中国近三年学术史》，载朱维铮校注：《梁启超论清学史二种》，中国人民大学出版社，2007年，第315页。
② 康有为：《春秋董氏学》卷四，《康有为全集》第二集，中国人民大学出版社，2007年，第357页。
③ 康有为：《春秋董氏学》卷五，《康有为全集》第二集，中国人民大学出版社，2007年，第367页。
④ 康有为：《春秋董氏学》卷五，《康有为全集》第二集，中国人民大学出版社，2007年，第370页。王仲任亦曰："孔子曰：文王既没，文不在兹乎？文王之文在孔子，孔子之文在仲舒。"汉人颇以董子传孔子，足见董子在汉代地位之高，非古学所能夺也。

之礼者考五。虽无威仪之详目，其大端盖略具焉。①

盖孔子改制，其著者则在于礼也。然此礼者，虽七十子后学犹有未尽，唯董子之书乃能折衷之。是以《春秋》为礼之大宗，而《繁露》又为《春秋》之大宗也。南海因具列《繁露》中所言礼者，以备后人考见孔子改制之大端。

是以南海极称道董子之书，曰：

《春秋》微言暗绝已久矣，今忽使孔子创教大义如日中天，皆赖此推出。然则此篇为群书之瑰宝，过于天球河图亿万无量数矣。②

董子书之可尊如此，是以欲明孔子之道，舍董子而莫由也。

## 三、董、何之异

南海尊董如此，然其不宗邵公者，其缘由或有多端。盖董子阐发《春秋》之义，大概有约束君权之意，与邵公不尽相同。《春秋繁露·玉杯》云：

《春秋》之法，以人随君，以君随天。曰：缘民臣之心，不可一日无君。一日不可无君，而犹三年称子者，为君心之未当立也。此非以人随君耶？孝子之心，三年不当。三年不当而踰年即位者，与天数俱终始也。此非以君随天邪？故屈民而伸君，屈君而伸天，《春秋》之大义也。

董子借人君行三年丧之礼，以明君王虽尊，然犹当随天，"与天数俱终始也"。清季保守派虽恶维新派君宪之说，亦不能讳此义焉。苏舆曰：

屈民以防下之畔，屈君以警上之肆。夫天生民而立之君，此

---

① 康有为：《春秋董氏学》卷三，《康有为全集》第二集，中国人民大学出版社，2007年，第330、331页。

② 康有为：《春秋董氏学》卷五，《康有为全集》第二集，中国人民大学出版社，2007年，第365页。

万古不敝之法也。圣人教民尊君至矣,然而盛箴谏以纠之,设灾异以警之,赏曰天命,刑曰天讨,使之罔敢私也。视自民视,听自民听,使之知所畏也。崩迁则有南郊称天告谥之文,有宗庙观德之典,屈伸之志微矣。故曰《春秋》大义。①

至董子举贤良奏对,乃极言灾异之理,曰:

> 臣谨案《春秋》之中,视前世已行之事,以观天人相与之际,甚可畏也。国家将有失道之败,而天乃先出灾害以谴告之,不知自省,又出怪异以警惧之,尚不知变,而伤败乃至。以此见天心之仁爱人君而欲止其乱也。自非大亡道之世者,天尽欲扶持而全安之,事在强勉而已矣。强勉学习,则闻见博而知益明;强勉行道,则德日起而大有功。(《汉书·董仲舒传》)

是以天之或灾或异,皆视人君能否行道而已。汉儒喜言灾异,其微旨尽见乎此矣。

观乎董氏之书,其中颇多假天道以约束君权之语。《繁露·为人者天》云:"一国受命于君,君命顺,则民有顺命;君命逆,则民有逆命。"《王道》云:"五帝三皇之治天下,不敢有君民之心。"《仁义法》云:"独身者,虽立天子、诸侯之位,一夫之人耳,无臣民之用矣。如此者,莫之亡而自亡也。《春秋》不言伐梁者,而言梁亡,盖爱独及其身者也。"《尧舜汤武》云:"且天之生民,非为王也,而天立王以为民也。故其德足以安乐民者,天予之;其恶足以贼害民者,天夺之。"古人言"天宪",实以天能予能夺故也,非徒尊王法为天宪也。

至于南海倡言变法,以中国数千年政治为君主专制,而以西方君主立宪为升平之制,民主共和为太平之法,可见,南海实以民主共和为最高之政治理想。然而,南海又于清政府颇怀宠遇之恩,雅不欲行革命之事,故唯张君宪之说,即以限制君权为变法之事而已。南海尊董之政治意图,殆在于此焉。南海论"君王"之名曰:

> 天下归往谓之王,人人归孔子,不可谓非王矣。人人欲叛之,虽戴黄屋,谓之独夫。……不敢有君民之心,盖圣人以为吾

---

① 苏舆:《春秋繁露义证》,中华书局,2019年,第32页。

亦一民，偶然在位，但欲为民除患，非以为尊利也。此为孔子微言。后世不知此义，藉权势以自尊，务立法以制下，公私之叛，彼此始矣。……孔子发明三统，着天命之无常，三代以上七十二君、九皇、六十四民，变更多矣，使王公戒惧，黎民劝勉。……王者，往也。君者，群也。能合人者，皆君王哉！此孔子之大义也。若人皆欲分散，是谓独夫矣。……孔子以天下之民生养覆育付之于君，不能养民，则失君职，一也。辱而失位，已为不君，二也。若令不行，禁不止，臣民不为用，无君之实，谓之独夫，三也。况残害其民，直谓之贼。天之立王，为何爱一人，使肆民上？《易》曰："汤武革命，顺乎天，而应乎人。"孟子曰："闻诛一夫纣耳，未闻弑君也。"此孔子之大义也。①

而董子亦曰："王者，民之所往，君者，不失其群者也；故能使万民往之，而得天下之群者，无敌于天下。"（《繁露·灭国》）南海盖据董子说，谓君王本不甚尊，亦民也，以能为民除患故，乃为民心归往，斯为王矣。然君亦有君职，失职则不为民之所往，斯为独夫矣。可见，南海张民权之说，实欲借此以制约君权也。

南海又曰：

> 宋孙明复之流，向壁虚造一部《春秋大义》，但识尊人王而已，则是屠伯武夫幸以武力定天下，如秦始、隋炀之流，暴民抑压，亦宜尊守之乎？其悖圣而害道甚矣！②

盖孙明复专以尊王为说，失《春秋》之旨也。

南海又据"王者归往"之义，论孔子为"素王"，得王者之实。其曰：

> 孔子有归往之实，即有王之实，有王之实而有王之名，乃其固然。然大圣不得已而行权，犹谦逊曰假其位号，托之先王，托之鲁君，为寓王为素王云尔。……庶几改制教主，尊号威力，日

---

① 康有为：《春秋董氏学》卷六下，《康有为全集》第二集，中国人民大学出版社，2007年，第402—405页。
② 康有为：《春秋笔削大义微言考》卷一，《康有为全集》第六集，中国人民大学出版社，2007年，第13页。

光复荧,而教亦再明云尔。①

后世攻素王之说为怪谬僭窃,则孔子虽得王之实,犹不得称王,至于嬴政、杨广辈,天下背之若独夫,反尊为王,勿乃名实不符哉!

南海又攻刘歆乖素王之旨曰:

> 诋素王为怪谬,或且以为僭窃,尽以其权归之人主。于是,天下议事者引律而不引经,尊势而不遵道。其道不尊,其威不重,而教主微;教主既微,生民不严不化,益顽益愚,皆去孔子素王之故。②

可见,公羊家以孔子为素王,其约束君权之意甚明。

何休不然,其意则在尊君权也③。盖《春秋》大义,诛讨乱臣贼子而已,孟子、史公皆备言之。至章帝时,有贾逵作《左氏长义》以攻《公羊》,以为《左氏》深于君权也④。而博士李育"以《公羊》义难贾逵,往返皆有理证",惜乎李育之议论皆不得详,推原李育之

---

① 康有为:《孔子改制考》卷八,《康有为全集》第三集,中国人民大学出版社,2007 年,第 101 页。

② 康有为:《孔子改制考》卷八,《康有为全集》第三集,中国人民大学出版社,2007 年,第 101 页。

③ 萧公权:《康有为思想研究》,中国人民大学出版社,2007 年,第 51 页。又参见萧公权:《中国政治思想史》,第 300—307 页。南海之尊董,颇以其兼民权之义也。其后,章太炎悍然攻董子,谓其主专制,其害有甚于商鞅者焉,"董仲舒、公孙弘之徒,踵武公羊氏而文饰之,以媚人主,以震百辟,以束下民,于是乎废《小雅》","及夫弘、汤、仲舒,则专以见知腹诽之法,震怖臣下,诛鉏谏士,艾杀豪杰,以称天子专制之意",其"抑民恣君"实过于商鞅。(参见章太炎:《检论·商鞅》,《章太炎全集》第三,上海人民出版社,2014 年,第 605—608 页)同是董子也,然康、章议论竟相反若是耶?

④ 据《汉书·贾逵传》,其时贾逵"摘出《左氏》三十事尤着明者,斯皆君臣之正义,父子之纪纲。其余同《公羊》者什有七八,或文简小异,无害大体。至如祭仲、纪季、伍之胥、叔术之属,《左氏》义深于君父,《公羊》多任于权变,其相殊绝,固以甚远,而冤抑积久,莫肯分明",至于《左氏》,"崇君父,卑臣子,强干弱枝,劝善惩恶,至明至切,至直至顺"。贾氏以《左氏》义长于《公羊》,即以其能尊君权也。至刘师培论《左传》,乃谓"《左传》一书,责君特重,而责民特轻。……《左氏传》所载粹言,亦多合民权之说"(刘师培:《读左札记》,《刘师培论学论政》,复旦大学出版社,1990 年,第 15、16 页)。虽共治《左传》,然古今人议论竟不同如此。

意,当以尊君自卫,劭公以李育有理证,亦当以翼护君权而自任也。

南海以是推尊董子曰:

> 由元、明以来,五百年治术、言语皆出于朱子,盖朱子为教主也。自武、章终后汉,四百年治术、言议皆出于董子,盖董子为教主也。二子之盛,虽孟、荀莫得比隆。①

自韩愈以至宋人,皆以孟子接续孔子道统,而轲死不得其传。南海则以为,两汉以降,至于隋唐,孔子大道在《春秋》,而《春秋》之义,朝野之政治、法律、言议莫不见之,皆赖董子之功也。宋儒专以义利之辩而诬汉唐人不能传道,可谓一孔之见欤!南海又谓朱子之学犹西蜀之偏安而已,非若董子"接先秦老师之绪,尽得口说",盖得"孔子大教之本",真"自孔子之后一人"而已。是以自宋学视之,孔子之后惟朱子一人而已;而自南海视之,孔子之后盖董子一人而已。南海之推尊董子,盖至此极矣。

且自严、颜得立博士后,董子之学可谓一统,而劭公憾其不足以抗衡《左氏》,乃别溯源于胡毋生。然南海欲以董子为《公羊》大宗,则不得不抑胡毋生、劭公一脉也。又,《春秋》素王改制之义,劭公承先师绪余,言之虽畅,然生东汉之末,实不足以颉颃古学,孰若尊崇汉初董子,足为两汉诸儒之宗乎?

两汉治经者素重门径,自有师法,又有家法之歧异,各尚颛门,不主通学也。然自刘礼部以降,皆信今文十四家为"同条共贯",若《公羊》与《穀梁》之异,皆传圣人之旨也。②南海以是论劭公之失曰:

---

① 康有为:《春秋董氏学》卷七,《康有为全集》第二集,中国人民大学出版社,2007年,第416页。

② 朱一新颇不谓然,曰:"足下谓今文之与今文、古文之与古文,皆同条共贯,因疑古文为刘歆所伪造。夫古文东汉始行,本皆孔氏一家之说,岂有不同条共贯之理?若今文固不尽同,西汉立十四博士,正以其说之有歧互也。立鲁《诗》,复立齐、韩;立欧阳《尚书》,复立大、小夏侯。一师之所传且如此,况今古文之学岂能尽同?今文家言传者无多,自东汉时师法已乱,其仅存者乃始觉其同条共贯耳,岂西汉诸儒之果如斯而已乎?西汉之有家法,以经始萌芽,师读者异。至东汉而集长舍短,家法遂亡,由分而合,势盖不能不如此。"(朱一新:《答长孺第三书》,载张荣华编:《康有为往来书信集》,中国人民大学出版社,2012年,第102页)

> 何君墨守《公羊》，而攻《穀梁》为废疾，盖犹未明密码之故，泥守所传之电码以为真传，而不知《穀梁》所传之电码亦是真传也。遂使刘歆、贾逵缘隙奋笔，以《公》《穀》一家而鹬蚌相持，遂致伪《左》为渔人得利。岂非先师墨守太过，败绩失据哉！①

又曰：

> 董、何传《公羊》，董难江公，何作《废疾》，若水火然。试舍弃所系之经文，但述大义，则董、何与《穀梁》无不合者，可一一条证之，以明口说之真。盖同出于孔门后学，故莫不同条共贯也。故学《春秋》者，当知董、何口说与《穀梁》及刘向学说全合，则于《春秋》四通六辟，无所窒碍矣。②

不独劭公作《穀梁废疾》，董子亦难《穀梁》之江公，昔申受犹倡颛门之学，至南海，则绝无此议矣。盖今学承千年废坠之余，所存不过《公》《穀》二脉而已，故南海欲以抟聚今学残部，振起今学之绪，以亢古学，雅不欲硁硁然阋于墙矣。

本文为"2020 中国·衡水董仲舒与儒家思想国际学术研讨会"提交的论文。

曾　亦（1969—），男，湖南新化人，同济大学人文学院哲学系教授，博士生导师。

---

① 康有为：《春秋笔削大义微言考》发凡，《康有为全集》第六，中国人民大学出版社，2007 年，第 6 页。

② 康有为：《春秋笔削大义微言考》发凡，《康有为全集》第六集，第 7 页。

# 从钱穆、牟宗三的一个共同判断看董仲舒"大一统"的政治哲学意蕴①

陈迎年

钱穆拒绝在《为中国文化敬告世界人士宣言》上签名的事件,经余英时《钱穆与新儒家》的分析,被特别理解为是钱穆对"教主"牟宗三"良知的傲慢"的质疑。在此之前,徐复观曾以"良知的迷惘"批评"钱穆先生的史学"。"良知的迷惘"与"良知的傲慢"让钱牟异同问题变得尖锐起来。钱穆与牟宗三有很多共同点,两人的一生都以阐发中国文化的现代意义自任,都对中国文化传统的生命力抱有无比坚定的信心,因此他们的分歧也就只能是对中国文化的理解上的分歧,是中国文化究竟如何现代化的分歧。

在这里,知识与信仰混融在了一起,中国文化与中国政治交互影响,如何理解中国政治传统成了关键问题。董仲舒"大一统"成为必然的焦点。"《春秋》大一统者,天地之常经,古今之通谊也。今师异道,人异论,百家殊方,指意不同,是以上亡以持一统;法制数变,下不知所守。臣愚以为诸不在六艺之科孔子之术者,皆绝其道,勿使并进。邪辟之说灭息,然后统纪可一而法度可明,民知所从矣。"(《汉书·董仲舒传》)本文需要讨论:钱穆与牟宗三如何理解董仲舒

---

① 基金项目:本文为国家社科基金后期资助一般项目"国家与心性:牟宗三政治哲学批判"(19FZXB063)阶段性成果。

的这段话？在同具"温情与敬意"的前提下，两人争执的关节点何在？以述为作，董仲舒"大一统"对于中国政治哲学究竟有何意义？

## 一、学术指导政治

关于中国传统政治，钱穆有一个"中国传统政治是民主政体"的总体判断：

> 中国传统政治，既非贵族政治，又非君主专制，则必为一种民主政体矣……中国传统政制，虽有一王室，有一最高元首为全国所拥戴，然政府则本由民众组成，自宰相以下，大小百官，本皆来自田间，既非王室宗亲，亦非特殊之贵族或军人阶级。政府既许民众参加，并由民众组织，则政府与民众固已融为一体，政府之意见即为民众之意见，更不必别有一代表民意之监督机关，此之谓"政民一体"，以政府与民众，理论上早属一体。故知中国传统政治，未尝无民权，而此种民权，则可谓之"直接民权"，以其直接操行政之权。①（1945年）

在钱穆看来，这里有中国的"国情"②。它约之有二。一是由封建而跻广士众民的大一统政府。"中国文化演进，别有其自身之途辙，其政治组织乃受一种相应于中国之天然地理环境的学术思想之指导，而早走上和平的大一统之境界。此种和平的大一统，使中国民族得以继续为合理的文化生活之递嬗。"③ 一是经考试和铨选产生的士人政府、文治政府。"'考试'与'铨选'，遂为维持中国历代政府纲纪之两大骨干。全国政事付之官吏，而官吏之选拔与任用，则一惟礼部之考试与吏部之铨选是问。此二者，皆有客观之法规，为公开的准绳，

---

① 钱穆：《政学私言》，《钱宾四先生全集》第40册，台北：联经出版事业公司，1998年，第6—7页。
② 钱穆：《国史大纲》（上），《钱宾四先生全集》第27册，台北：联经出版事业公司，1998年，第38页。
③ 钱穆：《国史大纲》（上），《钱宾四先生全集》第27册，台北：联经出版事业公司，1998年，第43页。

有皇帝(王室代表)所不能摇,宰相(政府首领)所不能动者。若于此等政制后而推寻其意,此即《礼运》所谓'天下为公,选贤与能'之旨。"①(1939年)

为什么会有这种"国情"?

略约虚说,是因为"秦、汉大一统政府之创建"这一开辟国史的"奇迹"②。钱穆在此区分了武力的大一统政府和和平的大一统政府:"秦始皇雄才大略,长驾远驭,开始混一寰宇,为中国开创大一统的新局面。其在中国史上不朽之伟业,既已历古不磨……为中国首创一统之局者为秦始皇,为中国确立文治政府之制度者为汉武帝。"③

具体实说,则不能不特别言及董仲舒:

> 及汉武听董仲舒议,罢黜百家,专立《五经》博士,于是博士性质,大见澄清;乃始于方技神怪旁门杂流中解放,而纯化为专治历史与政治之学者,(所谓"通经致用",即是会通古代历史知识,在现实政治下应用)又同时兼负国家教育之责。而博士弟子,遂为入仕惟一正途。于是学术不仅从"宗教"势力下脱离,并复于"政治"势力下独立。自此以往,学术地位,常超然于政治势力之外,而享有其自由,亦复常尽其指导政治之责任。④

钱穆强调:"此时最重要的人物是董仲舒。"⑤"此下两千年中国之为中国,仲舒当时之对策有大影响大作用。"⑥钱穆甚至把这种学术自

---

① 钱穆:《国史大纲》(上),《钱宾四先生全集》第27册,台北:联经出版事业公司,1998年,第37页。
② 钱穆:《国史大纲》(上),《钱宾四先生全集》第27册,台北:联经出版事业公司,1998年,第36页。
③ 钱穆:《政学私言》,《钱宾四先生全集》第40册,台北:联经出版事业公司,1998年,第263—264页。
④ 钱穆:《国史大纲》(上),《钱宾四先生全集》第27册,台北:联经出版事业公司,1998年,第40页。
⑤ 钱穆:《国史大纲》(上),《钱宾四先生全集》第27册,台北:联经出版事业公司,1998年,第161页。
⑥ 钱穆:《国史新论》,《钱宾四先生全集》第30册,台北:联经出版事业公司,1998年,第206页。

由命名为"孔子、董仲舒一脉相传之文治思想"①。此外,钱穆还就汉武一代的盐铁官卖等制度,强调这种学术自由必然经政治一直下贯到经济。这种意义的"学术指导政治"成为钱穆理解董仲舒和国史的通义:

  此等处可见学术指导政治,政治转移社会。当时中国史,实自向一种理想而演进。②(1939年)

  "学治"之精义,在能以学术指导政治,运用政治,以达学术之所蕲向。为求跻此,故学术必先独立于政治之外,不受政治之干预与支配。学术有自由,而后政治有向导。学术者,乃政治之灵魂而非其工具,惟其如此,乃有当于学治之精义。③(1945年)

  中国传统的士人政府,乃使政府成为一士人集团,学术与政治并无严格划分,而政治常受学术领导。④(1974年)

  中国文化一大特色,即学术必求能领导政治,而政治必求能追随学术。⑤(1977年)

钱穆当然知道自己的这种"学术指导政治"的国史观必"召笑而招骂"。但他自信自负,用心所在,不出"周虽旧邦,其命维新",而欲在对历史事实的理解中确立新的历史方向。"当知古今中外,绝无一种十全十美有利无病之政制,唯其如此,故任何一种政制,皆有赖于当时人之努力改进。亦惟如此,故任何一国家,苟非万不获已,亦绝无将其已往传统政制,一笔抹杀,一刀斩割,而专向外邦他国模拟

---

① 钱穆:《国史大纲》(上),《钱宾四先生全集》第 27 册,台北:联经出版事业公司,1998 年,第 41 页。
② 钱穆:《国史大纲》(上),《钱宾四先生全集》第 27 册,台北:联经出版事业公司,1998 年,第 164 页。
③ 钱穆:《政学私言》,《钱宾四先生全集》第 40 册,台北:联经出版事业公司,1998 年,第 88 页。
④ 钱穆:《国史新论》,《钱宾四先生全集》第 30 册,台北:联经出版事业公司,1998 年,第 143 页。
⑤ 钱穆:《中国学术思想史论丛》(9),《钱宾四先生全集》第 23 册,台北:联经出版事业公司,1998 年,第 60 页。

抄袭，而谓可使其新政制得以达于深根宁极长治久安之理。为此想者，盖非愚则惰。"① 钱穆所特重者，一在自本自根的历史发展观的发现，即所谓"治国史之第一任务，在能于国家民族之内部自身，求得其独特精神之所在"②，一在以一元、大一统来理解学术特别是国家元首，即所谓"一国之政制，贵能不断改进，尤贵能长治久安，抑且长治久安者，亦即求能不断改进之先决条件。一国之有元首，乃为一国政治组织之中心，乃全国民众拥戴之最高象征，乃为各方向心凝结之萃集点。故一国之元首，必使极其尊崇，而又厝之安稳不摇之地位，此又为要求政局安定之惟一先决条件"③。

钱穆对牟宗三的影响是直接而持续的。1955年，牟宗三出版了《历史哲学》一书。在其"自序"中，牟宗三强调自己的目标是"述"华族历史的"大事"而"窥"华族历史的"大体"，"即此大事之叙述，多本于钱穆先生之《国史大纲》"④。其第四部第二章"仲舒对策，汉武更化"，几乎引用了《国史大纲》第八章"统一政府文治之演进"第五节"汉武一朝之复古更化"的全部，并承之强调两点：

一是说董仲舒"学术指导政治，政治转移社会"的这种"一元""大一统"彻底以"理性"为本，"此理性必彻上彻下，上通于天，而为超越之理性，方能充其极，透得出，而为政教之本。其贯而下之，成为政、教合一"⑤。一是辨董仲舒推明孔氏抑黜百家，与李斯倡议焚书以法为教以吏为师的专制愚民不同，亦不悖于思想自由，而乃是"吾华族之民族生命、文化生命之贯通的发展之结晶"，"乃国家居于

---

① 钱穆：《政学私言》，《钱宾四先生全集》第40册，台北：联经出版事业公司，1998年，第12页。
② 钱穆：《国史大纲》（上），《钱宾四先生全集》第27册，台北：联经出版事业公司，1998年，第32页。
③ 钱穆：《政学私言》，《钱宾四先生全集》第40册，台北：联经出版事业公司，1998年，第37页。
④ 牟宗三：《历史哲学》，《牟宗三先生全集》第9册，台北：联经出版事业公司，2003年，自序，第19页。
⑤ 牟宗三：《历史哲学》，《牟宗三先生全集》第9册，台北：联经出版事业公司，2003年，第308页。

综和立场公共观点而为民族立一自肯也"①。牟宗三强调,这种"学术指导政治,政治转移社会"的"一元"和"大一统"是国教,是常道,是文统,是最高的普遍性,不但不碍于自由的实现,反而是维持自由的条件,有凝聚中华民族而防其坠失的意义和作用。"汉后,二千年之历史,有形无形间,无不以儒家所承接之文化系统为国教,其为国教也,亦非有若何明文之规定,此乃自然为经世之常道,不可移也。此决无碍于思想之自由。而在此文统下之社会亦无所谓自由不自由。此文化系统之束缚性与教条性盖甚少。"②

这种观念一旦形成,便成为牟宗三的不易之论、晚年定论,与其他理论,如儒学的三期说、三统说、内圣开出新外王说、良知坎陷说、智的直觉说等,直接嵌套在一起。牟宗三甚至反复宣说:

> 儒家学术的第一阶段,是由先秦儒家开始的,发展到东汉末年。两汉的经学是继承先秦儒家的学术而往前进的表现,而且在两汉四百年中,经学尽了它的责任,尽了它那个时代的使命。从汉武帝复古更化说起,建造汉代大帝国的一般趋势,大体是"以学术指导政治,以政治指导经济",经学处于其中,发挥了它的作用。③(1979年,着重号为引者所加)

> 汉武帝的"复古更化"在当时那个时代中是尽了他的时代使命。以后,汉朝大帝国大体上就是照着他所开的这个道路、方向往前进。这个道路大体就是以学术支配政治,以政治支配经济。所以它这个大帝国能够维持四百年,那并不是偶然的。以学术支配政治,就是他的政治措施背后有一个理想在指引,再拿政治的措施支配经济。依现代的名词来说就是国家社会主义,不是纯粹的放任自由经济,也不是凡事皆由政府控制的计划经济。这就是

---

① 牟宗三:《历史哲学》,《牟宗三先生全集》第9册,台北:联经出版事业公司,2003年,第311页。
② 牟宗三:《历史哲学》,《牟宗三先生全集》第9册,台北:联经出版事业公司,2003年,第312页。
③ 牟宗三:《从儒家的当前使命说中国文化的现代意义》,《牟宗三先生全集》第23册,台北:联经出版事业公司,2003年,第326页。

汉武帝、董仲舒当时所谓的文化运动,从文化运动开一个决定那个时代前进的方向。①(1981年,着重号为引者所加)

## 二、专制与民主

钱牟两人都高度肯定了董仲舒"大一统"的意义,把"大一统"的"复古更化"理解为儒学经世致用、引导现实社会发展的显著标志,儒学与社会的融通被视为自然和必然。进而,儒学的"大一统"与社会的"大一统"相互激荡,儒学领导社会,被认为是儒学的使命,也是社会实现自由和永久和平的条件。这是钱牟之同。但是,这种"大一统"是否也会有专制之弊?对于这个问题的不同回答,是钱牟之异的首要表现。

上文已经提及,钱穆态度坚决,一反时论,有中国传统政治是民主政体的总体判断。在他看来,"谈者好以专制政体为中国政治诟病,不知中国自秦以来,立国规模,广土众民,乃非一姓一家之力所能专制"②。"谈者又疑中国政制无民权,无宪法。然民权亦各自有其所以表达之方式与机构,能遵循此种方法而保全其机构,此即立国之大宪大法,不必泥以求也。"③ 钱先生强调,必须先"对其本国已往历史有一种温情与敬意"④。从这种"温情与敬意"出发,由广土众民、皇帝及其功臣多系出身于平民、有许多士人加入到政府里面、表达权利的国情等,钱穆判定中国传统就是"士人政府""学人政府""文治政府"等,而为"民主政体"。

---

① 牟宗三:《文化建设的道路——历史的回顾》,《牟宗三先生全集》第23册,台北:联经出版事业公司,2003年,第364页。
② 钱穆:《国史大纲》(上),《钱宾四先生全集》第27册,台北:联经出版事业公司,1998年,第36页。
③ 钱穆:《国史大纲》(上),《钱宾四先生全集》第27册,台北:联经出版事业公司,1998年,第37—38页。
④ 钱穆:《国史大纲》(上),《钱宾四先生全集》第27册,台北:联经出版事业公司,1998年,第19页。

牟宗三同样不缺乏"温情与敬意"。从历史的合理性出发,钱穆大一统的和平民主政体,被牟宗三确定为道家的"天民"境界。广土众民,皇权有所不逮,老百姓"永远是个天民或是羲皇上人。羲皇上人就是最原始最好的,老子欣赏他们'日出而作,日入而息,帝力何有于我哉!'"① "中国人一向认为老百姓自由得很,天高皇帝远,没有谁能给予束缚。国家的统一、政府的构造、政治的运用、法律的订定,老百姓从来也不参与,都是由大皇帝颁布下来……在这个意义上,我就能了解钱宾四先生反对别人讲中国人以前是君主专制的意思了。君主专制政治,中国在汉唐时代,固然表现不错;就是宋朝,虽然国势很弱,可是他们的文治吏治方面,也都有值得称赞之处。"②

牟宗三理解钱穆的用心。但是,牟宗三却不能同意钱穆的判断。其理由略约有二。

首先,钱穆"和平的大一统之境界"③ 说无法解释历史上屡见不鲜的"打天下"的革命事件。特别是,就如同历史上著名的"食肉毋食马肝,未为不知味也;言学者毋言汤武受命,不为愚"(《汉书·儒林传·辕固》)的辩说一样,钱穆的永久和平将直接否定当下革命的合法性。钱穆抱怨说,"辛亥前后,由于革命宣传,把秦以后政治传统,用'专制黑暗'四字一笔抹杀。因于对传统政治之忽视,而加深了对传统文化之误解。"④(1952年)牟宗三则指出:"钱宾四先生一直主张中国以前不是君主专制,但若是如此,辛亥革命就没有意义了。"⑤ "钱宾四先生最不喜欢听人家说'中国以前是君主专制'的

---

① 牟宗三:《四因说演讲录》,《牟宗三先生全集》第31册,台北:联经出版事业公司,2003年,第69页。
② 牟宗三:《"五四"与现代化》,《牟宗三先生全集》第24册,台北:联经出版事业公司,2003年,第271页。
③ 钱穆:《国史大纲》(上),《钱宾四先生全集》第27册,台北:联经出版事业公司,1998年,第43页。
④ 钱穆:《中国历代政治得失》,《钱宾四先生全集》第31册,台北:联经出版事业公司,1998年,序,第7页。
⑤ 牟宗三:《中国哲学十九讲》,《牟宗三先生全集》第29册,台北:联经出版事业公司,2003年,第186页。

话,他一向是反'反君主专制'。其实,不仅新文化运动要'反君主专制',辛亥革命也是'反君主专制'。对于'中国以前是君主专制'的话,我们不必有忌讳。"①(1979年)

当然,钱穆似乎也可以承认辛亥革命的意义:辛亥革命是起来反对清政府君主专制的。即是说,钱穆似乎可以承认局部的专制政制。"细按中国历代政制,惟清朝君主,始为彻底之专制,其所以得尔者,盖为满洲王室有其部族武力之拥护。"②但如此说来,却又带来新的难通之处。清政府专制政体这个独特的变种,怎么能够摆脱中国持久的民主政体传统而激变以生呢?钱穆坚持中国传统政治制度的"自根自生"③,由此不能不有一传承不息的士人政府传统。在这种民主政体传统下,"中国传统政制下之王室,其理论与习惯上之地位,亦与近代英国王室,约略相等似"④。相应这种"自根自生",钱穆在判定清政府为君主专制后,紧接着又称"其专制之淫威,虽甚惨毒,而亦尚不至于黑暗之甚"⑤。这样,为了既承认辛亥革命反君主专制的意义,又坚持"和平的大一统之境界"说,钱穆不能不绕着圈子。

其次,更重要的是,假如据广士众民、皇帝及其功臣多系出身于平民、有许多士人加入政府里面、表达权利的国情等就可以断定是平民政府、士人政府等的话,那么,中国历史上哪一个政府不是平民政府、士人政府呢?单就平民通过考试诠选进入政府而言,"君主能任贤人的事实只证明专制天下可以有英明的君主,并不能证明专制君主的意志受用人制度的限制。我们更要注意,大臣出身于民间的制度也

---

① 牟宗三:《"五四"与现代化》,《牟宗三先生全集》第24册,台北:联经出版事业公司,2003年,第269页。
② 钱穆:《政学私言》,《钱宾四先生全集》第40册,台北:联经出版事业公司,1998年,第42页。
③ 钱穆:《中国历代政治得失》,《钱宾四先生全集》第31册,台北:联经出版事业公司,1998年,序,第7页。
④ 钱穆:《政学私言》,《钱宾四先生全集》第40册,台北:联经出版事业公司,1998年,第42页。
⑤ 钱穆:《政学私言》,《钱宾四先生全集》第40册,台北:联经出版事业公司,1998年,第42页。

不影响专制,使之趋于民主……其实我们如果再进一步加以探究,更可发现布衣卿相的制度不但不打消君主专制的力量,而且帮助它的发展。"①钱先生反对用封建社会、政府专制黑暗这类"空洞不着边际的想像话"②,钱先生自己的平民政府、士人政府等,本身是否也即是"空洞不着边际的想像话"呢?

由此,牟宗三与钱穆拉开了距离。关键问题,在于"治权"与"政权"两概念的区分。秦汉之后,政权在私家,一姓而已,别人不敢觊觎;但治权则在天下,宰相可以出自州郡。这个时候,如果君王无为而治还好,本身无能也行,若他励精图治,立志要有一番惊天动地、震古烁今的大作为,则往往坏事,政权、治权遂合而为一,不专制透顶几不可能,遂有了无法摆脱的打天下的历史周期率之梦魇。钱穆无疑看到了相关主张,但却将其轻轻放过:"中山先生主张'治权'与'政权'划分,又主张以'考试'限制人民之被选举权;此两理论,必将透彻发挥,以为中国新政治之基石。尤其是后一理论,乃中国传统政治精义所在,中国人将大胆提出,以确然完成将来新中国的新政治。"③牟宗三则坦言,自己随孙中山的"政权"与"治权"两名④、张君劢中国以前只有"吏治"而无"政治"说⑤,并结合黑格尔的"合理的自由"⑥等,提出了"政道"与"治道"两概念,以为讨论中国政治问题的核心概念,以解释民主政治为什么可以古无而今有。

这其实是把"大一统"的"学术指导政治,政治转移社会"当成

---

① 萧公权:《宪政与民主》,北京大学出版社,2006年,第77页。

② 钱穆:《中国历代政治得失》,《钱宾四先生全集》第31册,台北:联经出版事业公司,1998年,第151页。

③ 钱穆:《政学私言》,《钱宾四先生全集》第40册,台北:联经出版事业公司,1998年,第285页。

④ 牟宗三:《历史哲学》,《牟宗三先生全集》第9册,台北:联经出版事业公司,2003年,第213—214页。

⑤ 牟宗三:《生命的学问》,广西师范大学出版社,2005年,第39页。

⑥ 牟宗三:《历史哲学》,《牟宗三先生全集》第9册,台北:联经出版事业公司,2003年,第458—459页。

了一"天下"观念、文化理想（政道，教，普遍性），而要求在历史过程中经由具体的国家政治（治道、政，个体性）来实现它，政治神话遂可能转化为政治理性，中国传统的内圣与时代的科学民主之新外王遂可并行而不悖。换言之，"学术指导政治，政治转移社会"这种"政教合一"只能"松说"，而不可"紧说"。紧说，经由打天下的历史实情，圣人为王、君师合一的政治神话必转为王者为圣的专制政治，"学术指导政治，政治转移社会"的理想即不存在。"松说，则为保持相当之距离，视政治为理想之实现，而'保任理想'之教化可以推之于社会，政治与教化保持一外在之关系，一方限制政治，指导政治，一方整个社会上保持一谐和之统一，此亦可谓政教合一。此为'外在之合一'，此为可取者。此种合一，必赖政治格局之充分客观化。此为中国以往历史所未实现者。由此可知，此纯为政治形态问题。非关政教合一本身也。"① 再换言之，董仲舒"大一统"的文化理想本身超越了它的时代，值得今天用客观的政治格局来真正肯定它。

这样，牟宗三回应了钱穆的用心。一方面，我们不能借口中国历史传统是君主专制，则自根自生，要求今天也实行专制统治；另一方面，我们批评中国传统的君主专制，但却不用担心会因此"一笔抹杀"了中国传统文化。由此出发，牟宗三批评钱穆的"温情与敬意"让君、相担负过重，等同天地，而让人民担负过轻，甚至一无担负，被动如赤子，始终不能涉及政权何由来的问题：

> 对于君、相这个超越无限体（君是位上无限体，相是德上无限体），期望以圣、贤（君而圣，则德位俱是无限体）。如是，中国文化精神在政治方面就只有治道，而无政道。此两名词系随孙中山先生所说的政权与治权两名而来。君主制，政权在皇帝，治权在士，然而对于君无政治法律的内在形态之回应，则皇帝既代表政权，亦是治权之核心。如是，中国以往知识分子（文化生命

---

① 牟宗三：《历史哲学》，《牟宗三先生全集》第9册，台北：联经出版事业公司，2003年，第309页。

所由以寄托者）只向治道用心，而始终不向政道处用心。①

牟宗三后来的《政道与治道》一书即详细发挥此义。简言之，在以往打天下的历史条件下，秀才遇见兵有理说不清，政权何由来是靠打的，是不讲道理的，知识分子无可置喙，因此只好无所用心，虚提出些"学术指导政治，政治转移社会"的文化理想，然后大家都是天民，都仿佛是羲皇上人，过着"君子之德风，小人之德草"也即自上而下一风而化的神治生活，而不究其实。牟宗三指出，这不纯是思想问题，而有其历史的条件，因此不能够过分苛责古人。让牟宗三奇怪的是，当历史进展至政权可不靠打而与治权分离、永久和平可真正实现之时，钱穆仍然对之讳莫如深。

## 三、自然与道德

董仲舒"大一统"的理想，被钱穆和牟宗三解读为"以学术指导政治，以政治指导经济"的境界，而受到充分肯定。其后，两人关于这种理想或境界究竟属民主还是属专制的争执虽然激烈而引人注目，但却是表层的。双方都可以自居良知一方，而指责对方缺乏良知。因此，当徐复观批评钱穆"不是做学问的态度"②，其历史叙述总被"一片紫褐色的浓雾"③所包裹时，或许有些操之过急。同样，当余英时批评熊十力学派总是相做"教主"以"君临天下"的"心态"④时，也或许有些门户或宗派的意识。主要问题可能并不在"态度"或"心态"上，而在于他们各自拳拳服膺而弗失的"学问"本身上。究

---

① 牟宗三：《历史哲学》，《牟宗三先生全集》第9册，台北：联经出版事业公司，2003年，第213—214页。
② 徐复观：《良知的迷惘——钱穆先生的史学》，《论智识分子》，九州出版社，2013年，第398页。
③ 徐复观：《良知的迷惘——钱穆先生的史学》，《论智识分子》，九州出版社，2013年，第395页。
④ 余英时：《钱穆与新儒家》，《余英时文集》第5卷，广西师范大学出版社，2006年，第40页。

竟是何种学问让钱穆只看到"和平的大一统之境界",而认定即便专制、惨毒如清统治者,亦尚不至于黑暗之甚呢?这里可以显出儒道互补。

首先,钱穆"学术指导政治,政治转移社会"的"和平的大一统之境界"顺董仲舒而来,最终必须追溯至庄子的"天人合一"才能尽其全部。

1959年4月21日晚新亚研究所月会中,有学生报告"董仲舒的思想",钱穆加以点评。点评虽短,但内涵却深刻,有多层意指。1. 董仲舒是否受到尊崇,受时代限制,与今古文学派的升降有关,近代董仲舒成为焦点人物,始于主张变法而不看重革命的康有为。2. 董仲舒的伟大之处在于能够超越历史、利害、人事等,从最高原理"道"来讲政治,并把"道"上原于"天",这样就能够配上汉代大一统的政府,在政治上为后世垂法。3. 但这种讲法不太好,皇帝"从上到下"受命以进行"礼乐教化",最终便要讲成"神权政治",非存心要讲"专制"但却无法避免"专制"。4. 孟子的"性善论"及以后的宋儒的"理"在思想上能够去掉董仲舒的缺点,但同样也有毛病,仍然是"从上到下"的,若拿"理"杀人,还是无法避免"专制"①。

值得注意的是,钱穆承认大一统的政府有专制之嫌,但却把这种毛病归源于儒家。这里的逻辑是,天人合一观念实是整个中国传统文化思想的归宿处,虽然董仲舒的"道原于天"也可以说是一种天人合一,而能够穷究到最高原理或思想归宿,但因为这种儒家的天人合一合错了地方,是以人合天,而非以天合人,所以才会生出神权政治的病痛。即是说,天人合一"是中国传统文化中一最高理论,亦可说是一最大信仰"②(1959年),是"中国文化中的最高信仰与终极理

---

① 钱穆:《新亚遗铎》,《钱宾四先生全集》第50册,台北:联经出版事业公司,1998年,第194—198页。
② 钱穆:《民族与文化》,《钱宾四先生全集》第37册,台北:联经出版事业公司,1998年,第47页。

想"①（1967年），但却有儒家"由人生推论自然"的天人合一与道家"由自然推论人生"的天人合一的不同②。钱穆甚至认为，"《中庸》有两端，一端由人达天，一端由天达人，似不可并归一路"，从而在儒家内部也找到了这种"由人文界以发挥天人合一"与"由自然界以发挥天人合一"的不同③。总之，这里有钱穆的朱陆之辨、儒道之辨等，他是以庄周为背景来讲董仲舒的。

其次，钱穆认为，绾合着庄周"天人合一"的"和平的大一统之境界"有"以道观之"的味道，处处皆平，当然没有专制、民主等之别。钱穆说：

> 当知天体乃真实有此天体，群星真实有此群星，太阳真实有此太阳，地球真实有此地球。凡此皆真实不妄。若就宇宙一切事象而论其意义，则真实无妄即为一切事象最大之意义。若论价值，则真实无妄即一切事象最高之价值。换言之，凡属存在皆是"天"，即是"诚"，即是"真实无妄"。既属真实无妄，则莫不有其各自之意义与价值。此一义，乃中国思想史中一最扼要、最中心义。④

> 凡其一切变化，亦是一存在、一表现，则亦无一而非中和。因天地间，苟非中和，则无可存在，无可表现也。⑤

以道观之，"存在即价值"，无种种分别相，亦无种种因分别而生的价值高下相，而统归为最高意义的真实无妄的"和平的大一统之境界"。此意甚明，不需多说。

---

① 钱穆：《中国文化十二讲》，《钱宾四先生全集》第38册，台北：联经出版事业公司，1998年，第107页。
② 钱穆：《致徐复观书三十一通》，《钱宾四先生全集》第53册，台北：联经出版事业公司，1998年，第349页。
③ 钱穆：《致徐复观书三十一通》，《钱宾四先生全集》第53册，台北：联经出版事业公司，1998年，第355页。
④ 钱穆：《中庸新义》，《中国学术思想史论丛》（二），《钱宾四先生全集》第18册，台北：联经出版事业公司，1998年，第90页。
⑤ 钱穆：《中庸新义》，《中国学术思想史论丛》（二），《钱宾四先生全集》第18册，台北：联经出版事业公司，1998年，第107—108页。

第三，钱穆强调，这并非自然主义的无道德，唯有如此，"学术指导政治，政治转移社会"的"和平的大一统之境界"方能保住真道德，而为儒家的道德奠基。钱穆的问题是：

> 人固不能逃于天，而奈何可以指此天之真实无妄之诚而谥之曰恶，而凭人之小智小慧，私见私识，以别立一善于此真实无妄之诚之存在与表现之外；或欲排拒此真实无妄之诚之一切存在、一切表现，而妄设一不真实、未存在者而私奉之为善，私定以某种之意义与价值乎？①

> 夫此宇宙整全体之真实无妄，至博厚，至高明，至悠久。人类之生育成长于其间，则卑微之至，狭陋之至，短暂之至……何得以人类之私智小慧，妄加分别，而谓孰者是道，孰者非道？孰者当育，孰者不当育？②

在钱穆看来，只要是由人出发，尽管可以大讲特讲道德、良知等，但这种道德、良知仅仅只是一曲之明，而恰恰成其妄、私、恶，因为它"非天、不诚"。换言之，若只是由人出发，则越是努力追求善，结果越是恶。"讲自由的讲到极端时，天下之罪即皆假之以行。"③钱穆强调，自己平素不喜欢宋儒的天理人欲之辨，因为那压抑了天地间活泼泼的生命喜悦之情，而这里的讲法恰恰揭示了宋儒"本自有意"的"解放作用"④，已经有追问道德、为道德奠基的意思在里面，对儒家有界限、警觉义。钱穆的衡断是：

> 至谓中外人文思想，无不自"人禽之辨"，"君子小人之辨"

---

① 钱穆：《中庸新义》，《中国学术思想史论丛》（二），《钱宾四先生全集》第18册，台北：联经出版事业公司，1998年，第95—96页。
② 钱穆：《中庸新义》，《中国学术思想史论丛》（二），《钱宾四先生全集》第18册，台北：联经出版事业公司，1998年，第100—101页。
③ 钱穆：《新亚遗铎》，《钱宾四先生全集》第50册，台北：联经出版事业公司，1998年，第198页。
④ 钱穆：《致徐复观书三十一通》，《钱宾四先生全集》第53册，台北：联经出版事业公司，1998年，第338页。

开始，此论实是门面语。①

《中庸》接受庄周观念，而重新奠定了人的尊严，此为《中庸》思想之大贡献。②

所谓一切人禽之辨、君子小人之辨等全都是"门面话"，是指那全都是说给别人听的，算不了数的。钱穆强调，这是本欲尊崇人，却反倒侮辱了人，而导致人类必然不成为人类，即人类终将绝迹。因此，人类不能"止"于道德与伦理的"可能性"，而必须获得其"必然性"③。只有获得了道德伦理的必然性，方有真正的人的尊严，这就必须"从自然界发挥天人合一"。钱穆的道路是：

弟断非一本自然主义而不承认道德，只认道德亦在此自然中。④

理性、道德、善恶、人格高下等项目，只要自然界有此人类，人类中自然会生出圣人，圣人自然会对于全人类着想，而修道立教。在于圣教中，自然会替人类指点出理性、道德、善恶、人格高下等项目，教人自尽其性。⑤

在钱穆看来，这条道路把人禽之辨冲淡了，但却真正实现了人禽之辨；把天理人欲合一了，但却是最究竟的理欲之辨；看似抹杀了道德良知，但却才是最高的道德良知。这样，"养得此心安恬"⑥，则一切平平，一切如如，自然即名教，天下和平一统。钱穆说：

---

① 钱穆：《致徐复观书三十一通》，《钱宾四先生全集》第53册，台北：联经出版事业公司，1998年，第348—349页。
② 钱穆：《中庸新义申释》，《中国学术思想史论丛》（二），《钱宾四先生全集》第18册，台北：联经出版事业公司，1998年，第128页。
③ 钱穆：《致徐复观书三十一通》，《钱宾四先生全集》第53册，台北：联经出版事业公司，1998年，第350页。
④ 钱穆：《致徐复观书三十一通》，《钱宾四先生全集》第53册，台北：联经出版事业公司，1998年，第349页。
⑤ 钱穆：《关于中庸新义之再申辩》，《中国学术思想史论丛》（二），《钱宾四先生全集》（第18册），台北：联经出版事业公司，1998年，第163页。
⑥ 钱穆：《致徐复观书三十一通》，《钱宾四先生全集》第53册，台北：联经出版事业公司，1998年，第316页。

吾国自古政治，即抱有一超阶级超民族的理想，即抱有一对人类全体大群尽教导督率之责任。故政府、人心、天道，往往合一言之，政治在能"上本天道，下符人心"。而所谓人心者，不以小己个我之乐利为心，而以大群全体文化进向之大道为心。此即所谓天道。非本天道，即不符人心。故王者为众心所归往，而又曰"内圣外王"。盖吾国自古政治，即已兼尽宗教教育之任。故西国政教两剖，有政治不可无宗教。中国则政教一治，政治即已尽宗教之职能。①

## 四、教主与共和国的强制力

钱穆为什么不愿意接受"新儒家"的头衔？钱穆究竟属于儒家还是道家？

按余英时的讲法，"钱先生的学问宗主在儒家，终极信仰也归宿于儒家，这是不成问题的"②。余先生判法甚是截绝，自有其道理。但若按照"天人合一"的"思想归宿"来看，钱穆自不能归属于狭义的新儒家（"熊十力学派"），但也不是最宽广意义的新儒家（"对儒学不存偏见，并认真加以研究者"），我们或许可以称钱先生为"新道家"。余英时对新儒家的道统论、开出说、心理结构（"良知的傲慢"）等的批评，与钱穆新道家的立场若合符节。而牟宗三以"母道"说道家、对道家"道化的治道"的分析和批评等，也有了对应和落实处。

正是钱穆首先从庄周道枢的立场出发，批评熊十力学派自任太高，仅凭一曲之明而欲得窥天意、呈现良知，因而傲慢僭越，既不科学，也不民主：

---

① 钱穆：《政学私言》，《钱宾四先生全集》第40册，台北：联经出版事业公司，1998年，第133页。

② 余英时：《钱穆与新儒家》，《余英时文集》第5卷，桂林：广西师范大学出版社，2006年，第18页。

弟所不满于宗三者，惟觉其总多少带有宋儒教主气。弟前所不喜十力先生者，亦正在此。① (1955年)

今天的学问已是千门万户，一个人的聪明力量，管不了这么多。因此我们再不能抱野心要当教主，要在人文界作导师。所谓领导群伦，固是有此一境界。但一学者，普通也只能在某一方面作贡献。学问不可能有一条路，一方面，也不可能由一人一手来包办。今天岂不说是民主时代了吗？其实学问也是如此，也得民主，不可能再希望产生一位大教主，高出侪辈，来领导一切。② (1962年)

在钱穆看来，儒家由人文界以发挥天人合一，"由一个人慎独的独便能转出天命来"，"是万分危险的"，因为那便代表着这个人"即圣人而天了"，而可对其他任何人之性或物之性为所欲为、指手画脚③。余英时同样是从这个角度，引徐复观1980年11月16日日记批评熊十力"彼虽提倡民主，而其性格实非常独裁"④。

不过，钱穆同样不能逃避教主或专制的指责。当钱穆不取"由人文界以发挥天人合一"，转而"由自然界以发挥天人合一"的时候，"发挥"者依然是一曲之明的人，因此必陷于双重困境之中。一是既然人皆为小智小慧、私见私识，则何以别真实与虚妄？于是无论如何学问思辨，必然此亦一是非彼亦一是非，而陷于相对主义泥淖，无是无非，一切自然。如此说来，似有解放的作用，但即便不至群龙无首的原子式个人，至少也无法论证"和平的大一统之境界"了。二是真若要论证大一统，称此群龙无首的原子式个人所组成的群体本身就是

---

① 钱穆：《致徐复观书三十一通》，《钱宾四先生全集》第53册，台北：联经出版事业公司，1998年，第339—340页。

② 钱穆：《中国学术通义》，《钱宾四先生全集》第25册，台北：联经出版事业公司，1998年，第356页。

③ 钱穆：《关于中庸新义之再申辩》，《中国学术思想史论丛》（二），《钱宾四先生全集》第18册，台北：联经出版事业公司，1998年，第172页。

④ 余英时：《钱穆与新儒家》，《余英时文集》第5卷，桂林：广西师范大学出版社，2006年，第22页。

"和平的大一统之境界",那么至少得有人识得此方是真实无妄,则此人必高出侪辈,与天为一,而为一高高在上的神秘存在,而为一秘窟,而为一无对,此所谓"人类中自然会生出圣人,圣人自然会对于全人类着想,而修道立教"①,这样的"圣人"不是更加"万分危险"吗?抑或易之失贼,此之谓乎?因此徐复观就批评说,"钱先生所发掘的是两千年的专制并不是专制,因而我们应当安住于历史传统政制中,不必妄想什么民主"②。

而且,如果说新儒家以人自任的私智小慧是"良知的傲慢"的话,那么新道家以天自任的私智小慧更是"良知的傲慢"——因为新道家以为唯其如此方是真良知,而新儒家的良知不过是无源之水,算不了数的。若区别言之,新道家"良知的傲慢"可以称为"自然的傲慢"。在牟宗三看来,拥有"自然的傲慢"者即是"贫弱之辈",其"视国家政治为俗物,视礼义法度为糟粕,而自退于山林以鸣风雅,自谓与天地精神相往来,而不知已奄奄待毙也"③。牟宗三强调,当今是一个"构造之时代","士人高蹈以抱孤明,或处草野以抒发理想,或遁隐山林以娱情性"④,其自有价值,但却不足以解决现代政治问题,政治必须有知性精神,能够争斗、算账等以开出对列之局,而不能只停留在古代的天人合一境界中自以为满足。

应该看到,双方都批评对方专制、傲慢、不民主等,有其必然性。当钱穆和牟宗三从董仲舒的复古更化中提炼出"以学术支配政治,以政治支配经济"的"和平的大一统之境界"时,他们两人就已经无法避免专制、傲慢等指责了。无论是"由人文界以发挥天人合

---

① 钱穆:《关于中庸新义之再申辩》,《中国学术思想史论丛》(二),《钱宾四先生全集》第18册,台北:联经出版事业公司,1998年,第163页。
② 徐复观:《良知的迷惘——钱穆先生的史学》,《论智识分子》,北京:九州出版社,2013年,第400页。
③ 牟宗三:《名家与荀子》,《牟宗三先生全集》第2册,台北:联经出版事业公司,2003年,第189页。
④ 牟宗三:《历史哲学》,《牟宗三先生全集》第9册,台北:联经出版事业公司,2003年,第393页。

一",还是"由自然界以发挥天人合一",两人毕竟都高度肯定了"大一统",都认为人的"普遍性"是"天经地义"的,而这种普遍性可以被看作是文化理想、社会理想,也很容易被联想为是在污染纯学术,自觉为统治者张目,或为统治者所利用。扩大言之,凡对自由进行形而上学思考以肯定普遍性者,无不有此命运。例如,康德、黑格尔等人就被诠释为"主张王权""最高权力不受限制""主张先下手为强""讴歌战争""推行军国主义路线和战争政策"等的反人类文明者和不可理喻的形而上学自大狂,并因此强调:"德国唯理论的思路与中国传统的'内圣开出外王'是同构的,怪不得中国人对此心领神会、情有独钟","中国人长时间吃德国哲学的亏,却不太为人们所认识。在这方面作一点反思,可能是没有害处的。"①

且不论黑格尔。康德之所以受到上述严重指控,正是因为他把普遍的强制力与个体的自由视为一枚铜板的正反面。康德赋予了自由无与伦比的基础地位,认定个体的存在不是为了永久和平,实现自由才是永久和平的目的。但是,恰恰因为自由,就必须要让你的准则成为普遍法则,因此共和国的强制力又必须被康德设为先验的前提了。康德甚至强调说,人们即便通过契约也无法来反抗它,甚至当人民觉得最高权力的滥用已经令人发指、不能忍受的时候,也有义务去忍受、遵守它②。

当康德认定拥有革命的法权就是对共和国的自我否定时,共和国不可抗拒的强制力就已经是一种文化理想、社会理想了。不过,我们不能满足德国思路与中国传统的内圣外王的"同构"式双向互释。从消除误解、避免无端指责的角度,这里应该追问,钱穆的新道家,与

---

① 徐友渔:《政治哲学与形而上学——略论政治思想中的德国传统》,《云南大学学报》(社会科学版)2008年第1期。
② 参阅康德:《实用人类学》,李秋零译,《康德著作全集》第7卷,中国人民大学出版社,2008年,第326页;康德:《关于一种世界公民观点的普遍历史的理念》,李秋零译,《康德著作全集》第8卷,中国人民大学出版社,2010年,第29页;康德:《道德形而上学》,张荣、李秋零译,《康德著作全集》第6卷,中国人民大学出版社,2007年,第331页。

牟宗三的新儒家，究竟哪一个更容易成为"专制教主"？

如果说，"教主"都是强调普遍性者，那么，"专制教主"就是只有普遍性而缺乏特殊性，不能很好地把个体自由设为自己的本质规定者。如此，上述问题就变成为：钱穆的新道家，与牟宗三的新儒家，究竟哪一个"更重视普遍性但却对个体性无法兼顾"？

对于道家，牟宗三以"共法""母道"等说之：

> 儒家是太阳教的自由，道家是太阴教的自由。这是中国文化生命中所固有的两轮。太阳教的自由解决自由与矛盾的冲突，有一超越的分解，它能使"自由主体性"实体地挺立其自己，客观化其自己。而太阴教的自由则既不想克服此矛盾，亦无超越的分解，自亦不能使其"非道德而超道德的自然无为之主体"实体地挺立自己，客观化自己，而是永远在偏面的主观之用中。它只能凝敛退处而起清凉冲淡之作用。如果它如其自性而凝敛退处，不泛滥而为文人生命之感性主体，它亦可不觉与任何存在有矛盾，道德礼法自然亦可无碍。它只如其自性而起清凉冲淡之作用，如是它亦可以辅助消导太阳教之自由系统而顺适调畅之。它的无执彻底散开之相忘的虚灵精神（此即所谓冲淡自在），亦正可以说是太阳教之自由系统之保护神（说保母更恰）。太阴不只是清凉，亦是母道。道家以及后来之佛教，在中国历史中，说毛病流弊，尽可说出很多，但如其自性，亦尽有许多好处。它们皆曾尽了其好处的作用。其好处之本质的了解当依此处所说者去进行。①

分别言之，从这段话中可以分析出牟宗三如下四层意思：1. 所谓"母道"，正是钱穆所讲的"解放作用"，也即儒家的道德良知并不只是某个人的主观证悟或独断论的判语，而必须能够退一步，能够追问自身，奠基于社会历史和社会存在之中，成其道德的普遍性。2. 追问道德、为道德奠基的问题其实是现代的，知识论的地位上升、民主政治的实践等是其条件，就此而言，儒家仍然可以传统地讲，只要

---

① 牟宗三：《才性与玄理》，《牟宗三先生全集》第 2 册，台北：联经出版事业公司，2003 年，第 435－436 页。

它保持儒家传统的普遍性即可。3. 道家同样可以传统地讲，如果道家的普遍性并不进至道德的普遍性而只保持自己的自然无为，本身没有问题，不但是中国文化生命丰富性的表现，而且可以在现代条件下以其冲淡自在以为个体自由的先声。4. 无论是儒家还是道家，若要在今天发挥其"以学术支配政治，以政治支配经济"的"和平的大一统之境界"，都不能不注意到时代问题，也即所谓的"客观化自己"。

当然，因为学术个性之不同，新道家与新儒家"客观化自己"的要求并不相同。对于牟宗三来说，他的"客观化自己"必须能够"开出"科学与民主。对于钱穆来说，他的客观化自己只需要"承认"科学与民主等时代现象也就行了。我们很难说钱先生完全不承认科学与民主，但对其肯定不够，却似乎是可以说的。这里有钱先生的特色。顾颉刚曾经指出：

> 张其昀有政治野心，依倚总裁及陈布雷之力，得三十万金办《思想与时代》刊物于贵阳，又垄断《大公报》社论。宾四、贺麟、荫麟等均为其羽翼。宾四屡在《大公报》发表议论文字，由此而来。其文甚美，其气甚壮，而内容经不起分析。树帜读之，其为宾四惜，谓其如此发表文字，实自落其声价也。① （1941年11月10日）

徐复观也曾指出：

> 钱先生天资太高，个性太强，成见太深，而又喜新好异，随便使用新名词，所以他对史料，很少由分析性的关连性的把握，以追求历史中的因果关系，解释历史现象的所以然；而常作直感的、片断的、望文生义的判定，更附益以略不相干的新名词，济之以流畅清新的文笔，这是很容易给后学以误导的。②

我们不能说，"其文甚美，其气甚壮，而内容经不起分析"就是

---

① 顾颉刚：《顾颉刚日记》第4卷，台北：联经出版事业公司，2007年，第602页。
② 徐复观：《良知的迷惘——钱穆先生的史学》，《论智识分子》，九州出版社，2013年，第391页。

因为钱先生天资太高而又不承认科学、民主等时代问题,但有一点是可以肯定的,那就是在庄周式的"天下太平,世界大同"中,钱先生总能保持"忘政治而不离政治,在现实而又不滞于现实"① 的特色——这本来是用来形容他人的,但用在钱先生身上竟然也不觉得有丝毫突兀。

反观牟宗三,牟宗三虽然也有魏晋名士的风范,而"被戏称为'宋明学理,魏晋人物',即其为人并不是循规蹈矩、中和温厚的理学先生,而毋宁更近于任性独行的魏晋人物"②,但在时代问题判法上却丝毫也不含糊。这里无法详细展开牟宗三新儒家的"客观化自己",仅以余英时的批评为例稍加说明。余英时分析了牟宗三"开出"说的三个"可能性",并据之批评牟宗三自居"教主"而恰恰是反"现代化"的③。这是对牟宗三的严重误读。关于"开出",牟宗三在从普遍性立场"自上而下"地肯定"以学术支配政治,以政治支配经济"理想的同时,也从个体性角度"自下而上"地要求"客观化"实现"以学术支配政治,以政治支配经济"理想:

> 近代之所以为近代的地一步要做的是,经济的现代化。经济的现代化,是非常重要的……不管历史上出了多少圣人,讲文化讲得如何高妙,都是没有用的。这是个非常现实的问题,也可由此看出经济现代化的重要性。经济现代化,就能够迫使我们必然地走上政治现代化的道路……经济的、政治的现代化固然很难达到,一旦达到,也就很自然的有文化建设的要求。文化建设就是要配合这政治、经济现代化而使我们在生活中、在意识中头脑现代化,而这现代化再反过来稳固(justify, confirm)我们的政治

---

① 徐复观:《良知的迷惘——钱穆先生的史学》,《论智识分子》,九州出版社,2013年,第164页。
② 李泽厚:《己卯五说》,中国电影出版社,1999年,第11页。
③ 余英时:《钱穆与新儒家》,《余英时文集》第5卷,广西师范大学出版社,2006年,第33—36页。

的、经济的现代化。①

这里反倒有了"群龙无首"的味道,而近乎道家的"自然无为"。所不同者,体用不二,财产权、人格权等现代法权等"形而下"的东西被视为了本质性的一环。就此而言,牟宗三新儒家的"开出"并不是一二"教主"的事情,亦非"永远落后着"。相对比而言,钱穆新道家的"天人合一"却因为无法"客观化自己"而更容易产生一位高出侪辈来领导一切的"大教主"。这说明,今天的政治哲学研究中,"教主"问题依然是一个无法绕开的具有警示意义的问题。

本文为"2020 中国·衡水董仲舒与儒家思想国际学术研讨会"提交的论文。

陈迎年(1974—),男,陕西耀州人,哲学博士,华东理工大学哲学研究所副教授。

---

① 牟宗三:《文化建设的道路——现时代文化建设的意义》,《牟宗三先生全集》第 23 册,台北:联经出版事业公司,2003 年,第 377—384 页。

# 张岱年先生的董仲舒研究[①]

曹树明

张岱年的董仲舒研究,最早见于1932年在天津《大公报·世界思潮》发表的《秦以后哲学中的辩证法》一文,其中发掘了董子的"一些近乎辩证法的思想"[②]。1933年,总结"本根"或"元"的含义时,张岱年指出董仲舒的"元"乃"统摄义"[1]168。1935年,在给冯友兰《中国哲学史》写的书评里,张岱年赞同冯氏"董仲舒之主张行,而子学时代终;董仲舒之学说立,而经学时代始"的观点,认为这是"一种很客观的看法"[2]393。但较为系统的董仲舒研究则集中在1935年至1937年撰写的《中国哲学大纲》(以下简称《大纲》)一书中。《大纲》之后,尤其是中华人民共和国成立后,张岱年也多次谈到董仲舒,然而除却研究方法有所变化和增加少数新问题外,所论大都不出该书。故而,我们以《大纲》为讨论的中心。

---

[①] 基金项目:本文为国家社科基金项目"张岱年的中国哲学史个案研究"(16XZX007)阶段性成果。
[②] 张岱年说:"董仲舒认为天地间的变化,都是阴阳二气的作用,阴阳是相反的二物。""阴阳二气虽然相反,但又'多少调和之适,常相顺也'。""董仲舒将'物莫无合'的原则运用于许多问题上,如在人性论上,他便主张性情二元,在伦理上他便主张仁义的对立以及仁智的对立。"(《秦以后哲学中的辩证法》,《张岱年全集》第一卷,河北人民出版社,1996年,第32—33页)

## 一、《大纲》前的董仲舒研究

考察张岱年的董仲舒研究的意义,诉诸史学史的脉络无疑是一个可行的路径。换句话说,即从董仲舒的研究史中去分析其研究的价值。

对于董仲舒具有一定学术意义的关注,可以上溯至其后约两百年的东汉学者王充。在《论衡》中,王充屡屡提及董仲舒,其中多是谈论其"雩祭""策文"等问题,与中国哲学史研究直接相关的探讨则至少有二:第一,指出董仲舒情性说的思想渊源在孟、荀,并对其具体内容进行评判[①];第二,认为董仲舒是孔子思想的继承者和完善者[②]。当然,王充的结论乃基于他自身的理论立场而为,然而却不失参考价值。后世的宋明理学家对董仲舒的整体评价不高,例外的是,《汉书》所引董子"正其谊不谋其利,明其道不计其功"的话却格外被他们推崇,程颢甚至认为"此董子所以度越诸子"[3]324,二程弟子游酢也盛赞董子此句"善乎其言,始可与言仁也已矣"[4]595,朱熹亦云:"汉儒惟董仲舒纯粹,分数稍多,所以说得较好。然终是有纵横之习,极好处也只有'正谊、明道'两句。"[5]3257 这两句话之所以受到理学家的青睐,在于他们"惟义所在"[6]291 的价值取向与董子的价值取向高度一致。晚清的董仲舒研究,春秋学是重点,且笼罩在经学研究模式之下。廖平反对"始于董子,成于何君"的"王鲁之说",认为"董子立义依违,首改'素王'之义,以为托鲁之言,此董子之

---

① "董仲舒览孙、孟之书,作《情性》之说曰:'天之大经,一阴一阳;人之大经,一情一性。性生于阳,情生于阴。阴气鄙,阳气仁。曰性善者,是见其阳也;谓恶者,是见其阴也。'若仲舒之言,谓孟子见其阳,孙卿见其阴也。处二家各有见,可也;不处人情性,(情性)有善有恶,未也。夫人情性,同生于阴阳,其生于阴阳,有渥有泊。玉生于石,有纯有驳。性情〔生〕于阴阳,安能纯善?仲舒之言,未能得实"(黄晖:《论衡校释》卷第三《本性篇》,中华书局,1990年,第139—140页)。

② "文王之文在孔子,孔子之文在仲舒。"(黄晖:《论衡校释》卷第十三《超奇篇》,中华书局,第614页)"孔子终论,定于仲舒之言。"(黄晖:《论衡校释》卷第二十九《案书篇》,中华书局,1990年,第1171页)

误,后贤当急正之者也。且其说以王意不可见,乃托之'王鲁';托者假托,实以'素王'为本根,'王鲁'为枝叶,因王意不见,乃假'王鲁'以见'素王'之义。是董子之言'王鲁'者,意仍主'素王'也"[7]2144。康有为更是借助对董仲舒思想的阐发而宣扬以公羊三世为核心内容的托古改制说:"董生更以孔子作新王,变周制,以殷、周为王者之后。大言炎炎,直著宗旨。孔门微言口说,于是大著。孔子为改制教主,赖董生大明。"[8]229"董子为《春秋》宗,所发新王改制之非常异义,及诸微言大义,皆出经文外,又出《公羊》外。"[9]95众所周知,康氏的观念直接服务于其变法维新的政治目标。皮锡瑞则认为:"董子《春秋繁露》,发明《公羊》三科九旨,且深于天人性命之学。"[10]90立足于客观的立场反观清代之前的董仲舒研究,毋宁说宋代的程朱和晚清经学家反倒不如东汉王充的深刻,程朱在整体上蔑视董子思想而独取其义利观,晚清经学家则带有更多的"成见"或具有明确的政治目的。民国时期,这一情况有所改观,这一时期的董仲舒研究多了一层近代意义的学术成分。

事实上,1904年《中国白话报》即刊登《西汉大儒董仲舒先生学术》一文,其中介绍董子的性善说、仁义说和忠恕说等"学理"内容。此文虽刊发于民国建立前,但已经具备民国学术的某些特点,故而纳入我们的介绍范围。张岱年《大纲》撰写之前或与之基本同时,还有金搏《孟荀贾谊董仲舒性说》(《新教育》1923年第16期)、甘蛰仙《董仲舒之名学》(《晨报副刊》1924年8月5日、6日、7日、8日)①、周谷城《董仲舒的政治思想》(《民铎》1928年第3号)、蔡尚思《董仲舒之儒家宗教》(《大夏季刊》1929年第2期)、秩素《董仲舒对于天治主义的贡献》(《清华周刊》1933年第1期)、朱显庄《董仲舒之政治哲学》(《清华周刊》1934年第2期)、徐瑞麟《孟子与董仲舒人性论述评》(《正论》1935年第36—37期合刊)、顾颉刚《董

---

① 此文虽名为"名学",但所讲却是董仲舒的本体论、认识论、方法论和人生论等哲学内容。以"名学"为名,或受胡适《中国哲学史大纲》上卷以"名学方法"作为古今思想沿革变迁之线索的枢纽的影响。

仲舒思想中的墨教成分》(《文澜学报》1937年第1期)等文章问世，内容涉及董仲舒的人性论、本体论、认识论、方法论、人生论、政治哲学和思想特质等，这些无疑都是《大纲》写作的重要参照。此外，中国哲学史方面著作的相关章节也有值得注意的。谢无量《中国哲学史》(中华书局，1916年)和钟泰《中国哲学史》(商务印书馆，1929年)都简略介绍了董子的天人合一说和人性论，后者则比前者多写"仁义"一节，但在研究方法上皆难说是真正意义上的近代化，且其所论也都缺乏哲学味道。事实上，查看日本学者渡边秀方的《支那哲学史概论》(早稻田大学出版部，1924年；中译本，商务印书馆，1926年)，加之谢、钟二人都有留日经历，可知他们的研究套路取自日本①。胡适《中国哲学史大纲》(商务印书馆，1919年)是近代意义上的中国哲学史学科确立的标志，但因只完成了上卷，没有涉及董仲舒。"对于'哲学'方面，较为注重"[11]的是1934年出版的冯友兰两卷本《中国哲学史》②，它的相关内容在一定意义上可以视为《大纲》之前从哲学视角分析董仲舒的典范。该书专设"董仲舒与今文经学"一章，从"董仲舒在西汉儒者中之地位""元，天，阴阳，五行""四时""人副天数""性情""个人伦理与社会伦理""政治哲学与社会哲学""灾异""历史哲学""春秋大义"等多个方面叙述董仲舒哲学，可谓全面而系统，但也的确存在"选录"多"叙述"少(亦即史料多、评论少)的缺点。我们知道，冯友兰深受西方新实在论的影响，因而他在写作公孙龙和朱熹两位在思想上与新实在论有一定相通性的哲学家时，分析得就比较充分，而董仲舒的思想却与新实

---

① 谢无量1903年至1904年在日本游学，钟泰毕业于日本东京大学，归国后任两江师范学堂日文译教至1911年，其《中国哲学史》乃任教之江大学期间用三年时间撰就，1929年首刊于商务印书馆。二人尤其是钟泰《中国哲学史》之前，日本已有内田周平《支那哲学史》(哲学馆，1888年)、松本文三郎《支那哲学史》(早稻田大学出版部，1898年)和远藤隆吉《支那哲学史》(金港堂书籍，1900年)、中内义一《支那哲学史》(博文馆，1903年)、高濑武次郎《支那哲学史》(文盛堂，1910年)、宇野哲人《支那哲学概论》(中文馆书店，1926年)，这些著作深深影响了二人的研究。

② 1931年2月，上海神州国光社出版冯友兰《中国哲学史》上卷，1934年9月该书两卷本由上海商务印书馆印行。

在论相去甚远,故而他采取了"选录"多"叙述"少的处理方式。这不能不说是一种遗憾。在评论的深度上,可以认为,张岱年的董仲舒研究比冯氏更进一步。

## 二、张岱年基于新唯物论的董仲舒哲学思想述评

撰写《大纲》时,张岱年已经确立了新唯物论的理论立场,认为相较于其他学派的哲学,它是"现代最可信取之哲学"[1]132。因而,张氏对董仲舒的研判,乃是在新唯物论的视域下。

(一)总体概括

张岱年曾数次总括董仲舒的思想。早在1932年即说:"董仲舒是第一个中古哲学家,他把儒家思想与阴阳家思想混合起来,形成了他自己的一个系统。在他的学说中有许多部分可以说不够算作哲学的理论。他不是一个纯粹的哲学家。"[1]32此中有三个关键词,"中古"确定其历史阶段,"混合""不够算作哲学"指出其思想特征。《中国哲学大纲·序论》里,张岱年讲:"汉代思潮的权威,即是建议罢黜百家的董仲舒。董仲舒虽然主张独尊孔氏,但他的思想却是儒家与阴阳家的混合。他好讲阴阳五行,及天象人事的相应。他的思想中杂有许多迷信,不尽是纯粹哲学理论。董子的影响甚大,以后中国的社会伦理如三纲等,便是他确定的。"并接着评论道:"儒家与阴阳家之混合,是西汉思想的特色,当时人都好谈灾异,好谈天人相应。这实乃是思想低落的表征。"[12]17-18与几年前相比,多出的说法有"汉代思潮的权威""主张独尊孔氏""好讲阴阳五行,及天象人事的相应""杂有许多迷信""影响甚大,以后中国的社会伦理如三纲等,便是他确定的""思想低落的表征"等,内容更加详尽,评判兼顾优劣,但总体评价不高。

20世纪50—70年代,张岱年对董仲舒的定位则明显带有时代的

痕迹，受到日丹诺夫哲学史定义①和阶级分析方法的较大影响。1956年完成的《中国唯物主义思想简史》中，张氏认为"董仲舒是汉代唯心主义的主要代表。他宣传了唯心主义的目的主义。他承认天是有意志的上帝，是世界的最高主宰""这种荒谬的学说是为封建统治阶级的统治权力作辩护的"[13]38,39。20世纪70年代末的观点则有了一定程度的纠偏。如在《中国哲学史史料学》中，张岱年说："董仲舒代表地主阶级，从整个地主阶级的长远利益出发，提出了他的哲学学说和政治主张。董仲舒宣扬唯心论，在哲学上是倒退，但他的体系中也采纳了一些唯物主义的材料。政治上与汉武帝的政策呼应，起了一定的积极作用。"[13]369-370指出董子体系中也采纳了一些唯物主义的材料，乃是看到学界把日丹诺夫的定义简单化、公式化的不足，而真实情况是："在历史上，唯物主义与唯心主义，既有对立斗争的关系，也有相互影响、相互推进的关系，更有相互包含、相互联结的关系""有些哲学家，总的倾向是唯心主义，而在个别问题上也同意唯物主义的观点。"[14]291

1989年，张岱年对董仲舒的总体认识中的时代痕迹已经基本消失："汉武帝听了董仲舒的建议，独尊儒术，罢黜百家，于是开始了中国学术史的经学时代。董仲舒在汉代'为群儒首'，事实上他的思想是儒家与阴阳家学说的综合。他发挥了孔子的德治思想，却没有继承孟子的'民为贵'说，而宣扬君权神授；又没有接受荀子'天人之分'的观点，而鼓吹'天人相类''人副天数'。董仲舒未能从先秦时代已经达到的高度更向前进，在一些问题上却向后退了。"[15]504尽管评价仍然不高，但叙述的话语趋于平实、理性。

（二）宇宙论

1919年出版的胡适的《中国哲学史大纲》以"人生切要的问题"

---

① 1947年，日丹诺夫在亚历山大著《西欧哲学史》讨论会上的发言中指出"哲学史也就是唯物主义与唯心主义斗争的历史"（李立三译：《苏联哲学问题》，新华书店，1950年，第5页），对中华人民共和国成立后一段时间的中国哲学史研究产生了决定性的影响。

为标准将哲学分为宇宙论、名学及知识论、人生哲学、教育哲学、政治哲学和宗教哲学六大门类，但这种分类显然失于混乱，前两者属于哲学问题，后四者则属于领域哲学，不能简单地与前两者并为一个系列。冯友兰30年代的两卷本《中国哲学史》借鉴西方，认为哲学的内容包括宇宙论、人生论和知识论，分类科学，但忽略了中国哲学的民族特征。在此基础上，张岱年于《大纲》中主张"中国哲学家对于其所讲的学问，未尝分别部门。现在从其内容来看，可以约略分为宇宙论或天道论、人生论或人道论、致知论或方法论、修养论、政治论五部分"[12]3。他认为，前三部分是主干，相当于西方的一般哲学，而修养论、政治论则属于特殊哲学。因此，张岱年对中国哲学的架构只取前三部分。比胡适和冯友兰更进一步，他又根据中国哲学的特点将各部分细化，分宇宙论为本根论和大化论，分人生论为天人关系论、人性论、人生理想论和人生问题论，分致知论为知论和方法论，从而给中国哲学穿上了系统的外衣。针对董仲舒的研究，张岱年也是从这个分类出发的。

在宇宙论之本根论和大化论两个部分，张岱年都揭示了董仲舒的学术贡献。张氏将董仲舒的本根论归入其中的太极阴阳论这一类①。阴阳观念比太极观念产生得早，但它以物有二本，所以《易传》之《系辞传》就用太极来统摄阴阳，作为阴阳之所从出者，亦即宇宙的究竟本根，而成一元论。在张岱年看来，董仲舒以元为一切之究竟根源，其所谓元"实即《易传》之太极"，且董子是"《易传》之后，论阴阳最详者"[12]63；可董仲舒虽然认为元在天地之前，而又强调天是自然界的最高主宰、万物的创造者和人世治乱的最高决定者，"天主发施，地主化成""如不加分别，则天地之间，惟一气而已。如加以区分，则为阴阳二气"，阴阳二气虽相反，但"阳乃所以生物，阴乃所以成物"；不止于此，董仲舒又兼言五行，与《洪范》的水火木金土的五行次序不同，他以木火土金水为"天次之序"。张岱年就此断

---

① 张岱年把本根论分成道论、太极阴阳论、气论、理气论、唯心论和多元论六类。

言,"儒家之中,就现在可考见者而言,首先兼言阴阳五行者,似是董仲舒"[12]64,65。在1987年完成的《中国古典哲学概念范畴要论》中,张岱年又特别说明"董仲舒将阴阳家的一些观点纳入儒学体系中,建立了自己的阴阳学说",同时指出董子之五行乃"比相生而间相胜"的关系,而他将五行配四时,则是"非常勉强的"[13]540,546。

大化指"宇宙是一个生生不已的变易历程"。张岱年认为,大化论能够展示中国哲学的"殊异面目":"西洋哲学中有认动是假相者,印度哲学家更多认变化为虚幻,在中国固有哲学中则认为变动是实在的。"[12]192大化论部分中有"两一"一章。在张岱年心目中,"两者,对待或对立;一者,合一或统一。两一者,对待而合一,即对立而统一"[1]374"中国哲学中两一的观念可以说与西洋哲学之辩证法中所谓对立统一原则,极相类似"[12]157。前文已示,1932年张氏即已注意到董仲舒的辩证法思想。《大纲》中,他又从"两一"的角度进一步总结说:"董仲舒很注重两极现象,认为一切事物都是有偶的,都是成对的;阴阳之对待,遍于一切。"[12]149用董仲舒自己的话讲,即"凡物必有合"(《春秋繁露·基义》)。既然宇宙是一个大化,就引发了"一个根本问题"——"大化性质",即"大化是有目的的呢,抑并无目的?有主使之者呢,抑并无主使之者?即大化之动力是内在的呢,抑还有外在的主宰?"[12]149关涉董仲舒对大化性质的叙述,张岱年说,董氏讲天意,以为天生万物是爱利人,天象变化是谴告人。换言之,大化的动力不是内在的,而是有外在的高高在上的主宰之天。因之,在理论深度上,"董仲舒的天意说只是墨子天志论的复述"[12]161。如上判断也是中华人民共和国成立后张氏多次给董仲舒"唯心主义的目的主义"的标签的依据所在。

(三)人生论

人生论是中国哲学的中心部分,上文已示,张岱年析之为天人关系论、人性论、人生理想论和人生问题论。

1. 天人相类

在张岱年那里,天人关系论是人生论的开端,而人在宇宙中的位置的问题则是天人关系论的开端。中国哲学家对这个问题有两类回答：第一类认为人是藐小的，在宇宙中实无重要地位，这种观念主要见于《庄子》的《外篇》及《杂篇》，势力不大；第二类主张人身体虽然藐小，但有优异的性质，在天地间实有卓越的位置，这是多数哲学家的看法，董仲舒就在其中。他之前，老子、荀子、《礼运》都曾不同程度地表达这种观点。"董仲舒更极言人之卓越，认为人在宇宙中，实有很崇高很重要的地位。"根据《汉书·董仲舒传》所引董子"人受命于天，固超然异于群生。入有父子兄弟之亲；出有君臣上下之谊；会聚相遇，则有耆老长幼之施，粲然有文以相接，欢然有恩以相爱，……明于天性，知自贵于物"的话，张岱年提出"人有道德有智慧，是人之所以贵之理由，此与荀子以有义为人之特殊优点，意思相近"[12]198,199。除《大纲》外，张氏在《中国古典哲学概念范畴要论》（1987）、《简评中国哲学史上关于人的价值的学说》（1982）、《中国古代的人学思想》（1991）、《论价值与价值观》（1992）等论著中一直坚持 30 年代的观点。

谈论人在宇宙中之位置的开端问题后，张岱年进而归纳说，中国哲学家论天人关系"较简"，然"有一特异的学说，即天人合一论"[12]202。天人合一论有两种：一是发端于孟子、大成于宋代道学的"天人相通"；一是董仲舒的"天人相类"。进言之，"天人相类"亦可析为两方面：一，天人形体相类，此实附会之谈。二，天人性质相类，此义与天人相通论之天道人性为一之说相似，实际上亦是将人伦道德说为天道"[12]210。董仲舒的天人相类属于第一种。张氏强调，"'以类合之，天人一也'，是董子天人关系论之宗旨"[12]204。20 世纪 80 年代，张岱年也多次提到董子此说，并与其"天人感应"关联起来，如说"在董氏的系统中，天人感应与'天人一也'是密切联系的，因为他所谓天有'喜怒之气''哀乐之心'"，但张氏认为"在理论逻辑上，天人感应思想与天人合一观点并无必然的联系"[14]615-616。总体来说，张岱年对于董仲舒天人相类说的评价是不高的，"牵强附会"是评价它的高频词，另，还说它"内容粗浅而烦琐，理论价值不高"[14]615，"是天人合一的粗陋形式"[15]35，最好的评价也就是说"他肯定人道与天道的联系还是具有哲学意义的"[16]441。

## 2. 性有善有恶

人性论是中国哲学中得到普遍注意的一个重大问题，历来争论不休，派别纷呈，关注度非其他人生问题所能比。在张岱年，人性论是人生论的基础。他认为，"中国性论有一个特点，即以善恶论性"[12]279。从此一角度，张氏将董仲舒的人性论归入性有善有恶论，认为他是调和性善论与性恶论者。

张岱年对董仲舒人性论的分析，包括五个方面：第一，性的含义。董仲舒所谓性"是生而有之质"，这是"以生说性，颇近于告子"[12]229。第二，性的属性，即善或恶。此"生而有之质"中有善的要素，也有恶的要素，不是"纯粹的善""完全的善"①；原因在于，性作为自然之资"乃天之所为"，而"天之所为有其限度"，需要得到教导才能成为完全的善，这就是董子所云"今万民之性，待外教然后能善；善当与教，不当与性"（《春秋繁露·深察名号》）所要表达的意思。第三，与孟子性论比较。首先，"善之表准"不同。孟子的善指善于禽兽，而董仲舒"视善甚高，所以认为善字不可以轻许"；其次，"性"的含义不同。"孟所谓性，专指人之所以异于禽兽之要素""董所谓性，非专指人之所以异于禽兽者"，所以孟子说性已善[12]230，"董仲舒所谓性则指人的自然本性"[15]98。第四，性何以有不善？董仲舒提出两点理由：1）性中有情，情是性的一部分。性中的非情的要素是仁的，情则是贪的，"人之性与天之道也是相应的，……天有阴有阳，人性之中也有贪有仁""仁是善性，贪是恶性"[16]441"贪性指情欲，仁性即道德意识"[15]98，因而性是兼含善恶的；2）人性不能全善，与环境有关。张岱年发挥道："在此世界之中，生活之竞争甚烈。故人之争夺之心，常胜过其辞让之心；占有之心，常胜过其施予之心。求生则必相争，故人性无由全善。"[12]231第五，心的作用。根据董子的"心有哀乐喜怒，……心有计虑"（《春秋繁露·人副天数》），

---

① 1998年，在坚持性有善有恶论的基础上，张岱年对于董仲舒的人性论多了一个定位："区别圣人之性、斗筲之性与中民之性，可以说是后来性三品论的先驱。"（张岱年：《天人合一评议》，《社会科学战线》1998年第3期）

张岱年说:"哀乐喜怒是情,计虑是知。心兼含情知。"进而认为,与荀子一样,董仲舒所谓心具有宰制情欲之力[12]265。换句话说,心能制恶。这是一个值得肯定的发现。遗憾的是,张氏此说并未受到当今学界的重视。

3. 以仁安人、以义正我

人生理想论是人生论的中心部分,指关于人生最高准则的理论。中国哲人关于人生最高准则的理论可谓丰富、精深。

在人生理想方面,孔子讲仁,欲通过行仁而达到乐以忘忧的境界,不玄远,也不神秘;孟子"亦以仁为人生之第一原则;而又极注重义,仁义并举,以为生活行为之基本准衡",希冀由此达到神秘性的生活之最高境界——"浩然之气"[12]291,294。张岱年认为,董仲舒是孟子之后"论仁义最晰者",他"以对人对我分别仁义,爱人为仁,正我为义",详细地说,即"仁为爱,而仅自爱,非是仁;爱人方足为仁。义为正,而仅正人,非是义;能正己方足为义";此外,董子还仁智并举,"认为都是极必需者"[12]296,297。此中,分别仁义主要是对孔孟仁义观念的阐释,而仁智并举也是对孔子思想的推衍。对于董仲舒这两种观念,张岱年始终持肯定的态度,1986年完成的《中国伦理思想研究》中仍说"董仲舒的伦理学说中,关于'仁义'关系、'仁智'关系的议论颇有精彩之处"[17]642。《中国古典哲学概念范畴要论》则有更明晰、深入的分析:"仁是爱人,这是孔子所说;义是正我,这是董氏的创见,与《易传》《荀子》关于义的解说正相反。董子所谓'仁之为言人也,义之为言我也'从文字学来说是错误的,但他所谓'以仁安人、以义正我',却有精湛的含义。"[13]621该书中,张岱年不仅指出董子思想的继承及创新,并与《易传》《荀子》的相关观点进行比较,而且对董子不拘泥于文字训诂的解释表示称赞。

4. 人生问题论

人生问题由人生中的矛盾引起。寻求解决这些矛盾的学说即是人生问题论。天人关系论与人生论指向人生的自然状态,人生理想论确定人生当然的总原则,人生问题论则是研讨生活中的各种问题。

张岱年认为,董仲舒讨论了人生的三个问题,包括义与利、自然与人为及情的问题。

首先,义与利的问题。张岱年从四个方面展开分析:1) 董仲舒义利观的基本倾向是义重于利或义大于利。这是由于,在董子那里,"义乃所以养心,利乃所以养身。心贵于身,故义大于利"。张氏强调说:"此所谓利,指个人之利,即私利。"[12]420 2) 董子颇重公利,以"兴天下之利"为要务,又认为人君应该以"爱利天下"为意,以求天下之公利为目的。3) 对比《春秋繁露》和《汉书》所引董仲舒语,判断正误。《春秋繁露·对胶西王越大夫不得为仁》曰:"仁人者,正其道不谋其利;修其理不急其功。"《汉书·董仲舒传》则记为:"夫仁人者,正其谊不谋其利;明其道不计其功。"张岱年断言,这两个记载必有一误,因为"不急其功"与"不计其功"语意轻重相去甚远。他还从董子所说的"圣人积聚众善以为功"等话推断其未尝不重功,因而"疑《春秋繁露》所载,乃董子原语;而《汉书》所记,乃经班固修润者"[12]422。4)《汉书》所记董子义利观二句"简括地将孔孟关于义利的思想完全表出了",虽不是董子的原话,但对后世影响很大。张岱年发现,"董子所以能获得宋儒之相当景仰,全由此二语"[12]422。1986 年,《试谈价值观与思维方式的变革》一文梳理了后世对这两句话的反应:"宋代理学家大多赞同董仲舒的观点,强调所谓'义利之辨'。事功学派叶适对董仲舒的命题提出批评,认为道义脱离了功利就成为'无用之虚语'了。到清代,颜元讨论义利问题,提出对董仲舒命题的修改意见。颜元改为:'正其谊以谋其利,明其道而计其功'。"[15]174 三年后张氏写作的《中国哲学中的价值学说》一文则针对颜元的观点进一步评论道:"应该承认这是比较全面的观点。道义是不能脱离功利的,也不能专求功利不顾道义。"[15]477 不难看到,这种评价与其 30 年代的生活理想论是一致的,张岱年倡导理生合一,认为"'正其义不谋其利,明其道不计其功',……便充分地表现出重理派的态度;凡做事只问于理应该不应该,不管生活的实际"。其实,理想的生活应该理生并重:离开了生,就无所谓理,离开了理,也会毁坏了生;"生的圆满,即是理的实现;理的实现,就是生的圆满"[1]281,283。

其次，自然与人为的问题。这个问题在张岱年的理解里也是天与人的问题，但所论与天人关系论中不同，它侧重解答的是："人类的生活，应该因任自然，无所作为呢；还是应该改变自然，注重创造？"[12]447 董仲舒宣扬天人合一，则"自然与人为，可以说根本不成问题"。张岱年以为，董仲舒是提倡"继天"的。具体而言，就是"既非任天，亦非制天，而乃顺天之道而有所创作"。顺天道，则会好善、恶不善，但人未必能不动摇，故而需要人道。就此，张氏发挥说："董子讲天人相类，而又重天人之分，似以为人固当知天人之合一，而亦不当忘天人之区别。"[12]455

再次，情与无情的问题。张岱年区分欲与情，认为前者指向饮食男女声色货利，而后者指向喜怒哀乐爱恶惧。每个人都有情，发而不当，常至害事，所以情的理论也是一个重要的人生问题。在张氏看来，这是一种"关于消除苦恼获得至乐之方法的理论"，也是一种生活的艺术，"统御情绪的艺术"[12]495。他把中国哲学中关于情的思想分成节情说、无情说、有情而无情说三种，主张董子的有关思想属于节情说。依张岱年之见，董子不赞成无情，以为喜怒哀乐当发之时不可不发，而期望人在有喜怒哀乐之情时返于"中"，由此便能得到"和"。一句话，"董子论情，以'中和'为要义"[12]500。张氏还特别提到，"董子所谓中，指无过无不及，非《中庸》未发之意"[12]501。

从上可以看到，张岱年从宇宙论和人生论两个视角对董仲舒哲学进行了系统的总结和评价。这些总结和评价不仅独到，而且深刻。

## 三、张岱年的董仲舒研究的特征

纵观董仲舒研究史可知，张岱年的董仲舒研究具有不容忽视的价值。民国时期，他率先发掘董子的辩证法思想，更在《大纲》一书中系统呈现其整体思想面貌，进而立足新唯物论的立场加以评析，中华人民共和国成立后的相关研究虽带有时代烙印，但在有些问题上也不乏值得回顾的见解。

总体观之，张岱年的董仲舒研究至少具有以下几个特征：第一，坚定的理论立场。自20世纪30年代，张岱年就确立了为其一生所坚守的新唯物论的思想信仰，并将此立场贯穿于其中国哲学史研究之中，董仲舒研究也不例外。新唯物论视域中的中国哲学史研究，非史学式的，而是哲学式的。然而，任何哲学式的哲学史研究都是带有"成见"的。所以，张岱年的中国哲学史研究在某些哲学家如张载的哲学思想研究方面提出了影响很大的"一家之言"①，但他对从唯物论视角看归入唯心主义的哲学家的评判则未必公允。董仲舒思想在张岱年那里总体评价不高的原因就在这里。第二，明确的哲学史方法论。哲学史方法论是张岱年学术思想的一个重要方面。20世纪30年代他关于冯友兰《中国哲学史》的两篇书评里就渗透着鲜明的哲学史方法论[18]。《大纲》更是提出并应用"审其基本倾向""析其辞命意谓""察其条理系统"和"辨其发展源流"[12]"自序"2的四种研究方法。在董仲舒研究上，张岱年注重对其基本概念的解释，如对"元""性""仁""义"等概念的界定，就是"析其辞命意谓"之方法论的使用，亦即对西方哲学的"解析法"的汲取；从宇宙论和人生论两个方面阐发董仲舒思想，即是"察其条理系统"的贯彻。第三，精湛的文本校勘。这一点体现在张氏对董仲舒义利观的两种记载的分析上。他不仅使用"对校法"②，指出《春秋繁露》与《汉书》所记的文字差异，而且综合运用"本校法""理校法"，从董仲舒相关文字的思想倾向判断孰是孰非，展现了深厚的学术根基。

毋庸讳言，基于张岱年新唯物论与董仲舒唯心主义③的理论冲突，他在董子研究上的某些观点是需要商榷的。如，被他多次判定为"牵强附会""理论价值不高"的董子的"天人合一"说，如果放在政治哲学的视角下，就显得格外具有意义。因为"天"经过荀子的描

---

① 宋明理学分系中气本论、理本论和心本论的三系说即本于张岱年的《大纲》。这种说法得到普遍认可。

② 陈垣在《校勘学释例》一书中总结了"校法四例"，即对校法、本校法、他校法和理校法，堪称经典。张岱年的《中国哲学史史料学》也吸收陈氏之说。

③ 目前，学界已不太使用这个术语来评价董仲舒，但在张岱年的新唯物论的视域下，董子思想是唯心主义的，故而我们仍沿用旧说。

绘、神秘、主宰的成分被剔除，成为自然的、客观的存在，而其神秘、主宰的成分曾经是对君这个无限体的制约力量。此种意义的天的消解，无疑会使古代君王成为没有任何约束的政治主体。秦王朝的短命警告世人，这是极端危险的。故而，到了董仲舒，重新恢复天的权威、天对君王的谴告功能，就成为维护其提倡的大一统政治格局的必需品。从这个意义上讲，董子的理论具有深刻的历史合理性和政治哲学价值，而非只是"牵强附会"。在这一点上，张岱年的研究就缺少了一种"用各家本来的观点来讲"[19]2的客观。

**参考文献：**

[1] 张岱年：《张岱年全集》（第一卷），河北人民出版社，1996年。

[2] 张岱年：《张岱年集》（上册），杜运辉编，河北人民出版社，2017年。

[3] 程颢、程颐：《二程集》，王孝鱼点校，中华书局，2004年。

[4] 朱熹：《朱子全书》（第七册），上海古籍出版社、安徽教育出版社，2002年。

[5] 朱熹：《朱子语类》卷一三七，王星贤点校，中华书局，1986年。

[6] 张载：《张载集》，章锡琛点校，中华书局，1978年。

[7] 廖平：《廖平全集》（第9册），杨世文、仇利萍点校，上海古籍出版社，2015年。

[8] 康有为：《康有为全集》（第三集），中国人民大学出版社，2007年。

[9] 康有为：《春秋董氏学》，中华书局，1990年。

[10] 皮锡瑞：《经学历史》，中华书局，2008年。

[11] 冯友兰：《中国哲学史》（上册），商务印书馆，2011年。

[12] 张岱年：《张岱年全集》（第二卷），河北人民出版社，1996年。

[13] 张岱年：《张岱年全集》（第四卷），河北人民出版社，1996年。

[14] 张岱年：《张岱年全集》（第五卷），河北人民出版社，1996年。

[15] 张岱年：《张岱年全集》（第六卷），河北人民出版社，1996年。

[16] 张岱年：《张岱年全集》（第七卷），河北人民出版社，1996年。

[17] 张岱年：《张岱年全集》（第三卷），河北人民出版社，1996年，第642页。

[18] 曹树明:《从张岱年先生早年的两篇书评看其哲学史方法论》,《中国哲学史》2015 年第 1 期,第 101—106 页。

[19] 张岱年:《评冯著〈中国哲学史〉》,《新月月刊》1932 年第 4、5 期。

原载于《衡水学院学报》2020 年第 2 期。

曹树明(1977—),男,河北徐水人,哲学博士,陕西师范大学哲学与政府管理学院教授,博士生导师。

# 时间意识下的天道与人道[①]

## ——对张祥龙现象学视域下《春秋繁露》解读的审视

樊志辉　郑文娟

自古以来,对于《春秋繁露》研究的切入视角多种多样。古代的学者多注重从经学的角度对《春秋繁露》进行解读,主要是公羊家从对《春秋》的解读来理解该书思想。近代以来,对《春秋繁露》的研究获得了更多不同的视域,有的站在科学主义的立场上批判其中的天人感应理论,有的从唯物史观的角度对其中的大一统理论进行解读。张祥龙提出从西方现象学视角切入《春秋繁露》的研究,本文即在此基础上通过此视角,揭示董仲舒于《春秋繁露》中所展现出的时间意识。

## 一

董仲舒的天人感应说主要体现在《春秋繁露》中。故而在研究《春秋繁露》之前,张祥龙认为应当从《春秋》中寻找董仲舒的思想根源。他认为:"《春秋》隐公元年第一句就是:'元年春王正月。'公羊学对这句话大加发挥,达及根本的哲理处,所以它是理解董仲舒和

---

[①] 基金项目:本文为国家社科基金重大项目(310－AC7000－20－001003)阶段性成果。

汉儒的一句要言。……（它）既是文本的起点，也是思想的起点。"[1]70 张同样支持对《春秋》首句的重视。在此基础上，"元"作为首中之首在他看来更是重要，这体现在他把"元"作为理解董仲舒思想的根源。

把"元"作为董仲舒思想的核心是学界一直存在的一种观点，任蜜林[2]23-28、任多伦[3]24-28 等学者将"元"理解为"始"并做过大量论证。作为开始或者开端的"元"自然有着时间上的含义，如黄开国所说："以'始'训'元'无疑有开始、起始、开端的时间含义。"[4]43-48,127-128 张祥龙在以前学者理解的基础上加强了"元"的时间性，把"元"完全理解为时间，甚至更进一步认为"元"就是从时间中抽离出来的更为抽象化的概念："由'元年'点出了这个'元'首先是时间的发端，是时间的根儿。"[1]71 同时他说："可见这一终极者乃是一个发生源，它首要的意思是'元年'，是原发的时间，是意义、生命和存在者的发生本源。"[1]72 在张祥龙看来，"元"有着纯发生的意义，也就是他所说的"元兴"[1]71，所以它能够兴发出时间，也就比时间更本原。故而他认为"元"比"天"更原本，而"道"是在"天"之后的，所以又不能将"元"说成是"道"。张祥龙把"元—天—道"的过程称为"意义的生成机制"，从它之中生出来人生、社会、历史的根本意义和存在[1]77。他对"元"的兴发性的理解根源于董仲舒所说的："谓一元者，大始也。"[5]69 他首先将"一"理解为："一是第一个，……它是开始，……是万物之所始。"[1]71 这是张祥龙从"臣谨案《春秋》谓一元之意，一者万物之所从始也"中解读出来的。他在"一"作为万物之始的基础上，又把"一"直接解释为"始"，同时他进一步认为"一"是"时间含义的'始'"。而"一"之所以具有时间含义同样来自"元"。张祥龙把"一元"解释为："一于元，始于元。"[1]71 并且认为："元能够改变'一'，它比'一'还根本。"这就使得"一"与"元"成为一种从属关系，也就突出了他所认为的"元"在时间上的兴发性。

但是他的这种理解存在一定问题。由"元年"并不能直接推出"元"有时间性。在语言逻辑上认为"元"作为"年"的前置用语在逻辑上有先在性，在这一点上可以说"元"比时间更根本。但是这并不意味着能够将元看作是时间意义上比时间更根本的存在。此外他将"元"视为根本而把"一"认为是从属于"元"的这种解释也不恰当。实际上董仲舒此处所讲的"一"和"元"应当是并列关系，而非同属的关系，也没有词性上的差异。《说文解字》对"一"的解释是："惟初太始。"一有太始的意思。它对"元"的解释是："元者始也。"可见一和元在这里是同义的叠加，二者的解释是相通的。"一元"也就是"大始"，应该有逻辑、时间、空间上的含义。或者换句话说，"元"当然有时间上的含义，但是时间只是它含义的一部分，时间作为概念，必须依托现实情境、事物发展演变来产生意义而不能独立产生意义，因此也就不能只是由所谓原初的时间兴发出其他含义。这种对时间的理解本身就有悖于中国传统。事实上，张祥龙为了突出其对时间的理解，有意弱化了"一""元"的理论内涵。即便如此，张祥龙提升了时间在"元"那里的重要性，这一点是十分值得肯定的。

《春秋繁露·玉英》云："以元之深，正天之端，以天之端，正王之政。"[5]72故此张祥龙说道："'天'是怎么一回事儿，只有到'元'的深意里去找。"[1]72如上所述，"天"是需要从"元"中寻找依凭的，而张祥龙所找到的，就是"时间"。对于"天"具体的含义，张祥龙引《春秋繁露·天道无二》云："天无常于物，而一于时。"[5]455对此他解释说："'天'是四时，它不断地在变化。"[1]78也就是说，张祥龙认为"天"即"天时"，天是四时，是四季的变化。然后他又说："'天'每次体现为'时'的时候，都是专'一'的。"[1]78也就是说他认为，"一于时"是指春夏秋冬四季作为其本身而显现，这即是"天"，如此一来"天"直接成为时间。这种"天"和四时的同质化，在张祥龙看来是借由阴阳作为桥梁而构成的。然而张祥龙并未对此作出详细的论证，只是认为阴阳有太阴、少阳、太阳、少阴，与冬、春、夏、秋相对应，并说："阴阳一定要表现为四时。"[1]116任蜜林先生认为，借由"臣谨案《春秋》之文，……春者，天之所为也"[6]1903-1904以及"元年春王正月"两者，可以将天与春相对[2]。确切来说此处应当是"天之端"对应春，春生夏长秋收冬藏这种轮回就是大全的天。"以元之深,正天之端"也就意味着天时的发端是源自"元"的时间性。

笔者以为此种说法并不足以说明天即是时间,故试论之。董仲舒认为"天之端"有十,《春秋繁露·官制象天》云:"天有十端,十端而止已。天为一端,地为一端,阴为一端,阳为一端,火为一端,金为一端,木为一端,水为一端,土为一端,人为一端,凡十端而毕,天之数也。"[5]269 "天之端"就是天地、阴阳、五行、人,总而为十。"独阴不生,独阳不生,阴阳与天地参然后生。"[5]410 单独的阴阳作为其自身都不能存在,只有与天地相参才能成其自身,化生万物。故而当阴阳与天地相参杂时,所成有四:太阳、少阴、太阴、少阳。董仲舒又云:"故少阳因木而起,助春之生也;太阳因火而起,助夏之养也;少阴因金而起,助秋之成也;太阴因水而起,助冬之藏也。"[5]433 天之"十端"中有"八端"被总结为四时,而土居中以应。如此一来,十居其九,总括之"大天"也就成为时间的别称(事实上,"十端"之中人亦为时间,即是与土相对的居中者,本文第二部分详论之)。

阴阳关系既然与四时产生了联系,张祥龙更进一步认为董仲舒说的阴阳"从根儿上就是'时'"。对此,他是从字源上作出了解释:"从字形上看,'陰'就是云彩把日挡住了,'陰'的左边部分表示高岗,一个高的地方;'陽'的字形也是凸显出这个日。现在一般都认为,阴阳的原意是阴阳面,一个山冈向阳或背阳的地方,阴和阳的根儿都是从日来。日是古人去理解时间的最重要的一个坐标和节奏源。"[1]116 在张祥龙看来阴阳在字形上都由"日"而引发,"日"是人类认识时间的基础,所以阴阳的本义就是时。按"日""昜"本非一字,"阳"本字为"陽",汉字简化后变为"阳",古文本无"阳"字。"陽"最早见于甲骨文,《甲骨文字诂林》说"陽":"辞残,其义不详。"认为"陽"字有见但是不可考。"阳"之本字是"昜",朱芳圃认为昜:"本义当训光明,孳乳为阳。《说文》自部:'陽,高明也。从𨸏,昜声。'"饶宗颐、于省吾都认为"昜"字本用作地名。阳从𨸏,𨸏即阜。叶玉森、李孝定认为"阜"字甲骨文的字形象土山之形,徐中舒认为阜字甲骨文的字形是土质的供人攀爬的阶梯,《甲骨文字诂林》按"阜"字甲骨文的字形像立山之形,有可供人攀爬的阶梯的形状。今安徽省有阜阳市,本名汝阴,清乾隆年间立阜阳县,其地势于平原之中,岗、坡、洼地间相分布,呈现"大平小不平"之态[7]104-105,或可为旁证。故阜与易并用,指向的是土地山脉被光照的那一面。同按《甲骨文字诂林》,阴本字做侌,从今从佳,像鸟鸣,预示天气由晴转阴。《说文》训阴为闇,或作黔,都是后造字。可见在字源学的解释上,阴阳本身与太阳并无直接紧密的关联,张祥龙的解释更多的是由于简化的字形及语言体系产生的误读。故而阴阳的时义,还需要从其根源的文本中去寻找。

  阴阳之说本自《周易》,故而其时义亦当于《周易》中寻找。张祥龙由《周易》中看到了时间与变,但是他以"纯构成"理解时间,导致对《周易》之时义的解读走上了一条岔路。"构成"这个词从字面来看,所表示的是事物或者东西的组合,张祥龙进一步抽象出"纯构成"指向"构成"这个概念本身,这样一来"纯构成"实际上是给事物提供一种形成的前提框架,这是一种空间性的思维方式。基于他的这种空间化思维,他所理解的时间也就并不能完全避免空间化的结果。《周易》之时义并不应当如此理解。《乾》之《彖》云:"六位时成,时乘六龙以御天。"六位即为爻位,爻即是阴阳,阴阳以时立位成卦。《坤》之《象》云:"含章可贞,以时发也。"卦成而有象,象亦以时。如此,完整的卦象形成过程全部是依凭时间来完成的。而后,《周易》对时间的展现是通过每一爻位置的变化来体现的,王弼云:"夫卦者,时也。爻者,适时之变者也。"[8]604以乾卦为例,每一爻位的变化展现不同的象,从初九至上九,以龙为象呈现出动态的画面:潜龙勿用、见龙在田、夕惕若厉无咎、或跃在渊、飞龙在天、亢龙有悔。事物的变化与时息息相关,也就是《文言》所讲的"与时偕行"。这些象与象之间不是割裂的而是完整的过程,这个过程背后所体现的是时间的延续。《周易》所看重的不仅是每一个卦和爻所展现的象,更是爻与爻之间过渡的变本身。爻位的变化本身就是时。以《随》卦为例。震兑《随》,下震上兑。《九家易》曰:"兑泽震雷,八月之时。雷藏于泽，则天下随时之象也。"随卦在十二月的时令中代表八月。崔元曰："雷者，阳气，春夏用事。今在泽中，秋冬时也。"也就是说雷是春夏的自然现象；泽是水汽凝聚，象征着秋冬的霜露、凝冰，因此是秋冬的自然现象。从雷到泽即是从夏到秋，这一过程是随天时而变的。回过头来，运行这种卦爻变化的，即是阴阳，由此可见阴阳本身即为时间。阴阳各适其时而得其位，《蒙》之《彖》云："以亨行时中也。"

由"元"而"天"，时间从中彰显。但是对于董仲舒、张祥龙乃至全体儒家来说，仅仅这样是不够的。时间究竟为何"物"，或者时间真实之意义，最终还是要落实于人，由人来展现。

## 二

《春秋》之首句"元年春王正月"中，分别出现了元、春、王。前文论述，"春"实质上是"天"的一种指代，在相同的层面上，"王"同样是"人"的代表。在董仲舒看来，天时下贯到人道是通过王展开的。"以天之端，正王之政"，即是说王道就是人道。董仲舒说："故元者为万物之本，而人之元在焉。"[5]70 在"天"之后，人亦是以"元"为本的。苏舆云："元者，人与天所同本也。"[9]69 人和天同本于元，也就意味着人有着和天同样的时间性。

所谓人的时间性，是在社会历史的进程中展开的，这种展开在历史中，体现为大一统王朝的更替，也就是董仲舒所倡导的"通三统"。董仲舒首先解释"王正月"说："王者必受命而后王，王者必改正朔，易服色，制礼乐，一统于天下，所以明易姓非继人，通以己受之于天也。"[5]223 新王要受命改制以承接天意，首先要做的就是改正朔，也就是确定一年的开始。这里有三种可能，即董仲舒说的"三正"或"三统"[10]22–30。做到"正"的根本就在于"通三统"。张祥龙将其解释为作为当下正统的今王以及代表着过去两朝的前王后裔，以及过去朝代的王所代表的"统"会在将来再次出现。在他看来，"三统"是一个相互依存、互补对生的循环结构，其他两统以边缘化的方式参与当下正统的构成。其中体现出政治的仁爱,也影响着朝代内部的王位传递。在他看来,"三统"的实质不是具体的朝代,而是展现在朝代上的时间:过去、现在和未来。而这种朝代上的过去和未来可以在当下有所显现就是董仲舒所讲的"《春秋》大一统"。这里的"一统"不是一般意义上的一统天下,而是"由改正朔、易服色、制礼乐所标明的三统结构里的当下之统"[1]95,是"通三统之中的一统"[1]96,它"有着根本的时间、空间的异质和谐性。它只代表一个时相,主持当前局面,必容忍乃至须要其他两者。……是由过去之统和将来之统共构着的现时之统"[1]96。也就是说一统就是三时相共在,三统统一于时间。因此,张祥龙认为:"'通三统'与'大一统',与'改制更化'是一个思路的不同表现,统统源于'元时'。"[1]97具体到汉代就是在"通三统"这一理论基础上的托古改制。"托古"即董仲舒所说:"道之大原出于天,天不变,道亦不变,是以禹继舜,舜继尧,三圣相受而守一道。"[6]1915尧舜禹作为古圣王是相承接的,他们也是后世承接的依凭。"改制"即是董仲舒所说:"今汉继大乱之后,若宜少损周之文致,用夏之忠者。"[6]1915在张祥龙看来,汉要继周统改夏制,他认为:"轮回来要用夏的'忠'来'救'它(周制)。"[1]77这是因为天有四时,四时有生杀,所以王朝有循环,有治乱,治世有三即三统,乱世有一,因此汉代的托古改制就是要继周改夏。

张祥龙以时间解释"通三统"有其合理性,但是他这里说的是一种平面化了的时间。张祥龙所说的"统"是三统的同时存在,除了正统之外"要让前两统或前两王之后代以非主导的或边缘的方式存在"[11]61-73,"当前这个统也会成为过去和将来,并且它过去了,也还会从过去再回到将来,再成为现在"[1]97。张祥龙把夏商周文化的传承与朝代的演进规定为社会化的规范模式,即保留前朝子民后裔,以期待其在后世重新成为朝代的正统的死板规定。他将朝代更迭和文化传统的承接都视为历史的循环,因此他所理解的时间根本上还是一种概念化的物理时间,而并没有看到儒家传统中真正意义上的历史时间。事实上,董仲舒在《春秋繁露·三代改制质文》中对朝代的更迭已经做出了详细的说明。董仲舒说:"帝号必存五代,黄首天之色,号至五而反。"[5]243帝对应的是天之五色，也就是五方、五行。"帝迭首一色，顺数五而相复。……顺数四而相复"[5]225，四五之数为九，九为天之极，所以董仲舒认为要在五帝之上再立九皇，董仲舒说："汤受命而王，……以神农为赤帝。……文王受命而王，……推神农以为九皇。"[5]226-227五帝、九皇都在当下的统中呈现，随着新的朝代不断出现，之前的朝代要不断退出五帝九皇的系统。这种历史时间体现为朝代在不断更迭中的向前发展。而在文化上，董仲舒所主张的是："故王者有改制之名，亡变道之实。然夏上忠，殷上敬，周上文者，所继之捄，当用此也。"[6]1915即通过对夏商周三个朝代文化的演替做出了统一的规范，"以君随天"[5]30的方式就是按照三个朝代文化依次进行，循环往复。"一统"也就是按照这样的历史时间，以其中一统为新王治国的基本礼制。董仲舒"通三统"的主张是直接与夏、商、周三代历史与礼制相比配的[12]67-73。因此可以说董仲舒主张的是在历史的变易中追求不易的人道。

以"通三统"为前提，董仲舒托古改制的内容是"今汉继大乱之后，若宜少损周之文致，用夏之忠者"[6]1915。也就是要用夏制的忠来修正周制的文，这就从政治的角度凸显了忠的地位。同时他认为："书曰：'厥辟不辟，去厥祗。'事亲亦然，皆忠孝之极也。"[5]33这就是说对帝王要尽忠，对父要尽孝，在此董仲舒认为忠孝是一致的。只是因为所对待的对象的不同而有不同的称呼。不仅如此，董仲舒还说："天生之以孝悌。"[5]193-194这就意味着孝悌的根源在天，从中依然可以看出董仲舒对孝的阐发。董仲舒用忠扩大了孝的内涵，让忠君与孝亲达到统一，使得孝观念上升到政治层面。通过对"通三统"的传承，使得新的王朝以效法以前的王朝的方式在国家层面实现了孝，这就使得孝由家族血缘传承过渡到国度的传承，整个大国就是一个大家庭，虽然具体的王有更迭，但是朝代宗法的根本始终是孝。

对于原发时间，张祥龙认为："不可还原为任何'什么'。……而是出自时间体验自身的循环构合或发生。时间体验一定涉及'想象'，或者表现为'保持（已过去者）'，或者表现为'预期（将要到者）'；但原发的时间体验中的保持绝不只是对过去事情的'再现'，对未来事情的'预现',而一定是过去、现在、将来相互依存着的当场呈现。"[11]张祥龙的时间观是建立在胡塞尔、海德格尔的现象学基础上的,但是他与胡、海两人对于时间理解的不同之处在于他认为"时间没有朝向,既不朝向过去也不朝向未来,而是三时相互补对生的'时晕'和'时流'结构"[13]43-51,191-192。这也就是他所说的"无自性",并且不仅原本的时间是无自性的,阴阳和象数同样也"都无'自性'可言,都是为了构设出、参与到时机领会或原发天时的媾生之中"[11]。在张祥龙看来,原发时间不能被构成,人无法直接把握时间,而是要通过对具有时间性的象的体验来感知时间。这些有着时间性的象如"时制""四时"等背后是"源自阴阳、八卦、五行的理解方式,与人的生存状态和行为方式也有内在关系"[11]。对于人的生存状态来说,它的源头就是建立在家庭的基础上的孝亲关系。孝的根基"就在原本的时间性、原本的时间运作中,表现为代际的时间关系"[14]322-365。在张祥龙看来:"家庭乃父母之过去与子女之将来相区别相交成的现在。"[15]16-20而儒家孝时间意识就是在对家庭延续、养育子女等问题的思考中产生的,儒家主张"亲亲而仁民,仁民而爱物",以"亲子为源头,导致夫妇、家族乃至国家,国乃家的延伸,故被现代人正式名曰'国家'"[16]11-20。如此便形成了由血缘家庭中的孝扩展至整个国家的时间性。

## 三

按董仲舒所言"夏上忠,殷上敬,周上文"可以看出,"三统"并非是简单的要求一种血脉皇权的循环往复,而是在文德的层面上探寻一种权变互补的可能性。张祥龙敏锐地发现了这一重要问题,并应用于自身的理论之上,提出了一种"三统"的现代性转化方式,即"儒家文化保护区"。所谓的"儒家文化保护区",是张祥龙为了保护儒家文化这种"很有价值的、如果不再保护则难以延续"[17]10的(文化)物种所提出的设想。此种设想旨在为儒家文化提供一个相对独立的现实空间,在该范围内以传统儒家文化为核心思想进行社会生产活动,以期达到保护和延续儒家文化的目的。

在张祥龙看来,一种文化的存活与否,主要从四个方面衡量:1. 这个文化是否还有严格意义上的传人,即一些以团体的方式、用自己的生命实践在自觉地传承她的"道统"的人们;2. 她赖以生存的最基本的社会结构是否还存在;3. 她的基本价值取向是否还能影响人们在生活中做出的重大选择;4. 她的独特语言是否还活在人们表达关键思想和深刻感情的话语和艺术形式之中[17]5。可以看出,他所提出的这四个方向,由其现象学的研究方法,几乎完全着眼于现实层面的直接理解,一定程度上忽略了一种文化背后思维理路的主导作用。首先,张祥龙提出了"儒家文化是中国传统文化的主体"[17]5的论断,从而将道家(道教)和佛教在中国传统文化中的重要地位完全剥离。在此基础上,他以儒家为唯一标准进行论证,这直接导致他得出这样一种结论:中国传统文化已经进入濒危的状态。张祥龙在回答他列举的四个方面的问题时,凸显了儒家本位的思维模式:一方面他承认道教和佛教在某些方面并不像儒家那样被当下的社会现实所抛弃,一方面他又主观地忽略了佛道在中国传统文化中的重要作用,以儒家完全代表了中国传统文化。除此之外,正如上文所提到的,张并未深入文化思想的核心去探讨这些问题。他提出的这几个问题的方面,更接近于对宗教的认识,而非对于文化理论的认识。当然,这和他将儒家理解为儒教有一定的关系。这样导致的后果即是儒家在这些类似宗教认识的问题上,并不符合其所提出的标准,而佛道又被排除在外,有如此结论也就顺理成章了。在此结论下,张祥龙积极寻找挽救中国传统文化的方法,即是设立儒家文化保护区。

儒家文化保护区的理论依凭,在张祥龙的理论体系中也是一贯而来的。其理论的主要特征是时间的流变,即所谓:"最真实的变乱来自'时间'。"[17]11以张祥龙现象学的视角来看,最为真实的时间即是"当下"。我们对理论或事情是与否、对与错、先进与落后的判断,都必然也只能是"当下"的展开。我们无法超越时间,去判断某件事情或理论在过去和未来的正误。也就是说,儒家文化虽然在当今不再适用,但是它在过去曾经占据过主导地位,我们也无法判定它在未来的世界是否会占有一席之地。故此我们必须想办法保留儒家文化的火种，而非简单地将之打为历史的尘埃，弃之不顾。在现实层面的应用上，儒家文化保护区所采用的方法，同样来自《春秋繁露》。张祥龙在明晰"三统"论理论内核的前提下，明确提出了儒家文化作为中国传统文化的文化血脉，有能力、有资格成为"三统"之一，成为当下社会中的那个"帝"。虽然张祥龙可以以此理论贯通古今，为儒家文化保护区提供理论支撑，但在实际操作层面，却不能生搬硬套古人封疆裂土的分封方式，必须有所创建以适应当今环境。首要之处便是必须在一段时期内采取与世隔绝的方式，在彻底地建立起以儒家文化为核心的社会形态之后，才能有限度地与外界产生接触（这种封闭的保护期，可能需要两、三代人的时间）。为此张祥龙从地域、人、存在模式、经济、教育以及政治多个方面给出了保护区应当遵循的范式。这些范式总的来说，是以儒家家庭伦理为核心展开，并综合中国古代以儒家为意识形态的时期所施行的政治制度，形成一个完整的社会政治模式。在此社会范式的论述中，虽然有自觉地运用现象学的方法对现实情境做出探求，但也因此或多或少忽略了一些重要的问题。首先是他完全忽视了作为思想载体的人的主观能动性。似乎只需要一个与世隔绝的地方强制一群人按传统的方式生活，就能够成为儒家文化的继承人。但按其所论，当下的中国人已经几乎完全丧失了儒家文化的影响，那么现代的中国人如何可以重新在思想上接受儒家文化，这里缺乏必要的探讨。其次是对现代科技的拒斥，张祥龙的看法是通过强制的方式，用完全封闭的环境限制使用现代科技。上文提及，保护区的封闭保护期大概需要50到100年的时间。以当今科技发展的速度，这个时间差中造成的落差，在保护区重新与外界接轨时，受到的文化冲击只会更甚于1919年。最后，对于包括历法、教育、政治等社会制度的改良，张祥龙提出的说法是圣王"时贤推举制"和"儒家民主制"，究其实质不过是哲学王与城邦民主制的结合。若从此角度来看，张祥龙虽然主张保护儒家文化，但其理论内核本身却是西方体制思维。这种方式最后形成的，究竟是一个儒家文化自由生长的保护区，还是一个由异种文化为儒家圈定的"动物园"呢？

当然张祥龙也指出，与《春秋繁露》中"通三统"所保留道统方式不同的是，当今社会并不能完全由一个儒家文化主导的小社会自行发展，必须要通过国家层面的帮助与协调来施行。也就是说，儒家文化保护区是一个现代意义上的"特区"，而非古代时的"封国"。这种方式必然存在其两面性，国家层面的调控一方面可以协助保护区的形成和完善，另一方面则会限制保护区内儒家文化的自我演变①。有其他学者就此提出不同观点，认为文化体现在人的性格之中，融于人伦日用之内，否则只能成为一个死的标本，而非一个活的文化。张祥龙对此的解释则认为自然保护区中的动物们是活着的，那么文化保护区中的文化也是活着的。这一比喻并不是那么恰当，混淆了肉体的存活与文化的存续。设立儒家文化保护区，根本目的是为了存续儒家文化，而非保护其中以儒家方式生活的人的生存。保护区中的人固然活着，但若是文化自身缺失了演进的可能性，如何可以说它还"活着"？

　　张祥龙以现象学的方法进入《春秋繁露》的理论，发现了独特的纯构成的时间观念，并以此对其中的天人思想做出梳理。他认为董仲舒天人感应思想中的天与人皆本于元，天时下贯到人道，体现为"通三统"思想。"通三统"思想在汉代的展开就是董仲舒主张的托古改制，现代的表现则是儒家文化保护区。其一以贯之的核心即是以家庭关系为纽带的血缘时间，并以此为源头扩展至整个国家，形成了孝时间在整个社会的彰显。在对当下社会问题的关切上，张祥龙以其一贯的理论思路提出了儒家文化保护区，有其独特的价值和意义。在保护传统文化的方式方法上给我们提供了新的可能和思路，有非常值得借鉴的地方。这一观点中同样存在一些问题值得再探讨，例如将儒家文化等同于中国传统文化是否妥当，以及以宗教化的方式解读儒家文化是否合适等问题。

---

①　文化自身发展的过程，是一个扬弃自身的过程。在这一过程中，必然会产生新的内容，也会抛弃旧的内容。而如果由外部进行规范的行为，必然会首先产生"什么是儒家文化"这一问题。当我们对此问题做出回答的同时，就一定会对其内容有所限定，这种限定则会拒绝文化的自我扬弃。

**参考文献：**

[1] 张祥龙：《拒秦兴汉和应对佛教的儒家哲学——从董仲舒到陆象山》，广西师范大学出版社，2012年。

[2] 任蜜林：《董仲舒思想的"天""元"关系》，《衡水学院学报》2016年第18（5）期。

[3] 任多伦、陈凯：《论董仲舒思想中的"天"与"元"》，《西北师大学报》（社会科学版），2010年第47（4）期。

[4] 黄开国：《董仲舒"贵元重始说"新解》，《哲学研究》2012年第4期。

[5] 董仲舒：《春秋繁露》，张世亮、钟肇鹏、周桂钿译注，中华书局，2012年。

[6] 班固：《汉书》，中华书局，1999年。

[7] 阜阳市地方志编纂委员会：《阜阳地区志》，方志出版社，1996年。

[8] 楼宇烈：《王弼集校释》，中华书局，1980年。

[9] 苏舆：《春秋繁露义证》，中华书局，1992年。

[10] 吴锋：《董仲舒"天人理论"对汉代政治合法性的构建》，《衡水学院学报》2016年第6期。

[11] 张祥龙：《中国古代思想中的天时观》，《社会科学战线》1999年第2期。

[12] 余治平：《论董仲舒的"三统"说》，《江淮论坛》，2013年第2期，第67—72页。

[13] 张祥龙：《原时间、亲亲与权力传承——回应朱刚和黄启祥》，《哲学分析》2018年第6期。

[14] 赵炎、张祥龙：《从现象学到儒学，儒学转化现象学——张祥龙教授访谈录》，《当代儒学》2011年第1期。

[15] 张祥龙：《对亲子关系的哲理讨论的说明和阐发》，《文史哲》2015年第4期。

[16] 张祥龙：《孝道时间性与人类学》，《中州学刊》2014年第5期。

[17] 张祥龙：《思想避难：全球化中的中国古代哲理》，北京大学出版社，2007年。

原载于《衡水学院学报》2020 年第 6 期。

**樊志辉**（1964—），男，辽宁凤城人，上海师范大学哲学与法政学院教授，博士生导师。

**郑文娟**（1989—），女，内蒙古乌兰察布人，上海师范大学哲学与法政学院在读博士。

# "史实":董仲舒及苏舆的春秋公羊学

刘芝庆

## 一、前言

《春秋》之书,公羊学者多认为是部拥有庞大寓意的经典,虽然不是全部文字段落都可以含有密码,可是许多寄托喻意,言此事而意在彼,表面是说某史事,却是借由论述史实而展露微言意旨,微言大义,以古改制。换句话说,将《春秋》视为一个完整的寄托系统,表面是讲齐桓晋文与鲁国诸公之事,其实多是象征,比事属辞,另有其他蕴含所在,此即孔子之旨①。

当然,以上只是原则性的说法,因为《春秋公羊传》并非事事寄托,句句微旨,字字都有深意,虽说公羊学家多把《春秋》的托寓意符,视为解经的关键,却不代表他们都认为这些史实全部都是假的,都是重构,都是意在言外,都是虚拟现实。公羊学者间,彼此论史事

---

① 《春秋》三传,探察微言,觅求史义,皆重叙事。所谓书法,即事显义,寻绎微辞隐寓,都以属辞为重。相对于西方叙事学,强调情节推动、形象塑造、情节穿插,各有侧重点,颇有异合。三传互较,则《左传》更以叙事解经见长。可见张高评:《自序:比事属辞与中国叙事传统》,《比事属辞与古文义法——方苞"经术兼文章"考论》,台北:新文丰出版社,2016年。张素卿:《叙事与解释——〈左传〉经解研究》,台北:书林出版社,1998年。

的差异，以及他们各自的"历史性"立场，颇值得注意。

从这角度来看公羊学，来看董仲舒，就有许多值得讨论之处。武帝即位之后，曾下了一份诏书，以求贤良方正直言极谏之士，之后在元光元年又诏贤良察策。在两次诏问之中，最著名的响应就是董仲舒的《天人三策》。故董仲舒论治道，以《天人三策》与《春秋繁露》最为重要，都跟他的立场有关，也源自他的经学，特别是对《春秋》的理解。《史记·儒林列传》："唯董仲舒明于春秋，其传公羊氏也。"就董仲舒看来，经学是他理解世界，改变世界的资源，他以公羊学的角度，在学术与政治交涉中，在理想与现实的冲突里，擘画政策，企图开物成务，以经学论政，以经学改制更化。但是，从经学世界到国家社会，言政论道，董仲舒是怎样解读《春秋》？《春秋》经传的差异，他又如何看待？微言大义，通于改制，他到底要怎样厘清？这是本文首先要讨论的问题。

近代以来，《春秋繁露》以凌曙、苏舆两种注本，最广受引用，而苏舆《春秋繁露义证》，又是以凌曙注本为底稿，参酌史料，多加发挥而成。关于《春秋繁露义证》的研究，学界多聚焦在他对康有为的批评，目前已有专门的博士论文，处理这个问题[①]。也有多篇论文[②]，讨论他与康有为的差异，综合这些说法，大多是指出：康有为以今文经为主，苏舆则是今古文并取；苏舆并非反对改革，但他批评康梁式的做法，也不认可革命；《春秋》是立义之书，不是改制之书[③]。

---

[①] 李强：《康有为与苏舆〈春秋繁露之比较〉》，湖南大学岳麓书院博士论文，2013年。

[②] 关于苏舆的研究，丁亚杰曾有《台湾地区研究苏舆的概况》，《中国文哲研究通讯》14卷1期（2004年3月）可做参看。

[③] 相关论点，除前引书之外，另见姜广辉、李有梁：《晚清平实说理的公羊学家——以〈春秋繁露义证〉的诠释风格为例》，《湖南大学学报》（社会科学版）第3期（2010年5月）。姜广辉、李有梁：《维新与翼教的冲突和融合——康有为、苏舆对〈春秋繁露〉的不同解读》，《湖南大学学报》（社会科学版）第4期（2010年7月）。卢铭东：《苏舆〈春秋繁露义证〉以礼经世述考》，《湖南大学学报》（社会科学版）2004年第4期。

本文主要指出，苏舆等人的现实环境与董仲舒不同，他们那时所承继的学术传统，也与汉代颇有差异，而公羊学经过何休之后，颇有转折。只是述古与立义，经世与改制，康苏二人依此解董，循此解经，都有所见，也有所偏。关键就在于董仲舒到怎么看待《春秋》？如何解释史事？其实董仲舒的经学，本就通于史，文史通义，如两束卢，互倚不倒。本文的研究，即是回到董仲舒的公羊学，重探其说，然后顺流而下，比较苏舆的批注，旁及康有为。参酌比较，述其相同，显其差异，说明并解释他们公羊学的特征。

## 二、史义并重，经世致用的《春秋繁露》

继往开来，解释经典中的典章制度，古为今用，一向是中国传统学术的重要环节。在古人的认知里，经典并非束之高阁的图书馆书籍，而是斟酌损益，因应人情之后，旧瓶装新酒，可以因应于时代，切合于社会，复古而开新的。《春秋》一书更是明天人相与、通阴阳五行，是治国的大经大法，董仲舒自己便说："《春秋》大一统者，天地之常经，古今之通谊也。"[1] 根据陈苏镇的研究，他就认为在士大夫与儒生的推动下，《春秋》是汉代立法与推行政制的主要经典之一，极为重要[2]。

董仲舒身属其中，也不例外。董仲舒与《春秋》的关系，正如林聪舜所言："西汉的尊儒运动不始于董仲舒，董的独特贡献在于替'六艺之科、孔子之术'做出新诠释。在理论的步骤上，董首先提高《春

---

[1] 班固撰，颜师古注：《汉书》，台北：宏业出版社，1996年，第2523页。西汉公羊学，特别强调大一统，并主张崇让观，显然与西汉从分封功臣到分封诸王的历史有关。武帝时期，诸侯王多有骄恣，武帝胞兄胶西王，便是其中之一，所以特地命董仲舒为胶西相，此所以有《春秋繁露》《对胶西王越大夫不得为仁》之作。可见张端穗：《西汉公羊学研究》，台北：文津出版社，2005年，第12页。

[2] 陈苏镇：《汉代政治与〈春秋〉学》，中国广播电视出版社，2001年。较早期的研究，可见刘德汉《从汉书五行志看春秋对两汉政教的影响》第四章，台北：华正书局，1979年。

秋》的权威,他神化孔子和《春秋》,再透过对《春秋》的诠释,使他能效法孔子托乎《春秋》以改制,作为建立帝国意识形态工作的根据。在对'六艺之科、孔子之术'的新诠释下,董仲舒有关尊君、大一统、改制、受命、三纲、阴阳五行宇宙图式等一整套建立帝国意识形态的理论,都可在经典,特别是'《春秋》之义'中,找到立论的根据。"①

董仲舒的解经学,在《春秋繁露》有更完整的说明。《春秋繁露》最早见于《隋书·经籍志》,在此之前,并无董仲舒撰《春秋繁露》的记载,故历代不乏质疑非董氏著作的声音,经过学者考证,现在大致可以做这样的判断:《春秋繁露》全篇不一定就是董仲舒亲自著作,但即使是由后世弟子或后人编著,仍可代表董仲舒的思想②。

大体来说,董仲舒的理论,主要的对象是君王。他以公羊学解《春秋》,《春秋》寓涵了王者改制之道,因此破解圣经,就成了他所发现之秘,但是解经法,事实上又是为世立法,必有赖君者实践。他将修身治国的原则性带入其中,修身立道,就是法天而行,具有参化天地的神圣感体验,表现在对礼的各种实践中,"礼者,继天地,体

---

① 林聪舜:《汉代儒学别裁:帝国意识型态的行成与发展》,台北:台大出版中心,2013 年,第 176 页。

② 最早提出质疑的是宋人程大昌,稍晚的黄震也提出类似看法,他们大多认为《通典》《太平御览》等书都有转引文字,但查今本《春秋繁露》却皆无记载,而且此书文意浅薄,不似董仲舒所为,加上有些篇幅混杂难分,因此断定非董仲舒著作。对此疑案,近人徐复观先生已有考证,他认为这些质疑最多只能说明此书有残缺,但并非伪书,而且文辞并不肤浅。总之,《春秋繁露》固然可能是由后人整理而成,但仍可代表董仲舒的思想。近人戴君仁亦提出董仲舒不讲五行的观点,他认为《汉书·董仲舒传》只讲阴阳,未言五行,将《汉书》与《春秋繁露》比照,当然应该是以《汉书》为主,徐复观不认同这样的观点。他认为《天人三策》的中心内容是刑德之说,以刑德配合阴阳,这也正是《春秋繁露》的讲法,因此董仲舒没有在《天人三策》中讲五行的必要,邓红在此基础上继续推衍,他认为《天人三策》确实有类似五行的说法。除此之外,日本学者如庆松光雄、田中麻纱巳、近藤则之等人也对《春秋繁露》的一些篇章(特别是有关五行的篇章)提出质疑,但这些说法已有学者驳之。可参徐复观《两汉思想史》(卷二),华东师范大学,2001 年,第 192—194 页;邓红:《董仲舒思想研究》,台北:文津出版社,2008 年,第 192—195、264—276 页。

阴阳，而慎主客"①。形式即是内容，法天尊天，一循天道，就包括了改制更化。

因此，政教散布，移风易世，以圣转俗，启文明，开国运，教化行而习俗美，有节，有度，有制，有教，有序，有美，有质，有文，王道政治方成，这也是董仲舒的真正的理想，皆源自于他的经学世界，所以他主张要重视《春秋》。《春秋》之所以成为君王治国的方针，就是因为上探天端，奉行天道："《春秋》之道，奉天而法古。是故虽有巧手，弗循规矩，不能正方员。虽有察耳，不吹六律，不能定五音。虽有知心，不览先王，不能平天下。亦天下之规矩六律已。故圣者法天，贤者法圣，此其大数也。得大数而治，失大数而乱，此治乱之分也。"②

顺着这样的观点，在董仲舒看来，《春秋》奉天法古，是部经世之书，却非人人都能体会其义，与其欲托之空言，不如深切著明之于行事。因此，该如何从《春秋》二百四十二年之文，观其人，察其物，知其然，亦知其所以然，透过事，看到义，就成了重要的关键："《春秋》记天下之得失，而见所以然之故。甚幽而明，无传而著，不可不察也。夫泰山之为大，弗察弗见，而况微渺者乎？故案《春秋》而适往事，穷其端而视其故，得志之君子，有喜之人，不可不慎也。"③ 董仲舒谈更化、述无为、论六科十指、讲绌夏亲周故宋，自然是要从经学谈到政治，以经学来改变世界。但这样的观点，都非胡思瞎想，或是纯粹抽象的道理，而是在具体的过往之事中，在这些力透纸背的文字叙述之中，我们透过眼光，真理乍现，发挥而来。

所以董仲舒在谈《春秋》之事时，他的所谓改制，并非真的去假设、建构一个曾经的存在，更不觉得史事都只是工具，求得义理之

---

① 苏舆：《春秋繁露义证》，中华书局，1992年，第275页。
② 董仲舒的春秋经世，其具体运用之法，参看刘芝庆：《王道、经学与身体——重探董仲舒的春秋学》，收于氏著：《从指南山到汤逊湖：中国的知识、思想与宗教研究》，台北：万卷楼出版社，2019年。
③ 苏舆：《春秋繁露义证》，中华书局，1992年，第56页。

后，就可抛弃，丢到资源回收桶。他是透过不断地辨析问难，澄清相关的历史事件，建立某些观点。对他而言，托古其实就是溯古，挖掘曾经，重建情境，这样的史事复原，述往事，思来者，必定包含着解释，还有价值判断。他在试图理解过去时，也常常自设辨敌，故意提出质疑，虚设主客与往复问对，执经问难，其实也是两汉经师常见的研讨形式①。

例如他分析齐顷公家世出身，以至于影响他性格。这些记载，在《春秋》只是寥寥数语：

(宣公) 十有二年，晋人、宋人、卫人、曹人，同盟于清丘。宋师伐陈。卫人救陈。

(宣公) 十有三年。春，齐师伐莒。

(宣公) 十有七年。己未，公会晋侯、卫侯、曹伯、邾子。同盟于断道。

(成公) 二年。春，齐侯伐我北鄙。夏，四月，丙戌，卫孙良夫帅师，及齐师战于新筑，卫师败绩。

《左传》对此经文，说："十七年，春。晋侯使郤克征会于齐，齐顷公帷妇人使观之。郤子登，妇人笑于房。献子怒，出而誓曰：所不此报。无能涉河。献子先归，使栾京庐待命于齐，曰：不得齐事。无复命矣。郤子至，请伐齐。晋侯弗许。请以其私属，又弗许。齐侯使高固、晏弱、蔡朝、南郭偃会。及敛盂。高固逃归。""齐侯亲鼓，士陵城。三日，取龙。遂南侵，及巢丘。"②《春秋》经文，条列而已，前因固然不知，后果尚也未明，《左传》则是叙述清楚，史事畅达。董仲舒则不一样，他是要在这些事件中，看出端倪，发现意义，于是他既要说明历史，更要评判论衡：

齐顷公亲齐桓公之孙，国固广大而地势便利矣，又得霸主之

---

① 这种方式，也表现在汉代辞赋，并影响后来的玄学清谈。可参唐翼明：《魏晋清谈》(第二章)，台北：东大出版社，1992年。

② 杨伯峻编著：《春秋左传注》，中华书局，2000年，第717-178、771-772、786页。

余尊，而志加于诸侯。以此之故，难使会同，而易使骄奢。即位九年，未尝肯一与会同之事。有怒鲁、卫之志，而不从诸侯于清丘、断道。春往伐鲁，入其北郊，顾返伐卫，败之新筑。当是时也，方乘胜而志广，大国往聘，慢而弗敬其使者。晋、鲁惧怒，内悉其众，外得党与卫、曹，四国相辅，大困之鞌，获齐顷公，斮逢丑父。深本顷公之所以大辱身，几亡国，为天下笑，其端乃从慑鲁胜卫起。伐鲁，鲁不敢出；击卫，大败之，因得气而无敌国以兴患也。故曰，得志有喜，不可不戒，此其效也。自是之后，顷公恐惧，不听声乐，不饮酒食肉，内爱百姓，问疾吊霁，外敬诸侯。从会与盟，卒终其身，国家安宁。是福之本生于忧，而祸起于喜也。呜呼！物之所由然，其于人切近，可不省邪？

齐桓公之后有孝公、昭公、懿公、惠公，然后则是顷公。齐顷公自以为名门之后，得霸主余荫，骄傲自尊，自以为是。他曾率兵攻打鲁、卫，二国向晋国求援。郤克带领援军，讨齐以救鲁、卫。结果鞌之战，齐顷公大败，身辱名羞，几乎亡国。幸好部下逢丑父代君而死，齐顷公才逃过劫难。董仲舒论史记事，还要发挥一番议论，才说："得志有喜，不可不戒""是福之本生于忧，而祸起于喜也。呜呼！物之所由然，其于人切近，可不省邪？""自是之后，顷公恐惧……"以史为鉴，事实在经书中，需要析论而后大明，故《春秋》大义，得失、是非、贵贱、尊卑之类，都由史而见，我们引以为训，见贤思齐，不贤则自省，然后运用在当下，这才是春秋经事的关键，"《春秋》，大义之所本耶？……。然后援天端，布流物，而贯通其理，则事变散其辞矣。故志得失之所从生，而后差贵贱之所始矣"①。

至于逢丑父，他自然也有见解②：

> 逢丑父杀其身以生其君，何以不得谓知权？丑父欺晋，祭仲许宋，俱枉正以存其君。然而丑父之所为，难于祭仲，祭仲见贤而丑父犹见非，何也？曰：是非难别者在此。此其嫌疑相似而不

---

① 苏舆：《春秋繁露义证》，中华书局，第143页。
② 苏舆：《春秋繁露义证》，中华书局，第59—60页。

同理者，不可不察。夫去位而避兄弟者，君子之所甚贵；获虏逃遁者，君子之所甚贱。祭仲措其君于人所甚贵以生其君，故《春秋》以为知权而贤之。丑父措其君于人所甚贱以生其君，《春秋》以为不知权而简之。其俱柱正以存君，相似也；其使君荣之与使君辱，不同理。

董仲舒自问自答，逢丑父代君而死，自殒而存君，为何仍不算权？他以祭仲与逢丑父做比较，分析二人行事史迹，逢丑父所为，其实更难于祭仲，但后者见许，前者为非，这就是《春秋》难读，又具有深义的地方，知人论事，是非难别，由此可见。

因为行为相似，呈现的义理却有不同。相似之处，存君；相异之点，则是辱君。祭仲先是驱逐郑昭公，扶位郑厉公，后又重立郑昭公，《春秋公羊传》称许为知权，原因是知权而反经，"古人之有权者，祭仲之权是也。权者何？权者反于经，然后有善者也。权之所设，舍死亡无所设。行权有道，自贬损以行权，不害人以行权。杀人以自生，亡人以自存，君子不为也"①。君王退位废立，祭仲出突（郑厉公）入忽（郑昭公），"少辽缓之，则突可故出，而忽可故反，是不可得则病，然后有郑国"。表面上来看，违反君臣之礼，可是郑昭公去而复返，前枉而后义，结果是对大家都好的，"然后有善者也"。董仲舒的解释，却非如此。他并非以收场答案，而是以行为的属性与内涵来看的②：

> 故凡人之有为也，前枉而后义者，谓之中权，虽不能成，《春秋》善之，鲁隐公、郑祭仲是也。前正而后有枉者，谓之邪道，虽能成之，《春秋》不爱，齐顷公、逢丑父是也。夫冒大辱以生，其情无乐，故贤人不为也，而众人疑焉。《春秋》以为人之不知义而疑也，故示之以义，曰国灭君死之，正也。正也者，正于天之为人性命也。天之为人性命，使行仁义而羞可耻，非若鸟兽然，苟为生，苟为利而已。是故《春秋》推天施而顺人理，

---

① 黄铭、曾亦译注：《春秋公羊传》，中华书局，2016年，第105页。
② 苏舆：《春秋繁露义证》，中华书局，第60—62页。

> 以至尊为不可以加于至辱大羞,故获者绝之。以至辱为亦不可以加于至尊大位,故难失位弗君也。已反国复在位矣,而《春秋》犹有不君之辞,况其然方获而虏邪。其于义也,非君定矣。若非君,则丑父何权矣。故欺三军为大罪于晋,其免顷公为辱宗庙于齐,是以虽难而《春秋》不爱。
>
> 丑父大义,宜言于顷公曰:"君慢侮而怒诸侯,是失礼大矣。今被大辱而弗能死,是无耻也而复重罪。请俱死,无辱宗庙,无羞社稷。"如此,虽陷其身,尚有廉名。当此之时,死贤于生。故君子生以辱,不如死以荣,正是之谓也。由法论之,则丑父欺而不中权,忠而不中义,以为不然?复察《春秋》。《春秋》之序辞也,置王于春正之间,非曰上奉天施而下正人,然后可以为王也云尔。

逢丑父欺晋获罪,又让齐顷公免辱于宗庙,此事虽难,但仍不被认可,因为他的行为欺而不中权,前正而后枉,忠而不中义,导致君王"获虏逃遁"。他从这件事中得到的启示与意义,境况不同,在那当时,死贤于生,与其辱而生,不如死以荣,所以逢丑父人虽死,但行为处置不恰当,仍不能算是大义,不算权变,行为导致的结果,"自是之后,顷公恐惧,不听声乐,不饮酒食肉,内爱百姓,问疾吊丧,外敬诸侯。从会与盟,卒终其身,国家安宁"。但就这件事来看,辱大于荣,原因就是天子至尊,不可以受到至辱大羞①。

毕竟,义借事而显,事也因理而明,空谈哲理,虚说史事,都是没有意义的,所谓的托古,其实是述古,或者是说古,在董仲舒"历

---

① 《春秋公羊传》称赞祭仲,是因为知权,导致有好结果;但董仲舒称许,原因则有不同,是因为他认为祭仲让国,使他的君王具备了让德。张端穗:《西汉公羊学研究》,台北:文津出版社,2005年,第162—163页。关于对祭仲评价与公羊学的问题,可见蔡长林:《从对祭仲评价的转变看公羊学经权说的历史际遇》,《汉学研究》第35卷第2期(2017年6月)。

史性解读"的春秋公羊学中,历史事实与价值理念是合一的①。这种名实相符的观点,表现在他的《深察名号》,过往学界多将焦点放在"名"本身,已有许多深度研究,其实董仲舒由名号谈及性情问题,看起来都是谈论符征与符旨,本身内在理路却饶有深义。首先,董仲舒强调"名生于真,非其真,弗以为名"②,名真不分,故名号,代表真实,有其称号,往往也有相应的价值理解。我们观看古今世界,从过去到现在,从理解到实践,就要循名责实,以名来探究其真。这个名与真,其实就是另一种的大义,释名以章义,就像董仲舒从齐顷公、逢丑父、祭仲等人是看到的道德意义,名实事理,是不可分也不必分的,所以他说:"欲审曲直,莫如引绳;欲审是非,莫如引名。名之审于是非也,犹绳之审于曲直也。诘其名实,观其离合,则是非之情不可以相谰已。"董仲舒批评逢丑父,称赞祭仲,就在于他以君王之名实来审核逢丑父之行为性质,脱离大义,名实离分:"名者,大理之首章也。"③

正因为这类的述古,并非借托,空言其事,甚至是向壁虚构,虚拟故事,而是他真的去探究过往,研究史迹,做出历史性的解读,并深察名号,将君子夫妇父子尊卑之类,正其名,定其真,而大义是非曲直,常常就在名实离合之间,决定取舍。但是我们又该如何做?才能循名责实,由名而知真,进而理解并实践大义呢,将价值理念体贴到古今世界呢?董仲舒说,名号出于天,《春秋》奉天法古,因此解读体知《春秋》,自然是必行的步骤——其实更广泛地说,阅读经典,

---

① 此处所谓的历史事实,并非全是我们现今所谓的真相。历史当然是有真相的,但真相是否一定是客观而绝对的,颇可多论,当代后现代史学对此多有分述,因非主题重点,故不赘述。可参古伟瀛、王晴佳:《后现代与历史学:中西比较》,山东大学出版社,2006年,第46—48页。本文所指的是"历史性解读"。董仲舒解释史事,以求大义,显然有其"历史性"的刻意解读。所谓的"历史性"解读,根据黄俊杰的看法是指解读者因身处时代的历史情境与历史记忆及其思想系统所致,都会影响解读者以自己的"历史性",进入文本的思想世界。黄俊杰:《东亚儒学史的新视野》,台北:台湾大学出版中心,2006年,第46—48页。
② 苏舆:《春秋繁露义证》,中华书局,第260页。
③ 苏舆:《春秋繁露义证》,中华书局,第285页。

本就是一种修行，循天道，修身而行："循天之道以养其身，谓之道也"①，于是《深察名号》，笔锋一转，谈起了性情："今世闇于性，言之者不同，胡不试反性之名？……性之名不得离质，离质如毛，则非性已，不可不察也。""身之名取诸天……天有阴阳禁，身有情欲栣，与天道一也。"②

以经学而通天人，明治道，这方面的看法，董仲舒的性情论，及法天而引起的修身问题，与柏拉图的"模仿"之说，颇有异同③。因为，就董仲舒看来，王者循天道，修身而行，都不是简单地比附而已，他认为在这个世界里，人与天是息息相关的，联类共感，气化相应，学者或称为"联系性思维方式"④，或以"引譬连类"为主⑤，又或是讲成"同源同构互感"⑥，其意大多类似。但这种联系引譬，互感联类，很多都是由身体触发的。这种触发，正是人有感于外在环境变化的深切感受，人要理解外在环境，才可能因应外在环境，做出比较好的选择与政策，董仲舒的"法天"，即是指此。如果就柏拉图看来，天人关系，可以说是一种"模仿"，他主张人类应当效法天体的运动，天上的秩序正好就是人间城邦最好的模型，因此要和谐，避免冲突，法自然四时，弗雷德（Drothea Freda）感到难以理解，说如果这是比喻，或许还可，但如果真的要效法，究竟该怎么做，才不至沦为空谈？人到底要学习天上的什么东西？又该怎么学习？他的回答是："因为他的目也许不仅仅是要将宇宙秩序投射到地球上或是按照天体秩序塑造人类了灵魂，而是想要永恒的灵魂与永恒的身体之间

---

① 苏舆：《春秋繁露义证》，中华书局，第 444 页。
② 苏舆：《春秋繁露义证》，中华书局，第 291、293 页。
③ 本文重在讨论董仲舒如何解释过去，至于他如何改变当下，可见刘芝庆《王道、经学与身体——重探董仲舒的春秋学》，收于《从指南山到汤逊湖：中国的知识、思想与宗教研究》。
④ 黄俊杰：《东亚儒学史的新视野》，台北：台湾大学出版中心，2006 年，第 314 页。
⑤ 郑毓瑜：《身体时气感与汉魏抒情诗——汉魏文学与楚辞、月令的关系》，《汉学研究》22 卷 2 期（2004 年 12 月），第 5—13 页。
⑥ 葛兆光：《道教与中国文化》，上海人民出版社，1995 年，第 42 页。

设计出一种理想的关系,并且展示人类在这一方面所能学习的东西。"①

由此可见,董仲舒的《春秋繁露》,谈史事,并非全把史事认为是孔子寓托,而是视为实际发生的事情;过往之事何其多,邻猫生子,鸡毛蒜皮,难已尽记,故孔子写上某事,又如何写,笔锋浓淡,取舍选择之间,便大有可说。于是透过言内之事,来探求言外之意,就成了董仲舒非常在意的问题,借用钱穆的书名,这就是"中国历史精神",只有精神,没有历史,是不够的,更不能有了前者,遗忘后者,躯体存有,灵魂欠缺,也不行。所以言内与言外,史事与义理,是相辅相成的,他才又有六科十指之说,金针度与,示人门径,告诉我们该以何种原则,解读《春秋》,六旨(六科)并非要把《春秋》大义分为六类,而是指出《春秋》义法的彰显目的与效用②,所以才就得失贵贱、法诛罪源深浅,又或是君臣尊卑之道而论,用意在于说明"幽隐不相踰,而近之则密矣,而后万变之应无穷者,故可施其用于人,而不悖其伦矣"。再者,董仲舒也认为《春秋》二百四十二年所涉之事极为广博,但大致有十点要义,此即"十指"。董仲舒以十指之论,对《春秋》义法发凡起例,而《春秋》又隐涵王者改制之说,因此十指不但是事之所系、属辞比事,但同时也是王化所流,所以十指是解译的方法,要从《春秋》史事中,明《春秋》大义。

## 三、立义而微言的苏舆《春秋繁露义证》

但是,董仲舒这样的看法,由苏舆解释起来,却颇有差异。如前所述,关于苏舆的注疏研究,学界多强调康苏之异。确实,苏舆反对

---

① 多罗西娅·弗雷德著,刘佳琪译:《柏拉图的〈蒂迈欧〉:宇宙论、理性与政治》,北京大学出版社,2014年,第99页。值得注意的是,陈昭瑛从神话思维与原始分类的角度,来分析董仲舒天人思想,并与荀子做比较,有很深入的讨论。可见陈昭瑛:《荀子的美学》,台北:台湾大学出版社,2016年,第318—329页。

② 杨济襄:《董仲舒春秋学义法思想研究》,台北:台湾师范大学国文研究所博士论文,2001年,第314页。

康有为等人的公羊学,他在《翼教丛编》中的序言就说:"其言以康之《新学伪经考》《孔子改制考》为主,而平等、民权、孔子纪年诸谬说辅之。伪六籍,灭至经也;托改制,乱成宪也;倡平等,堕纲常也;伸民权,无君上也;孔子纪年,欲人不知有本朝也。"① 托古改制之说,也是他不赞成的,因为他认为孔子并非素王,改制一事,只能由君王来办,儒生只能是建议,无法担任第一人,更不可虚构名号,以己意行之。所以《春秋》是立义,不能是改制之书(芝庆按:为方便说明,区别董仲舒原文,下引苏舆注语,批注自将标明)②:

《春秋》为立意之书,非改制之书。
制非王者不议,义则儒生可立。
所云"参酌""中制",亦祇是立义耳。

孔子虽然伟大,毕竟只是儒者,不是君王,不能越位,不可逾越,更不可能有《孔子为改制之王》《孔子为新王》《孔子为素王》《孔子为文王》《孔子为圣王》《孔子为先王》《孔子为后王》《孔子为王者》之类的讲法③。他对近来许多说法感到不满,特别是康有为:"余少好读董生书,初得凌氏注本,惜其称引繁博,义蕴未究。已而闻有为董氏学者,绎其义例,颇复诧异。乃尽屏诸说,潜心玩索,如是有日,始粗明其旨趣焉。"④ 康有为著有《春秋董氏学》,其公羊家改制说,名满天下,《新学伪经考》《孔子改制考》,影响当时学术甚巨⑤。故"改制"与"立义"之分,显然是有针对性的。他认为那些人的说法,过于凿空,义理也有问题:"光绪丁戊之间,某氏有为《春秋董氏学》

---

① 苏舆原作,林庆彰、蒋秋华编辑,杨菁点校:《苏舆诗文集》,台北:中研院文哲所,2005年,第21页。
② 苏舆:《春秋繁露义证》,中华书局,1992年,第112、113页。
③ 这些都是康有为《孔子改制考》卷八的标题。
④ 苏舆:《春秋繁露义证》(自序),中华书局,1992年。
⑤ 据钱穆所言,在他的《刘向歆父子年谱》以前,学界弥漫其说。之后才由他推陷廓清,影响所及,甚至很多大学都不再开设经学课程。钱穆此文,贡献自然很大,但其实经学课程仍有许多,而讲课者也常偏向公羊学。车行健:《现代学术视域中的民国经学:以课程、学风与机制为主要观照点》(第一章),台北:万卷楼出版社,2011年。

者,割裂支离,疑误后学。如董以传所不见为'微言',而剌取阴阳、性命、气化之属,撼合外教,列为'微言',此影附之失实也;三统改制,既以孔子《春秋》当新王,而三统上及商周而止,而动云孔子改制,上托夏、商、周以为三统,此条贯之未晰也;鄫取乎莒,及鲁用八佾,并见《公羊》,而以为口说,出《公羊》外,此读传之未周也。其它更不足辨。"①

就他看来,《春秋》是不住空言,深切着明于行事的,"空陈古圣明王之道,不如因而着其是非得失,知所劝戒"。他解释董仲舒"假其位号以正人伦,因其成败以明顺逆",在董仲舒提及宋襄公、晋厉王的基础上,说:"因成知顺,桓文是;因败知逆,鲁庄、晋厉是;亦有因败而得其顺者,宋襄是也。假位号,因成败,此圣人作《春秋》之意。因故是以明王义,事不虚而义则博贯。"② 所以不能跳过这些史事,空言道理,甚至穿凿附会:"《春秋》之文,非徒为讥刺而已,将使后之王者观其效以审其原,察其文而修其实,有以得存亡之枢要也。"③

可是,董仲舒明明也有改制的文字,《楚庄王》《符瑞》,甚至《三代改制质文》,还刻意标明,苏舆又该如何处理? 他认为改制,其实就是立义,是儒者相传旧说,更是汉初儒者通论,为董仲舒所援用。改制用意在于改末流之制,后人误会,还以为董仲舒开端起例,发明改制,实乃大误:"故余以为董子若生于太初后,或不断断于是。"因此这跟孔子没有什么关系,当今妄者误以为王即是指孔子,就是荒谬:"妄者至谓王者即孔子,谬不足辨。"④ 至于董仲舒原文:"是故孔子立新王之道",苏舆也特地解释⑤:

> 制可改者也,惟王者然后能改元立号,治礼作乐,非圣人所能托。道不变者也,周德既弊,而圣人得假王者以起义而扶其

---

① 苏舆:《春秋繁露义证》,中华书局,1992年,第3页。
② 苏舆:《春秋繁露义证》,中华书局,1992年,第163页。
③ 苏舆:《春秋繁露义证》,中华书局,1992年,第129—130页。
④ 苏舆:《春秋繁露义证》,中华书局,1992年,第16页。
⑤ 苏舆:《春秋繁露义证》,中华书局,1992年,第28、29页。

失,俟来者取鉴。

夫《春秋》立义,俟诸后圣。后圣者,必在天子之位,有制作之权者也。汉之臣子尊《春秋》为汉制作,犹之为我朝臣子谓为我朝制作云尔,盖出自尊时之意,于经义无预也。

制是可以改的,但道不变,只有天子才有制作之权,只有王者才能改元立号。王者、天子、皇帝都是真的存在,不是圣人虚构伪托。周德既弊,圣人只好取譬连类,借题发挥,以王者之名,来谈这些立义改制的问题,供后者取鉴参考,但改制者只能是皇帝天子,儒者只能议,不能立,这是大义所在,不能变通的。

若然"假王者以起义而扶其失",则苏舆必要面对的是,《春秋》二百四十二年之人事物,哪些是真的史述,哪些只是圣人夺他人酒杯,浇自己胸中块垒?也因如此,他连董仲舒的三代改制说,都要否认,认为非有其事,不是事实。书中所言,只是师说,敷衍推展,不是经文本身。既然无事实可据,三代制度又言人人殊,读者只要知道"义",不必拘泥于"史"。因为道是不变的,制是可以改的,所以真的弄不清楚条制科表,也没关系,并非重点,他指出董仲舒《三代改制质文》的问题:①

三代殊制,见于……诸篇甚多。……皆师说所传异制。学者质文随习,不必尽合。

本篇所记,但述师说。制于以《春秋》当新王诸义,不见于传,盖为改正而设,与《春秋》义不相属。

此云改统,自是一时师说,与《春秋》不相蒙也。

苏舆论改制差异,目前学界的研究多聚焦在以口说之《春秋》,发挥微言之《春秋》,上头引文的师说祖述,不见经传云云,皆可由此理解。正如郭晓东所指出。康有为的公羊学,强调"口说"一脉,虽颇为切合董仲舒之学,不免过度发挥,诠释太多而证据太少②。

---

① 苏舆:《春秋繁露义证》,中华书局,1992年,第184、189页。
② 郭晓东:《论〈春秋董氏学〉与〈春秋繁露义证〉——对董仲舒的不同诠释》,《现代儒学》(第三辑),生活·读书·新知三联书店,2018年。

但是，本文要另外指出的是，苏舆与康有为的差异，如果由董仲舒原文看来，两人颇有共同点，即是认为《春秋》之史，不必求实，也不用完全当真。所以他左一句不相蒙，又一句不相属，学者质文学习，得其微言，知其大义即可，不必尽合。

苏舆又自问自答，说："本书《三代改制》篇，明以《春秋》为一代变周之制，则何也？"答曰："此盖汉初师说，所云正黑统、存二王云云，皆王者即位改制应天之事，托《春秋》以讽时主也。"① 汉初师说，口耳相传，为讽时主，得其意即可，不是历史，不必在意。因此《三代改制》是当时儒者所言，董仲舒也在其中，是托《春秋》以讽时主罢了。

但是董仲舒显然不是这样看的，如上节所言，董仲舒秉持事理合一，史义不分的原则，文章开头就标明《春秋》"王正月"，又引用传，说王就是周文王，他受命而王，所以应该要改正朔，易服色，制礼乐，这是《春秋》的微言大义，这种历史记载，充满了丰盈的理念。前人如此，后人亦然，他期勉时主（汉武帝）也该如此做，只是服色礼乐等，要因时而变。后王与前王一样，秉授天命，就应改制作科（制作条规）。首先要在十二种颜色当选取一种作为正色，然后以黑统、白统、赤统根据寅、丑、子的逆序循环搭配，黑统以建寅月为正月（一月），其中舆服昏冠刑乐都有相应的制度："斗建寅，天统气始通化物，物见萌达，其色黑，故朝正服黑，首服藻黑，正路舆质黑，马黑，大节绶帻尚黑，旗黑，大宝玉黑，郊牲黑，牺牲角卵，冠于阼，昏礼逆于庭，丧礼殡于东阶之上，祭牲黑牡，荐尚肝，乐器黑质，法不刑有怀任新产……"，"斗"即是北斗星，北斗七星第五至第七颗为斗柄，四季月分即是根据斗柄所指的位置来画分。黑统尚黑，因此朝见服、帽子、路舆、符节、印授、旗子、乐器等，都是以黑色为主；白统则以建丑月为正月（十二月），亦有相应制度："其色白，故朝正服白，首服藻白，正路舆质白，马白，大节绶帻尚白，旗白，大宝玉白，郊牲白，牺牲角茧，冠于堂，昏礼逆于堂，丧事殡于楹柱

---

① 苏舆：《春秋繁露义证》，中华书局，1992年，第16页。

之间，祭牲白牡，荐尚肺，乐器白质，法不刑有身怀任……"；赤统则是以建子月（十一月）为正月，"其色赤，故朝正服赤，首服藻赤，正路舆质赤，马赤，大节绶帻尚赤，旗赤，大宝玉赤，郊牲骍，牺牲角栗，冠于房，昏礼逆于户，丧礼殡于西阶之上，祭牲骍牡，荐尚心，乐器赤质，法不刑有身，重怀藏以养微，是月不杀，听朔废刑发德……"文质互补，相辅相成，缺一不可。

正如本文所提出的，苏舆也讲"实"，如前引"察其文而修其实""事不虚而义则博贯"，但与董仲舒做法大有不同，苏舆多只是强调不可空言，不要随意胡说之类。他对史实的强调，深察名号，远远比不上对道与义的深耕探求："《春秋》以立义为宗，在学者善推耳。故孔子曰："其义窃取。"然而笔削之意可窥事者，落落大端而已，以俟读者之博达焉。"① 杨树达为他写墓志铭，也说先生平时持论，说汉儒制经有两体，一是注重训诂名物，二则是重大义，"董生之书实为言义理之宗。""汉儒之学，当首举董生。"② 故苏舆批注《深察名号》，就只注重名号背后的实，苏舆说这是名家之学，以综微核实为功，公羊学即与此同。就像凸显史事背后的大义，综微核实，实虽是附名而来，其实比名更重要。他忽略了董仲舒是名实双彰的，甚至可以名来规范实，可以曲直委屈的。更进一步来说，如果这些史文，只是器，只是工具，明道知义，则得意忘言，得鱼忘筌，甚至可以以后者否定前者。他对三代改制的质疑，与其说是对口说系统的不满，对康有为的不认同，也可以说他对于史实的追求，不同于董仲舒，而偏偏就在这一点，他与康有为颇有相似。

由此可见，苏康之同，都是认为义是第一序，事是第二序。固然理在事中，义在史中，不能离事言理，但他们并非真的都认为事是真的。或寄托，或比喻，或联类，或借譬，皆无不可，"第二序"，对他们而言，因为述说所及，有必要，也有需要，却相较于第一序，其实

---

① 苏舆：《春秋繁露义证》，中华书局，1992年，第12页。
② 杨树达：《平江苏厚庵先生墓志铭》，收入苏舆撰，林庆彰、蒋秋华编辑，杨菁点校：《苏舆诗文集》，台北：中研字文哲所，2005年，第258页。

没那么重要，不必拘泥，也不要完全求真。因此康有为谈史，他的论证，是披着考据的外衣，自己的话多，古人的话少；而苏舆，或资料排比，或训声考字，看似较为稳妥，如姜广辉所言，是"晚清平实说理的公羊学家"，其实也不是要呈现历史真相，他是要钩沉微言大义的，发挥立义之书的。所谓的春秋之旨，很大目的又是为了推翻近来公羊学，特别是康有为之说。所以他才会说董仲舒三代文质，并不可信。

于是，当他们把握到所谓的真理之后，则事可无不可，或得鱼忘筌，历史如何，已非重点；又或是以理限事，义大于事，用他们的研究得来的微言大义，来解释更多的线索或史实。例如苏舆反对康有为，认为孔子并非真的行王事，董仲舒也不是这样解释《春秋》，对所谓的"吾因其行事而加乎王心焉"（《春秋繁露》引孔子言），就不厌其烦地说：行事，是往事，而非真行其事，实行其义，因此胡安国称赞孔子著书，行事深切著明："仲尼以为天理之所在，不以为己任而谁可？五典弗惇，己所当叙；五礼弗庸，己所当秩；五服弗章，己所当命；五刑弗用，己所当讨。"① 他就批评胡安国搞错了，行事不是孔子行王事，而只是孔子假鲁史言王法②。

其实，二人看似复古，都有着时代因素，影响所及，"本意尊经，乃至疑经"，就学术史的内缘观察来看，如果古史辨运动的兴起，上承清代今文家的解经、崔述《考信录》，经廖平、康有为，最后到胡适、顾颉刚，从尊孔－疑经－破古，到"古史是层累地造成的""神话分化说"，因为尊经，导致疑经，进而不信古，重新评估一切价值，

---

① 苏舆：《春秋繁露义证》，中华书局，1992年，第161页。
② 胡安国也说孔子改制，只是不在其位，不敢自专，所以只好以特笔微写，尊时王，又希望新王有改制之责，因此孔子"行事"，当然是有改制之实的。但苏舆只强调孔子不能有王者改制，就身分上着眼。关于胡安国的说法，可参蔡长林、陈颢哲：《"王正月"解读视角的转变及其意义》，蔡长林编，《林庆彰教授七秩华诞寿庆论文集》，台北：万卷楼出版社，2018年。

考辨伪书、区别伪史、破除伪说，康有为正是其中一个重要关键①。如今看来，苏舆也不会在这个脉络之外。

## 四、结论

本文指出，董仲舒公羊学的特点，在于即事言理，所以才要深察名号，史义合一。他谈改制，说更化，讲无为，都是从过往历史中，见微知著，发挥挖掘而来，这种历史性解读，颇为明显；康苏则否，康有为"知孔子制作之学首在《春秋》"②，于是孔子改制，孔子为素王，孔子立法，既知如此规律，知义便可离事，不再受限于所谓史的约制③：

> "缘鲁以言王义"，孔子之意，专明王者之义，不过言托于鲁，以立文字。即如隐、桓，不过托为王者之远祖，定、哀为王者之考妣，齐、宋，但为大国之譬，邾娄、滕侯亦不过为小国先朝之影，所谓"其义则丘取之"也。自伪《左》出，后人乃以事说经，于是周、鲁、隐、桓、定、哀、邾、滕，皆用考据求之，痴人说梦，转增疑惑，知有事而不知有义。
> 
> 于是，孔子之微言没，而《春秋》不可通矣。

康有为认为尧、舜、周公、成、康等所谓先王，皆是所托之古。诸子改制，为当时风气，而孔子为诸子之卓、为制法之王，更亦如是，所以周、鲁、隐、桓、定、哀、邾、滕等，都是托古以立文字罢

---

① 王汎森：《古史辨运动的兴起：一个思想史的分析》，台北：允晨出版社，1987年。
② 康有为著，朱维铮、廖梅校：《新学伪经考》，香港：三联书店，1998年，第49、87页。
③ 康有为著，姜义华等编：《春秋董氏学》，《康有为全集》（第二册），古籍，1987年，第670页。

了，康有为此说，不免以理限事①。苏舆又何尝不是如此？他认为《春秋》行事，固然深切著明，不可空言，但首在立义，一旦追寻到微言，则史实如何，又不是重心了，因此义大于事，价值理念与历史事实，未必要一致。康有为引"缘鲁以言王义"，苏舆也有辨明，他说董仲舒之意，并非尊鲁为王，孔子更无此意，都只是一般人论史，以香草美人式的具体性思维，引喻咏事，借题发挥罢了，只是一则以物，一个以史，"谓窃王者之义以为义也。托鲁明义，犹之论史者借往事以立义耳"②。但董仲舒说鲁言义，明明是要先澄清历史事实："今《春秋》缘鲁以言王义，杀隐桓以为远祖，宗定哀以为考妣……于稷之会，言其成宋乱，以远外也。黄池之会，以两伯之辞，言不以为外，以近内也。"③从这些情况中，观看其人其事，说理明义，然后以史为鉴，经世为用的。

本文的研究，即是回到《春秋繁露》本身，分析其公羊学，然后再顺着原文，分析广受学界重视的注本：《春秋繁露义证》。从董仲舒到苏舆，萧条异代，同样解释《春秋》，同样是解读《春秋繁露》，论述却产生分歧，我们并旁及康有为，在学界多强调苏康之异的基础上，也从董仲舒的角度，分析二人的可能之同。论述于此，未及之处，还请学界方家，不吝指正。

本文为"2020 中国·衡水董仲舒与儒家思想国际学术研讨会"提交的论文。

刘芝庆（1980—），台北人，博士，湖北经济学院中文系副教授。

---

① 关于康有为改制之说，可见刘芝庆：《论康有为与廖平二人学术思想的关系——从〈广艺舟双楫〉谈起》，收于《经世与安身：中国近世思想史论衡》，台北：万卷楼出版社，2017 年。
② 苏舆：《春秋繁露义证》，中华书局，1992 年，第 280 页。
③ 苏舆：《春秋繁露义证》，中华书局，1992 年，第 280 页。

# "以《诗》为天下法"探微

石柱君

董仲舒作为汉代今文经学大师,对《诗》非常推崇,在《春秋繁露》阐发《春秋》微言大义过程中,多次引用《诗》作为其理论依据。《春秋繁露》全书 82 篇,除了第三十九、第四十、第五十四这三篇阙文外,其余 79 篇中直接引诗多达 34 次。或许在董仲舒的思维里,《诗》犹如国家的法典。如《春秋繁露·祭义第七十六》载:

> 祭者,察也,以善逮鬼神之谓也,善乃逮不可闻见者,故谓之察。吾以名之所享,故祭之不虚,安所可察哉?祭之为言际也,与察也,祭然后能见不见,见不见之见者,然后知天命鬼神。知天命鬼神,然后明祭之意,明祭之意,乃知重祭事。孔子曰:"吾不与祭,如不祭。祭神如神在。"重祭事,如事生,故圣人于鬼神也,畏之而不敢欺也,信之而不独任,事之而不专恃。恃其公,报有德也;幸其不私,与人福也。其见于诗曰:"嗟尔君子,毋恒安息,静共尔位,好是正直,神之听之,介尔景福。"正直者,得福也;不正直者,不得福,此其法也。以《诗》为天下法矣。何谓不法哉?其辞直而重,有再叹之,欲人省其意也,而人尚不省,何其忘哉!孔子曰:"书之重,辞之复。呜呼!不可不察也,其中必有美者焉。"此之谓也。

这段文字董仲舒强调祭祀的根本义谛在于"见"到"天命鬼神",只有进入祭祀状态,才能看到平时看不到的"天命鬼神",如何才能进入祭祀状态？董仲舒提出：祭祀——畏、信、事——鬼神——正直——福报。正如"以《诗》为天下法"所制定的法则，"嗟尔君子，毋恒安息，静共尔位，好是正直，神之听之，介尔景福。"，要求祭祀的人必须正直。而依据董仲舒的观念，只有君主才有资格祭祀天地鬼神，只有人君正直才能见到"天命鬼神"，才能得到福佑天泽的福报。董仲舒在这里把《诗》作为最高统治者祭祀时遵循的法则，将《诗》直接指向政治领域，提升了《诗》的影响力。

"以《诗》为法"不只适用于君主的祭祀，在劝诫统治者注重自身修养、善待苍生、做正直之君之时，也必须遵从"以《诗》为天下法"。如《春秋繁露·郊事对》：

> 武王崩，成王立，而在襁褓之中，周公继文武之业，成二圣之功，德渐天地，泽被四海，故成王贤而贵之，诗云："无德不报。"故成王使祭周公以白牡，上不得与天子同色，下有异于诸侯。臣仲舒愚以为报德之礼。

"无德不报"出自《大雅·抑》，意为没有德行的人不会得到报答。董仲舒引此《诗》的目的，意在奉劝统治者只有"以德治国"才能得到福报，才能绵延祖业。在这里董仲舒用《诗》把"德"和"天命"联系起来，依然遵循的"以《诗》为天下法"。

董仲舒除了在思想领域推崇"以《诗》为天下法"，在现实政治活动中确实奉行"以《诗》为天下法"的圭臬。比如把《诗》用作"决狱"，也就是用《诗》作为断案的依据。

> 时有疑狱曰：甲无子，拾道旁弃儿乙养之，以为子。及乙长，有罪杀人，以状语甲，甲藏匿乙。甲当何论？仲舒断曰：甲无子，振活养乙，虽非所生，谁与易之？《诗》云：螟蛉有子，蜾蠃负之。《春秋》之义：父为子隐。甲宜匿乙而不当坐。

当时有个难于断定的案例：甲没有孩子，在路边捡到了弃婴乙并养育他，当成自己的儿子一样。等到乙长大后，却犯罪杀人了，有人将这个事情告诉了甲，甲把乙藏了起来。人们犯难了，甲该当怎么论罪？

董仲舒断定：甲没有孩子，既然把乙养大，就算不是亲生儿子，但是谁也改变不了是甲把乙养大的事实和他们的父子之情。《诗经·小雅·小苑》记载："螟蛉有子，蜾蠃负之，教诲尔之，式谷似之。"董仲舒从《诗经》《春秋》中引出"养父如同亲父"和"父为子隐"两条原则，做出了甲虽然隐瞒乙杀人罪行却不应追究刑事责任的判决。

"螟蛉有子，蜾蠃负之，教诲尔之，式谷似之"在这里成了甲不当坐的理据之一，《诗》已经成为类似依靠国家机构推行的法律条文。

如果说董仲舒提出的"以《诗》为天下法"，主要表现在祭祀、教化、决狱等不同方面，而最高统治者的践行更让人们确信"以《诗》为天下法"的权威性，因为汉武帝曾经把《诗》作为颁布诏书的依据。汉武帝在卫子夫的立后诏书中曾引《诗》：

> 春三月甲子，立皇后卫兵。诏曰："朕闻天地不变，不成施化；阴阳不变，物不畅茂。《易》曰'通其变，使民不倦'。《诗》云'九变复贯，知言之选'。朕嘉唐、虞而乐殷、周，据旧以鉴新。其赦天下，与民更始。诸逋贷及辞讼在孝景后三年以前，皆勿听治。"

汉武帝在册封卫皇后的诏书中引逸《诗》，认为如果没有天地的变化，就不会有万物的施化，如果没有阴阳之变，就没有万物的畅茂，把"九变复贯，知言之选"作为诏书的依据，把《诗》作为皇后册立的法则，可见董仲舒提出的"以《诗》为天下之法"并不虚妄。

为了更直观地把握董仲舒的引《诗》之多，我们不妨把《春秋繁露》引诗篇章罗列一下，当然《春秋繁露》中还有不少篇章援引《诗》意，但援引《诗》意的篇章不作为我们考察的对象，我们考察的对象主要以引《诗》为主。《春秋繁露》引《诗》详见下列图表。

（注：第16条见苏舆的《春秋繁露义证》，其他33条均见钟肇鹏的《春秋繁露校释》。）

| | 篇名 | 页码 | 风 | 小雅 | 大雅 | 颂 | 诗篇 |
|---|---|---|---|---|---|---|---|
| 1 | 楚庄王第一 | 九 | | 宛彼鸣鸠,翰飞戾天。我心忧伤,念彼先人。明发不寐,有怀二人。 | | | 《小雅·小宛》 |
| 2 | 楚庄王第一 | 一七 | | | 威仪抑抑,德音秩秩。无怨无恶,率由仇匹。 | | 《大雅·假乐》 |
| 3 | 楚庄王第一 | 三七 | | | 文王受命,有此武功。既伐于崇,作邑于丰。 | | 《大雅·文王有声》 |
| 4 | 楚庄王第一 | 三七 | | | 王赫斯怒,爰整其旅。 | | 《大雅·皇矣》 |
| 5 | 玉杯第二 | 六二 | | 他人有心,予忖度之。 | | | 《小雅·巧言》 |
| 6 | 竹林第三 | 八〇 | | | 驰其文德,洽此四国。 | | 《大雅·江汉》 |
| 7 | 竹林第三 | 八四 | | 棠棣之华,偏其反而。岂不尔思,室是远而。 | | | 《小雅·棠棣》 |
| 8 | 竹林第三 | 九一 | 采葑采菲,无以下体。 | | | | 《邶风·谷风》 |
| 9 | 玉英第四 | 一二一 | | | 德𬨎如毛。 | | 《大雅·烝民》 |
| 10 | 二端第十五 | 三四五 | | | | 畏天之威。 | 《周颂·我将》 |
| 11 | 尧舜不擅移汤武不专杀第二十五 | 四九八 | | | 殷士肤敏,裸将于京。侯服于周,天命靡常。 | | 《大雅·文王》 |
| 12 | 度制第二十七 | 五一二 | | 彼有遗秉,此有不敛穧,伊寡妇之利 | | | 《小雅·大田》 |
| 13 | 度制第二十七 | 五一二 | 采葑采菲,无以下体,德音莫违,及尔同死。 | | | | 《邶风·谷风》 |

续表

| | 篇名 | 页码 | 风 | 小雅 | 大雅 | 颂 | 诗篇 |
|---|---|---|---|---|---|---|---|
| 14 | 仁义法第二十九 | 五七四 | | 饮之食之，教之诲之。 | | | 《小雅·绵蛮》 |
| 15 | 仁义法第二十九 | 五七四 | 坎坎伐幅，彼君子兮，不素餐兮！ | | | | 《魏风·伐檀》 |
| 16 | 必仁且智第三十 | 二五三 | | | | 畏天之威。 | 《周颂·我将》 |
| 17 | 身之养重于义第三十一 | 五九五 | | | | 示我显德行。 | 《周颂·敬之》 |
| 18 | 审察名号第三十五 | 六五一 | | 维号斯言，有伦有迹。 | | | 《小雅·正月》 |
| 19 | 天道无二第五十一 | 七七九 | | | 上帝临汝，无二尔心。 | | 《大雅·大明》 |
| 20 | 暖燠常多第五十二 | 七八二 | | | 不识不知，顺帝之则。 | | 《大雅·皇矣》 |
| 21 | 郊语第六十五 | 九赢九 | | | 不愆不忘，率由旧章。 | | 《大雅·生民》 |
| 22 | 郊语第六十五 | 九一一 | | | 唯此文王，小心翼翼，昭事上帝，允怀多福。 | | 《大雅·大明》 |
| 23 | 郊语第六十五 | 九一三 | | | 有觉德行，四国顺之。 | | 《大雅·抑》 |
| 24 | 郊祭第六十七 | 九二四 | | | 芃芃棫朴，薪之槱之。济济辟王，左右趋之。济济辟王，左右奉璋。奉璋峨峨，髦士攸宜。 | | 《大雅·棫朴》 |

续表

| | 篇名 | 页码 | 风 | 小雅 | 大雅 | 颂 | 诗篇 |
|---|---|---|---|---|---|---|---|
| 25 | 郊祭第六十七 | 九二四 | | | 淠彼泾舟，烝徒楫之。周王于迈，六师及之。 | | 《大雅·棫朴》 |
| 26 | 郊祭第六十七 | 九二四 | | | 文王受命，有此武功，既伐于崇，作邑于丰。 | | 《大雅·文王有声》 |
| 27 | 四祭第六十八 | 九三〇—九三一 | | | 济济辟王，左右奉璋。奉璋峨峨，髦士攸宜。 | | 《大雅·棫朴》 |
| 28 | 四祭第六十八 | 九三一 | | | 淠彼泾舟，烝徒楫之。周王于迈，六师及之。 | | 《大雅·棫朴》 |
| 29 | 郊祀第六十九 | 九三二 | | | 倬彼云汉，昭回于天。王曰呜呼！何辜今之人！天降丧乱，饥馑荐臻。靡神不举，靡爱斯牲。圭璧既卒，宁莫我听！旱既太甚，蕴隆虫虫。不殄禋祀，自郊徂宫。上下奠瘗，靡神不宗。后稷不克，上帝不临，耗斁下土，宁丁我躬。 | | 《大雅·云汉》 |
| 30 | 郊事对第七十一 | 九五八 | | | 无德不报。 | | 《大雅·抑》 |
| 31 | 山川颂第七十三 | 九七三 | | 节彼南山，惟石岩岩，赫赫师尹，民具尔瞻。 | | | 《小雅·节南山》 |

续表

| | 篇名 | 页码 | 风 | 小雅 | 大雅 | 颂 | 诗篇 |
|---|---|---|---|---|---|---|---|
| 32 | 祭义第七十六 | 一〇一九 | | 嗟尔君子，毋恒安息。静共尔位，好是正直。神之听之，介尔景福。 | | | 《小雅·小明》 |
| 33 | 循天之道第七十七 | 一〇二三 | | | | 不刚不柔，布政优优。 | 《商颂·长发》 |
| 34 | 天地阴阳第八十一 | 一〇八九 | | | 天难谌斯，不易维生。 | | 《大雅·大明》 |

从上表我们可以看出《春秋繁露》引《诗》多达34次，其中引用《风》诗3次，引用《小雅》8次，引用《大雅》19次，引用《颂》4次，可见董仲舒引《诗》以《雅》《颂》为主。当然董仲舒引《诗》的目的是为了更有效地推行自己的理论主张，为统治者服务。然而《诗》与政治的建构绝对不是董仲舒的独创，因为《诗》的生成本来与政治之间有着千丝万缕的文化渊源。

众所周知《诗》成书有采诗之说，有代表性的当属班固的《汉书·食货志》和何休解诂的《春秋公羊传·宣公十五年》。

> 孟春之月，群居者将散，行人振木铎徇于路以采诗，献之太师，比其音律，以闻于天子。故曰王者不窥牖户而知天下。

> 男女有所怨恨，相从而歌。饥者歌其食，劳者歌其事。男年六十、女年五十无子者，官衣食之，使之民间求诗。乡移于邑，邑移于国，国以闻于天子。

统治者采诗目的是为了观风察政，并且采诗后经过乐官修改、配乐再应用于庙堂礼仪。如《仪礼·乡饮酒礼》：

> 设席于堂廉，东上。工四人，二瑟，瑟先。相者二人，皆左何瑟，后首，挎越，内弦，右手相。乐正先升，立于西阶东。工入，升自西阶。北面坐。相者东面坐，遂授瑟，乃降。工歌《鹿

鸣》《四牡》《皇皇者华》。卒歌，主人献工。工左瑟，一人拜，不兴，受爵。主人阼阶上拜送爵。荐脯醢。使人相祭。工饮，不拜既爵，授主人爵。众工则不拜，受爵，祭，饮辩有脯醢，不祭。大师则为之洗。宾、介降，主人辞降。工不辞洗。

笙入堂下，磬南，北面立，乐《南陔》《白华》《华黍》。主人献之于西阶上。一人拜，尽阶，不升堂，受爵，主人拜送爵。阶前坐祭，立饮，不拜既爵，升授主人爵。众笙则不拜，受爵，坐祭，立饮；辩有脯醢，不祭。

乃间歌《鱼丽》，笙《由庚》；歌《南有嘉鱼》，笙《崇丘》；歌《南山有台》，笙《由仪》。

乃合乐：《周南·关雎》《葛覃》《卷耳》，《召南·鹊巢》《采蘩》《采苹》。工告于乐正曰："正歌备。"乐正告于宾，乃降。

乡饮酒礼作为"周礼"之一。大多将其视为"敬老尊贤""长幼有序""谦让不争"的道德教化举措，据《仪礼》等文献所载，乡饮酒礼比较正式的宴饮过程分为迎宾、献宾、乐宾、旅酬、无算爵无算乐等不同环节，作为诗乐展示的"乐宾"环节，用《诗》多达18首。可见《诗》与《礼》从来就是相辅相成。

除了《诗》用于礼，《诗》中的祭祀诗也不容忽视，狭义的祭祀诗包括《周颂》中的《清庙》《维天之命》《维清》《烈文》《天作》《昊天有成命》《我将》《时迈》《执竞》《思文》《有瞽》《潜》《雍》《载见》《丝衣》《赉》《般》。还有广义的《大雅》中的《旱麓》《文王有声》《既醉》《凫》，《周颂》中的《振鹭》《闵予小子》《敬之》《桓》。这些祭祀诗无不让《诗》披上神秘的面纱。

纵观董仲舒"以《诗》为天下法"除了《诗》具有的政治性、神秘性，同时兼具预见性，也就是说《诗》还有对人和事物的走向具有预见性和启示性。《诗》的这种预见性和启示性与《国语》里的谣占非常相似。如《国语·晋语六》"风听胪言于市，辨袄祥于谣"通过歌谣预知祸福吉凶，使得歌谣具有了占卜和预言的功效，或者可以称为传统意义上的谣占，这种谣占很可能类似占梦、星占，对人和事情的走向具有预言性。所以董仲舒在《春秋繁露》中多次引《诗》，提出"以《诗》为天下法"也就不足为奇,因为《诗》同样具有谣占的预见性。

由此,我们可以得出:第一,《诗》本与政治相辅相成彼此牵连纠缠;第二,作为庙堂礼仪和宗庙祭祀的《诗》具有神秘性;第三,《诗》具有"以《诗》为天下法"的预见性。《诗》之所以有这些特性,或许才会和董仲舒的政治理念彼此成就。

了解《诗》特性后,我们再看《诗》的所谓"作者",也就是《诗》的采集者,采诗的"行人""使者""史"的身份的同样具有神秘性和特殊性。史与巫作为天人沟通的媒介,以及巫史职责混沌交叉,史与巫的身份都颇具有神秘性。

过常宝先生在《原史文化及文献研究》中对史官的起源有所论述"中国古代史官起源很早,我们可以从甲骨卜辞中追寻到史官产生的最初印记。上古巫史不分,史官实际上是巫师中从事载录和文献保存的人员,因此,史官同样具有宗教背景,并随着文献的积累,渐渐有天命神意的见证者、阐释者而拥有了意识形态话语权力"。

再有《礼记·礼运》和《六韬·文韬·文师》对史官职责都有所记载。《礼记·礼运》载有巫和史占卜的记录:

王前巫而后史,卜筮瞽侑皆在左右,王中心无为也,以守至正。

同样《六韬·文韬·文师》载有史的占卜:

文王将田,史编布卜曰:"田于渭阳,将大得焉。非龙、非彲,非虎、非罴,兆得公侯,天遗汝师,以之佐昌,施及三王。"

文王曰:"兆致是乎?"

史编曰:"编之太祖史畴为禹占,得皋陶,兆比于此。"

文王乃斋三日,乘田车,驾田马,田于渭阳。卒见太公,坐茅以渔。

上述史官参与的占卜的事例,很明显史带有宗教背景,由此我们在反观董仲舒最突出的"天人合一"与卜筮文化(即通过卜筮传达天命、判断人事)必然有着内在的文化关联,所以董仲舒的"天人合一"思想带有浓浓的宗教性,这种宗教性使董仲舒带有史官职责的复杂属性。

我们也不可回避董仲舒"天人合一"思想的出发点是为了服务王权统治，出于忧患意识，尽管董仲舒"天人合一"对王权限制有些微弱，也曾试图将君权纳入天道，这些举措可以说既是史官文化的复兴，也是春秋战国士人"社会良心"的余温。

综上所述，我们认为董仲舒所言的"以《诗》为天下法"既有谣占的文化渊源，也有董仲舒作为史官的职业操守，只不过随着春秋战国的礼崩乐坏、史官职位的跌落，无论西汉的董仲舒再做怎样的努力，终究是依附于政权，把沟通天人的神权由史官让位给皇帝，剥夺了原本属于史官的天命话语权，削弱了史官的话语权利。但我们不可否认一个事实，虽然董仲舒倡导的"以《诗》为天下法"背离了董仲舒的初衷，但由于董仲舒对《诗》的引用，客观上促进了《诗》的传播和经典化的过程，董仲舒在汉代《诗》学的功绩同样不可磨灭。

**参考文献：**

[1] 钟肇鹏：《春秋繁露校释》，河北人民出版社，2005年，第5页。

[2] 苏舆：《春秋繁露义证》，中华书局，2010年，第1页。

[3] 姚艳慧：《董仲舒诗学研究》，《辽宁师范大学学报》2012年，第4页。

[4] 赵沛霖：《关于〈诗经〉祭祀诗的几个问题》，《河北师范大学学报》2008年第4期。

本文为"2020中国·衡水董仲舒与儒家思想国际学术研讨会"提交的论文。

石柱君（1972—），女，河北威县人，衡水学院文传学院副教授。

# 董仲舒"为人者天"释析[①]

魏彦红

    董仲舒庞大的思想体系是在其天人哲学的根基上构建起来的。在董仲舒看来,天是万物之本,自然也是人之源。作为"天地人"一体的重要一极,人具有其价值存在的重要意义。无论是作为自然个体的人,还是作为社会因子的人,董仲舒均做了精辟阐述。《春秋繁露》中有多篇文章论及了人之为人的内涵、路径和法则,其中"为人者天第四十一篇"则对人的本质特征进行了高度概括。本文以该篇为切入口,结合董仲舒对人的系列论述,试对董仲舒"为人者天"的内涵进行释析。

    "为人者天"是董仲舒对人之为人进行阐发的总括篇,内容虽不长,但观点鲜明,立场坚定,视野宏阔,是研究董仲舒天人哲学的重要内容。开篇即有如下概述:

        为生不能为人,为人者天也。人之人本于天,天亦人之曾祖父也,此人之所以乃上类天也。人之形体,化天数而成;人之血气,化天志而仁;人之德行,化天理而义;人之好恶,化天之暖清;人之喜怒,化天之寒暑;人之受命,化天之四时。人生有喜

---

[①] 基金项目:河北省教育厅人文社会科学重大课题攻关项目"董仲舒思想及其现实意义研究"(ZD202125);国家社科基金重大项目"董仲舒传世文献考辨与历代注疏研究"(19ZDA027);国家社科基金一般项目"董仲舒学术研究史"(19BZX051)。

怒哀乐之答，春秋冬夏之类也。喜，春之答也；怒，秋之答也；乐，夏之答也；哀，冬之答也。天之副在乎人，人之情性有由天者矣，故曰受，由天之号也。为人主也，道莫明省身之天，如天出之也。使其出也，答天之出四时而必忠其受也，则尧、舜之治无以加。是可生可杀，而不可使为乱。故曰："非道不行，非法不言。"此之谓也。（《春秋繁露·为人者天》）①

该段文字是董仲舒对人的宏观描述和内涵界定。从人的本质到自然属性、人性机理以及人生法则都进行了阐述。下面做逐一分析。

## 一、生不为人，为人者天

此文开篇即对人的本质进行了总括："为生不能为人，为人者天也。"这句话集中表达了本文的核心思想，也表达了董仲舒的人观：为人者天。在董仲舒看来，人出生后，还不能称为人，他只是一个自然个体，是一个生命存在，是大自然万物中的一分子。人和万物有着本质的不同，其不同之处就在于人是有思想有灵魂的，人的思想灵魂来源于天道，天道即人的行为规范和人生法则。没有天道的引导，不遵循天道，就不可能成为人。父母只给了你人的身体构造和外形，这只是作为人的外壳和重要组成部分，天不仅造就了人身体外形等自然特征，而且天赋予了人精神与灵魂，给了万物和谐共生的伦理价值观，给了人生航向。进一步说，即天给了你生命，把你从父母的身上剥离推向自然，你要想存活成长，必须回到父母怀抱，索取赖以生存的人生营养，这种营养就是作为人要成其为人的人生哲学智慧：天道。即天成就了人，人之为人就必须反过来要遵循天道。天人之间的关系是天涵括人的关系，是父母与子女的关系，是血气相连的关系。

董仲舒在此基础上又进一步予以说明："人之人本于天，天亦人之曾祖父也。此人之所以乃上类天也"，人之所以能成为人，是上天

---

① 张世亮、钟肇鹏、周桂钿译注：《春秋繁露》，中华书局，2012年，第399页。本文所引《春秋繁露》均出自本书，以下只标注篇名和页码。

成就的，天是人之本源，是人的曾祖父。董仲舒多次提及类似观点。"天地者，万物之本，先祖之所出也。"（《春秋繁露·观德》）① "父者，子之天也；天者，父之天也。无天而生，未之有也。天者万物之祖，万物非天不生。"（《春秋繁露·顺命》）② 董仲舒在这里扩大了范围，认为不仅人源于天，而且万物源于天，即天为万物之本。这样就把天人关系扩展到天物关系，万物（包括人）均是天之子孙，天地人一体而同源。天既是万物的出发点，也是万物的依循与归宿。

根据董仲舒以上论断，可以进行这样的解读：人的自然生命虽是父母给的，但这样的生命个体还不是真正意义上的人。人要称其为人，必须遵循天道行事，才能成为有思想的个体、融入社会的个体。天是人之父母，真正意义上的人是天赋予的。

## 二、人之为人，化天而成

董仲舒在提出上述论点后，随即进入了推断论证阶段。他首先得出"此人之所以乃上类天也"的论断。既然人的生命是上天给予的，天是人之父母，天孕育了人的生命，天的意志必然在人身上得以彰显，那么人的一切必然会带有天的遗传基因，天人相类，天人相通，人是天的副本。那么，天是通过什么传递自己的基因到人的呢？人又是如何体现天志的呢？人如何在天的引领下成为真正的人的呢？董仲舒对此从多方面进行了具体分析：

> 人之形体，化天数而成；人之血气，化天志而仁；人之德行，化天理而义；人之好恶，化天之暖清；人之喜怒，化天之寒暑；人之受命，化天之四时。

第一，关于"人之形体，化天数而成"。

董仲舒认为，人之形体展现天数是人副天的基本表现，天数在董仲舒思想体系中是一个非常重要的概念，天数在阐述天人关系时起着

---

① 《春秋繁露·观德》，第341页。
② 《春秋繁露·顺命》，第557页。

重要的引领和桥梁的作用。董仲舒在很多地方通过天数表达了天人合一的观点，尤其是以"人副天数"篇论述最为集中。

> 人有三百六十节，偶天之数也；形体骨肉，偶地之厚也；上有耳目聪明，日月之象也；体有空窍进脉，川谷之象也；……是故人之身，首坌而员，象天容也；发，象星辰也；耳目戾戾，象日月也；鼻口呼吸，象风气也；胸中达知，象神明也，腹胞实虚，象百物也。……天以终岁之数，成人之身，故小节三百六十六，副日数也；大节十二分，副月数也；内有五藏，副五行数也；外有四肢，副四时数也……（《春秋繁露·人副天数》）①

在董仲舒看来，人的身体结构、器官的数量形态和功能都不是无缘无故的，都能够从天那里找到缘由和出处。从董仲舒这些论述中我们能深刻感受到他在阐释天人关系时的所持有的对天的无限敬仰之情和强大的理论自信，董仲舒认为天的神奇就在于可以按照自己的意志设计、支配、左右万事万物，任何事物的形成、发展和归宿都绕不开天，也离不开天。"天者，百神之君也。"（《春秋繁露·郊义》）② 在金春峰先生看来，"董仲舒讲的天，有三方面的意义：即神灵之天、道德之天和自然之天。这三方面，董仲舒力图把它们加以统一，构造成为一个体系"③。这也体现了董仲舒眼中的天是强大的、无所不包的，无所不能的。

第二，关于"人之血气，化天志而仁"。

"仁，天心。"（《春秋繁露·俞序》）④ 董仲舒认为，仁是天道的核心。人的血气是秉受天志的变化而成为仁的。天志，即天的意志、天的心意、天的动机和目的。天志是仁，是博爱，天创造了世间万物，万物平等地享受着"父亲"天撒播的仁爱。仁是通过气的运行传给生命的，传给人的，天通过气的运行将天志传播到每个人的血气之

---

① 《春秋繁露·人副天数》，第474页。
② 《春秋繁露·郊义》，第541页。
③ 金春峰：《汉代思想史》（修订增补第四版），中国社会科学出版社，2018年，第122页。
④ 《春秋繁露·俞序》，第186页。

中。所以，人一出生便带来了天志仁的基因。苏舆在《春秋繁露义证》中表达了自己的看法，他认为"即此可悟天地与吾同体，万物与我同气之理"①。天地人一体同气，一体同仁，是与生俱来的，无法分离，永生相依。

　　源于天命之仁如何落到实处，这是关键的一环。作为特殊个体的人，作为天之子的王，被天赋予了这个重任。"是故王者唯天之施，施其时而成之，法其命而循之诸人，法其数而以起事，治其道而以出法，治其志而归之于仁。仁之美者在于天。天，仁也。天覆育万物，既化而生之，有养而成之，事功无已，终而复始，凡举归之以奉人。察于天之意，无穷极之仁也。"(《春秋繁露·王道通三》)② 王管理国家和人民遵循的根本法则是王道，王道就是天道，做到"唯天之施"，要以遵循"施其时""法其命""法其数"的原则"循之诸人"而"治其道"，最终实现天志以成仁。董仲舒进一步分析了天之仁的内涵，天长养万物，既化而生之，又养而成之，举归奉人，终而复始，循环往复，永不停歇，事功无限。所以他最后总结天意是"无穷极之仁"。这是天志的最高表现，是天意的终极价值诉求。

　　作为普通人该如何化天志为仁呢？"人之受命于天也，取仁于天而仁也。是故人之受命天之尊，父兄子弟之亲，有忠信慈惠之心，有礼义廉让之行，有是非逆顺之治，文理灿然而厚，积知广大有而博，唯人道为可以参天。"(《春秋繁露·王道通三》)③ 在这里，董仲舒明确强调，人一出生便接受了天命，这个天命就是仁，就是天之尊。"尊"表达了天至高无上的神圣与尊严，是仁的最高表达方式。受命于天之仁、之尊要落地变成现实，表现在生活中就是父慈子孝，和朋友交往怀有忠信慈惠之心，在行为上做到礼义廉让，在工作上讲是非逆顺的治理之道。

　　第三，关于"人之德行，化天理而义"。

---

① 苏舆：《春秋繁露义证》，中华书局，1992年，第310页。
② 《春秋繁露·王道通三》，第421页。
③ 《春秋繁露·王道通三》，第421—422页。

"天志仁，其道也义。"（《春秋繁露·天地阴阳》）① 董仲舒认为，人的德行秉受天理之化而为义。即人之德行为义，义由天而生，由天而成，这里的天指天道。"是故仁义制度之数，尽取之天"（《春秋繁露·基义》）②，"行有伦理，副天地也。此皆暗肤著身，与人俱生，比而偶之弇合"（《春秋繁露·人副天数》）。③ 按照董仲舒的论述，人出生后要经过"成人"的过程，这个过程就是"化天志而仁、化天理而义"的过程，也只有经过这个过程，才能使人经过"仁"与"义"的浸润和熏陶，使"仁"与"义"贯通自然生命，成为符合天道、天意的人。"仁"与"义"是筑起"人"的两大支柱，是人的本质的基本内涵。

"天地人，万物之本也。天生之，地养之，人成之。"（《春秋繁露·立元神》）④ "天道施，地道化，人道义，圣人见端而知本，精之至也；得一而应万，类之治也。"（《春秋繁露·天道施》）⑤ 天地人虽责任不同，但一体同源。天通过施与万物以"生"，地通过化生万物以"养"，人通过义以"成"。没有义，人就不能成为真正的人，义源于"天道施"。那么董仲舒眼里的义到底是什么呢？"何可谓义？义者，谓宜在我者；宜在我者，而后可以称义。故言义者，合我与宜以为一言，以此操之，义之为言我也。故曰：有为而得义者，谓之自得；有为而失义者，谓之自失；人好义者，谓之自好；人不好义者，谓之不自好。以此参之，义，我也，明矣。"（《春秋繁露·仁义法》）⑥ 在此董仲舒把"义"理解为"宜"，"适宜"之意。按照余治平教授的解释，"董仲舒把'义'诠释为'宜'，意为适宜、恰当，是实际的生活活动中一切行为所必须遵循的基本准则。但董仲舒的特别发明在于，他把'义'与'我'作了密切的联系。如果说'义'是

---

① 《春秋繁露·天地阴阳》，第 650 页。
② 《春秋繁露·基义》，第 465 页。
③ 《春秋繁露·人副天数》，第 477 页。
④ 《春秋繁露·立元神》，第 193 页。
⑤ 《春秋繁露·天道施》，第 654 页。
⑥ 《春秋繁露·仁义法》，第 319 页。

宜，那么，它就是针对我而言的适宜、恰当，立足点是我而不是他人。义，只有在我的身上获得适宜而恰当的安顿之后，才可以被称作义。"① 即，人的义是由天道仁化生而来，人成为仁的道场，义成为仁在人身上的适宜的表达。董仲舒一再强调仁义之分，尤其是着重强调义的本质："仁之法在爱人，不在爱我。义之法在正我，不在正人。我不自正，虽能正人，弗予为义。"（《春秋繁露·仁义法》）② 在董仲舒看来，"义"与"我"成为一个命运共同体，无法、也不能脱离对方，"义"永远是"我"的，"我"永远是"义"的。"义治我，躬自厚而薄责于外，此之谓也。"（《春秋繁露·仁义法》）③ 董仲舒总结道："义在正我，不在正人，此其法也。"（《春秋繁露·仁义法》）④

为了维系生命的延续和精神的成长，利与义同时与生俱来，但意义不同。"天之生人也，使人生义与利。利以养其体，义以养其心。心不得义，不能乐；体不得利，不能安。义者心之养也，利者体之养也。体莫贵于心，故养莫重于义，义之养生人大于利。"（《春秋繁露·身之养重于义》）⑤ 董仲舒在这里对比了体与心之于人的重要价值，体与心是作为一个生命个体人的基本构成，分别代表了人的自然属性和精神属性，体是其存在的基本表现，体的存在需要利的相助，而心作为人的灵魂宿主需要义的滋养。没有义的滋养就不能感受到作为人应该有的快乐体验。体与心二者相比，心更重要，代表的是人与动物的本质不同。为了能成为真正意义上的人，养心比养体更为重要，养心就是要养义。

董仲舒在与汉武帝的对策中讲："道之大原出于天，天不变，道

---

① 余治平：《唯天为大——建基于信念本体的董仲舒哲学研究》，商务印书馆，2003年，第294页。
② 《春秋繁露·仁义法》，第314页。
③ 《春秋繁露·仁义法》，第321页。
④ 《春秋繁露·仁义法》，第319页。
⑤ 《春秋繁露·身之养重于义》，第330页。

亦不变。"① 天理固存。作为贯通天地人的第一责任人，君主更要化天理为己任。"天常以爱利为意，以养长为事，春秋冬夏皆其用也。王者亦常以爱利天下为意，以安乐一世为事"（《春秋繁露·王道通三》）② 从爱利天下、养长万物的天理出发，"王者承天意以从事"（《汉书·董仲舒传》）应以"爱利天下为意，以安乐一世为事"作为人生座右铭。

第四，关于"人之好恶，化天之暖清；人之喜怒，化天之寒暑"。

董仲舒认为，不仅人之形体、血气、德行源于天，人之好恶喜怒也源于天。"人生有喜怒哀乐之答，春秋冬夏之类也。喜，春之答也，怒，秋之答也，乐，夏之答也，哀，冬之答也。天之副在乎人。"（《春秋繁露·为人者天》）③ "体有空穹进脉，川谷之象也；心有哀乐喜怒，神气之类也。"（《春秋繁露·人副天数》）④ 人为什么会有喜怒哀乐的情感，这是天生的，即副天而生的，与天之四气相类而成的。"四气者，天与人所同有也，非人所能蓄也，故可节而不可止也，节之而顺，止之而乱。人生于天，而取化于天。喜气取诸春，乐气取诸夏，怒气取诸秋，哀气取诸冬，四气之心也。"（《春秋繁露·王道通三》）⑤ 一年四季春夏秋冬，从寒变暖，从暖转寒，循环往复，这是节律，不可违背。人秉承四气，即以喜怒哀乐的不同情感表现出来。春天来了，天气转暖，阳气回升，万物萌发，表现为喜气；夏天到了，天气变热，阳气至极，万物长养，表现为乐气；秋天来临，阴气回升，天气肃杀，果实成熟，万物衰败，表现为怒气；冬天一到，阴气至极，天寒地冻，百物储藏，表现为哀气。所以说，在董仲舒看来，人的情感也不是可以随便表达的，要遵循天道，该乐时才能乐、必须乐，该哀时才能哀、必须哀，否则就是有悖天道，是要遭到天的

---

① 袁长江主编：《董仲舒集》，学苑出版社，2003年，第26页。
② 《春秋繁露·王道通三》，第423页。
③ 《春秋繁露·为人者天》，第398页。
④ 《春秋繁露·人副天数》，第474页。
⑤ 《春秋繁露·王道通三》，第423-424页。

惩罚的，即"节之而顺，止之而乱""喜怒移易其处，谓之乱世"（《春秋繁露·王道通三》）①。

四季的运行规律成为人应秉持的法则，董仲舒对四时不同之气的根源进行了剖析："是故春气暖者，天之所以爱而生之；秋气清者，天之所以严而成之；夏气温者，天之所以乐而养之；冬气寒者，天之所以哀而藏之。春主生，夏主养，秋主收，冬主藏。生溉其乐以养，死溉其哀以藏，为人子者也。"董仲舒从四时的表现得出"为人子者"应受到的启发，并进一步将此逻辑推论提升到"四时之行，父子之道也；天地之志，君臣之义也；阴阳之理，圣人之法也"的高度（《春秋繁露·王道通三》）②。

作为天之子的君王，代天行道，责任重大，其情感表现更要取法天道，遵循天志："明王正喜以当春，正怒以当秋，正乐以当夏，正哀以当冬。上下法此，以取天之道。春气爱，秋气严，夏气乐，冬气哀。爱气以生物，严气以成功，乐气以养生，哀气以丧终，天之志也。"（《春秋繁露·王道通三》）③ 这是圣明的君主"承天意以从事"的模板和标准。"人主以好恶喜怒变习俗，而天以暖清寒暑化草木。喜怒时而当则岁美，不时而妄则岁恶。天地人主一也。然则人主之好恶喜怒，乃天之暖清寒暑也，不可不审其处而出也。当暑而寒，当寒而暑，必为恶岁矣；人主当喜而怒，当怒而喜，必为乱世矣。是故人主之大守，在于谨藏而禁内，使好恶喜怒必当义乃出，若暖清寒暑之必当其时乃发也。人主掌此而无失，使乃好恶喜怒未尝差也，如春秋冬夏之未尝过也，可谓参天矣。"（《春秋繁露·王道通三》）④ 君王如果能做到"当其时乃发"，当怒则怒，当喜则喜，当暑则暑，当寒则寒，此为"参天矣"，则会"岁美"；如果君王"不时而妄"，当怒则喜，当喜则怒，当暑而寒，当寒而暑，则必"岁恶""必为乱世

---

① 《春秋繁露·王道通三》，第 424 页。
② 《春秋繁露·王道通三》，第 424 页。
③ 《春秋繁露·王道通三》，第 424 页。
④ 《春秋繁露·王道通三》，第 426 页。

矣"。

归根结底，董仲舒认为人之好恶喜怒也是有原因的，其根因在于阴阳之气："阴阳之气，在上天，亦在人。在人者为好恶喜怒，在天者为暖清寒暑，出入、上下、左右、前后，平行而不止，未尝有所稽留郁滞也。其在人者，亦宜行而无留，若四时之条条然也。夫喜怒哀乐之止动也，此天之所为人性命者。"（《春秋繁露·如天之为》）① 他又说："好恶之分，阴阳之理也；喜怒之发，寒暑之比也"。（《春秋繁露·天地阴阳》）② 无论是阴阳之理，还是寒暑之比，在董仲舒看来，人的喜怒好恶都是人副天道的具体表现，也是必然的表现。

第五，关于"人之受命，化天之四时"。

按照钟肇鹏先生的解释，他认为，"'受命'，指人一生，人受命于天，天有四时，春生夏长，秋成冬藏。人生亦有诞生，长养，壮而成，老而死，故曰'受命化天之四时'。"③ 余治平教授对此解释为"人的受命当然也得秉受天之四时才能完成"④。笔者认为，这里的命既指作为副天之存的自然个体的生命，"外有四肢，副四时数也"（《春秋繁露·人副天数》）⑤，也指作为副天而在的社会个体的责任担当。"人之受命，化天之四时"，天之四时，春夏秋冬，阴阳交互，五行天序，循环往复，这是人受命之基。"天地之符，阴阳之副，常设于身，身犹天也，数与之相参，故命与之相连也。"（《春秋繁露·人副天数》）⑥ 秉受的天命，除了生命体之外，更重要的是秉受的天道，即伦理纲常。这种天道对于责任不同的人有不同的要求，最重要的人仍然是天子，即君王。

---

① 《春秋繁露·如天之为》，第641页。
② 《春秋繁露·天地阴阳》，第652页。
③ 钟肇鹏主编：《春秋繁露校释》（下），河北人民出版社，2005年，第704页。
④ 余治平：《唯天为大——建基于信念本体的董仲舒哲学研究》，商务印书馆，2003年，第236页。
⑤ 《春秋繁露·人副天数》，第477页。
⑥ 《春秋繁露·人副天数》，第477页。

故孔子曰"不知命,亡以为君子"《汉书·董仲舒传》)① 作为君子或君王,如不知天赋予你的命,即使命、责任,是无法做好国家管理的,当然也就失去了作为君子或君主的意义存在。君主能够秉持天志从事,就是知命顺命而为。"是故王者上谨于承天意,以顺命也。"(《汉书·董仲舒传》)② "人受命于天,固超然异于群生,人有父子兄弟之亲,出有君臣上下之谊,会聚相遇,则有耆老长幼之施,粲然有文以相接,欢然有恩以相爱,此人之所以贵也。"(《汉书·董仲舒传》)③ 每个人都受命于天,这与动物有着本质不同,天地人一体,人是高贵的。天赋予人的命就是符合自己身份的伦理纲常,回到家就有孝悌爱慈之情,在朝廷就要有君臣上下之谊,在外与人交往要长幼有序。人们以礼相待,以爱相交。这是人命的高贵之处。

董仲舒引用古文所言:"传曰:唯天子受命于天,天下受命于天子,一国则受命于君。君命顺,则民有顺命;君命逆,则民有逆命;故曰:'一人有庆,兆民赖之。'此之谓也。"(《春秋繁露·为人者天》)④ 此说与《礼记》所记相近:"子曰:'唯天子受命于天,士受命于君。故君命顺则臣有顺命;君命逆则臣有逆命。'"(《礼记·表记》)⑤ 君主之生命与生俱来被赋予天命,君命是否实现,在于是否循天道行事,只有循天之道,方可"民有顺",国泰民安,否则"民逆命",国将不国。所以,董仲舒引用《尚书·吕刑》中的一句话"一人有庆,兆民赖之"进行说明,作为一国之君,如果以天道为准则,广做善事,一国的百姓都会依赖顺从他。董仲舒多次强调,王乃

---

① 许嘉璐主编:《二十四史全译》之《汉书》第 2 册,汉语大辞典出版社,2004年,第 1204 页。
② 许嘉璐主编:《二十四史全译》之《汉书》第 2 册,汉语大辞典出版社,2004年,第 1204 页。
③ 许嘉璐主编:《二十四史全译》之《汉书》第 2 册,汉语大辞典出版社,2004年,第 1204 页。
④ 《春秋繁露·为人者天》,第 401 页。
⑤ 《礼记·表记》,转引自钟肇鹏主编《春秋繁露校释》(下),河北人民出版社,2005 年,第 705 页。

受命之君，是天道的彰显和弘扬者，应是天道的集大成者。"受命之君，天之所大显也。"(《春秋繁露·楚庄王》)①

人之受命于天，起点为君受天命。以此为逻辑基点，依天人同类之理，推出人伦纲常。"天子受命于天，诸侯受命于天子，子受命于父，臣妾受命于君，妻受命于夫，诸所受命者，其尊皆天也，虽谓受命于天亦可。"(《春秋繁露·顺命》)② 如果人们不以天道为伦理纲常，则会如何呢？董仲舒通过列举实例进行了说明："天子不能奉天之命，则废而称公，王者之后是也；公侯不能奉天子之命，则名绝而不得就位，卫侯朔是也；子不奉父命，则有伯讨之罪，卫世子蒯聩是也；臣不奉君命，虽善以叛言，晋赵鞅入于晋阳以叛是也；妾不奉君之命，则媵女先至者是也；妻不奉夫之命，则绝夫不言及是也。曰：不奉顺于天者，其罪如此。"(《春秋繁露·顺命》)③ 通过以上实例的描述，我们不难看出，不奉顺于天，天子废为公，公侯名绝不位，推延开来，子不奉父命、妾不奉君之命、妻不奉夫之命，是违反纲常之道的，是违反天命的，是有罪的。所以，命，在董仲舒眼里就是天道引领下的建构于法律之上的人伦纲常。遵循人伦之常，自显人之高贵，其原因在于人伦源于天，万物莫神于天。董仲舒说："故莫精于气，莫富于地，莫神于天。天地之精所以生物者，莫贵于人。人受命乎天也，故超然有以倚。"(《春秋繁露·人副天数》)④ 这是董仲舒对受命于天的最高贵者——人的最高赞美，人能超出百物而卓然与天地并立。

董仲舒关于以上所做的阐释，王永祥先生做了如下评价与总结："董仲舒对天具有人类情感意志和人伦关系的论证的全部逻辑是：将天与人比附，天'与人相副'，天人一也；而天人又何以同类？原来人'受命于天'、'本于天'，所以'天之副在乎人'。简化一下就是：

---

① 《春秋繁露·楚庄王》，第 19 页。
② 《春秋繁露·顺命》，第 559 页。
③ 《春秋繁露·顺命》，第 559—560 页。
④ 《春秋繁露·人副天数》，第 473 页。

天'与人相副'，人为天之副。这分明是一种无类的循环类比。这当然是缺乏科学依据的。但是他提出的天人合一观点，还是有合理之处的，不可全盘否定。特别是他在这里所说天'与人相副'，从另一个角度来观照，说明他是在按照人的形象来塑造'天'，也就是说，在这个问题上他是把'天'人化，而不是神化。"[1] 王永祥先生之言对我们深入理解董仲舒的天命观有所助益。

## 三、天只生人，王以教化

董仲舒认为，天为万物之源，也是人之源，但是作为天之子孙的人，在出生时只是带有天的基因，还不能称其为人。人必须要成为真正意义的人。以上所述，真正意义的人是以天道之仁、义、礼为人生方向，以遵循伦理纲常为人生准则的人。如要成为这样的人则必须循天道行事以成之。这是成为人的根本法则。上面我们介绍了董仲舒关于人的本质内涵及天塑造人的逻辑理路，但要真正实现天志，将天志附着到人身上，成为符合天道的人，就必须采取措施将天道进行落实，就必须有人担当天任，实现天志。这个人就是作为天之子的君主，这个过程和措施就是实施教化。董仲舒有言："传曰：天生之，地载之，圣人教之。君者，民之心也；民者，君之体也。"(《春秋繁露·为人者天》)[2] 由此可见，君民一体，无心则无体，心主体动，顺天理而推，实施教化于臣民是天赋予君主的天命职责，即将天道、天理落地到人身上，融入人的精神血脉中，成为人不可分割的组成部分。

为什么人继承了天道基因，却还要实施后天的教化呢？"身之名，取诸天。天两有阴阳之施，身亦两有贪、仁之性；天有阴阳禁，身有情欲栣，与天道一也。"(《春秋繁露·深察名号》)[3] 董仲舒认为，

---

[1] 王永祥：《董仲舒评传》，南京大学出版社，2011年，第121页。
[2] 《春秋繁露·为人者天》，第403页。
[3] 《春秋繁露·深察名号》，第376页。

因为人副天道而生，天有阴阳两面，人性也就有贪仁两面，我们需要彰显仁，必须抑制贪。天道中的阴气需要禁止，人性中的情欲必须节制。由彰仁而抑贪，由禁阴而止情欲，必须通过教化得以完成。他进一步论证推导了教化的必然性："天地之数，不能独以寒暑成岁，必有春夏秋冬；圣人之道，不能独以威势成政，必有教化。"（《春秋繁露·为人者天》）① 董仲舒在这里通过天人对比法进行阐释，天不仅有寒暑，还有暖清；一年不仅有春夏，还有秋冬。以此类推，圣人之道（即君王管理之道）不仅要有威势，还必须有教化。那么怎么实施教化呢？教化的内容是什么呢？"故曰：先之以博爱，教之以仁也；难得者，君子不贵，教以义也；虽天子必有尊也，教以孝也；必有先也，教以弟也。此威势之不足独恃，而教化之功不大乎？"（《春秋繁露·为人者天》）② 教化就是教以博爱，教以为仁。君王也是人，也可能会遇到自己喜好的贵重的财物，君王也有自己的家庭和亲人，所以，君王首先要以身作则，其次要推己及人，面对财宝要以义为人，对自己的亲人施以孝悌，同时要通过教化把仁、义、礼等施之于臣民。董仲舒又以"米与禾"的关系说明"善与性"的关系，从而说明"性待教而为善"的道理。"察实以为名，无教之时，性何遽若是？故性比于禾，善比于米；米出禾中，而禾未可全为米也；善出性中，而性未可全为善也。善与米，人之所继天而成于外，非在天所为之内也。……今万民之性，有其质而未能觉，譬如瞑者待觉，教之然后善。"（《春秋繁露·深察名号》）③ 董仲舒认为，没有接受教化之前的性就像包着皮的禾，还不是米，禾若成为米必须经过成长到成熟；性若成为善，必须通过教化，性经过教化之后才有可能成为善。董仲舒多次强调了教化之于人性的重要作用，善，不是天生的，而是教化形成的。"性待渐于教训，而后能为善。善，教训之所然也，非质朴

---

① 《春秋繁露·为人者天》，第 401 页。
② 《春秋繁露·为人者天》，第 401 页。
③ 《春秋繁露·深察名号》，第 377-378 页。

之所能至也。"(《春秋繁露·实性》)①

董仲舒把"承天意以成民之性"的教化工作作为君王之己任。"民受未能善之性于天,而退受成性之教于王,王承天意,以成民之性为任者也。"(《春秋繁露·深察名号》)② 百姓出生时被天赋予了"未能善之性",王必承天意,施之教化,方可成民之性(善)。即,王作为天之子与生俱来便带有教化臣民百姓的天职,这是天意;民之性从"未善"到"善"必经王之教化,这也是天意。董仲舒引古文有言:"传曰:政有三端:父子不亲,则致其爱慈;大臣不和,则敬顺其礼;百姓不安,则力其孝弟。孝弟者,所以安百姓也。力者,勉行之,身以化之。"(《春秋繁露·为人者天》)③ 君王的教化和国家管理工作是一体的,密不可分,教化群体和教化内容呈现多样化并具有针对性,董仲舒上引古语从三方面阐释了政之三端及其教化的内容与作用。对于家庭的亲子关系进行爱慈的引导;对于作为同事的大臣群体通过强化礼数环节进行和谐的引领;对于作为国家之本的广大百姓群体进行孝悌的引领。要想收到切实的效果,君王必须加强管理和引领,强勉推行,天意伦常才能在个人身上得以彰显。同时,君王须以身作则,孝悌先行,礼义为重,重仁廉,轻财利,方使万民听,未善而善矣。"故君民者,贵孝弟而好礼义,重仁廉而轻财利。躬亲职此于上,而万民听,生善于下矣。"(《春秋繁露·为人者天》)④

董仲舒认为,君王是否依循天道实施教化直接导致国家是否平和和国泰民安。"所闻曰:'天下和平,则灾害不生。'今灾害生,见天下未和平也。天下所未和平者,天子之教化不行也。"(《春秋繁露·郊语》)⑤ 君王如果不实施教化,或者教化不力,则国家会动荡不安,灾害丛生。董仲舒也一再强调君王实施教化的重要意义,把教化

---

① 《春秋繁露·实性》,第388页。
② 《春秋繁露·深察名号》,第381页。
③ 《春秋繁露·为人者天》,第401页。
④ 《春秋繁露·为人者天》,第403页。
⑤ 《春秋繁露·郊语》,第537页。

提升到政之本的重要地位。"教,政之本也。"(《春秋繁露·精华》)①

本文为"2020中国·衡水董仲舒与儒家思想国际学术研讨会"提交的论文。魏彦红(1967—),女,河北博野人,历史学博士,衡水学院董子学院教授。

---

① 《春秋繁露·精华》,第96页。

# 董仲舒生平事迹、故里文化研究

# 汉初制策与董仲舒贤良对策之年考辨[①]

张 咪


在上古中国,策原是一种器具。《春秋左传正义·序》:"大事书之于策,小事简牍而已。"孔颖达《疏》曰:"单执一札谓之为简,连编诸简乃名为策,故于文'策'或作'册',象其编简之形。"[②] 后来人们将文字书写在简策上,就形成了策文。但春秋战国时期的策文尚不具备严格的政治意义,其真正成为中国古代帝王向臣民传布号令的重要文体之一是在汉朝。"秦并天下,改命曰制。汉初定仪则,则命有四品:一曰策书,二曰制书,三曰诏书,四曰戒敕。敕戒州部,诏诰百官,制施赦命,策封王侯。策者,简也。制者,裁也。诏者,告

---

[①] 基金项目:本文为国家社会科学基金重大项目"董仲舒传世文献考辨与历代注疏研究"(19ZDA027)、上海交通大学董仲舒青年学者支持计划"董仲舒'天人三策'文本考辨及思想研究"(HS-SJTU2020C01)阶段性成果。

[②] 杜预注,孔颖达疏:《春秋左传正义·序》,北京大学出版社,1999年,第8页。关于"策"与"册"的关系,陈立新、潘志刚在《策文体的生成路径及其与考试制度的互动关系》(《厦门大学学报》〈哲学社会科学版〉,2019年第3期)中做出基本判断为:"现今所见'策'字来自战国楚简,而不是战国铭文,其本意为马箠。策这种器具本为竹简,后被假借为'册',遂拥有了'简册'的含义;同时,策的形制如矢,可以用作计算的筹矢,因之具备了'谋'的含义;当人们将口头上的计谋书写在简策上,就形成了策这种文体。策文体的发展经历了从口头谋议至书面写作的过程。作为书写文本的策文才是严格意义上的策文,它的第一代作者是战国时期的士人。"因而,"策"早期并不是文体,而是竹简,后作为文体在战国时期已经出现。

也。敕者，正也。"① 帝尧时期，诏策通称为"命"。始皇即位，"制"代替"命"。汉初在秦诏策基础上进一步发展，将"命"具体分为四类文告。其中策书主要用来册封王侯，任免三公，书于木简。诏书则是用来对百官奏请的批复文告。蔡邕《独断》记载："诏书者，诏诰也，有三品：其文曰告某官，如故事，是为诏书；群臣有所奏请，尚书令奏之下有制曰，天子答之曰可，若下某官云云，亦曰诏书；群臣有所奏请，无尚书令奏、制曰之字，则答曰已奏如书，本官下所当至，亦曰诏。"② 诏书有三类形式：帝王批复"告某官"，群臣奏请有尚书令与奏请无尚书令。班固记录董仲舒与汉武帝对策时，均使用"制曰"字样，故武帝之文当为"诏书"。

《文心雕龙·议对》篇中认为"对"指"对策""射策"两种，这是针对考试科目的不同而分的，二者都叫"策"。"策"又分三种："一曰制策，天子称制以问而对者是也；二曰试策，有司以策试士而对者是也；三曰进策，著策而上进者是也。"③ 刘勰所论的"策"，主要指第一种。他揭示了对策的前提是应诏，并非自行上书陈政，而是君主根据时政进行提问，贤良之士其后应诏上书是为"对策"。制策与试策均为上对下的考试，而进策的主体在于臣子，更加接近于"奏"。通常来说，对策包括制策与试策，均为臣子应对皇帝或下级官员应对上级官员提问而做的策文④。《天人三策》即为武帝下诏提问，董仲舒对策所做。

---

① 范文澜：《文心雕龙注·诏策》，人民文学出版社，1958年，第441页。
② 转引自琚静斋：《从〈文心雕龙·诏策〉看上古至魏晋时期诏策的变迁》，《档案学通讯》2013年第4期。
③ 范文澜：《文心雕龙注·议对》，人民文学出版社，1958年，第437页。
④ 张若曦在《汉代选官制度与试策》中认为："以策取士始于汉文帝。纵观两汉，每当灾异之后或皇帝即位改制之时，统治者往往下举贤之诏。随着察举渐成制度，策问与对策也逐渐成为定制。汉代各科皆有试策。试策的时间一般是在察举之后，授官之前。地点多在白虎殿、石渠阁以及宣室。试策又可细分为对策和射策。两汉时期以对策高第得官和受耀用的例子屡见不鲜。"可见到了汉代，天子制诏书，臣下对策渐成常态。《河南大学硕士论文》，2004年。

## 一、董仲舒对策年代之争

在董仲舒的思想研究中，《天人三策》是一个富有争议的话题。关于《天人三策》的篇名、文体、对策时间、文本的内容、文本的结构和排序、对策事件之有无，学界历来都有不同的看法和主张。其中争议最多、问题最大的是对策年份。究其源头，在于班固《汉书·董仲舒传》中只载文，不载时。而司马迁的《史记·儒林列传》、班固的《汉书·武帝纪》又都没有予以记录，且《史记》《汉书》中关于董仲舒生平事迹的记载也存在矛盾，这更增加了判断董仲舒参与武帝贤良对策年代的困难。历朝历代学者对于董仲舒对策具体年份的研究成果不少，司马光、苏舆持"建元元年说"。王益之、徐复观持"元光元年说"，齐召南主张"建元五年说"，苏诚鉴赞成"元朔五年说"。周桂钿认同"元光元年说"，并且确定在当年的"五月"。刘国民、李迎春等学者则注重从公孙弘反推董仲舒，认为《天人三策》的时间是"元光五年"。而成祖明、余建平将对策看作是从建元元年到元光年间的一系列"历史活动"，不是一次性完成的。在诸多结论中，比较有影响的主要是"建元元年说""元光元年说"和"元光元年五月说"三种。

建元元年说。根据资料，"建元元年说"最早由司马光提出，但司马光并未直接说董仲舒对策是在建元元年，即公元前140年，而是依据《汉书·董仲舒传》的相关记载，再结合《汉书·武帝纪》"建元元年举贤良"的记载得出。司马光"建元元年说"的影响很大，历史上，马端临、沈钦韩、苏舆、史念海、夏曾佑、范文澜、侯外庐、翦伯赞、钱穆都持"建元元年说"。今人张大可也曾明确提出《董仲舒天人三策应作于建元元年》[①]。但此说存在问题。张尚谦在《董仲

---

① 张大可：《董仲舒天人三策应作于建元元年》，《兰州大学学报》（社会科学版）1987年第4期。

舒对策考》①中指出，《通鉴》确实未掌握什么新史料，但读《汉书》不仔细、不深入，相信了《汉书》的错误记述，不接受正确的记述，认为建元元年举贤良已有了统一的策试，有百余贤良接受"策问"，做了"对策"。从这种错误出发，《通鉴》开始编造从建元元年到元光五年有三次诏举贤良，而《史记》和《汉书》都清楚地记述只有建元元年和元光五年两次举贤良。张尚谦将矛盾归为班固编造材料，这种说法缺乏说服力。建元元年说面临的难点主要有三个：一是《史记·儒林列传》载董仲舒出任江都相后因主父偃告发，"中废为中大夫"，差点被杀，后"不敢复言灾异"。而《汉书·董仲舒传》则记录董仲舒出任江都相是在对策完毕后。周桂钿先生结合二史分析，认为对策在主父偃告发前，即元光元年之后②。二是董仲舒在对策中有"今临政而愿治者七十余岁矣"，然而建元元年距离汉兴（前206年）是六十七年，苏舆、张大可认为这仅是流传中造成的谬误，难以服人。其三，第二策中有"夜郎、康居，殊方万里，悦德归谊，此太平之致也"。综合《史记》《汉书》来看，夜郎之通当在建元六年后，康居之通在元朔三年后。故"建元元年说"存在诸多矛盾，并不可信。

元光元年说和元光元年五月说。元光元年说由荀悦在《前汉纪》最早提出。李迎春③提出三条疑问：一是根据史料考证，元光元年说不符合"夜郎、康居，殊方万里，说德归谊"的条件，且在此之前，汉匈战争尚未开始，不符合《天人三策》中"黎民未济""奸邪不可胜"的局面。二是元光元年，董仲舒的身份是中大夫，地位应在博士之上，不符合举贤良的对象。三是据《史记·平津侯主父列传》记载主父偃于元光元年入关，窃仲舒书也当在此年，那么董仲舒因妄言灾异而遭大狱根本不可能参加举贤良对策。因而此说亦不

---

① 张尚谦：《董仲舒对策考》，《云南民族大学学报》（哲学社会科学版）2008年第4期。
② 周桂钿：《董学探微》，福建教育出版社，2015年，第10页。
③ 李迎春：《董仲舒上〈天人三策〉时间考》，《郑州航空工业管理学院》（社会科学版）2006年第25卷第2期。

符合事实。

元光元年五月说最早由洪迈在《容斋续笔》卷六《汉举贤良》中提出,王先谦,周桂钿均肯定元光元年五月说。主要证据有:其一,汉兴至元光元年为七十四年,与"今临政而愿治者七十馀岁矣"符合;其二,夜郎"悦德归谊"在建元六年后,二者并不矛盾;其三,《春秋繁露·止雨》曰:"二十一年八月甲申朔。丙午,江都相仲舒告内史中尉。"①江都王二十一年即元光二年(前133),与《汉书》记载董仲舒对策后任江都相相合。"元光元年五月说"虽较为合理,但仍面临三个难以解释的问题:一是康居归谊在元朔三年;二是班固在《汉书·武帝纪》中记录"置五经博士"和"初令郡国举孝廉各一人"分别在建元五年和元光元年十一月,这两个时间点都在元光元年五月前;三是《汉书·武帝纪》载武帝亲耕在征和四年(前89)。

近来也有一些学者从其他角度进行切入。如刘国民②提出董仲舒对策应在元光五年,李迎春同样认为董仲舒上《天人三策》的时间是在元光五年。持此说的学者倾向于从文本角度分析武帝之后的举措与董仲舒对策的相关性,很有启发意义:第一,《汉书·武帝纪》中所录的使"董仲舒、公孙弘等出焉"的那次举贤良对策中武帝策问的内容与《汉书·董仲舒传》里武帝诏问董仲舒的内容极为相似,可以证明两者实为同一次对策。第二,董仲舒是《春秋》阴阳灾异学的大师,在武帝策问他阴阳学问题时,他只是略为讲了下天人关系,对灾异之学则涉及很少,却大谈"崇德""养贤""更化"的内容,以至于武帝对此很不满意,身为阴阳灾异大师,而少谈甚至不谈灾异,好像殊为可怪,其实这不但不怪,还恰证明了策问当在元光初年之后,因为董仲舒在元光初年因言灾异差点儿送命之后,已是"遂不敢复言灾异"了。第三,董仲舒在对策中着重强调了兴太学以养天下之士的重

---

① 转引自钟肇鹏主编:《春秋繁露校释·止雨》(校补本),河北人民出版社,2005年,第1008页。
② 刘国民:《董仲舒对策之年辨兼考公孙弘对策之年》,《古籍整理研究学刊》2004年第3期。

要性，而武帝于元朔五年（前124）为博士置弟子员兴办太学，这些举措都是对董仲舒对策的回应。

以上观点均将《天人三策》文本视为整体进行分析，而成祖明另提新说，他区分了"诏举贤良"与"诏策贤良"，认为制策和对策是一个动态的过程，并提出董仲舒对策应当在建元四年到建元六年间，很有参考价值。但他结合建元年间史实，认为武帝在建元元年下诏征召贤良文学，董仲舒却在建元四年对策，中间相隔两三年之久，余建平认为这一点显然不合常理。他综合三策之间的文本关系进行细致分析，细致考察了《天人三策》的流传过程以及班固存录诏令奏议的原则，提出董仲舒的第一和第三对策应是在建元四年至建元五年之间，而第二对策应在建元六年至元光元年初之间，认为三篇对策并不是具有内在连续性且创作于同一时期的文本，解决了以往学说互相抵牾之处，为董仲舒对策时间考辨提供了新的思路。

纵观各家学说，在没有新的史料出土之前，将《天人三策》视为完整文本进行深入分析，以期解决对策时间问题已经很难行得通。若要解决三次对策文本与历史事实的矛盾，首先应当结合汉兴至武帝时期的政治背景和历史史实，深入分析"举贤良"与"策贤良"的发展过程，之后再结合对策文本进行综合考辨，才能有助于我们得出较为准确的判断。

## 二、西汉初年"诏举贤良"

高祖刘邦虽以"马上得天下"，但不久后即认识到不可"马上治天下"。为了汉朝的长治久安，原有的官吏选拔方式已经不能适应现实的需要，选拔人才进入官吏队伍便提上日程。汉高祖十一年（前196）二月，诏曰："贤士大夫有肯从我游者，吾能尊显之。布告天下，使明知朕意。御史大夫昌下相国，相国酂侯下诸侯王，御史中执法下郡守，其有意称明德者，必身劝，为之驾，遣诣相国府，署行、义、年。有而弗言，觉，免。年老癃病，勿遣。"① 高祖在《求贤诏》中明确了选拔对象是"贤士大夫""肯从我游者"。凡是各地公认的明德贤者，御史相国要亲往劝勉，派车接送，登记身长肤色和年龄，以彰显高祖求贤心切。高祖时期的下诏求贤与后来的察举选士有所不同，尚未有明确的对策环节，对贤士大夫的德行考察也是通过各郡国的举荐。这种举荐之法虽然一定程度上有助于选拔人才，开了汉代察举制度的先河②。但实际操作中，无论是举荐人或者是被举荐人都存在谋利的现象，官场舞弊难以遏制。到了文帝时期，情况则有所变化。

据《汉书·文帝纪》记载，文帝二年（前178）十一月发生了日偏食，诏曰："朕闻之，天生民，为之置君以养治之。人主不德，布政不均，则天示之灾以戒不治。"③ 各大臣接到诏令后，都要认真检讨文帝的过失，推举贤良方正直言敢谏的人，以匡正文帝的失误。至十五年（前165）九月，文帝再次下诏：

> 今朕获执天子之正，以承宗庙之祀，朕既不德、又不敏、明弗能烛、而智不能治，此大夫之所著闻也。故诏有司、诸侯王、三公、九卿及主郡吏，各帅其志，以选贤良明于国家之大体、通于人事之终始及能直言极谏者，各有人数，将以匡朕之不逮。二三大夫之行，当此三道，朕甚嘉之，故登大夫于朝，亲谕朕志。大夫其上三道之要，及永惟朕之不德、吏之不平、政之不宣、民之不宁，四者之阙，悉陈其志，毋有所隐。上以荐先帝之宗庙，下以兴愚民之休利，著之于篇，朕亲览焉。观大夫所以佐朕，至与不至，书之、周之、密之、重之、闭之。兴自朕躬，大夫其正论，毋枉执事。呜乎，戒之！二三大夫其帅志毋怠！④

分析两次的诏令可见，文帝二年下诏求贤的关键前提是日食的发生。在汉代，发生日食被认为是君主无道之征。从历史上来看，汉朝

---

① 班固：《汉书·高帝纪下》，中华书局，2018年，第52页。
② 安作璋：《汉代的选官制度》，《山东师范大学学报》（社会科学版）1981年第1期。
③ 班固：《汉书·文帝纪》，中华书局，2018年，第84页。
④ 班固：《汉书·晁错传》，中华书局，2018年，第1756页。

是我国第一个灾害群发期，水旱饥馑交相煎迫。据陈业新统计，两汉400年间共发生各类自然灾害557次①。频繁的灾害为汉朝统治带来各种危机，"饥饿的呼号与死亡的恐怖，正是这一时代的特征"②。与之相对应的是，灾异谴告说盛行。作为公羊学大家，董仲舒提出："天地之物，有不常之变者，谓之异。小者谓之灾。灾常先至，而异乃随之。灾者，天之谴也；异者，天之威也。谴之而不知，乃畏之以威。《诗》云：'畏天之威'，殆此谓也。凡灾异之本，尽生于国家之失。"③ "灾"与"异"在现代语境下往往合称为"灾异"，但在当时二者是不同的。何休《解诂》曰："灾者，有害于人物，随事而至者。"④ "灾"对人或物均会造成大的伤害，且是跟随大事而到来。隐公先前张网捕鱼，与民逐利，行不仁之事。根据天人感应思想，君主无道，天将降灾以警示。若君主做了违礼不仁之事，上天会先降下"灾"来警示君主。君主无改，执意行事，那么就会出现"异"。"异"比"灾"程度大，造成的后果也更加严重。如《春秋经》中蝗虫、大水为"灾"，日食属于"异"象。段熙仲亦言："日食为天变之足以儆人主者，故《春秋》一一书之。"⑤ 在此背景下，文帝即位初年齐楚发生地震，大水溃出。二年冬十月，朝廷重臣丞相陈平薨，十一月日有食之。自然导致的频繁天灾被认为是文帝无道，故文帝下诏求贤，目的在于使贤良方正寻找自己的过失。

然而文帝二年的求贤诏同样不具备完整的以策取士流程。"这种策问只能是一种发端与倾向，亦是一种粗疏之状态。"⑥ 至文帝十五年再次下诏，此番目的则明确在于举贤良。在第二次策问中，"诏诸

---

① 陈业新：《灾害与两汉社会研究》，华中师范大学博士论文。
② 翦伯赞：《秦汉史》，北京大学出版社，1999年，第494页。
③ 转引自钟肇鹏主编：《春秋繁露校释·二端篇》（校补本），河北人民出版社，2005年，第345页。
④ 何休解，徐彦疏，刁小龙整理：《春秋公羊传注疏》，上海古籍出版社，2019年，第90页。
⑤ 段熙仲：《春秋公羊学讲疏》，南京师范大学出版社，2002年，第233页。
⑥ 丁红旗：《西汉策文文体及其源流辨析》，《三门峡职业技术学院学报》2004年第3期。

侯王公卿郡守举贤良能直言谏者，上亲策之，傅纳以言。"① 这一次诏举贤良明确有了策试的过程。首先是文帝下诏选贤良，各地推举贤良，然后是帝王亲自策问。而从被举荐的贤良方正之对策中，也可以看出是严格按照文帝诏令作答，出现高第下第之分。如晁错在诏举贤良文学中高第，后被迁为中大夫。是以"以策取士"当自文帝始，至武帝进一步发展。

## 三、武帝建元改制

武帝举贤良并不顺利。"汉兴之后，虽然形式上的大一统政权已经成立了，但是有效的统治体制和合理的社会秩序一时还有待建设。诸侯反叛、臣子越礼、法度废弛、纲纪混乱等现象，不同程度地存在着，这些都构成了帝国统治的潜在威胁。"② 故武帝甫即位，缙绅之士都希望天子封禅改朔，以正汉统。建元元年（前140）冬十月，武帝诏"丞相、御史、列侯、中二千石、二千石、诸侯相举贤良方正直言极谏之士"③。适时卫绾为丞相，皇太后同母弟田蚡为列侯。丞相卫绾上奏："所举贤良，或治申、商、韩非、苏秦、张仪之言，乱国政，请皆罢。"④ 即法家与纵横家被排除在举贤良范围之外。诏举贤良后，王臧、赵绾被引入朝中。《史记·孝武本纪》载二人"以文学为公卿，欲议古立明堂城南，以朝诸侯"⑤。王臧、赵绾为申公弟子，通晓儒学，主张立明堂朝诸侯。明堂，即天子祭天与宣明政教之地。《孟子·梁惠王下》："夫明堂者，王者之堂也。"⑥ 然而，围绕明堂之制迟迟未有定论。当时正逢窦太后好黄老之术，不悦儒学，不久借由

---

① 班固：《汉书·文帝纪》，中华书局，2018年，第92页。
② 余治平：《汉初时代：学术的复苏与繁荣——百家争鸣之后的思想大融合》，《求索》2004年第6期。
③ 班固：《汉书·武帝纪》，中华书局，2018年，第111页。
④ 班固：《汉书·武帝纪》，中华书局，2018年，第111页。
⑤ 司马迁：《史记·孝武本纪》，中华书局，2017年，第382页。
⑥ 焦循撰，沈文倬点校：《孟子正义·梁惠王下》，中华书局，1987年，第132页。

"请勿奏事东宫"之由令绾、臧自杀,立明堂之事遂止。

但武帝与儒臣并未放弃"推崇儒术"的努力。五年春(前136),武帝"置五经博士"。据《汉书·百官公卿表》:"博士,秦官,掌通古今,秩比六百石,员多至数十人。"① 博士是战国至秦朝既设立的官职,主要掌管图书,通晓史实。汉承秦制,文帝、景帝时已设立博士②。王应麟《困学纪闻》:"后汉翟酺曰:'文帝始置一经博士。'考之汉史,文帝时,申公、韩婴以《诗》为博士,五经列于学官者,唯《诗》而已。景帝以辕固生为博士,而余经未立。武帝建元五年春,初置五经博士。《儒林传》赞曰:'武帝立五经博士,《书》唯有欧阳,《礼》后,《易》杨,《春秋公羊》而已。'立五经而独举其四,盖《诗》已立于文帝时,今并《诗》为五也。"③ 当是时,《诗》分三家:鲁诗、韩诗、齐诗,申公、韩婴、辕固生即为治《诗》博士。而《汉书·儒林传》亦载:"汉兴,言《易》自淄川田生;言《书》自济南伏生;言《诗》,于鲁则申培公,于齐则辕固生,燕则韩太傅;言《礼》,则鲁高堂生;言《春秋》,于齐则胡毋生,于赵则董仲舒。"④ 胡毋生、董仲舒在景帝时已为治《春秋》博士,那么武帝之前已设不止一经。钱穆认为:"盖申公之傅其前为博士,乃以'通古今',非以其'专经'。其时则诸子百家皆得为博士。至武帝专隆儒术,乃特称'五经博士'。"⑤ 所以,武帝"置五经博士"时的博士已从"通古今"发展为专治一经的儒家学官。后一年,窦太后驾崩,武帝亲政。之前因太后怒而被罢免闲居在家的武安侯田蚡再次得以重用,而窦太后亲封的"丞相昌、御史大夫青翟坐丧事不办,免"⑥。武帝再次任田蚡

---

① 班固:《汉书·百官公卿表》,中华书局,2018年,第613页。
② 东汉赵岐在《孟子》题辞中说:"孝文皇帝,欲广游学之路,《论语》《孝经》《孟子》《尔雅》皆置博士,后罢传记博士,独立五经而已。"这一说法在《史记》《汉书》中均无记载,列于此已做补充。
③ 王应麟著,翁元圻等注,乐保群、田松青、吕宗力校点:《困学纪闻》,上海古籍出版社,2008年,第1076页。
④ 班固:《汉书·儒林传》,第2664页。
⑤ 钱穆:《两汉经学今古文平议》,商务印书馆,2015年,第198页。
⑥ 司马迁:《史记·魏其武安侯列传》,中华书局,2017年,第2479页。

为丞相，韩安国为御史大夫，儒家重新得以重用。《史记·儒林列传》载："武安侯田蚡为丞相，绌黄老、刑名百家之言，延文学儒者数百人，而公孙弘以《春秋》白衣为天子三公，封以平津侯。天下之学士靡然乡风矣。"①

儒家尽管得到武帝推崇，其他学派学说也并非皆被罢黜。《史记·韩长孺列传》："御史大夫韩安国者，梁成安人也，后徙睢阳。尝受韩子、杂家说于驺田生所。"② 韩安国兼学法家与杂家，并非儒家学者。而汲黯"学黄老之言"，主父偃"学长短纵横之术"，酷吏张汤得田蚡引荐"以深刻列为九卿"，皆非专习儒术，可见武帝求贤若渴，用人不拘一家。

## 四、选官与贤良取士

"策莫盛于汉"，对策的兴盛与西汉选官方式的变革相关。早在先秦时代即孕育、发展出选官制度③。周朝实行宗法分封制，王官贵族世袭各级官职，"世卿世禄"的选官制度使底层百姓没有机会进入官僚队伍。正如俞正燮在《癸巳类稿·乡兴贤能论》中所说："太古至春秋，所任者与开国之人及其子孙……大夫以上皆世族，不在选举也。"④ 而春秋战国时期，随着周王室衰微，各诸侯国图谋称霸，兼并他国，战乱频发。建立在井田制与宗法分封制之上的"世卿世禄"选官制度开始被打破，寒门子弟逐渐有机会通过军功加入官僚队伍。当是时，各诸侯国都关注从战绩中选拔人才，凭借军功擢升渐渐成为春秋战国时期大批官吏的重要来源，其中又以秦国最为发达。军功爵制度追本溯源可以到秦孝公时期，商鞅在秦国进行变法，废除了世卿

---

① 司马迁：《史记·儒林列传》，中华书局，2017年，第2707页。
② 司马迁：《史记·韩长孺列传》，中华书局，2017年，第2491页。
③ 齐秀生将先秦选官制度划分为三个时期：史前期、夏商西周时期、春秋战国时期。至少六种选官方式：选举制、学仕制、军功制、客卿制、考核制、世官制。《先秦官吏选拔制度述略》，《东岳论丛》2005年第1期。
④ 俞正燮：《癸巳类稿·乡兴贤能论》，辽宁教育出版社，2003年，第77页。

世禄制度,确定了系统化的新爵位制度,以军功的有无、多少作为爵位授予的标准。经过数代的发展,配合秦人特有的勇武精神,嬴姓家族最终建立了秦帝国。然秦朝暴政,陈胜、吴广率领农民揭竿而起,反抗暴秦,秦二世而亡。

楚汉之争后项羽兵败,乌江自刎。刘邦建立汉王朝,汉承秦制。据《史记·张丞相列传》载:"自汉兴至孝文二十余年,会天下初定,将相公卿皆军吏。"① 但汉与秦相比出现了新的历史转变。清朝学者赵翼在《廿二史札记·卷三》中认为:"汉初诸臣,惟张良出身最贵,韩相之子也。其次则张苍,秦御史;孙叔通,秦待诏博士。次则萧何,沛主吏掾;曹参,狱掾;任敖,狱吏;周苛,泗水卒史?傒i?傒i致身将相,此前所未有也。"② 秦始皇所在的嬴姓家族是贵族,然刘邦"以布衣提三尺剑取天下"③,他的追随者也大多是布衣草莽出身。这种格局说明:"传统的贵族担任要职的格局亟待改变,平民百姓中也不乏可以统御天下、治国理政者,从非卿非禄的平民百姓中选拔人才,充实官吏队伍已经成为大势所趋。"④

至武帝即位初年,官吏的选拔方式已经从单一转向多样⑤,包括军功、郎官、"任子"、自荐、察举等,其中突出的选官方式有二:一

---

① 司马迁:《史记·张丞相列传》,中华书局,2017年,第3249页。
② 赵翼:《廿二史札记·卷三〈史记〉〈汉书〉》,中华书局,2008年,第9页。
③ 黄辉:《论衡校释·命禄》,中华书局,2018年,第21页。
④ 余治平:《董仲舒与武帝选官制度改革》,《中共宁波市委党校学报》2016年第1期。
⑤ 关于武帝时期的官吏选拔方式,鲁惟一认为由于文献不足,只能确定三种方式:第一种是能力出众者,第二种是通过地方的学校遴选为官,第三种则是太学招收的学生。参见《董仲舒:"儒家"遗产与〈春秋繁露〉》(*Dong Zhongshu, a "Confucian" Heritage and the Chunqiu Fanlu*),第147页。周桂钿、丁晓丽根据传记记载将西汉杰出的50多个人物出身进行了考察,他们的选拔大致有八种情况:第一,因父亲而出仕,即"任子";第二,明经;第三,高官推荐;第四,自荐;第五,参加对策;第六,察廉;第七,捐款;第八,其他方式,如积累功劳逐渐升级、经商、皇帝外戚、好黄老言等。参见周桂钿、丁晓丽《西汉选官评议》,《新视野》2002年第4期。

是郎官入仕①。秦汉郎官既是皇帝的侍卫近臣,又是中央和地方各级官吏的主要来源。因而董仲舒在对策中提道:"夫长吏多出于郎中、中郎"②,其地位之显赫可见一斑。尽管郎官出现时间很早,但郎官制度的盛行却是在汉武帝时期。二是"任子""訾选"制度。彼时官吏队伍主要由"任子"和"富訾"组成,前者是官吏的后代,后者是有钱人。这两类人成为官吏后,虽然具有一定的治理能力,但因为与百姓生活距离遥远,并不能够体会民间疾苦,未必贤明。汉初功臣后代即属于这类"任子",因祖辈功绩显赫而出仕,他们的衰落正是选官方式变革的重要原因之一。开国初年,军功集团占了官吏队伍的极大比例,而后所占比例慢慢下降。从高祖到景帝末年、武帝初期,开国功臣为侯者及其子孙,全部"亡国"或被"国除"的有一百余人。同时,也有为数不少的因公封侯的军功阶层,因为不遵守法纪、行为不端而被废免③。例如阳陵景侯傅宽之曾孙于"孝景四年,侯偃嗣,三十一年,元狩元年,坐与淮南王谋反,诛"④。在这种情况下,朝廷对人才的渴求颇为急切,选官方式亟待变革。

是以建元元年,武帝初即位便下诏举贤良。但这一次的"诏举贤良"距上一次文帝时期已经间隔许久,而景帝时期也并未"举贤良"。所以建元年间的"以策取士"有了新的变化。首先是"诏举贤良"与"诏策贤良"有了明显的前后递进关系,二者不能混同,这一点已有不少学者关注。据《汉书·武帝纪》,元光元年冬十一月初令郡国举孝廉,五月诏贤良。从下诏令到正式制策前后经历了约七个月

---

① 郎官早在春秋战国时期已经出现。在《韩非子·孤愤》中提道:"郎中不因则不得近主,故左右为之匿。"起初郎官为天子左右的近侍,到了战国末期,郎官对当时政治产生很大的影响,如公孙衍、李斯等皆以郎入仕而封侯拜相。
② 班固:《汉书·董仲舒传》,中华书局,2018年,第2185页。
③ 据杨梅在《从吏多军功到贤良文学取士——西汉前中期选官制度的变化》一文统计,一是因为谋反、叛乱被判刑诛杀者达十三人;二是杀人、伤人受处罚的列侯有十一人;三是犯了超过了律法所要求的规定而被罢免的列侯有六人。参见杨梅:《从吏多军功到贤良文学取士——西汉前中期选官制度的变化》,南京师范大学,2018年。
④ 班固:《汉书·高惠高后文功臣表》,中华书局,2018年,第475页。

的时间。又如《汉书·谷永传》："建始三年冬，日食地震同日俱发，诏举方正直言极谏之士"，直到"其夏，皆令诸方正对策"①。可见成帝时期从举贤良到对策也需要半年之久。若把举孝廉到对策视为一个动态的历史过程，那么班固所记录的武帝与董仲舒三次对策很可能不在同一年发生。

其次，根据汉代诏书的特殊性，董仲舒对策需要时间斟酌研究策文。据班固记录武帝三次下诏，开篇均有"制曰"二字。当初始皇即位，为进行制度改革，曾下诏发布天下："制曰：朕闻太古有号毋谥，中古有号，朕闻太古有号毋谥，中古有号，死而以行为谥。如此，则子议父，臣议君也，甚无谓，朕弗取焉。自今已来，除谥法。朕为始皇帝。后世以计数，二世三世至于万世，传之无穷。"② 这封制书内容涉及改尊号，可见"制曰"开篇的文书往往与帝王发布重大事件有关。董仲舒用对策的形式参加朝廷要事，不可能草率行文。正如余建平所言："汉人上书一般都会先打草稿。奏文草创之后，又经一番修改而定稿，稿成后经尚书传递给皇帝，皇帝批复，再下发给尚书者，如此往复，是一个很费时的过程。"③ 其说颇为中肯。

## 五、《天人三策》年代考辨

明了上书对策背景后，再进一步结合文本分析《天人三策》的对策时间。首先是第一策。武帝即位后重用儒生，然窦太后笃信黄老，遂郎中令王臧、御史大夫赵绾相继自杀。"经历建元二年的重大打击后，武帝可能在二年底三年初才将注意力重新放到这些贤良文学身上，从中培养自己的势力。"④《汉书·礼乐志》记载："至武帝即位，

---

① 班固：《汉书·谷永传》，中华书局，2018年，第2965页。
② 司马迁：《史记·秦始皇本纪》，中华书局，2017年，第304页。
③ 余建平：《"天人三策"文本顺序考辨——兼论董仲舒贤良对策之年代》，《北京社会科学》2019年第6期。
④ 成祖明：《诏策贤良文学制度背景下的"天人三策"》，《历史研究》2012年第4期。

进用英隽，议立明堂，制礼服，以兴太平。会窦太后好黄老言，不说儒术，其事又废。后董仲舒对策言：'王者欲有所为，宜求其端于天'"①。"王者欲有所为"是董仲舒第一次对策之言，从中可以推断第一次对策的时间应当在建元二年后。又如《汉书·严助传》言浮海救东瓯一事发生在建元三年（前138）秋。作为浮海救东瓯一事的主角，严助因"郡举贤良"并善对策而被"独擢"为中大夫："郡举贤良，对策百余人，武帝善助对，繇是独擢助为中大夫。后得朱买臣、吾丘寿王、司马相如、主父偃、徐乐、严安、东方朔、枚皋、胶仓、终军、严葱奇等，并在左右。"② 可见武帝在建元三年启用贤良，那么导致严助"脱颖而出"的"举贤良"当在建元元年。

武帝诏中还有一点值得注意："三代受命，其符安在？灾异之变，何缘而起？"③ 为何忽言灾异？据《武帝纪》载：建元年间先后发生日食、洪水、大饥荒、干旱、蝗灾、火灾等灾异，特别是建元二年和建元三年，连续发生日食异象。对于汉朝帝王而言，日食为不祥之兆，连续发生日食，预示君王有大不敬之事，武帝深感惶恐。前文帝二年第一次下诏求贤同样因日食发生，故武帝很有可能在二次日食发生后与治《公羊》大家董仲舒对策。后来的"汉诸帝凡日蚀、地震、山崩、川竭，天地大变，皆诏天下郡国举贤良方正极言直谏之士，率以为常"④。故武帝第一次当在建元三年底制诏，董仲舒约在建元四年对策。建元四年（前137）距离汉高祖元年（前206）正好七十一年，符合"临政而愿治者七十余岁矣"。

再来看第二策。《汉书·董仲舒传》所载汉武帝诏书："今朕亲耕籍田以为农先，劝孝弟，崇有德，使者冠盖相望，问勤劳，恤孤独，尽思极神，功烈休德未始云获也。今阴阳错缪，氛气充塞，群生寡遂，黎民未济，廉耻贸乱，贤不肖浑淆，未得其真，故详延特

---

① 班固：《汉书·礼乐志》，中华书局，2018年，第884页。
② 班固：《汉书·严助传》，中华书局，2018年，第2407页。
③ 班固：《汉书·董仲舒传》，中华书局，2018年，第2172页。
④ 转引自成祖明：《诏策贤良文学制度背景下的"天人三策"》，《历史研究》2012年第4期。

起之士，庶几乎！"① 显然，这不是初即位之词。且"今阴阳错缪"之下文字，乃自责之词，如在建元元年即位时言，不啻是数其父祖之过。所以武帝下诏答复董仲舒的时间当是即位后，更可能在建元中后期。

司马光《通鉴考异》曰："《汉书·武帝纪》：'元光元年五月，诏举贤良，董仲舒、公孙弘出焉。'《仲舒传》曰：'仲舒对策，推明孔氏，抑黜百家。立学校之官，州县举茂才、孝廉，皆自仲舒发之。'今举孝廉在元光元年十一月，若对策在下五月，则不得云自仲舒发之，盖《武纪》误也。然仲舒对策，不知果在何时。元光元年以前，唯今（建元元年）举贤良见于《纪》。三年，闽越、东瓯相攻，庄助已为中大夫，故皆著之于此。"② 董仲舒在第二策提出："臣愚以为使诸列侯、郡守、二千石各择其吏民之贤者，岁贡各二人以给宿卫，且以观大臣之能；所贡贤者有赏，所贡不肖者有罚。"③ 这条策文通常被认为是董仲舒开启察举岁贡选士的证据。而班固所谓"仲舒对策，推明孔氏，抑黜百家，立学校之官"是"仲舒发之"，这表明董仲舒先提在对策中提出建议，武帝采纳后实行之，二者是因果的关系。司马光认为，若董仲舒的这条建议开启了元光元年十一月"举孝廉"之事。那么董仲舒第二次对策不在元光元年五月。汉家以十月为岁首，元光元年十一月在元光元年五月之前。故董仲舒第二次对策在元年元年五月前。以往也有学者认为武帝立五经博士，即是董仲舒第二策"臣愿陛下兴太学，置明师，以养天下之士"的具体实行。那么，董仲舒的第二次对策在建元五年前。但"立五经博士"与"兴太学"不可等同，这种说法同样不足以令人信服。在明确三次对策很可能不是同时进行后，此说只能证明第二次对策晚于第一策。

---

① 班固：《汉书·董仲舒传》，中华书局，2018 年，第 2181 页。
② 司马光：《资治通鉴考异》，《四部丛刊初编史部》，商务印书馆景涵芬楼影印本，1919 年。
③ 班固：《汉书·董仲舒传》，中华书局，2018 年，第 2196 页。

此外，以往学者对第二策中"夜郎康居""说德归谊"① 争论不休。关于夜郎、康居之通，据《史记》记载，夜郎之通在建元六年（前135），康居之通在元朔三年（前126）后。周桂钿在《董学探微》中提出："张骞通西域时也通了康居，但也不是什么'说德归谊'。中国大百科全书出版的《中国大百科全书·中国历史·秦汉史》卷附有三张地图：秦疆域图、西汉时期形势图、东汉时期形势图。这三图中，康居都在域外，未曾'归谊'。而夜郎，秦时已在域内，岂在汉时始通。可见，夜郎、康居说德归谊，此说不类。班固能改严安的奏疏，自然也会改董仲舒的对策。'夜郎康居'疑为'方外'的注文。误入正文。原文似应为：'至德昭然，施于方外。殊方万里，说德归谊。'此太平之致也。"② 然而近来已有学者注意到《史记·司马相如列传》载："相如为郎数岁，会唐蒙使略通夜郎西僰中，发巴蜀吏卒千人，郡又多为发转漕万余人，用兴法诛其渠帅，巴蜀民大惊恐。上闻之，乃使相如责唐蒙，因喻告巴蜀民以非上意。檄曰：'康居西域，重译请朝，稽首来享。'"③ 司马相如去蜀国当在元光元年（前134）后，那么檄文中康居归谊则在元光元年之前④。所以董仲舒第二次对策应在建元六年后至元光元年初。

第三策中武帝对董仲舒提出批评："今子大夫明于阴阳所以造化，习于先圣之道业，然而文采未极，岂惑乎当世之务哉？条贯靡竟，统纪未终，意朕之不明与？"也就是说武帝认为董仲舒的文章答非所问，条理不清。而第二策董仲舒的回答与武帝的策问是一一对应的，不应当存在对策没有条理使武帝"听若眩欤"。反观第一策，武帝的问题是帝王治国之道，然而董仲舒的回答却是先谈《春秋》灾异缘起的原因，再谈道、礼乐、性情、教化，对于

---

① 班固：《汉书·董仲舒传》，中华书局，2018年，第2186页。
② 周桂钿：《董学探微》，北京师范大学出版社，2008年，第18页。
③ 司马迁：《史记·司马相如列传》，中华书局，2017年，第2647页。
④ 刘国民：《董仲舒对策之年辨兼考公孙弘对策之年》，《古籍整理研究学刊》2004年第3期。

武帝所迫切希望了解的治国之道并未给出明确的答案，可谓顾左右而言他。因而，武帝的批评更可能针对第一次对策，而非第二策。余建平认为第三策在内容上与第一策衔接紧密，很可能是武帝看到董仲舒的策文后，觉其不同凡响而紧接着发出第三策。至于"天子览其对而异焉，乃复策之曰"① 是班固自行添加的衔接语，并不代表先后顺序。这种观点颇具新意，可以解决班固记录第二次对策稍晚的问题。

第三策中董仲舒答武帝曰："今师异道，人异论，百家殊方，指意不同，是以上亡以持一统；法制数变，下不知所守。臣愚以为诸不在六艺之科孔子之术者，皆绝其道，勿使并进。"② "抑黜百家"的建议和建元元年卫绾罢退申韩刑名、苏张纵横之术相呼应。武帝很可能接受了董仲舒的建议，在建元五年"置五经博士"。从建元五年置五经博士可以反推，董仲舒的第三次对策应在建元四年至建元五年之间完成的。

## 结　语

对于《天人三策》的研究，《史记》《汉书》的记载至关重要，所以对于《史记》《汉书》等旧材料的新读和新材料的发现或许应该齐头并进。而在没有新材料出现的前提下，就需要在细致爬梳史料的同时，从具体文本的字里行间、只言片语中去发现蛛丝马迹。这也是今人所努力的方向。传统学界将三次对策视为同一时间所做，各家都难以自圆其说，论证多有矛盾之处。至陈长琦、成祖明、余建平分析，将董仲舒与武帝对策视为一个动态的过程，自然对策时间也就不局限于某一个年份，而是持续的时间段。从这个思路出发分析，三次对策更可能作于建元中后期至元光元年初。这种解释能够消解"建元元年说""元光元年说"及"建元五年说"等观点的矛盾之处，对于确定

---

① 班固：《汉书·董仲舒传》，中华书局，2018年，第2186页。
② 班固：《汉书·董仲舒传》，中华书局，2018年，第2196页。

对策时间很有帮助。但三策的顺序是否经过了班固的编造，尚待进一步讨论。

本文为"2020中国·衡水董仲舒与儒家思想国际学术研讨会"提交的论文。

张　咪（1994—），女，山西太原人，上海交通大学哲学系中国哲学专业硕士研究生。

# 董仲舒"天人三策"应在元光五年辨正

赵秀金

董仲舒"天人三策"的对策时间,一直是学界争论不休的难题。

这三策不出于司马迁《史记》,最先引用的是班固的《汉书·董仲舒传》。班固应该清楚对策时间,却说得含糊:"武帝即位,举贤良文学之士前后数百,而仲舒以贤良对策焉。"凡是武帝初即位时的对策,《汉书》都有"初"这样的副词限定①,班固只泛泛说"即位",并没有肯定在初年。

不在初年,在哪一年?因为汉武帝下诏对策和对个人问策有很多次,董仲舒参加了也不止一次,于是对策的具体年限就成了疑点。后代学者就有了诸多考论,如建元元年、建元五年、元光元年、元光五年、元朔五年诸说法[1-3]。本文立足"天人三策"文本和历史旁证,确定其对策时间只在元光五年(前130)。

## 一、第一策问"天命灾异"主题,与武帝元光五年策问一致

确定董仲舒的对策时间,最权威证据应来自汉武帝的策问。考虑

---

① 《汉书·公孙弘传》就很明确:"武帝初即位,招贤良文学士,是时弘年六十,以贤良征为博士。"

到汉武帝大规模策问的主题应该很少重复,在"天人三策"时间不清的情况下,寻找《史记》或《汉书》里武帝的同主题策问很重要。

很巧,同主题策问就在《汉书·公孙弘传》,时间在元光五年[4]。

> 敢问子大夫:天人之道,何所本始?吉凶之效,安所期焉?禹、汤水旱,厥咎何由?仁、义、礼、知四者之宜,当安设施?属统垂业,物鬼变化,天命之符,废兴何如?

对比"天人三策"的第一策问:

> 三代受命,其符安在?灾异之变,何缘而起?性命之情,或夭或寿,或仁或鄙,习闻其号,未烛厥理。伊欲风流而令行,刑轻而奸改,百姓和乐,政事宣昭,何修何饬而膏露降,百谷登,德润四海,泽臻草木,三光全,寒暑平,受天之祜,享鬼神之灵,德泽洋溢,施乎方外,延及群生?①

显然,二者大同小异,都是问天人感应、灾异符瑞的。"天人之道,何所本始?吉凶之效,安所期焉"就是"三代受命,其符安在?灾异之变,何缘而起",词异而意同。可以推定,元光五年董仲舒以博士身份参加了贤良对策②。但二者文辞差异较多又怎么解释?能证明一定是同一次武帝策问吗?

从地下史料的物证,今人已能确定班固引用诏书,有变通文辞的喜好。有文物考古学者对悬泉汉简与《汉书》所引诏书文字比较,以铁证判定"班固在编撰《汉书》时有对原有诏书文字的删减和再编辑","增加了诏书的文学性,使诏书用词华美、立意深远,透视出皇帝用词用语的恢宏壮观"③。

---

① 《汉书·董仲舒传》。凡本文引用"天人三策"原文均出自本传。

② 《汉书·公孙弘传》记载:"时对者百余人。"董仲舒参与其中理所当然。对策是略带选拔性的政治咨询活动。

③ 学者张俊民谈到,悬泉作为汉代重要的邮驿机构具有榜示诏书的职能。通过比较出土汉简和《汉书》所记诏书文字的异同,发现班固在编撰《汉书》时进行了文学性加工。作者系甘肃省文物考古研究所简牍研究室专家,其言可信。班固对同一策问主题在不同人的传记里措辞有异,也就容易理解。张俊民《悬泉汉简与班固〈汉书〉所引诏书文字的异同》,《文献》2013年第2期。

因为诏书都是"制诰",出自御用文人之手,班固对于皇帝诏书并没有后代金口玉言的敬畏。而且,《汉书》只在董仲舒、公孙弘两人的对策前用"制曰",而非"诏曰",不同寻常①。可以推定,董仲舒"天人三策"第一策策问与公孙弘元光五年策问的言辞差异,是局部性的而非整体性的。对比董仲舒和公孙弘两人传记的武帝策问全文,既有班固增加诏书文学性的可能,也有班固紧缩原文的可能。因为班固是史学大家,他的书稿还要经皇帝审阅,对史料虽有修饰,但绝不会改变策问主旨。

既然董仲舒第一策的武帝策问与《汉书·公孙弘传》的策问主题一致,关键文辞相似,可以确定董仲舒"天人三策"的第一策应在元光五年。

## 二、"天人三策"是元光五年的同一主题问答系列

仅确定了第一策时间,还不能肯定第二策、第三策一定随在后面。应从班固编辑过的武帝策问和董仲舒对策的内部关系,看是否前后连贯为整体,以确定三策进行时间。

第二策,是紧跟第一策的。班固说:"天子览其对而异焉,乃复册之曰。"看来董仲舒的第一次对策被重视,然后又被策问。但武帝对第一次贤良们的对策并不满意,问是什么原因,并鼓励直言:"今子大夫待诏百有余人,或道世务而未济,稽诸上古之不同,考之于今而难行,毋乃牵于文系而不得骋与?将所繇异术,所闻殊方与?各悉对,著于篇,毋讳有司。"

这次策问的重点是,朕尽心尽力了,天下仍然一片乱象:"今朕亲耕借田以为农先,劝孝弟,崇有德,使者冠盖相望,问勤劳,恤孤

---

① 《汉书·郊祀志》第五上:"高祖十年春,有司请令县常以春二月及腊祠稷以羊彘,民里社各自裁以祠。制曰:'可。'"显示这"制曰"很随便。帝王纪的各篇,下诏都是"诏曰"。只有《董仲舒传》《公孙弘传》前面解释"而仲舒以贤良对策焉""上策诏诸儒",后面却都加一个"制曰",而非"诏曰",更显示策问可以增饰。

独,尽思极神,功烈休德未始云获也。今阴阳错缪,氛气充塞,群生寡遂,黎民未济,廉耻贸乱,贤不肖浑淆,未得其真,故详延特起之士,庶几乎!"因此,汉武帝要询问古今治理办法怎么贯通起来。

第三策是继续追问天人感应的,照应前面两次策问,这次,更明确天人感应和阴阳吉凶。

> 制曰:盖闻"善言天者必有征于人,善言古者必有验于今"。故朕垂问乎天人之应,上嘉唐虞,下悼桀、纣,寖微寖灭寖明寖昌之道,虚心以改。今子大夫明于阴阳所以造化,习于先圣之道业,然而文采未极,岂惑乎当世之务哉?条贯靡竟,统纪未终,意朕之不明与?听若眩与?夫三王之教所祖不同,而皆有失,或谓久而不易者道也,意岂异哉?今子大夫既已著大道之极,陈治乱之端矣,其悉之究之,孰之复之。《诗》不云乎,"嗟尔君子,毋常安息,神之听之,介尔景福"。朕将亲览焉,子大夫其茂明之。

班固解释接着第二策"于是天子复册之"引出第三策。三策环环相扣,都是围绕天人感应、灾异符瑞来展开的,汉武帝在追问他的天命,即权力合法性。谓之"天人三策",恰如其分①。

因为主题一致,应是董仲舒和公孙弘一起参与了对策,之后汉武帝继续策问,董仲舒作为《公羊传》的资深博士继续参与对策,直到第三策。由于问答连贯性强,时间紧凑,前后照应,可推知这是开始于元光五年在不长时间内完成的系列对策②。

至于其他年份的汉武帝策问,比较重要的是元光元年五月,那次对策的结果是"董仲舒、公孙弘等出焉",董仲舒正式受到汉武帝的赏识。不过那次策问的重点是:

> 呜乎,何施而臻此与!今朕获奉宗庙,夙兴以求,夜寐以

---

① 三次对策,被宋代之后学者称为"天人三策",是抓住了武帝策问的根本的。参见赵羽《"天人三策"篇名与文体考辨》,《青海社会科学》2017 年第 3 期。

② 认为三策顺序有误,或者班固强拉硬扯在一起的,不乏其人。余建平《"天人三策"文本顺序考辨——兼论董仲舒贤良对策之年代》,《北京社会科学》2019 年第 6 期。

思，若涉渊水，未知所济。猗与伟与！何行而可以章先帝之洪业休德，上参尧、舜，下配三王！朕之不敏，不能远德，此子大夫之所睹闻也，贤良明于古今王事之体，受策察问，咸以书对，著之于篇，朕亲览焉。（《汉书·武帝纪》）

核心问题是"何行而可以章先帝之洪业休德，上参尧、舜，下配三王"。与"天人三策"第一策的问题，即天人感应的吉凶符瑞，没什么相似度；与第二策问相比，缺少忧患意识；与第三策问更没可比性。所以天人三策肯定不是在元光元年进行的。

从策问主题、诏书前后连贯性和班固的连接文字，可确定"天人三策"是在元光五年依次进行的。

## 三、"天人三策"几处史实疑点，在元光五年都能解释

三策文本提及的历史事实，也支持元光五年对策的可能性。很多学者的质疑，都可得到解释。

第一策的"今子大夫褎然为举首"。从班固善于修饰诏书文辞的特点来看，这"褎然为举首"是溢美之词，对董仲舒声誉日隆的肯定，不证明这次问策被定为第一名。

第一策的"今临政而愿治七十余岁矣"。如从秦亡，刘邦被封为"汉王"（前206）到元光五年（前130），是77虚岁，也就是汉朝建政"七十余岁矣"，与史实一致。

第一策屡次用"堤防"来比方教化。原文是："夫万民之从利也，如水之走下，不以教化堤防之，不能止也。是故教化立而奸邪皆止者，其堤防完也；教化废而奸邪并出，刑罚不能胜者，其堤防坏也。"考《汉书·武帝纪》元光三年（前132），黄河决口，发卒十万堵塞。两年后的元光五年，董仲舒以黄河决堤为背景，劝说汉武帝重视教化，才顺理成章。

第二策的"今朕亲耕借田以为农先，劝孝悌，崇有德，使者冠盖

相望"。武帝首次举行藉田仪式,应在即位初期几年①。劝孝悌,最早在建元元年②。崇有德,就是招揽人才,也是建元元年开始,后有多次举孝廉、招贤良行动。到元光五年,登基十年的汉武帝这样自述然后提问才正常。

第二策的"夜郎康居,殊方万里,说德归谊"。夜郎归附汉朝是在建元六年,到元光五年,已是事实。但康居国在汉成帝时才"遣子侍汉",此处不排除班固增饰。

第二策的"今以一郡一国之众,对亡应书者",与元朔元年诏书"阖郡不荐一人"对应。但郡国很多,人才存量各异,朝廷征贤良时交白卷的郡国不一定就一个或一次,不能臆断。

第三策的"罢黜百家,独尊儒术"。董仲舒这个建议是在三策多次强调教化的基础上所做的结论。若在武帝初期,声望不高的董仲舒想都不敢③,只有建元六年(前135)窦太后驾崩之后才可能。这一年,虽然新丞相田蚡上任就罢黜黄老之学,刚从监狱被武帝赦免的董仲舒惊魂未定,不会再来一次"罢黜百家"的冒失建议。数年后的元光五年,在武帝压制黄老之学成常态的时候,董仲舒进一步提出"独尊儒术"才可能。

在元光五年的立足点上基本能正确解释关于"天人三策"的史实疑问。

---

① 汉武帝举行藉田仪式,可考的是在很晚的征和四年春三月,耕于钜定,是快驾崩的时候。应该是班固有漏载。因为文帝即位在第二年春正月就藉田亲耕,文帝十三年又亲耕劝农。武帝的继位者昭帝,在即位第一年就勤耕于钩盾弄田。武帝在元光五年前也藉田亲耕,是应有之事。参见《汉书》卷一至卷十二各个帝王纪。

② 《汉书·武帝纪》:"建元元年,夏四月己巳,诏曰:'……先耆艾,奉高年,古之道也。今天下孝子顺孙愿自竭尽以承其亲,外迫公事,内乏资财,是以孝心阙焉,朕甚哀之。'"

③ 当时董仲舒不过一个普通博士,在景帝时任命的,到武帝时代作为贤良对策后,才逐渐成为公羊学专家之一,另一个是老资格的胡毋生。参见《汉书·儒林传》。

## 四、建元六年后董仲舒"不敢复言灾异",
## 元光五年对策可证

董仲舒的专长是《公羊传》,主要谈论阴阳吉凶祸福、天人感应。没料到被小人暗算并触怒了汉武帝,遭了牢狱之灾。董仲舒的弟子司马迁这样记载:

> 中废为中大夫,居舍,著灾异之记。是时辽东高庙灾,主父偃疾之,取其书奏之天子。天子召诸生示其书,有刺讥。董仲舒弟子吕步舒不知其师书,以为下愚。于是下董仲舒吏,当死,诏赦之。于是董仲舒竟不敢复言灾异。(《史记·儒林列传》)

"是时辽东高庙灾"就发生在建元六年,主父偃盗稿,应在元光元年之后,也就是董仲舒"出焉"之后①,正得意的董仲舒突然祸从天降,从此"竟不敢复言灾异",司马迁决不会说老师的假话。

如果把"天人三策"确定在之后的元光五年,"不敢复言灾异"高度准确。公孙弘在汉武帝问到天人灾异祥瑞的时候,直接地拍武帝的马屁,只谈祥瑞不谈灾异。《汉书·公孙弘传》记载:

> 臣闻之,气同则从,声比则应。今人主和德于上,百姓和合于下,故心和则气和,气和则形和,形和则声和,声和则天地之和应矣。故阴阳和,风雨时,甘露降,五谷登,六畜蕃,嘉禾兴,朱草生,山不童,泽不涸,此和之至也。故形和则无疾,无疾则不夭,故父不丧子,兄不哭弟。德配天地,明并日月,则麟凤至,龟龙在郊,河出图,洛出书,远方之君莫不说义,奉币而来朝,此和之极也。

而且,公孙弘提出了更实用的礼仪为主、赏罚为辅、任官亲民的政治原则,所以被汉武帝亲自"擢为第一"。作为老一辈公羊学大师

---

① 建元六年六月发生的高庙灾异,次年也就是元光元年主父偃入关进长安,晋见将军卫青。前后间隔时间不长,所以司马迁用了一个"是时"。因为元光元年五月董仲舒对策成功,故窃稿下狱应在之后。见《史记·平津侯主父列传》。

的董仲舒，却不敢正面回答最擅长的"天人之道，何所本始？吉凶之效，安所期焉"或"三代受命，其符安在？灾异之变，何缘而起"的问题。在简单搪塞了一些天人感应的套话之后，却大谈仁义教化。王者应该"任德教而不任刑"。要得到祥瑞，必须设立太学、庠序等教化机构，以仁义礼教化人民。在政治实用性上比公孙弘更迂远，在擅长的天人之应上却言不及义。

董仲舒应该回答的，应是建元六年灾异的判断"至于陛下时，天乃灾之者，殆亦其时也"①的深化，要说出喜欢神仙和上帝恩赐的武帝应有的符瑞和避灾秘诀。但是谈君权神授，必然涉及天帝警告帝王的灾异。董仲舒因言灾异获罪招致牢狱之灾后，不敢展开这个话题，又不肯公孙弘那样拍马屁，于是只能敷衍塞责。汉武帝碰了钉子，所以第二次策问委婉一点，只问：为什么我勤苦治理，效果不明显？他是希望董仲舒能主动转到天人感应的话题。岂料得到的回答是："帝王条贯（求贤诛奸）同，然劳逸异者，所遇之时异也。"观点仍是办学校，培养和选拔人才教化人民。

教化，还是教化！董仲舒不肯乖巧一点自动转到天人感应、君权神授，武帝终于恼火了，第三次连珠炮责问。这次董仲舒一面诚惶诚恐谢罪解释，一面仍然闪避阴阳天命，说什么"道之大原出于天，天不变道亦不变"，用不会变天安慰武帝。而实际谈的还是教化，不过提出帝王同时要积善，不与民争利，用夏朝的"忠"德，最后还来了个"罢黜百家，独尊儒术"的顺水推舟建议。问心有愧的汉武帝遇到这样的老顽固也就认栽了，这时指望董仲舒讲出《春秋繁露》那样的天人感应的道理都难②。

结果是，汉武帝三次"天人之问"，得到了"教化三对"。董仲舒

---

① 董仲舒对皇家灾异的推断很大胆，甚至用"天灾若语陛下"的神媒口气教训皇帝。见《汉书·五行志》卷二七。
② 感应学说是董仲舒建构天道信念和天道哲学的神经中枢。汉武帝问的就是这个核心问题。见余治平《天人感应的发生机理与运行过程——以〈春秋繁露〉、"天人三策"为文本依据》，《衡水学院学报》2018 年第 5 期。

对策的文不对题，被古今学者严重忽略和误解①！这正是司马迁转述的"竟不敢复言灾异"，不是不想而是不敢。由此反证了董仲舒对策在元光五年的最大可能性。

## 五、元光五年之外的对策时间都不妥当

上面证明了"天人三策"在元光五年可能，下面证明其他年份不可能②。

首先，建元元年不可能有"天人三策"。班固就没注明"初即位"，这一年十六岁即位的汉武帝，也不具备亲自对策的知识和心理准备。

《汉书·食货志》："十五入大学，学先圣礼乐，而知朝廷君臣之礼。"刘彻刚过孔子的"志于学"年龄仓促登基。这时策问肯定不会触及"天人三策"那样高深的权力合法性问题。

那次对策，公孙弘失败，董仲舒则成功，应是汉武帝认可了他的"公羊学"价值③，所以被授官江都相。但这时候期待他高呼"罢黜百家，独尊儒术"，给他个胆子都不敢。因为前两年辕固生的坏运气还笼罩着朝廷④。汉武帝的太傅赵绾和王臧，丞相窦婴、太尉田蚡，

---

① 徐复观认为，天人三策中，董仲舒"以现实政治问题为主，他的天的哲学，在力求概括中反居于不太重要的地位"是察觉了异常的。见徐复观《两汉思想史》，九州出版社，2014年，第260页。
② 许多学者提出的观点，不能自圆其说。郭炳洁《近三十年"罢黜百家，独尊儒术"研究综述》，《史学月刊》2015年第8期。
③ 《史记·儒林列传》："及今上即位，赵绾、王臧之属明儒学，而上亦乡之，于是招方正贤良文学之士。自是之后，言《春秋》于齐鲁自胡毋生，于赵自董仲舒。"说明董仲舒的儒学地位，是在汉武帝建元元年逐渐被公认的。
④ 《史记·儒林列传》："今上初即位，复以贤良征固。"辕固生，这个被窦太后羞辱发配到清河国去的老顽固儒生，时年九十岁，也被武帝征召来了。标志着儒学的复兴，但也是乍暖还寒时候。

力主儒学反对黄老之学,稍一激进就很快被窦太后残酷打压①。青年汉武帝必须听太皇太后的,他还不能独立担当。

朝廷的动荡,虽没牵扯到董仲舒,但是他也清楚自己的公羊学会被厌恶,应该是主动辞官,从江都回到长安,这就是司马迁说的"中废为大夫"。

建元五年(前136)也不可能有"天人三策"。这时窦太后已衰老病重,武帝20岁了,已具有理性思考能力。武帝这年设置了五经博士,专治《公羊传》的董仲舒应该被置为公羊学博士。不过这时武帝还难以从容探究权力合法性问题,一旦建元六年皇家祖庙火灾,主父偃盗稿上奏,武帝没多想就把董仲舒打入牢狱。虽然随后赦免了他,但对董仲舒是致命的经历。随着窦太后崩,武帝旋即复用田蚡为丞相,黜黄老,儒术反弹式报复。可是董仲舒心灰意冷了,不敢再谈论天人感应的灾异话题。

元光元年(前134)也不可能有天人三策。这年武帝策问内容不涉及阴阳符瑞,董仲舒正好不敢谈天人感应。因为对策优异,他恢复了名誉,和冤家对头公孙弘一起被汉武帝赏识,并逐渐成为"举首"。

更晚的元朔五年(前124)更不可能。虽然这年设置太学容易和董仲舒的三策内容联系起来,康居国臣服也在这几年,但是都很牵强。如果真的在执政16年时对策,武帝还会对天人感应那么好奇吗?肯定不会。

可能性只在元光五年(前130)。证据就是公孙弘传记里的武帝诏书主题,与三策里的第一策主题相同。这年他的仕途热情高涨了些,但是遇到了追问天人感应的苦差,只能给出一个文不对题的对策来。伴君如伴虎,他不敢拿性命再赌一把。

---

① 《史记·儒林列传》:"上(武帝)因废明堂事,尽下赵绾、王臧吏,后皆自杀。"

## 六、班固含糊前置三策时间，是尊儒的曲意回护

以上梳理论述，从公孙弘、董仲舒同一策问可确定"天人三策"是元光五年进行的一个系列对策，参与对策的还有其他博士，但董仲舒是后来的关键人物。其中涉及的事实都能在元光五年得到解释，"不敢复言灾异"在元光五年也符合司马迁的记述，而且辨析元光五年之外的对策时间都不妥当。于是可以定论："天人三策"就开始于元光五年。

也就是说，班固把三策时间置于董仲舒任江都相之前，是明显的超前。但因为有司马迁的明确记载，班固虽然有意从元光五年前置到做江都相之前，也不敢背离客观真实具体到"武帝即位初年"，而是含糊地说"武帝即位"，并绕了一个弯子"举贤良之士前后百数，而仲舒以贤良对策焉"，他的意愿是在武帝刚继位的建元元年。

班固为什么有意误导？因为他所处的东汉，儒学已成主导。班固想为儒家地位溯源，希望找到"罢黜百家，独尊儒术"的一个全能学者，公孙弘学术不行，田蚡在儒学上又没什么建树，最佳人选就是董仲舒。于是含糊地把"天人三策"提到尽量早的时间，以显示董仲舒的先知胆量和"群儒首"的地位。其实这样做，忽略了武帝初期儒学的艰难处境，主观拔高董仲舒"罢黜百家，独尊儒术"的勇敢。

幸亏班固还没违背史家良知，基本没涂改内文，否则后代很难还原真相。有人要问，对这一重要对策，董仲舒的学生司马迁为何只字不提？这和司马迁的尚黄老思想有关，他写当今圣上汉武帝，只写他怎样迷信神鬼感应，不提他的功绩，对天人感应的策问当然没兴趣。何况他的老师言灾异惹祸，不敢复言灾异，文不对题的对策有什么好炫耀的？所以有意缺失一笔。

很可惜，到了宋代儒学复兴时期，司马光要"鉴前世之兴衰，考当今之得失"，更急功近利，把班固含糊的意愿挑明坐实了。在《资治通鉴·汉纪九》直接断言董仲舒对策时间是武帝即位的建元元年，又在《通鉴考异》以《汉书》材料相互质证，其贻害至今，给历史还

原带来很大困难。

今天学者要做的，是根据《史记》和《汉书》史料尽量还原历史。不但要考据，还要尊重文本主题进行总体研究，才能辨别出元光五年汉武帝、董仲舒之间问答的真相①。

**参考文献：**

[1] 郝建平：《近 30 年来汉武帝"罢黜百家，独尊儒术"问题研究综述》，《古籍整理研究学刊》2013 年第 4 期，第 103－107 页。

[2] 郭炳洁：《近三十年"罢黜百家，独尊儒术"研究综述》，《史学月刊》2015 年第 8 期，第 105－112 页。

[3] 丁四新：《近四十年"罢黜百家，独尊儒术"问题研究的三个阶段》，《衡水学院学报》2019 年第 3 期，第 10－17 页。

[4] 李迎春：《公孙弘第二次贤良对策时间考》，《湖南科技学院学报》2009 年第 3 期，第 64－67 页。

原载于《衡水学院学报》2020 年第 6 期。

赵秀金（1964—），女，河北衡水人，衡水学院图书馆副研究员。

---

① 也有学者猜到了最合适的时间是元光五年，但证据不足。李迎春：《董仲舒上〈天人三策〉时间考》，《郑州航空工业管理学院学报》（社会科学版）2006 年第 4 期；刘国民《董仲舒对策之年辨兼考公孙弘对策之年》，《古籍整理研究学刊》2004 年第 3 期。

# 清末新政时期衡水地区的教育更化

田卫冰

儒家更化思想由来已久,《论语·为政》篇中"子张问:'十世可知也?'子曰:'殷因于夏礼,其损益可知也;周因于殷礼,所损益可知也。其或继周者,虽百世,可知也'。"[1]22孔子总结夏商周三代治理的变化规律后,认为三百年后甚或三千年后的历史发展,不过是在继承沿袭前代典章制度、礼仪规范之下,不断的增减兴革而已。

或出于历史巧合,三百余年后的汉武帝时期出现治理危机,汉武帝策问贤良文学,董仲舒在第一次册对中深入阐述儒家"损益"之说,指出"汉承秦制"之弊后说:"今汉继秦之后,如朽木、粪墙矣,虽欲善治之,亡可奈何。法出而奸生,令下而诈起,如以汤止沸,抱薪救火,愈甚亡益也。窃譬之琴瑟不调,甚者必解而更张之,乃可鼓也;为政而不行,甚者必变而更化之,乃可理也。当更张而不更张,虽有良工不能善调也;当更化而不更化,虽有大贤不能善治也。故汉得天下以来,常欲善治而至今不可善治者,失之于当更化而不更化也。古人有言曰:'临渊羡鱼,不如退而结网。'今临政而愿治七十余岁矣,不如退而更化;更化则可善治,善治则灾害日去,福禄日来"。[2]564董仲舒连用"更化"一词七次,论述改弦更张之必要。董仲舒第三次册对以"有改制之名,亡变道之实""天不变,道亦不变"理论充实完善了"更化改制"儒家思想体系,从而确立了两千多年来中国的基本政治架构。

董仲舒在汉为广川人，时广川国辖县十七，信都、扶柳、辟阳、南宫、下博、武邑、观津、高堤、广川、乐乡、平堤、桃、西梁、昌成、东昌、脩，大体于今衡水市域相当，重合部分约为四分之三。董仲舒生于斯，长于斯，其学术思想也形成于斯，董仲舒的"更化改制"思想对衡水人民影响深远，尤其是在清末衡水地区教育革新历程中，衡水地区官绅仕子力主"更化"求新，快速推行西学，城乡遍开学堂，适应了社会发展大势。

# 一、官绅的主动求变

"更化"思维自近代以来，举国有识之士相沿不辍。衡水地区官绅在洋务新政、戊戌新政各个历史阶段也进行了积极探索。自曾国藩督直后，方宗诚、吴汝纶、张裕钊、齐光国、范当世等桐城派大家纷纷北来。曾国藩回南，李鸿章接任直隶总督近三十年，方宗诚、吴汝纶等人留任，吴汝纶在深州、冀州为官十余年，大多时候都是李鸿章在直隶总督任上，后又主讲莲池书院十一年。李鸿章与吴汝纶声气相应，桐城派古文自然成为皖系政治和北洋官系话语建构的有力工具。吴汝纶为官期间，以淳朴学风所体现出的个人魅力来推动深冀二州政务，易宾主为师徒，变官绅为师友，变师生为家人子弟。深州、冀州及枝属各县士绅清一色均是吴汝纶弟子门人，所以衡水地区清末教育更化，受吴汝纶的教育思想变化影响最大。

甲午战争极大地刺激了知识分子的传统观念。光绪二十二年宋育仁使英归来出版《泰西各国采风记》五卷，大体上是说泰西美善之政，中国古已有之，学习外国即是行古道，复古就是维新。宋育仁同年好友，时任冀州信都书院山长贺涛读毕，"殊嫌其强为附会"[3]29。当年八月其恩师莲池书院山长吴汝纶指示贺涛要在书院讲授新学，认为"洋务，国之大事，诸生不可不讲。今新出之书，有《泰西新史揽要》，西人李提摩太编……最为有益于中国。又有《自东徂西》一书……亦甚可观。……同文馆及上海方言馆所译诸书，皆可考览，而尤以阅《万国公报》为总持要领。近来京城官书局有报，而上海又有

《时务报》，皆可购而阅之"[4]121。

光绪二十二年九月，冀州官绅亟欲革新教育，开设天算格致等西学课程，冀州知州牛昶煦致函吴汝纶请教开办事宜。吴汝纶复函称"不改科举，则书院势难变通，不筹天算格致出仕之途，虽改课亦少应者"，认为开设西学也不能裁减书院经费，指出"西国教师，在沿海尚且难求，在内地万难聘请……惟有招延西国传教之士，又恐骇人观听，激成他变，且非诏旨允行，转恐教士因来教学徒，要求广行彼教，是则利少弊多，又不可之大者"，最好是"购置已译之书，入之书院中，高才生兼习之，似为简易可行……如上海所译《防海新论》，同文馆所译《富国策》等皆是，而西人自译，若《自西徂东》《泰西新史揽要》《西国学校》《万国岁计》诸书，至为有益。此外，则购阅各报，尤为切要"[4]130。吴汝纶同时致函贺涛，认为西学"必从西文入手，能通西文，然后能尽读西书，能尽读西书，然后能识西国深处……若乃天算、化学、制造、格致则皆所谓专门者，非风气大开，绝无专习一业之人；非风气大开，即有一二人能习其业，亦于国无能损益也"[4]129。

嗣后每有新报出，吴汝纶自省城保定都为信都书院订购一份，可稽考的有《时务报》《万国公报》《中外纪闻》《华北月报》《农学报》《国闻报》等报。贺涛深然其师之说，为书院大力购求时务书报于各都市商埠，认为"阅书不及阅报章，以事愈新愈切要"[3]29。同时指示在深州文瑞书院任山长的弟子赵衡多购时务书报为在院诸生讲说。

武强杜法孟是同文馆李善兰门下得意弟子，是"算学大师"[5]10，居家时曾传授贺涛、郑禄昌等人天算之学。光绪二十三年吴汝纶曾欲请其为深州志测绘新式地图不果，遂推荐给牛昶煦，认为可聘杜法孟为信都书院算学教师。随后致函贺涛、贺嘉栭，认为"深州或冀州敦请杜公为算学教师，似亦近日开办西学之要务……欲开西学，西学重专门，而以算学为首务，他学必以算学为从入之阶，明算而后格致诸学循途而致。今既不得通外国语言文字，则学算亦本务矣。他处方苦无师，深冀有师，岂宜掉头不顾"[4]148。

戊戌变法前后，衡水地区籍在京官员较为激进，力主自强变革。

前文瑞书院山长、同治甲戌科进士、监察御史衡水孙赋谦连上奏章，奏请武场、文场变更旧制、热河试办矿务等变法奏议。尤其是请"停试刀石而改枪炮"折[6]13-14，兵部奏驳数次，孙赋谦不屈不挠，奏请不断。光绪庚寅科进士、翰林检讨安平阎志廉多次与人联名公呈条陈，力主朝廷对日、对德交涉，对维新变法起了推波助澜的积极作用。

吴汝纶在百日维新中，思想趋于保守，主张稳健推进，虽然认为康有为"首倡大议，不为无功"[4]206，但同时指出各府州县书院聘请教师年束修不过三百两银子，分请中学西学兼通之师，根本请不到，就是有这样的名师，一下也找不齐一千七八百名中学西学兼通的教师。他在给积极参与第二次公车上书的弟子阎志廉信中说："时局益坏，恐遂为波兰、印度之续，士大夫相见，空作楚囚对泣状。南海康梁之徒，日号泣于市，均之无益也。惟亟派宙捐立县乡学堂，庶冀十年五年，人才渐起乎！无人才，则无中国矣。"[4]193

在百日维新期间的六月三日，吴汝纶致函冀州绅士，认为书院虽改学堂，中学仍须讲求，只能筹款加请西学教师，但是西学教师实在是难找。安平副贡弓汝恒是吴汝纶"著籍最夥"[7]15的开山弟子，面对重大变革，深感迷茫，致函吴汝纶希望到保定拜谒请益。吴汝纶回函说"时文废后，后生应科举，欲求外国时务，舍阅报无从问津"，担心变法"本为兴西学而设，窃恐西学未兴，而中学先废"。弓汝恒仅少吴汝纶两岁，所以吴汝纶又说"吾辈垂老见此，殊非幸也"之语，这一年弓汝恒之孙弓铃，亦即弓仲韬，年甫七龄，弓汝恒问计其师，值此奇变，子孙应读何书，吴汝纶作函回复，深盼弓汝恒能到保定一叙[4]208。

光绪二十五年正月，吴汝纶决定聘贝格耨等人在莲池书院开办西文学堂。保定风气不开，无人响应，他只能再三致函冀州士绅，苦劝刘步瀛、张增艳、张廷湘等人速送冀州子弟来学。经吴汝纶"劝励数月，始得廿人，尚是冀州为多，将以四月开馆"，他认为虽然西文学堂为"内地嚆矢，若深究专门之学，大收功效，则仍俟之来哲"[4]250。实际开班后，连吴汝纶子吴闿生也仅有十七人。

庚子以后，吴汝纶已经认识到科举不废，新学不兴，新学不开，种族不保。光绪二十七年五月由吴汝纶创办的东文学社头班学生毕业，其中深州李检、南宫邢之襄跟随教习中岛裁之东渡继续深造。八月间吴汝纶经过深思熟虑，为深冀二州士绅及门人弟子就新式学堂的课程安排、学习时限做出了具体指导，这也是他东渡日本考察学制前最为完善的新式教育设想，深冀二州桐城学人依计而行，衡水地区蒙童在全国范围最早进入了现代教育。

其文首题《学堂课程》，尾注作《辛丑秋作寄深冀诸友》，原文如下：

学堂宜以蒙学始。近年南方新出诸歌括以为便于启蒙，下走独以谓意义文词皆非童蒙所解，又始学当授以本国文字，未可遽言西学，今拟数法如左：

童蒙六岁，教之识字，先择童子口中所尝言、心中所已知之事教之，如天、地、日、月、山、水、火、土、头、尾、手、口、衣、饭、哭、笑之类，皆不待解说而明。此等字尽识，然后教以待解说而明之字，如父、母、师、长、饮、食、首、足、川、陆等类文字。此等既识，再令识学习、教训、孝弟、忠信、爱恶、善恶等字。又后渐及半虚半实之字，如动、静、安、危、治、乱、顺、逆、转、变、移、易、推、挽等类。末乃教以虚字，为之揣合语助之神理而示谕之。如此则识一字即解一字，心灵易启矣。

识字三四千后，授以浅文。村塾用三字经、千字文等，皆非童子所解，今改用唐人五七言绝句之明浅者，五言如"床前明月光""松下问童子"之类，七言如"少小离家老大回""独在异乡为异客"之类。绝句读竟，再授以汉魏乐府，如"日出东南隅""孔雀东南飞"之类，及唐人元白歌行、张王乐府，皆可使讽读。此时可令其学作绝句即短古诗，暇时授以狄考文心算法。

蒙学两年，学童八岁，可入小学。小学先授论语，学童既读绝句乐府，文义略可通解，授论语时，随读随讲，使知贯穿虚字。论语卒业，便读孟子，使知文字气味章法，便可教之开笔学文，或作小书信寄父母、兄弟、姻亲等，始时一二句，渐可五七句，渐可十句二十句。其大学中庸等皆暂勿读，另选国策中之小品，每章百余字或数十字者读之。国策及绝句乐府，皆宜选定一本发给各学堂。暇时可授狄考文笔算法。

小学四年卒业，十二岁入中学堂。中学堂应有西师，教以粗浅图算、格致等学。经书孟子卒业，即读左传、礼记，资性稍钝者选读左传，或用曾文正经史百家叙记类中所录诸篇，凡左氏高文大篇，粗备曾选。又曾公所录通鉴，通篇可并读之，此史学也，至于全史，未易骤读，中学讲授，宜用陈文恭纲鉴正史约，此皆简而不陋。它如王凤洲、袁了凡纲鉴及纲鉴易知录等书皆俗本，不可用。国朝政治，则用日本人所编清国史略。经史之外，应读诗文。文以姚姬传氏古文辞类纂为主，先读论辩类中苏氏父子诸论、奏议下篇、两苏诸策，后读贾、马、韩、柳诸论、汉人奏疏对策诸篇。诗以王阮亭氏古诗以及姚氏今体诗选为主。王选用闻人氏古诗笺本，虽注释未精，要便初学。五古读曹、阮、陶，七古读李、杜、韩、苏，五律读王孟，七律读杜诗，为中学一大宗。李、杜、苏、黄诸作，乃古今之至文，不得以考试不用而废弃之也。但王选稍详，尚宜约选，乃易卒业。

中学四年卒业，十六岁入大学堂。大学堂西学渐精渐多。经书读诗、书、易、周礼、仪礼诸经，资性钝者去易、议论，更钝则去周礼。史学选读史记、汉书，性钝者略读数十篇或数篇，讲授通鉴辑览，辅以胡文忠读史兵略。国朝政治讲圣物记、先生事略、大清通礼及简本会典，选阅经世文编、外国历史。古文读姚选序跋书说赠序杂记诸类。诗仍读王姚二选，五古读二谢、陈、李，七古读黄陆以下诸公，五律读杜，七律读小李杜并宋诗。

二十岁以后，西学专门应各聘专门教习。中学专门，则熟读之书，六经外史记、汉书、庄子、楚辞、文选、韩文、曾选经史百家杂钞、十八家诗钞。浏览之书则通典、通考、温公通鉴、秦氏五礼通考，国朝官修之书，外国已译政治法律之书。备考之书则艺文类聚、初学记、北堂书钞、太平御览、文苑英华、文粹、文鉴、唐宋大家文集、国朝名家文集、碑传集、耆献类征等书。理学则程、朱、陆、王之书。考证则顾、江、戴、段之书。各取性所近者。中学门径甚多，要以文学为主，不能文则不能得古文奥义，无以达胸臆所得，言皆俚浅，中学必亡。[8]672-674

在吴汝纶东渡考察学制前后，衡水地区大量士绅或官费或自费开始放洋学习，如冀州拔贡方安塽[9]972、冀州举人高俊溯[10]45、兵部主事冀州雷振镛[11]31、枣强举人步其诰[12]82、枣强举人步以韶[12]82、枣强进士李景纲[12]11、枣强岁贡王廷烛[13]16、枣强举人于振宗[14]、枣强副贡王宗佑[12]82，安平进士张志嘉[12]82、南宫拔贡刘登瀛[15]、南宫举人赵赞会[15]、深州拔贡李广濂[16]62、深州举人赵麟章[17]1、深州举人赵树棠[15]、深州副贡刘镇藩[18]124、深州举人侯序纶[18]124、武强举人郑禄昌[19]20等人。明清以来，考取贡生及以上出身后，就有了做官资格，即使不能出仕，也能参与地方公益事业，有不菲的收入。衡水地区士绅深受儒家"更化"思想影响，没有故步自封，而是积极求取新知，学成归国后努力推动地方革新。王廷烛留学日本时已经年近花甲，仍是锐志东渡，回国后直隶学务处委任他到深冀二州各县视学，不久任枣强县劝学总董，创办各类新式学校。

衡水地区学子们面对新文化的冲击，迎潮而上，学习东西洋先进文化，较早地推动了新文化运动。

## 二、学子们的"适异"求变

光绪二十五年吴汝纶在保定创办西文学堂，约定五年为期，就学者多为深冀二州子弟，可惜不久义和团兴起，洋教师被戕，学业为之中断。乱平后，冀州李恺义志在恢复学业，吴汝纶将他送入京师骡马市越中先贤祠所立英文学舍继续学习，在日记中记道"其志甚壮"[8]803。另据赵衡撰、胡宗照书丹的《清故即用知县衡水张公墓表》，被李鸿章延聘为北洋医院医官的张荣茂在甲午败后，"思所以雪其耻，抗国家威棱，先后遣二子航海远求西学"，长子张英华留学英国曼彻斯特大学，民国后为财政部部长，次子张膺方，民国为海陆军会计审查处处长。张英华、张膺方当为保定西文学堂时期学生。

衡水本地开启西学是在光绪二十七年六月信都书院开办的法文馆。先是在光绪二十四年法国传教士雍居敬，字简斋者，到冀州传教时协助书院购置了《益闻格致汇报》，与信都书院诸生开始交往，大谈法国文字之优美及格致学之奥妙，即有相授之意。当时先后跟随雍居敬学习的有枣强张宝琛、武强贺葆真、枣强李书田、武邑魏维桢、衡水刘金海、冀州方安埔、冀州谢润庭七人，又有在冀州候补官员的子弟连福滋、佟子厚、朱小秋亦来就学。雍居敬后以教务繁重，另从献县教堂派武强小范人，传教士杨光韶前来协助教学。第二年这些人大多赴开封参加乡试，法文馆无形中自然解体[20]516-517。

相对于留学欧美学习新学远比不上赴日学习方便，日本一海之隔，衡水地区学子初步学习东文后，纷纷东渡继续进修。史料可考的衡水地区最早留学日本的是深州州学附生郭钟韶，吴汝纶之子吴闿生为之作《送郭虞扬游日本序》，有"仆愿游日本旧矣，忽忽未有暇，今年决意往，又以病不果，而郭生虞扬我先焉"等语[21]34。光绪二十七年五月十五日吴汝纶同意儿子到日本治疗肺病，吴闿生终于和李检、邢之襄等友人赴日游学[8]751。

到光绪二十九年清国留学生会馆作第二次报告（自壬寅九月至癸卯二月）时，直隶留学生37人，衡水地区7人[22]。他们分别是：枣强贺培桐字湘南，31岁，光绪二十八年二月自费留学早稻田大学校；深州郭钟韶字虞扬，光绪二十七年二月自费留学熊本专门医学校；南宫邢之襄字赞廷，23岁，光绪二十七年八月地方官费留学同文书院；冀州程振湘字迪楚，23岁，光绪二十八年十一月地方官费留学同文书院；衡水张书诏字子纲，24岁，光绪二十八年十二月自费留学清华学校；衡水张殿玺字璧堂，26岁，光绪二十八年十一月自费留学清华学校；枣强贺锡恩光绪二十八年十一月自费豫备入校。

半年后，清国留学生会馆作第三次报告（自癸卯三月至九月）时，衡水地区已有15名留学生[23]。他们分别是：枣强贺培桐字湘南，31岁，光绪二十七年五月自费留学早稻田大学；深州郭钟韶字虞扬，22岁，光绪二十七年八月自费留学熊本专门医学校；故城杜锡钧字鸿宾，22 岁，光绪二十八年官费留学振武学校；衡水刘其仪字瑜彬，20 岁，光绪二十九年自费留学弘文学院；衡水刘广运字甄唐，20 岁，光绪二十九年自费留学弘文学院；南宫赵宪曾字次垣，26 岁，光绪二十八年自费留学弘文学院；冀州程振湘字迪楚，23 岁，光绪二十八年自费留学同文书院；南宫姜登选字英才，23 岁，光绪二十九年自费留学同文书院；南宫刘春台字熙如，22 岁，光绪二十九年自费留学同文书院；南宫王自强字自强，19 岁，光绪二十九年自费留学同文书院；衡水张殿玺字璧堂，26 岁，光绪二十八年十一月自费留学清华学校；衡水张书诏字子纲，24 岁，光绪二十八年十一月自费留学清华学校；衡水郑朝熙字际唐，26 岁，光绪二十九年五月自费留学清华学校；枣强贺兢，11 岁，光绪二十八年十一月自费入鞠町小学校；南宫邢之襄字赞廷，23 岁，光绪二十八年正月至二十九年四月地方官费留学于同文书院，已经卒业。

此时直隶总督袁世凯对新政推行不竭余力，不断派遣官员、学绅赴日考察学习教育，带动了大批学子放洋东瀛。光绪三十年，可考的有新河韩殿琦就读于早稻田大学[24]51、新河徐锡桐就读于富士见大学[24]51、深州张恩绶就读于早稻田大学[25]、南宫韩鈖堂就读于仙台医学院[26]13、冀州杨金鑰就读于东京高等工业学校[27]、深州刘家璠就读于日本盛岗高等农林学校[27]、枣强齐立震就读于中央大学[27]、枣强王宗佑就读于东京法政大学[27]等人，另有武邑李广德[15]、冀州赵彬[19]、枣强许清钧[18]86、衡水刘梦辅[15]、饶阳徐俊英[15]、武强耿昶和[15]、安平田际勋[15]、景州赵景森[15]、故城王相衡[15]、深州焦伯魁[18]70、枣强于邦华[18]83、饶阳郭文炘[18]124等人到日本专门学习师范教育。大量学子通过对西方各种文化的学习，逐渐对中国传统教育方式产生怀疑。衡水地区新学虽然开启于辛丑之秋，当时为直隶之首，主持期间者都是桐城派宿儒，如贺涛主讲的冀州信都书院、李谐韺主讲的翘材书院、赵衡主讲的深州文瑞书院、贺嘉栩主持的衡水桃城书院、阎志廉主讲的南宫书院、葛静轩主讲的故城历亭书院，他们贯彻吴汝纶"兼综中西"教学精神，但方式停留在读报讲史上，方法仍是传统的精英教育。

光绪三十年冬，枣强王宗佑赴日学习法政一个月后，就给恩师——时任冀州中学堂的中文教习贺涛去函汇报日本教育情形。贺涛复函说"吾国学制一取东法，特就其表面求之耳，其内容实未易窥测"，举吴汝纶以日本中学门类大多，吴闿生以日本高等教育最善，两说非教育家论及，希望"贵州东游之士多仆之故旧，愿以仆所言者质之，请各以所得见教"[28]31。贺涛自光绪十三年八月任信都书院院长，至光绪二十八年十一月二十一日书院改建中学堂又改任中文教习，已经在冀州从教十八年，冀州及枝属南宫、新河、枣强、衡水、武邑各县才俊诸生皆其门下弟子。因为贺涛目盲多年，不能出洋考察学制，其新学教育理念的形成主要来自师友的转述，所以希望留日的弟子们为其深入探讨，以便在教学中加以致用。不想在讨论过程发生激烈冲突，早期留学的邢之襄等人认为桐城古文已经不能适应新学的普及教育，严重窒碍了科学、哲学等学科的学理输入，主张废除古文。王宗佑、齐立震坚决认为桐城词章之学不可废。邢之襄等人怒不可遏，直接发"冀州留学生同人公启"给本师贺涛，贺涛接函后当日挂冠而去。

这次争论较著名的新文化运动的论战整整早了十年。"冀州留学生同人公启"事件在近代教育史意义重大，故全文抄录如下：

> 松坡先生大人钧鉴：生等负笈东游，久不获聆雅训，私衷歉然。

> 近自日俄两国构衅，瓜分惨报，东西各新闻纷然纪载，亮内外闻之，均抱悲伤之感也。窃谓吾国积弱已极，政权利权，外族咸把持而掠夺之，已足制其死命，而拯危诊衰，谋补救挽回于万一，俾汉族苗裔绵绵延延，不至离灭种亡国之奇灾者，惟革新教育制度，培壅国民实力而已。然教育不自兴，有尼之勒之者，何也？周孔既丧，斯道坠地。汉宋诸儒起，钩距训诂，根究性理，一则支离破碎，一则虚无空寂，天下陷穽，其毒穷，其流极。宋胙遂沦于夷狄，然犹日比附经义，穿凿冥悟，不失为儒者流也。至近儒之嗜癖，词章琢缕，字句铿锵，音节蛊惑，一时材俊悉入歧途，以肆其媚俗鬻世之技，门分派别，日相毒药，水火国

家，承平无事，害伏祸蓄，尚足百方弥缝。

甲午庚子两役，词锋笔阵，一日见诸实行，终莫敌炮火之锐利。攻击词章之论，丛生猬起，世人亦渐悟其遗锢，力图更张，于是词章时代变而为欧化。规之时势之变迁，考诸新学之应用，固喜不能辍者也。然褔负旧业者，权摧势圮，顿丧衣食之资，积忧成怒，积怒成忌，积忌成害。下者诋诬新学科，以异端之恶名，极力倾覆之不息；上者则借口人心世道之忧，以一己而支拄圣教，甚至引日人保存国粹之余论，仿依比拟，坚持谬见，悍然不少变。呜乎，日本之沉溺箝束于汉学几及千余年，一旦毅然维新，尽行破灭而弗惜，力汲欧美精粹，推阐播殖，曾不三四十年教化溥及，迄今僻乡鄙邑，无男无女，无贫无富，皆甄陶镕铸于教育，卒能伉匹西方，骎骎焉力争上流而不已，非当时之驱除旧锢，毫无所吝于其间者，能如是之猛进疾趋乎？至保守派之提倡国粹，非词章训诂之谓也，乃日人矜矜自诩之武士道、大和魂者，正其立国数千年之精神。今帝国主义暴兴，跛国残疾之种族，方濒于吞噬剿绝，天壤无容足之地，欲逆折其风潮排荡，舍训练一国子弟刚毅威武，人人必死，固无足防御自卫之道。日本之汲汲尚武主义者，所以恣侵略之政策，以此为先驱也。而吾国自利自私之辈，漫不加察，貌其说以自修饰，而义乃大反，适证其孤陋寡闻也。借口卫道者，既不足获收实效，即其心果根于卫道之至诚，亦杞人天坠之忧耳。吾人求学，不能以一己自界，不能以一国自界，学者，天下之公学也，理者，天下之公理也，非周孔梭柏诸大圣之私产也。吾儒果为真理之渊薮，纵一时泯没弗章，时移世替，终能暴露于世，尽发奥蕴，硁硁然虑其破裂凋丧，诚不为无过。此证之东西旧例，尤较为不诬。欧洲自中古修葺文学，而希腊哲理益显。日本则欧学盛行之后，各大学文科研覈三代哲学，数千年埋葬覆藏之至理，比较证验，乃能辟阐无余蕴焉。如此，是新旧互为表里，而废亡自惧之虑可以少少释。虽然此为欧学已行者言，而今尚非其时，民智混沌榛莽，方且夷狄新学而不屑为，正国粹完全无缺之时代也。所谓破坏保存何自起处，今而言保存，避难就易，适见其懦弱而不勇。如吾省之建修学校已三四年矣，下者仅植虚名，视为具文故事；上者增立二三科学，残损而不克备，执此以往，求教育之发达蕃殖，犹北行而南辕也。盖词章一息尚存，人必不弃此而事他。操持学权者，亦必不抑此而扬彼。窃谓科举者，学校之仇敌也，词章者，学科之仇敌也。苟而论之词章王而中国奴，词章健而中国疾，居一国则楚毒一国，居一州则楚毒一州，词章者实中国之仇敌也。词章不熄，教育不著。

今各地此风寝衰，独吾州尤蒙先生不弃，谆谆善导。齐次青、王荫轩两人中害深切，尚肆余焰于海外，专制学生之思想，漂没学校之基址，俾已茁之教育萌芽，芟刈诛伐，稍不遗其苗蘖根株，害莫烈于此也。既以之洪水中国，又欲洪水吾冀，冀人性非木偶，焉能吞声饮泣，恝然置之而罔顾。此不独为冀谋也，为先生画策，亦莫善于此。吾闻君子教人求传其道，而利益非所较计。今冀人方步趋新学，力不足以并顾兼营，又曩无桐城阳湖之脑力，先生仍淹制不去，必欲点铁成金，惧吾道其南之望，徒托诸想象梦寐。而叛徒四起，冀人获背师之咎，生等愈益滋惧也。同人窃不自度，谨条次鄙见，用进左右，冀备刍荛之采。久居海外，旧学荒芜，语无伦次，伏惟心亮，此请钧安。

冀州留学生同人公启[3]106-108

冀州中学堂头班学生致函学堂监督张廷湘对贺涛予以挽留。直隶学校司督办严修是贺涛的同门师弟，认为这是"一二人私忿，假托公众之名"，绝非"留学公函"，冀州"人文彬彧，远过他州"，都是贺涛几十年的化育之功，盼望他能回驾与其"共济艰难"，冀州知州苗玉珂也附函慰留。严修所言绝非过誉，半年后"冀州中学堂头班学生甄别后凡二十余人，至是只余八人"[3]121，全部升入直隶高等学堂，升学率之高，为一省之冠。民国后赵衡撰在京《冀县学生同学录序》，说到贺涛任教冀州期间，"番禺李侍郎提督顺天学政，试已归京，语人'畿辅文风，冀州第一，天津次之，大兴宛平不足数也'。变法后天津严范孙侍郎为直隶提学司，每与吾州人燕语，辄谓'畿辅学务当以冀州为中心点','中心点'者,日本人名机要之言,侍郎尝游日本,故称引之。"[29]7

贺涛是当时南北公认的古文大师,面对激进派弟子们的诘难,带着对新式教育的迷茫,急流勇退。直隶总督袁世凯为其开办直隶文学馆,继续其保存国粹的精英教育。

## 三、州县新式教育的普及

光绪二十八年五月吴汝纶受学部所托,东渡考察学制,四个月中吴汝纶将考察所获汇编为《东游丛录》一书,学部据此制定《钦定学堂章程》,又称"壬寅学制"。按照章程规定,小学堂分高等、寻常二级。儿童自六岁起,受蒙学四年。十岁入寻常小学,修业三年。这七年定为义务教育。十三岁入高等小学,三年卒业。中学四年卒业,为入高等学之豫备。学生出身奖励,小学卒业,奖给附生;中学卒业,奖给贡生;高等学卒业,奖给举人;大学分科卒业,奖给进士。

衡水地区积极响应,当年十月,文瑞书院改建深州官立中学堂,十一月信都书院改建为冀州官立中学堂。光绪二十九年八月,经过甄别考试,冀州中学堂学生升入直隶高等学堂二十人,当年升入高等学堂学生仅百余人,升学率在一省二十余所州府中学堂为第一。难能可贵的是,经过王廷烛、于邦华、步其端等人努力,枣强县在光绪三十二年正月月也成立中学堂,这是一所县级中学堂。

表1 光绪三十三年中学堂表[15]

| 州县 | 地址 | 创立日期 | 职员 | 教员 | 学生数 | 班次 | 毕业人数 |
|---|---|---|---|---|---|---|---|
| 冀州官立中学堂 | 书院旧址 | 光绪二十八年十一月 | 监督高俊渺 | 汉文范佃英文四员 | 一年60 二年28 三年19 四年12 | 三班 | 8 |
| 枣强县官立中学堂 | 县署东 | 光绪三十二年正月月 | 监督步其端 | 汉文英文共二员 | 一年16 二年15 | 一班 | 0 |

续表

| 州县 | 地址 | 创立日期 | 职员 | 教员 | 学生数 | 班次 | 毕业人数 |
|---|---|---|---|---|---|---|---|
| 深州官立中学堂 | 城西书院 | 光绪二十八年十月 | 监督赵璘章 | 汉文科学三员 英文二员 | 一年56 二年29 | 二班 | 0 |

表2　光绪三十四年中学堂表[18]

| 州县 | 职员 | 教员 | 学生数 | 升入高等学堂数 |
|---|---|---|---|---|
| 冀州官立中学堂 | 监督朱恩荣 监学张锡山 庶务刘云倬 | 汉文范侗 胡庭麟 英文陈则君 栾卿林 | 二年49 三年19 | 34 |
| 枣强县官立中学堂 | 监督于邦华 监学郑嘉亨 庶务张铭新 | 英文郑润书 英算王文彬 体操王邦彦 | 一年30 三年26 | 0 |
| 深州官立中学堂 | 监督郭增禄 会计侯凤翕 庶务高彭龄 | 中文郑庆瑞 段一恒 英文杨世廉 张蓝田 | 一年50 三年44 | 0 |

光绪三十四年，全省29所中学堂学生甄别考试，升入高等学堂，宣化府中学堂为6名，赵州中学堂为13名，冀州中学堂为34名，全省占比为64%。

表3　光绪三十三年高等小学堂表[15]

| 州县 | 地址 | 创立日期 | 职员 | 教员 | 学生数 | 班次 | 毕业人数 |
|---|---|---|---|---|---|---|---|
| 阜城县官立高等小学 | 东街 | 光绪三十年二月 | 范文宪 | 陈翼堂 | 一年70 | 二班 | 0 |

续表

| 州县 | 地址 | 创立日期 | 职员 | 教员 | 学生数 | 班次 | 毕业人数 |
|---|---|---|---|---|---|---|---|
| 景州官立两等小学 | 南门里 | 光绪二十九年三月 | 董事阎庆棠 | 赵蓬台李恩泽 | 90 | 二班 | 18 |
| 故城县官立高等小学 | 东门内 | 光绪二十八年九月 | 董事贾衍肇 | 李登瀛魏汝绍 | 一年52二年18 | 二班 | 27 |
| 冀州官立高等小学 | 城内东北 | 光绪三十年八月 | 董事胡庭麟 | 傅鸿恩姜文炳 | 一年20二年20 | 二班 | 0 |
| 新河县官立高等小学 | 北街 | 光绪二十九年正月 | 董事张玉琛 | 王如锦 | 34 | 二班 | 0 |
| 南宫县官立高等小学 | 东大街 | 光绪二十九年六月 | 堂长齐福丕 | 四员 | 一年44三年44四年27 | 三班 | 13 |
| 枣强县官立高等小学 | 县署西 | 光绪二十九年五月 | 堂长郑嘉亨 | 范均范金生 | 一年24二年46 | 二班 | 46 |
| 武邑县官立高等小学 | 东街 | 光绪三十年三月 | 李广德 | 刘荫枢魏维桢 | 一年40三年24 | 二班 | 9 |
| 衡水县官立高等小学 | 县署东 | 光绪二十九年正月 | | 黄锦荣 | 一年26二年3三年2 | 甲乙丙丁四班 | 2 |
| 深州官立高等小学 | 南大街 | 光绪三十一年正月 | 堂长侯序伦 | 王欣然刘镇藩 | 一年41二年46 | 一班 | 0 |
| 武强县官立高等小学 | 西街 | 光绪二十九年 | 董事贺光岚、孙咏 | 贺维岳孙谐 | 35 | — | 15 |

续表

| 州县 | 地址 | 创立日期 | 职员 | 教员 | 学生数 | 班次 | 毕业人数 |
|---|---|---|---|---|---|---|---|
| 饶阳县官立高等小学 | 北街 | 光绪二十九年二月 | 董事刘凤仪 | 胡宝善 许荫亭 | 一年30 二年30 | 二班 | 0 |
| 饶阳县公立高等小学 | 张岗庄 | 光绪三十二年七月 | 董事翟殿图 | 于树人 | 二年24 | 二班 | 0 |
| 安平县官立高等小学 | 北关二处 | 光绪三十三年正月 | 商席珍 | 王佩纶 刘荫檀 | 一年60 二年50 三年49 | 三班 | 35 |

光绪三十四年，高等小学堂变化情况如下：阜城，董事廪生杜蕚，教员有故城附生王树桐，学生数为一年80名、二年27人；故城，董事贾衍肇，庶务王相衡，教员为景州廪生张荫江、阜城附生李玉华，学生数为一年38名、二年17名、三年13名；冀州，司事李荣焕，教员定州廪生辛润邱、任邱附生李煜暄，学生数为甲班20名、乙班30名；新河，堂长宋玉佩，司事石光斗，教员武强附生王如锦、本县增生张振鹭，学生数为甲班15名、乙班34名；枣强，堂长步其端，司事李笔华、张凤玺，教员任邱附生金铭勋、蠡县附生马泽盈，学生数为一年40名、三年26名；武邑，堂长李广德，董事贾玉铎、国纪昌，教员本县廪生魏维桢、束鹿附生李光诰，学生数为一年17名、二年29名、四年15名；衡水，堂长刘梦辅，董事杨培深，司事马钟援，教员深州附生邢艺林、本县增生耿治琴，学生数为一年14名、二年25名、四年6名，深州，堂长侯序伦，董事焦伯魁，教员磁州廪生王欣然、本州附生赵风云、本州附贡日本师范毕业刘镇藩，学生数为一年80名、二年37名；武强，董事贺光岚，教员宁晋师范生贺维岳、本州廪生孙谐木，学生数为甲班28名、乙班26名；饶阳，董事刘凤怡，司事张□、王廷杰，会计刘纯臣，教员安平附生刘荫枢、本县附生郭文炘，学生数为一年30名、二年32名，张岗公立高等小学堂，学生数为三年7名；安平，董事李树暄，司事田凤鸣，

教员冀州附生郭润、本县附生何振坤、本县附生王佩纶,学生数为一年 50 名、二年 59 名、四年 54 名。[18]104-125

表 4　光绪三十三年初等小学堂表[15]

| 州县 | 处数 | 职员数 | 教员数 | 学生数 | 毕业人数 | 课程 | 岁入（两） | 岁出（两） |
|---|---|---|---|---|---|---|---|---|
| 阜城县 | 官立 45 | 未详 | 45 | 824 | 0 | 遵章 | 未详 | 未详 |
| 景州 | 官立 3 公立 54 私立 8 | 59 | 59 | 1243 | 0 | 遵章 | 约抵 | 2114 |
| 故城县 | 官立 2 公立 35 私立 5 | 多系教员充任 | 42 | 953 | 0 | 遵章 | 1273 | 1273 |
| 冀州 | 公立 109 私立 10 | 204 | 127 | 2779 | 0 | 遵章 | 约 5000 | 约 5000 |
| 新河县 | 官立 4 公立 48 私立 3 | 55 | 55 | 924 | 0 | 遵章间有学音乐 | 3000 | 3000 |
| 南宫县 | 官立 1 公立 178 私立 6 | 185 | 186 | 3125 | 0 | 完全科加授图画 | 8033 | 约抵 |
| 枣强县 | 官立 1 公立 177 私立 34 | 未详 | 219 | 901 | 72 | 大半遵章 | 8224 | 8276 |
| 武邑县 | 官立 3 公立 75 私立 25 | 未详 | 100 | 2283 | 0 | 遵章 | 未详 | 未详 |
| 衡水县 | 公立 78 私立 2 | 82 | 82 | 1510 | 0 | 遵章 | 3726 | 3726 |
| 深州 | 官立 4 公立 192 私立 2 | 未详 | 198 | 5796 | 0 | 遵章 | 未详 | 未详 |
| 武强县 |  |  |  |  |  |  |  |  |
| 饶阳县 | 官立 103 私立 22 | 125 | 125 | 2754 | 0 | 遵章 | 13232 | 13423 |
| 安平县 | 官立 5 公立 99 私立 4 | 104 | 108 | 3083 | 235 | 遵章 | 1066 | 1066 |

表5 光绪三十四年初等小学堂表[18]167-176

| 州县 | 处数 | 职员数 | 教员数 | 学生数 | 毕业人数 | 岁入（两） | 岁出（两） |
|---|---|---|---|---|---|---|---|
| 阜城县 | 官立54 | 1 | 54 | 905 | 0 | 1322 | 1322 |
| 景州 | 官立1<br>公立49<br>私立3 | 53 | 53 | 767 | 0 | 2234 | 3299 |
| 故城县 | 官立4<br>公立56<br>私立5 | 28 | 65 | 1294 | 0 | 1844 | 1844 |
| 冀州 | 公立129<br>私立11 | 181 | 136 | 3138 | 0 | 9272 | 9314 |
| 新河县 | 官立4<br>公立51 | 73 | 55 | 1175 | 0 | 3517 | 3498 |
| 南宫县 | 公立171<br>私立11 | 182 | 186 | 3694 | 0 | 22679 | 22679 |
| 枣强县 | 官立2<br>公立238<br>私立8 | 255 | 254 | 4896 | 0 | 13791 | 13791 |
| 武邑县 | 官立4<br>公立49 | 53 | 55 | 1080 | 0 | 3977 | 3977 |
| 衡水县 | 公立84 | 84 | 87 | 1800 | 0 | 6490 | 6414 |
| 深州 | 官立3<br>公立114<br>私立3 | 220 | 226 | 7120 | 0 | 30368 | 30144 |
| 武强县 | 公立3<br>私立10 | 14 | 15 | 293 | 0 | 1952 | 1952 |
| 饶阳县 | 官立106<br>私立29 | 125 | 113 | 2886 | 0 | 10075 | 10075 |
| 安平县 | 官立87<br>私立1 | 88 | 99 | 3092 | 0 | 11414 | 11414 |

到光绪三十四年，初等小学堂在堂学生总体上较上一年有所增加，尤其是深州本境在堂学生7120名，为直隶一省在堂学生人数之最，枣强县学堂248所，几乎达到每个官村一所，普及率已经遍布城乡。

表6 光绪三十三年女子学堂表[15]

| 州县 | 处数 | 职员 | 教员 | 学生数 | 毕业人数 | 课程 | 岁入（两） | 岁出（两） |
|---|---|---|---|---|---|---|---|---|
| 阜城县 | 官立1 | 王氏 | 儒学之妻 | 12 | 0 | 修身、算术、地理、图画、国文、女红 | 未详 | 未详 |
| 故城县 | 官立1 | 刘文锡 | 李灏 | 8 | 0 | 修身、算术、字课 | 未详 | 未详 |
| 冀州 | 官立1 | 雷润生 雷锡龄 | 雷李氏 张学孔 | 13 | 0 | 修身、算学、音乐、体操、国文、习字、图画、考问 | 64 | 64 |
| 南宫县 | 官立1 私立2 | 姚霆教员兼 | 李广栋 齐书桂 张绍周 | 38 | 0 | 国文、算术、习字、图画 | 272 | 272 |
| 枣强县 | 私立2 | 步其曾 王廷霖 | 步以沄 刘清选 | 23 | 0 | 遵章 | 未详 | 未详 |
| 衡水县 | 公立1 私立1 | 4人 | 周刘氏 杜张氏 | 24 | 0 | 经学、算术、国文、体操、历史、图画、博物、修身、地理、裁缝 | 未详 | 未详 |
| 饶阳县 | 官立1 公立3 | 常国熿 | 刘武珍 | 38 | 0 | 修身、算术、裁缝、国文、图画 | 169 | 169 |
| 安平县 | 官立4 | 4人 | 4人 | 43 | 0 | 修身、算术、手工、国文、图画、游戏 | 133 | 133 |

表7 光绪三十四年女子学堂表[18]204-212

| 州县 | 地址 | 设立年月 | 职员 | 教员 | 学生数 | 课程 | 岁入（两） | 岁出（两） |
|---|---|---|---|---|---|---|---|---|
| 故城县官立初等女学堂 | 城内 | 光绪三十三年九月 | 管理 王相衡 | 李灏 | 19 | 国文、经学、算学、唱歌 | 20 | 20 |

续表

| 州县 | 地址 | 设立年月 | 职员 | 教员 | 学生数 | 课程 | 岁入（两） | 岁出（两） |
|---|---|---|---|---|---|---|---|---|
| 冀州官立初等女小学四处 | 在乡 | 光绪三十三年 |  |  | 43 | 字课、国文、算术、图画 |  |  |
| 枣强县私立女学堂 | 南委子村 | 光绪三十二年正月 | 管理范氏 | 朱锡彦 | 12 | 修身、国文、算术、经学、历史、地理、图画、格致、音乐、手工、体操 | 94 | 94 |
| 枣强县私立女子小学堂 | 城西大金村 | 光绪三十一年正月 | 董事步以绶 | 步以沄 | 15 | 修身、国文、算术、经学、历史、地理、图画、格致、音乐、手工、体操 | 54 | 54 |
| 南宫县官公立女小学三处 | 在城2在乡1 | 光绪三十二年 | 毛曾希刘文章 | 毛维曾陈秉钧刘子衡 | 45 | 修身、国文、算术、卫生、历史、经学、习字、音乐、图画、体操 | 238 | 318 |
| 深州官立初等女学堂 | 城内 | 光绪三十四年八月 | 管理赵璘章石秉玉 | 刘永芬高海洲 | 66 | 修身、国文、算学、格致、地理、历史、图画、手工 | 4990 | 4859 |
| 饶阳县 | 官立1公立3 |  | 常国爌刘武珍 | 38 | 0 | 修身、算术、裁缝、国文、图画 | 169 | 169 |
| 安平县官私立初等女学堂 | 在城1在乡1 | 光绪三十二年 | 李新声 | 李景贤弓乃镇 | 27 | 修身、国文、算学、图画 | 180 | 180 |

《奏定学堂章程》学务纲要说"州县小学堂及外府中学堂，安能聘许多之外国教员乎？此时唯有急设各师范学堂，初级师范以教初等小学及高等小学之学生"，衡水地区各州县迅速成立了初级师范学堂。

表8 光绪三十三年初级师范学堂表[15]

| 州县 | 地址 | 创立日期 | 职员 | 教员 | 学生数 | 班次 | 毕业人数 |
|---|---|---|---|---|---|---|---|
| 阜城县初级师范学堂 | 明伦堂 | 光绪三十三年四月 | 董事兼任 | 三员 | 未详 | 三月班 | 俱毕业 |
| 景州初级师范学堂 | 未详 | 未详 | 未详 | 孟宪舟 | 未详 | 未详 | 未详 |
| 故城县初级师范学堂 | 书院旧址 | 光绪三十二年正月 | 学监贾衍肇 | 王振镛 | 25 | 一年简易班 | 34 |
| 南宫县初级师范学堂 | 东大街 | 光绪三十二年正月 | 监督齐福丕 | 韩云楼 张秋抡 | 13 | 一班 | 78 |
| 新河县初级师范学堂 | 高等小学东院 | 光绪三十二年八月 | 孟有廖 | 靳景云 | 20 | 二年班 | 20 |
| 枣强县初级师范学堂 | 县署东 | 光绪三十二年二月 | 教员兼任 | 李维申 | 61 | 一班 | 48 |
| 武邑县初级师范学堂 | 明伦堂 | 光绪三十一年十月 | 未详 | 王连丰 | 90 | 半年班 | 75 |
| 衡水县初级师范学堂 | 明伦堂 | 光绪三十二年二月 | 杨培深 杜之绂 | 耿治琴 | 38 | 一班 | 47 |
| 深州初级师范学堂 | 南大街 | 光绪三十二年正月 | 马占鳌 | 焦伯魁 | 55 | 半年班 | 155 |
| 饶阳县初级师范学堂 | 东大街 | 光绪三十二年正月 | 总董兼任 | 高尹臣 | 30 | 一年班 | 48 |
| 安平县初级师范学堂 | 北关 | 光绪三十二年二月 | 学监赵荣章 | 桑魁廷 | 42 | 一年班 | 44 |

表9  光绪三十四年初级师范学堂增加冀州一所[18]69

| 州县 | 地址 | 创立日期 | 职员 | 教员 | 学生数 | 毕业人数 | 岁入（两） | 岁出（两） |
|---|---|---|---|---|---|---|---|---|
| 冀州初级师范学堂 | 贡院改设 | 光绪三十三年二月 | 监督步其灏（枣强附贡）监学崔元辅（南宫附贡）司事刘学熙（冀州附生） | 韩振宗（冀州举人）刘德源（衡水廪生） | 96 | 0 | 3600 | 1814 |

衡水地区本地新式基础教育蓬勃发展的同时，输出了大量新学人才为全省教育发展服务。光绪三十四年，服务于直隶学务公所的职员有议绅枣强举人步其诰、总务科写生景州附生苏晋廷、普通科副科长南宫举人赵宪曾、图书科绘图员深州监生徐毓曾、图书科誊录景州廪生刘宪武[18]1-3。服务于直隶高等学堂的职员有斋务长饶阳进士赵炳麟、伦理国文教员南宫举人刘登瀛、法制理财教员枣强举人步以韶、英文教员景州北洋大学毕业生张锡周[18]44；服务于直隶法律学堂的有法律教员枣强日本法政毕业的步以韶[18]48；服务于直隶高等农业学堂的有科员深州附生赵书槛[18]51；服务于北洋师范学堂的有英文助教阜城吴清林[18]59；服务于直隶师范学堂的有教务长冀州举人李谐誀、国文教员枣强拔贡步以庄、经学教员深州举人李兆麟、体操教员冀州附生彭桂洲、国文教员南宫举人刘登瀛[18]61-62；服务于大名府初级师范学堂有教员故城附生李书斌[18]66；服务于顺德府初级师范学堂有教员阜城附生高翀汉、衡水附生陈鸿藻[18]67；服务于保定府公立第一中学堂的有监督李谐誀、会计景州高际林、教员步以庄[18]76；服务于正定府官立中学堂的有中文教员南宫附生张振先[18]77；服务于河间府官立中学堂的有中文教员安平附生张文楷、英文教员饶阳北洋大学毕业的朱汝楷[18]78；服务于大名府官立中学堂的有中文教员武邑廪生袁仲垣，顺德府官立中学堂的有中文教员故城举人王炳炎、英文教员南宫北洋大学毕业的张海滨[18]81；服务于蓟州高等小学堂教员枣强日本师

范留学生许清钧[18]86;服务于文安高等小学堂教员安平附生李荣黼、[18]88服务于涿州高等小学堂教员阜城师范毕业刘荣渌[18]89;服务于蠡县高等小学堂教员南宫附生赵际昌、祁州高等小学堂教员安平附生任季芳、束鹿高等小学堂教员安平附生李镜湘[18]95;服务于无极高等小学堂教员衡水附生阎选明[18]100;服务于临榆高等小学堂教员景州廪生宋峦溪[18]102;服务于肃宁高等小学堂教员阜城师范生刘呈瑞[18]104;服务于东光高等小学堂教员故城附生李燦云[18]104;服务于怀来高等小学堂教员武强附生徐兰芳[18]117;服务于丰润高等小学堂教员武强附生范均[18]120;服务于深泽高等小学堂教员安平附生何振坤[18]126等等。

宣统二年,景州七岁至十五岁学龄儿童22562名,入学2578名,入学率11.426%;故城县七岁至十五岁学龄儿童10361名,入学1888名,入学率18.222%;冀州七岁至十五岁学龄儿童21566名,入学3015名,入学率13.980%;南宫县七岁至十五岁学龄儿童26857名,入学4717名,入学率17.563%;新河县七岁至十五岁学龄儿童3875名,入学1367名,入学率35.277%;枣强县七岁至十五岁学龄儿童21254名,入学6567名,入学率30.897%;武邑县七岁至十五岁学龄儿童17797名,入学2889名,入学率16.233%;衡水县七岁至十五岁学龄儿童12901名,入学3166名,入学率24.540%;深州七岁至十五岁学龄儿童38857名,入学9981名,入学率25.686%;武强县七岁至十五岁学龄儿童10621名,入学2042名,入学率19.226%;饶阳县七岁至十五岁学龄儿童14844名,入学3843名,入学率25.902%;安平县七岁至十五岁学龄儿童24624名,入学3640名,入学率14.782%[31]97-103;阜城县统计数字有误,已被学务公所通报,故未收录。当年直隶一省入学率10.832%,衡水各州县远远高于这一比例。

新政时期,为开启民智,推动社会教育,衡水地区各州县相继成立了教育研究会、劝学所、宣讲所、阅报处等宣传机构。兴办新学蔚然成风,不断被上级教育部门通令嘉奖。光绪三十三年安平县在圣姑台东兴建高等小学校舍一所,一班高小学生及初级师范简易班入学读书,事竣呈报,直隶提学司批示:"安平兴学之胜,驾乎津保以上"[30]18。枣强于邦华在本县改良高等小学堂，建设中学堂及师范讲习所，躬任教员，逐处讲论，枣强"学务遂超出通省"[13]248，于邦华本人也因此以廪生身份作为顺直省第五名民选议员入选资政院。

伴随着新政不断推行，绅权空间越来越大，逐渐代替国家正式权力。冀州士绅张廷湘勒令离任知州双奎交出贪污款项，否则坚决不放其出境。后两任知州赵执信、周政都是在与地方利益冲突中，当场吓死。顺直省民选议员于邦华，在第一届资政院常年会上，面斥庆亲王奕劻贪权误国。衡水士绅继承先贤董子的"更化改制"思想，在新政时期大力发展家乡教育事业，为今天的基础教育奠定了坚实基础。

**参考文献：**

[1]《论语》，中华书局，2007年。

[2] 班固：《汉书》，中华书局，2007年。

[3] 贺葆真：《贺葆真日记》，凤凰出版社，2014年。

[4] 吴汝纶：《吴汝纶全集》（三），黄山书社，2002年。

[5] 吴汝纶：《深州风土记》（卷一五），文瑞书院，1900年。

[6] 毛佩之：《变法自强奏议汇编》（卷四），上海书局，1901年。

[7] 吴闿生：《北江先生文集》（卷八），文学社刊本，1933年。

[8] 吴汝纶：《吴汝纶全集》（四），黄山书社，2002年。

[9] 王雪梅：《冀州文史典藏版》，冀州政协，2011年。

[10] 张华森：《衡水文史资料》（第四辑），政协衡水市委员会，1989年。

[11] 王树枏：《冀县志》（卷八），成文出版社，1968年。

[12]《维持留学界同志会报告》，浅草黑舟町印刷，1906年。

[13] 张宗载、齐文焕：《枣强县志》，成文出版社，1976年。

[14]《大清宣统政纪》（卷六二），宣统三年九月庚午条（http://www.xmqxsw.com/lishiyanyi/daqingxuantongzhengji/62912.html）。

[15]《直隶学务公所总务课·丁未全年直隶教育统计表图》，直隶学务公所，1908年。

[16] 田天、刘志琴：《简论莲池书院的办学特色与文化传播》，《河北师范大学学报》2014年第11期，第62页。

［17］《深县女子简易师范学校·深县女子简易师范学校同学录》，深县女子简易师范学校，1935年。

［18］《直隶学务公所·光绪三十四年报告直隶教育统计表图》，直隶学务公所，1909年。

［19］赵衡：《叙异斋文集》（卷五），天津徐氏刊本，1932年。

［20］田卫冰：《衡水地区桐城学人录》，河北教育出版社，2019年。

［21］吴闿生：《北江先生文集》（卷一），文学社刊本，1933年。

［22］清国留学生会馆：《清国留学生会馆第二次报告》，清国留学生会馆，1903年。

［23］清国留学生会馆：《清国留学生会馆第三次报告》，清国留学生会馆，1903年。

［24］傅振伦：《新河县志》（卷三），上海书店，2006年。

［25］《大清宣统政纪卷五十二·宣统三年四月甲戌条》（http：//www.xmqxsw.com/lishiyanyi/daqingxuantongzhengji/62902.html）。

［26］贾恩绂：《南宫县志》（卷一八），上海书店，2006年。

［27］《北京东西洋留学会员录》，北京东西洋留学会，1916年。

［28］贺涛：《贺先生书牍》（卷一），徐氏刊行，1920年。

［29］赵衡：《叙异斋文集》（卷八），天津徐氏刊本，1932年。

［30］崔荫槐、马书年：《安平县教育志略》，安平县教育局，1933年。

［31］直隶学务公所：《宣统二年分直隶教育统计表图（第三编）》，直隶学务公所，1912年。

本文为"2020中国·衡水董仲舒与儒家思想国际学术研讨会"提交的论文。

田卫冰（1976—），男，河北深州人，衡水市地域文化研究会会长。

# 文化自信与文脉再造
## ——刍议儒学复兴从衡水走来的历史使命

任 真

衡水为儒学重镇、大儒之乡，历代名儒在不同的历史时期以不同的形式为儒学的发展与传承做出了重要贡献。其中大圣人董子作为儒学史上的里程碑人物，于西汉盛世，上祖述尧舜、宪章文武，下对策时局，推陈出新，"天人三策"及《春秋繁露》中对于政治问题、经济问题、文化教育问题的深入思考及其系统化对策，构建了适应中国社会并极具中国特色的学术体系和政治理论体系，深刻地影响了西汉王朝和古代中国。十八大以来，在继承和弘扬中国优秀传统文化的精神指引下，深刻甄辨和重新审视董子学说的丰富内涵与历史贡献，"儒学复兴从衡水走来"，成为21世纪初期，对于董子学说历史地位及其当代意义的重要认知和新时代研究命题所在。本文仅从文化自信与文脉再造视角，谈谈对于"儒学复兴从衡水走来"之历史使命的浅显认识。

## 一、历史使命与复兴机遇

首先，坚持四个自信，尤其是道路自信、文化自信，是新时代中国文化建设的历史使命，是提升国家文化软实力的历史使命，是"儒学复兴从衡水走来"的历史使命。2013年12月30日习近平总书记在中共中央政治局第十二次集休学习时的讲话中，提出了对于民族历史与新时代国家走向关系的重要指示，他说，"一个民族的历史是一个民族安身立命的基础……文化是一个国家、一个民族的灵魂。历史和现实都表明，一个抛弃了或者背叛了自己历史文化的民族，不仅不可能发展起来，而且很可能上演一幕幕历史悲剧。文化自信，是更基础、更广泛、更深厚的自信，是更基本、更深沉、更持久的力量"。2014年5月4日，习近平总书记在北京大学讲话时指出，中华文明绵延数千年，有其独特的价值体系，有独特的精神世界，有百姓日用而不觉的价值观，这些都是中华民族的文化基因，植根在中国人内心，潜移默化影响着中国人的思想方式和行为方式。习近平总书记列举了中华文化中的优秀思想和理念，包括民惟邦本、天人合一、和而不同、天行健，君子以自强不息、大道之行也，天下为公、天下兴亡，匹夫有责、以德治国、以文化人、德不孤，必有邻、仁者爱人、与人为善、出入相友、守望相助、老吾老以及人之老，幼吾幼以及人之幼、扶贫济困、不患寡而患不均等。从这些指示和要求来看，深入阐发董子学说，擦亮董子品牌，就是在揭示中华文化的深厚自信和持久的力量。

其次，京津冀一体化的新时代战略格局，为儒学复兴从衡水走来，创造了可遇不可求的发展空间和时间。2014年初习近平总书记在听取京津冀协同发展工作汇报时强调，实现京津冀协同发展是一个重大国家战略，要坚持优势互补、互利共赢、扎实推进，加快走出一条科学持续的协同发展路子。京津冀一体化，使衡水幸运地进入到这个中国的"首都圈"中，它不仅是极大地便利了衡水的经济发展，也为衡水的文化发展，带来了雨露春风。"儒学复兴从衡水走来"，正当其时！连续几年由衡水市政协主办、衡水学院承办的"中国·衡水董仲舒与儒家思想国际学术研讨会"，京津冀嘉宾鸿儒云集，研究成果璀璨夺目，无论是数量还是质量，可以说都是达到了中华人民共和国成立以来董子学说研究的制高点。这些是京津冀一体化对于董子研究的输入效应。同时，还需看到，京津冀一体化对于董子研究的输出效应。衡水地处燕赵大地，儒学积淀和传承不绝如缕，历代名儒如毛苌熊安生、刘焯、刘炫、孔颖达、李昉、刘挚、廖纪、吴汝纶等，他们在不同的历史时期以不同的形式为儒学的发展与传承做出了重要贡献，董子研究的兴盛，必将会带动京津冀地区的儒学研究发展。相互参照之下，能够更清晰地检索到衡水作为儒学高地的渊薮所在。

第三，"儒学复兴从衡水走来"，最终要依靠的是学术上的真知灼见，以及对于百年来污名化董仲舒的拨乱反之正。五四新文化运动时期，被赞誉为"只手打倒孔家店的老英雄"的吴虞，以《吃人与礼教》《家族制度为专制主义之根据论》《说孝》等文，可谓是从本根上毁掉了中国人几千年来立身正命的价值观根基，将儒家学说为核心的中华民族的精神家园，连根拔掉了！现在我们需要恢复和坚守中华民族的精神家园，需要赓续文脉，灵根再植。

"文王之文在孔子，孔子之文在仲舒"①，"董仲舒是儒家大圣人""董仲舒哲学是西汉时代精神的精华"②，应该是比较符合实际的评价。随着董仲舒历史地位的恢复，将会成为重新认知中国许多古代文化地位及意义的关键环节，成为洗刷错误文化标签、错误定义，为中国文化正名的重要"扳手"。

## 二、立德树人与社会治理

儒学复兴，首先是文明以止的复兴，是礼仪之邦的复兴，是公民道德整体水平的高度提升。"五常"是董子学说的重要内容，是董子构建起来的儒家核心价值观。将"五常"与新时代道德文化建设相结合，进行现代意义的阐释，应用于立德树人和社会治理，是落实儒学复兴的根本理念和方法。

首先，以践行社会主义核心价值观为目标，以"五常"为具体教育内容，以儒家经典为传播载体，探索立德树人，文以载道，人文化成的青少年教育模式。汉武帝之后的历史发展显示，董子的政治学

---

① 《论衡·超奇》，刘盼遂，《论衡集解》，古籍出版社，1957年。
② 周桂钿：《董仲舒是儒家大圣人》，《衡水学院学报》2015年第5期。

说，不仅是直接影响了中国的政治制度的构成，作为百家争鸣后，儒学发展史上的一个阶段性巅峰，其实董子的思想对于中国的国民素养、民族心理形成，也产生了巨大的影响。那么，董子思想是如何影响社会治理的，是如何影响乡风民俗的，是如何建立起一个与中央集权相匹配的、比较稳定的社会秩序的？简单地说，董子学说的民间教化作用及其所产生的文化软实力值得研究，或许可以成为社会治理现代化的借鉴。

董子学说所重视的德治思想，他所确定的"五常"价值观，对东亚一些国家的社会治理，有很大的影响。比如在韩国，仍然提倡"孝、悌、忠、信、礼、义、廉、耻"，在青少年中，重点进行忠、孝、礼"三德"教育。新加坡四十余年的成功之道，全在重视德治与法治并举。1982年，政府把"忠、孝、仁、爱、礼、义、廉、耻"定作"治国之纲"，成为国家道德。1990年，政府发布《共同价值观白皮书》，提出了五大共同价值观：（1）国家至上，社会为先；（2）家庭为根，社会为本；（3）关怀扶持，同舟共济；（4）求同存异，协商共识；（5）种族和谐，宗教宽容。这五大共同价值观，是对东方或儒家伦理的一种创造性转化，也是东方或儒家的价值强大生命力的体现。

仁、义、礼、智、信"五常"是中国古代社会核心价值体系的主体结构，同时也是新时代社会主义核心价值观根植的文化沃土，培育和弘扬社会主义核心价值观必须立足中华优秀传统文化。2014年2月24日习近平在中共中央政治局第十三次集体学习时的讲话中指出"深入挖掘和阐发中华优秀传统文化讲仁爱、重民本、守诚信、崇正义、尚和合、求大同的时代价值，使中华优秀传统文化成为涵养社会主义核心价值观的重要源泉。要处理好继承和创造性发展的关系，重点做好创造性转化和创新性发展"。这里讲到的讲仁爱、重民本、守诚信、崇正义、尚和合、求大同，迅速得到海外华人的鼓掌和称道，个中缘由，应是因为两千多年来沉淀于血液中的"仁义礼智信"共同文化基因吧。

2014年5月4日，习近平在北京大学讲话时指出："核心价值观，其实就是一种德,既是个人的德,也是一种大德,就是国家的德、社会的德。国无德不兴,人无德不立。如果一个民族、一个国家没有共同的核心价值观,莫衷一是,行无依归,那这个民族、这个国家就无法前进。这样的情形,在我国历史上,在当今世界上,都屡见不鲜。"他又讲道:"中华文明绵延数千年,有其独特的价值体系。中华优秀传统文化已经成为中华民族的基因,植根在中国人内心,潜移默化影响着中国人的思想方式和行为方式。今天,我们提倡和弘扬社会主义核心价值观,必须从中汲取丰富营养,否则就不会有生命力和影响力。是要把立德树人的成效作为检验学校一切工作的根本标准,真正做到以文化人、以德育人,不断提高学生思想水平、政治觉悟、道德品质、文化素养,做到明大德、守公德、严私德。要把立德树人内化到大学建设和管理各领域、各方面、各环节,做到以树人为核心,以立德为根本。"

立德树人,需要文以载道,需要人文化成。文以载道,就要学习儒家经典,小学低年级主要是"童蒙"和《家训》,如《三字经》《弟子规》等。小学高年级至初中,适当增选《论语》《大学》中有关章句。高中阶段,以选讲"四书"为主。人文化成,可以通过多种生活中的活动,比如过中国的节日,做传统中餐的活动,习文练武等,以"好雨知时节,润物细无声"的方式,唤醒中华民族的基因,培育知书达理的中华民族后裔。需要特别指出的是,当地历史人文资源,是得天独厚的学生认识中华文化的起点。注意开发和利用当地的历史人文资源,编写"校本教材",开展中华美的教育活动,效果会更为显著,衡水作为董圣故里,在这一方面大有可为。

其次,汲取董子学说有关"德治""德主刑辅"思想,探索构建学校、家庭、社区+多位一体的和睦社区建设模式。

董子的德主刑辅思想是对前贤社会实践及学说的继承。自三千多年前周公制礼作乐开始,可以说中华民族就走上了一条独特的又是先进的国家社会治理之路,这条道路就是以礼节之,以乐和之的礼乐文明。《论语·为政》对于德、刑何者为主,有段著名的议论:"道之以政,齐之以刑,民免而无耻。道之以德,齐之以礼,有耻且格。"当孔子的学生子贡问孔子如何治理国家，孔子回答："足食，足兵，民信之矣。"子贡又问："必不得已而去，于斯三者何先？"答："去兵。"子贡再问："必不得已而去，于斯二者何先？"答："去食。自古皆有死，民无信不立。"当有人问孔子，为何不去从政？他回答："《尚书》讲，孝乎惟孝，友于兄弟，施于有政。我就是提倡大家这样做的，这不就是从政吗？"可见，西周以来的礼乐文明，是如何深深地影响着中国人的心理和生活，并最后积淀为一种独特的民族精神。哪怕是面对外族的虎视，中国人也一样抱有海洋般的包容和友好："远人不服，则修文德以来之。"①

社会学家费孝通先生对此颇有心得，他认为，无讼，是中国人最为追求的邻里人际关系。第一，法治和礼治是发生在两种不同的社会情态中。礼是传统，是整个社会历史在维持这种秩序。礼治社会并不能在变迁很快的时代中出现，这是乡土社会的特色。第二，讼师改称律师；打官司改称起诉；包揽是非改称法律顾问——这套名词的改变正代表了社会性质的改变，也就是礼治社会变为法治社会。第三，在乡土社会的礼治秩序中做人，如果不知道"礼"，就成了撒野，没有规矩，简直是个道德问题，不是个好人。一个负责地方秩序的父母官，维持礼治秩序的理想手段是教化，而不是折狱②。

2020 年是中国消除贫困，全面建成小康社会之年，老百姓的生活情况大都是已达到了"庶矣""富矣"的水平，亟需"教之"！如何传承先人们留下来的智慧和优良传统，重建社会的优序良俗？作为有着悠久文明和独特价值体系的中华民族的后代，我们依旧需要以孝悌忠信、礼义廉耻、仁者爱人、与人为善、天人合一、道法自然、自强不息等观念，来培育和提升我们的人格，美化我们的生活。依旧需要大力提倡以中华美德和社会主义核心价值观为遵循原则，开启民胞物与、尊重友善之良心，培育敬老孝亲、和里睦邻、富而好礼的君子社区风尚，建立"足食，足兵，民信之矣"的良好文化生态。通过道之

---

① 《论语·季氏》，杨伯峻，《论语译注》，中华书局，1987 年。
② 费孝通：《乡土中国 生育制度 乡土重建》，商务印书馆，2011 年。

以德，齐之以礼，"教育引导人们向往和追求讲道德、尊道德、守道德的生活，形成向上的力量、向善的力量"①。

## 三、天人合一与人文密码

首先，我们应当正确认识和理解天人关系思想在中华文明中的地位。天人关系在董子思想学说中占有极其重要的地位，其中博大精深的意旨，古往今来有诸多大家阐述丰沛，笔者无能，不敢续貂。在此提出正确认识和理解天人关系思想在中华文明中的地位一题，只是希望借此可与传播普及董子学说的同道，谈一些心得，做一些交流。

"天人合一"是揭示中华民族发生、发展、绵延至今的人文密码，是理解中华民族独特的文化传统和深沉的精神追求的第一秘钥。"天人合一"既是中华民族的基本宇宙观，也是基本的价值观、审美观，它不是被强加的，不是从外部灌输进去的，是我们这个民族在从无到有、成长壮大的漫长的演变中，逐渐形成，并生生不息传承到今天，并且还要继续传承下去的风俗习惯、生活方式、思维特点乃至民族精神。

董仲舒的"天人感应"思想，一方面它为君权存在的合理性提供了依据，另一方面他又用天的威望限制君权，从而创造性地将中国古代天人关系理论发展到了一个新的高度，具有重要的理论意义和实践意义。其本质上还是强调天人合德，天人统一于道德。在他看来，天人是同类，根据同类相感的原理，天与人可以产生双向的精神感应。天有无上威力，也富有爱心，能够赏罚恶。这一思想是西周以来敬天保民思想的延续和发展。《诗经·周颂·敬之》告诫新登基的帝王："无曰高高在上，陟降厥士，日监在兹"，老天爷天天都在监视你的行为呢。新登基的帝王连忙表示："维予小子，不聪敬止。日就月将，学有缉熙于光明"，我一定恭恭敬敬，日积月累，培育自己治国德行。

当代社会中产生的各种乱象，于百年多来，传统文化认知被无情

---

① 习近平：《汇聚起全面深化改革的强大正能量》，2013年11月28日新华网。

颠覆，传统智慧被肆意践踏，有着密切的联系。当人们心里没有了头顶上的三尺神明，缺少了敬畏之心，就丧失了做人的底线。三千年前，礼乐文明的社会治理理念与模式把地域上多元发展的中华民族逐渐引导到君子文明之中，但百年来的启蒙之急、救亡之迫，使得丛林法则大行其道，深入人心。解铃还须系铃人，如果整体民众都可以接受天人合一的思想，而不是大喝"我命由我不由天"，或许不失为减少社会戾气的一种法宝。

1990年6月，96岁高龄的钱穆先生，在端午节时，被迫迁出外双溪素书楼之前三日，完成他庆贺中华书局建立八十周年的文稿：《中国文化对人类未来可有的贡献》，不虞此稿竟成先生绝笔。据其夫人钱胡美琦所言，钱老在95岁参加新亚书院创校四十周年庆典时，告知夫人，自己几天来一直在思考一个大问题，有了一个从未想到的大发现，真高兴。回台湾后，钱老还一直思考着他的"大发现"，直到端午节最终口授钱夫人，并由钱夫人整理成文。在此文中，钱老断言：中国文化过去最伟大的贡献，在于对"天""人"关系的研究。当人生已经走过96个年头后，钱老对于中国"天人合一"的真实意义，有了简单朴素又不寻常的感悟：中国人认为"天命"就表露在"人生"上。离开"人生"，也就无从来讲"天命"。离开"天命"，也就无从来讲"人生"，所以中国古人认为"人生"与"天命"最高贵最伟大处，便在能把他们两者和合为一。离开了人，又从何处来证明有天！所以中国古人，认为一切人文演进都顺从天道来。违背了天命，即无人文可言。西方人喜欢把"天"与"人"离开分别来讲，常把"天命"与"人生"划分为二。换句话说，他们是离开了人来讲天。这一观念的发展，在今天，科学愈发达，愈易显出它对人类生存的不良影响。所以西方文化显然需要另有天命的宗教信仰，来做他们讨论人生的前提。而中国文化，既认为"天命""人生"同归一贯，并不再有分别，所以中国古代文化起源，亦不再需有像西方古代人的宗教信仰。总之，中国古代人，可称为抱有一种"天即是人，人即是天，一切人生尽是天命的天人合一观"。这一观念，亦可说即是古代中国人生的一种宗教信仰，这同时也即是古代中国人主要的人文观，亦即是其天文观，宇宙观。

2016年11月30日，习近平在中国文联十大、中国作协九大开幕式做重要讲话，指出"文运同国运相牵，文脉同国脉相连"。一个国家、一个民族的社会形态和精神状态，是其文运、文脉的直接表征。儒家思想和中国历史上存在的其他学说都坚持经世致用原则，注重发挥文以化人的教化功能，把对个人、社会的教化同对国家的治理结合起来，达到相辅相成、相互促进的目的。

《礼记·经解》有一段孔子关于民风乡俗与文化教育之关系的论述："入其国，其教可知也。其为人也，温柔敦厚，诗教也。疏通知远，书教也。广博易良，乐教也。絜静精微，易教也。恭俭庄敬，礼教也。属辞比事，春秋教也……其为人也，温柔敦厚而不愚，则深于诗者也。疏通知远而不诬，则深于书者也。广博易良而不奢，则深于乐者也。絜静精微而不贼，则深于易者也。恭俭庄敬而不烦，则深于礼者也。属辞比事而不乱，则深于春秋者也。"今天我们弘扬优秀传统文化不是为了点缀，也不是为了完成某项工作。传承仁义礼智信，是唤醒礼乐文明的基因，是再续中国五千年的文脉，希望文脉不断，董学复兴，民族振兴。

本文为"2020中国·衡水董仲舒与儒家思想国际学术研讨会"提交的论文。

任真（1962—），原名任宝菊，女，河南郑州人，北京青年政治学院北京东方道德研究所副教授，国际儒联教育普及传播委员会委员，中华孔子学会董仲舒研究委员会理事，中华孔子学会国学教育委员会副秘书长。

# "文化衡水"建设中董子文化资源的数字化经营[①]

杨英法　郭广伟

地方文化资源是凝聚当地共识、聚合当地人心、打造当地名片的宝贵资源，利用当地文化资源谋发展，是各地的自然选择。衡水市近年来提出的"文化衡水"战略就是利用衡水的文化资源谋求发展的战略选择。作为董仲舒的故里，衡水的景县、枣强等地是董仲舒早起生活、活动之地，建有董仲舒墓地、大量后人的纪念碑亭与殿堂，有海量有关董仲舒的史籍、故事、文学、文艺、绘画、雕塑等，是全国董子文化资源的最大富集之地[②]。因此，利用董仲舒这位儒学大师来打造衡水城市名片，以董子文化资源来发展衡水，是衡水市的自然选择。

目前，衡水市董子文化资源的保护和董子文化的研究走在全国前列，已自觉担负起了保护、传承、弘扬董子文化，经营董子文化资源的历史重任。衡水学院作为董子故里的唯一的一所本科院校，有一大批从事董子文化研究的专家学者汇聚于此，活跃于董子文化研究领域，并取得了显著的成绩。

当今时代，已经进入数字化时代，互联网、大数据、云计算、人

---

[①] 基金项目：本文为河北省社会科学发展研究项目（学术年会专项）（201908120406）阶段性成果。

[②] 曹迎春：《董子文化产业开发研究》，《衡水学院学报》2014年第6期，第36—39页。

工智能、物联网、区块链、虚拟技术等技术得到越来越普遍的应用，已经开始渗入到文化资源的保护、显现、传播和创意等各个环节、领域。众所周知，文化资源，不论是物质文化遗产还是非物质文化遗产，都会受到自然、人为等各种因素的影响，逐渐退化、损坏甚至消失。很多的物质文化遗产、非物质文化遗产已经濒临消失甚至已经消失，社会大众对于文化资源的完整性、原真性以及活态性保护越来越重视，而数字化技术给人类文化的传承和发展提供了一个新的思路和方向，也是人类历史上前所未有的"媒介转移"①。

数字化保护，能够让信息永久留存；数字化展示，能够让历史不再枯燥；数字化复制，能够让文化薪火相传；数字化服务，能够让服务创造价值。文物的数字化技术，解决了文物信息准确记录的问题，从形体、色彩、质感，都能做到1∶1的原真记录，让文物信息完整地保存在数字世界里②。对于文化资源的数字化显现和经营已经引起了许多国家和地区的注意，纷纷开展相关尝试和项目研究。借助数字化技术对文化资源进行显现和经营，通过建立资源数据库、建立相关推广平台和传习所等方式，对于董子文化等历史文化资源，不仅仅是一种存储、宣传、展示等的方式，更是使得董子文化发挥其价值、增强其生命力的有效途径，是当今时代董子文化的一种重要经营方式。

## 一、利用数字化技术经营董子文化资源是"文化衡水"建设的优选之策

作为董仲舒这一大儒的故乡，衡水民众、政府、学界对董子文化资源高度重视，着力对其文化加以保护和弘扬。其传统保护和保存方式是将与董仲舒相关的历史遗迹、家族墓地、纪念建筑、雕塑碑刻、

---

① 谭必勇、徐拥军、张莹：《技术·文化·制度：非物质文化遗产数字化研究述评》，《浙江档案》2011年第6期，第30—33页。

② 杨英法：《古都文化的数字化再现、传承与经营研究》，《邢台学院学报》2020年第3期，第7—11页。

历史文献、口传事迹等种种董子文化资源保存于当地的博物馆或者图书馆内。这虽然能够对董子文化资源起到保护作用，但是仍有许多局限。博物馆的雕塑碑刻等实物，难以移动，远方人士难以感知，导致受众范围难以扩展；而图书馆的书籍、绘画等容易破损，不易保存，且不论是传播速度还是传播范围均有限。因此，仅仅是依靠博物馆和图书馆对董子文化进行保护和保存，无法担负起网络时代有效而便捷地保护和传承董子文化、经营董子文化资源的重任。而数字化技术打破了上述的诸多限制。这是因为数字化具有三大特性：一是跨时空性，可以不受空间的限制，能够穿越时间，从而能够保留最真实的有关历史的记录；二是虚拟现实性，可使历史上的自然风光、建设工程、人物和事件得到虚拟再现；三是低成本复制性，可促进文化资源的传播和共享。通过传统的方式复制文化资源相关物品费时费力，同时也无法保证效果和原件完全一致，而利用数字化技术则可以轻松地完成将物品数字化，利用3D打印等技术制作出与原件完全一致的复制品，且省时省力，并且能够通过数字化方式广泛传播共享。越是复杂、需要高技术含量的物品，通过数字化技术复制的优势便越明显[1]。

　　董子文化资源的数字化经营包含着丰富的知识体系，涉及诸多先进技术，大体包括通过数字采集、数字考古、数字处理、数字修复、数字存储、数字传播和展示等诸多手段对董子文化相关内容进行转换和复原等，使其形成可共享和再生的数字化形态，通过数字化方式有效存储，得以逼真而完整地再现，并得到顺畅运营，从而使董子文化的文化价值、社会价值及经济价值，都能得到充分实现。

　　（一）数字化技术可使董仲舒及其弟子活动在虚拟空间得到再现

　　虚拟现实技术（英文名称：Virtual Reality，缩写为VR）是数字化技术领域的一大重要内容，虚拟现实拥有四大特征，即交互性、感知性、想象性和沉浸性。虽然数字化的世界是虚拟的，但是却可以通

---

[1] 谈国新、钟正：《民族文化资源数字化与产业化开发》，华中师范大学出版社，2012年，第43页。

过虚拟现实技术做到和原型几乎一样,非常逼真。数字化架构下的虚拟现实并不是虚构和虚幻,而是以数字化为基础网络技术,通过结合多媒体技术来模拟现实,然后通过人机的交互感应,达到一种模拟现实世界的效果,使人们产生一种"身临其境"的虚拟现实感[1]。

虚拟现实技术与董子文化结合就是经过三维虚拟功能,将董仲舒及其弟子的活动,以及相关的故乡风貌、家族墓地、纪念碑刻与殿堂等进行实景复制,制作一个完整的虚拟馆,虚拟馆场景中的文物都为真实存在的文物相对应的高真数字文物。经过虚拟现实设备,虚拟馆可"搬出去"展示,能够最大限度地发挥董子文化相关的知识传播作用。由于展品和场景都存在于服务器内,除了不受时间、地点的限制外,更没有被破坏、盗窃的风险。

受时空的限制,有很多人不能亲自到董子文化发源地实地查看文物,而只要戴上虚拟现实设备,不仅能够行走在董子文化发源地的任何角落,还能够"拿起"文物仔细地观察研究,不必担心会损坏它,来回"抚摸"也不会有人阻止你。让游客通过电子设备,更近距离地接触观察文物原本的样子,体验董仲舒及其弟子的生活文化,这种高科技与文化艺术的碰撞,会为大众带来全新的体验升级。

虚拟现实技术与董子文化结合,看起来似乎是一个很冷门的领域,但其实是一种十分新颖的方式。运用VR虚拟现实技术,提供一个了解董子文化的新方式,让董子文化焕发出新的生机,这应是业内人士探索的新方向。通过一款强大的VR应用,用户通过VR虚拟现实设备就可以查看各种关于董子文化的收藏品,同时拥有较强的互动性,体验者可以和各种收藏品互动,感受真实的触感[2]。

虚拟现实技术的应用,对于衡水这一董子文化发源地的文物保护、历史复原、知识传播都会起到重要作用。通过VR虚拟现实设备

---

[1] 李钦彤:《非物质文化遗产的动漫传播》,《西南民族大学学报》(人文社会科学版)2012年第3期,第147—149页。

[2] 赵东:《数字化:关中帝陵遗产保护与资源开发的新路向》,《咸阳师范学院学报》2012年第4期,第60—62页。

使人能够与文物互动,"VR+博物馆"能够吸引年轻人去了解董子文化,去见证董仲舒及其弟子的过往和活动。

董仲舒及其弟子的活动,人们非常想逼真而准确地了解。借助虚拟现实技术,就可使董仲舒与汉武帝问答,与其他学者辩论,向弟子讲学,辅佐江都王刘非、胶西王刘端,以及其子弟的求学、入仕、施政、居野等丰富多彩的活动得到逼真再现,从而便于后人了解和研究董仲舒,还可吸引受众、招来游客,推进衡水旅游业的发展。

(二)数字化技术可使现有衡水董子古迹在全球得到可视化显现

要想董子文化在得到有效保护的同时,还能够得到传承和发展,必须得借助于数字化技术。运用虚拟现实技术,结合网络技术,可以将文物的展示、保护提高到一个崭新的阶段。首先,可将文物实体通过影像数据采集手段,建立起实物三维或模型数据库,保存文物原有的各项形式数据和空间关系等重要资源,实现濒危文物资源的高精度和永久保存。其次,可用来提高文物修复的精度和预先判断、选取将要采用的保护手段,同时可以缩短修复工期。通过计算机网络来整合大范围内的文物资源,并且通过网络在大范围内来利用虚拟技术展示文物,从而使文物突破地域限制,实现资源共享,成为全人类可以"拥有"的文化遗产。虚拟现实技术使文博行业进入了信息时代,推进了文物展示和保护的现代化。

相比于二维的平面图像,数字化的三维图像更加生动和真实,更加具有立体感,因而被广泛运用于遗迹复原和文化遗产的虚拟展示等领域。通过三维古迹的展示,人们不论在全球何地,都能够虚拟漫游于数字化的三维场景之中,通过简单的鼠标等操纵便能游刃有余地漫步于董子文化古迹之中,仿佛身临其境一般。三维图像复原技术还能够复原古代的历史场景[1],例如英国 HBO 公司曾经就非常逼真地复原过古罗马的议会和街道等,在名为《罗马的荣耀》的电视剧里,通过三维模型加上增强现实系统,使得观众仿佛置身千年前的古罗马街

---

[1] 张国超:《美国公众参与文化遗产保护的经验与启示》,《天中学刊》2012年第4期,第128—131页。

道之中,仿佛置于古罗马的伟大文明之下。

(三)数字化技术可使社会各界就董子文化进行便捷的互动式交流

随着数字化技术和网络技术的快速发展,对于包括董子文化在内的文化资源共享,是信息化时代的必然要求。伴随着数字化技术的更新换代,对于广泛共享的需求只会进一步增强,数字出版和数字传播等技术为董子文化的交流共享提供了良好平台。数字化技术的发展和传播相比于传统的文化资源出版和传播而言,打破了时间和空间的限制,使得社会各界就董子文化可以便捷地进行互动式交流,用户能够随时随地进行分享,进而能够使得董子文化资源得到最大限度的共享利用[1]。

(四)数字化技术可助推衡水董子文化资源转化为现实财富

对于历史文化资源的保护和开发而言,传统的开发方式造成了人们一直处于对文化资源的保护和开发的矛盾之中。因为传统的开发方式或多或少都会对历史文化资源造成不同程度的破坏,因此越是对于优质待保护的历史文化资源,越无法做到开发和产业化利用[2]。

但是随着数字化技术的到来,保护和开发之间的矛盾得到了破解,使二者得以和谐统一。数字化技术的到来使得在保护董子文化资源的同时,能够做到不破坏董子文化古迹等原貌,而又能对其文化价值进行大力的开发,通过形成动漫游戏和文学影视等形式而形成具体的产业链,将其资源转化为现实财富。借助数字化技术对董子文化进行产业化开发,能够推动董子文化转化为文化生产力,从而形成经济效益,借此亦能反作用于董子文化的保护,使人能够有财力从事董子文化的保护和传承事业。

---

[1] 张国超、刘双:《中外文化遗产管理模式比较研究》,《福建论坛》(人文社会科学版)2011年第4期,第60—65页。

[2] 何炳武、王永莉:《陕西省历史文化资源整合研究》,《长安大学学报》(社会科学版)2011年第1期,第16—21页。

## 二、利用数字化技术经营衡水董子文化资源面临的制约因素

虽然利用数字化技术经营董子文化资源是"文化衡水"建设的优选之策、根本出路,但目前却面临着诸多制约因素。就衡水市而言,对于董子文化的保护和开发已然取得了显著成绩,但是总体上来看,还存在着保护规模总量偏小、深度不足、速度偏慢等问题,其所产生的社会和经济效益还很有限。对于董子文化资源的数字化经营,相比于非物质文化遗产"数字化"保护和经营较好的地方,也还存在着不小的差距。

(一)董子文化业界人士对数字化技术不熟悉,难以驾驭

对于董子文化领域的专家学者而言,他们虽然在董子文化研究领域有所建树,但是很多并不了解数字化技术,甚至有不屑和抵触心理以及敬而远之的心理,也有的因为茫然和恐惧而本能地去拒绝和回避数字化技术应用于董子文化的保护、传承、显现及传播等诸领域。这就制约了数字化技术在这一领域的运用和推广。对于董子文化资源的保护,相关部门并非单纯为保护而保护,而在于推动董子文化的良性和长期发展,进而推动董子文化的产业化发展。但目前对于衡水董子文化的保护主要集中于单一部门,运行的模式非常传统且管理和运行机制也不够灵活,难以适应数字化技术所要求的高效管理要求。目前大部分投身董子文化的行业人士普遍缺乏资料的数字化技能,董子文化保护的工作,实际上仍然处于传统的工作模式中。总体而言,董子文化业界人士目前还难以驾驭数字化技术,使得数字化技术应用困难重重。董子文化业界人士亟待掌握数字化技术,尽快扫除技术障碍。

(二)董子文化产业化发展不充分,推行数字化运用的财力不足

目前,董子文化资源的产业化尚处于起步阶段,发展尚不充分,目前明显存在以下大问题:一是董子文化目前尚未形成品牌效应,董子文化的文化价值尚未转变为经济价值;二是董子文化品牌的受众面过窄,只是单纯依靠衡水市政府和衡水学院师生在宣传,且目前董子

文化的知名度也只局限于河北，并没有辐射到邻近省份，无法充分转换为经济价值，导致支撑数字化技术发展的财力不足。

（三）衡水经济实力不够强，难以承担数字化升级投入

董子文化资源的数字化经营，需要经济实力的支撑。衡水市在河北省11个城市中，属于经济实力明显薄弱的城市。2019年，衡水市GDP为1504.9亿元，在河北省11个城市中排名第10位，仅仅高于承德市的1471亿元，排倒数第2位①。就人均GDP而言，2019年，衡水市为3.37万元，在河北省11个城市中排名第9位，仅仅高于邢台市的2.88万元、保定市的3.04万元，排倒数第3位②。衡水市推进董子文化资源的数字化经营，可能处于有心而无力的窘境。没有当地强大经济实力的支撑，则意味着无法得到足够的资金投入去升级数字化技术，导致在信息化应用方面，不论是硬件还是软件基础设施建设都会滞后，数字化技术的广泛应用更是无从谈起。

（四）数字化行业人士投身董子文化的意愿不强，缺乏数字化人才和技术支撑

由于长期以来对于董仲舒思想的批判、贬低，导致目前的董子文化还属于比较冷门的学科，热心投身于此的人还较少，数字行业人士投身董子文化的意愿不强，虽有从事者，大多不是出于自身意愿，而仅仅是为了获得一份收入。就衡水而言，董子文化的"数字化"保护尚处于非常初级的阶段，大都是通过外来力量的援助支持去完成方案的撰写、数字化蓝图的实施以及运行维护，后期的升级更新，本地尚无一支成熟而专业的数字化人才队伍。这就意味着不具备将董子文化相关资料收集和整理进行数字化处理的能力，难以准确和有效地采集董子文化的数字化资源。

---

① 天天排行网：《2019年河北省各市GDP排行榜》，2020年5月21日，http://www.ttpaihang.com/news/daynews/2020/20052158155.htm.

② 搜狐网：《河北各市人均GDP排名，2019哪个城市拖后腿了?》，2020年7月5日，https://www.sohu.com/a/405831382_477856?_trans_=000014_bdss_dkmwzacjP3p；CP=.

## 三、"文化衡水"建设中,董子文化资源数字化技术经营的推进路径

(一)引导董子文化业界人士增强运用智能化技术的意识和能力

董子文化资源的数字化技术经营,其中的基础性工程就是对董子文化资源做"数字化"保护。"数字化"保护是通过一系列数字技术诸如成熟的 2D、3D 数字动画技术等,去恢复和再现出董子文化的内容、场景、古迹和事件等,"数字化"保护通过一系列例如视频、图片和三维动画等的形式去实现董子文化的可视化,对董子文化的古迹和相关文化资源进行再现。"数字化"保护区别于过去简单的实物收藏、人物采访或者拍照这种,也不同于传统的文字存储和音、视频摄录等[①]。

借助数字化技术来保护董子文化,毫无疑问,需要成熟的平台建设和相应的技术支持。这个只有董子文化业界人士才有强烈的意愿。因此,董子文化业界人士增强运用智能化技术的意识和能力,责无旁贷。做到这一点,需要对董子文化业界人士开展数字化技术的教育培训。可通过定期组织培训课程等方式,逐步提升董子文化业界人士的数字化技术和信息资源采集的相关技能,从而提高董子文化资源的数字化采集质量,进而保证数字化资源数据信息的时效性和准确性。除此之外,还需要发动普通民众的力量,对其进行董子文化保护的宣传教育,通过宣传力度的加大,使普通民众能够通过民间技艺、风俗、游戏等多种形式去了解保护董子文化的重要性和迫切性,增强保护和传承董子文化的意愿和技能。

人才是历史文化资源保护和传承的重要载体,提高历史文化资源的保护力度和经营水平,相关人才水平的高低起决定性作用。当下我国已经有不少科研机构和大学等均成立了非物质文化遗产保护中心和

---

① 步长磊:《数字化背景下历史文化纪录片的发展策略——以纪录片〈大明宫〉为例》,《新闻知识》2011 年第 1 期,第 150—151 页。

研究中心等,对于"非遗""数字化"技术的应用都有所尝试,积累下了相关的保护和开发利用经验。例如中央美院专门成立了关于国家非物质文化遗产中民族民间美术类遗产的非物质文化遗产研究中心,包括对国家非物质文化遗产的研究、普查、评价、鉴定和保护,以及专业管理人才的培养。中山大学也成立了中国非物质文化遗产研究中心,并且建设成为教育部人文社科的重点研究基地。这都是董子文化资源的数字化经营,可资借鉴的经验。

(二)以数字化应用推动衡水董子文化研究,挖掘董子文化多重价值

我国博大精深、源远流长的传统文化,是国民精神面貌和民族精神的内核所在,历代对其保护和传承是中华民族经久不衰的原因所在。董仲舒维护"大一统"的理想,所构造的贵贱等级有序的社会模型,深深影响着中国的政治架构、社会秩序、士风民俗。虽然很多人没有意识到,实际董仲舒思想仍在默默影响着国人的精神世界。比如,中国人维护国家统一的强烈愿望、为整体利益而甘愿牺牲个人自由的民族心理等,就跟董仲舒的思想有密切关系。

我国对于民族文化遗产的数字化保护和开发利用已经启动,并取得了一定进展,只是时间还不长[1]。2006年,浙江大学从数字化提取的角度,对楚文化中的编钟和乐舞进行了一次再现,这才揭开了非物质文化遗产的"数字化"保护序幕。之后在2010年,杨晓辉也在《中国苗族刺绣艺术数据库》中构建出了我国首个苗绣"数字博物馆"。目前,"数字化"保护非物质文化遗产逐渐成为新时代对于非物质文化遗产有效保护和开发利用的方向,得到了行业人员的认可,开始去建立相关的数字资源库,积极利用数字化技术和网络媒体技术。

推进董子文化资源的数字化经营,只有先去充分挖掘衡水董子文化的各种价值,才能够形成完整的董子文化数据库,助推衡水市政府实施董子文化品牌战略,打响董子文化这一张名片,并做好相应的品

---

[1] 马圳联:《图书馆与非物质文化遗产的数字化保护》,《中小学图书情报世界》2009年第5期,第15—16页。

牌管理工作。为此，需要从以下几方面着手：

首先，董子文化业界学者可借助数字化技术便利交流互动，使董子文化业界人士突破地域、距离的限制，就董子文化的各种问题便捷地进行远距离的可听可视的交流互动，从而深入解读董子文化背后所蕴含的精神内涵，然后结合其新的时代内涵，形成完整的精神内涵体系，进而形成共识，通过数字化技术迅速推向世界，并借此将衡水推向世界。

其次，董子文化业界人士可用数字化技术将董仲舒师生的活动及相关的故乡风貌、家族墓地、纪念碑刻与殿堂等进行实景复制，发布于线上相关场所，促成外界对于董子文化和衡水的直观感受。

再次，衡水市政府，可构建数字化公共服务平台，推进董子文化各地各种资源的整合，逐步打破不同地区、行业和部门间的隔阂和限制，促进衡水市在董子文化方面人、财和信息的整合和共享，将有关于董仲舒的新闻媒体和人才等消息均进行统筹安排和调配，打造董子文化这一衡水城市名片，以此彰显衡水地方特色，增强衡水市的社会关注度和竞争力。

（三）借鉴国外经验，提高董子文化资源数字化经营高度

鉴人可以益己，借鉴国外经验，是提高董子文化资源数字化经营的有效途径。衡水市相关部门和董子文化业界相关人士要去积极借鉴国外的经验为己所用。欧美发达国家的相关部门所形成的"项目化"管理，就是值得借鉴的模式。例如欧洲就非常重视非物质文化遗产的保护和开发利用，并十分重视"数字化"保护技术和人才培养，欧盟地区已成全球非物质文化遗产保护最出色的地区，其对于非物质文化遗产的保护一般是通过相应科研机构和大学负责实施的重点项目，所有关于非物质文化遗产的保护均由政府设立相应的保护项目。与此同时，欧盟还成立了很多国际合作保护组织，例如 VSMM（国际虚拟系统和多媒体大会）、VAST（国际虚拟、考古和文件遗产研讨会）、CIPA（国际建筑照片测绘协会）等，进而协力促进对于全球非物质

文化遗产的"数字化"保护和开发利用①。

而对于亚洲地区而言，日本则是最早结合"数字化"技术进行非物质文化遗产的保护和开发利用的国家。日本在其图书馆中运用了数字化相关技术去收集和整理相关数据，在日本所建立的图像数据库里面保留着丰富的非物质文化遗产资料。同时日本还建设有丰富的共享中心，方便读者免费享用。

上述国外的先进经验都值得我们仔细了解和学习，我们不能单纯依靠行政力量去对相关非物质文化遗产进行保护和开发，需要多方协作来促成董子文化资源的数字化经营。

（四）推进衡水董子文化产业化的融资创新，破解资金缺少难题

目前，推动文化企业上市已成为国内各省市推进文化体制改革、调整产业结构的重要抓手，而且以 IPO 为重要退出渠道的风险资本对文化产业投入的加大，也在推动着文化企业上市热潮的升温。但上市并非文化企业融资的最佳手段。虽然相对于主板市场而言，创业板对中小企业上市做出了重大调整和制度革新，不要求企业"最近一期末无形资产占净资产的比例不高于 20%"，其上市门槛也比主板低，两项定量指标只需满足其一，但目前文化企业大多公司治理机制不够规范，同时股份公司身份及三年以上运营经验的硬性要求也将大多数文化企业拒于门外。创业板上市热潮的出现，没有也不会改变资本市场对企业永续运营，有稳定、可预期的现金流的审慎要求，文化企业融资仍十分困难。从根本上说，项目型的运作方式及高度的需求导向决定了我国广大中小文化企业收入的波动性；而对体验价值感知的变化和不易捉摸，也决定了文化企业盈利曲线的非均衡性，这些从根本上依然无法满足资本市场的要求。

从某种程度上说，我国资本市场要真正完成从大型优质企业导向型到大企业和新锐中小企业并重型的转变，依然需要进行大量务实而富有成效的创新设计。

---

① 房蕊：《现代信息技术支持下文化遗产的保护与开发》，《理论学刊》2009 年第 8 期，第 115—118 页。

衡水想要破解数字化的资金难题,根本的出路是推进衡水董子文化资源的产业化。文化产业包含方方面面,但大致可分为以下几个部分:一是旅游文化产业,依托历史文化遗产,通过整合历史文化资源的各种创新和包装策划,打造出"文化+旅游+城市价值"的文化产业模式,打造出文化旅游集群,进而去带动整体区域价值的提升;二是书刊出版产业,通过整合诸如董子文化精神内涵和时代内涵等内容,出版一批具有高价值、高文化积累和高地域特色的好书,以此获得较好的社会效益和经济效益;三是将文化融于影视、动漫和游戏等新兴模式中,依靠这一当前数字化文化产业中最具有发展潜力的朝阳产业,来增强盈利能力。

(五)制定衡水董子文化资源数字化经营规划,建立数字化扶持政策体系

董子文化资源的数字化经营,是个涉及多地多方的宏大系统工程,没有政府的力量来凝聚方向、整合资源、调配人力、搭建平台、处理解纷等很多任务都难以完成。因此,必须制定衡水董子文化资源数字化经营规划,建立数字化扶持政策体系。

衡水市政府应当按照社会效益优先、双效统一的要求,引领董子文化资源数字化经营的方向。衡水市可基于对产业发展形势的研判,提出优化数字文化产业供给、优秀文化资源数字化、与相关产业融合发展、扩大和引导数字文化消费四个主要发展方向的整体规划;同时立足于文化职能部门范围,对数字文化产业中较为成熟的动漫、游戏、网络文化、数字文化装备、数字艺术展示等主要产业领域进行重点布局和引导。应立足用足用好现有政策,适时出台一些新的政策,进行政策整合,为董子文化资源的数字化经营提供政策保障。对于富集数字化技术的文化产业、文化市场、文化科技等,要着力完善政策措施、优化发展环境、改善行业规制,充分发挥各级政府部门的规划引导、政策扶持和组织协调作用,使数字化文化产业能够享受到财税金融支持、创新服务、人才支撑、"放管服"改革、组织领导等方面

的保障，充分激发行业活力①。

政府推进董子文化资源数字化经营，需要找到产业切入点，大力发展数字文化产业就是个很好的切入点。数字文化产业是数字创意在文化领域的具体体现，具有创意性、引领性、低消耗、可持续的鲜明特点，具有转方式、调结构、促消费、扩就业的独特作用。作为一种智力密集型、高附加值的新兴产业，数字文化产业正处于高速增长期。随着知识产权保护环境的改善和网络用户付费习惯的养成，数字文化产品的消费潜力和市场价值将得到进一步挖掘。随着互联网和数字技术的不断发展和普及，传统文化产业必然会进行数字化转型升级，数字文化产业会与相关产业深度融合，不断催生出数字文化产业的新业态、新模式。

对于衡水市而言，董仲舒是衡水打造城市名片的最佳资源。打造城市名片虽需要历史依据和民众基础，但毕竟是政府行为。在衡水市利用董子文化打造衡水城市名片中，衡水市政府需要扮演主导角色，拟订方案，消除阻力，争取民众认同，并让外界了解和认可。

本文为"2020 中国·衡水董仲舒与儒家思想国际学术研讨会"提交的论文。

杨英法（1965—），男，河北平山人，哲学博士，河北工程大学马克思主义学院教授。

郭广伟（1983—），男，河北藁城人，教育学博士，河北工程大学马克思主义学院讲师。

---

① 杨海波：《数字技术与山东非物质文化遗产保护》，《山东社会科学》2009 年第 1 期，第 154－156，69 页。

# "儒学复兴从衡水走来"
## ——以董仲舒为例谈衡水儒学复兴

韩志远

"复兴儒学"最早由梁漱溟先生提出，一经提出，引发了20世纪儒学复兴的新浪潮。"礼乐所由起，积德百年而后可兴也"（《史记·叔孙通传》）[1]2381，礼乐制度的兴起是社会文明发达之后才能进行的精神建设，当今社会进入新时代，社会文明高度发展，"一个人处在一个新时代，必须要有新的思想来指导他的行为"[2]215，这时我们更应该重视精神文明建设、重视儒学的复兴和与时俱进。在这样的社会背景下河北、河北衡水注意到儒学复兴的话题，是时代发展的需求，更体现了一种使命与担当。从衡水的文化渊源上我们可以看到其具有儒学复兴的文化基础，如再加上与时俱进的充分挖掘，董仲舒思想的现代化内涵、加强合作交流、探索文旅新路径等方式定会在儒学复兴之路上贡献重要力量。

## 一、衡水儒学复兴的基础

河北地处华北平原，古称冀州，是华夏文明的重要发祥地，经过数千年的文化积淀，形成了丰富而独特文化。陈来先生在讲到荀学与大陆儒学的复兴时就曾说过"我觉得河北的儒学研究大有可为"[3]。

荀子，战国末期赵国思想家、文学家、政治家，被尊称为"荀卿"，赵人，即今天的河北人；董仲舒，西汉时期重要的政治哲学家，上承孔子，下启朱熹，是儒学发展中的关键性人物，河北衡水人；隋唐经学大家孔颖达，解决儒家内部不同流派风格之争，巩固儒家壁垒的巨匠，河北衡水人；唐代诗人韩愈，祖籍河北昌黎……可见河北有着深厚的文化底蕴，衡水就是在这种文化环境下出现了"为儒者宗"的董仲舒、唐初大儒孔颖达等人物。

尊重传统、重视渊源是儒学复兴的根本依据，"在思想和文化的范围里现代绝不可与古代脱节。任何一个现代的新思想，如果与过去的文化完全没有关系，便有如无源之水、无本之木，决不能源远流长、根深蒂固"[2]4。衡水儒学复兴的渊源就在董仲舒。东汉王充评价董仲舒"文王之文在孔子，孔子之文在仲舒"，认为董仲舒是孔子的真正继承者，朱熹称董仲舒为"纯儒"，可见儒学的复兴，不可避免地要提到董仲舒这位在中国历史上具有很重要历史地位的人物，而对于董仲舒的研究，衡水应该是当仁不让的。

那怎样才能更好地发挥衡水独特的资源优势，以董仲舒为出发点促进儒学复兴？我简单地进行了以下几点思考。

## 二、衡水儒学复兴几点思考

（一）与时偕行，挖掘董仲舒思想现代化内涵

儒学的发展经历过繁盛期，也经历过劫难，纵观历史上儒学发展的阶段我们发现，董仲舒倡导的儒学之所以能达到"罢黜百家，独尊儒术"的地位，很重要的一点就是那时的儒家思想能够与当时的时代需求相结合，董仲舒适应了汉代一统国家的政治需求，从糅合"六艺之科"和"孔子之术"入手，炮制了一种合乎时代变化的新儒学，儒学复兴的过程其实就是重新处理儒学与时代关系的过程。"一个人现代化的生活与行为，必须与现代化的思想平行发展，假如时代已经到了一个新的阶段，而支配人的行为的观念仍是原来那一套陈腐的东西，或是处在一个新时代，顽固拒绝新时代应有的新思想，都足以障碍时代的进步，增加社会的纷扰，引起个人生活的矛盾与不安。"[2]215

在当代要重新昂露董仲舒新儒学的真精神,发挥儒学思想长处,使其重开生面,指导生活,要与当代社会需求接轨,重新挖掘其思想中值得我们学习借鉴、符合当今时代发展的文化内涵。

1. 董仲舒思想中值得当代借鉴的治国之道

(1) 政治思想——德治与化民。汉武帝好刑名、法术,严刑峻法来加强统治,给人民带来了极大的痛苦。董仲舒认为政治统治主要有德与刑,但"文德为贵,而威武为下",好的政治总是以德治为主的,刑治只是辅助。以德治国强调注重化民、注重教化,董仲舒说:"圣人之道,不能独以威势成政,必有教化"(《春秋繁露·为人者天第四十一》)[4]401,治理国家要用自己的实际行动来感化人民,"尔好谊,则民乡仁而俗善;尔好利,则民好邪而俗败"(《汉书·董仲舒传》)[6]2192。这为我们现在以德治国提供了理论依据和方法,可进一步挖掘借鉴。

(2) 经济思想——调均贫富。"大富则骄,大贫则忧。忧则为盗,骄则为暴,此众人之情也。"(《春秋繁露·度制第二十七》)[4]284 董仲舒认为贫富两极分化最容易导致天下大乱,使富裕的人为所欲为,贫穷的人被迫去当强盗。他主张"调均贫富",防止财富过度集中,把贫富差别控制在适度范围内,使富裕的人能够拥有尊贵的地位,但不能骄横,使贫穷的人有足够的土地,上可以赡养老人,下可以抚养子女,这样就不会去当强盗。他这种调均的观点有的同样适用于现今社会,对当今的社会主义市场经济具有指导和参考作用。

2. 董仲舒思想中值得当代借鉴的为官之道

(1) 不与民争利。"身宠而载高位,家温而食厚禄,因乘富贵之资力,以与民争利于下,民安能如之哉!是故众其奴婢,多其牛羊,广其田宅,博其产业,蓄其积委,务此而亡已,以迫蹴民,民日削月朘,浸以大穷。富者奢侈羡溢,贫者穷急愁苦;穷急愁苦而上不救,则民不乐生;民不乐生,尚不避死,安能避罪!此刑罚之所以蕃而奸邪不可胜者也。"(《汉书·董仲舒传》)[6]2192 当权贵们与民争利、豪强们横行霸道,公平、正义得不到彰显时,社会就会像朽木和粪土之墙一样,愈治而愈乱。如同董仲舒说的,天生万物时有四条腿的动物就没有翅膀，万物都不可能兼有两方面的利益，所以为官之人有了俸禄，切不可再与民争利。

(2)"正其道不谋其利，修其理不急其功。"（《春秋繁露·对胶西王越大夫不得为仁第三十二》）[4]338 为官者有着特殊的身份，做一切事情都应该强调社会公义、道义，而不能只顾自己个人的功利、私立。甘于奉献、心系百姓、权为人民，不谋其利，有着功成不必在我的精神境界才有可能成为人民的好公仆。

(二) 合作交流，促进文化研究与传播

1. 建构衡水儒学传播中心

《汉书·董仲舒传》中有一段记载："故养士之大者，莫大（乎）太学；太学者，贤士之所关也，教化之本原也。今以一郡一国之众，对亡应书者，是王道往往而绝也。臣原陛下兴太学，置明师，以养天下之士，数考问以尽其材，则英俊宜可得矣。"[6]2185 汉初兴建太学，"立大学以教于国，设庠序以化于邑"[6]2178，培养了一大批儒学人才，为儒学的再兴、传播、普及确立了前提条件。衡水也可以形成自己的儒学传播中心，联合各大高校、科研院所，集聚董仲舒儒学研究专家学者，确立研究靠"大家"的方向，以"大家"为中心，培养更多的儒学爱好者、传承者打造高端学术交流平台，提升儒学研究水平。

2. 联合其他科研院所，开展比较研究

如联合孔子研究院、孟子研究院、荀子研究所等科研机构，将董仲舒思想与孔子思想、孟子思想、荀子思想等进行一个综合比较研究。研究他们思想之间有什么继承发展关系，为什么在不长的时间河北出现荀子、董仲舒两位思想家，出现两种不同的思想体系等，增进不同思想间对话的同时，加深董仲舒文化的研究，向更广阔的空间亮出衡水文化名片。

(三) 借鉴经验，探索文旅新路径

李泽厚先生讲过，儒学的存在不仅仅是一套经典的解释，它同时是中国人的一套文化心理结构[8]，因此"当一切制度的联系都被切断以后，它变成一个活在人们内心的传统。特别是在民间，在老百姓的内心里面，儒学的价值依然存在着。儒学在老百姓的内心里面，可能比在知识阶层里面存活得更多"。[9]对思想的研究、挖掘是儒学复兴的基础,学者们的研究能够使董仲舒儒学思想在学术领域进行传播,但要使得儒学真正的复兴,就必须让这种"百姓日用而不知"的儒学被唤醒,也让更多的人了解、接受、传播其思想,让普通大众与儒学思想产生共振,进一步感受到其思想的光芒。让文化融入生活,我们可以借助文化旅游产业来进行普及。这点衡水可以借鉴孔子博物馆与尼山圣境的优秀经验。

孔子博物馆是山东省委、省政府为贯彻落实习近平总书记视察曲阜重要讲话精神,传承弘扬以儒家思想为代表的中华优秀传统文化而建设的一座省级专门性现代化博物馆,与普通的展馆不同,它不仅是一些馆藏品的展览,更注重于给观众呈现一个立体的孔子,一走进展馆就会被吸引和震撼。它利用先进科技技术设立孔子圣迹图大型互动厅、孔子讲学堂全息技术体验厅,让人们在参观的过程中不知不觉感受到孔子精神的博大精深,产生敬仰之情,在与孔子的"对话"中聆听孔子故事与智慧,精神上得到洗礼。

尼山为孔子的诞生地,尼山圣境充分发挥其地理优势,打造了一个"世界人文旅游目的地",将传统与现代相融合,打造《金声玉振》礼乐会演、尼山灯光秀等易让大众接受又能震撼人心的节目,让人们通过传统礼仪研习、文化体验、现场教学、游学圣迹等丰富的内容,增强对传统文化的兴趣,让更多的人主动去了解优秀的传统文化,也更愿意为文化消费买单,带动了一批与孔子有关的文创产品的产生与消费。

衡水可以以此为借鉴,重点发展文化旅游产业,针对大众需求和接受能力,将董仲舒特有的思想用新的表达形式激活。

1. 推动董仲舒文化与科技深入融合。科技的发展,丰富了文化旅游的新内涵,能给人们带来新的体验和感受。衡水可学习孔子博物馆、尼山圣境,借助一些现代科技,虚拟技术,丰富游客体验,提升吸引力。借助数字技术可以把内容、平台、体验终端有效衔接起来,进而带动董仲舒文化产业的大发展、大繁荣。

2. 提升内容开发能力,促进文化消费。董仲舒文化历史悠久,内涵丰富，是一笔无形的资产，我们可以通过文创设计、衍生品开发、商业化运营、产业化融合等方式助力创作出具有高度内涵价值的董仲舒文创精品，将其转化为广受喜爱的文化消费品。

3. 激活传播方式，提高知名度。随着新媒体的快速兴起和广泛普及，带来了传播方式和舆论格局的深刻变革。习近平总书记说"要强化互联思维"，积极利用新媒体，利用微信、微博、直播等新形式，加强宣传力度，强化舆论引导能力，不断吸引新群体，让衡水文化、董仲舒文化更加深入人心。

儒学复兴之路任重而道远，衡水要把握自己独有的优势，承担起历史赋予的使命，充分挖掘好、发挥好董仲舒文化资源，让优秀传统文化在新时代活起来、热起来、传下去，实现其时代价值、绽放时代光彩。

**参考文献：**

[1] 司马迁：《史记》经，中华书局，2011年。
[2] 贺麟：《文化与人生》，商务印书馆，2005年。
[3] 陈来：《荀学与大陆儒学的复兴》，中华读书报，2016年。
[4] 周桂钿、张世亮：《春秋繁露》，北京大学出版社，2010年。
[5] 代发君：《论贺麟对儒学复兴方法、路径与标准的探究》，《齐齐哈尔大学学报》（哲学社会科学版），2020年。
[6] 班固：《汉书》，中华书局，2012年。
[7] 方朝晖：《人伦重建是儒学复兴必由之路——兼论中国文化的核心价值》，《当代儒学》，2012年。
[8] 李泽厚：《李泽厚学术文化随笔》，中国青年出版社，1998年。
[9] 陈来：《百年来儒学发展的回顾》，《深圳大学学报》（人文社会科学版），2014年。

本文为"2020中国·衡水董仲舒与儒家思想国际学术研讨会"提交的论文。

韩志远（1990—），女，文学硕士，山东省滨州市沾化区人，孟子研究院研究实习员。

# 董学研究总结及综述

# 近八十年"五德终始说"研究综述
——从思想史视域的考察

臧 明

## 一、五德终始说的含义

在诸多的历史典籍中《吕氏春秋·应同篇》[①] 保存了一段关于五

---

[①] "阴阳五行学派"与《吕氏春秋》关系密切。陈奇猷认为:"阴阳家的学说是《吕氏春秋》全书的重点,其还指出《吕氏春秋》的主导思想是阴阳家之学。"详见:《〈吕氏春秋〉成书的年代与书名的确立》,载陈奇猷校释《吕氏春秋新校释》,上海古籍出版社,2002年,第1885—1889页。虽然,此种论断还有待于商榷,但是,我们还是可以从中看出《吕氏春秋》的确记载了不少阴阳家的学说。就具体内容而言,学术界大都认为,《吕氏春秋·应同篇》所记载的"五德相胜之说"乃是邹衍的遗说。清人马国翰在《玉函山房辑佚书》中就将《应同篇》该段辑入《邹子》佚文中。日本学者金谷治认为:"《吕氏春秋·应同篇》中关于五德终始的论述是邹衍的著作。"详见:金谷治《邹衍的思想》,载马振铎、衷尔钜主编《日本学者论中国哲学史》,中华书局,1986年,第139—140页。冯友兰认为:"《应同篇》中五德转移学说来自邹衍。"详见:《中国哲学史》(上册),华东师范大学出版社,2008年,第125页。顾颉刚认为:"《应同篇》所言的五德相胜学说,就是《史记·孟子荀卿列传》所记载的邹衍的五德转移学说。"详见:《中国上古史研究讲义》,中华书局,2009年,第35—40页。侯外庐也认为:"《应同篇》中关于五德终始的记载为邹衍的学说。"详见:《中国思想通史》(第一卷),人民出版社,1957年,第649—650页。王梦鸥同样认为:"该篇所载关于五德终始说的文字,是邹衍的遗说。"详见:《邹衍遗说考》,台北:商务印书馆,1966年,第72页。胡适则认为:"是邹衍的后学,将五德终始说编入了《吕氏春秋》当中。"详见:《中国中古思想史长编》,安徽教育出版社,2006年,第122页。周桂钿也认为:"《应同篇》中所记载的五德理论是邹衍的学说。"详见:《秦汉思想史》,河北人民出版社,2000年,第27页。至于"五德终始说"被编入《吕氏春秋》的原因,有的学者认为:"邹衍的学说在秦必甚显赫,五德终始说见采于《吕氏春秋》是很自然的,说不定还有他的信徒参加了《吕氏春秋》的'论集'"。详见:侯外庐主编《中国思想通史》(第一卷),人民出版社,1957年,第650页。胡适则认为:"五德终始论在秦未称帝之前,早已传到西方,早已被吕不韦的宾客编进《吕氏春秋》里。"详见:《中国中古思想史长编》,安徽教育出版社,2006年,第13—14页。

德终始说的比较完整的记载:"凡帝王者之将兴也,天必先见祥乎下民。黄帝之时,天先见大螾大蝼,黄帝曰:'土气胜。'土气胜,故其色尚黄,其事则土。及禹之时,天先见草木秋冬不杀,禹曰:'木气胜。'木气胜,故其色尚青,其事则木。及汤之时,天先见金刃生于水,汤曰:'金气胜。'金气胜,故其色尚白,其事则金。及文王之时,天先见火赤乌衔丹书集于周社,文王曰:'火气胜。'火气胜,故其色尚赤,其事则火。代火者必将水,天且先见水气胜。水气胜,故其色尚黑,其事则水。水气至而不知,数备将徙于土。"①

根据上述的文献记载,我们可以大致推衍出五德终始说所具有四层含义。首先,历史观的意义。五德终始说认为,人类历史的发展是按照五德相胜的顺序进行转移的,不仅如此,五德之间的迁衍还是循环往复的,即水德结束以后,五德又将从土德开始进行新一轮的循环。可见,五德终始说"在中国历史上第一次比较明确地表达了人类历史的发展遵循着一定的发展法则的思想"②。白寿彝先生还认为:"邹衍的五德终始说宣扬了命定论的理论,并把历史看成是按照五行相胜的顺序循环发展的。"③张岂之先生则明确指出,邹衍的五德终始说是一种历史循环论,其在历史上产生过较大的影响④。

其次,正统论的意义。五德终始说认为,当新朝代将兴之时,上天必然会显现出某德兴胜的景象,这种现象就叫做"符应"。如:黄帝之时出现了"土气胜"的符应,"符应"现象是一个王朝受命于天的重要标志。所以,欧阳修言:"故自秦推五胜,以水德自名,由汉以来有国者,未始不由于此说。"⑤ 王夫之也曾对五德正统之说进行

---

① 许维遹撰,梁运华整理:《吕氏春秋集释》(卷一三),《应同》,中华书局,2009年,第284页。

② 龙佳解:《论"五行"范式的演化、扩展和价值取向》,《湖南大学学报(社会科学版)》2010年第1期。

③ 白寿彝:《中国史学史》(第一卷),上海人民出版社,2006年,第209页。

④ 张岂之:《儒学·理学·实学·新学》,陕西人民出版社,1991年,第193—195页。

⑤ 欧阳修:《正统论上》,《欧阳修全集·居士集》卷一六,中国书店,1986年,第117页。

过批判①。饶宗颐先生认为："中国古代正统论的一个重要理论依据，就是邹衍的五德终始说。"② 蒋重跃则指出："五德终始说具有为现实政治承接天命的作用，其是一种正统观。"③ 五德终始说还根据某一朝代由某一种德支配的原则，制定出了一套与之相对应的政令和服饰制度。如：黄帝之时，其事则土，即制定了与土德相契合的政令制度；禹之时，其事则木，即制定了与木德相契合的政令制度。可见，五德终始说是新王朝再受命的重要理论依据。所以，新朝代建立伊始，总会利用五德终始说来进行相应的政治文化建设。秦朝就依据水德的理论对旌旗的颜色、君王所乘车马的数量、河流的名称等做出了相关的规定。

再次，政治上的意义。五德终始说所谓的五德：即土德、木德、金德、火德、水德。每一德都有与自身相对应政权，如：金德与殷商相对应、火德与周相对应。所以，刘泽华先生认为："邹衍的五德终始说把政治分为五种类型，把过去的政治活动都收纳进去了。"④ 君王在改制的时候，往往会对五德终始说进行改造，并用其来装点门面，进而强调新政的合法性。秦始皇在施政时就将法家思想融入到水德理论中，而汉武帝在改制的时候则对三统说与五德终始说进行了杂糅。所以说，五德终始说"成功地论证了王朝更迭的合理性，这种理论作为中国传统政治文化的重要组成，在一定程度上巩固了君主政治的政治一体化，保障了全社会的君主政治认同意识的内在稳定性，从而使得君主政治得以安然地渡过一次次的改朝换代而长期传延下去"⑤。

最后，思想上的意义。一种学说一旦产生就不会停滞不前，而是

---

① 王夫之：《读通鉴论》卷末《叙论一》，中华书局，2009年，第949页。
② 饶宗颐：《中国史学上之正统论》，上海远东出版社，1996，第74页。
③ 蒋重跃：《五德终始说与历史正统观》，载《南京大学学报》（哲学、人文科学、社会科学版）2004年第2期。
④ 刘泽华、葛荃：《中国古代政治思想史》，南开大学出版社，2001年，第169页。
⑤ 刘泽华等：《中国传统政治思维》，吉林教育出版社，1991年，第219页。

会在诸多思想家的传承下继续向前发展，五德终始说也不例外。梁启超先生就认为邹衍、董仲舒、刘向三者之间的思想具有传承性①。侯外庐先生主编的《中国思想通史》也认为：邹衍的阴阳五行思想是儒家"思孟学派到董仲舒之流的阴阳儒家的中间环节"②。张岂之先生则更明确地指出：董仲舒对五德终始说有过借鉴与吸收③。的确如此，董仲舒和刘向通过继承与发展五德终始说中的相关理论进而建构起了自身的思想体系，而董仲舒所构建的"三统说"，刘向、刘歆所构建的"尧后火德说"同样对"五德终始说"有过借鉴。

学术界对于五德终始说历史观意义、正统论意义的研究都取得了一定的成果，而对于五德终始说政治意义的研究，学术界的研究成果最为丰富④。但是，对于五德终始说思想史意义的研究，却很少有著作去涉猎。思想史极为重视理论学说的源起，理论学说的整体性以及理论学说相关学术传承的研究⑤。以下就是近 80 年来，学术界对于五德终始说源起、整体性、学术传承等方面的研究概况。

---

① 梁启超：《阴阳五行说之来历》，顾颉刚：《古史辨》（第五册），上海古籍出版社，1982 年，第 353 页。
② 侯外庐：《中国思想通史》（第一卷），人民出版社，1957 年，第 646 页。
③ 张岂之：《真孔子和假孔子》，《西北大学学报》（哲学社会科学版）1978 年第 4 期。
④ 学术界研究"五德终始说"与政治相结合的学术著作较多。如：顾颉刚所著的《五德终始说下的政治和历史》，载《古史辨》（第五册），上海古籍出版社，1982 年。杨向奎所著的《西汉经学与政治》，独立出版社，2000 年。张岂之主编的《中国思想学说史》（秦汉卷），广西师范大学出版社，2008 年。杨权所著的《新五德理论与西汉政治——"尧后火德说"考论》，中华书局，2006 年。上述著作都对五德终始说在秦与西汉的实践做过阐述。刘宝才所著的《水德与秦制》，《西北大学学报（哲学社会科学版）》1986 年第 1 期。赵潇所著的《论五德终始说在秦的作用和影响》，《齐鲁学刊》1994 年第 2 期。王绍东、白音查干所著的《论秦始皇对五德终始说的改造》，《人文杂志》2003 年第 6 期。上述著作都对五德终始说在秦的实践做过详细的论述。林剑鸣所著的《秦汉史》，上海人民出版社，1989 年。王勇所著的《汉初文化软实力思想与武帝太初改制》，《求索》2010 年第 4 期。王永祥所著的《董仲舒评传》，南京大学出版社，1995 年。上述著作都对五德终始说在武帝朝的实践做过论述。
⑤ 张岂之：《中国思想史·序》，西北大学出版社，1993 年，第 3 页。

## 二、对五德终始说的源起欠缺综合性的研究

大多数的著作都认为,战国中期之前的阴阳五行思想是五德终始说基本的理论来源。如:梁启超所著的《阴阳五行说之来历》[①],冯友兰所著的《中国哲学史》上册[②],张立文、陆玉林所著的《中国学术通史》先秦卷[③]等。

除此之外,也有一些著作对五德终始说具体的理论来源进行了研究。

1. 来源于儒家的仁义思想:持这种观点的主要著述有:顾颉刚所著的《五德终始说下的政治和历史》[④]、范文澜所著的《与颉刚论五行说的起源》[⑤]、童书业所著的《五行说起源的讨论》[⑥]、侯外庐主编的《中国思想通史》第一卷[⑦]、杨荣国所著《中国古代思想史》[⑧]等。

2. 来源于墨家的"毋常胜"思想:持这种观点的主要著述有:范毓周所著《"五行说"起源考论》[⑨]、李汉三所著的《先秦两汉之阴

---

① 梁启超:《阴阳五行说之来历》,载顾颉刚主编《古史辩》(第五册),上海古籍出版社,1982年,第343—363页。
② 冯友兰:《中国哲学史》(上册),华东师范大学出版社,2008年,第123—129页。
③ 陆玉林:《中国学术通史》(先秦卷),人民出版社,2004年,第357—370页。
④ 顾颉刚:《五德终始说下的政治和历史》,顾颉刚主编《古史辩》(第五册),上海古籍出版社,1982年,第404—617页。
⑤ 范文澜:《与颉刚论五行说的起源》,顾颉刚主编《古史辩》(第五册),上海古籍出版社,1982年,第640—649页。
⑥ 童书业:《五行说起源的讨论》,载顾颉刚主编《古史辩》(第五册),上海古籍出版社,1982年,第660—669页。
⑦ 侯外庐:《中国思想通史》(第一卷),人民出版社,1957年,第645—656页。
⑧ 杨荣国:《中国古代思想史》,人民出版社,1973年,第171—174页。
⑨ 范毓周:《"五行说"起源考论》,艾兰、汪涛、范毓周主编《中国古代思维模式与阴阳五行说探源》,江苏古籍出版社,1998年,第118—133页。

阳五行学说》①等。

3. 来源于道家的自然思想：持这种观点的主要著述有：谢扶雅所著的《田骈与邹衍》②、陈槃所著的《写在〈五德终始说下的政治和历史〉之后》③、孙开泰所著的《邹衍与阴阳五行》④、白奚所著的《稷下学研究》⑤等。

4. 来源于其他思想：饶宗颐所著的《中国史学上之正统论》一书认为，《孙膑兵法·地葆》中"五壤相胜"理论与五德终始说有很大的关系⑥。胡克森所著的《从五行说到邹衍五德终始说理论的中间环节》一文认为，五德终始说的理论来源为春秋末年晋国史官史墨的政权相胜理论，以及老子"德"的概念⑦。刘毓璜所著的《先秦诸子初探》一书认为，五德终始说是《管子》五行说的变形表现⑧。王珏、胡新生所著的《论邹衍五德终始说的思想渊源》一文认为，前兆迷信是五德终始说的主要理论来源⑨。赵潇所著的《论五德终始说在秦的作用和影响》一文则认为，五德终始说的理论来源于秦的五行文化⑩。秦彦士所著的《诸子学与先秦社会》一书认为，"五德终始说"

---

① 李汉三：《先秦两汉之阴阳五行学说》，台北：维新书局，1968年，第26—28页。
② 谢扶雅：《田骈与邹衍》，载顾颉刚主编《古史辩》（第五册），上海古籍出版社，1982年，第728—745页。
③ 陈槃：《写在〈五德终始说下的政治和历史〉之后》，载顾颉刚主编《古史辩》（第五册），上海古籍出版社，1982年，第649—660页。
④ 孙开泰：《邹衍与阴阳五行》，山东文艺出版社，2004年，第122—127页。
⑤ 白奚：《稷下学研究·中国古代的思想自由与百家争鸣》，生活·读书·新知三联书店，1998年，第253—274页。
⑥ 饶宗颐：《中国史学上之正统论》，上海远东出版社，1996年，第16—23页。
⑦ 胡克森：《从五行说到邹衍五德终始说理论的中间环节》，《北京行政学院学报》2010年第1期。
⑧ 刘毓璜：《先秦诸子初探》，江苏人民出版社，1984年，第345页。
⑨ 王珏、胡新生：《论邹衍五德终始说的思想渊源》，《理论学刊》2006年第12期。
⑩ 赵潇：《论五德终始说在秦的作用和影响》，《齐鲁学刊》1994年第2期。

是由历法建正、立闰朔的终始推衍而来①。除此之外，孟祥才、胡新生主编的《齐鲁思想文化史——从地域文化到主流文化》一书，对诸家观点进行了总结和归纳，并认为五德终始说主要有三个理论来源：(1) 古老的阴阳、五行生克观念；(2) 古老的天文历法与传统的四时教令思想；(3) 古老的自然与政事相比附的天人相与学说②。

刘泽华先生曾经说过："战国后期的诸子百家程度不同地都参与了'五德终始'的再创造；阴阳家也吸收了诸子之学。"③ 的确如此，儒、道、墨、等学派都对五德终始说的构建做出过贡献，上述的研究或基于一点或基于一面，没有综合地去考虑五德终始说的源起。

## 三、欠缺五德终始说的个案研究

以五德终始说作为个案研究的学术著作并不多，主要有顾颉刚所著的《五德终始说下的政治和历史》④、张伟伟所著的《五德终始说研究》⑤、宫欣旺所著的《论"五德终始说"的政治意识形态意蕴及其功能》⑥、章启群所著的《两汉经学观念与占星学思想——邹衍学说的思想史意义探幽》⑦、赵玉瑾所著的《邹衍及其学说简论》⑧、朱森溥所著的《试论阴阳五行家邹衍及其学说》⑨、邓福田所著的《"五

---

① 秦彦士：《诸子学与先秦社会》，河北人民出版社，2003年，第94页。
② 孟祥才、胡新生：《齐鲁思想文化史——从地域文化到主流文化》（先秦秦汉卷），山东大学出版社，2002年，第320-344页。
③ 刘泽华：《中国的王权主义》，上海人民出版社，2000年，第135页。
④ 顾颉刚：《五德终始说下的政治和历史》，载顾颉刚主编《古史辨》（第五册），上海古籍出版社，1982年，第404-617页。
⑤ 张伟伟：《五德终始说研究》，兰州大学2008年硕士论文。
⑥ 宫欣旺：《论"五德终始说"的政治意识形态意蕴及其功能》，《中共银川市委党校学报》2007年第3期。
⑦ 章启群：《两汉经学观念与占星学思想——邹衍学说的思想史意义探幽》，《哲学研究》2009年第3期。
⑧ 赵玉瑾：《邹衍及其学说简论》，《齐鲁学刊》1985年第1期。
⑨ 朱森溥：《试论阴阳五行家邹衍及其学说》，《贵州社会科学》1980年第3期。

德终始学说"简论》①、赵纪彬所著的《阴阳五行学派的代表——邹衍》②等。

在顾颉刚、张伟伟、邓福田的著作中，所谓的"五德终始说"既包括邹衍的五德终始说又包括刘向、刘歆的尧后火德说。相比之下，顾颉刚的《五德终始说下的政治和历史》一文对五德终始说的论述则更为详细，其对五德终始说产生的条件以及时代背景、主要内容、在秦与西汉的实施、与三统说的关系等都有阐述。赵纪彬、赵玉瑾、朱森缚也都在各自的文章中对五德终始说的理论来源、主要内容及影响进行了简要的论述。宫欣旺、章启群虽然都以五德终始说作为研究对象，但是他们的论述重点并不在五德终始说本身。宫欣旺在研究中强调的是邹衍五德终始说的政治影响，而章启群在论述中强调的则是邹衍学说对于两汉经学所产生的影响。

除了上述的个案研究外，也有一些著作对五德终始说进行了较为详细的论述。杜国庠所著的《阴阳五行思想和易传思想》一文对五德终始说的主要内容、理论来源进行了论述，并认为其是一种循环的命定论③。钱穆所著的《邹衍考》一文对邹衍的生平、著述进行了考辨，其中也有关于五德终始说的论述④。金德建所著的《论邹衍的著述和学说》一文搜集了有关五德终始说的残存资料，并介绍了五德终始说的流传及影响⑤。葛志毅所著的《邹衍学说发微》一文对五德终始说进行了较为详细的论述，并认为《鬼谷子·捭阖》所载的关于

---

① 邓福田：《"五德终始学说"简论》，《中国哲学史》1994年第1期。
② 赵纪彬：《阴阳五行学派的代表——邹衍》，《中国哲学史研究》1985年第2期。
③ 杜国庠：《阴阳五行思想和易传思想》，载杜国庠文集编辑小组主编《杜国庠文集》，人民出版社，1962年，第244—257页。
④ 钱穆：《邹衍考》，《先秦诸子系年考辨》，上海书店，1992年，第401—406页。
⑤ 金德建：《论邹衍的著述和学说》，《司马迁所见书考》，上海人民出版社，1963年，第264—271页。

"阴阳终始"的论述，同样是邹衍五德之说的遗存①。

王梦鸥所著的《邹衍遗说考》一书对邹衍的月令思想、五德终始说、地理学说进行了论述，而五德终始说则是论述的重点，其中既包括了五德终始说的理论来源、五德终始说形成的时代背景及内容②。孙开泰所著的《邹衍与阴阳五行》一书是一本关于邹衍的传记，其对五德终始说也进行了重点的介绍，对五德终始说特点以及影响的论述颇有新意③。

孟祥才、胡新生主编的《齐鲁思想文化史——从地域文化到主流文化》一书，对五德终始说的理论结构以及历史影响，进行了较为详细的论述④。白奚所著的《稷下学研究》一书专列一章对邹衍的学说进行了介绍，并探讨了五德终始说与《黄帝四经》《管子》之间的关系⑤。雷家骥所著的《两汉至唐初的历史观念与意识》⑥、黄磊所著的《历史循环论和其他》⑦都从历史循环论的视角对五德终始说进行了剖析。除此之外，邝芷人所著的《阴阳五行及其体系》⑧、吕思勉所著的《先秦学术概论》⑨等也对五德终始说进行了论述。

除此之外，一般思想史、哲学史的著作都会对五德终始说做相应的简介。冯友兰所著的《中国哲学史》上册⑩、侯外庐主编的《中国

---

① 葛志毅：《邹衍学说发微》，《谭史斋论稿续编》，黑龙江人民出版社，2004年，第324—337页。
② 王梦鸥：《邹衍遗说考》，台北：商务印书馆，1966年，第52—74页。
③ 孙开泰：《邹衍与阴阳五行》，山东文艺出版社，2004年，第88—105页。
④ 孟祥才、胡新生：《齐鲁思想文化史——从地域文化到主流文化》（先秦秦汉卷），山东大学出版社，2002年，第320—344页。
⑤ 白奚：《稷下学研究·中国古代的思想自由与百家争鸣》，生活·读书·新知三联书店，1998年，第253—274页。
⑥ 雷家骥：《两汉至唐初的历史观念与意识》，书目文献出版社，1987年，第34—44页。
⑦ 黄磊：《历史循环论和其他》，复旦大学2008年博士论文。
⑧ 邝芷人：《阴阳五行及其体系》，台北：文津出版社，1992年，第58—64页。
⑨ 吕思勉：《先秦学术概论》，东方出版中心，2008年，第100—103页。
⑩ 冯友兰：《中国哲学史》（上册），华东师范大学出版社，2008年，第123—129页。

思想通史》①、张岂之主编的《中国思想学说史》先秦卷②、葛兆光所著的《中国思想史》第一卷③、张立文、陆玉林所著的《中国学术通史》先秦卷④、徐复观所著的《两汉思想史》第二卷⑤等中都有关于五德终始说的简介。

与此同时，国外学者也对五德终始说做过相关的研究，而他们的视角往往较为独特。史华慈所著的《中国古代的思想世界》一书就利用列维·斯特劳斯的结构人类学理论，把五德终始说看成是自然的五行与人类社会的五德相结合的产物⑥。李约瑟所著的《中国古代科学思想史》一书则用相关的化学知识来阐释五德终始说⑦。葛瑞汉所著的《阴阳与关联思维的本质》一文用独特的五行相胜、相克图谱来论述五德终始说⑧。井上聪所著的《先秦阴阳五行》一书则用"三合理论"来解释五德终始说中的相胜理论⑨。金谷治所著的《邹衍的思想》一文对五德终始说的流传与发展进行了考辨，并将邹衍的"大小九州"学说视为是五德终始说在时空领域的延伸⑩。

五德终始说作为一种思想理论学说，其源起于战国末年，经由秦

---

① 侯外庐：《中国思想通史》（第一卷），人民出版社，1957年版，第645—656页。
② 张岂之：《中国思想学说史》（先秦卷），广西师范大学出版社，2008年，第28—29页。
③ 葛兆光：《中国思想史》（第一卷），复旦大学出版社，2004年，第128—143页。
④ 陆玉林：《中国学术通史》（先秦卷），人民出版社，2004年，第357—370页。
⑤ 徐复观：《两汉思想史》（第二卷），华东师范大学出版社，2004年，第3—8页。
⑥ 本杰明·史华慈著，程钢译，刘东校：《古代中国的思想世界》，江苏人民出版社，2007年，第378—389页。
⑦ 李约瑟著，陈立夫译：《中国古代科学思想史》，江西人民出版社，2006年，第295—304页。
⑧ 葛瑞汉：《阴阳与关联思维的本质》，艾兰、汪涛、范毓周主编《中国古代思维模式与阴阳五行说探源》，江苏古籍出版社，1998年，第1—58页。
⑨ 井上聪：《先秦阴阳五行》，湖北教育出版社，1997年，第219—228页。
⑩ 金谷治：《邹衍的思想》，马振铎、衷尔钜主编《日本学者论中国哲学史》，中华书局，1986年，第138—152页。

帝国的实践而日臻成熟，董仲舒、刘向对其的诸多思想要素进行了传承，进而使五德之说渗透到了西汉王朝的政治与社会生活领域，但是，随着社会政治环境的变化，加之五德之说自身所存在的局限性，其在西汉末年最终被"尧后火德说"所取代，可见，五德终始说经历了一个较长的发展与演变历程，所以，对于五德终始说的个案研究不能仅仅局限于对其性质、主要内容、意义等方面的研究，而是要对五德之说的发展历程以及历史演变的进程进行整体性的探究。

## 四、欠缺对五德终始说学术传承的研究

顾颉刚曾言："汉代人在宗教上，在政治上，在学术上，都深受阴阳五行思想的影响，阴阳五行是汉代人的思想律。"[①] 阴阳五行学说所涵盖的范围是十分广泛的，就代表人物而言，"邹衍的阴阳五行思想的确对汉代的经学产生过一定的影响"[②]。就具体的内容而言，"'五德终始说'在秦汉所产生的影响是最为巨大的"[③]。司马迁[④]、孟喜[⑤]、京房[⑥]等人虽都对阴阳五行思想进行了传承与发展，但董仲舒、

---

① 顾颉刚：《秦汉的方士与儒生》，上海古籍出版社，2005年，第1页。
② 章启群：《两汉经学观念与占星学思想——邹衍学说的思想史意义探幽》，《哲学研究》2009年第3期。
③ 金谷治：《邹衍的思想》，马振铎、衷尔钜主编《日本学者论中国哲学史》，中华书局，1986年，第138页。
④ "司马迁的'通变观'就是在五德终始说的影响下形成的，受五德终始说的影响，司马迁不仅认为历史的发展是终始循环的，其还认为历史的发展是'承弊易变'的。"详见：张强《司马迁的通变观与五德终始说》，《南京师范大学学报（社会科学版）》2005年第4期。
⑤ 孟喜对阴阳家的阴阳五行变异思想、阴阳灾异思想进行了继承与发展，并成为其卦气说的重要理论来源。详见：文平《孟喜卦气说溯源》，《湘潭大学学报（哲学社会科学版）》2009年第6期。
⑥ 京房在阴阳灾异理论的基础上发展出了"《易》阴阳灾异论"，其与董仲舒的"天人感应"理论一样，都服务于一定的政治信念和政治理想。详见陈侃理《京房的〈易〉阴阳灾异论》，《历史研究》2011年第6期。

刘向对于阴阳五行思想的吸纳与利用则是更为全面与系统①。

近八十年来,学术界在董仲舒、刘向对五德终始说的学术传承方面已经取得了一定的研究成果。就董仲舒而言,学术界在论及董仲舒思想时,大都会谈到他的阴阳五行学说。如:池田知久所著的《中国古代的天人相关论——董仲舒的情况》一文认为,董仲舒的学说当中渗透着阴阳五行思想,而阴阳与五行在其思想体系中多半具有自然属性②。徐复观所著的《两汉思想史》认为,董仲舒对原始的阴阳五行思想进行了发展,使其具有了伦理化的属性,而这又是历史发展的必然③。金春峰所著的《汉代思想史》则认为,董仲舒的阴阳五行思想是为其神学的思想体系服务的④。

陈荣捷编著的《中国哲学文献选编》认为,董仲舒的阴阳思想与五行思想起初是独立发展,而后才合二为一⑤。王永祥所著的《董仲舒评传》认为,董仲舒的阴阳五行思想是一种神学与道德哲学、自然哲学相互融合的混杂体⑥。周桂钿所著的《五行论》一文认为,董仲舒是儒学在汉代的集大成者,而其阴阳五行思想也是儒学在专制政权下发展的产物⑦。郑明璋所著的《论董仲舒与阴阳五行学说的政治化》一文认为,董仲舒阴阳五行学说的最大特点在于,其将阴阳与五行思想渗透到了政治生活领域。

---

① 梁启超曾言:"然则造此邪说以惑世诬民者谁耶? 其始盖起于燕齐方士;而其建设之,传播之,宜负罪责者三人,焉曰:邹衍,曰董仲舒,曰刘向。"详见:梁启超《阴阳五行说之来历》,载顾颉刚主编《古史辨》(第五册),上海古籍出版社,1982年,第353页。

② 池田知久:《中国古代的天人相关论——董仲舒的情况》,沟口雄三、小岛毅主编,孙歌等译《中国的思维世界》,江苏人民出版社,2006年,第46—97页。

③ 徐复观:《两汉思想史》(第二卷),华东师范大学出版社,2004年,第182—270页。

④ 金春峰:《汉代思想史》,中国社会科学出版社,2006年,第121—180页。

⑤ 陈荣捷编著,杨儒宾等译:《中国哲学文献选编》,江苏教育出版社,2006年,第248—261页。

⑥ 王永祥:《董仲舒评传》,南京大学出版社,1995年,第244—275页。

⑦ 周桂钿:《五行论》,载《福建论坛》(文史哲版)1997年第1期。

上述的著作虽然已经涉及了董仲舒与五德终始说相互关系的问题，但是，大都是浅尝辄止，而有的著述则阐释了董仲舒对五德终始说进行传承的具体要素。如：侯外庐主编的《中国思想通史》认为，邹衍是儒家思孟学派到董仲舒之流的阴阳儒家的中间环节，董仲舒传承了五德之说中儒家的仁义思想①。张岂之所著的《真孔子和假孔子》一文认为，董仲舒在政权转移理论、神学理论、历史演化理论等方面对五德终始说进行了传承②。孙开泰所著的《邹衍与阴阳五行》则认为，董仲舒主要继承了五德终始说中的天人相感理论③。卿希泰、唐大潮所著的《道教史》还认为，董仲舒在宗教观、神学思想等方面对五德之说进行了发展④。在众多的著述中，任继愈主编的《中国哲学史》对于董仲舒与五德终始说之间的关系论述得最为详尽，其认为，董仲舒在宇宙论、政权转移理论、历史发展理论、天人相关理论等方面对五德之说进行了传承⑤。

　　除了上述的研究成果之外，还有一些著述专门探讨了董仲舒"三统说"与"五德终始说"之间的关系。如：顾颉刚所著的《五德终始说下的政治和历史》⑥、钱穆所著的《评顾颉刚〈五德终始说下的政治和历史〉》⑦、杨向奎所著的《西汉经学与政治》⑧、雷家骥所著的

---

① 侯外庐：《中国思想通史》（第二卷），人民出版社，1957年，第84—115页。
② 张岂之：《真孔子和假孔子》，载《西北大学学报》（哲学社会科学版）1978年第4期。
③ 孙开泰：《邹衍与阴阳五行》，山东文艺出版社，2004年，第136页。
④ 卿希泰、唐大潮：《道教史》，中国社会科学出版社，1994年，第12页。
⑤ 任继愈：《中国哲学史》（第二册），人民出版社，1979年，第71—79页。
⑥ 顾颉刚：《五德终始说下的政治和历史》，载顾颉刚主编《古史辨》（第五册），上海古籍出版社，1982年，第404—617页。
⑦ 钱穆：《评顾颉刚〈五德终始说下的政治和历史〉》，载顾颉刚主编《古史辨》（第五册），上海古籍出版社，1982年，第617—631页。
⑧ 杨向奎：《西汉经学与政治》，台北：独立出版社，2000年，第44页。

《两汉至唐初的历史观念与意识》[①]、关口顺所著的《董仲舒的气的思想》[②] 等。但是，这些著作在讨论二者之间的关系时，往往把视角集中在了三统说对五德说的截取、相胜与相生的关系等问题上，而其他方面并没有进行深入阐述。

无论是董仲舒"天"的哲学，还是他的"天人感应"理论、"三统说"，董氏的这些学说都与"五德终始说"有着千丝万缕的联系。就董仲舒"天"的哲学而言，其不仅对"五德终始说"中自然之天的相关理论进行了借鉴，其还将"五德之说"中"德"与"政权"之间的契合关系，借鉴到自身的"道德之天"中，进而构建起了"天"与"人"之间的互动关系。就"天人感应"理论而言，其是在"五德终始说"的蓝本之上衍生、发展而成的，其在"贵土"原则、"符应"现象、"天与君主的对应关系"、"仁义理论在天人关系中的体现"等方面都对"五德终始说"的相关理论进行了借鉴。如果说，董仲舒"天"的哲学、董氏的"天人感应"理论主要是对"五德终始说"进行借鉴的话，那么，董仲舒的"三统说"则大大地拓展了"五德终始说"的发展空间。虽然，"三统说"在政权的循环方式、政权的德属、"圣统"的建设等方面都对"五德之说"有所借鉴，但是，其将"五德终始说"对政权的"更化"发展成为对现实弊政的"更化"，这样以来，"三统说"不再像"五德终始说"那样只是重视政权的转移、礼乐制度的建设，而是开始渗透到了具体的治国策略当中，这是"五德终始说"所从未涉及的，这也是董仲舒对"五德终始说"所进行的最大发展。

可见，从上述的研究成果中可以看出，学术界对于董仲舒和五德终始说相互关系的研究虽已取得了一定的成果，但是这种研究或基于

---

[①] 雷家骥：《两汉至唐初的历史观念与意识》，书目文献出版社，1987年，第38—39页。

[②] 关口顺：《董仲舒的气的思想》，载小野泽精一、福永光司、山井涌主编，李庆译《气的思想——中国自然观与人的观念的发展》，上海人民出版社，2007年，第150—167页。

一点、或基于一面,并没有从整体上去探寻董仲舒对于五德之说的传承。

就刘向而言,学术界往往重视对其灾异思想的研究,而却没有将这种灾异思想与五德终始说进行过多的相联系。如:徐兴无所著的《刘向评传》认为,董氏的天人之学只将五行作为臣道政事来安排,尚未上升为君道王事,如此,则五行的王道德运色彩尚不够浓厚,对君主与王朝的政治预警作用也不够有力,而刘向的灾异学说则很好地弥补了上述的缺陷①。王继训所著的《刘向阴阳五行学说初探》一文认为,"如果说是董仲舒完成了对阴阳五行思想理论框架与基本精神设计的话,那么刘向的贡献则主要在于他继承和发展了董氏的天人感应论,并将阴阳五行思想真正而具体的落实下来"②。沈焱所著的《刘向的政治生涯与政治思想略论》一文也同样认为,刘向的灾异学说在天与人的对应关系、灾异涵盖范围等方面对董仲舒的天人之学进行了发展③。张秋升所著的《刘向历史哲学分析》一文则认为,刘向作为西汉中后期阴阳五行学说的重要代表人物,其主要是发展了董仲舒的相关学说④。

不可否认的是,刘向对董仲舒的相关学说进行了发展,但是,五德终始说却是董仲舒诸多思想的源头,其同样是刘向思想的源头。所以,有的学者认为刘向对五德之说有所继承与发展。如:邓福田在《"五德终始"学说简论》一文中指出,刘向对"五德终始说"进行过加工与完善⑤。吴全兰所著的《刘向哲学思想研究》则认为,刘向大量吸收了阴阳家的思想,并以相生的五德终始说推论历史的演变⑥。

---

① 徐兴无:《刘向评传》,南京大学出版社,2005年,第297页。
② 王继训:《刘向阴阳五行学说初探》,《孔子研究》2002年第1期。
③ 沈焱:《刘向的政治生涯与政治思想略论》,《上海大学学报》(社科版)1994年第5期。
④ 张秋升:《刘向历史哲学分析》,《北京邮电大学学报》(社会科学版)2000年第3期。
⑤ 邓福田:《"五德终始"学说简论》,《中国哲学史》1994年第1期。
⑥ 吴全兰:《刘向哲学思想研究》,中国社会科学出版社,2007年,第67页。

与董仲舒相比，刘向对于"五德终始说"的传承，主要是在"五德之说"的大框架内对其理论的缺失进行了修缮，并将其的相关理论运用到现实的政治斗争中。如：刘向的"灾异"学说不仅在"天人关系""灾异的构成"等方面对"五德终始说"的"符应"理论进行了发展，其还将"符应"理论运用到了现实的政治斗争当中。刘向的"社会变异"理论虽以"五德终始说"的"政权转移"理论为蓝本，但其同样将"五德之说"的政权转移理论融入了现实的政治生活当中，成为向帝王谏言的重要手段。而刘向的"社会发展动因"理论则用"人事"替换了"五德终始说"以自然五行之间的生克关系作为历史发展动力的做法，凸显了"人"在历史发展中的作用。如果说，董仲舒对"五德终始说"继承与发展的着眼点在于汲取"五德之说"中"自然""仁义""道德""圣统"等要素，并将其用于自身思想体系的构建，进而解决儒学在西汉发展时所遭遇到的种种问题。那么，刘向对"五德终始说"继承与发展的着眼点则在于将"五德之说"中的"符应"理论、"政权转移"理论、"社会发展"理论运用到现实的政治斗争中，希望君王能够打击外戚、宦官，任贤、纳谏，进而使刘氏王朝长治久安。

可见，学术界虽然已经意识到了刘向与五德终始说之间存在着千丝万缕的联系，但是，却很少有著述去专门论及刘向对五德之说进行传承的具体历程。刘向在灾异理论、社会变异理论、社会发展动因理论等方面都对五德终始说的相关思想要素进行了传承与发展，这些问题都是有待于进一步探讨的。

## 五、结语

中国思想文化是数千年生生不息的中国文化的核心体现，是中华民族繁荣奋斗的精神结晶。儒、道等学派是学术界研究的宠儿，学术成果颇丰。但是作为秦汉时期重要学派的阴阳家[①]，并没有得到学术

---

① 司马谈在《论六家要旨》中，曾把阴阳家列为六家之首。

界的足够重视，特别是对阴阳五行学派代表性学说五德终始说①思想史意义的研究更是有待于加强，思想史极为重视理论学说的源起、理论学说的整体性、及理论学说相关学术传承的研究，所以，不仅仅是五德终始说，任何一种理论学说都需要通过思想史的视角去审视，去探寻、去发掘、去研究，进而勾勒出理论学说源起与发展的整体历程。

本文为"2020中国·衡水董仲舒与儒家思想国际学术研讨会"提交的论文。

臧明（1982—），男，山东烟台人，历史学博士，邢台学院历史文化学院副教授。

---

① 李零认为：阴阳家以阴阳五行名家，但它之所以成家，并不在于它专讲阴阳五行，而是在于它宣扬一套五德终始的"政治气候学"。详见李零：《道家与中国古代的"现代化"》，《道家文化研究》（第十辑），上海古籍出版社，1996年，第82页。

# 2018 年董仲舒研究综述

王文书　代春敏

通过中国知网检索可知，2018 年中国内地（不含港澳台）共发表的董仲舒主题论文 91 篇，其中学术期刊论文 71 篇、硕士论文 8 篇、学术辑刊论文 1 篇、国际会议论文 1 篇、特色期刊论文 10 篇。《衡水学院学报》作为董学研究的重要平台继续发挥着中坚作用，其"董仲舒与儒学研究"专栏发表论文 29 篇，约占全年刊发论文总量 31.9％。《德州学院学报》发表 6 篇，《孔子研究》发表 4 篇，分别约占全年刊发论文总量 6.6％和 4.4％。下面将 2018 年的论文撮要概述如下，其疏漏和不妥之处请专家学者批评指正。

1. 董仲舒人性论与教化思想研究走向深化，学者关注董仲舒在传统价值观习得之影响。

人性论是不少社会科学学科的逻辑起点，不同的学科在论证其论点的过程背后是以所隐含的有关人性论观点为出发点的，同时，不同的人性论观点在同一学科中也会引发不同，甚至是截然相反的理论归宿。人性论更是哲学研究的重要领域，不同历史时期的学者们早就讨论过董仲舒人性论问题。几年前就董仲舒人性论的性质，以周炽成和黄开国两先生为代表展开过一场讨论，不少学者参与其中，学者们围绕董仲舒人性论"性三品说""名性以中"与"性朴论"等问题展开讨论，并且论题必然会涉及董仲舒人性论的理论来源和承继问题，这是董学界在 21 世纪比较重要的学术讨论，时至今日讨论仍在继续。

2018年中，曹景年明白地剖析了"性朴论"和"性璞论"的差别，这也是第一次从概念上清楚地辨明了二者的联系和区别，驱散了笼罩在人们头脑中概念不清的阴霾，很有学术见地，冠之以"性璞论"比较准确地概括出董仲舒人性论的特点及其与荀子"性朴论"的差异①。李荣亮重申了学界已有的"性未善说"，基本沿袭了周炽成的性朴论核心思想②。

董仲舒人性论的重要特点是以天人感应为理论武器，第一次将"阴、阳""性、情"等相反相成的概念引入人性论的讨论之中，将性情二分，以阴阳释性情善恶，批判性地继承了先秦荀子、孟子的理论，为王道教化可能性和必要性奠定理论基础，在这一点上学界基本已经达成共识，只是不同学者论述的侧重点和论证方法有所不同而已。陈福滨运用对比论证的方法，在比较中阐述董仲舒人性论对孟子性善论的批判与把握和对荀子性恶论的修正与发展，认为董仲舒"性未善论"，基本上是对性善论的否定，也是对性恶论的修正，把孔、孟儒学之"心性"论的思想推向了"才性"论的路径③。赵佃学则从"性情"概念入手，追溯董仲舒"性情"的渊源，阐述了董仲舒将性情二分和以阴阳释性情善恶的研究方法，以及以性善情恶来诠释人性理论特色④。沈顺福提出，董仲舒最重要的贡献在于三本论，认为成人依赖于三个最基本的条件，即天生之以性、地养之以物和人成之以

---

① 曹景年：《荀子性朴论新诠——以"性朴"与"性璞"的区分为视角》，《临沂大学学报》2018年第3期（总40期），第26—37页。文章主要观点：朴与璞是不同的，玉在璞中，寓意人性中本有善质；朴为雕饰之前木头的原初状态，寓意人性需经礼义的修饰而变善。前者之善来自内在的善质，是孟子、董仲舒人性论的思路，可称为性璞论。而后者之善来自外在的礼义，才是荀子人性论的模式，可称为性朴论。性朴即性恶，因为朴作为一种有待改进的原初状态，本身即含有粗恶、恶劣的意思。这两种人性论模式体现了孟学和荀学的本质区别，并对儒家思想的历史演进产生了深远影响。
② 李荣亮：《试论董仲舒的"性未善说"》，《牡丹江大学学报》2018年第27（6）期，第9—11、18页。
③ 陈福滨：《董仲舒人性论探究》，《衡水学院学报》2018年第20（6）期，第16—22页。
④ 赵佃学：《董仲舒性情思想研究》，辽宁大学，2018年。

文,从而将人文教化的地位首次并列于天生之性①。

董仲舒探讨人性的理论归旨在于对人的教化。陈宥先区分了董子"教化"相对于"教育"概念的不同,强调"教化"则倾向于感化、理解,通过自身得当的言行化育他人。作者将董仲舒的教化思想分为天道教化、人性教化、王道教化三个方面,天道教化细化为自然教化、道德教化与神灵教化,并从天道教化引申出人性教化,强调统治阶级施行"教化"责任,梳理了王道教化的设置学校、选拔人才基本内容及对"罢黜百家、独尊儒术"政治格局形成的作用②。董仲舒教化思想是一个整体,三分法是否合适值得商榷,并不存在单独的天道教化、人性教化的内容,董仲舒的人性论不是人性教化,而是王道教化的理论依据。

制礼作乐是董仲舒教化思想的组成部分,多有学者探讨研究。美学美育是现代概念,美育也并非董仲舒制礼作乐思想的本意,但从董子文章中,可以发现制礼作乐的美育功能,祁海文认为,董仲舒最早提出了"礼乐教化"概念。作者从广义的美育角度,重申了董仲舒礼乐教化的"纯美安情""以中和理天下"美育功用③。其他两篇篇幅短小的论文,观点也多重复过去④。

董仲舒教化的目的在于对人的封建道德情操的培养,"三纲五常"是董仲舒继承先秦儒家理论总结的传统社会价值体系和伦理观,并延续整个封建社会,对中国社会产生深远影响,对当今公民社会主义核心价值观的养成可以提供历史的借鉴。2018年有关董仲舒社会伦理"三纲五常"和封建价值观构建的论文占据很大比重。吕本修考察了

---

① 沈顺福:《三本论与董仲舒思想的历史地位》,《衡水学院学报》2018年第20(4)期,第67—74页。
② 陈宥先:《董仲舒教化思想研究》,哈尔滨工业大学,2018年。
③ 祁海文:《试论董仲舒的"礼乐教化"美育思想》,《人文杂志》2018年第11期,第78—84页。
④ 董菲:《董仲舒的音乐美学思想探微》,《北方音乐》2018年38(7)期,第254页。陈思璐、吕明珠:《浅析董仲舒的儒家礼乐思想》,《北方音乐》2018年38(5)期,第256页。

三纲五常理论确立的过程，提出该思想孕育于先秦，形成于两汉，经过董仲舒初步论述以及《白虎通义》的系统论证而最终确立①。有学者分别论述"三纲""五常"。方越《董仲舒"三纲"伦理思想研究》一文，董仲舒三纲思想呈现出浓厚的形而上的状态，具有思辨色彩。以"阳尊阴卑"的"天人感应"为理论基础，以"阴阳""五行"等带有辩证色彩的思想进行体系的构建，神性、线性、类比、辩证思维才会同时存于"三纲"②。

罗传芳在2018年衡水董仲舒国际学术研讨会上的发言虽然篇幅较短，但其提出的问题很具现实意义和指导价值，其核心思想是在今天的视域内古老的五常之德需要现代转化，要做出符合现代价值的界定，并要有现代制度配套作为保障确保道德得以落地实施。并且在研究的方向上，作者还提出哲学研究不仅是"史"的摆明，更重要的是要有反思精神的"原创性研究"。她指出了当前董学研究中存在的问题③。孙君恒认为，董仲舒的"仁义法"，主张"正谊谋利"，在一定或者时空下值得关注、认同甚至需要加以肯定④。

家庭伦理和君子人格虽然不是董仲舒直接阐发的主题，但不同程度地散见于其著述之中，有学者分别从文本出发，总结出董子在这两个领域的观点。李祥俊以为，董子的家庭伦理从古今之变、天人之际、现实生活三个维度展开，既继承先秦儒学传统，又顺应秦汉以降社会政治格局的变革，表现出战国秦汉之际儒家家庭伦理思想的综合与转型特征⑤。白立强、金周昌总结出董子君子人格的体现在君子之于利、礼、仁义、诚敬、德及养生等几个方面，并分别指出其在当今

---

① 吕本修：《"三纲五常"思想探析》，《湖南师范大学社会科学学报》2018年第47（6）期，第63—69页。
② 方越：《董仲舒"三纲"伦理思想研究》，重庆师范大学，2018年。
③ 罗传芳：《道德的现代视域与"五常"新解》，《衡水学院学报》2018年第20（5）期，第19—20页。
④ 孙君恒：《儒家君子"五常"的当今价值审视》，《衡水学院学报》2018年第20（6）期，第49—55页。
⑤ 李祥俊：《董仲舒家庭伦理的论述形态与思想特征》，《晋阳学刊》2018年第4期，第56—61页。

社会的现实价值①。刘奕、刘晓波总结了董子德化教育的系列方法：注重身教言教相结合、严己和宽人相结合、学校教育与社会教育相结合②。

2. 董仲舒《春秋繁露》所反映的中国传统思维模式在2018年再次成为关注的热点，说明董学研究已经从内容研究深入到内容背后的方法论层面。

关于董仲舒思维模式的研究李宗桂、王永祥、赖美琴和龙文懋等老师在20世纪90年代、21世纪初已有相关主题的直接研究，此后陆续有学者关注该问题，并运用不同的理论工具，从不同角度，例如整体思维、意象思维、辩证思维以及名实等方面进行论述，由此关涉到《春秋繁露》的论证方式、语言特点等问题，都属于该范畴的论题。2018年，学者都不约而同地把目光集中到董仲舒意象思维的题目上来，数量有八篇之多，前所未有，而且质量很高。

董仲舒是一位富于思辨与论证的哲学家，余治平从《春秋繁露》和《天人三策》文本出发，具体揭橥了董仲舒如何运用意象思维方法，指出董仲舒论证的逻辑过程是提出"天道类动""阴阳性情""人副天数""因五行而用事"等系列概念、观念，由阴阳性情而感通路径与机理，归宿于感应的表象与结果，最后运用于求雨、止雨的实践，对感应进行检验。该文消除人们长期以来所做的神秘化误读，并克服了对天人感应只流于泛泛而说，停在表皮而不能深入内里的弊端③。金周昌、白立强分别从天人同类、同类相感、天人感应三个方面，论述了董仲舒将阴阳五行、天文历数以及社会人事连接起来而形成的整体系统的"宇宙结构图式"，指出天人感应作为中国传统意象思维模式表达，必定内含着超脱于特定历史条件的普遍价值，其意义

---

① 白立强、金周昌：《〈春秋繁露〉中的君子人格及其当代价值》，《衡水学院学报》2018年第20（5）期，第46—50页。

② 刘奕、刘晓波：《董仲舒的德育方法及其现代价值》，《中学政治教学参考》2018年第（36）期，第58—59页。

③ 余治平：《天人感应的发生机理与运行过程——以〈春秋繁露〉、"天人三策"为文本依据》，《衡水学院学报》2018年第20（5）期，第21—32页。

在于人为天代言、立心，表达了人天一体、大道和合的生命自由之境[1]。但是，董学界在高度赞同意象思维的同时应及时解答意象思维为什么滑入谶纬神学的泥淖不能自拔，或者更远一点的问题，为什么当今的自然科学绝大多数不是在意象思维下产生的。

有学者运用西方原始思维的理论观点来探讨董仲舒的思维模式，意象思维的另一种表达是列维·布留尔的"原始思维"，所不同的是意象思维论者不同程度地赞同意象思维模式，并对意象思维下思想产物给予肯定，而后者则主要指出其愚昧的一面。邢培顺认为董仲舒以《春秋》为依托，所建构理论体系的基本方法来源于原始巫术思维的"比物联类""以类相推"的思维方式。但由于学科的性质不同，其观察事物的视角也不同，因而其构成类比的发生机制也不同[2]。张晓东、何江新与上文作者观点相同，认为董仲舒将阴阳五行引入到天人关系的思考中，得出天人感应的结论，其表现出天人之间的神秘的互渗性和前逻辑性，与列维·布留尔的"原始思维"极其相似[3]。

王传林从数字意象角度，论证了《春秋繁露》同、合、喻、通、和、比、类等修辞大量出现所形成的特有的语言现象与语言特色的哲学背景[4]。云龙立足意象性思维的原则指出，董仲舒的"名生于真""圣人制名"，所谓的"真"就是圣人制作的意象[5]。蔡杰指出，董仲舒运用"喜怒哀乐"与"春夏秋冬"比配合类和时间节律的天人同构

---

[1] 金周昌、白立强：《董仲舒"天人感应"思想之意象思维视角研究》，《衡水学院学报》2018年第20（6）期，第30—36页。

[2] 邢培顺：《原始思维与董仲舒理论体系的建构》，《衡水学院学报》2018年第20（5）期，第37—45页。

[3] 张晓东、何江新：《〈春秋繁露〉中的"原始思维"探究》，《理论导刊》2018年第4期，第80—84页。

[4] 王传林：《修辞立其诚——〈春秋繁露〉的语言现象举要》，《衡水学院学报》2018年第20（4）期，第55—63页。

[5] 云龙：《意象性思维下的名实观——兼评徐复观〈名的起源问题〉章节》，《阴山学刊》2018年第31（1）期，第65—69，78页。

理论，归纳出心气应适时而发的修身之道和君主不私无为的为政之道①。萧雁认为，董仲舒运用具象化思维，以灾异谴告和天降祥瑞对传统天命观进行了改造，突破了传统天命观抽象玄虚且无可感的理论界限，同时，在实践层面返归传统儒家的以德配天，成为个体或者群体道德行为的实施动力，敦促为君者"法天之行""除民所苦"践履社会责任，以外在宗教形式行儒家义理事项，继承儒家实践精神之精髓②。

3. 2018 年学者们从纵横两个方向系统考察了董仲舒的天人关系学说。纵的方面，既追溯了董仲舒对前人理论的继承，也延伸到后人对董仲舒的继承和批判；横的方面，在董仲舒天人学说的视域内，分别探讨了董子学说中诸如阴阳、五行、名号、和合等重要的哲学范畴。

"天"是董仲舒思想的核心概念，是董子哲学本体论的最重要范畴，其他重要的内容都围绕"天"而展开，"阴阳""五行""人"在董子的世界里都是"天"派生的。和其他内容相比，"天人关系"是董仲舒真正论述的重点，也是董子几个重要论断的逻辑起点。学者们通常将董子的天人关系理论置于长时段的理论演变和对比之中，发现董子天论的突出特点和进步之处。2018 年有三篇文章明显运用了这一方法。路鹏飞梳理了战国秦汉以来天道观的演变过程，荀子、韩非、吕不韦以天人二分模式消除天道的神秘性，中经陆贾、淮南王重释，最后由董仲舒新确立了神道设教、以天统人的模式。文章也强调了董仲舒"天"的有限性和人的能动性，弥补了天道至高神圣观点的不足③。刘龙则主要考察了董仲舒对荀子天论的继承与改造。他认为，董仲舒在继承荀子天论的三项基本含义：天地之天、自然总体之

---

① 蔡杰：《"喜怒哀乐"与"春夏秋冬"合类说——以董仲舒〈春秋繁露〉为中心》，《衡水学院学报》2018 年第 20（6）期，第 23—29、36 页。

② 肖雁：《西汉天命神学和儒学的选择及融合》，《华中师范大学学报》（人文社会科学版），2018 年第 57（6）期，第 127—134 页。

③ 路鹏飞：《汉初天道观及其政教思想演进》，《海南大学学报》（人文社会科学版），2018 年第 36（6）期，第 125—131 页。

天、先天机能之天；又通过天人相副的法天机制，消解了荀子思想中天人关系的内在张力①。违时灾异是古代研究天人关系的重要内容和不可缺少的方面，余欣通过梳理正史《五行志》违时灾异的记载，揭示了中国古代违时灾异前后更替的三类模式，发现了违时灾异由阴阳家基于自然宇宙秩序的灾异知识转化为儒家基于人间道德伦理的灾异知识的历史趋势，强调了董仲舒在这一趋势中发挥了重要的历史作用②。

后董仲舒时代，不同哲学家对董仲舒的天人学说都有不同程度的继承和批判。2018年学者们也关注了这一问题。臧明在西汉中期之后政治形势变化的背景之下，考察了刘向对董仲舒"天人感应"理论的继承与发展基础上构建的极具时代特色的"灾异学说"，分析其重民与治世二者兼采的思想特质③。胡逸雯以王充为研究对象，看到王充在批判董仲舒以来的"天人感应"基础上否定"谴告"的说法，建立了自己的天人关系学说——天道自然论，作者把董仲舒的天人学说作为了古代天人学说的一个里程碑④。

学者以董仲舒天人关系学说为背景，从不同角度或领域深入讨论了董子学问中的和合、阴阳、五行、名号等董学的重要范畴。何善蒙探究了学界关注较少的董仲舒和合理论。文章关注了董子的"中""和""合"三个概念，提出了董仲舒天道之"中"与为人事之"和"论证天道，由人的行为的"合"而达致"和"的结果，归宿于社会的和谐必须落实在个体的和谐之上，再将个体的和谐返归为天道。天道决定人事的方法成为中国传统的一种典型理论形态⑤。郝祥莉立足于

---

① 刘龙：《董仲舒对荀子天论的继承与改造》，《重庆社会科学》2018年第2期，第112—120页。
② 余欣、周金泰：《从王政到时妖：汉唐间正史〈五行志〉中的违时灾异记录》，《学术月刊》2018年第50（7）期，第173—184页。
③ 臧明：《刘向对董仲舒"天人感应"理论的继承与发展》，《衡水学院学报》2018年第20（2）期，第34—40页。
④ 胡逸雯：《王充天人思想研究》，山东大学，2018年。
⑤ 何善蒙：《董仲舒论和合——以〈循天之道〉为中心的考察》，《台州学院学报》2018年第40（4）期，第1—7页。

从"天人关系"的角度来考察董仲舒的"名号"思想。文章指出,董仲舒把"名号"提升到"治天下之端"的重要地位,把"名号"的神圣性归之于"天",建立了一套"天—圣人—名号"相连接的天人感应系统,更成为经世治国的重要手段①。阴阳五行学说是汉代的最普遍的知识基础,也是汉代学术的最高成就。董仲舒运用阴阳五行学说对天人关系展开论证,因此,有学者论断董仲舒是古代最具论证性的学者之一。王博认为,董仲舒从其自然性意涵出发运用阴阳五行实现了对天的最具理性化的解说,进而与人世政治进行合理比附,实现了天人合一。董仲舒以阴阳五行为其核心依据,展现"十天端"运行之道,实现了"圣人知天并进而与天合一为基本理论追求"②。郑济洲提出,天道之阴阳是董仲舒公羊学的本体论,礼治秩序、君臣关系、君民关系和托古改制等内容都立基于此,并揭示了天道之阴阳与人性的联系,使公羊学的政治思想建立在稳定的人性基础之上③。姜涛等人认为,张仲景《伤寒论》论述疾病的发生、发展、治疗及预后等与"天"有着密切的关系,是董仲舒"天人相应"理论的缩影。同时,文章也指出张仲景"感受自然邪气"的发病机理与董仲舒的"天人感应"相背离,与东汉后期"天道自然"观相吻合④。

4. 2018 年有关董仲舒政治哲学的成果分为三派观点,大体上继续沿袭了过去学者对待之批判、赞同和中立的态度,在具体论证方法和论证角度上较以前有所创新。

董仲舒学问的本质是政治历史哲学,探讨的是政治学或政治史的本质、目的和发展规律,并赋予政治历史以浓厚道德色彩与价值色

---

① 郝祥莉:《董仲舒"天人关系"视域下的"名号"思想研究》,吉林大学,2018 年。
② 王博:《天人之学的自然哲学根基——"十天端"架构中的董仲舒阴阳五行学说》,《衡水学院学报》2018 年第 20(2)期,第 21—33 页。
③ 郑济洲:《董仲舒公羊学的阴阳之道》,《衡水学院学报》2018 年第 20(2)期,第 41—44 页。
④ 姜涛、包素珍、吕媛琳:《董仲舒"天人相应"对〈伤寒论〉的影响》,《中国中医基础医学杂志》2018 年第 24(5)期,第 573—574、583 页。

彩，对董仲舒政治历史哲学的探究才是董学研究的正途。改革开放以后至今，对董仲舒政治哲学的研究始终分为三派意见：一种观点抱着对专制主义的排斥态度，甚至将中国长期的专制皇权归罪于董仲舒的政治哲学。这种观点在 2018 年的研究也有体现。邓锐分析董仲舒的《公羊》学三个特点，"提出天命—神意史观，以天人合一的宇宙论解释历史发展的决定性力量，以君权神授说论证皇权合法性；提出王朝的三统循环的历史规律，将君王上升到历史主体的地位，认为皇权永恒；提出历史变易理论，呼应政治变革。"文章最大亮点是对比了同时期的古罗马帝国的情形，分析了罗马帝国未能产生高度系统化类似董仲舒式的历史哲学的原因。文章的结论是董仲舒历史哲学本质上是一种服务于现实政治的皇权思想①。邓锐的论文做横向中西比较得此结论，而王壮壮从"天人关系"和"伦理与政治"两条主线长时段纵向梳理了政治儒学范式的发展演变历程。作者提出孔子到董仲舒政治儒学范式的演变有二：一是从天人相分到天人合一。董仲舒通过"天人相副"赋予人法天的权利，使天成了维持人间秩序的参与者和引导者，扭转了荀子天人相分理论范式的发展趋势。二是从政治伦理化到伦理政治化。董仲舒将伦理与政治同构，纳入了"天"的系统中，王权被赋予了绝对的伦理感召力与政治权威性。作者以为董子学术依附于专制政治导致了董仲舒理论情的抽离、礼的异化、民本思想的弱化和士的精神的消解等缺陷。虽然作者在文本运用与理解、立论的基础等方面有值得商榷的方面，但这也不妨是一种思路，要比泛泛而谈、不痛不痒要有价值得多②。

与上述观点和意见不同的是肯定董仲舒在政治哲学方面的理论贡献，赞扬其对中国古代政治文明推动作用。季桂起对董仲舒的历史贡献给予高度评价，"董仲舒对中国古代的思想发展和传统政治学说做出了极其重要的贡献……把儒家学说推向了一个历史的高峰"，其治

---

① 邓锐：《作为皇权思想的董仲舒历史哲学》，《长安大学学报》（社会科学版），2018 年第 20（4）期，第 14—24 页。
② 王壮壮：《董仲舒政治儒学的范式转换研究》，河南大学，2018 年。

国理政的政治主张是"集儒家政治思想之大成,并对后世产生了深远的历史影响"。文章用较长篇幅阐述了董仲舒儒家的政治学说包括"天人合一"与阴阳五行的逻辑架构、"仁政"或"王道"的价值主体、"民生为本"及"善治"的功能属性、"德主刑辅"和"三纲五常"的制度化设计、"君权天授"及君民互为依存的国家构想、"大同"世界与天道公平的社会理想等构成的庞大理论体系①。吕怡维认为,董仲舒对"君权天赋"说进行再建构在先秦时期"敬天保民"思想基础上演绎出"天人感应"理论,以"天赋民权"制衡"天赋君权",并使民众的生存权与发展权能否得到关照,成为判定王朝正义性重要依据②。朱汉民 2018 年的两篇论文都探讨了中国古代儒家士大夫与汉代帝王合作政治模式。作者将"天人三策"定性为儒家士大夫与帝王实现政治合作的思想共识与政治盟约③。"屈民伸君""屈君伸天"思想体现出儒家士大夫与汉代帝王合作的政治智慧,并制导了中国传统政治形态的定型④。

居于两派中间的第三种观点往往肯定董仲舒政治哲学的历史价值,同时也否定其收到较好的政治效果和学术价值。2018 年中间观点的文章有三篇,分别从天道、天子和圣人三个角度阐明自己的观点。陈鹏承认在一定程度上以天道制约君权滥用,也为儒者入仕提供机会,但法天立道使君主权威得到强化,使主体精神与独立人格淡化,导致了儒学逐渐走向僵化⑤。崔锁江认为,董仲舒天子思想与皇

---

① 季桂起:《论董仲舒的政治思想及其在汉代的影响》,《山东师范大学学报》(人文社会科学版),2018 年第 63(4)期,第 62—83 页。
② 吕怡维:《"天赋人权"的中国话语阐释及其蕴含的古代人权思想》,《云南民族大学学报》(哲学社会科学版),2018 年第 35(5)期,第 71—76 页。
③ 朱汉民:《天人三策:儒生与帝王的共识与盟约》,《孔子研究》,2018 年第 4 期,第 100—105 页。
④ 朱汉民:《"屈民而伸君"与"屈君而伸天"——董仲舒〈春秋〉大义的政治智慧》,天津社会科学,2018(02),第 155—160 页;朱汉民:《天人三策:儒生与帝王的共识与盟约》,《孔子研究》2018 年第 4 期,第 100—105 页。
⑤ 陈鹏、马兰兰:《汉代儒学建制与王权法统的整合及主体精神的失落》,《深圳大学学报》(人文社会科学版),2018 年第 35(5)期,第 154—160 页。

帝制度既相冲突又相融合，以天子指称帝王暗含着儒家制约君权的政治理想，同时其设定天道、皇帝、儒者、民众四者的伦理关系，实质性地增强了皇帝的精神权威，最终实现了与皇帝制度的融合①。张银霏提到，董仲舒构建起的圣人观目的是利用天来约束国君的行为。但董子将圣人和国君一体化，天的绝对权威就会屈从于国君的政治权力②。此外，陈丽婷论述了董仲舒政治哲学的现代意义③。

5. 董仲舒历史哲学的研究长期以来以三统说为核心，是围绕其与五德终始说的关系和性质（循环论、倒退论和进化论）如何展开的，2018 年的研究虽然也涉及该问题，但没有作为重点，整体性研究较为突出，分体性研究以归志、天道、天命为题展开。

与政治哲学紧密联系的是董仲舒的历史哲学，董仲舒的政治哲学也是通过对春秋历史的解读表现出来的，从某种意义上说，二者互为表里，相辅相成，各有侧重。学者们认可董仲舒的历史哲学是一个系统工程。邓红突出论证了董仲舒历史哲学产生的逻辑是从春秋历史的论述中悟出具普遍意义的哲学思想，再运用于历史和现实政治生活，升华出了历史哲学，包含大一统论、孔子改制论、三统说、华夷之辨、奉天法古论等一系列历史理论，回答了历史发展规律、历史主体和历史发展动力等历史哲学的基本问题④。王博认为，董仲舒历史哲学体系以"新王改制说"为理论基础，以"三统说"为理论核心，以"文质说"为理论补充；并针对以往董仲舒历史哲学议题给出自己的论断，如三统说的创立是出于对五德终始说的反对，并以正朔服色理论终结了五行说对历史演进的解释；"忠敬文"三王之教说与三统说

---

① 崔锁江：《董仲舒天子思想及其与皇帝制度的关系》，《当代中国价值观研究》2018 年第 3（3）期，第 83—89 页。
② 张银霏：《董仲舒的圣人观研究》，兰州大学，2018 年。
③ 陈丽婷：《董仲舒政治哲学的现代意义阐释》，冶金管理干部学院学报，2018 年第 28（2）期，第 81—84 页。
④ 邓红：《董仲舒的春秋公羊学式历史哲学》，《衡水学院学报》2018 年第 20（4）期，第 47—54 页。

并无关联等①。

季桂起以《繁露》之《玉杯》为对象，揭示董仲舒历史哲学"贵志"——评判历史人物注重其内心动机的特点。与邓红的观点相同，作者阐明《春秋》是一部以儒家的政治伦理哲学为思想依托来记述历史的著作，其实作者的历史哲学也是以解读春秋历史来寄托自己的政治理想与道德精神②。徐兴无对比了《春秋繁露》与《天人三策》，认为三统、文质等历史周期说是"以《春秋》当新王之法"，即以汉代周，不同于《左传》代表的天、地、人三统递相继承，即以汉继周的历史观③。刘国民解释了董仲舒"道"的不同含义：一是指本体、整体、永恒之大道，一是指特殊、具体、实践之道。人君实行的实践之道不断地合道（本体之道）、失道、复道，从而产生历史朝代的更替④。常会营论证《论语集解》受汉代天人关系说特别是董仲舒"三统说"的影响，指出汉学与宋学关注心性不同，关注的是朝代和国家兴旺更替的根本原因以及改正朔、易服色的具体内容⑤。

6. 董仲舒国家治理思想研究存在整体研究和分领域研究两个方向，分领域研究主要分为经济和法律两个方面。

先秦儒家已经表达了自己的社会治理理念，但还主要停留在道德为中心的政治秩序层面。可以说董仲舒第一次比较完整地提出了儒家具可操作性的社会治理模式。周桂钿总结了董仲舒盛世治理的四个原则：大一统论；经济调均；德教为主，刑罚为辅；居安思危等，体现

---

① 王博：《阴阳五行视野下的董仲舒历史哲学》，《孔子研究》2018年第3期，第97—110页。

② 季桂起：《从〈玉杯〉看儒家政治伦理思想与〈春秋〉记史原则》，《德州学院学报》2018年第34（3）期，第17—21页。

③ 徐兴无：《〈春秋繁露〉的文本与话语——"三统""文质"诸说新论》，《中国典籍与文化》2018年第3期，第4—20页。

④ 刘国民：《董仲舒之"三统"说——兼论"天不变，道亦不变"》，《衡水学院学报》2018年第20（4）期，第39—46页。

⑤ 常会营：《董仲舒与朱熹"天命观"的比较研究——以〈论语集解〉和〈论语集注〉为参照》，《衡水学院学报》2018年第20（2）期，第2—13页。

出董仲舒的冷峻、清醒的理性主义精神①。李奎良从宏观角度考察了董仲舒关于社会制度设计的贡献，认为董仲舒以公羊春秋为理论依据，以"大一统"为总纲，设计了官员培养、选拔和任用制度，官吏的财产管理制度，以及"调均"的经济政策；实践中被汉武帝强势推行，使汉朝的社会制度趋于完善，并且影响中国两千多年，同时影响了东亚文化圈诸国的制度设计，间接地影响到了欧洲的文艺复兴②。崔迎军强调，董仲舒提出的儒家伦理与王道政治相结合的社会治理模式，既适应了中国封建社会中央集权制发展的关键时期急需一套安邦治国的理论体系，同时也肇源于儒学自身的有所作为的理论品质③。董仲舒毕竟是两千年前的历史人物，所提的国家治理模式不可避免地有历史的局限性，相对今人来讲肯定是落后的。田希立足于牟宗三的《政道与治道》，比较《春秋繁露》后，指出董仲舒的德治只有"治道""运用表现"，欠缺"架构表现"，治道单线化，缺乏可操作性、可持续性④。课程被理解为一种政治学文本，课程的变化是政治变化的影子或表现。董玮将立足于新经学课程，从课程政治学的角度出发解读董仲舒的新儒学⑤。

落实到经济领域的治理，董仲舒强调"重义轻利"和"调均"。陈山榜系统考察义利之辩的由实趋虚又由虚返实的否定之否定演变过程，指出"正其义不谋其利"是班固误加给董仲舒的，董仲舒的义利观是重利而不轻义，要见利思义，以义为利，切不可唯利是图、见利

---

① 周桂钿：《董仲舒盛世治理的四个原则》，《衡水学院学报》2018 年第 20（5）期，第 18 页。
② 李奎良：《董仲舒关于社会制度设计的贡献》，《衡水学院学报》2018 年第 20（4）期，第 64－66 页。
③ 崔迎军：《独尊儒术的时代际遇与儒学的转向》，《南京航空航天大学学报》（社会科学版），2018 年第 20（4）期，第 5－10 页。
④ 田希：《牟宗三论德治及其不足——兼与〈春秋繁露〉德治思想比较》，《船山学刊》2018 年第 3 期，第 85－93 页。
⑤ 董玮：《浅谈董仲舒的课程政治学改革》，《才智》2018 年第 7 期，第 137 页。

忘义①。朱云鹏看到董仲舒经济思想的层次性与系统性，认为哲学层次的义利观是董仲舒对经济问题的总看法，调均论是其经济改革的总方针，在总方针的指导下，他提出了一系列经济改革的具体措施。董仲舒的经济思想不是以强国、富民为根本目的，而是为了大一统下社会的稳定，从而体现了其经济思想的政治性，进而指出其具有利国利民的人民性与进步性②。牛丽敏指出董子"正其谊不谋其利"是以道义而非功利治国原则，阐发"不与民争利"思想的时代意义③。另外还有肖红旗、仇小敏的《论董仲舒财富伦理与当代启示》与蒋超《历史的交接：浅谈董仲舒休闲农业思想》两篇经济治理的论文。

　　落实在法制领域，董仲舒承继前贤的"德主刑辅"国家治理理念至今仍闪耀着智慧光芒，其首倡的"春秋决狱""原心定罪"等司法原则影响深远。董仲舒的法律思想也是董学界的老论题，主要集中在两个方面：①董仲舒的司法原则和基本精神。黄开国重谈了董仲舒原志定罪的司法原则，并剖析现存于文本的案例，来阐释其维护中央王朝与皇帝的绝对权威的基本精神④。华友根考察了三位董姓法学家的法学思想，赞扬了董仲舒主张的"刑既下庶人亦上大夫"的重民思想⑤。②董仲舒倡导的司法原则的影响以及现代借鉴价值。刘玉山在系统梳理了"春秋决狱"的概念、主要依据、产生原因及蕴含的法律原则基础上，重新探讨"春秋决狱"对汉代法制的影响。作者认为，一方面"春秋决狱"是汉代法律儒家化的开端，并将其推至顶峰，"春秋决狱"有助于促进礼法结合，对汉律的纠补作用明显，并且促

---

① 陈山榜：《义利之辨与董仲舒的不白之冤》，《衡水学院学报》2018年第20（5）期，第33—36页。
② 朱云鹏：《论董仲舒经济思想的政治性与层次性》，《衡水学院学报》2018年经20（6）期，第37—40页。
③ 牛丽敏：《董仲舒"义"思想研究》，上海师范大学，2018年。
④ 黄开国：《董仲舒的〈春秋〉决狱》，《德州学院学报》2018年第34（3）期，第12—16，44页。
⑤ 华友根：《中国法学史上董氏三大家法学思想比较研究》，《衡水学院学报》2018年第20（4）期，第110—119页。

进了汉代律学的发展。另一方面,"也导致了司法擅断主义和愚忠思想的盛行,不利于司法公正的实现和民众法律思维的开化,将儒家法律原则凌驾于法律之上,也破坏了汉律的严肃性和公信力"①。左眉则强调,"德主刑辅"的法律思想压制了中国本土社会自由、平等、法治观念的生成,阻挡了外来法律文化的输入,成为中国近代社会政治文明和社会进步的障碍②。

7. 学术史研究大体可以分为六个方面,最主要的研究一是不同时期学者的董学研究,二是对董学学术渊源的探寻,二者占比较大。

(1) 对董仲舒学术的渊源的探寻

刘振维通过考察《春秋繁露》对《论语》《孟子》和《荀子》的援引证明董仲舒承继发展了孔、孟、荀的理论③。任密林认为,子夏、孟子、荀子以及齐学共同促进了董仲舒春秋公羊学的形成④。何大海以为,董仲舒的"无为思想"来源于黄老之学、诸子治道思想、儒家天命观和当时的社会现实⑤。杨济襄提出,董仲舒"仁义法"主张,承袭荀子由伦理身份的分辨谈义,亦呈现仁义道德的实践样貌。既对先秦儒学以的仁义作一反省,也反映了汉代经学入世用事的特质⑥。《论语》也是董学的重要渊源。张永祥认为,董仲舒以《论语》学为思想基础,主导了对古典政治哲学的三个基本命题(政治的必然性、政治的可能性、政治的目的性)的反思与建构过程,完成了以天

---

① 刘玉山:《"春秋决狱"对汉代法制影响新辨》,吉林大学,2018年。
② 左眉:《论"德主刑辅"法律思想在西汉的确立及对后世的影响》,《大连干部学刊》2018年第34(1)期,第42—47页。
③ 刘振维:《董仲舒〈春秋繁露〉承继孟学与荀学之研究》,《德州学院学报》2018年第34(3)期,第22—32页。
④ 任蜜林:《论董仲舒春秋公羊学的思想渊源》,《现代哲学》2018年第2期,第123—131页。
⑤ 何大海:《试论董仲舒"无为"思想的四个维度》,《孔子研究》2018年第1期,第92—98页。
⑥ 杨济襄:《儒家道德思想的实践——董仲舒"仁义法"的人我内外之别》,《衡水学院学报》2018年第20(6)期,第6—15页。

证道的学术范式创新和学以致用的儒学实用化革新的双重使命①。曹迎春统计了董学文献对《论语》引用次数,强调引文对于《论语》研究有着重要的学术价值②。

(2) 后董仲舒时代,学者对董学史的研究

孟祥才梳理了古代学人对董仲舒的评论,凸现了董仲舒在中国思想史上举足轻重的地位,以为出格的颂扬透露出古代社会接近终结时找不到出路的悲情和无奈③。卜章敏两篇文章考察了京房、孟京易学对董学的继承。京房构建的易学学术体系用独特的象数语言从天道观、阴阳运行观、王道思想回应、开新董仲舒公羊大义④。孟京易学中透显的贵微重始、大一统、三纲等人道思想,与《春秋繁露》中公羊大义直接相关⑤。张沛林认为,刘向模仿董仲舒,顺应时代学风,以《榖梁传》建立"灾异学"⑥。

康有为是董学研究的一个高峰,并具有鲜明的个人特色。魏义霞指出,康有为对董仲舒的极力推崇符合其品评人物"论功不论德"的标准,其目的在于借助董仲舒之口抬高孔子的权威,为变法维新提供理论辩护,暗含对康有为学问的批评⑦。李洪杨认为,康有为的《春秋董氏学》提出《春秋》与其他五经在传承方式和后世对其引证和诠释的方式具有明显的不同,而且蕴含托古改制、仁学、三世大义等多

---

① 张永祥:《董仲舒论语学视野下的政治哲学探微》,《南都学坛》2018年第38(3)期,第1—8页。
② 曹迎春:《董仲舒对〈论语〉的引用与诠释》,《衡水学院学报》2018年第20(2)期,第45—52页。
③ 孟祥才:《古代学人评董仲舒述论》,《孔子研究》2018年第4期,第106—113页。
④ 卜章敏:《京房易学对董仲舒公羊学的回应与开新》,《孔子研究》2018年第4期,第114—120页。
⑤ 卜章敏:《孟京易学与〈淮南子〉〈春秋繁露〉关系新证》,《周易研究》2018年第4期,第47—51页。
⑥ 张沛林:《刘向春秋学初探》,《石家庄学院学报》2018年第20(5)期,第31—38页。
⑦ 魏义霞:《康有为视界中的董仲舒》,《衡水学院学报》2018年第20(4)期,第17—23页。

重思想主题①。皮迷迷认为，康有为从董学中汲取了思想资源，援入西洋新知，建立起人性的气学论说，为理解其新三世说提供了新的思考角度②。

徐复观和周桂钿是现当代董学研究的大家。干春松通过对徐复观董学观点的考察，指出徐复观对于儒家的政治观念定性是"民本政治"，其基本的精神，依旧是先秦儒家的尊民抑君的精神③。周桂钿的学术自述对我们了解周先生的董学研究学术经历有一个详尽的了解，对理解他的学术观点有了更为全面的背景知识④。

（3）经学史上的董仲舒研究

刘奇梳理了中国历代公羊学脉络，指出其形成于汉初董仲舒与胡毋生时期，兴盛于两汉与清，并在当代也有一定影响⑤。任蜜林认为，董仲舒对《春秋》的义理有着一整套的创造性诠释，主要体现在《春秋》之道、《春秋》之义、六科十指及《春秋》用辞等方面，使得春秋学能够得到上层阶级的认同⑥。

（4）董学文本的研究和方法论

对于《春秋繁露》五行诸篇历来有学者怀疑其真伪。邓红对此问题从哲学和逻辑两个方面进行了辩驳，指出以思想理路论真伪，以逻辑推断代替文本考证是有问题的，单纯的文献考证自身也有自身问题⑦。贾福闯指出，研究董仲舒的思想无法绕开《天人三策》，董仲

---

① 李洪杨：《康有为视域中的〈春秋〉——以〈春秋董氏学〉为中心》，《河北科技师范学院学报》（社会科学版），2018年第17（1）期，第1—4页。

② 皮迷迷：《从经学视角看康有为的人性理论》，《中国哲学史》2018年第3期，第106—111，129页。

③ 干春松：《董仲舒与儒家思想的转折——徐复观对董仲舒公羊学的探究》，《衡水学院学报》2018年第20（4）期，第24—38页。

④ 周桂钿《前进》，2018年第12期。

⑤ 刘奇：《中国历代公羊学脉络》，《贵阳学院学报》（社会科学版），2018年第13（2）期，第74—77页。

⑥ 任蜜林：《论董仲舒对〈春秋〉之义的创造性诠释》，《广西大学学报》（哲学社会科学版），2018年第40（4）期，第21—26页。

⑦ 邓红：《〈春秋繁露〉五行说辨》，《管子学刊》2018年第1期，第67—75页。

舒失意于现实政治，其原因在于董仲舒各尽所宜的社会理想①。高春菊提倡用口述历史方法方法进行董仲舒文化的研究②。

(5) 董学与衡水地域文化

董仲舒对其衡水影响深远，魏彦红系统考察了董子家乡及其周边纪念董子的董子书院、大原书院和敬义书院的基本情况③。王玲玲的两篇文章探讨了董仲舒文化品牌化开发与运用的策略，分析了董仲舒文化资源没有被当作文化品牌进行开发与推广的主客观原因④。

8. 总结。

(1) 从数量上看，2018 年中国内地（不含港澳台地区）董仲舒研究论文数量与 2017 年基本持平，基本保持在 90 篇左右，相比五年前已经有了不小的进步，董仲舒研究在持续增温，逐渐成为学者关注的对象，但是与孔子、朱熹研究相比还是差距很大。2018 年以孔子研究为主题的论文 4120 篇，其中学术期刊文章 1554 篇，硕博论文 861 篇，是董仲舒研究的 40 多倍；以朱熹研究为主题的论文 1094 篇，其中学术期刊论文 448 篇，硕博论文 246 篇，是董仲舒研究的 12 倍还多。董仲舒研究还是不能望其项背。这与董仲舒在历史上的地位及不匹配，董仲舒研究之路还很长，需要做的工作还是很多。

(2) 从质量上看，2018 年论文整体质量有所进步，但存在的问题亦不容忽视，表现在以下几个方面：①论题基本涵盖董学的所有范畴，但基本已经彻底放弃了原来的历史定位、故里之争等比较浅层的问题，研究问题都深入到董学的比较深层的问题，2018 年比较突出的议题是对董仲舒思维论证模式——具象化思维的探究，有关议题曾

---

① 贾福闯：《董仲舒〈贤良对策〉研究》，湘潭大学，2018 年。
② 高春菊：《口述历史与董仲舒文化研究》，《衡水学院学报》2018 年第 20（5）期，第 51—53 页。
③ 魏彦红、张铭：《董子思想对其故里元明清书院的影响——以董子书院、大原书院和敬义书院为例》，《衡水学院学报》2018 年第 20（3）期，第 58—63 页。
④ 王玲玲：《城市营销视阈下董子文化品牌推广策略研究》，《现代经济信息》2018 年第 19 期，第 137 页。王玲玲：《衡水市董子文化品牌的推广与运用研究》，《开封教育学院学报》2018 年第 38（5）期，第 233—234 页。

已有之，但没有像 2018 年如此集中，讨论如此深入，这对我们继续研读文献资料、理解董仲舒思想的内涵和本质、探究其他论题多有裨益。②但是董仲舒研究内卷化的趋势也比较明显了，特别是传统议题重复建设现象严重，创新不足。比如董仲舒的法律思想，"德主刑辅""春秋决狱"是老的话题，从杨鹤皋的 1981 年论文《董仲舒政治法律思想简论》开始，研究董仲舒法律思想的文章在数量上几乎每年都比较多，但是真正有分量的论文明显占比不是很多。文章的理论高度有待加强，研究手段也比较老化，文章就事论事居多，篇幅短小，视野狭小。有些文章文本细读的功夫不够，甚至对原文理解和运用有误。③有个别文章又蹭热点的嫌疑。董仲舒的学问本质上是政治哲学或政治学，运用的是西汉的天人感应、阴阳五行等工具，研究如何实现儒家政治理想，其他都不是董学正宗，属于边缘话题，根本不是董仲舒要研究的主要目的。如果说董仲舒的生态思想、养生思想、美学思想等还能说得过去，研究董仲舒的休闲农业思想就纯粹是在蹭热点了。

本文为"2020 中国·衡水董仲舒与儒家思想国际学术研讨会"提交的论文。

王文书（1974—），河北衡水人，衡水学院董子学院副教授，历史学博士。

代春敏（1973—），河北衡水人，衡水学院董子学院讲师。